Routineaufgaben mit Python automatisieren

Al Sweigart

Routineaufgaben mit Python automatisieren

Praktische Programmierlösungen für Einsteiger*innen

3., aktualisierte und erweiterte Auflage

dpunkt.verlag

Wir hoffen, dass Sie Freude an diesem Buch haben und sich Ihre Erwartungen erfüllen. Falls Sie Anregungen, Wünsche und Kommentare haben, lassen Sie es uns wissen: **service@rheinwerk-verlag.de**.

Informationen zu unserem Verlag und Kontaktmöglichkeiten finden Sie auf unserer Verlagswebsite **www.dpunkt.de**. Dort können Sie sich auch umfassend über unser aktuelles Programm informieren und unsere Bücher und E-Books bestellen.

Autor: Al Sweigart
Übersetzung: Torsten T. Will
Lektorat: Sandra Bollenbacher
Buchmanagement: Julia Griebel, Friederike Demmig
Copy-Editing: Annette Schwarz, Ditzingen
Satz: Ulrich Borstelmann, *www.borstelmann.de*
Herstellung: Stefanie Weidner, Frank Heidt
Covergestaltung: Eva Hepper, Silke Braun
Druck: mediaprint solutions, Paderborn

PEFC
PEFC/04-31-0810

Dieses Buch wurde mit mineralölfreien Farben auf PEFC-zertifiziertem Papier aus nachhaltiger Waldwirtschaft gedruckt. Der Umwelt zuliebe verzichten wir zusätzlich auf die Einschweißfolie. Hergestellt in Deutschland.

Bibliografische Information der Deutschen Nationalbibliothek:
Die Deutsche Nationalbibliothek verzeichnet diese Publikation in der Deutschen Nationalbibliografie; detaillierte bibliografische Daten sind im Internet über *http://dnb.dnb.de* abrufbar.

ISBN Print: 978-3-98889-063-4
ISBN PDF: 978-3-98890-307-5
ISBN ePub: 978-3-98890-308-2

3., aktualisierte und erweiterte Auflage 2026

dpunkt.verlag ist eine Marke des Rheinwerk Verlags.

Rheinwerk Verlag GmbH • Rheinwerkallee 4 • 53227 Bonn
service@rheinwerk-verlag.de

Inhalt

Für meinen Neffen Jack

Über den Autor

Al Sweigart ist Softwareentwickler, Autor, Künstler und Fellow der Python Software Foundation. Er hat mehrere Bücher zur Programmierung für Einsteiger verfasst, darunter *Invent Your Own Computer Games with Python*, *The Big Book of Small Python Projects* und *Beyond the Basic Stuff with Python* (alle erschienen bei No Starch Press). Außerdem ist er internationaler Sprecher auf verschiedenen PyCon-Konferenzen. Seine Website ist *https://inventwithpython.com*.

Berichte darüber, dass Al eine AI sei, sind stark übertrieben.

Über den technischen Gutachter

Dr. Daniel Zingaro ist außerordentlicher Professor für Informatik an der Universität von Toronto. International bekannt ist er für seinen einzigartig interaktiven Ansatz in der Lehre, seine wegweisende Forschung zum Lehren mit generativer KI sowie für seine Lehrbücher, die von Tausenden Studierenden weltweit genutzt werden. Er ist Autor von *Algorithmic Thinking*, 2. Auflage (No Starch Press, 2024), und *Learn to Code by Solving Problems* (No Starch Press, 2021) sowie Co-Autor von *Learn AI-Assisted Python Programming with GitHub Copilot and ChatGPT* (Manning, 2023).

Vorwort

Ich kenne Al Sweigart schon so lange, wie er Bücher schreibt. Zuerst lernte ich Al als Leser kennen, dann als Kollegen und in jüngerer Zeit als Freund. Al setzt sich intensiv und kritisch mit Programmierung auseinander – damit, wie Menschen lernen und wie wir als Gesellschaft zusammenleben. Sie könnten sich keinen besseren Lehrer wünschen.

Es gibt zwei Hauptgründe, warum Menschen sich mit Programmierung beschäftigen möchten. Viele verfolgen das Ziel, eine bestimmte Aufgabe zu automatisieren oder ein konkretes Problem mithilfe von Code zu lösen, während andere ein allgemeines Interesse daran haben, eine neue Fähigkeit zu erlernen. Häufig entsteht die Motivation zum Lernen aus einer Kombination dieser beiden Gründe. In jedem Fall ist Python eine ideale Programmiersprache zum Erlernen. Sie können eine große Auswahl an Bibliotheken herunterladen, mit denen sich nahezu jede vorstellbare Aufgabe automatisieren lässt, und Sie finden zahlreiche Python-Ressourcen, die es Ihnen fast immer ermöglichen, rasch mit der Lösung Ihrer wichtigsten Probleme zu beginnen.

Routineaufgaben mit Python automatisieren war schon bei seiner Veröffentlichung vor zehn Jahren ein brillantes Konzept – und ist es auch heute noch. Das zeigt sich daran, dass es seit seiner Veröffentlichung zu den wichtigsten Ressourcen für das Erlernen von Python zählt. Wenn Sie eine bestimmte Aufgabe direkt lösen möchten, finden Sie in diesem Buch zahlreiche praxisnahe Beispiele, die Sie an Ihre eigenen Bedürfnisse anpassen können. Wenn Sie ein umfassenderes Verständnis der Programmierung entwickeln möchten, bietet die Umsetzung praxisnaher Projekte, wie Sie sie hier finden, einen ausgezeichneten Weg dazu.

Es gab noch nie einen besseren Zeitpunkt, um Python zu lernen. Manche, die dem Hype um künstliche Intelligenz Glauben schenken, behaupten, Sie müssten Programmierung nicht mehr lernen, da KI-Tools den gesamten Code für Sie schreiben können. Andere sagen, dass von KI generierter Code unbrauchbar sei und niemals funktionieren werde. Wie so oft liegt die Wahrheit zwischen diesen beiden Extremen.

KI-Tools können Sie bei Ihrer Programmierarbeit durchaus unterstützen. Sie arbeiten jedoch wesentlich besser, wenn Sie bereits ein fundiertes Verständnis von Programmierung besitzen und wissen, wie Sie diese gezielt zur Lösung Ihrer konkreten Aufgaben einsetzen. Andernfalls stoßen Sie nahezu zwangsläufig auf Hürden, die weder Sie noch der KI-Assistent überwinden können. Wenn Sie jedoch das Wissen und Verständnis, das Sie mit diesem Buch erwerben, in Verbindung mit einem KI-Assistenten nutzen, sind Sie in der Lage, effizient nützliche und wirkungsvolle Werkzeuge für sich selbst zu erstellen.

Genießen Sie diese Reise; sie ist großartig!

Eric Matthes

Autor von *Python Crashkurs* (dpunkt.verlag, 2023)

Danksagungen

Es ist irreführend, dass nur mein Name auf dem Umschlag erscheint. Ohne die Unterstützung vieler Menschen hätte ich ein solches Buch nicht verfassen können. Ich möchte meinem Verleger Bill Pollock danken, meinen Lektorinnen und Lektoren Laurel Chun, Leslie Shen, Greg Poulos, Jennifer Griffith-Delgado, Frances Saux, Jill Franklin, Sabrina Plomitallo-González und Allison Felus sowie dem übrigen Team von No Starch Press für ihre unschätzbare Unterstützung. Mein besonderer Dank gilt den technischen Gutachtern Ari Lacenski, Philip James und Dr. Daniel Zingaro für ihre wertvollen Anregungen, Korrekturen und die kontinuierliche Unterstützung.

Vielen Dank an alle bei der Python Software Foundation für ihre hervorragende Arbeit. Die Organisatorinnen, Organisatoren und freiwilligen Helfer aller PyCon- und DjangoCon-Konferenzen leisten Außergewöhnliches. Die Python-Community ist die beste, die ich in der Tech-Branche kennengelernt habe.

Vielen Dank.

Einführung

»Du hast in zwei Stunden geschafft, wofür wir zu dritt sonst zwei Tage brauchen.« Mein Studienfreund arbeitete Anfang der 2000er Jahre in einem Elektronikfachgeschäft. Gelegentlich erhielt das Geschäft eine Tabelle mit Tausenden von Produktpreisen aus anderen Läden. Ein Team von drei Mitarbeitenden druckte die Tabelle auf einen dicken Papierstapel und teilte diesen unter sich auf. Zu jedem Preis suchten sie den eigenen Verkaufspreis heraus und notierten alle Produkte, die die Konkurrenz günstiger anbot. Das dauerte meistens ein paar Tage.

»Ich könnte dafür ein Programm schreiben, wenn Sie die Originaldatei zu den Ausdrucken haben«, schlug mein Kommilitone vor, als er sie auf dem Boden inmitten von Papierbergen sitzen sah.

Nach ein paar Stunden hatte er ein kurzes Programm erstellt, das den Konkurrenzpreis aus einer Datei einlas, das Produkt in der Datenbank des Geschäfts fand und notierte, ob der Konkurrent günstiger war. Da er noch neu in der Programmierung war, verbrachte er die meiste Zeit damit, die Dokumentation in einem Programmierbuch nachzuschlagen. Das eigentliche Programm lief in wenigen Sekunden. Mein Mitbewohner und seine Kollegen gönnten sich an diesem Tag eine extra lange Mittagspause.

Das ist die Stärke der Computerprogrammierung. Ein Computer ist wie ein Schweizer Taschenmesser – mit Werkzeugen für zahllose Aufgaben. Viele Menschen verbringen Stunden mit Klicken und Tippen, um ständig wiederkehrende Aufgaben zu erledigen, ohne zu ahnen, dass der Computer ihre Arbeit in wenigen Sekunden ausführen könnte, wenn sie ihm nur die richtigen Anweisungen geben würden.

Für wen ist dieses Buch geschrieben?

Software bildet heute das Herzstück vieler Werkzeuge, die wir nutzen: Fast jeder verwendet soziale Netzwerke zur Kommunikation, praktisch alle tragen ein internetfähiges Telefon bei sich, und die meisten Bürojobs erfordern die Arbeit am Computer. Daher ist die Nachfrage nach Menschen, die Code schreiben können, sprunghaft angestiegen. Zahlreiche Bücher, Online-Tutorials und Entwickler-Bootcamps versprechen, engagierte Einsteiger zu Softwareentwicklern mit sechsstelligen Gehältern zu machen.

An diese Leute richtet sich dieses Buch nicht. Es richtet sich an alle anderen.

Durch dieses Buch allein werden Sie nicht zu einem professionellen Softwareentwickler, ebenso wenig wie ein paar Gitarrenstunden Sie zum Rockstar machen. Doch wenn Sie als Büroangestellter, Administrator, Wissenschaftler oder in einer anderen Rolle einen Computer für Arbeit oder Freizeit nutzen, lernen Sie hier die Grundlagen der Programmierung, damit Sie einfache Aufgaben wie diese automatisieren können:

- Tausende Dateien verschieben, umbenennen und in Ordner einsortieren
- Online-Formulare ausfüllen – ohne zu tippen
- Dateien herunterladen oder Text von einer Webseite kopieren, sobald diese aktualisiert wird
- Ihren Computer Nachrichten an Ihr Handy senden lassen
- Excel-Tabellen aktualisieren oder formatieren
- Ihre E-Mails prüfen und vorgefertigte Antworten versenden
- Datenbanken anlegen und gezielt nach Informationen abfragen
- Text aus Bildern und Audiodateien extrahieren

Solche Aufgaben sind zwar für Menschen einfach, aber zeitraubend und oft so spezifisch oder trivial, dass es keine fertige Software dafür gibt. Mit ein wenig

Programmierkenntnissen können Sie Ihren Computer jedoch dazu bringen, diese Aufgaben für Sie zu erledigen.

Programmiergepflogenheiten in diesem Buch

Dieses Buch ist nicht als Nachschlagewerk gedacht, es richtet sich an Einsteiger. Der Programmierstil widerspricht mitunter bewährten Verfahren (zum Beispiel arbeiten einige Programme mit globalen Variablen), doch dieser Kompromiss macht den Code leichter verständlich. Komplexere Programmierkonzepte wie objektorientierte Programmierung, List Comprehensions oder Generatoren werden hier nicht behandelt, da sie den Einstieg erschweren. Erfahrene Programmierer finden vielleicht Verbesserungen zur Effizienz, aber dieses Buch legt den Fokus darauf, Programme mit möglichst geringem Aufwand funktionsfähig zu machen.

Was ist Programmierung?

Fernsehserien und Filme vermitteln oft das Bild, dass Programmierer hektisch kryptische Ströme aus Einsen und Nullen auf leuchtende Bildschirme tippen. Doch die moderne Programmierung ist längst nicht mehr so geheimnisvoll. *Programmierung* bedeutet, Anweisungen für den Computer in einer Sprache zu verfassen, die dieser versteht. Solche Anweisungen können zum Beispiel Zahlen verarbeiten, Texte bearbeiten, Informationen in Dateien nachschlagen oder mit anderen Computern über das Internet kommunizieren.

Alle Programme verwenden grundlegende Anweisungen als Bausteine. Hier finden Sie einige der gebräuchlichsten auf Deutsch:

- »Führe dies aus, dann das.«
- »Wenn diese Bedingung erfüllt ist, führe jene Aktion aus; sonst führe diese andere Aktion aus.«
- »Führe diese Aktion genau 27 Mal aus.«
- »Wiederhole dies, bis jene Bedingung erfüllt ist.«

Sie können diese Bausteine kombinieren, um auch komplexere Entscheidungen umzusetzen. Zum Beispiel sehen Sie hier die Programmieranweisungen, den sogenannten *Quellcode*, für ein einfaches Programm, das in der Programmiersprache Python geschrieben wurde. Beginnend am Anfang führt die Python-Software Zeile für Zeile Code aus (einige Zeilen nur *wenn* eine bestimmte Bedingung erfüllt ist, oder *sonst* führt Python eine andere Zeile aus), bis sie das Ende erreicht:

```
password_file = open('GeheimePasswortDatei.txt') ❶
geheimes_passwort = password_file.read() ❷
print('Geben Sie Ihr Passwort ein.') ❸
eingegebenes_passwort = input()
if eingegebenes_passwort == geheimes_passwort: ❹
  print('Zugang gestattet') ❺
  if eingegebenes_passwort == '12345': ❻
      print('Mit diesem Passwort sichert ein Idiot sein Gepäck.') ❼
  else:
    print('Zugang verweigert') ❽
```

Auch wenn Sie keine Ahnung von Programmierung haben, können Sie vermutlich erraten, was der vorherige Code bewirkt, wenn Sie ihn lesen. Zuerst wird die Datei *SecretPasswordFile.txt* geöffnet ❶ und das geheime Passwort daraus gelesen ❷. Anschließend werden Sie aufgefordert, ein Passwort über die Tastatur einzugeben ❸. Diese beiden Passwörter werden verglichen ❹, und stimmen sie überein, gibt das Programm auf dem Bildschirm *Zugang gestattet* aus ❺. Als Nächstes prüft das Programm, ob das Passwort *12345* ❻ ist, und weist darauf hin, dass dies möglicherweise keine gute Wahl für ein Passwort ist ❼. Wenn die Passwörter nicht übereinstimmen, gibt das Programm *Zugang verweigert* auf dem Bildschirm aus ❽.

Programmieren ist eine kreative Tätigkeit – genau wie Malen, Schreiben, Stricken oder das Bauen von Lego-Schlössern. Ähnlich wie eine leere Leinwand beim Malen bietet Software trotz ihrer vielen Einschränkungen unendliche Möglichkeiten. Der Unterschied zwischen Programmierung und anderen kreativen Aktivitäten liegt darin, dass Ihr Computer bereits alle nötigen Rohmaterialien zum Programmieren enthält; Sie müssen keine zusätzliche Leinwand, Farben, Filme, Wolle, Lego-Steine oder elektronische Komponenten kaufen. Ein zehn Jahre altes Laptop ist mehr als leistungsfähig genug, um Programme zu entwickeln. Sobald Sie Ihr Programm geschrieben haben, können Sie es beliebig oft vollkommen fehlerfrei kopieren. Ein gestrickter Pullover kann immer nur von einer Person getragen werden, doch ein nützliches Programm lässt sich problemlos online mit der ganzen Welt teilen.

Was ist Python?

Python bezeichnet sowohl eine Programmiersprache (mit Syntaxregeln dafür, was als gültiger Python-Code gilt) als auch die Interpreter-Software, die Quellcode (in der Sprache Python geschrieben) liest und dessen Anweisungen ausführt. Sie können Windows-, macOS- und Linux-Versionen des Python-Interpreters kostenlos unter *https://python.org* herunterladen.

Es gibt verschiedene Programmiersprachen, die jeweils ihre eigenen Stärken und Schwächen haben. Die Frage, welche die beste ist, führt oft zu endlosen, wenig hilfreichen Debatten über persönliche Vorlieben. Meiner Meinung nach ist Python jedoch die beste *erste* Sprache, die Sie lernen sollten, wenn Sie neu in der Programmierung sind. Python bietet eine sanfte Lernkurve und eine gut lesbare Syntax. Für einfache Aufgaben müssen Sie keine komplizierten Konzepte erlernen. Und wenn Sie Ihre Kenntnisse in der Programmierung vertiefen möchten, fällt Ihnen das Erlernen einer zweiten Sprache deutlich leichter, wenn Sie zuerst Python verstanden haben.

Der Name Python stammt von der surrealen britischen Comedy-Gruppe Monty Python und nicht von der Schlange. Python-Programmierer werden liebevoll Pythonistas genannt, und sowohl Monty-Python- als auch Schlangen-Anspielungen finden sich häufig in Python-Tutorials und der Dokumentation.

Weit verbreitete Mythen über Programmierung

Programmierung hat einen einschüchternden Ruf, und milliardenschwere Softwareunternehmen sind in aller Munde. Schon das englische Wort *code* ist mit Geheimhaltung und rätselhaften Bedeutungen verbunden. Das führt viele Menschen dazu zu glauben, dass nur eine ausgewählte Gruppe programmieren kann. Doch das Programmieren ist eine Fähigkeit, die jeder erlernen kann, und ich möchte einige der gängigsten Mythen direkt ansprechen.

Programmierer müssen nicht viel Mathematik beherrschen

Die häufigste Sorge, die ich in Bezug auf das Lernen der Programmierung höre, ist die Annahme, dass dafür viel Mathematik nötig sei. Tatsächlich erfordert die meiste Programmierung keine Mathematik über die Grundrechenarten hinaus. Programmieren verlangt mehr logisches Schlussfolgern und Genauigkeit als mathematische Kenntnisse. Im Grunde unterscheidet sich gutes Programmieren nicht wesentlich davon, ein Sudoku-Rätsel zu lösen.

Um ein Sudoku-Rätsel zu lösen, müssen Sie die Zahlen 1 bis 9 in jede Zeile, jede Spalte und jedes 3×3-Innenquadrat des gesamten 9×9-Spielfelds eintragen. Das Rätsel gibt Ihnen einige Zahlen als Ausgangspunkt, und durch logisches Schlussfolgern auf Basis dieser Zahlen finden Sie eine Lösung. Im Rätsel aus Abbildung E.1 kommt eine 5 in der ersten und zweiten Zeile vor, daher darf sie dort nicht noch einmal eingetragen werden. Deshalb muss im oberen rechten Gitter die Zahl in der dritten Zeile stehen. Da in der letzten Spalte ebenfalls bereits eine 5 vorhanden ist, kann die 5 nicht rechts von der 6 stehen und muss daher links von der 6 platziert werden. Das Lösen einer einzelnen Zeile, Spalte oder eines

Quadrats liefert weitere Hinweise für die Lösung des restlichen Rätsels. Wenn Sie zunächst eine Gruppe von Zahlen von 1 bis 9 und anschließend eine weitere ausfüllen, lösen Sie schon bald das gesamte Gitter.

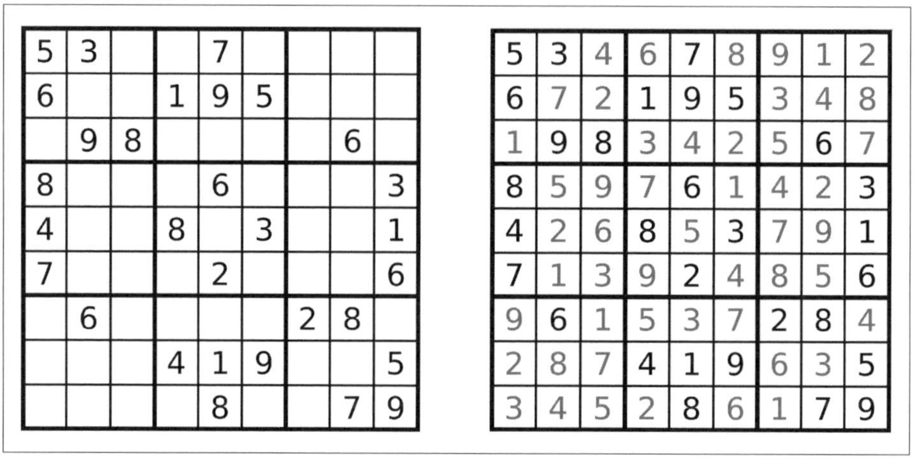

Abb. E.1 *Ein neues Sudoku-Rätsel (links) und seine Lösung (rechts). Obwohl beim Sudoku Zahlen verwendet werden, ist dabei kaum Mathematik erforderlich. (Bilder © Wikimedia Commons)*

Dass beim Sudoku Zahlen verwendet werden, bedeutet nicht, dass Sie besonders gut in Mathematik sein müssen, um die Lösung zu finden. Dasselbe gilt für die Programmierung. Wie beim Lösen eines Sudoku-Rätsels erfordert das Schreiben von Programmen Aufmerksamkeit für Details und das Zerlegen eines Problems in Einzelschritte. Ebenso beobachten Sie beim *Debuggen* von Programmen (also beim Finden und Beheben von Fehlern) geduldig, was das Programm tut, und suchen gezielt nach der Ursache der Fehler. Wie bei jeder Fähigkeit gilt: Je mehr Sie programmieren, desto besser werden Sie.

Sie sind nicht zu alt, um Programmierung zu lernen

Die zweithäufigste Sorge, von der ich zum Thema Programmierenlernen höre, ist die Angst, dafür zu alt zu sein. Immer wieder lese ich im Internet Kommentare von Menschen, die glauben, es sei bereits zu spät für sie, weil sie schon (oje!) 23 Jahre alt sind. Natürlich ist das nicht »zu alt«, um Programmieren zu lernen! Viele Menschen beginnen erst viel später im Leben damit.

Sie müssen nicht schon als Kind angefangen haben, um ein versierter Programmierer bzw. eine versierte Programmiererin zu werden. Dennoch hält sich das Bild von Programmierern und Programmiererinnen als Wunderkinder hartnäckig. Leider trage ich selbst zu diesem Mythos bei, wenn ich erzähle, dass ich in der Grundschule mit dem Programmieren begonnen habe.

Heutzutage ist Programmieren deutlich einfacher zu erlernen als noch in den 1990er-Jahren. Heute gibt es mehr Bücher, bessere Suchmaschinen und eine Vielzahl an Online-Frage-und-Antwort-Webseiten. Darüber hinaus sind die Programmiersprachen selbst wesentlich benutzerfreundlicher geworden. Aus diesem Grund lässt sich heute alles, was ich zwischen der Grundschule und dem Abitur über Programmierung gelernt habe, an ungefähr einem Dutzend Wochenenden erlernen. So viel war mein Vorsprung also in Wirklichkeit auch nicht wert.

Es ist wichtig, eine »Wachstumsmentalität« in Bezug auf das Programmieren zu entwickeln – das heißt, zu verstehen, dass Programmierkompetenz durch Übung entsteht. Niemand wird als Programmierer geboren, und mangelnde Programmierkenntnisse jetzt bedeuten keineswegs, dass Sie nicht zum Experten oder zur Expertin werden können.

KI wird Programmierer nicht ersetzen

In den 1990er-Jahren versprach die Nanotechnologie, alles zu verändern. Neue Fertigungsmethoden und wissenschaftliche Innovationen sollten – so dachte man – die Gesellschaft revolutionieren. Kohlenstoff-Nanoröhren, Buckyballs und Diamanten zum Preis von Bleistiftminen, allesamt atomweise aus reichlich vorhandenem Kohlenstoff von samenkorngroßen Nanobots zusammengesetzt, würden neue Materialien ermöglichen, die zehnmal stärker als Stahl und deutlich leichter und günstiger wären. Das würde zu Weltraumliften, medizinischen Wundern und Haushaltsgeräten führen, die alles erschaffen können – wie die Replikatoren aus *Star Trek*! Wirtschaftliche Knappheit, Welthunger und Krieg wären Vergangenheit. Ein neues Zeitalter der Aufklärung begänne – sofern die Nanobots sich nicht in einem Winzige-Roboter-Aufstand gegen ihre menschlichen Schöpfer wenden. Und die Technologie sollte nur noch zehn Jahre entfernt sein!

Natürlich blieb der Hype aus. Wirkliche Innovationen fanden zweifellos im Nanobereich statt (das Smartphone in Ihrer Tasche nutzt einige davon). Doch die Star-Trek-Replikatoren und andere großspurige Versprechen wurden nicht umgesetzt, und die Begeisterung für die Nanotechnologie schrumpfte auf ein realistisches Maß.

Sprechen wir jetzt also über KI. Computer haben alles verändert. Das Internet hat alles verändert. Soziale Medien haben alles verändert. Smartphones haben alles verändert. Kryptowährungen haben zwar nicht alles verändert, aber sie haben gezeigt, welche Ihrer Verwandten und Bekannten für Versprechen plötzlichen Reichtums empfänglich sind. Heute gilt KI als das neueste Wunder der

Tech-Branche. Menschen verwenden den Begriff *KI* für alles, von schachspielenden Computern über Chatbots und sogenannte Expertensysteme bis hin zum maschinellen Lernen. In diesem Buch verwende ich den Begriff *large language model (LLM)*. Das ist die konzeptionelle Kategorie hinter OpenAIs ChatGPT, Googles Gemini, Facebooks LLaMA und anderen generativen Textsystemen.

LLMs haben eine Flut an aufgeregten Behauptungen und Fragen ausgelöst. Wird KI all unsere Jobs übernehmen? Lohnt es sich überhaupt noch, Code zu lernen? Sind diese KIs womöglich schon lebendig, und überlebe ich den kommenden Aufstand der KI-Roboter?

Die Technologie der LLMs ist faszinierend. Damit sie Ihnen jedoch wirklich nützt, sollten wir realistische Erwartungen entwickeln und uns nicht von sensationshungrigem Journalismus oder fragwürdigen »Investitionsmöglichkeiten« verführen lassen. Ich hoffe, ich kann den Hype etwas dämpfen und Ihnen ein realistischeres Bild vermitteln, wie LLMs Ihnen beim Erlernen von Code helfen können. Räumen wir einige dieser Missverständnisse gleich aus dem Weg:

- LLMs sind weder bewusst noch empfindungsfähig.
- LLMs werden menschliche Softwareentwickler nicht ersetzen.
- LLMs machen das Erlernen von Programmierung nicht überflüssig.
- LLMs werden die meisten menschlichen Arbeitsplätze nicht ersetzen (aber Ihr Chef mag das glauben und Sie trotzdem entlassen).
- LLMs sind weit davon entfernt, perfekt zu sein, und liegen sogar *häufig* falsch.

Wer auf diesen Missverständnissen beharrt, bezieht sein Wissen eher aus Science-Fiction-Filmen und Internetvideos als aus eigener Erfahrung mit echten LLMs. Besonders empfehlen möchte ich Ihnen die Beiträge von Simon Willison, Vorstandsmitglied der Python Software Foundation und Mitentwickler des Django Web Frameworks, zum Thema KI unter *https://simonwillison.net/about*. Sie können seine sachliche und aufschlussreiche Keynote zur PyCon 2024 über LLMs unter *https://autbor.com/pycon2024keynote* ansehen.

Wie könnten LLMs Ihnen als Programmierer helfen? Schon jetzt ist erkennbar, dass die Kommunikation mit LLMs (das sogenannte Prompt Engineering) eine Kompetenz ist – ähnlich wie der effektive Umgang mit Suchmaschinen. LLMs sind keine Menschen, und Sie müssen lernen, Ihre Fragen so zu formulieren, dass Sie relevante und verlässliche Antworten erhalten. Wenn LLMs mit Überzeugung falsche Antworten erfinden, spricht man davon, dass sie *halluzinieren*. Das ist jedoch nur eine weitere Form der Vermenschlichung eines Algorithmus. LLMs denken nicht, sie erzeugen lediglich Text. Anders gesagt: LLMs *halluzinieren* ständig – selbst dann, wenn ihre Antworten zufällig richtig sind.

LLMs machen jedoch sowohl große, offensichtliche als auch kleine, subtile Fehler. Wenn Sie LLMs als Lernhilfe nutzen, müssen Sie alles, was Ihnen das LLM mitteilt – ob groß oder klein –, sorgfältig überprüfen. Es ist völlig legitim, ganz auf das Lernen mit LLMs zu verzichten. Der Nutzen von LLMs in der Bildung ist derzeit noch nicht belegt. Wir wissen bislang nicht, in welchen Situationen LLMs als Lernwerkzeuge hilfreich sind oder ob ihre Vorteile ihre Nachteile überwiegen.

Kein Wunder also, dass so viele dem Hype um LLMs aufsitzen. Wir tragen Geräte in der Hosentasche, die Wissenschaftler des letzten Jahrhunderts für Supercomputer gehalten hätten. Diese Dinger hängen permanent am globalen Netz aus Information – und Desinformation. Sie bestimmen ihren Standort auf der Erde, indem sie Satelliten im All belauschen. Software wirkt längst wie Magie. Aber sie ist keine. Und wer programmieren lernt, bekommt ein viel klareres Bild davon, was Computer wirklich können – und was nur Marketinggeschwätz ist.

Über dieses Buch

Im ersten Teil dieses Buchs lernen Sie, wie Sie in Python programmieren. Der zweite Teil befasst sich mit verschiedenen Software-Bibliotheken zur Automatisierung vielfältiger Aufgaben. Ich empfehle Ihnen, die Kapitel aus Teil I der Reihe nach zu lesen und danach in Teil II diejenigen Kapitel auszuwählen, die Sie besonders interessieren. Nachfolgend erhalten Sie einen kurzen Überblick über die Inhalte der einzelnen Kapitel.

Teil I: Programmiergrundlagen

- **Kapitel 1: Python-Grundlagen** behandelt Ausdrücke, die grundlegendste Form einer Python-Anweisung, und erklärt, wie Sie mit der interaktiven Python-Shell mit Code experimentieren können.
- **Kapitel 2: if-else und Kontrollfluss** erklärt, wie Programme Entscheidungen treffen und so auf unterschiedliche Bedingungen intelligent reagieren können.
- **Kapitel 3: Schleifen** erklärt, wie Programme Anweisungen mehrfach ausführen – entweder eine festgelegte Anzahl von Malen oder solange eine bestimmte Bedingung erfüllt ist.
- **Kapitel 4: Funktionen** zeigt Ihnen, wie Sie eigene Funktionen definieren, um Ihren Code in überschaubare, gut strukturierte Abschnitte zu gliedern.

- **Kapitel 5: Fehlersuche** erläutert, wie Sie mit den verschiedenen Werkzeugen von Python Fehler erkennen und beheben.
- **Kapitel 6: Listen** stellt den Datentyp Liste vor und erklärt, wie Sie Daten organisieren können.
- **Kapitel 7: Dictionaries und Daten strukturieren** stellt den Datentyp Dictionary vor und zeigt Ihnen leistungsfähigere Wege, Daten zu organisieren.
- **Kapitel 8: Zeichenketten und Textbearbeitung** behandelt den Umgang mit Textdaten (in Python als *Strings* bezeichnet).

Teil II: Aufgaben automatisieren

- **Kapitel 9: Textmuster mit regulären Ausdrücken finden** erläutert, wie Python Zeichenketten verarbeitet und mithilfe regulärer Ausdrücke nach Textmustern sucht.
- **Kapitel 10: Dateien lesen und schreiben** erklärt, wie Ihr Programm Inhalte aus Textdateien liest und Informationen auf Ihrer Festplatte speichert.
- **Kapitel 11: Dateien organisieren** zeigt, wie Python große Mengen von Dateien deutlich schneller kopieren, verschieben, umbenennen und löschen kann als ein Mensch. Außerdem wird das Komprimieren und Dekomprimieren von Dateien erläutert.
- **Kapitel 12: Kommandozeilenprogramme entwerfen und bereitstellen** erklärt, wie Sie Ihre Python-Programme paketieren, um sie sowohl auf Ihrem eigenen Computer als auch auf den Computern Ihrer Kollegen einfach auszuführen.
- **Kapitel 13: Web Scraping** Hier erfahren Sie, wie Sie Programme schreiben, die Webseiten automatisch herunterladen und gezielt nach Informationen durchsuchen. Dies wird als *Web Scraping* bezeichnet.
- **Kapitel 14: Excel-Tabellen** Sie lernen, wie Sie Excel-Tabellen programmgesteuert bearbeiten, sodass Sie diese nicht manuell durchgehen müssen. Das ist besonders hilfreich, wenn Sie Hunderte oder sogar Tausende Dokumente analysieren müssen.
- **Kapitel 15: Google Sheets** zeigt, wie Sie Google Sheets, ein sehr verbreitetes webbasiertes Tabellenkalkulationsprogramm, mit Python auslesen und aktualisieren.

- **Kapitel 16: SQLite-Datenbanken** erklärt, wie Sie relationale Datenbanken mit SQLite nutzen – einer kompakten, aber leistungsstarken Open-Source-Datenbank, die Python bereits mitliefert.
- **Kapitel 17: PDF- und Word-Dokumente** Sie lernen, wie Sie Word- und PDF-Dokumente programmgesteuert auslesen können.
- **Kapitel 18: CSV-, JSON- und XML-Dateien** In diesem Kapitel wird weitergehend erläutert, wie Sie Daten programmgesteuert bearbeiten und die Datenformate CSV, JSON und XML verwenden.
- **Kapitel 19: Zeit messen, Aufgaben planen und Programme starten** Hier lesen Sie, wie Python-Programme mit Zeit und Datum arbeiten und wie Sie Ihren Computer darauf vorbereiten, Aufgaben zu festgelegten Zeitpunkten automatisch auszuführen. Sie lernen außerdem, wie Ihre Python-Programme andere, nicht in Python geschriebene Programme starten können.
- **Kapitel 20: E-Mails, SMS und Push-Benachrichtigungen versenden** Sie lernen, wie Sie Programme schreiben, die Sie per E-Mail oder Mobilnachricht benachrichtigen oder solche Mitteilungen an andere versenden.
- **Kapitel 21: Diagramme erstellen und Bilder bearbeiten** Sie erfahren, wie Sie Bilder, etwa JPEG- oder PNG-Dateien, programmgesteuert verändern und die Matplotlib-Bibliothek zur Erstellung von Diagrammen nutzen.
- **Kapitel 22: Texterkennung in Bildern** Sie lernen, wie Sie mit dem Package PyTesseract Text aus Bildern und eingescannten Dokumenten extrahieren und weiterverarbeiten.
- **Kapitel 23: Tastatur und Maus steuern** Sie erfahren, wie Sie Maus und Tastatur programmatisch bedienen, um Mausklicks und Tastatureingaben zu automatisieren.
- **Kapitel 24: Text-zu-Sprache- und Spracherkennungsengines** Sie lernen, wie Sie fortschrittliche Informatikpakete einsetzen, um nicht nur aus Text gesprochene Sprache zu erzeugen, sondern auch gesprochene Sprache in Text umzuwandeln.

Hinweis

Sie können den Quellcode und weitere Ressourcen zu den Beispielen dieses Buches unter *https://dpunkt.de/produkt/routineaufgaben-mit-python-automatisieren-3* auf Deutsch oder unter *https://nostarch.com/automate-boring-stuff-python-3rd-edition* auf Englisch herunterladen.

Viele Programme dieses Buches können Sie auf *https://autbor.com/3* in Aktion erleben.

> **Anmerkung des Übersetzers**
> An einigen Stellen dieses Buches wurden, um das Verständnis zu erleichtern, Beispiele an den deutschen Kontext angepasst, z. B. übersetzte Codebeispiele, deutsche Menüoptionen und ergänzende lokale Beispiele.

Python herunterladen und installieren

Sie können Python für Windows, macOS und Ubuntu Linux kostenlos unter *https://python.org/downloads* beziehen.

Die Download-Seite erkennt Ihr Betriebssystem und empfiehlt das passende Installationspaket für Ihren Computer. Es gibt inoffizielle Python-Installer für die mobilen Betriebssysteme Android und iOS, diese werden jedoch in diesem Buch nicht behandelt. Für Windows, macOS und Linux stehen jeweils eigene Installationsoptionen zur Verfügung. Laden Sie das Installationsprogramm für Ihr Betriebssystem herunter und führen Sie das Programm aus, um die Python-Interpreter-Software zu installieren.

Neue Versionen von Python oder Ihres Betriebssystems können die für die Installation erforderlichen Schritte verändern. Sollten Sie auf Schwierigkeiten stoßen, finden Sie unter *https://autbor.com/install* stets aktuelle Anleitungen.

Mu herunterladen und installieren

Der *Python-Interpreter* ist die Software, mit der Sie Python-Programme ausführen. Im *Mu-Editor* hingegen geben Sie Ihre Programme ein – ähnlich wie beim Verfassen eines Textes in einer Textverarbeitung. Sie können Mu unter *https://codewith.mu* herunterladen.

Laden Sie unter Windows oder macOS das Installationsprogramm für Ihr Betriebssystem herunter. Starten Sie anschließend die Installation, indem Sie auf die Installationsdatei doppelklicken. Wenn Sie macOS nutzen, öffnet sich mit dem Start des Installers ein Fenster. Ziehen Sie das Mu-Symbol auf das Symbol des Ordners *Anwendungen*, um mit der Installation fortzufahren. Wenn Sie Ubuntu verwenden, müssen Sie Mu als Python-Paket installieren. Klicken Sie in diesem Fall im Abschnitt Python Package auf der Download-Seite auf die Schaltfläche *Instructions*.

Mu starten

Sobald Mu installiert ist, können Sie das Programm wie folgt starten:

- Unter Windows klicken Sie auf das Startsymbol unten links auf Ihrem Bildschirm, geben **Mu-Editor** in das Suchfeld ein und wählen ihn aus.
- Öffnen Sie unter macOS das Finder-Fenster, klicken Sie auf *Anwendungen* und anschließend auf *mu-editor*. Sie können den **Mu-Editor** auch über Spotlight ausführen.
- Unter Ubuntu wählen Sie *Anwendungen* → *Zubehör* → *Terminal* und geben anschließend `python3 -m mu` ein.

Beim ersten Start von Mu erscheint ein Fenster zur Modusauswahl mit Optionen wie CircuitPython, BBC micro:bit, Pygame Zero, Python 3 und weiteren. Wählen Sie *Python 3*. Sie können den Modus jederzeit später ändern, indem Sie oben im Editorfenster auf die Schaltfläche *Modus* klicken.

IDLE starten

Dieses Buch verwendet Mu als Editor und interaktive Shell. Sie können jedoch beliebige Editoren zum Schreiben von Python-Code verwenden. IDLE, die *Interactive Development and Learning Environment*-Software *(dt. interaktive Entwicklungs- und Lernumgebung)*, wird zusammen mit Python installiert und kann als alternativer Editor dienen, falls Sie Mu nicht installieren oder verwenden können. Starten wir nun IDLE (sofern Sie Python 3.14 installiert haben):

- Klicken Sie unter Windows auf das Startsymbol unten links auf Ihrem Bildschirm, geben Sie **IDLE** in das Suchfeld ein und wählen Sie **IDLE (Python 3.14 64-bit)** aus.
- Öffnen Sie unter macOS das Finder-Fenster, klicken Sie auf *Applications*, dann auf **Python 3.14** und anschließend auf das IDLE-Symbol. Sie können IDLE auch über Spotlight starten.
- Wählen Sie unter Ubuntu *Applications* → *Accessories* → *Terminal* und geben Sie anschließend **idle** ein. (Alternativ können Sie unten in der Ubuntu-Seitenleiste auf *Show Apps* klicken und dann *IDLE* auswählen.)

Die interaktive Shell

Wenn Sie Mu starten, erscheint das Fenster, das als *Dateieditor* bezeichnet wird. Sie können die *interaktive Shell* öffnen, indem Sie auf die *REPL*-Schaltfläche klicken. Eine Shell ist ein Programm, mit dem Sie Anweisungen am Computer eingeben können – ähnlich wie das Terminal bzw. die Eingabeaufforderung unter macOS oder Windows. Die Interpreter-Software von Python führt sofort alle Anweisungen aus, die Sie in die interaktive Python-Shell eingeben.

In Mu befindet sich die interaktive Shell in der unteren Fensterhälfte und enthält etwa folgenden Text:

```
Jupyter QtConsole
Python 3
Type 'copyright', 'credits' or 'license' for more information
IPython - Eine erweiterte interaktive Python-Umgebung. Geben Sie '?'
für Hilfe ein.

In [1]:
```

Wenn Sie IDLE starten, ist die interaktive Shell das zuerst erscheinende Fenster. Das Fenster sollte größtenteils leer sein, abgesehen von einem Text, der etwa so aussieht:

```
>>>
```

`In [1]:` und >>> werden als *Eingabeaufforderungen* bezeichnet. Die Beispiele in diesem Buch verwenden die >>>-Eingabeaufforderung, um die interaktive Shell darzustellen, da diese am häufigsten eingesetzt wird. Wenn Sie Python im Terminal oder in der Eingabeaufforderung ausführen, wird ebenfalls die >>>-Eingabeaufforderung verwendet. Die Eingabeaufforderung `In [1]:` wurde vom Jupyter Notebook eingeführt, einem weiteren beliebten Python-Editor.

Zum Beispiel geben Sie Folgendes neben der Eingabeaufforderung in die interaktive Shell ein:

```
>>> print('Hello, world!')
```

Nachdem Sie die Zeile geschrieben und die [↵]-Taste gedrückt haben, sollte die interaktive Shell Folgendes anzeigen:

```
>>> print('Hello, world!')
Hello, world!
```

Sie haben dem Computer gerade eine Anweisung gegeben, und er hat sie genau so ausgeführt, wie Sie es wollten!

Wie Sie Hilfe finden

Programmierer lernen oft, indem sie im Internet nach Antworten auf ihre Fragen suchen. Das unterscheidet sich deutlich von der Lernweise, die viele Menschen gewohnt sind – nämlich durch einen Lehrer vor Ort, der Vorträge hält und Fragen beantwortet. Das Tolle daran, das Internet als Lernumgebung zu nutzen, ist, dass es ganze Gemeinschaften von Menschen gibt, die Ihnen bei der Lösung Ihrer Probleme helfen. Wahrscheinlich wurden Ihre Fragen sowieso schon beantwortet, und die Antworten warten online darauf, von Ihnen gefunden zu werden. Wenn Sie auf eine Fehlermeldung stoßen oder Schwierigkeiten haben, Ihren Code zum Laufen zu bringen, sind Sie nicht der Erste mit diesem Problem – und eine Lösung zu finden ist einfacher, als Sie vielleicht denken.

Als Beispiel erzeugen wir jetzt absichtlich einen Fehler: Geben Sie `'42' + 3` in die interaktive Shell ein. Sie müssen jetzt nicht wissen, was diese Anweisung bedeutet, aber das Ergebnis sollte wie folgt aussehen:

```
>>> '42' + 3
Traceback (most recent call last): ❶
  File "<pyshell#0>", line 1, in <module>
    '42' + 3
TypeError: can only concatenate str (not "int") to str ❷
>>>
```

Die Fehlermeldung ❷ erscheint, weil Python Ihre Anweisung nicht verstehen konnte. Der Traceback-Teil ❶ der Fehlermeldung zeigt die genaue Anweisung und die Zeilennummer, mit der Python Schwierigkeiten hatte. Wenn Sie sich bei einer bestimmten Fehlermeldung unsicher sind, suchen Sie online danach. Geben Sie **»TypeError: can only concatenate str (not ›int‹) to str«** (einschließlich Anführungszeichen) in Ihre bevorzugte Suchmaschine ein. Sie werden zahlreiche Links finden, die erläutern, was die Fehlermeldung bedeutet und wodurch sie verursacht wird – wie in Abbildung E.2 gezeigt.

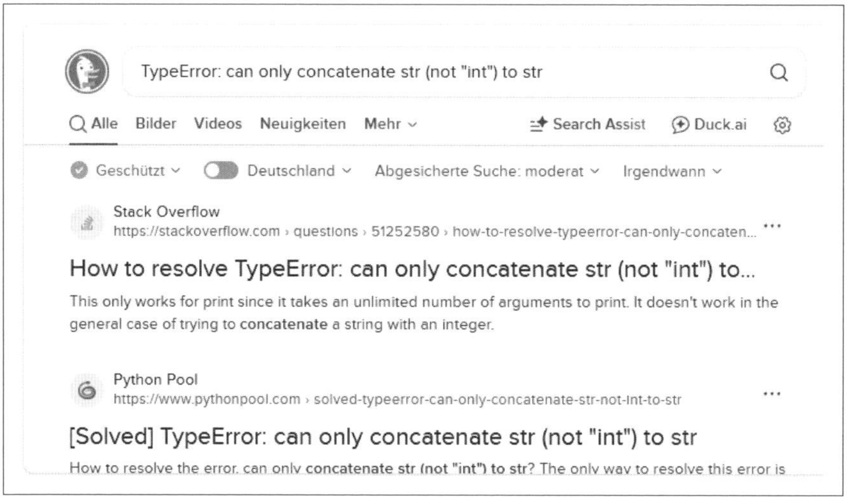

Abb. E.2 *Die Suchmaschinenergebnisse zu einer Fehlermeldung können sehr hilfreich sein.*

Oft werden Sie feststellen, dass jemand bereits dieselbe Frage hatte wie Sie und eine andere hilfsbereite Person diese schon beantwortet hat. Niemand kann alles über Programmierung wissen, daher gehört das Nachschlagen von Antworten auf technische Fragen zum Alltag jeder Softwareentwicklerin und jedes Softwareentwicklers.

Programmierfragen schlau stellen

Falls Sie online keine Antwort finden, versuchen Sie, Ihre Frage in einem Webforum wie Stack Overflow (*https://stackoverflow.com*) oder im Subreddit »learn programming« unter *https://reddit.com/r/learnprogramming* zu stellen. Beachten Sie jedoch, dass es kluge Methoden gibt, Programmierfragen zu stellen, damit andere Ihnen besser helfen können. Lesen Sie zunächst die häufig gestellten Fragen (FAQ) auf diesen Webseiten, um sich mit den Regeln für das Verfassen von Fragen vertraut zu machen.

Wenn Sie Programmierfragen stellen, beachten Sie bitte Folgendes:

- Erklären Sie, was Sie erreichen möchten, nicht nur, was Sie getan haben. So kann Ihre Helferin oder Ihr Helfer besser einschätzen, ob Sie sich vielleicht auf dem falschen Weg befinden.
- Geben Sie genau an, an welcher Stelle der Fehler auftritt. Tritt das Problem direkt beim Start des Programms auf oder erst, nachdem Sie eine bestimmte Aktion ausgeführt haben?

- Kopieren Sie die *gesamte* Fehlermeldung und Ihren Code nach *https://pastebin.com* oder *https://gist.github.com*. Diese Webseiten ermöglichen es Ihnen, umfangreichen Code online zu teilen, ohne dass die Textformatierung verloren geht. Anschließend können Sie die URL des hochgeladenen Codes in Ihre E-Mail oder Ihren Forumsbeitrag einfügen. Zum Beispiel finden Sie hier die Speicherorte einiger von mir veröffentlichter Codes: *https://pastebin.com/2k3LqDsd* und *https://gist.github.com/asweigart/6912168*.
- Erklären Sie, was Sie bereits versucht haben, um Ihr Problem zu lösen. So zeigen Sie anderen, dass Sie sich schon bemüht haben, die Lösung selbst zu finden.
- Nennen Sie die Python-Version, die Sie verwenden. Geben Sie außerdem Ihr Betriebssystem und dessen Versionsnummer an.
- Falls der Fehler nach einer Änderung an Ihrem Code aufgetreten ist, erläutern Sie genau, was Sie geändert haben.
- Geben Sie an, ob Sie den Fehler jedes Mal reproduzieren können, wenn Sie das Programm ausführen, oder ob er nur nach bestimmten Aktionen auftritt. Erläutern Sie in diesem Fall bitte auch, welche Aktionen diesen Fehler auslösen.

Beachten Sie zudem stets eine höfliche Online-Etikette. Zum Beispiel sollten Sie Ihre Fragen nicht komplett in Großbuchstaben schreiben oder unangemessene Forderungen an die Personen stellen, die Ihnen helfen möchten.

Weitere Hinweise dazu, wie Sie Unterstützung bei Programmierfragen erhalten, finden Sie im Blogbeitrag unter *https://author.com/help*. Es bereitet mir Freude, anderen Python näherzubringen. Ich verfasse Programmier-Tutorials in meinem Blog unter *https://inventwithpython.com/blog*. Sie können mir Ihre Fragen (auf Englisch) auch an *al@inventwithpython.com* schicken – häufig erhalten Sie jedoch schneller eine Antwort, wenn Sie sie im Forum *https://reddit.com/r/inventwithpython* stellen.

Bei allgemeinen Fragen, Anregungen oder Wünschen können Sie sich außerdem an den deutschen Rheinwerk Verlag wenden unter *hallo@dpunkt.de*.

Neu in der dritten Auflage

Diese vollständig überarbeitete und aktualisierte Auflage enthält 16 neue Programmierprojekte, mit denen Sie die erlernten Fähigkeiten direkt anwenden können. Sie erhalten eine umfassende Einführung in SQLite und relationale Datenbanken mit der sqlite3-Bibliothek von Python. Sie entdecken, wie Sie Python-Skripte unter Windows, macOS und Linux zu ausführbaren Programmen kompilieren und wie Sie Befehlszeilenprogramme erstellen und ausführen.

Außerdem erfahren Sie, wie Sie PDF-Operationen mit PyPDF und PdfMiner durchführen, zusätzlich zu Selenium auch Playwright zur Steuerung von Webbrowsern einsetzen, Ihre Programme mit Text-to-Speech-Bibliotheken sprechen lassen, mit der Whisper-Bibliothek von OpenAI Transkriptionen aus Audio- und Videodateien erstellen, mit PyTesseract Text aus Bildern extrahieren, Diagramme mit matplotlib erzeugen und vieles mehr.

Zusammenfassung

Für die meisten Menschen ist ihr Computer lediglich ein Gebrauchsgegenstand statt eines Werkzeugs. Wenn Sie jedoch das Programmieren lernen, verschaffen Sie sich Zugang zu einer der mächtigsten Ressourcen der modernen Welt – und Sie werden dabei Freude haben. Programmierung ist keine Gehirnchirurgie: Es ist vollkommen in Ordnung, als Anfänger zu experimentieren und Fehler zu machen.

Dieses Buch setzt keinerlei Programmierkenntnisse voraus und vermittelt Ihnen eine solide Grundlage. Dennoch können bei Ihnen Fragen aufkommen, die über den Rahmen dieses Buches hinausgehen. Vergessen Sie nicht: Effektiv zu fragen und zu wissen, wie Sie Antworten finden, sind auf Ihrem Weg beim Programmieren unschätzbare Fähigkeiten.

Los geht's!

Teil I

Programmiergrundlagen

1

Python-Grundlagen

Die Programmiersprache Python verfügt über eine Vielzahl von syntaktischen Konstrukten, Standardbibliotheksfunktionen und Merkmalen der interaktiven Entwicklungsumgebung. Zum Glück können Sie das meiste davon außer Acht lassen; Sie müssen lediglich genug lernen, um einige nützliche kleine Programme zu schreiben.

Um dies zu erreichen, müssen Sie jedoch einige Programmierkonzepte beherrschen. Wie ein Zauberlehrling mögen Ihnen diese Konzepte zunächst mühsam erscheinen, doch mit etwas Übung werden Sie damit Ihren Computer wie mit einem Zauberstab steuern und beeindruckende Dinge vollbringen können.

Dieses Kapitel enthält einige Beispiele, die Sie dazu ermutigen, Code in der *interaktiven Shell* einzugeben – auch bekannt als die *Read-Evaluate-Print Loop (REPL)*. Diese ermöglicht es Ihnen, Python-Anweisungen einzeln auszuführen (also *laufen zu lassen*) und direkt das Ergebnis zu sehen. Die Nutzung der interaktiven Shell eignet sich hervorragend, um zu verstehen, wie grundlegende Python-Anweisungen funktionieren. Probieren Sie es also aus, während Sie das Kapitel durcharbeiten. Sie erinnern sich an Dinge, die Sie selbst tun, wesentlich besser als an Dinge, die Sie lediglich gelesen haben.

Ausdrücke in die interaktive Shell eingeben

Sie können die interaktive Shell starten, indem Sie den Mu-Editor öffnen. Die Einführung dieses Buchs enthält Anweisungen zum Herunterladen und Installieren. Öffnen Sie unter Windows das Startmenü, geben Sie **Mu** ein und starten Sie die Mu-App. Unter macOS öffnen Sie Ihren Applications-Ordner und doppelklicken auf **Mu**. Klicken Sie auf den Button *Neu* und speichern Sie eine leere Datei als *blank.py*. Wenn Sie diese leere Datei ausführen – entweder per Klick auf den Button *Ausführen* oder durch Drücken von F5 –, öffnet sich die interaktive Shell als neues Fenster unten im Mu-Editor. Sie sollten in der interaktiven Shell eine >>>-Eingabeaufforderung sehen.

Sie können die interaktive Shell auch über das Terminal (unter macOS und Linux) oder das Windows-Terminal (unter Windows; dort können Sie auch die ältere Eingabeaufforderung verwenden) starten. Öffnen Sie eines dieser Terminalfenster und geben Sie **`python`** (unter Windows) bzw. **`python3`** (unter macOS und Linux) ein. Sie sehen dann ebenfalls die >>>-Eingabeaufforderung der interaktiven Shell. Wenn Sie ein Programm ausführen möchten, geben Sie `python` oder `python3` gefolgt vom Namen der *.py*-Datei des Programms ein, zum Beispiel *python blank.py*. Achten Sie darauf, *python* nicht im Terminal von macOS auszuführen, da hierbei auf manchen Versionen von macOS möglicherweise die ältere, nicht mehr kompatible Python-2.7-Version gestartet wird. Sie sehen unter Umständen sogar eine Meldung wie `WARNING: Python 2.7 is not recommended`. Beenden Sie die interaktive Shell von 2.7 und verwenden Sie stattdessen `python3`.

Geben Sie an der Eingabeaufforderung **`2 + 2`** ein, um eine einfache Berechnung von Python durchführen zu lassen. Das Mu-Fenster sollte nun wie folgt aussehen:

```
>>> 2 + 2
4
>>>
```

In Python wird `2 + 2` als ***Ausdruck*** bezeichnet – das ist die grundlegendste Art von Programmieranweisung in der Sprache. Ausdrücke bestehen aus ***Werten*** (wie etwa `2`) und ***Operatoren*** (wie etwa `+`) und lassen sich stets zu einem einzelnen Wert ***auswerten*** (d.h. darauf reduzieren). Das bedeutet: Sie können Ausdrücke überall im Python-Code verwenden, wo Sie auch einen Wert einsetzen könnten.

Im vorherigen Beispiel wird `2 + 2` zu einem einzelnen Wert, nämlich `4`, ausgewertet. Auch ein einzelner Wert ohne Operatoren gilt als Ausdruck, er wird jedoch nur zu sich selbst ausgewertet, wie hier gezeigt:

```
>>> 2
2
```

Der Mu-Editor verfügt über eine REPL-Schaltfläche, die eine interaktive Shell mit einer Eingabeaufforderung wie `In [1]:` anzeigt. Auch der beliebte Jupyter-Notebook-Editor verwendet diese Art von interaktiver Shell. Sie können diese interaktive Shell genauso nutzen wie die normale interaktive Python-Shell mit der >>>-Eingabeaufforderung. REPLs gibt es nicht nur für Python, viele Programmiersprachen bieten ebenfalls REPLs an, sodass Sie mit ihrem Code experimentieren können.

> **Fehler sind in Ordnung!**
> Das Beste an Computern ist, dass sie exakt die Anweisungen ausführen, die Sie ihnen geben. Das ist aber auch ihre größte Schwäche. Computer können keinen gesunden Menschenverstand einsetzen, um zu erkennen, was Sie eigentlich vorhatten. Programme stürzen ab, wenn sie Code enthalten, den der Computer nicht versteht – dann zeigt Python eine Fehlermeldung an. Fehlermeldungen schaden Ihrem Computer jedoch nicht, also fürchten Sie sich nicht davor, Fehler zu machen. Ein Absturz bedeutet lediglich, dass das Programm unerwartet angehalten wurde.
>
> Gewöhnen Sie sich daran, Fehlermeldungen zu sehen, denn Sie werden ihnen immer wieder begegnen – selbst mit jahrzehntelanger Programmiererfahrung. Fehlermeldungen sind oft vage formuliert und sind nicht dafür gedacht, von Anfängern sofort verstanden zu werden. Wenn Sie mehr über einen Fehler wissen möchten, können Sie online nach dem genauen Wortlaut der Fehlermeldung suchen. Beachten Sie, dass im Mu-Editor die Tastenkombination zum Kopieren von markiertem Text im Interaktive-Shell-Fenster in die Zwischenablage [Ctrl]-[⇧]-[C] ist, während Sie im Hauptdateieditor wie gewohnt mit [Ctrl]-[C] kopieren. Sie finden zudem unter *https://nostarch.com/automate-boring-stuff-python-3rd-edition* eine Übersicht über häufige Python-Fehlermeldungen und deren Bedeutungen.

Programmierung beinhaltet einige mathematische Operationen, die Ihnen möglicherweise noch nicht vertraut sind:

- Exponentiation (oder *hoch*) bedeutet, eine Zahl wiederholt mit sich selbst zu multiplizieren, so wie Multiplikation das wiederholte Addieren einer Zahl zu sich selbst ist. Zum Beispiel: *zwei hoch vier* (oder *zwei zur vierten Potenz*), geschrieben als 2^4 oder `2 ** 4`, ist die Zahl zwei, die viermal mit sich selbst multipliziert wird: $2^4 = 2 \times 2 \times 2 \times 2 = 16$.
- Modulararithmetik ähnelt dem Ergebnis des Rests bei einer Division. Zum Beispiel ergibt `14 % 4` den Wert 2, weil 14 geteilt durch 4 gleich 3 mit Rest 2 ist. Obwohl der Modulo-Operator in Python `%` ist, hat Modulararithmetik nichts mit Prozentangaben zu tun.

- Ganzzahldivision entspricht der normalen Division, aber das Ergebnis wird abgerundet. Zum Beispiel ist `25 / 8` gleich `3.125`, aber `25 // 8` ist 3; und `29 / 10` ist `2.9`, aber `29 // 10` ist 2.

Sie können in Python-Ausdrücken auch viele weitere Operatoren verwenden. Zum Beispiel listet Tabelle 1.1 alle mathematischen Operatoren in Python auf.

Operator	Operation	Beispiel	Ergibt ...
`**`	Potenzierung	`2 ** 3`	`8`
`%`	Modulus/Rest	`22 % 8`	`6`
`//`	Ganzzahldivision	`22 // 8`	`2`
`/`	Division	`22 / 8`	`2.75`
`*`	Multiplikation	`3 * 5`	`15`
`-`	Subtraktion	`5 - 2`	`3`
`+`	Addition	`2 + 2`	`4`

Tab. 1.1 *Mathematische Operatoren*

Die *Reihenfolge der Auswertung* (auch ***Priorität*** genannt) der mathematischen Operatoren in Python entspricht weitgehend der Mathematik. Der Operator `**` wird zuerst ausgewertet; die Operatoren `*`, `/`, `//` und `%` werden als Nächstes von links nach rechts ausgewertet, und die Operatoren `+` und `-` werden zuletzt (ebenfalls von links nach rechts) ausgewertet. Sie können Klammern verwenden, um die übliche Priorität der Operatoren außer Kraft zu setzen. Leerzeichen zwischen Operatoren und Werten spielen in Python keine Rolle, abgesehen von der Einrückung am Zeilenanfang. Die *Konvention* – also inoffizielle Regel – besagt jedoch, dass zwischen Operatoren und Werten nur ein Leerzeichen stehen sollte. Geben Sie die folgenden Ausdrücke in die interaktive Shell ein:

```
>>> 2 + 3 * 6
20
>>> (2 + 3) * 6
30
>>> 48565878 * 578453
28093077826734
>>> 2 ** 8
256
>>> 23 / 7
3.2857142857142856
>>> 23 // 7
3
>>> 23 % 7
```

```
2
>>> 2    +         2
4
>>> (5 - 1) * ((7 + 1) / (3 - 1))
16.0
```

In jedem Fall geben Sie den Ausdruck ein; Python übernimmt jedoch die eigentliche Auswertung. Python berechnet nacheinander die Teile des Ausdrucks, bis ein einzelner Wert entsteht:

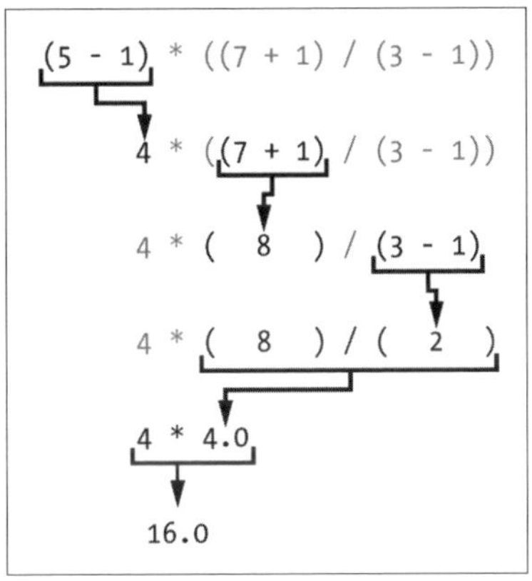

Abb. 1.1 *Python wertet Ausdrücke von innen nach aus, bis ein einzelner Wert übrigbleibt.*

Diese Regeln, nach denen Operatoren und Werte zu Ausdrücken zusammengefügt werden, sind ein grundlegender Bestandteil von Python als Programmiersprache – ähnlich wie die Grammatikregeln, die unsere Kommunikation ermöglichen. Hier ein Beispiel:

- Dies ist ein grammatikalisch korrekter deutscher Satz.
- Dieser grammatikalisch ist Satz nicht deutsch korrekt ein.

Die zweite Zeile ist schwer verständlich, weil sie die deutschen Grammatikregeln nicht beachtet. Ebenso kann Python einen fehlerhaften Befehl nicht verstehen und zeigt eine `SyntaxError`-Fehlermeldung an – wie hier:

```
>>> 5 +
  File "<stdiin>", line 1
    5 +
      ^
SyntaxError: invalid syntax
>>> 42 + 5 + * 2
  File "<stdin>", line 1
    42 + 5 + * 2
             ^
SyntaxError: invalid syntax
```

Ob eine Anweisung funktioniert, können Sie jederzeit testen, indem Sie sie in die interaktive Shell eingeben. Machen Sie sich keine Sorgen, den Computer zu beschädigen – das Schlimmste, was passieren kann, ist, dass Python mit einer Fehlermeldung reagiert. Auch professionelle Softwareentwickler erhalten beim Schreiben von Code ständig Fehlermeldungen.

Die Datentypen Ganzzahl, Fließkommazahl und Zeichenkette

Denken Sie daran, dass Ausdrücke Werte sind, die mit Operatoren kombiniert und immer zu einem einzelnen Wert ausgewertet werden. Ein ***Datentyp*** ist eine Kategorie für Werte, und jeder Wert gehört zu genau einem Datentyp. Die gebräuchlichsten Datentypen in Python sind in Tabelle 1.2 aufgeführt. Die Werte `-2` und `30` sind zum Beispiel *Ganzzahlwerte*. Der Datentyp *Integer* (oder *int*) bezeichnet Werte, die ganze Zahlen sind. Zahlen mit einem Dezimalpunkt, wie `3.14`, nennt man *Fließkommazahlen* (oder *floats*). Beachten Sie, dass der Wert `42` zwar eine Ganzzahl ist, der Wert `42.0` jedoch eine Fließkommazahl wäre. Programmierende verwenden häufig *Number (Zahl)*, um sowohl Ganzzahlen als auch Gleitkommazahlen zusammenzufassen, obwohl *Number* selbst kein Python-Datentyp ist.

Ein subtiler Aspekt von Python ist, dass jede mit einer Ganzzahl und einer Fließkommazahl durchgeführte Rechnung zu einer Fließkommazahl und nicht zu einer Ganzzahl führt. Während `3 + 4` zur Ganzzahl `7` ausgewertet wird, ergibt der Ausdruck `3 + 4.0` die Fließkommazahl `7.0`. Jede Division zweier Ganzzahlen mit dem /-Divisionsoperator ergibt ebenfalls eine Fließkommazahl. Zum Beispiel ergibt `16 / 4` den Wert `4.0` und nicht `4`. In den meisten Fällen spielt diese Unterscheidung für Ihr Programm keine Rolle, aber es ist hilfreich zu wissen, warum Ihre Zahlen plötzlich einen Dezimalpunkt aufweisen können.

Datentyp	Beispiele
Ganzzahl (int)	`-2, -1, 0, 1, 2, 3, 4, 5`
Gleitkommazahl (float)	`-1.25, -1.0, -0.5, 0.0, 0.5, 1.0, 1.25`
Zeichenkette (str)	`'a', 'aa', 'aaa', 'Hallo!', '11 Katzen', '5'`

Tab. 1.2 *Häufige Datentypen*

Python-Programme können auch Textwerte enthalten, sogenannte *Zeichenketten* oder *Strings*, beziehungsweise *strs* (ausgesprochen »stirs«). Umgeben Sie Ihre Zeichenkette stets mit einfachen Anführungszeichen (`'`), wie in `'Hallo'` oder `'Leb wohl, grausame Welt!'`, damit Python den Beginn und das Ende der Zeichenkette erkennt. Sie können sogar eine Zeichenkette ohne Zeichen verwenden:

'' – diese wird als *leere Zeichenkette* oder *empty string* bezeichnet. Zeichenketten werden ausführlich in Kapitel 8 erläutert.

Ihnen könnte die Fehlermeldung `SyntaxError: unterminated string literal` begegnen, wie in folgendem Beispiel:

```
>>> 'Hallo, Welt!
SyntaxError: unterminated string literal (detected at line 1)
```

Dieser Fehler bedeutet in der Regel, dass Sie das abschließende einfache Anführungszeichen am Ende der Zeichenkette vergessen haben.

Zeichenketten: Verkettung und Wiederholung

Die Bedeutung eines Operators kann sich abhängig von den Datentypen der benachbarten Werte ändern. Zum Beispiel ist + der Additionsoperator, wenn er auf zwei Ganzzahlen oder Fließkommazahlen angewendet wird. Wird jedoch + verwendet, um zwei Zeichenkettenwerte zu verknüpfen, fügt der *Zeichenkettenverkettungs*-Operator die Zeichenketten zusammen. Geben Sie Folgendes in die interaktive Shell ein:

```
>>> 'Alice' + 'Bob'
'AliceBob'
```

Der Ausdruck wird zu einem einzelnen, neuen Zeichenkettenwert ausgewertet, der den Text der beiden Zeichenketten zusammenführt. Wenn Sie jedoch versuchen, den +-Operator auf eine Zeichenkette und einen Ganzzahlwert anzuwenden, weiß Python nicht, wie es dies behandeln soll, und zeigt eine Fehlermeldung an:

```
>>> 'Alice' + 42
Traceback (most recent call last):
  File "<python-input-0>", line 1, in <module>
    'Alice' + 42
TypeError: can only concatenate str (not "int") to str
```

Die Fehlermeldung `can only concatenate str (not "int") to str` bedeutet, dass Python angenommen hat, Sie wollten eine Ganzzahl mit der Zeichenkette `'Alice'` verknüpfen. Ihr Code muss die Ganzzahl explizit in eine Zeichenkette umwandeln, da Python dies nicht automatisch tun kann. (Wie Sie zwischen Datentypen konvertieren, erkläre ich im Abschnitt »Das Programm unter der Lupe« auf Seite 64, wenn wir die Funktionen `str()`, `int()` und `float()` besprechen.)

Der *-Operator multipliziert zwei Ganzzahl- oder Fließkommazahlwerte. Wird der *-Operator aber auf einen String und einen Ganzzahlwert angewandt, wird er zum *String-Wiederholung*-Operator. Geben Sie einen mit einer Zahl multiplizierten String in die interaktive Shell ein, um dies in Aktion zu sehen:

```
>>> 'Alice' * 5
'AliceAliceAliceAliceAlice'
```

Der Ausdruck wird zu einem einzelnen String ausgewertet, der den ursprünglichen String so oft wiederholt, wie es dem Ganzzahlwert entspricht. String-Wiederholung ist ein nützlicher Trick, wird jedoch nicht so häufig verwendet wie Strings zu verketten.

Der *-Operator kann nur mit zwei Zahlenwerten (zur Multiplikation) oder mit einem String und einem Ganzzahlwert (für String-Wiederholung) verwendet werden. Andernfalls zeigt Python einfach eine Fehlermeldung an, wie zum Beispiel die folgende:

```
>>> 'Alice' * 'Bob'
Traceback (most recent call last):
  File "<python-input-0>", line 1, in <module>
    'Alice' * 'Bob'
TypeError: can't multiply sequence by non-int of type 'str'
>>> 'Alice' * 5.0
Traceback (most recent call last):
  File "<python-input-0>", line 1, in <module>
    'Alice' * 5.0
TypeError: can't multiply sequence by non-int of type 'float'
```

Es ist nachvollziehbar, dass Python diese Ausdrücke nicht versteht: Sie können zwei Wörter nicht miteinander multiplizieren, und eine Zeichenkette lässt sich schwerlich eine Bruchzahl mal wiederholen.

Ausdrücke, Datentypen und Operatoren mögen Ihnen im Moment noch abstrakt erscheinen. Doch sobald Sie sich mit diesen Konzepten vertraut machen, können Sie immer ausgeklügeltere Programme entwickeln, die Berechnungen mit Daten aus Tabellen, Websites, den Ausgaben anderer Programme und vielen weiteren Quellen durchführen.

Werte in Variablen speichern

Eine *Variable* ist wie eine Box im Speicher Ihres Computers, in der Sie einen einzelnen Wert ablegen können. Wenn Sie das Ergebnis eines ausgewerteten Ausdrucks später in Ihrem Programm verwenden möchten, können Sie es in einer Variablen speichern.

Zuweisungsanweisungen

Sie speichern Werte in Variablen mit einer *Zuweisungsanweisung*. Eine Zuweisungsanweisung besteht aus einem Variablennamen, einem Gleichheitszeichen (dem sogenannten *Zuweisungsoperator*) und dem Wert, der gespeichert werden soll. Wenn Sie die Zuweisungsanweisung `spam = 42` eingeben, wird der Variablen `spam` der Ganzzahlwert `42` zugewiesen.

Stellen Sie sich eine Variable als eine beschriftete Schachtel vor, in die ein Wert gelegt wird; Kapitel 6 zeigt `jedoch` auf, warum ein an den Wert angeheftetes Namensschild vielleicht die passendere Metapher ist. Beides sehen Sie in Abbildung 1.2.

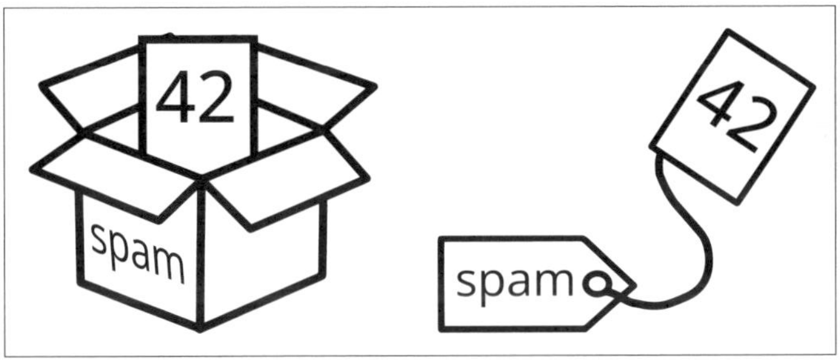

Abb. 1.2 *Der Code `spam = 42` bedeutet für das Programm: »Die Variable `spam` enthält nun den Ganzzahlwert 42.«*

Zum Beispiel geben Sie Folgendes in die interaktive Shell ein:

```
>>> spam = 40 ➊.
>>> spam
40
>>> eggs = 2
>>> spam + eggs ➋
42
>>> spam + eggs + spam
82
>>> spam = spam + 2 ➌
>>> spam
42
```

Eine Variable wird *initialisiert* (oder erstellt), wenn ihr zum ersten Mal ein Wert zugewiesen wird ➊. Anschließend können Sie sie in Ausdrücken mit anderen Variablen und Werten verwenden ➋. Wird einer Variablen ein neuer Wert zugewiesen ➌, geht der alte Wert verloren. Daher ergibt `spam` am Ende des Beispiels `42` anstelle von `40`. Dies nennt man das *Überschreiben* der Variablen. Geben Sie den folgenden Code in die interaktive Shell ein, um das Überschreiben einer Zeichenkette auszuprobieren:

```
>>> spam = 'Hello'
>>> spam
'Hello'
>>> spam = 'Goodbye'
>>> spam
'Goodbye'
```

Genau wie die Box in Abbildung 1.2 speichert die Variable `spam` in Abbildung 1.3 `'Hello'`, bis Sie den String durch `'Goodbye'` ersetzen.

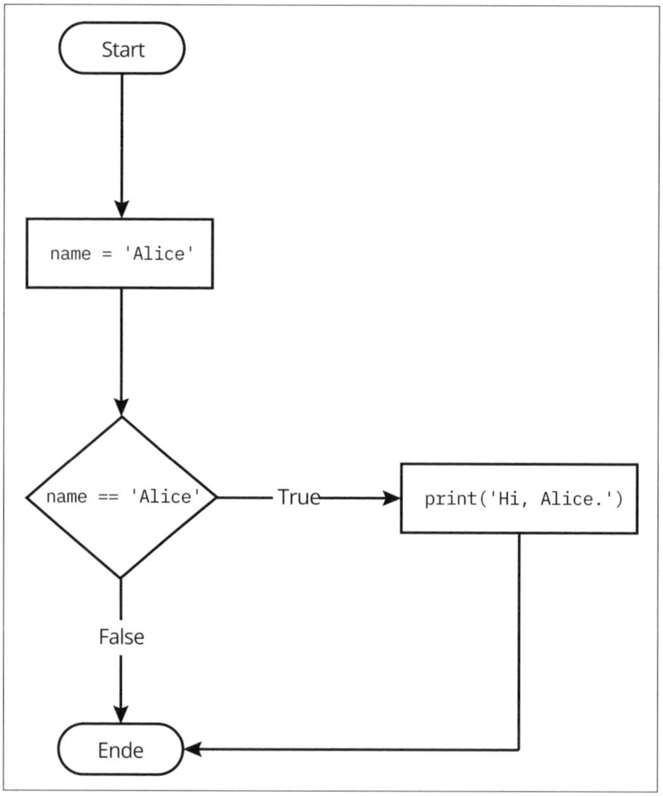

Abb. 1.3 *Wird einer Variablen ein neuer Wert zugewiesen, wird der alte vergessen.*

Sie können sich das Überschreiben einer Variablen auch so vorstellen, dass Sie das Namensschild einem neuen Wert zuweisen.

Variablennamen

Ein guter Variablenname beschreibt die Daten, die er enthält. Stellen Sie sich vor, Sie ziehen in ein neues Haus und beschriften alle Ihre Umzugskartons mit *Kram*. Sie würden nie etwas finden! Die meisten Beispiele in diesem Buch (ebenso wie die Python-Dokumentation) verwenden allgemeine Variablennamen wie `spam`, `eggs` und `bacon`, die aus dem »Spam«-Sketch von Monty Python stammen. Doch in Ihren Programmen helfen beschreibende Namen dabei, Ihren Code lesbarer zu machen.

Sie können Ihren Variablen zwar fast beliebige Namen geben, jedoch gibt es in Python einige Regeln für die Namensgebung. Ihr Variablenname muss die folgenden vier Regeln einhalten:

- Er darf keine Leerzeichen enthalten.
- Er darf nur Buchstaben, Zahlen und den Unterstrich (_) enthalten.
- Er darf nicht mit einer Zahl beginnen.
- Er darf kein Python-Schlüsselwort sein, wie zum Beispiel `if`, `for`, `return` oder andere, die Sie in diesem Buch noch kennenlernen werden.

Tabelle 1.3 zeigt Beispiele für zulässige Variablennamen.

Gültige Variablennamen	Ungültige Variablennamen
`current_balance`	`current-balance` (Bindestriche sind nicht erlaubt)
`currentBalance`	`current balance` (Leerzeichen sind nicht erlaubt)
`account4`	`4account` (darf nicht mit einer Zahl beginnen)
`_42`	`42` (kann mit einem Unterstrich, aber nicht mit einer Zahl beginnen)
`TOTAL_SUM`	`TOTAL_$UM` (Sonderzeichen wie $ sind nicht erlaubt)
`hallo`	`'hallo'` (Sonderzeichen wie ' sind nicht erlaubt)

Tab. 1.3 *Gültige und ungültige Variablennamen*

Variablennamen sind groß- und kleinschreibungssensitiv, das bedeutet, `spam`, `SPAM`, `Spam` und `sPaM` sind vier verschiedene Variablen. Es ist in Python üblich, Variablen mit einem Kleinbuchstaben zu beginnen: `spam` statt `Spam`.

Coding Style – Meinungen und PEP 8

Frühere Ausgaben dieses Buchs verwendeten camelCase anstelle von Unterstrichen, um Wörter in Variablennamen zu trennen; das heißt, Variablen sahen `WieDies` aus (Fachbegriff *Binnenmajuskel*), statt `wie_dies_auszusehen`. Die letztere Form wird snake_case genannt, weil die Unterstriche zwischen den Wörtern wie kleine Schlangen aussehen (während die Großbuchstaben in camelCase an die Höcker eines Kamels erinnern). Einige erfahrene Programmierer weisen darauf hin, dass das offizielle Python-Code-Stildokument, PEP 8, die Verwendung von Unterstrichen empfiehlt. Ich bevorzuge ganz klar camelCase und verweise zur Begründung auf den Abschnitt »A Foolish Consistency Is the Hobgoblin of Little Minds« in PEP 8 selbst:

> *Konsistenz mit dem Styleguide ist wichtig. Aber am wichtigsten: Sie sollten wissen, wann Ausnahmen angebracht sind – manchmal ist der Styleguide nicht anwendbar. Im Zweifel vertrauen Sie Ihrem eigenen Urteil.*

Dem Computer ist es egal, welchen Stil Sie wählen, und PEP 8 ist keine in Stein gemeißelte, unumstößliche Vorschrift. Welchen Stil Sie auch verwenden – entscheidend ist, dass Sie ihn konsequent beibehalten. Um dies zu verdeutlichen, habe ich den Code in diesem Buch auf snake_case umgestellt, denn letztlich spielt es keine Rolle.

Ihr erstes Programm

Die interaktive Shell eignet sich gut, um einzelne Python-Anweisungen auszuführen. Um jedoch ganze Programme zu schreiben, geben Sie die Anweisungen im Dateieditor ein. Der *Dateieditor* ähnelt Texteditoren wie Notepad und TextMate, bietet jedoch zusätzliche Funktionen, die speziell für die Eingabe von Quellcode entwickelt wurden. Um eine neue Datei in Mu zu öffnen, klicken Sie oben auf die Schaltfläche *Neu*.

Die dann angezeigte Registerkarte enthält einen Cursor, der auf Ihre Eingabe wartet. Sie unterscheidet sich jedoch von der interaktiven Shell, die Python-Anweisungen sofort ausführt, sobald Sie die [↵]-Taste drücken. Im Dateieditor können Sie zahlreiche Anweisungen eingeben, die Datei speichern und das Programm ausführen. So erkennen Sie den Unterschied zwischen beiden:

- Die interaktive Shell ist immer das Fenster mit dem >>>- oder `In [1]:`-Prompt.
- Der Dateieditor enthält keinen >>>- oder `In [1]:`-Prompt.

Nun ist es Zeit, Ihr erstes Programm zu erstellen! Wenn das Fenster des Dateieditors geöffnet ist, geben Sie Folgendes ein:

```
# Dieses Programm sagt Hallo und fragt nach meinem Namen.

print('Hallo, Welt!')
print('Was ist dein Name?')  # Nach dem Namen fragen.
```

```
mein_name = input('>')
print('Es ist schön, dich kennenzulernen, ' + mein_name)
print('Die Länge deines Namens beträgt:')
print(len(mein_name))
print('Wie alt bist du?')  # Fragt nach Ihrem Alter.
mein_alter = input('>')
print('In einem Jahr bist du ' + str(int(mein_alter) + 1) + '.')
```

Nachdem Sie Ihren Quellcode eingegeben haben, speichern Sie ihn, damit Sie ihn nicht bei jedem Start von Mu erneut eingeben müssen. Klicken Sie auf *Speichern*, geben Sie *hello.py* im Feld *Dateiname* ein und klicken Sie anschließend auf *Speichern*.

Speichern Sie Ihre Programme regelmäßig, während Sie daran arbeiten. So verlieren Sie keinen Code, falls der Computer abstürzt oder Sie Mu versehentlich schließen. Als Tastenkombination können Sie unter Windows und Linux [Strg]-[S] oder unter macOS [cmd]-[S] drücken, um Ihre Datei zu speichern.

Nachdem Sie gespeichert haben, führen wir unser Programm aus. Drücken Sie [F5] oder klicken Sie auf die Schaltfläche *Ausführen*. Geben Sie Ihren Namen ein, wenn Ihr Programm Sie dazu auffordert. Die Ausgabe des Programms in der interaktiven Shell sollte ungefähr wie folgt aussehen:

```
Hallo, Welt!
Was ist dein Name?
>Al
Es freut mich, dich kennenzulernen, Al.
Die Länge deines Namens ist:
2
Wie alt bist du?
>4
In einem Jahr bist du 5 Jahre alt.
>>>
```

Sind keine weiteren Codezeilen mehr auszuführen, *beendet* das Python-Programm seine Ausführung, das heißt, es läuft nicht weiter. (Sie können auch sagen, das Python-Programm *wird beendet.*) Nach Beendigung des Programms zeigt der Mu-Editor wieder den >>>-Prompt der interaktiven Shell an, falls Sie weiteren Python-Code eingeben möchten.

Sie können den Dateieditor schließen, indem Sie auf das *X* am Tab der Datei klicken – genauso, wie Sie einen Browser-Tab schließen. Um ein gespeichertes Programm erneut zu laden, wählen Sie im Menü *Laden*. Dann wählen Sie im daraufhin erscheinenden Fenster *hello.py* aus und klicken Sie auf die Schaltfläche *Öffnen*. Ihr zuvor gespeichertes *hello.py*-Programm sollte sich im Dateieditor öffnen.

Sie können die schrittweise Ausführung eines Programms mit dem Visualisierungstool Python Tutor unter *http://pythontutor.com* ansehen. Klicken Sie auf die Vorwärtsschaltfläche, um Schritt für Schritt durch die Programmausführung zu gehen. Sie können beobachten, wie sich die Werte der Variablen und die Ausgabe verändern.

Das Programm unter der Lupe

Öffnen Sie Ihr neues Programm im Dateieditor und sehen wir uns anhand der einzelnen Codezeilen kurz an, welche Anweisungen Python verwendet.

Kommentare

Die folgende Zeile wird als *Kommentar* bezeichnet:

```
# Dieses Programm sagt Hallo und fragt nach meinem Namen.
```

Python ignoriert Kommentare. Sie können sie als Notizen oder Erinnerungen daran nutzen, was Ihr Code bewirken soll. Jeder Text ab einer Raute (#) zählt für den Rest der Zeile als Kommentar.

Mitunter setzen Programmierer ein # vor eine Codezeile, um sie während des Testens eines Programms vorübergehend zu entfernen. Dies nennt man Code *auskommentieren*, und es ist hilfreich, wenn Sie herausfinden möchten, warum ein Programm nicht funktioniert. Sie können das # später entfernen, wenn Sie die Zeile wieder einfügen möchten.

Python ignoriert auch die Leerzeile nach dem Kommentar. Sie können Ihrem Programm so viele Leerzeilen hinzufügen, wie Sie möchten. Diese Abstände können Ihren Code leichter lesbar machen – wie Absätze in einem Buch.

Die Funktion print()

Die Funktion `print()` zeigt den Zeichenkettenwert in ihren Klammern auf dem Bildschirm an:

```
print('Hallo, Welt!')
print('Was ist dein Name?')  # Nach dem Namen fragen.
```

Die Zeile `print('Hallo, Welt!')` bedeutet: »Gib den Text des Strings `'Hallo, Welt!'` aus.« Wenn Python diese Zeile ausführt, sagen Sie, dass Python die `print()`-Funktion *aufrufen* soll und der String an die Funktion *übergeben* wird. Ein Wert, der an einen Funktionsaufruf übergeben wird, ist ein *Argument*. Beachten Sie, dass die Anführungszeichen nicht auf dem Bildschirm ausgegeben werden. Sie markieren lediglich den Anfang und das Ende der Zeichenkette, sie sind nicht Teil des Textes des Zeichenkettenwerts.

Hinweis

Mit dieser Funktion können Sie auch eine Leerzeile auf dem Bildschirm anzeigen. Rufen Sie `print()` auf, ohne etwas zwischen die Klammern zu schreiben.

Wenn Sie einen Funktionsnamen schreiben, zeigen die öffnende und schließende Klammer am Ende, dass es sich um eine Funktion handelt. Deshalb sehen Sie in diesem Buch `print()` statt `print`. Es ist Standard, zwischen dem Funktionsnamen und der öffnenden Klammer kein Leerzeichen zu setzen, auch wenn Python dies nicht verlangt. Kapitel 3 behandelt Funktionen ausführlicher.

Die Funktion input()

Die Funktion `input()` wartet darauf, dass Sie Text auf der Tastatur eingeben und die [↵]-Taste drücken:

```
mein_name = input('>')
```

Dieser Funktionsaufruf wird zu einem Sting ausgewertet, die mit Ihrem eingegebenen Text identisch ist; der restliche Code weist der Variablen `mein_name` diesen Zeichenkettenwert zu. Die an die Funktion übergebene Zeichenkette `'>'` bewirkt, dass der >-Prompt angezeigt wird. Sie zeigt an, dass Sie nun etwas eingeben sollen. Ihre Programme müssen der Funktion `input()` keinen String übergeben; wenn Sie `input()` aufrufen, wartet das Programm auf Ihre Eingabe, ohne einen Prompt anzuzeigen.

Die Prompts > und >>>

Sie können der `input()`-Funktion jeden beliebigen String übergeben, um den Prompt anzupassen, der beim Ausführen Ihres Programms erscheint. Wenn Sie `input('>')` aufrufen, erscheint ein Größer-als-Zeichen > auf dem Bildschirm. Dies unterscheidet sich von >>>, wie es in der interaktiven Shell Pythons erscheint. In diesem Buch kennzeichnet >>> eine Reaktion in der Python-Shell, während > eine Rückmeldung für ein Programm angibt, das `input('>')` verwendet. Meine Wahl von `'>'` war zufällig; Sie können jeden beliebigen Prompt verwenden – oder auch ganz darauf verzichten.

Sie können den Aufruf der Funktion `input()` als einen Ausdruck betrachten, der zu genau dem String ausgewertet wird, den der Benutzer eingegeben hat. Wenn der Benutzer `'Al'` eingibt, entspricht die Zuweisungsanweisung effektiv `mein_name = 'Al'`.

Falls Sie `input()` aufrufen und eine Fehlermeldung wie `NameError: name 'Al' is not defined` erhalten, liegt das daran, dass Sie den Code mit Python 2 statt mit Python 3 ausführen.

Die Begrüßungsnachricht

Der folgende Aufruf von `print()` enthält den Ausdruck `'Es ist schön, dich kennenzulernen, ' + mein_name` in den Klammern:

```
print('Es ist schön, dich kennenzulernen, ' + mein_name)
```

Denken Sie daran, dass Ausdrücke stets zu einem einzelnen Wert ausgewertet werden können. Wenn `'Al'` der Wert ist, der in `mein_name` gespeichert wurde, wird dieser Ausdruck zu `'Es ist schön, dich kennenzulernen, Al'` ausgewertet. Dieser einzelne String wird dann an `print()` übergeben, das ihn auf dem Bildschirm ausgibt.

Die Funktion len()

Sie können der Funktion `len()` einen String (oder eine Variable, die einen String enthält) übergeben; die Funktion wertet dann die Anzahl der Zeichen in dieser Zeichenkette als Ganzzahlwert aus:

```
print('Die Länge deines Namens beträgt:')
print(len(mein_name))
```

Geben Sie Folgendes in die interaktive Shell ein, um dies auszuprobieren:

```
>>> len('hallo')
5
>>> len('Man verachte einen Menschen in seinem Unglück nie.')
50
>>> len('')
0
```

Ebenso wie in diesen Beispielen wertet `len(mein_name)` zu einer Ganzzahl aus. Wir sagen, dass der Funktionsaufruf `len()` diese Zahl *zurückgibt* oder *ausgibt*, und der Wert ist der *Rückgabewert* des Funktionsaufrufs. Anschließend wird der Wert an `print()` übergeben, um auf dem Bildschirm angezeigt zu werden. Der Funktion `print()` können Sie sowohl Zahlen als auch Strings übergeben. Beachten Sie jedoch die Fehlermeldung, die erscheint, wenn Sie Folgendes in der interaktiven Shell eingeben:

```
>>> print('Ich bin ' + 29 + ' Jahre alt.')
Traceback (most recent call last):
  File "<python-input-0>", line 1, in <module>
    print('Ich bin ' + 29 + ' Jahre alt.')
TypeError: can only concatenate str (not "int") to str
```

Nicht die Funktion `print()` verursacht diesen Fehler, sondern der Ausdruck, den Sie an `print()` übergeben wollten. Sie erhalten die gleiche Fehlermeldung, wenn Sie den Ausdruck direkt in die interaktive Shell eingeben:

```
>>> 'Ich bin ' + 29 + ' Jahre alt.'
Traceback (most recent call last):
  File "<python-input-0>", line 1, in <module>
    'Ich bin ' + 29 + ' Jahre alt.'
TypeError: can only concatenate str (not "int") to str
```

Python zeigt eine Fehlermeldung an, da der Operator + nur verwendet werden kann, um zwei Zahlen zu addieren oder zwei Strings zu verknüpfen. Sie können keine Ganzzahl zu einer Zeichenkette addieren, da das in Python nicht zulässig ist. Dieses Problem können Sie lösen, indem Sie stattdessen eine Zeichenkettenversion der Ganzzahl verwenden, wie im nächsten Abschnitt erläutert.

Die Funktionen str(), int() und float()

Wenn Sie eine Zahl wie 29 mit einem String verknüpfen und an `print()` übergeben möchten, benötigen Sie den Wert `'29'` – also die Zeichenkettenform von 29. Der Funktion `str()` können Sie einen Zahlenwert übergeben; sie liefert daraufhin die Zeichenkettenversion dieser Zahl zurück:

```
>>> str(29)
'29'
>>> print('Ich bin ' + str(29) + ' Jahre alt.')
I am 29 years old.
```

Da `str(29)` zu `'29'` ausgewertet wird, ergibt der Ausdruck `'Ich bin ' + str(29) + ' Jahre alt.'` zunächst `'Ich bin ' + '29' + ' Jahre alt.'` und schließlich `'Ich bin 29 Jahre alt.'`. Dies ist der String, der an die Funktion `print()` übergeben wird.

Die Funktionen `str()`, `int()` und `float()` geben jeweils die Zeichenketten-, Ganzzahl- beziehungsweise Fließkommazahlenform des übergebenen Wertes zurück. Probieren Sie aus, einige Werte in der interaktiven Shell mit diesen Funktionen zu konvertieren, und beobachten Sie das Ergebnis:

```
>>> str(0)
'0'
>>> str(-3.14)
'-3.14'
>>> int('42')
42
>>> int('-99')
-99
>>> int(1.25)
1
>>> int(1.99)
1
>>> float('3.14')
3.14
>>> float(10)
10.0
```

In den vorherigen Beispielen haben Sie die Funktionen `str()`, `int()` und `float()` aufgerufen und ihnen Werte anderer Datentypen übergeben, um einen String, Ganzzahl oder Fließkommazahl dieser Werte zu erhalten.

Die Funktion `str()` ist besonders praktisch, wenn Sie eine Ganzzahl oder Fließkommazahl mit einer Zeichenkette verknüpfen möchten. Auch die Funktion `int()` ist nützlich, wenn Sie eine Zahl als String vorliegen haben, den Sie für Berechnungen verwenden möchten. Zum Beispiel gibt die Funktion `input()` stets einen String zurück, selbst wenn die Nutzerin oder der Nutzer eine Zahl eingibt. Geben Sie **`spam = input()`** in der interaktiven Shell ein und dann **`101`**, wenn Sie zur Eingabe aufgefordert werden:

```
>>> spam = input()
101
>>> spam
'101'
```

Der in `spam` gespeicherte Wert ist nicht die Ganzzahl `101`, sondern der String `'101'`. Wenn Sie mit dem Wert in `spam` rechnen möchten, verwenden Sie die Funktion `int()`, um ihn in Form einer Ganzzahl zu erhalten, und speichern Sie diesen anschließend als neuen Wert der Variablen. Wenn `spam` der String `'101'` ist, dann wird der Ausdruck `int(spam)` zur Ganzzahl `101` ausgewertet, und die Zuweisungsanweisung `spam = int(spam)` ist gleichbedeutend mit `spam = 101`:

```
>>> spam = int(spam)
>>> spam
101
```

Nun können Sie die Variable spam als Ganzzahl statt als String behandeln:

```
>>> spam * 10 / 5
202.0
```

Beachten Sie: Wenn Sie einen Wert an int() übergeben, den Python nicht als Ganzzahl auswerten kann, erscheint eine Fehlermeldung:

```
>>> int('99.99')
Traceback (most recent call last):
  File "<python-input-0>", line 1, in <module>
    int('99.99')
ValueError: invalid literal for int() with base 10: '99.99'
>>> int('zwölf')
Traceback (most recent call last):
  File "<python-input-0>", line 1, in <module>
    int('zwölf')
ValueError: invalid literal for int() with base 10: 'zwölf'
```

Die int()-Funktion ist außerdem hilfreich, wenn Sie eine Fließkommazahl abrunden möchten:

```
>>> int(7.7)
7
>>> int(7.7) + 1
8
```

In den letzten drei Zeilen Ihres Programms haben Sie die Funktionen int() und str() eingesetzt, um einen Wert des passenden Datentyps für den Code zu erhalten:

```
print('Wie alt bist du?')  # Fragt nach Ihrem Alter.
my_age = input('>')
print('In einem Jahr bist du ' + str(int(my_age) + 1) + '.')
```

Die Variable my_age enthält den von input() zurückgegebenen Wert. Da die Funktion input() immer einen String zurückgibt (selbst wenn der Nutzer eine Zahl eingibt), können Sie mit dem Code int(my_age) den Ganzzahlwert des Strings in my_age erhalten. Dieser Zahlenwert wird dann im Ausdruck int(my_age) + 1 um 1 erhöht.

Gleichheit von Text und Zahlen

Obwohl der Zeichenkettenwert einer Zahl als völlig anderer Wert als die Ganzzahl- oder Fließkommazahl-Version gilt, kann eine Ganzzahl einer Fließkommazahl gleich sein:

```
>>> 42 == '42'
False
>>> 42 == 42.0
True
>>> 42.0 == 0042.000
True
```

Python behandelt das besonders, weil Strings Text sind, während Ganzzahlen und Fließkommazahlen beides Zahlen darstellen.

Das Ergebnis dieser Addition wird an die `str()`-Funktion übergeben: `str(int(my_age) + 1)`. Der zurückgegebene String wird anschließend mit den Strings `'In einem Jahr bist du '` und `'.'` verknüpft, sodass daraus ein einzelner langer String entsteht. Dieser lange String wird schließlich für die Bildschirmausgabe an `print()` übergeben.

Angenommen, der Benutzer gibt die Zeichenkette `'4'` für `my_age` ein. Die Auswertungsschritte würden ungefähr folgendermaßen aussehen:

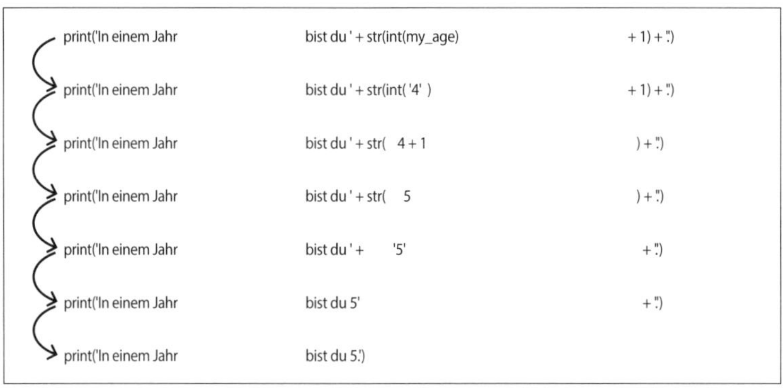

Der String `'4'` wird in eine Ganzzahl umgewandelt, damit Sie `1` addieren können. Das Ergebnis ist `5`. Die Funktion `str()` wandelt das Ergebnis zurück in einen String, damit es mit dem zweiten String, `'.'`, verknüpft werden kann, um die finale Nachricht zu erstellen.

Die Funktion type()

Ganzzahl-, Fließkomma- und String-Werte sind nicht die einzigen Datentypen in Python. Wenn Sie tiefer in die Programmierung einsteigen, begegnen Ihnen möglicherweise auch Werte anderer Typen. Sie können diese Werte jederzeit an die

Funktion `type()` übergeben, um ihren Typ zu bestimmen. Zum Beispiel geben Sie Folgendes in die interaktive Shell ein:

```
>>> type(42)
<class 'int'>
>>> type(42.0)
<class 'float'>
>>> type('forty two')
<class 'str'>
>>> name = 'Zophie'
>>> type(name)  # Die Variable name hat einen Wert vom Typ str.
<class 'str'>
>>> type(len(name))  # Die Funktion len() gibt Ganzzahlwerte zurück.
<class 'int'>
```

Sie können nicht nur beliebige Werte an `type()` übergeben, sondern – wie bei jedem Funktionsaufruf – auch jede Variable oder jeden Ausdruck, um den Datentyp des dabei errechneten Werts zu bestimmen. Die Funktion `type()` liefert selbst Werte zurück, aber die spitzen Klammern bedeuten, dass dies kein syntaktisch korrekter Python-Code ist; Sie können keinen Code wie `spam = <class 'str'>` ausführen.

Die Funktionen round() und abs()

Lassen Sie uns zwei weitere Python-Funktionen anschauen, die wie die Funktion `len()` ein Argument bekommen und einen Wert zurückgeben. Die Funktion `round()` nimmt eine Fließkommazahl entgegen und gibt die nächstgelegene Ganzzahl zurück. Geben Sie Folgendes in der interaktiven Shell ein:

```
>>> round(3.14)
3
>>> round(7.7)
8
>>> round(-2.2)
-2
```

Die Funktion `round()` nimmt auch ein optionales zweites Argument entgegen, das angibt, auf wie viele Dezimalstellen gerundet werden soll. Geben Sie Folgendes in die interaktive Shell ein:

```
>>> round(3.14, 1)
3.1
>>> round(7.7777, 3)
7.778
```

Das Verhalten beim Runden von Hälften ist etwas ungewöhnlich. Der Aufruf `round(3.5)` rundet auf 4 auf, während `round(2.5)` auf 2 abrundet. Bei Zahlen, die auf `.5` enden, wird zur nächstgelegenen geraden Ganzzahl gerundet. Dies nennt man *symmetrisches* oder *mathematisches Runden* oder im Englischen *Banker's Rounding* oder *round to nearest even*. Beachten Sie den Unterschied zum *kaufmännischen Runden*, bei dem bei `.5` immer zur nächstgrößeren Zahl gerundet wird.

Die Funktion `abs()` liefert den Absolutwert des Zahlenarguments. In der Mathematik ist das als Abstand zu 0 definiert, aber ich finde es anschaulicher, einfach an die positive Form der Zahl zu denken. Geben Sie Folgendes in der interaktiven Shell ein:

```
>>> abs(25)
25
>>> abs(-25)
25
>>> abs(-3.14)
3.14
>>> abs(0)
0
```

Python enthält viele verschiedene Funktionen, die Sie in diesem Buch kennenlernen werden. In diesem Abschnitt erfahren Sie, wie Sie in der interaktiven Shell mit ihnen experimentieren können, um ihr Verhalten bei unterschiedlichen Eingaben zu beobachten. Dies ist eine bewährte Methode, um den neu erlernten Code zu üben.

Wie Computer Daten in Binärzahlen speichern

Das genügt fürs Erste an Python-Code. Vielleicht erscheint Ihnen Programmierung jetzt fast schon magisch: Woher weiß der Computer, dass er `2 + 2` in 4 verwandeln soll? Die vollständige Antwort ist zu komplex für dieses Buch, aber ich kann einen Teil davon erläutern, indem ich beschreibe, welche Rolle Binärzahlen (Zahlen nur mit den Ziffern 1 und 0) beim Rechnen spielen.

Hacking-Szenen in Filmen zeigen häufig Fluten von Einsen und Nullen, die sich über den Bildschirm ergießen. Das wirkt geheimnisvoll und beeindruckend, aber was bedeuten diese Einsen und Nullen eigentlich? Die Antwort: Das Binärsystem ist das einfachste Zahlensystem und lässt sich mit günstigen Bauteilen für Computerhardware realisieren. Binär, auch bekannt als *Zahlensystem zur Basis 2*, kann dieselben Zahlen darstellen wie unser vertrauteres dezimales *Zahlensystem zur Basis 10*. Das Dezimalsystem nutzt zehn Ziffern, von 0 bis 9. Tabelle 1.4 zeigt die ersten 27 Ganzzahlen in Dezimal- und Binärschreibweise.

Dezimal	Binär	Dezimal	Binär	Dezimal	Binär
0	0	9	1001	18	10010
1	1	10	1010	19	10011
2	10	11	1011	20	10100
3	11	12	1100	21	10101
4	100	13	1101	22	10110
5	101	14	1110	23	10111
6	110	15	1111	24	11000
7	111	16	10000	25	11001
8	1000	17	10001	26	11010

Tab. 1.4 *Dezimalzahlen und ihre entsprechenden Binärzahlen*

Betrachten Sie diese Zahlensysteme wie einen mechanischen Kilometerzähler, wie in Abbildung 1.4. Sobald Sie die letzte Ziffer erreichen, wird sie auf 0 zurückgesetzt und der Wert der nächsthöheren Ziffer um eins erhöht. Im Dezimalsystem ist die letzte Ziffer 9, im Binärsystem die 1. Deshalb folgt auf die Dezimalzahl 9 die 10 und auf 999 die 1000. Entsprechend folgt auf die Binärzahl 1 die 10 und auf 111 die 1000. Jedoch steht *10* im Binärsystem nicht für die gleiche Menge wie *zehn* im Dezimalsystem; stattdessen steht es für *zwei*. Und *1000* im Binärsystem bedeutet nicht *tausend* im Dezimalsystem, sondern *acht*. Unter *https://inventwithpython.com/odometer* können Sie einen interaktiven binären und dezimalen Kilometerzähler ansehen.

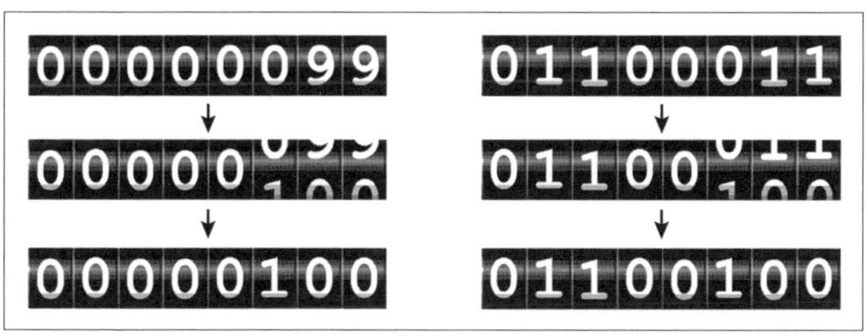

Abb. 1.4 *Ein mechanischer Kilometerzähler in dezimal (links) und in binär (rechts)*

Die Darstellung von Binärzahlen mit Computerhardware ist einfacher als die von Dezimalzahlen, weil nur zwei Zustände dargestellt werden müssen. Zum Beispiel besitzen Blu-ray-Discs und DVDs glatte *lands* und eingekerbte *pits* auf ihrer Oberfläche, die das Laserlicht des Disc-Players jeweils reflektieren oder nicht reflektieren. Schaltkreise können entweder elektrischen Strom führen oder keinen Strom leiten. All diese verschiedenen Hardwarestandards haben Möglichkeiten, zwei verschiedene Zustände darzustellen. Es wäre dagegen teuer, hochwertige elektronische Komponenten herzustellen, die empfindlich genug sind, um zuverlässig zwischen zehn unterschiedlichen Spannungsniveaus zu unterscheiden. Es ist wirtschaftlicher, einfache Komponenten zu verwenden, und zwei binäre Zustände sind dabei die einfachste Lösung.

Die Binärziffern werden kurz *bits* genannt. Ein einzelnes Bit kann zwei Zahlen darstellen, und 8 Bit (oder 1 *Byte*) können 2^8 bzw. 256 Zahlen repräsentieren, nämlich im Dezimalsystem von 0 bis 255 oder im Binärsystem von 0 bis 11111111. Das ist vergleichbar damit, dass eine einzelne Dezimalziffer zehn Zahlen (0 bis 9) abbilden kann, während eine achtstellige Dezimalzahl 10^8 beziehungsweise 100.000.000 Zahlen (0 bis 99.999.999) umfasst. Die Größe von Dateien auf Ihrem Computer wird daran gemessen, wie viele Bytes sie beanspruchen:

- Ein Kilobyte (KiB) entspricht 2^{10} oder 1024 Bytes.
- Ein Megabyte (MiB) entspricht 2^{20} oder 1.048.576 Bytes (oder 1024 KiB).
- Ein Gigabyte (GiB) entspricht 2^{30} oder 1.073.741.824 Bytes (oder 1024 MiB).
- Ein Terabyte (TiB) entspricht 2^{40} oder 1.099.511.627.776 Bytes (oder 1024 GiB).

Eine kurze Anmerkung: Häufig werden die Einheiten KB, MB, GB usw. auf Basis von 1000 statt 1024 verwendet. Das sind auch die offiziellen internationalen SI-Abkürzungen. Wenn es nicht genau drauf ankommt, können Sie auch KB, MB etc. für die 1024er-Skala verwenden – so werde ich es auch in diesem Buch halten.

Der Text von Shakespeares *Romeo und Julia* umfasst etwa 135 KB. Ein hochauflösendes Foto benötigt etwa 2 MB bis 5 MB Speicherplatz. Ein Film kann, abhängig von der Bildqualität und der Länge, zwischen 1 GB und 50 GB groß sein. Festplatten- und Flashspeicherhersteller nutzen die Unterschiede zwischen TB und TiB und unseren schwammigen Umgang mit den Begriffen aus. Da zum Beispiel ein TB 1.000.000.000.000 Byte hat und ein TiB aber 1.099.511.627.776 Byte, macht es sich besser, die Platte als 10 TB statt als 9,09 TiB zu bewerben.

Die Einsen und Nullen des Binärsystems können nicht nur jede Ganzzahl, sondern auch jede beliebige Datenform abbilden. Statt von 0 bis 255 kann ein Byte mithilfe eines Systems namens *zwei-Komplement* die Zahlen von –128 bis 127 darstellen. Brüche und Fließkommazahlen lassen sich im Binärsystem mit einem Verfahren namens *IEEE-754* darstellen.

Auch Text lässt sich auf Computern als Binärzahlen speichern, indem jedem Buchstaben, Satzzeichen oder Symbol eine eindeutige Zahl zugeordnet wird. Ein System, das Text als Zahlen darstellt, nennt man *Kodierung*. Die beliebteste Kodierung für Text ist UTF-8. In UTF-8 wird ein Großbuchstabe *A* durch die Dezimalzahl 65 dargestellt (oder 01000001 als 8-stellige binäre Zahl), ein *?* (Fragezeichen) durch die Zahl 63 und das Ziffernzeichen *7* durch die Zahl 55. Die Zeichenkette `'Hello'` wird als die Zahlen 72, 101, 108, 108 und 111 gespeichert. Wird »Hello« im Computer gespeichert, erscheint es als Bitstrom: 0100100001 10010101101100011011000110 1111.

Wow! So wie in diesen Hacker-Filmen!

Ingenieurinnen und Ingenieure müssen eine Methode entwickeln, um jede Datenform als Zahlen zu kodieren. Fotos und Bilder lassen sich in ein zweidimensionales Raster aus farbigen Quadraten, sogenannten *Pixeln*, zerlegen. Jedes Pixel kann drei Byte verwenden, um den Anteil an Rot, Grün und Blau zu bestimmen. (Kapitel 21 behandelt Bilddaten ausführlicher.) Ich gebe Ihnen aber ein kurzes Beispiel: Die Zahlen 255, 0 und 255 repräsentieren ein Pixel mit maximalem Rot- und Blauanteil, aber ohne Grün, wodurch ein violettes Pixel entsteht.

Schall setzt sich aus Wellen verdichteter Luft zusammen, die unser Ohr erreichen und die unser Gehirn als akustischen Eindruck wahrnimmt. Sie können die Intensität und Frequenz dieser Wellen im zeitlichen Verlauf grafisch darstellen. Die Zahlen auf diesem Diagramm lassen sich dann in Binärzahlen umwandeln und auf einem Computer speichern, der später die Lautsprecher ansteuert, um den Ton wiederzugeben. Dies stellt eine Vereinfachung der Funktionsweise von Computeraudio dar, erläutert jedoch, wie Zahlen Beethovens Symphonie Nr. 5 abbilden können.

Daten mehrerer Bilder können mit Audiodaten kombiniert werden, um Videos zu speichern. Alle Arten von Informationen lassen sich als Binärzahlen kodieren. Selbstverständlich gibt es hierzu noch viel mehr Details, doch auf diese Weise repräsentieren 1 und 0 die Vielfalt der Daten in unserem Informationszeitalter.

Zusammenfassung

Sie können Ausdrücke mit einem Taschenrechner berechnen oder in einer Textverarbeitung Strings verketten. Auch Textwiederholungen lassen sich leicht durchführen, indem Sie Text kopieren und einfügen. Doch Ausdrücke und ihre Bestandteile – Operatoren, Variablen und Funktionsaufrufe – bilden die grundlegenden Bausteine, aus denen Programme entstehen. Sobald Sie den Umgang mit diesen Elementen beherrschen, können Sie Python anweisen, große Datenmengen für Sie zu verarbeiten.

Es ist hilfreich, sich die verschiedenen Operatoren (`+`, `-`, `*`, `/`, `//`, `%`, und `**` für mathematische Berechnungen sowie `+` und `*` für Zeichenkettenoperationen) und die drei Datentypen (Ganzzahlen, Fließkommazahlen und Zeichenketten) aus diesem Kapitel einzuprägen.

Ich habe Ihnen außerdem einige verschiedene Funktionen vorgestellt. Die Funktionen `print()` und `input()` übernehmen die einfache Textausgabe (auf dem Bildschirm) und die Eingabe (über die Tastatur). Die Funktion `len()` nimmt einen String entgegen und gibt als Ganzzahl die Anzahl der Zeichen in dieser Zeichenkette zurück. Die Funktionen `str()`, `int()` und `float()` geben jeweils die String-, Ganzzahl- bzw. Fließkommazahl-Darstellung des übergebenen Werts zurück. Die Funktion `round()` gibt die gerundete Ganzzahl zurück, und die Funktion `abs()` liefert den Absolutwert der Argumente.

Im nächsten Kapitel erfahren Sie, wie Sie Python anweisen, auf Basis der vorliegenden Werte intelligent zu entscheiden, welchen Code es ausführen, überspringen oder wiederholen soll. Dies wird als *flow control* (dt. in etwa Ablaufsteuerung oder Flusskontrolle) bezeichnet und ermöglicht es Ihnen, Programme zu schreiben, die eigenständig Entscheidungen treffen.

Übungsaufgaben

1. Welche der folgenden sind Operatoren und welche sind Werte?

```
*
'hallo'
-88.8
-
/
+
5
```

2. Welche der folgenden ist eine Variable und welche eine Zeichenkette?

```
spam
'spam'
```

3. Nennen Sie drei Datentypen.

4. Woraus besteht ein Ausdruck? Was bewirken alle Ausdrücke?

5. Dieses Kapitel hat Zuweisungsanweisungen wie `spam = 10` eingeführt. Worin besteht der Unterschied zwischen einem Ausdruck und einer Anweisung?

6. Welchen Wert enthält die Variable `bacon`, nachdem der folgende Code ausgeführt wurde?

```
bacon = 20
bacon + 1
```

7. Zu welchem Ergebnis werden die folgenden beiden Ausdrücke ausgewertet?

```
'spam' + 'spamspam'
'spam' * 3
```

8. Warum ist `eggs` ein gültiger Variablenname, während `100` ungültig ist?

9. Mit welchen drei Funktionen können Sie von einem Wert die Ganzzahl-, Fließkommazahl- oder Zeichenketten-Version erhalten?

10. Warum führt dieser Ausdruck zu einem Fehler? Wie können Sie ihn beheben?

```
'Ich habe ' + 99 + ' Würstchen gegessen.'
```

Zusatzaufgabe: Suchen Sie online in der Python-Dokumentation nach der Funktion `len()`. Sie finden diese auf einer Webseite mit dem Titel »Built-in Functions«. Überfliegen Sie die Liste der weiteren Funktionen, die Python bietet, informieren Sie sich über die Funktionen `bin()` und `hex()` und probieren Sie sie in der interaktiven Shell aus.

2

if-else und Ablaufsteuerung

Sie kennen bereits die Grundlagen einzelner Anweisungen und wissen, dass ein Programm lediglich eine Abfolge solcher Anweisungen ist. Die wahre Stärke des Programmierens besteht jedoch nicht darin, eine Anweisung nach der anderen wie eine Erledigungsliste für das Wochenende abzuarbeiten. Je nachdem, wie Ausdrücke ausgewertet werden, kann ein Programm entscheiden, Anweisungen zu überspringen, zu wiederholen oder zwischen mehreren Anweisungen auszuwählen. In der Praxis möchten Sie kaum, dass Ihre Programme einfach bei der ersten Codezeile beginnen und jede Zeile bis zum Ende ausführen. Anweisungen zur Ablaufsteuerung bestimmen, welche Python-Anweisungen wann ausgeführt werden.

Diese Anweisungen zur Ablaufsteuerung entsprechen direkt den Symbolen in einem Flussdiagramm. Daher stelle ich in diesem Kapitel Flussdiagrammversionen des besprochenen Codes zur Verfügung. Abbildung 2.1 zeigt ein Flussdiagramm, das darstellt, was zu tun ist, wenn es regnet. Folgen Sie dem von den Pfeilen vorgegebenen Pfad von Start bis Ende.

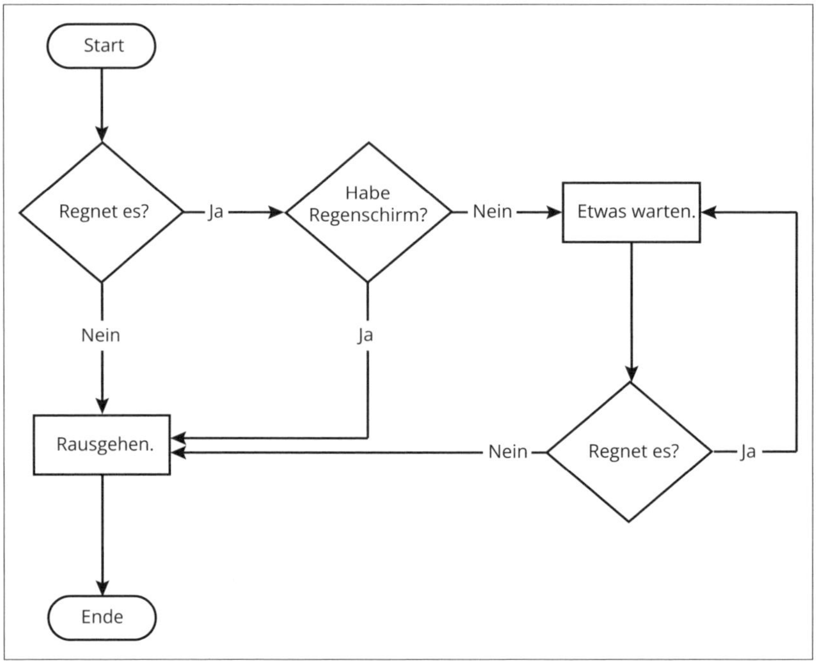

Abb. 2.1 *Ein Flussdiagramm, das zeigt, was zu tun ist, wenn es regnet*

In einem Flussdiagramm gibt es in der Regel mehrere Wege, um vom Anfang bis zum Ende zu gelangen. Dasselbe gilt für Codezeilen in einem Computerprogramm. Flussdiagramme stellen diese Verzweigungspunkte durch Rauten dar, andere Schritte durch Rechtecke und die Anfangs- sowie Endschritte durch abgerundete Rechtecke.

Bevor Sie sich mit Ablaufsteuerungsanweisungen beschäftigen, müssen Sie zunächst lernen, wie Sie diese *Ja*- und *Nein*-Optionen darstellen, und verstehen, wie sich solche Verzweigungspunkte in Python-Code umsetzen lassen. Lassen Sie uns deshalb boolesche Werte, Vergleichsoperatoren und boolesche Operatoren untersuchen.

Boolesche Werte

Während die Datentypen Ganzzahl, Fließkommazahl und String (`int`, `float` und `str`) eine unbegrenzte Anzahl möglicher Werte besitzen, hat der Datentyp *Boolean* (`bool`) nur zwei Werte: `True` und `False`. Dieser Datentyp ist nach dem Mathematiker George Boole benannt. Wenn die booleschen Werte `True` und `False` als Python-Code eingegeben werden, fehlen die Anführungszeichen, die Sie bei Strings verwenden. Außerdem beginnen sie immer mit einem großen *T* oder *F*, während der restliche Teil des Wortes kleingeschrieben wird. Beachten Sie, dass diese booleschen Werte keine Anführungszeichen besitzen, da sie sich von den Strings `'True'` und `'False'` unterscheiden. Geben Sie Folgendes in die interaktive Shell ein:

```
>>> spam = True ❶
>>> spam
True
>>> true ❷
Traceback (most recent call last):
  File "<python-input-0>", line 1, in <module>
NameError: name 'true' is not defined3
>>> False = 2 + 2 ❸
  File "<python-input-0>", line 1, in <module>
SyntaxError: can't assign to False
```

Einige dieser Anweisungen sind absichtlich fehlerhaft, sodass Fehlermeldungen erscheinen. Wie jeden anderen Wert können Sie auch boolesche Werte in Ausdrücken verwenden und in Variablen speichern ❶. Wenn Sie die korrekte Großschreibung nicht beachten ❷ oder versuchen, `True` und `False` als Variablennamen zu verwenden ❸, gibt Python eine Fehlermeldung aus.

Vergleichsoperatoren

Vergleichsoperatoren, auch *relationale Operatoren* genannt, vergleichen zwei Werte und ergeben einen einzelnen booleschen Wert. Tabelle 2.1 führt die Vergleichsoperatoren auf.

Operator	Bedeutung	Beispiele
`==`	gleich	`5 == 5` ergibt `True`. `4 == 2 + 2` ergibt `True`.
`!=`	ungleich	`1 != 2` ergibt `True`. `'Hallo' != 'Hallo'` ergibt `False`.
`<`	kleiner als	`10 < 5` ergibt `False`. `1.999 < 5` ergibt `True`.
`>`	größer als	`1 + 1 > 4 + 8` ergibt `False`. `99 > 4 + 8` ergibt `True`.
`<=`	kleiner oder gleich	`4 <= 5` ergibt `True`. `5 <= 5` ergibt `True`.
`>=`	größer oder gleich	`5 >= 4` ergibt `True`. `5 >= 5` ergibt `True`.

Tab. 2.1 *Vergleichsoperatoren*

Diese Operatoren liefern `True` oder `False`, abhängig von den Werten, die Sie ihnen übergeben. Lassen Sie uns nun einige Operatoren ausprobieren, beginnend mit == und `!=`:

```
>>> 42 == 42
True
>>> 42 == 99
False
>>> 2 != 3
True
>>> 2 != 2
False
```

Wie Sie erwarten können, ergibt == (gleich) `True`, wenn die Werte auf beiden Seiten identisch sind, und `!=` (ungleich) ergibt `True`, wenn die beiden Werte unterschiedlich sind. Die Operatoren == und `!=` können tatsächlich mit Werten jedes Datentyps verwendet werden:

```
>>> 'Hallo' == 'Hallo'
True
>>> 'hallo' == 'Hallo'
False
>>> 'Hund' != 'Katze'
True
>>> True == True
True
>>> True != False
True
>>> 42 == 42.0
True
>>> 42 == '42' ❶
False
```

Beachten Sie, dass ein Ganzzahl- oder Fließkommawert niemals einem String-Wert entspricht. Der Ausdruck `42 == '42'` ❶ ergibt `False`, da Python die Ganzzahl `42` als verschieden vom String `'42'` betrachtet. Python betrachtet jedoch die Ganzzahl `42` als identisch mit dem Fließkommawert `42.0`.

Die Operatoren <, >, <= und >= funktionieren hingegen nur mit Ganzzahl- und Fließkommawerten korrekt:

```
>>> 42 < 100
True
>>> 42 > 100
False
>>> 42 < 42
False
>>> eggs = 42
```

```
>>> eggs <= 42 ❶
True
>>> mein_alter = 29
>>> mein_alter >= 10 ❷
True
```

Sie werden Vergleichsoperatoren häufig verwenden, um den Wert einer Variablen mit einem anderen Wert zu vergleichen – wie in den Beispielen `eggs <= 42` ❶ und `mein_alter >= 10` ❷ – oder um die Werte zweier Variablen miteinander zu vergleichen. (Das Vergleichen zweier literaler Werte wie `'Hund' != 'Katze'` führt schließlich stets zum gleichen Ergebnis.) Weitere Beispiele hierzu werden Sie sehen, wenn Sie Ablaufsteuerungsanweisungen kennenlernen.

Der Unterschied zwischen den Operatoren == und =

Vielleicht ist Ihnen aufgefallen, dass der Operator == (gleich) zwei Gleichheitszeichen hat, während der Operator = (Zuweisung) nur ein Gleichheitszeichen verwendet. Diese beiden Operatoren kann man leicht miteinander verwechseln. Merken Sie sich dazu folgende Punkte:

- Der Operator == prüft, ob zwei Werte identisch sind.
- Der Operator = weist der Variablen auf der linken Seite den Wert auf der rechten Seite zu.

Um sich die Unterscheidung zu erleichtern, erinnern Sie sich daran, dass der Operator == (gleich) aus zwei Zeichen besteht – ebenso wie der Operator != (ungleich) ebenfalls zwei Zeichen verwendet.

Boolesche Operatoren

Die drei booleschen Operatoren (and, `or` und `not`) dienen dazu, boolesche Werte zu vergleichen. Wie Vergleichsoperatoren werten sie diese Ausdrücke zu einem booleschen Wert aus. Untersuchen wir diese Operatoren im Detail, beginnend mit dem Operator and.

Der Operator and arbeitet stets mit zwei booleschen Werten (oder Ausdrücken) und gilt daher als *zweistelliger* oder *binärer* boolescher Operator. Der Operator and wertet einen Ausdruck zu `True` aus, wenn *beide* Werte `True` sind; andernfalls ergibt sich `False`. Geben Sie einige Ausdrücke mit and in die interaktive Shell ein, um dies in Aktion zu sehen:

```
>>> True and True
True
>>> True and False
False
```

Eine *Wahrheitstabelle* zeigt alle möglichen Ergebnisse eines booleschen Operators. Tabelle 2.2 ist die Wahrheitstabelle zum Operator and.

Ausdruck	Ergibt ...
True and True	True
True and False	False
False and True	False
False and False	False

Tab. 2.2 *Die Wahrheitstabelle des Operators* and

Wie der Operator and nimmt auch der Operator or stets zwei boolesche Werte (oder Ausdrücke) und gilt daher als zweistelliger boolescher Operator. Allerdings wertet der Operator or einen Ausdruck zu True aus, wenn *entweder* einer der beiden booleschen Werte True ist. Sind beide False, ergibt sich False:

```
>>> False or True
True
>>> False or False
False
```

Sie können alle möglichen Ergebnisse des Operators or in seiner Wahrheitstabelle sehen, die in Tabelle 2.3 dargestellt ist.

Ausdruck	Ergibt...
True or True	True
True or False	True
False or True	True
False or False	False

Tab. 2.3 *Die Wahrheitstabelle des Operators or*

Im Gegensatz zu and und or arbeitet der Operator not lediglich mit einem einzelnen booleschen Wert (oder Ausdruck). Dadurch handelt es sich um einen *einstelligen* oder *unären* Operator. Der Operator not liefert einfach den entgegengesetzten booleschen Wert:

```
>>> not True
False
>>> not not not not True ❶
True
```

Wie bei doppelten Verneinungen in Sprache und Schrift können Sie mehrere Operatoren `not` verwenden ❶, auch wenn es in praxisnahen Programmen meist keinen Sinn ergibt. Tabelle 2.4 zeigt die Wahrheitstabelle für `not`.

Ausdruck	Ergibt ...
`not True`	`False`
`not False`	`True`

Tab. 2.4 *Die Wahrheitstabelle des Operators* `not`

Verwendung von booleschen und Vergleichsoperatoren

Da die Vergleichsoperatoren zu booleschen Werten auswerten, können Sie diese in Ausdrücken mit den booleschen Operatoren einsetzen.

Beachten Sie, dass die Operatoren `and`, `or` und `not` als boolesche Operatoren bezeichnet werden, da sie immer mit den booleschen Werten `True` und `False` arbeiten. Auch wenn Ausdrücke wie `4 < 5` keine booleschen Werte sind, handelt es sich um Ausdrücke, die zu booleschen Werten ausgewertet werden. Geben Sie einige boolesche Ausdrücke mit Vergleichsoperatoren in die interaktive Shell ein:

```
>>> (4 < 5) and (5 < 6)
True
>>> (4 < 5) and (9 < 6)
False
>>> (1 == 2) or (2 == 2)
True
```

Der Computer wertet zunächst den linken Ausdruck aus und prüft dann den rechten Ausdruck. Wenn jeweils ein boolescher Wert vorliegt, wird der gesamte Ausdruck auf einen einzelnen booleschen Wert reduziert. Stellen Sie sich den Auswertungsprozess des Computers für `(4 < 5) and (5 < 6)` wie folgt vor:

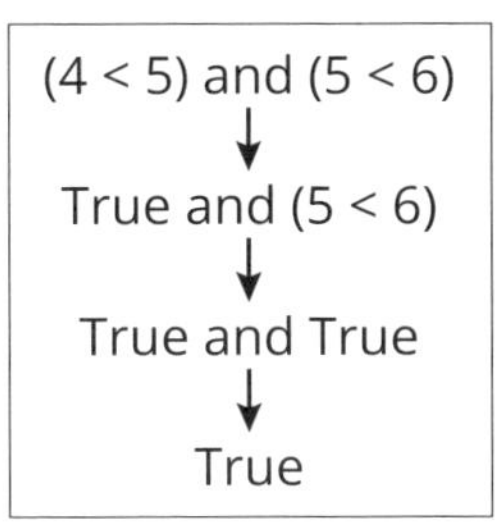

Sie können in einem Ausdruck auch mehrere boolesche Operatoren gemeinsam mit den Vergleichsoperatoren verwenden:

```
>>> spam = 4
>>> 2 + 2 == spam and not 2 + 2 == (spam + 1) and 2 * 2 == 2 + 2
True
```

Die booleschen Operatoren besitzen eine Vorrangregel, ähnlich wie die mathematischen Operatoren. Nachdem alle mathematischen und Vergleichsoperatoren ausgewertet wurden, verarbeitet Python zunächst die Operatoren `not`, dann die Operatoren `and` und anschließend die Operatoren `or`.

Bestandteile von Kontrollstrukturen

Anweisungen von Kontrollstrukturen beginnen häufig mit einem Element, das als *Bedingung* bezeichnet wird, und stets von einem *Anweisungsteil* gefolgt werden, einem *Block* oder *Codeblock*. Bevor Sie die spezifischen Kontrollstrukturen in Python kennenlernen, erläutere ich, was eine Bedingung und ein Block sind.

Bedingungen

Die booleschen Ausdrücke, die Sie bisher kennengelernt haben, können alle als Bedingungen betrachtet werden. Im Grunde entspricht das dem Begriff Ausdruck; *Bedingung* ist lediglich eine spezifischerer im Kontext von Kontrollstrukturen. Eine Bedingung ergibt stets einen booleschen Wert, `True` oder `False`. Eine Kontrollstruktur entscheidet, was zu tun ist, je nachdem, ob ihre Bedingung `True` oder `False` ergibt; nahezu jede Kontrollstruktur verwendet eine Bedingung. Häufig verfassen Sie Code, der sich auf Deutsch folgendermaßen ausdrücken ließe: »Wenn diese Bedingung erfüllt ist, führe diese Aktion aus, andernfalls diese andere.« Andere Abschnitte Ihres Codes ähneln der Formulierung: »Wiederhole diese Anweisungen, solange diese Bedingung weiterhin erfüllt ist.«

Codeblöcke

Python-Codezeilen lassen sich zu *Blöcken* zusammenfassen. Sie erkennen den Beginn und das Ende eines Blocks anhand der Einrückungen der Codezeilen. Für Blöcke gelten vier Regeln:

- Ein neuer Block beginnt bei einer tieferen Einrückung.
- Blöcke können weitere Blöcke enthalten.

- Ein Block endet, wenn die Einrückung entweder auf null oder auf die Einrückung eines enthaltenen Blocks endet.
- Nach jeder Anweisung, die mit einem Doppelpunkt endet, erwartet Python unmittelbar danach einen neuen Block.

Blöcke lassen sich anhand eingerückter Codezeilen besser nachvollziehen. Identifizieren wir deshalb die Blöcke in einem Ausschnitt eines kleinen Programms, das hier abgebildet ist:

```
username = 'Mary'
password = 'swordfish'
if username == 'Mary':
  print('Hallo, Mary') ❶
    if password == 'swordfish':
      print('Zugriff gewährt.') ❷
    else:
      print('Falsches Passwort.') ❸
```

Der erste Code-Block ❶ beginnt bei der Zeile `print('Hallo, Mary')` und umfasst alle nachfolgenden Zeilen. In diesem Block befindet sich ein weiterer Block ❷, der nur aus einer einzelnen Zeile besteht: `print('Zugriff gewährt.')`. Der dritte Block ❸ ist ebenfalls nur eine Zeile lang: `print('Falsches Passwort.')`.

Programmausführung

Im Programm *hello.py* des vorherigen Kapitels begann Python mit der Ausführung der Anweisungen am Programmanfang und arbeitete sie der Reihe nach ab. *Programmausführung* (oder kurz *Ausführung*) bezeichnet die Anweisung, die aktuell abgearbeitet wird. Wenn Sie mit Ihrem Finger jede Zeile auf dem Bildschirm verfolgen, während sie ausgeführt wird, können Sie sich Ihren Finger als die Programmausführung vorstellen.

Allerdings werden nicht alle Programme einfach der Reihe nach von oben nach unten ausgeführt. Wenn Sie mit Ihrem Finger ein Programm mit Ablaufsteuerungsanweisungen nachvollziehen, werden Sie feststellen, dass Ihr Finger je nach Bedingung zu unterschiedlichen Stellen im Quellcode springt.

Kontrollstrukturanweisungen

Nun möchten wir das wichtigste Element der Kontrollstrukturen betrachten: die Anweisungen selbst. Die Anweisungen entsprechen den Rauten, die Sie im Flussdiagramm in Abbildung 2.1 gesehen haben, und sie sind die eigentlichen Entscheidungen, die Ihre Programme treffen.

if

Die gebräuchlichste Form der Kontrollstruktur ist die `if`-Anweisung. Der Block einer `if`-Anweisung (also der Block, der auf die `if`-Anweisung folgt) wird ausgeführt, wenn die Bedingung der Anweisung `True` ist. Der Block wird übersprungen, wenn die Bedingung `False` ist.

In einfachem Deutsch kann eine `if`-Anweisung so verstanden werden: »Wenn diese Bedingung wahr ist, führe den Codeblock aus.« In Python besteht eine `if`-Anweisung aus Folgendem:

- Das Schlüsselwort `if`
- Eine Bedingung (also ein Ausdruck, der zu `True` oder `False` ausgewertet wird)
- Ein Doppelpunkt
- In der nächsten Zeile folgt ein eingerückter Codeblock (der sogenannte `if`- oder Dann-Block)

Nehmen Sie zum Beispiel an, Sie verfügen über Code, der prüft, ob der Name einer Person Alice ist:

```
name = 'Alice'
if name == 'Alice':
    print('Hi, Alice.')
```

Alle Kontrollstrukturanweisungen enden mit einem Doppelpunkt und werden von einem neuen Codeblock gefolgt. Der Block dieser `if`-Anweisung ist der Block mit `print('Hi, Alice.')`. Abbildung 2.2 zeigt, wie das Flussdiagramm dieses Codes aussehen würde.

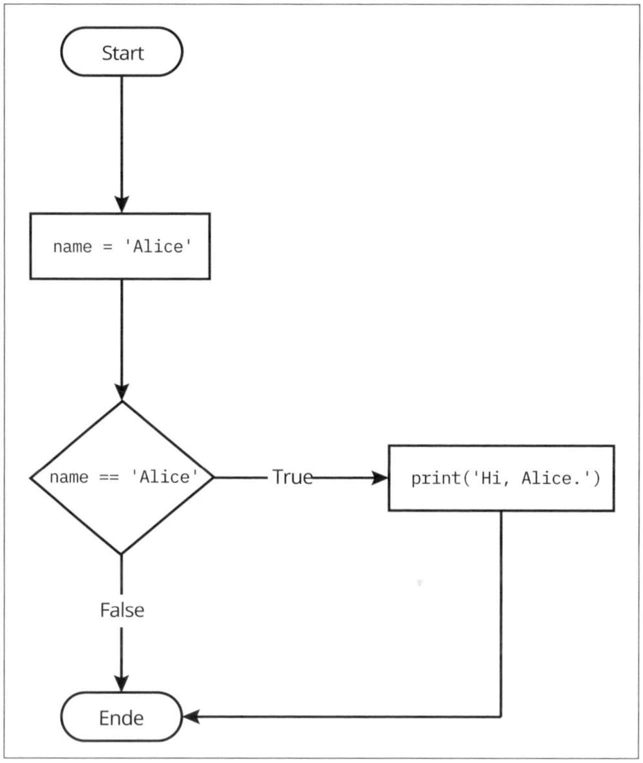

Abb. 2.2 *Das Flussdiagramm einer `if`-Anweisung*

Ändern Sie die Variable `name` in einen anderen String als `'Alice'` und führen Sie das Programm erneut aus. Sie werden sehen, dass »Hi, Alice.« nicht auf dem Bildschirm erscheint, weil dieser Code übersprungen wurde.

else

Der Block einer `if`-Anweisung kann optional von einer `else`-Anweisung ergänzt werden. Dieser `else`-Block wird nur ausgeführt, wenn die Bedingung der `if`-Anweisung `False` ist. Im Klartext könnten Sie eine `else`-Anweisung so verstehen: »Wenn diese Bedingung erfüllt ist, führe diesen Code aus, andernfalls führe jenen Code aus.« Eine `else`-Anweisung enthält keine Bedingung und besteht im Code stets aus Folgendem:

- Das Schlüsselwort `else`
- Ein Doppelpunkt
- In der nächsten Zeile beginnt ein eingerückter Block von Code (bezeichnet als Sonst-Block oder `else`-Block).

Kehren wir zum Alice-Beispiel zurück und betrachten Sie folgenden Code, der eine `else`-Anweisung nutzt, um eine alternative Begrüßung zu ausgeben, falls der Name nicht Alice ist:

```
name = 'Alice'
if name == 'Alice':
    print('Hi, Alice.')
else:
    print('Hallo, Fremde.')
```

Abbildung 2.3 zeigt, wie das Flussdiagramm dieses Codes aussehen würde.

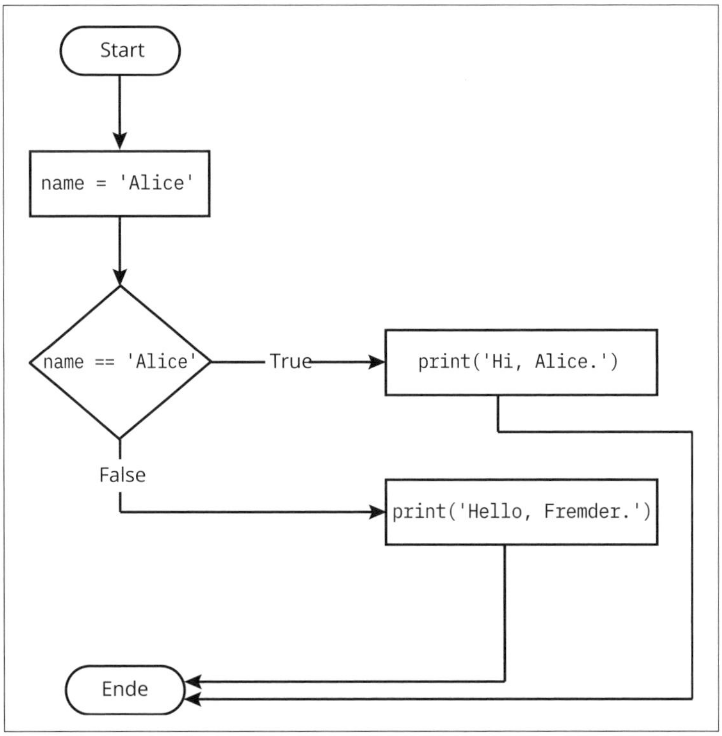

Abb. 2.3 *Das Flussdiagramm für eine `else`-Anweisung*

Probieren Sie aus, die Variable `name` auf einen anderen String als `'Alice'` zu setzen und führen Sie das Programm erneut aus. Anstelle von `'Hi, Alice.'` sehen Sie `'Hallo, Fremde.'` auf dem Bildschirm.

elif

Sie verwenden `if` oder `else`, wenn Sie nur möchten, dass entweder der eine oder optional der andere Block ausgeführt wird. Es kann jedoch Fälle geben, in denen Sie erreichen möchten, dass exakt einer von *vielen* möglichen Blöcken ausgeführt wird. Die `elif`-Anweisung ist eine »else if«-Anweisung, die immer auf eine `if`- oder eine andere `elif`-Anweisung folgt. Sie stellt eine weitere Bedingung bereit, die nur geprüft wird, wenn alle vorherigen Bedingungen `False` waren. Im Code besteht eine `elif`-Anweisung immer aus Folgendem:

- dem `elif`-Schlüsselwort
- einer Bedingung (also einem Ausdruck, der zu `True` oder `False` ausgewertet wird)
- einem Doppelpunkt
- einem eingerückten Block aus Code (genannt `elif`-Block) auf der nächsten Zeile

Erweitern wir den Namensprüfer um ein `elif`, um diese Anweisung in der Praxis zu sehen:

```
name = 'Alice'
alter = 33
if name == 'Alice':
    print('Hi, Alice.')
elif alter < 12:
    print('Du bist nicht Alice, Kleine.')
```

Dieses Mal prüft das Programm das Alter der Person und gibt eine andere Rückmeldung, falls sie jünger als 12 ist. Das entsprechende Flussdiagramm sehen Sie in Abbildung 2.4.

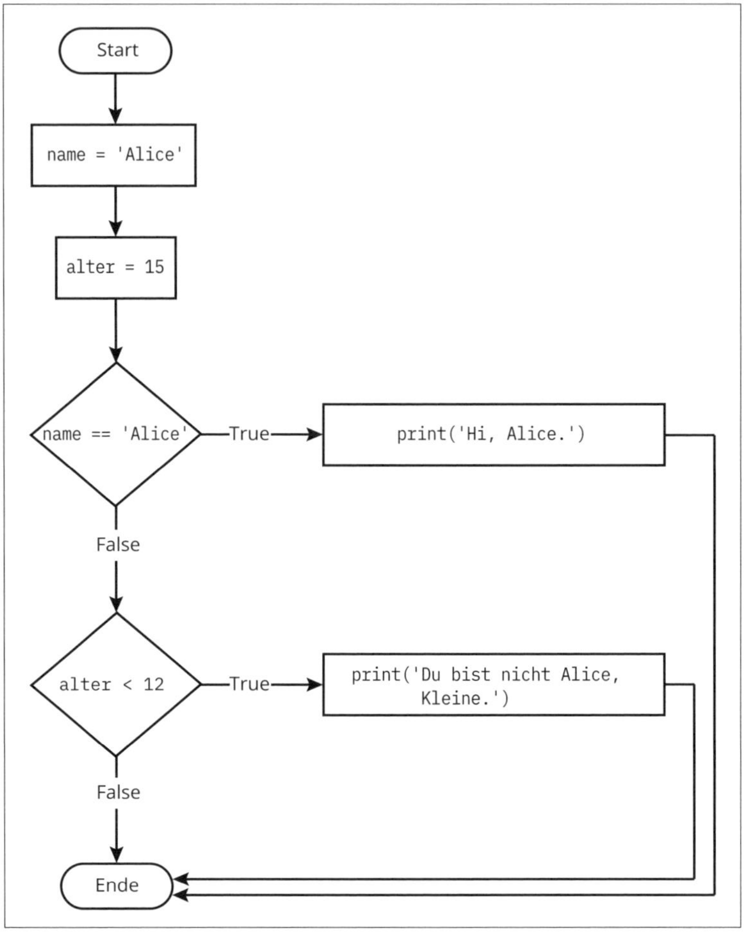

Abb. 2.4 *Das Flussdiagramm für eine `elif`-Anweisung*

Der `elif`-Block wird ausgeführt, wenn `alter < 12` `True` ist und `name == 'Alice'` `False` ist. Sind jedoch beide Bedingungen `False`, überspringt Python beide Blöcke. Es gibt keine Garantie, dass mindestens einer der Blöcke ausgeführt wird; in einer Kette von `elif`-Anweisungen wird nur einer oder keiner der Blöcke ausgeführt. Sobald die Bedingung einer der Anweisungen `True` ist, werden die restlichen `elif`-Blöcke automatisch übersprungen. Öffnen Sie zum Beispiel ein neues Dateieditor-Fenster und geben Sie folgenden Code ein. Speichern Sie ihn als *vampire.py*:

```
name = 'Carol'
alter = 3000
if name == 'Alice':
    print('Hi, Alice.')
elif alter < 12:
    print('Du bist nicht Alice, Kleine.')
```

```
elif alter > 2000:
    print('Im Gegensatz zu dir ist Alice kein untoter, unsterblicher
Vampir.')
elif alter > 100:
    print('Du bist nicht Alice, Oma.')
```

Hier habe ich zwei weitere `elif`-Anweisungen hinzugefügt, damit der Namensprüfer eine Person abhängig von `alter` mit unterschiedlichen Antworten begrüßt. Abbildung 2.5 zeigt das entsprechende Flussdiagramm.

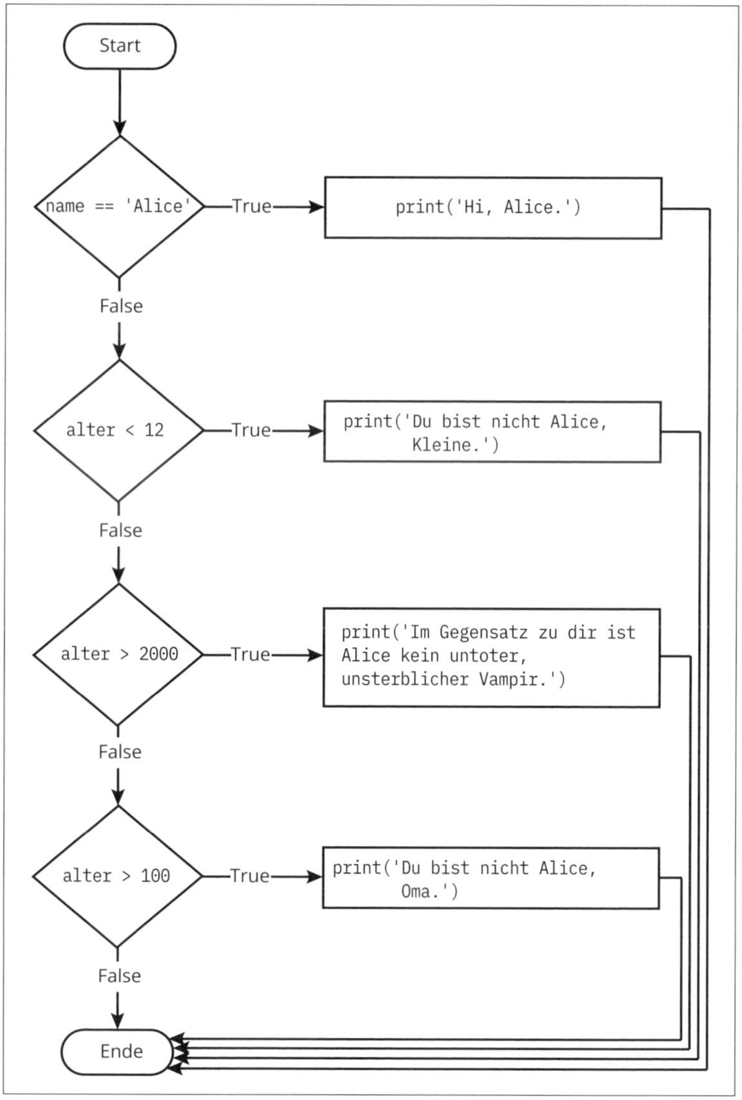

Abb. 2.5 *Das Flussdiagramm zu mehreren `elif`-Anweisungen im Programm vampire.py*

Die Reihenfolge der `elif`-Anweisungen ist jedoch entscheidend. Ordnen wir sie anders an, um einen Fehler zu erzeugen. Beachten Sie, dass die restlichen `elif`-Blöcke automatisch übersprungen werden, sobald eine `True`-Bedingung gefunden wurde. Vertauschen Sie also einige Blöcke in *vampire.py*, stoßen Sie auf ein Problem. Ändern Sie den Code so ab, dass er wie folgt aussieht, und speichern Sie ihn als *vampire2.py*:

```
name = 'Carol'
alter = 3000
if name == 'Alice':
    print('Hi, Alice.')
elif alter < 12:
    print('Du bist nicht Alice, Kleine.')
elif alter > 100: ❶
    print('Du bist nicht Alice, Oma.')
elif alter > 2000:
    print('Im Gegensatz zu dir ist Alice kein untoter, unsterblicher
Vampir.')
```

Angenommen, die `alter`-Variable enthält vor der Ausführung dieses Codes den Wert `3000`. Sie könnten erwarten, dass der Code den String `'Im Gegensatz zu dir ist Alice kein untoter, unsterblicher Vampir.'` ausgibt. Da die `alter > 100`-Bedingung jedoch `True` ist (schließlich ist 3000 *größer als* 100), wird der String `'Du bist nicht Alice, Oma.'` ausgegeben, und die restlichen `elif`-Anweisungen werden automatisch übersprungen. Denken Sie daran, dass maximal nur eine der Blöcke ausgeführt wird und bei `elif`-Anweisungen die Reihenfolge von Bedeutung ist!

Abbildung 2.6 zeigt das Flussdiagramm für den vorherigen Code. Beachten Sie, dass die Rauten für `alter > 100` und `alter > 2000` vertauscht sind.

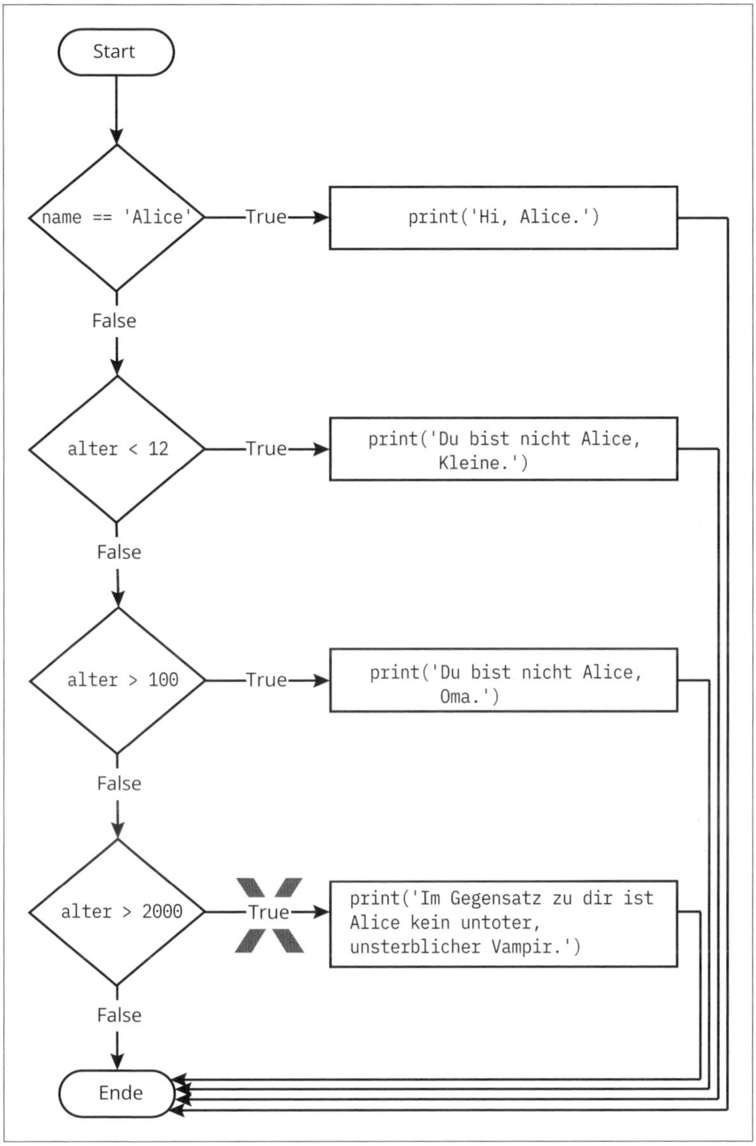

Abb. 2.6 *Das Flussdiagramm des Programms vampire2.py. Der X-Pfad wird logisch niemals eintreten, denn wenn* `alter` *größer als 2000 wäre, wäre es bereits größer als 100 gewesen.*

Optional können Sie nach der letzten `elif`-Anweisung eine `else`-Anweisung ergänzen. In diesem Fall ist garantiert, dass zumindest einer (und wirklich nur einer) der Blöcke ausgeführt wird. Wenn die Bedingungen in sämtlichen `if`- und `elif`-Anweisungen `False` sind, wird der `else`-Block ausgeführt. Erstellen wir zum Beispiel das Alice-Programm neu, um `if`-, `elif`- und `else`-Blöcke zu verwenden:

```
name = 'Carol'
alter = 3000
if name == 'Alice':
    print('Hi, Alice.')
elif alter < 12:
    print('Du bist nicht Alice, Kleine.')
else:
    print('Du bist weder Alice noch ein kleines Kind.')
```

Abbildung 2.7 zeigt das Flussdiagramm für diesen neuen Code, den wir als *littleKid.py* speichern.

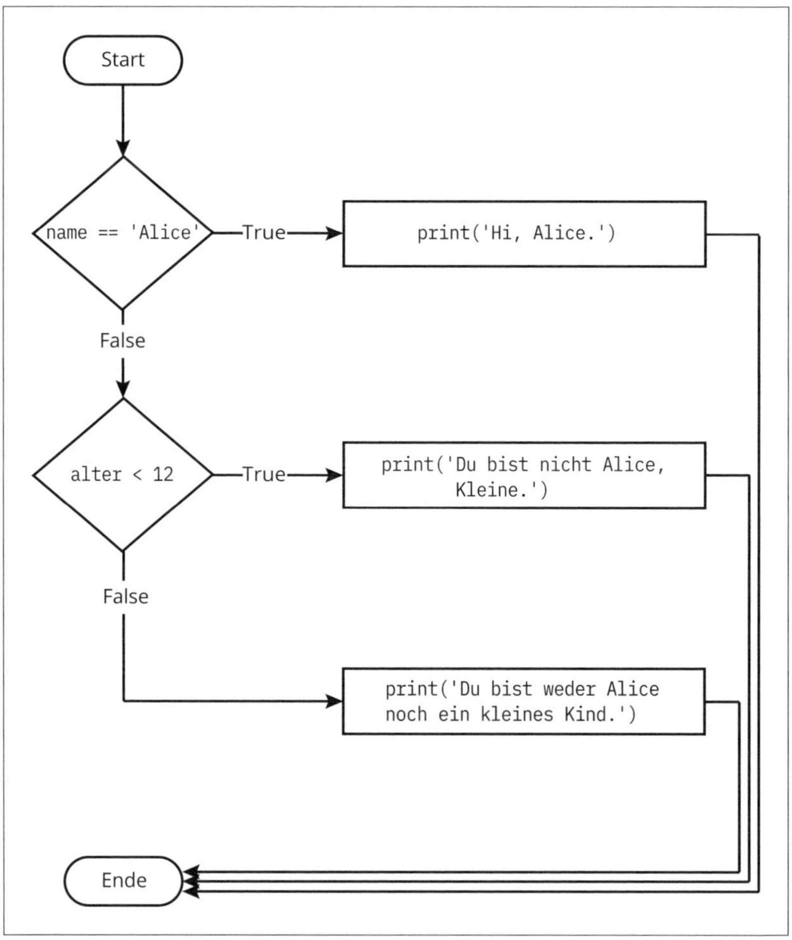

Abb. 2.7 *Das Flussdiagramm für das Programm littleKid.py*

Im Klartext bedeutet diese Art der Kontrollstruktur: »Wenn die erste Bedingung erfüllt ist, führe diese aus. Ist stattdessen die zweite Bedingung erfüllt, führe das aus. Andernfalls tue etwas anderes.« Wenn Sie `if`-, `elif`- und `else`-Anweisungen gemeinsam verwenden, beachten Sie die Reihenfolge, um Fehler wie in Abbildung 2.6 zu vermeiden. Erstens gibt es immer genau eine `if`-Anweisung; alle benötigten `elif`-Anweisungen sollten auf die `if`-Anweisung folgen. Zweitens: Wenn Sie sicherstellen möchten, dass mindestens ein Block ausgeführt wird, schließen Sie die Struktur mit einer `else`-Anweisung ab.

Wie Sie sehen, können Kontrollstrukturen Ihre Programme anspruchsvoller, aber auch komplexer machen. Verzweifeln Sie nicht: Mit fortschreitender Übung beim Schreiben von Code werden Sie mit dieser Komplexität immer sicherer umgehen. Alle echten Programmierenden haben schon einmal Stunden damit verbracht, herauszufinden, dass das Programm nur deshalb nicht funktioniert, weil sie versehentlich < statt <= eingegeben haben. Solche kleinen Fehler unterlaufen allen.

Ein kurzes Programm: Gegenteil-Tag

Nutzen Sie Ihr Wissen über boolesche Werte und `if-else`-Anweisungen, um folgenden Code in eine neue Datei einzugeben und als *oppositeday.py* zu speichern:

```
heute_ist_gegenteil_tag = True

# Setzen Sie sage_es_ist_gegenteil_tag basierend auf heute_ist_gegen-
teil_tag:
if heute_ist_gegenteil_tag == True: ❶
    sage_es_ist_gegenteil_tag = True
else:
    sage_es_ist_gegenteil_tag = False

# Falls heute Gegenteil-Tag ist, kippen Sie sage_es_ist_gegenteil_
tag:
if heute_ist_gegenteil_tag == True:
  sage_es_ist_gegenteil_tag = not sage_es_ist_gegenteil_tag ❷

# Geben Sie aus, welcher Tag heute ist:
if sage_es_ist_gegenteil_tag == True:
    print('Heute ist Gegenteil-Tag.')
else:
    print('Heute ist nicht Gegenteil-Tag.')
```

Beim Ausführen dieses Programms wird `'Heute ist nicht Gegenteil-Tag.'` ausgegeben. In diesem Code gibt es zwei Variablen. Zu Beginn des Programms wird die Variable `heute_ist_gegenteil_tag` auf `True` gesetzt. Die nächste `if`-Anweisung prüft, ob diese Variable `True` ist (das ist der Fall) ❶, und setzt die Variable sage_es_ist_gegenteil_tag auf True; andernfalls würde sie die Variable auf False setzen. Die zweite if-Anweisung prüft, ob heute_ist_gegenteil_tag auf True gesetzt ist (das ist weiterhin der Fall), und falls ja, wird im Code die Variable *getoggelt* (das heißt, auf den entgegengesetzten booleschen Wert gesetzt) ❷. Abschließend prüft die dritte if-Anweisung, ob sage_es_ist_gegenteil_tag True ist (das ist nicht der Fall), und würde 'Heute ist Gegenteil-Tag.' ausgeben; stattdessen wird 'Heute ist nicht Gegenteil-Tag.' ausgegeben.

Wenn Sie die erste Zeile des Programms in heute_ist_gegenteil_tag = False ändern und das Programm erneut ausführen, gibt es weiterhin 'Heute ist nicht Gegenteil-Tag.' aus. Wenn wir das Programm durchgehen, können wir feststellen, dass die ersten if-else-Anweisungen sage_es_ist_gegenteil_tag auf False setzen. Die Bedingung der zweiten if-Anweisung ist False. Daher wird ihr Block im Code übersprungen. Schließlich ist die Bedingung der dritten if-Anweisung wiederum False, und das Programm gibt 'Heute ist nicht Gegenteil-Tag.' aus.

Wenn heute also nicht Gegenteil-Tag ist, gibt das Programm korrekt 'Heute ist nicht Gegenteil-Tag.' aus. Und wenn heute Gegenteil-Tag ist, gibt das Programm (ebenfalls korrekt) 'Heute ist nicht Gegenteil-Tag.' aus, wie man es am Gegenteil-Tag sagen würde. Logisch betrachtet wird dieses Programm niemals 'Heute ist Gegenteil-Tag.' ausgeben – unabhängig davon, ob die Variable auf True oder False gesetzt ist. Tatsächlich könnten Sie dieses gesamte Programm einfach durch print('Heute ist nicht Gegenteil-Tag.') ersetzen, es wäre dasselbe. Aus diesem Grund sollten Programmierer nicht nach geschriebenen Codezeilen bezahlt werden.

Ein kurzes Programm: Unehrlicher Kapazitätsrechner

In Kapitel 1 habe ich gezeigt, wie Festplatten- und Flashspeicherhersteller bei der beworbenen Kapazität ihrer Produkte täuschen, indem sie die 1000er-Definition von TB und GB verwenden. Schreiben Sie ein Programm, das berechnet, wie irreführend die beworbenen Kapazitäten sind. Geben Sie dazu den folgenden Code in eine neue Datei ein und speichern Sie diese als *dishonestcapacity.py*:

```
print('Geben Sie TB oder GB als beworbene Einheit ein:')
einheit = input('>')

# Berechnen Sie die Abweichung der beworbenen Kapazität:
if einheit == 'TB' or einheit == 'tb':
    abweichung = 1000000000000 / 1099511627776
elif einheit == 'GB' or einheit == 'gb':
    abweichung = 1000000000 / 1073741824
```

```
print('Geben Sie die beworbene Kapazität ein:')
beworbene_kapazität = input('>')
beworbene_kapazität = float(beworbene_kapazität)

# Berechne die tatsächliche Kapazität, runde auf Hundertstel,
# und wandele sie in einen String zum Zusammenfügen um:
echte_kapazität = str(round(beworbene_kapazität * abweichung, 2))

print('Die tatsächliche Kapazität beträgt ' + echte_kapazität + ' ' +
einheit)
```

Dieses Programm fordert den Benutzer auf, anzugeben, in welcher Einheit das Festplattenlaufwerk sich selbst bewirbt, entweder TB oder GB:

```
# Berechnen Sie die Abweichung der beworbenen Kapazität:
if einheit == 'TB' or einheit == 'tb':
    abweichung = 1000000000000 / 1099511627776
elif einheit == 'GB' or einheit == 'gb':
    abweichung = 1000000000 / 1073741824
```

TB sind größer als GB, und je größer die Einheit, desto größer ist die Abweichung zwischen der beworbenen 1000-basierten und der tatsächlichen 1024-basierten Kapazität. Die `if`- und `elif`-Anweisungen verwenden einen booleschen Operator `or`, sodass das Programm unabhängig davon funktioniert, ob man die Einheit in Klein- oder Großbuchstaben eingibt. Gibt man eine andere Einheit ein, wird weder der `if`-Block noch der `elif`-Block ausgeführt, und die Variable `abweichung` erhält keinen Wert. Versucht das Programm anschließend, die Variable `abweichung` zu verwenden, führt dies zu einem Fehler. Auf diesen Fall gehen wir später noch ein.

Anschließend gibt man die beworbene Größe in den angegebenen Einheiten ein:

```
# Berechne die tatsächliche Kapazität, runde auf Hundertstel,
# und wandele sie in einen String zum Zusammenfügen um:
echte_kapazität = str(round(beworbene_kapazität * abweichung, 2))
```

In dieser einzelnen Zeile geschieht sehr viel. Nehmen wir als Beispiel, dass man 10 TB als beworbene Größe und Einheit eingibt. Betrachten wir den innersten Teil der Codezeile, sehen wir, dass `beworbene_kapazität` mit `abweichung` multipliziert wird. Dies ist die tatsächliche Kapazität, sie kann jedoch mehrere Stellen haben, wie etwa `9.094947017729282`. Diese Zahl wird als erstes Argument an `round()` und `2` als zweites Argument übergeben. Dieser Funktionsaufruf von `round()` liefert in unserem Beispiel `9.09`. Dies ist ein Fließkommawert, aber wir möchten davon eine String-Form erhalten, um sie in der nächsten Codezeile an einen Nachrichten-String anzuhängen. Dazu übergeben wir ihn an die Funktion `str()`. Python wertet diese eine Zeile wie folgt aus:

```
echte_kapazität = str(round(beworbene_kapazität * abweichung, 2))

echte_kapazität = str(round(10 * 0.9094947017729282, 2))

echte_kapazität = str(round(9.094947017729282, 2))

echte_kapazität = str(9.09)

echte_kapazität ='9.09'
```

Falls man es versäumt, *TB*, *tb*, *GB* oder *gb* als Einheit einzugeben, werden die Bedingungen sowohl der `if`- als auch der `elif`-Anweisung `False` sein und die Variable `abweichung` wird nie erstellt. Doch man würde erst bemerken, dass etwas nicht stimmt, wenn Python versucht, die nicht existierende Variable zu verwenden. Python würde einen `NameError: name 'abweichung' is not defined`-Fehler ausgeben und auf die Zeile verweisen, in der `echte_kapazität` zugewiesen wird.

Der eigentliche Ursprung dieses Fehlers liegt jedoch darin, dass das Programm den Fall nicht berücksichtigt, in dem man eine ungültige Einheit eingibt. Es gibt viele Möglichkeiten, diesen Fehler zu behandeln, aber am einfachsten wäre es, einen `else`-Block zu verwenden, der eine Nachricht wie »Sie müssen TB oder GB eingeben« ausgibt und anschließend die `sys.exit()`-Funktion aufruft, um das Programm zu beenden. (Sie werden diese Funktion im nächsten Kapitel kennenlernen.)

Die letzte Zeile im Programm zeigt die tatsächliche Festplattenkapazität an, indem sie einen Nachrichten-String mit den `echte_kapazität` und `einheit`-Strings verknüpft:

```
print('Die tatsächliche Kapazität beträgt ' + echte_kapazität + '
' + einheit)
```

Wie sich herausstellt, täuschen Festplatten- und Flashspeicherhersteller sogar noch mehr vor: Ich habe eine 256-GB-SD-Karte in meinem Laptop, die ich für Backups verwende. In ehrlichen GB sollten dies 274.877.906.944 Bytes sein. In übertriebenen GB sollten es 256.000.000.000 Byte sein. Doch mein Computer meldet, dass die tatsächliche Kapazität 255.802.212.352 Byte beträgt. Interessant, dass die tatsächliche Größe stets ein kleines bisschen unter der angegebenen liegt – und seltsamerweise nie darüber.

Zusammenfassung

Mithilfe von Ausdrücken, die zu `True` oder `False` (auch Bedingungen genannt) ausgewertet werden, können Sie Programme schreiben, die entscheiden, welchen Code sie ausführen oder überspringen. Diese Bedingungen sind Ausdrücke, die zwei Werte mit den Vergleichsoperatoren ==, !=, <, >, <= und >= vergleichen, um einen booleschen Wert zu ergeben. Sie können außerdem die booleschen Operatoren `and`, `or` und `not` verwenden, um Ausdrücke zu komplexeren Ausdrücken zu verbinden. Python verwendet Einrückungen, um Codeblöcke zu strukturieren. In diesem Kapitel haben wir Blöcke als Teil von `if`-, `elif`- und `else`-Anweisungen genutzt, doch wie Sie noch sehen werden, verwenden auch viele andere Python-Anweisungen Blöcke. Diese Kontrollstrukturen ermöglichen es Ihnen, intelligentere Programme zu entwickeln.

Übungsfragen

1. Welche beiden Werte besitzt der boolesche Datentyp? Wie werden sie geschrieben?
2. Welche drei booleschen Operatoren gibt es?
3. Notieren Sie die Wahrheitstabelle für jeden booleschen Operator (das heißt jede mögliche Kombination von booleschen Werten für den Operator samt dem jeweiligen Ergebnis).
4. Zu welchem Wert führen die folgenden Ausdrücke?

   ```
   (5 > 4) and (3 == 5)
   not (5 > 4)
   (5 > 4) or (3 == 5)
   not ((5 > 4) or (3 == 5))
   (True and True) and (True == False)
   (not False) or (not True)
   ```

5. Welche sechs Vergleichsoperatoren gibt es?
6. Worin besteht der Unterschied zwischen dem Gleichheitsoperator und dem Zuweisungsoperator?
7. Erklären Sie, was eine Bedingung ist und wann Sie eine verwenden würden.
8. Identifizieren Sie die drei Blöcke in diesem Code:

   ```
   spam = 0
   if spam == 10:
       print('eggs')
       if spam > 5:
          print('bacon')
   ```

```
    else:
        print('ham')
    print('spam')
print('Fertig')
```

9. Schreiben Sie Code, der `Hallo` ausgibt, wenn `1` in `spam` gespeichert ist, `Tagchen` ausgibt, wenn `2` in `spam` gespeichert ist, und `Grüße!` ausgibt, wenn ein anderer Wert in `spam` gespeichert ist.

3
Schleifen

Im vorherigen Kapitel haben Sie gelernt, wie Sie Programme dazu bringen, bestimmte Codeblöcke auszuführen und andere zu überspringen. Zu Kontrollstrukturen gehört jedoch noch mehr. In diesem Kapitel lernen Sie, wie Sie mit Schleifen Codeblöcke wiederholt ausführen. Mit Pythons beiden Schleifentypen, while und for, entfalten Sie die volle Leistungsfähigkeit der Automatisierung, da sie Codezeilen millionenfach pro Sekunde ausführen können. Sie erfahren außerdem, wie Sie Codebibliotheken, sogenannte Module, importieren, um Ihren Programmen noch mehr Funktionen bereitzustellen.

while-Schleifen-Anweisungen

Sie können einen Block von Code wiederholt ausführen lassen, indem Sie eine `while`-Anweisung nutzen. Der Code in einem `while`-Block wird ausgeführt, solange die Bedingung der Anweisung `True` ist. Im Code besteht eine `while`-Anweisung stets aus Folgendem:

- dem `while`-Schlüsselwort
- einer Bedingung (also einem Ausdruck, der zu `True` oder `False` ausgewertet wird)
- einem Doppelpunkt
- einem eingerückten Block von Code (genannt der `while`-Block) in der darauffolgenden Zeile

Sie sehen, dass eine `while`-Anweisung einer `if`-Anweisung ähnelt. Der Unterschied liegt in ihrem Verhalten. Nach Abschluss des `if`-Blocks setzt das Programm die Ausführung nach der `if`-Anweisung fort. Am Ende des `while`-Blocks springt die Programmausführung jedoch zum Anfang der `while`-Anweisung zurück. Der `while`-Block wird häufig als `while`-*Schleife* oder einfach *Schleife* bezeichnet (*while loop* oder *loop*).

Betrachten Sie eine `if`-Anweisung und eine `while`-Schleife, die dieselbe Bedingung verwenden und auf dieser Grundlage die gleichen Aktionen ausführen. Hier sehen Sie den Code mit einer `if`-Anweisung:

```
spam = 0
if spam < 5:
    print('Hallo, Welt.')
    spam = spam + 1
```

Hier sehen Sie den Code mit einer `while`-Anweisung:

```
spam = 0
while spam < 5:
    print('Hallo, Welt.')
    spam = spam + 1
```

Diese Anweisungen sind ähnlich; sowohl `if` als auch `while` prüfen den Wert von `spam` und geben eine Nachricht aus, wenn dieser kleiner als `5` ist. Wenn Sie jedoch diese beiden Codebeispiele ausführen, passiert bei jedem etwas völlig anderes. Bei der `if`-Anweisung ist die Ausgabe einfach `"Hallo, Welt."`. Bei der `while`-Anweisung hingegen wird `"Hallo, Welt."` fünfmal wiederholt! Schauen Sie sich die Flussdiagramme für diese beiden Codeabschnitte in Abbildung 3.1 und Abbildung 3.2 an, um zu verstehen, warum dies geschieht.

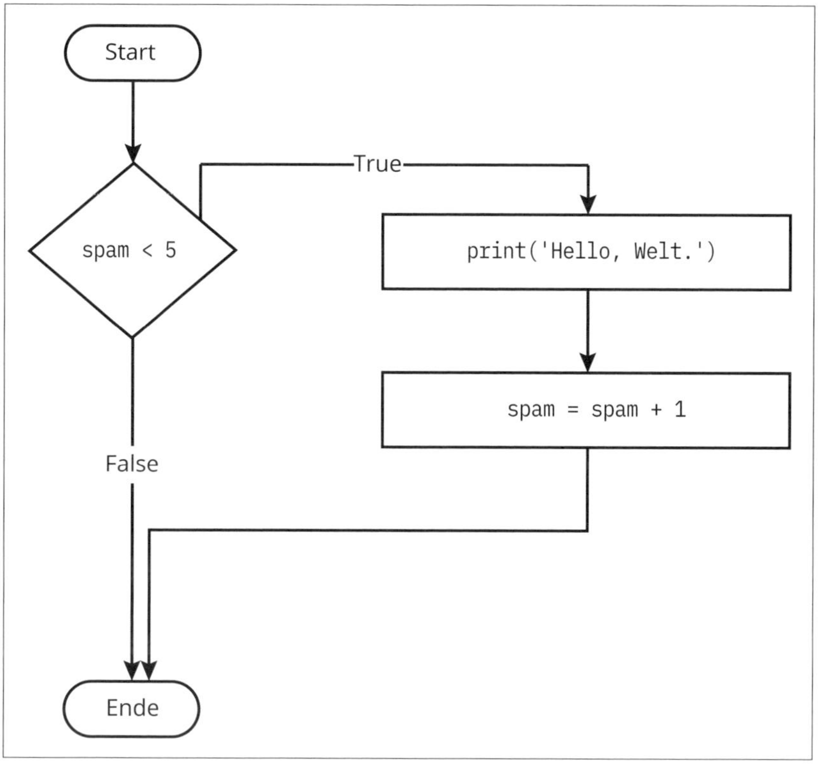

Abb. 3.1 *Das Flussdiagramm zum Code der if-Anweisung*

Der Code mit der `if`-Anweisung prüft die Bedingung und gibt `"Hallo, Welt."` nur dann einmal aus, wenn diese Bedingung erfüllt ist. Der Code mit der `while`-Schleife hingegen gibt sie fünfmal aus. Die Schleife endet nach fünf Ausgaben, weil die Ganzzahl in `spam` am Ende jeder Schleifeniteration um eins erhöht wird. Das bedeutet, die Schleife wird fünfmal ausgeführt, bevor `spam < 5` zu `False` wird.

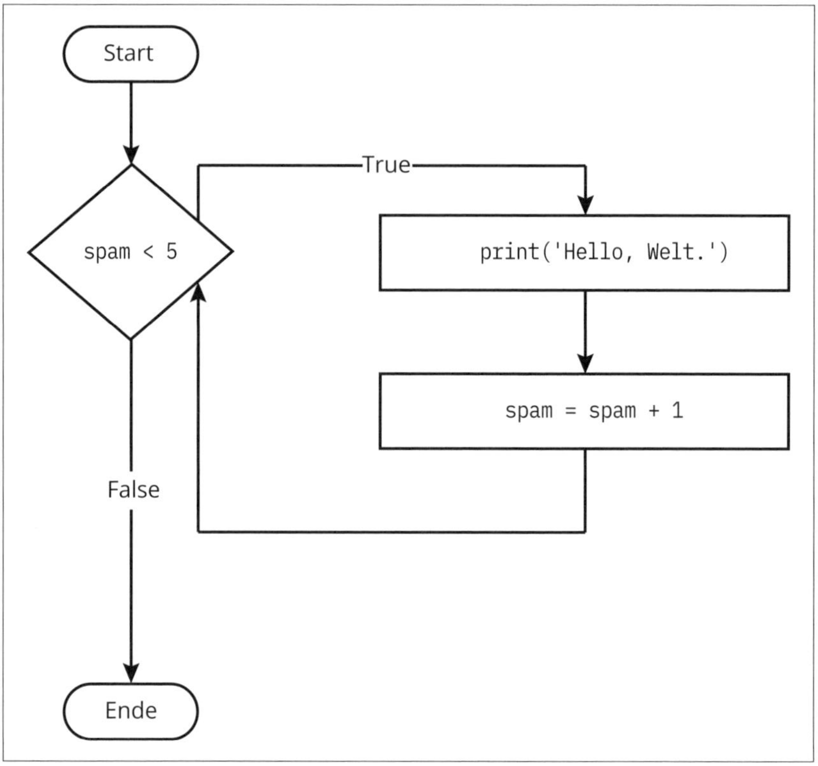

Abb. 3.2 *Das Flussdiagramm zum Code der while-Anweisung*

In der `while`-Schleife wird die Bedingung zu Beginn jeder *Iteration* geprüft (also jedes Mal, wenn die Schleife durchlaufen wird). Ist die Bedingung `True`, wird der Block ausgeführt. Anschließend wird die Bedingung erneut geprüft. Wird die Bedingung zum ersten Mal als `False` erkannt, wird der `while`-Block übersprungen.

Eine lästige while-Schleife

Hier finden Sie ein kleines Beispielprogramm, das Sie fortlaufend auffordert, wörtlich »deinen Namen« einzugeben. Wählen Sie *Datei* → *Neu*, um ein neues Dateieditor-Fenster zu öffnen. Geben Sie den folgenden Code ein und speichern Sie die Datei als *yourName.py*:

```
name = ''
while name != 'deinen Namen':
    print('Bitte gib deinen Namen ein.')
    name = input('>')
print('Danke!')
```

Zunächst setzt das Programm die Variable `name` auf einen leeren String. Dadurch wird die Bedingung `name != 'deinen Namen'` zu `True` ausgewertet, und die Ausführung des Programms tritt in den Block der `while`-Schleife ein.

Der Code innerhalb des Blocks fordert den Benutzer auf, seinen Namen einzugeben, der dann der Variable `name` zugewiesen wird. Da dies die letzte Zeile des Blocks ist, kehrt die Ausführung an den Anfang der `while`-Schleife zurück und überprüft die Bedingung erneut. Ist der Wert von `name` nicht gleich dem String `'deinen Namen'`, so ist die Bedingung `True`, und die Ausführung tritt erneut in dem `while`-Block ein.

Sobald man jedoch tatsächlich `deinen Namen` eingibt, lautet die Bedingung der `while`-Schleife `'deinen Namen' != 'deinen Namen'`, was zu `False` ausgewertet wird. Nun wird der Block der `while`-Schleife bei der Ausführung des Programms nicht erneut betreten; Python überspringt sie und setzt die Ausführung des restlichen Programms fort. Abbildung 3.3 zeigt das Flussdiagramm für das Programm *yourName.py*.

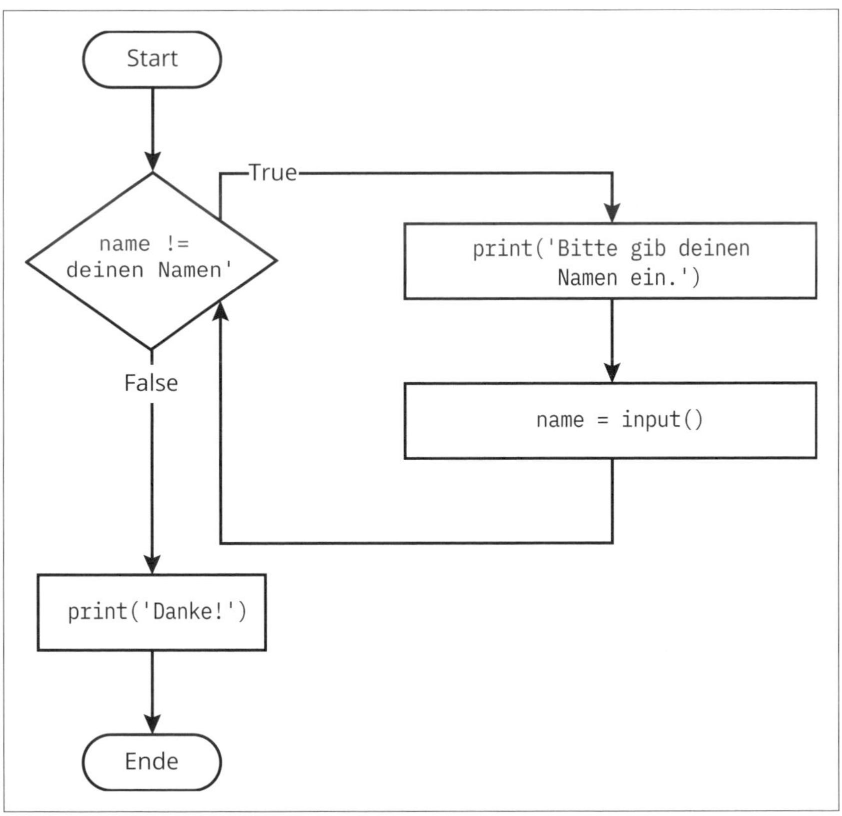

Abb. 3.3 *Das Flussdiagramm für das Programm yourName.py*

Schauen wir uns nun *yourName.py* im Einsatz an. Drücken Sie [F5], um das Programm zu starten, und geben Sie zunächst mehrmals etwas anderes als `deinen Namen` ein, bevor Sie das Gewünschte eingeben:

```
Bitte gib deinen Namen ein.
>Al
Bitte gib deinen Namen ein.
>Albert
Bitte gib deinen Namen ein.
>%#@#%*(^&!!!
Bitte gib deinen Namen ein.
>deinen Namen
Danke!
```

Wenn Sie niemals `deinen Namen` eingeben, wird die Bedingung der `while`-Schleife niemals `False`, und das Programm wird Sie unendlich oft nach »deinem Namen« fragen. Hier ermöglicht der Aufruf von `input()` dem Benutzer, den richtigen String einzugeben, damit das Programm fortgesetzt wird. In anderen Programmen ändert sich die Bedingung eventuell nie – das kann problematisch sein. Sehen wir uns an, wie Sie aus einer `while`-Schleife ausbrechen können.

break-Anweisungen

Es gibt eine Möglichkeit, die Programmausführung vorzeitig aus dem Block einer `while`-Schleife zu beenden. Erreicht die Ausführung eine `break`-Anweisung, verlässt sie unmittelbar den Block der `while`-Schleife. Im Code besteht eine `break`-Anweisung einfach aus dem Schlüsselwort `break`.

Hier sehen Sie ein Programm, das dasselbe wie das vorherige Programm *yourName.py* macht, aber eine `break`-Anweisung nutzt, um die Schleife zu verlassen. Geben Sie den folgenden Code ein und speichern Sie die Datei als *yourName2.py*:

```
while True:
    print('Bitte gib deinen Namen ein.')
    name = input('>')
    if name == 'deinen Namen':
        break
print('Danke!')
```

Die erste Zeile erstellt eine *Endlosschleife*; es handelt sich dabei um eine `while`-Schleife, deren Bedingung immer `True` ist. (Der Ausdruck `True` ergibt schließlich immer den Wert `True`.) Nach dem Eintritt der Programmausführung in diese Schleife wird sie diese erst verlassen, wenn eine `break`-Anweisung ausgeführt wird. (Eine Endlosschleife, die *niemals* verlassen wird, ist ein häufiger Programmierfehler.)

Wie zuvor fordert dieses Programm den Benutzer auf, `deinen Namen` einzugeben. Nun überprüft jedoch, während die Ausführung noch innerhalb der `while`-Schleife ist, eine `if`-Anweisung, ob `name` gleich `'deinen Namen'` ist. Ist diese Bedingung `True`, wird die `break`-Anweisung ausgeführt, und die Ausführung verlässt die Schleife und setzt mit `print('Danke!')` fort. Andernfalls wird der `if`-Block mit der `break`-Anweisung übersprungen, wodurch die Ausführung zum Ende der `while`-Schleife gelangt. An dieser Stelle springt die Programmausführung zurück zum Beginn der `while`-Anweisung, um die Bedingung erneut zu überprüfen. Da diese Bedingung lediglich der boolesche Wert `True` ist, tritt die Ausführung in die Schleife ein, um den Benutzer erneut aufzufordern, `deinen Namen` einzugeben. Siehe Abbildung 3.4 für das Flussdiagramm dieses Programms.

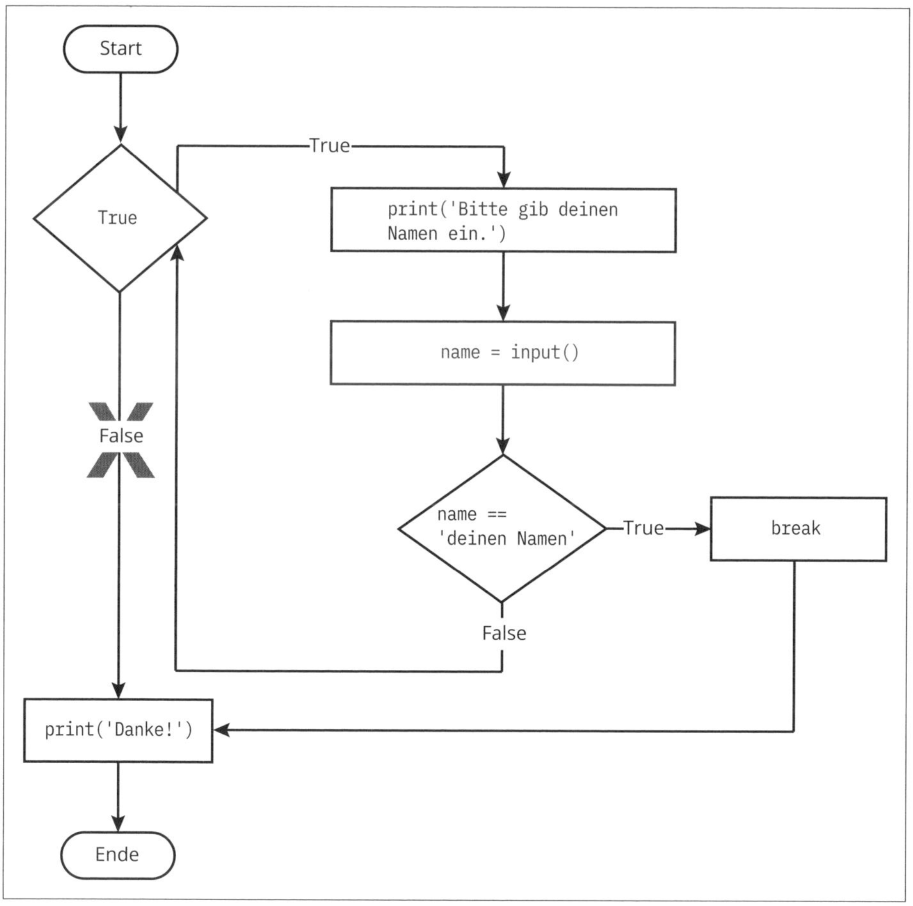

Abb. 3.4 *Das Flussdiagramm für das Programm yourName2.py mit einer Endlosschleife. Beachten Sie, dass der X-Pfad logisch nie eintreten kann, da die Schleifenbedingung stets `True` ist.*

Führen Sie *yourName2.py* aus und geben Sie denselben Text ein, den Sie auch für *yourName.py* eingegeben haben. Das überarbeitete Programm sollte auf die gleiche Weise wie das Original reagieren.

continue-Anweisungen

Wie `break`-Anweisungen verwenden wir `continue`-Anweisungen innerhalb von Schleifen. Wenn die Programmausführung eine `continue`-Anweisung erreicht, springt die Ausführung sofort zum Beginn der Schleife zurück und überprüft die Schleifenbedingung erneut (es passiert also dasselbe, wie wenn die Ausführung das Ende der Schleife erreicht).

In einer Endlosschleife gefangen?

Falls Sie jemals ein Programm ausführen, das wegen eines Fehlers in einer Endlosschleife festhängt, drücken Sie [Strg]-[C]. Dadurch erhält Ihr Programm einen `KeyboardInterrupt`-Fehler und wird sofort beendet. Sie können auch oben im Mu-Fenster auf die *Stopp*-Schaltfläche klicken. Probieren Sie das Stoppen eines Programms aus, indem Sie im Dateieditor eine einfache Endlosschleife erstellen und das Programm als *infiniteLoop.py* speichern. Wenn Sie das Programm aus Mu heraus ausführen, können Sie ebenfalls auf die *Stopp*-Schaltfläche klicken:

```
while True:
    print('Hallo, Welt!')
```

Wenn Sie dieses Programm ausführen, wird es `Hello, world!` dauerhaft auf dem Bildschirm ausgeben, da die Bedingung der `while`-Anweisung stets `True` ist. [Strg]-[C] ist ebenfalls nützlich, wenn Sie Ihr Programm sofort beenden möchten, selbst wenn es nicht in einer Endlosschleife festhängt.

Lassen Sie uns `continue` verwenden, um ein Programm zu schreiben, das nach Name und Passwort fragt. Geben Sie den folgenden Code in ein neues Dateieditor-Fenster ein und speichern Sie das Programm unter *swordfish.py*:

```
while True:
    print('Wer bist du?')
    name = input('>')
    if name != 'Jan': ❶
        continue ❷
    print('Hallo, Jan. Was ist das Passwort? (Es ist ein Fisch.)')
    password = input('>') ❸
    if password == 'swordfish':
        break ❹
print('Zugriff gewährt.') ❺
```

Gibt man einen anderen Namen als Jan ein ❶, führt die `continue`-Anweisung ❷ dazu, dass die Programmausführung zum Anfang der Schleife zurückkehrt. Wenn das Programm die Bedingung erneut überprüft, wird die Ausführung stets die Schleife betreten, da die Bedingung einfach der Wert `True` ist. Sobald Sie diese `if`-Anweisung passiert haben, werden Sie nach einem Passwort gefragt ❸. Ist das eingegebene Passwort `swordfish`, wird die `break`-Anweisung ❹ ausgeführt und die `while`-Schleife verlassen, um `Zugriff gewährt` auszugeben ❺. Andernfalls wird die Ausführung bis zum Ende der `while`-Schleife fortgesetzt und kehrt anschließend zum Anfang der Schleife zurück. Siehe Abbildung 3.5 für das Flussdiagramm dieses Programms.

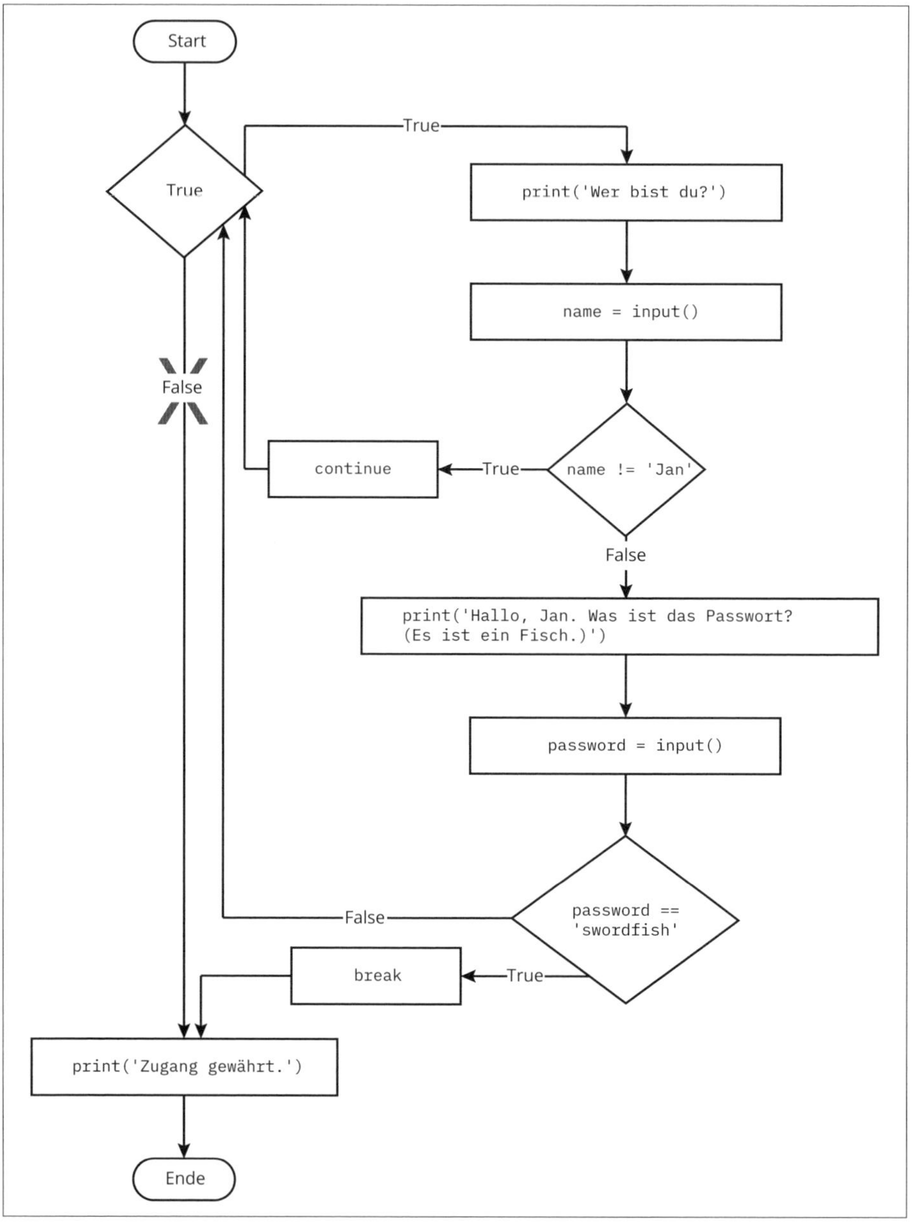

Abb. 3.5 *Das Flussdiagramm für das Programm swordfish.py. Der X-Pfad wird logisch niemals durchlaufen, da die Schleifenbedingung immer* `True` *ist.*

Führen Sie dieses Programm aus und geben Sie einige Eingaben ein. Solange Sie nicht angeben, Jan zu sein, sollte das Programm kein Passwort abfragen. Sobald Sie das korrekte Passwort eingeben, sollte es beendet werden:

```
Wer bist du?
>Mir geht es gut, danke. Wer bist du?
Wer bist du?
>Jan
Hallo, Jan. Was ist das Passwort? (Es ist ein Fisch.)
>Wanda
Wer bist du?
>Jan
Hallo, Jan. Was ist das Passwort? (Es ist ein Fisch.)
>swordfish
Zugriff gewährt.
```

»Truthy«- und »Falsy«-Werte und die Funktion bool()

Bedingungen betrachten einige Werte anderer Datentypen als gleichwertig zu `True` oder `False`. Werden sie in Bedingungen verwendet, gelten `0`, `0.0` und `''` (der leere String) als `False`, während alle anderen Werte als `True` betrachtet werden. Diese Begriffe bedeuten in etwa »wie wahr bewertet« und »wie falsch bewertet«.

Sehen Sie sich beispielsweise das folgende Programm an:

```
name = ''
while not name: ❶
    print('Gib deinen Namen ein:')
    name = input('>')
print('Wie viele Gäste wirst du haben?')
anzahl_gäste = int(input('>'))
if anzahl_gäste: ❷
    print('Sorge dafür, dass alle Gäste Platz haben.') ❸
print('Fertig')
```

Gibt man einen leeren String für name ein, ist die Bedingung der `while`-Anweisung `True` ❶ und das Programm fordert weiterhin zur Eingabe eines Namens auf. Ist der Wert für `anzahl_gäste` ungleich `0` ❷, gilt die Bedingung als `True` und das Programm gibt Ihnen eine Erinnerung aus ❸.

Sie könnten auch `not name != ''` statt `not name` und `anzahl_gäste != 0` statt `anzahl_gäste` verwenden, doch die Nutzung von »truthy«- und »falsy«-Werten erhöht die Lesbarkeit Ihres Codes.

Möchten Sie wissen, ob ein Wert wahr oder falsch ist, übergeben Sie ihn an die Funktion `bool()`, wie im folgenden Beispiel aus der interaktiven Shell:

```
>>> bool(0)
False
>>> bool(42)
True
>>> bool('Hallo')
True
>>> bool('')
False
```

for-Schleifen und die Funktion range()

Die `while`-Schleife läuft so lange, wie ihre Bedingung `True` ist (daher stammt auch ihr Name). Was aber, wenn Sie einen Block nur eine bestimmte Anzahl von Malen ausführen möchten? Dies erreichen Sie mit einer `for`-Schleife und der Funktion `range()`.

Im Code sieht eine `for`-Anweisung beispielsweise so aus: `for i in range(5):` und beinhaltet Folgendes:

- das `for`-Schlüsselwort
- einen Variablennamen
- das `in`-Schlüsselwort
- einen Aufruf der Funktion `range()` mit bis zu drei ganzzahligen Argumenten
- einen Doppelpunkt
- einen eingerückten Codeblock (genannt `for`-Block oder Schleifenblock) ab der nächsten Zeile

Erstellen Sie ein neues Programm mit dem Namen *fiveTimes.py*, um eine `for`-Schleife in Aktion zu erleben:

```
print('Hallo!')
for i in range(5):
    print('In dieser Iteration ist i auf ' + str(i) + ' gesetzt.')
print('Auf Wiedersehen!')
```

Der Codeblock der `for`-Schleife wird fünfmal ausgeführt. Beim ersten Durchlauf wird die Variable `i` auf `0` gesetzt. Der Aufruf von `print()` im Block gibt `In dieser Iteration ist i auf ' + str(i) + ' gesetzt'` aus. Nachdem Python eine Iteration durch den gesamten Code innerhalb des Blocks der `for`-Schleife abgeschlossen hat, kehrt die Ausführung an den Anfang der Schleife zurück und die `for`-Anweisung erhöht `i` um eins. Deshalb führt `range(5)` zu fünf Iterationen durch den Block, wobei `i` zuerst auf `0`, dann auf `1`, dann auf `2`, dann auf `3` und schließlich auf `4` gesetzt wird. Die Variable `i` zählt bis zu der an `range()` übergebenen Ganzzahl, schließt diese jedoch nicht mit ein. Abbildung 3.6 zeigt das Flussdiagramm für das Programm *fiveTimes.py*.

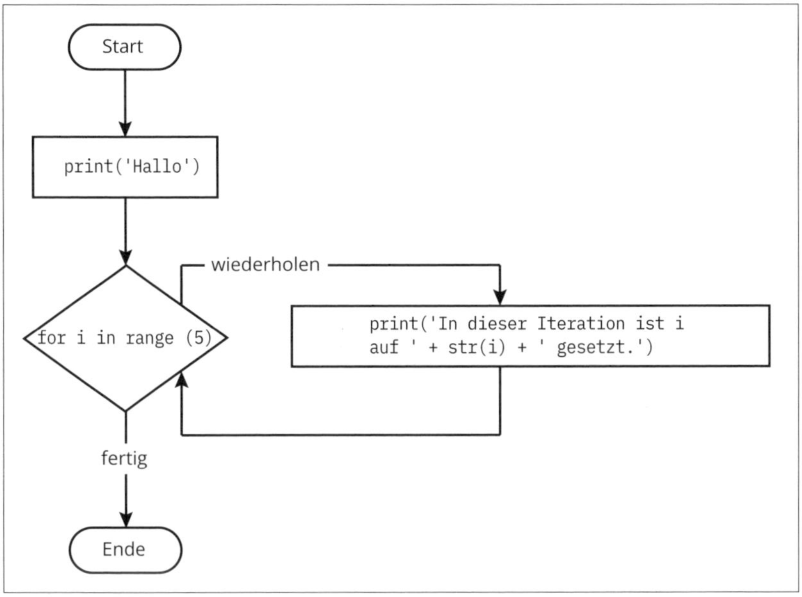

Abb. 3.6 *Das Flussdiagramm für das Programm fiveTimes.py*

Hier sehen Sie die vollständige Ausgabe des Programms:

```
Hallo!
In dieser Iteration ist i auf 0 gesetzt.
In dieser Iteration ist i auf 1 gesetzt.
In dieser Iteration ist i auf 2 gesetzt.
In dieser Iteration ist i auf 3 gesetzt.
In dieser Iteration ist i auf 4 gesetzt.
Auf Wiedersehen!
```

Sie können `break`- und `continue`-Anweisungen auch innerhalb von `for`-Schleifen verwenden. Die `continue`-Anweisung fährt mit dem nächsten Wert des Zählers der `for`-Schleife fort, als hätte das Programm die Schleife regulär bis zum Ende durchlaufen und sich anschließend wieder zum Anfang begeben. Tatsächlich dürfen Sie `continue`- und `break`-Anweisungen ausschließlich innerhalb von `while`- oder `for`-Schleifen einsetzen. Wenn Sie versuchen, diese Anweisungen an anderer Stelle zu verwenden, gibt Python einen Fehler aus.

Als weiteres Beispiel für eine `for`-Schleife betrachten Sie folgende Geschichte über den Mathematiker Carl Friedrich Gauss. Als Gauss noch ein Junge war, wollte ein Lehrer der Klasse eine Beschäftigungsaufgabe geben. Der Lehrer forderte sie auf, sämtliche Zahlen von 0 bis 100 zu addieren. Der junge Gauss fand einen cleveren Trick, um die Lösung in wenigen Sekunden zu berechnen. Sie können jedoch ein Python-Programm mit einer `for`-Schleife schreiben, um diese Berechnung für sich ausführen zu lassen:

```
summe = 0
for num in range(101):
    summe = summe + num
print(summe)
```

Das Ergebnis sollte 5050 sein. Wenn das Programm startet, wird die `summe`-Variable auf `0` gesetzt. Die `for`-Schleife führt dann `summe = summe + num` insgesamt 101-mal aus, jeweils mit einer um eins erhöhten `num`-Variable. Nachdem die Schleife alle ihre 101 Iterationen abgeschlossen hat, wurde jede Ganzzahl von `0` bis `100` zu `summe` addiert. An dieser Stelle wird `summe` auf dem Bildschirm ausgegeben. Selbst auf den langsamsten Computern benötigt dieses Programm weniger als eine Sekunde zur Ausführung.

(Der junge Gauss fand einen Weg, dieses Problem in wenigen Sekunden zu lösen. Es gibt 50 Zahlenpaare, die jeweils 101 ergeben: 1 + 100, 2 + 99, 3 + 98 und so weiter, bis 50 + 51. Da 50 × 101 genau 5050 ergibt, ist die Summe aller Zahlen von 0 bis 100 ebenfalls 5050. Ein kluger Junge!)

Warum »bis« und nicht »bis einschließlich«?

Vielleicht erscheint es ungewöhnlich, dass die Funktion `range()` in `for`-Schleifen verlangt, die Zahl, bis zu der die Schleife laufen soll, um eins zu reduzieren. In der Programmierung werden Bereiche häufig in einem »geschlossen, offen«-Format angegeben, das die Anfangszahl einschließt, aber die Endzahl ausschließt. Zum Beispiel umfasst der Bereich 0, 10 die Zahlen von 0 bis 9 statt von 0 bis 10. Die Verwendung von »geschlossen, offen« anstelle von »geschlossen, geschlossen« bietet zahlreiche Vorteile und führt zu weniger Fehlern. Um die Größe des Bereichs zu berechnen, subtrahieren Sie einfach die Startzahl von der Endzahl. Der Bereich 0, 10 (der die Zahlen 0 bis 9 und nicht 0 bis 10 enthält) umfasst 10 – 0, also 10 Zahlen. Bei einem »Geschlossen, geschlossen«-Bereich von 0 bis 9 berechnen Sie die Länge mit 9 – 0 + 1. (Und es ist leicht, versehentlich *off-by-one*-Fehler wie 9 – 0 – 1 zu machen.) Der Beginn des nächsten Bereichs 10, 20 ergibt sich einfach, indem Sie die vorherige Endzahl als neue Startzahl verwenden.

Für Programme, die mit Zeitstempeln arbeiten, ist der »Geschlossen, offen«-Bereich von 00:00:00 bis 24:00:00.0 deutlich einfacher zu handhaben als der »Geschlossen, geschlossen«-Bereich von 00:00:00 bis 23:59:59.999. »Geschlossen, offen«-Bereiche wirken zunächst ungewohnt, werden Ihnen jedoch mit wachsender Erfahrung beim Schreiben von Code selbstverständlich erscheinen.

Eine gleichwertige while-Schleife

Sie können tatsächlich eine `while`-Schleife verwenden, um dasselbe wie eine `for`-Schleife zu erreichen; `for`-Schleifen sind einfach prägnanter. Lassen Sie uns *fiveTimes.py* so umschreiben, dass eine `while`-Schleife als Äquivalent zur `for`-Schleife verwendet wird:

```
print('Hallo!')
i = 0
while i < 5:
    print('In dieser Iteration ist i auf ' + str(i) + ' gesetzt')
    i = i + 1
print('Auf Wiedersehen!')
```

Wenn Sie dieses Programm ausführen, sollte die Ausgabe genauso aussehen wie bei dem Programm *fiveTimes.py*, das eine `for`-Schleife verwendet. Denken Sie daran, dass `for`-Schleifen nützlich sind, um eine bestimmte Anzahl von Wiederholungen auszuführen, während `while`-Schleifen sinnvoll sind, solange eine bestimmte Bedingung erfüllt ist.

Argumente für range()

Einige Funktionen können Sie mit mehreren, durch Kommas getrennten Argumenten aufrufen – `range()` gehört dazu. Dadurch können Sie die an `range()` übergebene Zahl so anpassen, dass jede beliebige Zahlenfolge entsteht, auch eine, die nicht bei null beginnt:

```
for i in range(12, 16):
    print(i)
```

Das erste Argument gibt an, bei welchem Wert die `for`-Schleife mit der Variable beginnt, und das zweite Argument legt fest, bis zu welcher Zahl (ausschließlich) gezählt wird:

```
12
13
14
15
```

Die Funktion `range()` kann auch mit drei Argumenten aufgerufen werden. Die ersten beiden Argumente sind die Start- und die Stoppwerte, das dritte ist das *step*-Argument. Der Schrittwert ist der Betrag, um den die Variable nach jeder Iteration erhöht wird:

```
for i in range(0, 10, 2):
    print(i)
```

Wenn Sie `range(0, 10, 2)` aufrufen, wird von null bis acht in Zweierschritten gezählt:

```
0
2
4
6
8
```

Die Funktion `range()` ist recht flexibel: Sie kann Zahlenfolgen für `for`-Schleifen in jede Richtung erzeugen. Zum Beispiel (kein Rückschritt, versprochen!) lässt sich auch rückwärts zählen, wenn Sie eine negative Schrittweite wählen:

```
for i in range(5, -1, -1):
    print(i)
```

Diese `for`-Schleife erzeugt folgende Ausgabe:

```
5
4
3
2
1
0
```

Wenn Sie eine `for`-Schleife nutzen, um `i` mit `range(5, -1, -1)` auszugeben, werden die Zahlen von fünf bis null angezeigt.

Importieren von Modulen

Alle Python-Programme können auf eine grundlegende Menge von Funktionen zugreifen, die als *eingebaute Funktionen* bezeichnet werden, einschließlich der Funktionen `print()`, `input()` und `len()`, die Ihnen bereits begegnet sind. Python bietet darüber hinaus eine Menge von Modulen, die als *Standardbibliothek* bezeichnet werden. Jedes Modul ist ein Python-Programm, das eine verwandte Gruppe von Funktionen enthält, die Sie in Ihre Programme einbinden können. Das Modul `math` beispielsweise stellt mathematische Funktionen bereit, das Modul `random` enthält Funktionen für Zufallszahlen und so weiter.

Bevor Sie die Funktionen eines Moduls verwenden können, müssen Sie das Modul mit einer `import`-Anweisung importieren. Im Code besteht eine `import`-Anweisung aus Folgendem:

- dem Schlüsselwort `import`
- dem Namen des Moduls

- Optional können Sie weitere Modulnamen angeben, sofern sie durch Kommas getrennt sind.

Sobald Sie ein Modul importiert haben, stehen Ihnen alle Funktionen dieses Moduls zur Verfügung. Probieren wir es mit dem Modul `random` aus, das uns Zugriff auf die Funktion `random.randint()` ermöglicht.

Geben Sie diesen Code in den Dateieditor ein und speichern Sie ihn als *printRandom.py*:

```
import random
for i in range(5):
    print(random.randint(1, 10))
```

Wenn Sie dieses Programm ausführen, sieht die Ausgabe etwa so aus:

```
4
1
8
4
1
```

Der Funktionsaufruf `random.randint()` ergibt eine zufällige Ganzzahl zwischen den beiden Zahlen, die Sie übergeben (hier sind die Grenzen ausnahmsweise beide inklusive). Da sich `randint()` im Modul `random` befindet, müssen Sie vor dem Funktionsnamen »`random.`« angeben, damit Python diese Funktion im Modul `random` sucht.

Überschreiben Sie keine Modulnamen

Wenn Sie Ihre Python-Skripte speichern, achten Sie darauf, ihnen keinen Namen zu geben, der bereits von einem der Python-Module verwendet wird, wie beispielsweise *random.py*, *sys.py*, *os.py* oder *math.py*. Wenn Sie versehentlich eines Ihrer Programme beispielsweise *random.py* nennen und dann in einem anderen Programm die Anweisung `import random` verwenden, importiert Ihr Programm Ihre Datei *random.py* anstelle des Python-`random`-Moduls. Dies kann zu Fehlern wie `AttributeError: module 'random' has no attribute 'randint'` führen, da Ihre Datei *random.py* nicht die Funktionen enthält, die das echte Modul `random` bereitstellt. Verwenden Sie auch für Ihre Datei- oder Variablennamen niemals die Bezeichnungen von eingebauten Python-Funktionen. Zu den häufig verwendeten Python-Namen gehören `all`, `any`, `date`, `email`, `file`, `format`, `hash`, `id`, `input`, `list`, `min`, `max`, `object`, `open`, `random`, `set`, `str`, `sum`, `test` und `type`.

Hier finden Sie ein Beispiel für eine import-Anweisung, die vier verschiedene Module importiert:

```
import random, sys, os, math
```

Nun können Sie sämtliche Funktionen in diesen vier Modulen nutzen. Über diese Module werden Sie später im Buch noch mehr erfahren.

Eine alternative Form der import-Anweisung besteht aus dem Schlüsselwort from, gefolgt vom Modulnamen, vom Schlüsselwort import und von einem Sternchen (*), z. B.: from random import *. Mit dieser Form der import-Anweisung müssen Funktionsaufrufe aus random nicht mehr mit dem Präfix random. versehen werden. Die Verwendung des vollständigen Namens führt jedoch zu besser lesbarem Code, daher empfiehlt es sich, die Variante import random zu wählen.

Ein Programm vorzeitig mit sys.exit() beenden

Die letzte Kontrollstruktur, die behandelt wird, ist die Möglichkeit, das Programm zu *beenden* oder zu verlassen. Programme enden stets, wenn die Ausführung das Ende der Anweisungen erreicht. Sie können das Programm jedoch vor der letzten Anweisung beenden, indem Sie die Funktion sys.exit() aufrufen. Da sich diese Funktion im Modul sys befindet, müssen Sie sys importieren, bevor Ihr Programm sie nutzen kann.

Öffnen Sie ein Dateieditor-Fenster und geben Sie den folgenden Code ein. Speichern Sie ihn als *exitExample.py*:

```
import sys

while True:
    print('Gib zum Beenden exit ein.')
    antwort = input('>')
    if antwort == 'exit':
        sys.exit()
    print('Du hast ' + antwort + ' eingegeben.')
```

Führen Sie dieses Programm in Ihrem Code-Editor aus. Dieses Programm enthält eine Endlosschleife ohne break-Anweisung. Das Programm endet nur, wenn die Ausführung den Aufruf von sys.exit() erreicht. Wenn antwort gleich 'exit' ist, wird die Zeile mit dem Aufruf von sys.exit() ausgeführt. Da die Variable antwort durch die Funktion input() gesetzt wird, muss man exit eingeben, um das Programm zu beenden.

Ein kurzes Programm: Zahl erraten

Die bisher gezeigten Beispiele waren nützlich, um grundlegende Konzepte einzuführen. Nun werden Sie sehen, wie sich alles, was Sie gelernt haben, in einem umfassenderen Programm zusammenfügt. In diesem Abschnitt präsentiere ich Ihnen ein einfaches Zahlenratespiel. Wenn Sie dieses Programm ausführen, sieht die Ausgabe etwa folgendermaßen aus:

```
Ich denke an eine Zahl zwischen 1 und 20.
Bitte rate.
>10
Deine Zahl ist zu niedrig.
Bitte rate.
>15
Deine Zahl ist zu niedrig.
Bitte rate.
>17
Deine Zahl ist zu hoch.
Bitte rate.
>16
Glückwunsch! Das waren 4 Versuche!
```

Geben Sie den folgenden Code in den Dateieditor ein und speichern Sie die Datei unter *guessTheNumber.py*:

```
# Dies ist ein Zahlenratespiel.
import random

geheime_zahl = random.randint(1, 20)
print('Ich denke an eine Zahl zwischen 1 und 20.')

# Fordere den Spieler auf, 6-mal zu raten.
for versuch in range(1, 7):
    print('Bitte rate.')
    vermutung = int(input('>'))

    if vermutung < geheime_zahl:
        print('Deine Zahl ist zu niedrig.')
    elif vermutung > geheime_zahl:
        print('Deine Zahl ist zu hoch.')
    else:
        break  # Diese Bedingung gilt für korrekt geraten!

if vermutung == geheime_zahl:
    print('Glückwunsch! Das waren ' + str(versuch) + ' Versuche!')
else:
    print('Leider nicht. Die Zahl war ' + str(geheime_zahl))
```

Analysieren wir diesen Code Zeile für Zeile, beginnend ganz oben:

```
# Dies ist ein Zahlenratespiel.
import random
geheime_zahl = random.randint(1, 20)
```

Zunächst erläutert ein Kommentar am Anfang des Codes, was das Programm macht. Anschließend importiert das Programm das `random`-Modul, damit es die Funktion `random.randint()` nutzen kann, um eine Zahl für den Benutzer zum Raten zu generieren. Der Rückgabewert, eine zufällige Ganzzahl zwischen 1 und 20, wird in der Variablen `geheime_zahl` gespeichert:

```
print('Ich denke an eine Zahl zwischen 1 und 20.')

# Fordere den Spieler auf, 6-mal zu raten.
for versuch in range(1, 7):
    print('Bitte rate.')
    vermutung = int(input('>'))
```

Das Programm informiert den Spielenden darüber, dass es sich eine geheime Zahl ausgedacht hat und dem Spieler sechs Chancen zum Raten gibt. Der Code erlaubt dem Spieler, zu raten, und prüft den Rateversuch in einer `for`-Schleife, die höchstens sechsmal ausgeführt wird. Das Erste, was in der Schleife geschieht, ist, dass der Spielende eine Zahl rät. Da `input()` einen String zurückgibt, wird dessen Rückgabewert direkt an `int()` übergeben, das den String in eine Ganzzahl umwandelt. Diese wird in einer Variablen mit dem Namen `vermutung` gespeichert:

```
    if vermutung < geheime_zahl:
        print('Deine Zahl ist zu niedrig.')
    elif vermutung > geheime_zahl:
        print('Deine Zahl ist zu hoch.')
```

Diese wenigen Codezeilen prüfen, ob die `vermutung` kleiner oder größer als die `geheime_zahl` ist. In beiden Fällen wird ein Hinweis auf dem Bildschirm ausgegeben:

```
    else:
        break  # Diese Bedingung ist korrekt geraten!
```

Falls die `vermutung` weder größer noch kleiner als die `geheime_zahl` ist, muss sie gleich zu `geheime_zahl` sein – in diesem Fall soll die Programmausführung die `for`-Schleife verlassen:

```
if vermutung == geheime_zahl:
    print('Glückwunsch! Das waren ' + str(versuch) + ' Versuche!')
else:
    print('Leider nicht. Die Zahl war ' + str(geheime_zahl))
```

Nach der `for`-Schleife prüft die vorherige `if-else`-Anweisung, ob der Spielende die Zahl korrekt geraten hat, und gibt dann eine entsprechende Nachricht auf dem Bildschirm aus. In beiden Fällen zeigt das Programm eine Variable an, die eine Ganzzahl enthält (`versuch` und `geheime_zahl`). Da diese Ganzzahlen an Strings angehängt werden müssen, werden diese Variablen an die Funktion `str()` übergeben, welche diese in String-Form zurückgibt. Nun lassen sich diese Strings mit den +-Operatoren verketten, bevor sie abschließend an den `print()`-Funktionsaufruf übergeben werden.

Ein kurzes Programm: Stein, Schere, Papier

Nutzen Sie die bisher erlernten Programmierkonzepte, um ein einfaches »Stein, Schere, Papier«-Programm zu erstellen. Die Ausgabe sieht folgendermaßen aus:

```
STEIN, SCHERE, PAPIER
0 Siege, 0 Verluste, 0 Unentschieden
Bitte gib deinen Zug ein: s(t)ein (s)chere (p)apier oder (b)eenden
>p
PAPIER gegen...
PAPIER
Es ist ein Unentschieden!
0 Siege, 0 Verluste, 1 Unentschieden
Bitte gib deinen Zug ein: s(t)ein (s)chere (p)apier oder (b)eenden
>s
SCHERE gegen...
PAPIER
Du gewinnst!
1 Siege, 0 Verluste, 1 Unentschieden
Bitte gib deinen Zug ein: s(t)ein (s)chere (p)apier oder (b)eenden
>b
```

Geben Sie den folgenden Quellcode in den Dateieditor ein und speichern Sie die Datei als *rpsGame.py*:

```
import random, sys

print('STEIN, SCHERE, PAPIER')

# Diese Variablen erfassen die Anzahl der Siege, Verluste und Unent-
schieden.
siege = 0
verluste = 0
```

```
unent = 0

while True:  # Die Hauptspielschleife
    print('%s Siege, %s Verluste, %s Unentschieden' % (siege, ver-
luste, unent))
    while True:  # Die Spielereingabeschleife
        print('Bitte gib deinen Zug ein: s(t)ein (s)chere (p)apier
oder (b)eenden')
        spieler_zug = input('>')
        if spieler_zug == 'b':
            sys.exit()  # Beende das Programm.
        if spieler_zug == 't' or spieler_zug == 'p' or spieler_zug == 's':
            break  # Beende die Spielereingabeschleife.
        print('Bitte gib eines der Zeichen ein: t, s, p oder b.')

    # Anzeigen, was der Spielende gewählt hat:
    if spieler_zug == 't':
        print('STEIN gegen...')
    elif spieler_zug == 'p':
        print('PAPIER gegen...')
    elif spieler_zug == 's':
        print('SCHERE gegen...')

    # Anzeigen, was der Computer gewählt hat:
    nummer = random.randint(1, 3)
    if nummer == 1:
        computer_zug = 't'
        print('STEIN')
    elif nummer == 2:
        computer_zug = 'p'
        print('PAPIER')
    elif nummer == 3:
        computer_zug = 's'
        print('SCHERE')

    # Anzeigen und protokollieren von Gewinn/Verlust/Unentschieden:
    if spieler_zug == computer_zug:
        print('Es ist ein Unentschieden!')
        unent = unent + 1
    elif spieler_zug == 't' and computer_zug == 's':
        print('Du gewinnst!')
        siege = siege + 1
    elif spieler_zug == 'p' and computer_zug == 't':
        print('Du gewinnst!')
        siege = siege + 1
    elif spieler_zug == 's' and computer_zug == 'p':
        print('Du gewinnst!')
        siege = siege + 1
    elif spieler_zug == 't' and computer_zug == 'p':
        print('Du verlierst!')
```

```
            verluste = verluste + 1
        elif spieler_zug == 'p' and computer_zug == 's':
            print('Du verlierst!')
            verluste = verluste + 1
        elif spieler_zug == 's' and computer_zug == 't':
            print('Du verlierst!')
            verluste = verluste + 1
```

Analysieren wir diesen Code Zeile für Zeile, beginnend ganz oben:

```
import random, sys

print('STEIN, SCHERE, PAPIER')

# Diese Variablen erfassen die Anzahl der Siege, Verluste und Unent-
schieden.
siege = 0
verluste = 0
unent = 0
```

Zuerst importieren wir die Module `random` und `sys`, damit unser Programm die Funktionen `random.randint()` und `sys.exit()` aufrufen kann. Wir legen zudem drei Variablen an, um nachzuhalten, wie viele Siege, Verluste und Unentschieden der Spieler erzielt hat:

```
while True:  # Die Hauptspielschleife
    print('%s Siege, %s Verluste, %s Unentschieden' % (siege, ver-
luste, unent))
    while True:  # Die Spielereingabeschleife
        print('Bitte gib deinen Zug ein: s(t)ein (s)chere (p)apier
oder (b)eenden')
        spieler_zug = input('>')
        if spieler_zug == 'b':
            sys.exit()  # Beende das Programm.
        if spieler_zug == 't' or spieler_zug == 'p' or spieler_zug ==
's':
            break  # Beende die Spielereingabeschleife.
        print('Bitte gib eines der Zeichen ein: t, s, p oder b.')
```

Dieses Programm verwendet eine `while`-Schleife innerhalb einer weiteren `while`-Schleife. Die erste Schleife ist die Hauptspielschleife, und bei jeder Iteration dieser Schleife wird eine einzelne Partie von »Stein, Schere, Papier« gespielt. Die zweite Schleife fordert eine Eingabe vom Spieler an und wiederholt sich, bis der Spieler ein `t`, `s`, `p` oder `b` für seinen Zug eingegeben hat. Die Zeichen `t`, `s` und `p` stehen für Stein, Schere bzw. Papier, während `b` bedeutet, dass der Spieler das Spiel beenden möchte. In diesem Fall wird `sys.exit()` aufgerufen und das Programm beendet. Hat der Spieler t, s oder p eingegeben, wird die Ausführung der Schleife beendet. Andernfalls erinnert das Programm den Spieler daran, t, s, p oder b einzugeben, und kehrt zum Anfang der Schleife zurück:

```
# Anzeigen, was der Spielende gewählt hat:
if spieler_zug == 't':
    print('STEIN gegen...')
elif spieler_zug == 'p':
    print('PAPIER gegen...')
elif spieler_zug == 's':
    print('SCHERE gegen...')
```

Hier wird der Zug des Spielers auf dem Bildschirm angezeigt.

```
# Anzeigen, was der Computer gewählt hat:
nummer = random.randint(1, 3)
if nummer == 1:
    computer_zug = 't'
    print('STEIN')
elif nummer == 2:
    computer_zug = 'p'
    print('PAPIER')
elif nummer == 3:
    computer_zug = 's'
    print('SCHERE')
```

Anschließend wählt das Programm den Zug des Computers zufällig aus. Da random.randint() stets eine Zufallszahl liefert, speichert der Code die Ganzzahl 1, 2 oder 3, den diese Funktion zurückgibt, in einer Variablen namens nummer. Anschließend legt das Programm einen 't'-, 'p'- oder 's'-String in computer_zug ab, basierend auf dem Wert von nummer, und gibt zudem den Zug des Computers aus:

```
# Anzeigen und protokollieren von Gewinn/Verlust/Unentschieden:
if spieler_zug == computer_zug:
    print('Es ist ein Unentschieden!')
    unent = unent + 1
elif spieler_zug == 't' and computer_zug == 's':
    print('Du gewinnst!')
    siege = siege + 1
elif spieler_zug == 'p' and computer_zug == 't':
    print('Du gewinnst!')
    siege = siege + 1
elif spieler_zug == 's' and computer_zug == 'p':
    print('Du gewinnst!')
    siege = siege + 1
elif spieler_zug == 't' and computer_zug == 'p':
    print('Du verlierst!')
```

```
        verluste = verluste + 1
    elif spieler_zug == 'p' and computer_zug == 's':
        print('Du verlierst!')
        verluste = verluste + 1
    elif spieler_zug == 's' and computer_zug == 't':
        print('Du verlierst!')
        verluste = verluste + 1
```

Abschließend vergleicht das Programm die Strings in `spieler_zug` und `computer_zug` und zeigt die Ergebnisse auf dem Bildschirm an. Es erhöht außerdem die Variable `siege`, `verluste` oder `unent` entsprechend. Nachdem die Ausführung das Ende erreicht hat, springt das Programm zurück zum Anfang der Hauptschleife, um ein weiteres Spiel zu beginnen.

Wenn Ihnen diese »Zahlenraten«- oder »Stein, Schere, Papier«-Spiele gefallen haben, können Sie den Quellcode weiterer einfacher Python-Programme in *The Big Book of Small Python Projects* (No Starch Press, 2021) finden.

Zusammenfassung

Schleifen ermöglichen es Ihnen, Code in Ihren Programmen wiederholt auszuführen, solange eine bestimmte Bedingung als `True` bewertet wird. Die Anweisungen `break` und `continue` sind hilfreich, wenn Sie eine Schleife verlassen oder zum Beginn der Schleife zurückspringen müssen.

Mit diesen Kontrollstrukturen können Sie intelligentere Programme schreiben. Eine weitere Form der Ablaufsteuerung erreichen Sie, indem Sie eigene Funktionen erstellen – dies ist das Thema des nächsten Kapitels.

Übungsfragen

1. Welche Tasten können Sie drücken, wenn Ihr Python-Programm in einer Endlosschleife festhängt?
2. Worin besteht der Unterschied zwischen `break` und `continue`?
3. Worin liegt der Unterschied zwischen `range(10)`, `range(0, 10)` und `range(0, 10, 1)` in einer `for`-Schleife?
4. Schreiben Sie ein kurzes Programm, das die Zahlen `1` bis `10` mit einer `for`-Schleife ausgibt. Schreiben Sie anschließend ein entsprechendes Programm, das die Zahlen `1` bis `10` mit einer `while`-Schleife ausgibt.
5. Wenn Sie eine Funktion namens `bacon()` in einem Modul mit dem Namen `spam` hätten, wie würden Sie sie nach dem Import von `spam` aufrufen?

4

Funktionen

Eine Funktion ist wie ein Mini-Programm innerhalb eines Programms. Python stellt verschiedene eingebaute Funktionen bereit, wie etwa die Funktionen `print()`, `input()` und `len()` aus den vorherigen Kapiteln. Sie können jedoch auch eigene Funktionen schreiben. In diesem Kapitel werden Sie eigene Funktionen erstellen, den Call Stack untersuchen, der die Ausführungsreihenfolge der Funktionen im Programm festlegt, und mehr über den Gültigkeitsbereich von Variablen innerhalb und außerhalb von Funktionen erfahren.

Funktionen erstellen

Um besser zu verstehen, wie Funktionen funktionieren, erstellen wir eine solche. Geben Sie dieses Programm in den Dateieditor ein und speichern Sie es unter *helloFunc.py*:

```
def hallo():
    # Gibt drei Grüße aus
    print('Guten Morgen!')
```

```
    print('Guten Tag!')
    print('Guten Abend!')

hallo()
hallo()
print('NOCH EINMAL!')
hallo()
```

Die erste Zeile ist eine `def`-Anweisung, die eine Funktion mit dem Namen `hallo()` definiert. Der Code im Block, der auf die `def`-Anweisung folgt, bildet den Körper der Funktion. Dieser Code wird ausgeführt, wenn die Funktion aufgerufen wird, nicht bei der ersten Definition der Funktion.

Die `hallo()`-Zeilen nach der Funktion sind Funktionsaufrufe. Im Code ist ein Funktionsaufruf einfach der Name der Funktion, gefolgt von Klammern, wobei zwischen den Klammern verschiedene Argumente stehen können. Wenn die Programmausführung diese Aufrufe erreicht, springt sie zur ersten Zeile der Funktion und beginnt dort mit der Ausführung des Codes. Am Ende der Funktion kehrt die Ausführung zu der Zeile zurück, welche die Funktion aufgerufen hat, und fährt anschließend wie gewohnt fort.

Da dieses Programm `hallo()` dreimal aufruft, wird der Code in der Funktion `hallo()` ebenfalls dreimal ausgeführt. Wenn Sie dieses Programm ausführen, sieht die Ausgabe folgendermaßen aus:

```
Guten Morgen!
Guten Tag!
Guten Abend!
Guten Morgen!
Guten Tag!
Guten Abend!
NOCH EINMAL!
Guten Morgen!
Guten Tag!
Guten Abend!
```

Ein Hauptzweck von Funktionen besteht darin, Code zu bündeln, der mehrfach ausgeführt wird. Ohne eine definierte Funktion müssten Sie diesen Code jedes Mal kopieren und einfügen, wenn Sie ihn ausführen möchten; das Programm würde dann so aussehen:

```
print('Guten Morgen!')
print('Guten Tag!')
print('Guten Abend!')
print('Guten Morgen!')
print('Guten Tag!')
print('Guten Abend!')
```

```
print('NOCH EINMAL!')
print('Guten Morgen!')
print('Guten Tag!')
print('Guten Abend!')
```

Generell sollten Sie Codeduplizierungen vermeiden, da Sie bei einer späteren Änderung des Codes – etwa um einen Fehler zu beheben – daran denken müssen, den Code an allen kopierten Stellen zu aktualisieren.

Mit wachsender Programmiererfahrung werden Sie oft damit beschäftigt sein, *Duplizierungen zu entfernen*, also kopierten und eingefügten Code zu beseitigen. Die Entfernung von Duplizierungen macht Ihre Programme kürzer, besser lesbar und einfacher zu aktualisieren.

Argumente und Parameter

Wenn Sie die Funktion `print()` oder `len()` aufrufen, übergeben Sie ihr Werte, sogenannte *Argumente*, indem Sie diese in die Klammern eintragen. Sie können auch eigene Funktionen definieren, die Argumente annehmen. Geben Sie dieses Beispiel in den Dateieditor ein und speichern Sie es als *helloFunc2.py*:

```
def sage_hallo_zu(name): ❶
    # Gibt drei Grüße für den angegebenen Namen aus
    print('Guten Morgen, ' + name) ❷
    print('Guten Tag, ' + name)
    print('Guten Abend, ' + name)

sage_hallo_zu('Alice') ❸
sage_hallo_zu('Bob')
```

Wenn Sie dieses Programm ausführen, sieht die Ausgabe folgendermaßen aus:

```
Guten Morgen, Alice
Guten Tag, Alice
Guten Abend, Alice
Guten Morgen, Bob
Guten Tag, Bob
Guten Abend, Bob
```

Die Definition der `sage_hallo_zu()`-Funktion besitzt einen Parameter namens `name` ❶. Parameter sind Variablen, die Argumente enthalten. Wenn eine Funktion mit Argumenten aufgerufen wird, werden diese Argumente in den Parametern gespeichert. Beim ersten Aufruf der Funktion `sage_hallo_zu()` wird ihr das Argument `'Alice'` ❷ übergeben. Die Programmausführung tritt in die Funktion ein und der Parameter `name` wird automatisch auf `'Alice'` gesetzt, was die print()-Anweisung ausgibt ❸. Sie sollten Parameter in Ihrer Funktion verwenden, wenn sie abhängig von den Werten, die Sie beim Funktionsaufruf übergeben, leicht unterschiedliche Anweisungen ausführen soll.

Eine Besonderheit von Parametern ist, dass der im Parameter gespeicherte Wert vergessen wird, sobald die Funktion zurückkehrt. Wenn Sie beispielsweise print(name) nach sage_hallo_zu('Bob') im vorherigen Programm hinzufügen, würde das Programm einen Fehler anzeigen, da es keine Variable mit dem Namen name gibt. Diese Variable wird nach dem Funktionsaufruf sage_hallo_zu('Bob') zerstört, sodass sich print(name) auf eine name-Variable bezieht, die nicht existiert.

Die Begriffe *definieren*, *aufrufen*, *übergeben*, *Argument* und *Parameter* können verwirrend sein. Um deren Bedeutungen zu rekapitulieren, betrachten Sie folgendes Codebeispiel:

```
def sage_hallo_zu(name): ❶
    # Gibt drei Grüße für den angegebenen Namen aus
    print('Guten Morgen, ' + name)
    print('Guten Tag, ' + name)
    print('Guten Abend, ' + name)
sage_hallo_zu('Al') ❷
```

Eine Funktion zu *definieren* bedeutet, sie zu erstellen, ebenso wie eine Zuweisungsanweisung wie spam = 42 die Variable spam erzeugt. Die def-Anweisung definiert die Funktion sage_hallo_zu() ❶. Der *Aufruf* der erstellten Funktion geschieht mit der Zeile sage_hallo_zu('Al') ❷. Das übergibt die Ausführung an den Beginn des Funktionscodes. Mit diesem Funktionsaufruf wird der Funktion der String 'Al' *übergeben*. Ein Wert, der in einem Funktionsaufruf übergeben wird, ist ein *Argument*. Argumente werden lokalen Variablen zugewiesen, die *Parameter* genannt werden. Das Argument 'Al' wird dem Parameter name zugewiesen.

Diese Begriffe kann man leicht verwechseln. Wenn Sie sie jedoch auseinanderhalten können, wissen Sie genau, was mit dem Text in diesem Kapitel gemeint ist.

Rückgabewerte und return-Anweisungen

Wenn Sie die Funktion len() aufrufen und ihr ein Argument wie 'Hello' übergeben, ergibt der Funktionsaufruf den Ganzzahlwert 5, was der Länge des Strings entspricht, den Sie übergeben haben. Allgemein bezeichnet man den Wert, zu dem ein Funktionsaufruf ausgewertet wird, als den *Rückgabewert* der Funktion.

Wenn Sie eine Funktion mit der def-Anweisung erstellen, können Sie den Rückgabewert mit einer return-Anweisung festlegen, die aus Folgendem besteht:

- dem return-Schlüsselwort
- dem Wert oder Ausdruck, den die Funktion zurückgeben soll

Handelt es sich um einen Ausdruck, ist der Rückgabewert das Ergebnis, zu dem dieser Ausdruck ausgewertet wird. Das folgende Programm definiert beispielsweise eine Funktion, die – abhängig von der als Argument übergebenen Zahl – einen unterschiedlichen String zurückgibt. Geben Sie diesen Code in den Dateieditor ein und speichern Sie ihn als *magic8Ball.py*:

```
import random ❶

def hole_antwort(antwort_zahl): ❷
    # Weissagt eine Antwort basierend auf dem int antwort_zahl, 1 bis 9
    if antwort_zahl == 1:  ❸
        return 'Es ist sicher'
    elif antwort_zahl == 2:
        return 'Es ist eindeutig so'
    elif antwort_zahl == 3:
        return 'Ja'
    elif antwort_zahl == 4:
        return 'Antwort unklar, versuche es erneut'
    elif antwort_zahl == 5:
        return 'Frage später erneut'
    elif antwort_zahl == 6:
        return 'Konzentriere dich und frage erneut'
    elif antwort_zahl == 7:
        return 'Meine Antwort ist nein'
    elif antwort_zahl == 8:
        return 'Aussichten nicht so gut'
    elif antwort_zahl == 9:
        return 'Sehr zweifelhaft'

print('Stelle eine Ja-oder-Nein-Frage:')
input('>')
r = random.randint(1, 9) ❹
weissagung = hole_antwort(r) ❺
print(weissagung) ❻
```

Wenn das Programm startet, importiert Python zunächst das random-Modul ❶. Anschließend erfolgt die Definition der hole_antwort()-Funktion ❷. Da die Funktion nicht sofort aufgerufen wird, wird der Code darin nicht ausgeführt. Als Nächstes ruft das Programm die random.randint()-Funktion mit zwei Argumenten auf: `1` und `9` ❹. Diese Funktion ermittelt eine zufällige Ganzzahl zwischen `1` und `9` (einschließlich `1` und `9`) und speichert sie in einer Variablen namens `r`.

Jetzt ruft das Programm die `hole_antwort()`-Funktion mit `r` als Argument ❺ auf. Die Programmausführung springt dann an den Beginn dieser Funktion ❸ und legt den Wert von `r` in einem Parameter mit dem Namen `antwort_zahl` ab. Dann gibt die Funktion abhängig vom Wert in `antwort_zahl` einen von vielen möglichen Strings zurück. Die Ausführung kehrt zu der Zeile am Ende des Programms zurück, die ursprünglich `hole_antwort()` ❺ aufgerufen hat, und weist den zurückgegebenen String einer Variablen namens `weissagung` zu, die anschließend an einen `print()`-Aufruf ❻ übergeben und auf dem Bildschirm ausgegeben wird.

Beachten Sie, dass Sie Rückgabewerte als Argumente an andere Funktionsaufrufe übergeben können. Dadurch können Sie diese drei Zeilen abkürzen:

```
r = random.randint(1, 9)
weissagung = hole_antwort(r)
print(weissagung)
```

zu dieser einzelnen, aber gleichwertigen Zeile:

```
print(hole_antwort(random.randint(1, 9)))
```

Denken Sie daran, dass Ausdrücke aus Werten und Operatoren bestehen; Sie können einen Funktionsaufruf in einem Ausdruck verwenden, da der Aufruf zu seinem Rückgabewert ausgewertet wird.

Der Wert »None«

In Python steht der Wert `None` für das Fehlen eines Werts. `None` ist der einzige Wert des Datentyps `NoneType`. (Andere Programmiersprachen könnten diesen Wert `null`, `nil` oder `undefined` nennen.) Genauso wie die booleschen Werte `True` und `False` müssen Sie `None` stets mit einem großen N schreiben.

Dieser »Wert ohne Wert« kann hilfreich sein, wenn Sie etwas speichern müssen, das in einer Variablen nicht mit einem echten Wert verwechselt werden soll. Ein Anwendungsfall für `None` ist der Rückgabewert von `print()`. Die Funktion `print()` gibt Text auf dem Bildschirm aus und muss, anders als etwa `len()` oder `input()`, keinen Wert zurückgeben. Da jedoch alle Funktionsaufrufe einen Rückgabewert liefern müssen, gibt `print()` `None` zurück. Um dies in der Praxis zu sehen, geben Sie bitte Folgendes in die interaktive Shell ein:

```
>>> spam = print('Hallo!')
Hallo!
>>> None == spam
True
```

Im Hintergrund fügt Python `return None` ans Ende jeder Funktionsdefinition ohne `return`-Anweisung hinzu. Dieses Verhalten ähnelt der Art und Weise, wie eine `while`- oder `for`-Schleife implizit mit einer `continue`-Anweisung endet. Funktionen geben ebenfalls `None` zurück, wenn Sie eine `return`-Anweisung ohne Wert verwenden (also nur das Schlüsselwort `return` allein).

Benannte Parameter

Python identifiziert die meisten Argumente anhand ihrer Position im Funktionsaufruf. Zum Beispiel ist `random.randint(1, 10)` etwas anderes als `random.randint(10, 1)`. Der erste Aufruf gibt eine zufällige Ganzzahl zwischen `1` und `10` zurück, da das erste Argument das untere Ende des Bereichs bestimmt und das nächste Argument das obere Ende festlegt, während der zweite Funktionsaufruf einen Fehler verursacht.

Andererseits erkennt Python *benannte Parameter* am Namen, der ihnen im Funktionsaufruf vorangestellt wird. Sie werden auch hören, dass benannte Parameter als Schlüsselwortparameter oder Schlüsselwortargumente bezeichnet werden (*keyword arguments*), obwohl sie nichts mit den Python-Schlüsselwörtern, also »keywords«, zu tun haben. Programmierer verwenden benannte Parameter häufig, um optionale Argumente bereitzustellen. Beispielsweise verwendet die Funktion `print()` die optionalen Parameter `end` und `sep`, um festzulegen, welches Trennzeichen am Ende beziehungsweise zwischen den Argumenten ausgegeben wird. Wenn Sie ein Programm ohne diese Argumente ausführen,

```
print('Hallo')
print('World')
```

würde die Ausgabe folgendermaßen aussehen:

```
Hallo
World
```

Die beiden Strings erscheinen auf getrennten Zeilen, da die Funktion `print()` automatisch ein Neue-Zeile-Zeichen `'\n'` an das Ende des Strings anhängt. Sie können jedoch den benannten Parameter `end` setzen, um das neue Zeilenendezeichen durch einen anderen String zu ersetzen. Wenn der Code beispielsweise so aussieht:

```
print('Hallo', end='')
print('World')
```

würde die Ausgabe folgendermaßen aussehen:

```
HalloWorld
```

Die Ausgabe erscheint in einer einzigen Zeile, weil Python nach `'Hallo'` keine neue Zeile mehr ausgibt. Stattdessen wird ein leerer String ausgegeben. Dies ist nützlich, wenn Sie den Umbruch in eine neue Zeile deaktivieren möchten, der am Ende jedes Funktionsaufrufs von `print()` passiert. Angenommen, Sie möchten die Ergebnisse einer Serie von Münzwürfen – Kopf oder Zahl – ausgeben. Wenn Sie die Ausgabe in einer einzigen Zeile darstellen, wirkt das Ergebnis ansprechender, wie in diesem *coinflip.py*-Programm:

```
import random
for i in range(100):  # Führe 100 Münzwürfe aus.
    if random.randint(0, 1) == 0:
        print('K', end=' ')
    else:
        print('Z', end=' ')
print()  # Gib am Ende eine neue Zeile aus.
```

Dieses Programm zeigt die K- und Z-Ergebnisse kompakt in einer einzigen Zeile an, anstatt jedes K- oder Z-Ergebnis einzeln pro Zeile auszugeben:

```
Z K Z Z Z K K Z Z Z Z K K K K Z K K Z Z Z Z Z K Z Z Z Z Z K Z Z Z Z Z K Z K Z
K K K Z Z K Z Z Z Z K Z K K K Z K K Z K Z Z Z Z Z K Z Z K Z Z Z Z K Z K K K Z
Z Z Z K Z Z Z Z K K K Z K Z K K K K Z K K Z
```

Wenn Sie ebenso mehrere String-Werte an `print()` übergeben, trennt die Funktion diese automatisch durch ein einzelnes Leerzeichen. Um dieses Verhalten zu beobachten, geben Sie Folgendes in die interaktive Shell ein:

```
>>> print('Katzen', 'Hunde', 'Mäuse')
Katzen Hunde Mäuse
```

Sie können das standardmäßige Trennzeichen ersetzen, indem Sie dem benannten Parameter `sep` einen anderen String zuweisen. Geben Sie Folgendes in die interaktive Shell ein:

```
>>> print('Katzen', 'Hunde', 'Mäuse', sep=',')
Katzen,Hunde,Mäuse
```

Sie können benannte Parameter auch zu den Funktionen hinzufügen, die Sie selbst schreiben. Dafür müssen Sie jedoch zunächst die Liste und den Dictionary-Datentyp in Kapitel 6 und Kapitel 7 kennenlernen. Merken Sie sich zunächst, dass einige Funktionen optionale benannte Parameter besitzen, die Sie beim Funktionsaufruf angeben können.

Der Call Stack

Stellen Sie sich vor, Sie führen ein ausschweifendes Gespräch mit jemandem. Sie sprechen über Ihre Freundin Alice, was Sie wiederum an eine Geschichte über Ihren Kollegen Bob erinnert. Zuvor müssen Sie jedoch noch etwas zu Ihrer Cousine Carol erklären. Sie beenden die Geschichte über Carol und kehren dann zu Bob zurück. Wenn Sie Ihre Ausführungen zu Bob abgeschlossen haben, sprechen Sie wieder über Alice. Dann werden Sie an Ihren Bruder David erinnert, erzählen eine Geschichte über ihn und kehren anschließend nochmals zur ursprünglichen Geschichte über Alice zurück. Ihr Gespräch folgte einer Stapel-ähnlichen Struktur (engl. *stack*), wie in Abbildung 4.1. In einem *Stack* werden Elemente ausschließlich oben hinzugefügt oder entfernt, und das aktuelle Thema befindet sich stets an der Spitze des Stacks.

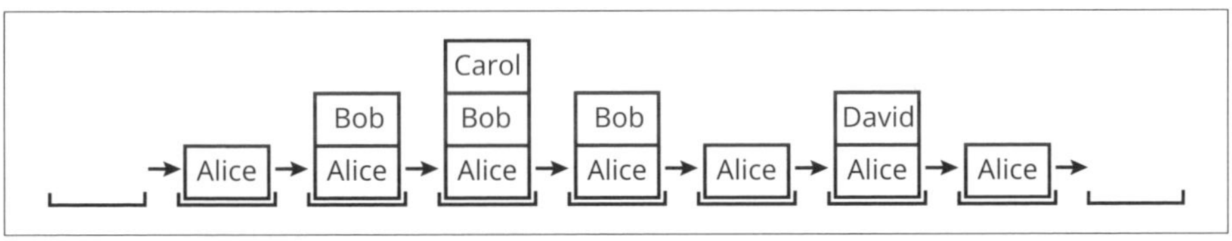

Abb. 4.1 *Ihr verschachtelter Gesprächs-Stack*

Wie bei Ihrem verschachtelten Gespräch führt ein Funktionsaufruf nicht dazu, dass die Ausführung auf direktem Weg nur an die Spitze einer Funktion gelangt. Python merkt sich, welche Codezeile die Funktion aufgerufen hat, sodass die Ausführung dorthin zurückkehren kann, wenn ein `return`-Statement erreicht wird. Falls die ursprüngliche Funktion weitere Funktionen aufgerufen hat, kehrt die Ausführung zunächst zu *diesen* Funktionsaufrufen zurück, bevor sie aus dem ursprünglichen Funktionsaufruf zurückkehrt. Der Funktionsaufruf an der Spitze des Stacks ist die aktuelle Position der Ausführung.

Öffnen Sie ein Dateieditor-Fenster und geben Sie den folgenden Code ein. Speichern Sie ihn anschließend als *abcdCallStack.py*:

```
def a():
    print('a() startet')
    b() ❶
    d() ❷
    print('a() kehrt zurück')

def b():
    print('b() startet')
    c() ❸
    print('b() kehrt zurück')

def c():
    print('c() startet') ❹
    print('c() kehrt zurück')

def d():
    print('d() startet')
    print('d() kehrt zurück')

a() ❺
```

Wenn Sie dieses Programm ausführen, wird die Ausgabe wie folgt aussehen:

```
a() startet
b() startet
c() startet
c() kehrt zurück
b() kehrt zurück
d() startet
d() kehrt zurück
a() kehrt zurück
```

Wenn `a()` aufgerufen wird ❺, ruft die Funktion `b()` ❶ auf, die wiederum `c()` ❸ aufruft. Die Funktion `c()` ruft nichts weiter auf, sie gibt lediglich `c() startet` ❹ und `c() kehrt zurück` aus, bevor sie zur Aufrufstelle in `b()` ❸ zurückkehrt. Sobald die Ausführung zu dem Code in `b()` zurückkehrt, der `c()` aufgerufen hat, kehrt sie in `a()` dorthin zurück, wo `b()` aufgerufen wurde ❶. Die Ausführung wird in der nächsten Zeile der Funktion `a()` fortgesetzt ❷, die einen Aufruf von `d()` darstellt. Wie die Funktion `c()` ruft auch `d()` nichts weiter auf. Sie gibt lediglich `d() startet` und `d() kehrt zurück` aus, bevor sie zur Aufrufstelle in `a()` zurückkehrt. Da `d()` keinen weiteren Code enthält, kehrt die Ausführung zu der Stelle in `a()` zurück, an der `d()` aufgerufen wurde ❷. Die letzte Zeile in `a()` gibt `a() kehrt zurück` aus, bevor am Ende des Programms die Ausführung zum ursprünglichen Aufruf von `a()` ❺ zurückkehrt.

Der Call Stack ermöglicht es Python, nach jedem Funktionsaufruf zu wissen, wohin die Ausführung zurückkehren soll. Der Call Stack wird nicht in einer Variable Ihres Programms gespeichert, vielmehr ist er ein Bereich im Arbeitsspeicher Ihres Computers, den Python automatisch im Hintergrund verwaltet. Wenn Ihr Programm eine Funktion aufruft, legt Python ein *Stackframe* (oder *frame object*) oben auf dem Call Stack an. Stackframes speichern die Zeilennummer des ursprünglichen Funktionsaufrufs, damit Python weiß, wohin es zurückkehren soll. Wenn das Programm einen weiteren Funktionsaufruf ausführt, fügt Python ein weiteres Stackframe über dem vorherigen im Call Stack hinzu.

Wenn ein Funktionsaufruf zurückkehrt, entfernt Python ein Stackframe vom oberen Ende des Stacks und setzt die Ausführung an der darin gespeicherten Zeilennummer fort. Beachten Sie, dass Stackframes immer am oberen Ende des Stacks hinzugefügt und entfernt werden und niemals an einer anderen Stelle. Abbildung 4.2 veranschaulicht den Zustand des Call Stacks in *abcdCallStack.py*, während jede Funktion aufgerufen wird und zurückkehrt.

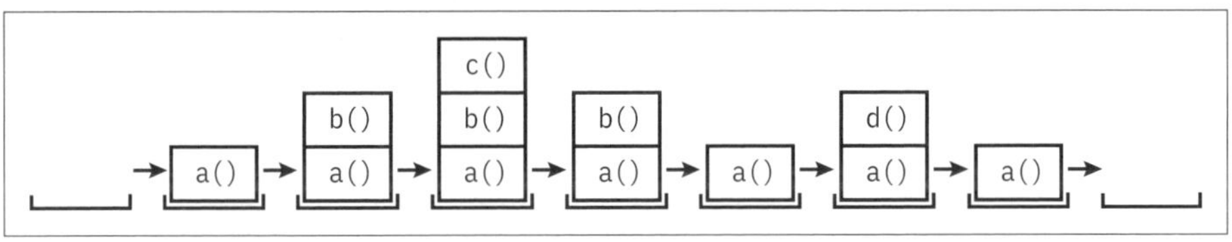

Abb. 4.2 *Die Frame-Objekte des Call Stacks, während abcdCallStack.py Funktionen aufruft und verlässt.*

Das oberste Element des Call Stacks ist die aktuell ausgeführte Funktion. Ist der Call Stack leer, befindet sich die Ausführung auf einer Zeile außerhalb aller Funktionen.

Den Call Stack müssen Sie nicht zwingend kennen, um Programme zu schreiben – er ist ein technisches Detail. Es genügt zu wissen, dass Funktionsaufrufe zur Zeilennummer zurückkehren, von der sie aufgerufen wurden. Ein Verständnis des Call Stacks erleichtert es jedoch, den lokalen und globalen Geltungsbereich zu verstehen, wie im nächsten Abschnitt beschrieben.

Lokaler und globaler Geltungsbereich

Nur Code innerhalb einer aufgerufenen Funktion kann auf die in dieser Funktion zugewiesenen Parameter und Variablen zugreifen. Diese Variablen befinden sich im *lokalen Gültigkeitsbereich* (engl. *local scope*) der Funktion. Im Gegensatz dazu kann Code an beliebiger Stelle im Programm auf Variablen zugreifen, die außerhalb aller Funktionen definiert wurden. Diese Variablen existieren im globalen Gültigkeitsbereich (engl. *global scope*). Eine Variable, die in einem lokalen Gültigkeitsbereich existiert, nennt man *lokale Variable*, während eine Variable im globalen Gültigkeitsbereich als *globale Variable* bezeichnet wird. Eine Variable muss entweder das eine oder das andere sein, sie kann nicht zugleich lokal und global sein.

Stellen Sie sich einen Gültigkeitsbereich als einen Behälter für Variablen vor. Es gibt nur einen globalen Gültigkeitsbereich, der beim Start Ihres Programms angelegt wird. Beendet Ihr Programm die Ausführung, wird der globale Gültigkeitsbereich zerstört und alle darin enthaltenen Variablen werden verworfen. Ein neuer lokaler Gültigkeitsbereich entsteht, sobald ein Programm eine Funktion aufruft. Alle in der Funktion zugewiesenen Variablen existieren im lokalen Gültigkeitsbereich dieser Funktion. Wenn die Funktion zurückkehrt, wird der lokale Gültigkeitsbereich zusammen mit diesen Variablen aufgehoben.

Python verwendet Gültigkeitsbereiche, da so eine Funktion ihre eigenen Variablen anpassen kann und dennoch ausschließlich über ihre Parameter und ihren Rückgabewert mit dem restlichen Programm kommuniziert. Dadurch reduziert sich die Anzahl der Codezeilen, die möglicherweise einen Fehler verursachen. Wenn Ihr Programm ausschließlich aus globalen Variablen bestünde und ein Fehler durch eine Variable mit einem falschen Wert verursacht würde, hätten Sie möglicherweise Schwierigkeiten, die Quelle dieses fehlerhaften Wertes zu ermitteln. Sie könnte von überall im Programm gesetzt worden sein, das Hunderte oder Tausende Zeilen lang sein kann! Tritt der Fehler jedoch in einer lokalen Variablen auf, können Sie Ihre Suche auf eine einzelne Funktion beschränken.

Aus diesem Grund ist es zwar in kleinen Programmen unproblematisch, globale Variablen zu verwenden, doch es ist eine schlechte Angewohnheit, sich bei immer umfangreicheren Programmen auf globale Variablen zu verlassen.

Regeln zum Gültigkeitsbereich

Beachten Sie beim Arbeiten mit lokalen und globalen Variablen die folgenden Regeln:

- Code, der sich im globalen Gültigkeitsbereich außerhalb aller Funktionen befindet, kann keine lokalen Variablen verwenden.
- Code, der sich im lokalen Gültigkeitsbereich einer Funktion befindet, kann keine Variablen aus anderen lokalen Gültigkeitsbereichen verwenden.
- Code in einem lokalen Gültigkeitsbereich kann auf globale Variablen zugreifen.

- Sie können denselben Namen für verschiedene Variablen verwenden, sofern sie sich in unterschiedlichen Gültigkeitsbereichen befinden. Das heißt, es kann eine lokale Variable mit dem Namen `spam` und eine globale Variable ebenfalls mit dem Namen `spam` geben.

Lassen Sie uns diese Regeln anhand von Beispielen nachvollziehen.

Code im globalen Gültigkeitsbereich kann keine lokalen Variablen verwenden.

Betrachten Sie den folgenden Code, der beim Ausführen zu einem Fehler führt:

```
def spam():
    eggs = 'sss' ❶
spam()
print(eggs)
```

Die Ausgabe des Programms wird wie folgt aussehen:

```
Traceback (most recent call last):
  Datei "C:/test1.py", line 4, in <module>
    print(eggs)
NameError: name 'eggs' is not defined
```

Der Fehler tritt auf, weil die Variable eggs nur im lokalen Gültigkeitsbereich existiert, der beim Aufruf von `spam()` erzeugt wird ❶. Sobald die Programmausführung aus `spam()` zurückkehrt, wird dieser lokale Gültigkeitsbereich zerstört und die Variable eggs existiert nicht mehr. Wenn Ihr Programm dann versucht, `print(eggs)` auszuführen, gibt Ihnen Python einen Fehler zurück, der besagt, dass eggs nicht definiert ist. Das ist nachvollziehbar, wenn Sie darüber nachdenken: Befindet sich die Programmausführung im globalen Gültigkeitsbereich, existieren keine lokalen Gültigkeitsbereiche, sodass keine lokalen Variablen vorhanden sein können. Deshalb können Sie globale Variablen nur im globalen Gültigkeitsbereich referenzieren.

Code, der sich in einem lokalen Gültigkeitsbereich befindet, kann keine Variablen aus anderen lokalen Gültigkeitsbereichen verwenden.

Python erstellt jedes Mal einen neuen lokalen Gültigkeitsbereich, wenn ein Programm eine Funktion aufruft – auch dann, wenn diese Funktion von einer anderen Funktion aufgerufen wird. Betrachten Sie folgendes Programm:

```
def spam():
    eggs = 'SPAMSPAM'
    bacon() ❶
    print(eggs)  # Gibt 'SPAMSPAM' aus ❷

def bacon():
    ham = 'hamham'
    eggs = 'BACONBACON'

spam() ❸
```

Zuerst ruft das Programm `spam()` auf ❸. Innerhalb dieser Funktion entsteht ein neuer Gültigkeitsbereich mit einer eigenen Variablen `eggs = 'SPAMSPAM'`. Danach wird `bacon()` ❶ aufgerufen. Auch hier legt Python einen neuen Gültigkeitsbereich an. In diesem gibt es zwei Variablen: `ham = 'hamham'` und eine neue, eigene `eggs = 'BACONBACON'`.

Beide eggs-Variablen existieren gleichzeitig, aber in verschiedenen Bereichen. Wenn `bacon()` endet, verschwindet seine lokale eggs-Variable wieder. Zurück in `spam()` existiert nur noch die dortige eggs-Variable mit dem Wert `'SPAMSPAM'`, die ausgegeben wird ❷.

Code, der sich im lokalen Geltungsbereich befindet, kann globale Variablen verwenden.

Bisher habe ich gezeigt, dass Code im globalen Geltungsbereich nicht auf Variablen im lokalen Geltungsbereich zugreifen kann; auch Code in einem anderen lokalen Geltungsbereich kann dies nicht. Betrachten Sie nun das folgende Programm:

```
def spam():
    print(eggs)  # Gibt 'GLOBALGLOBAL' aus
eggs = 'GLOBALGLOBAL'
spam()
print(eggs)
```

Da die `spam()`-Funktion keinen Parameter namens eggs hat und auch kein Code existiert, der eggs einen Wert zuweist, betrachtet Python die Verwendung von eggs in dieser Funktion als Referenz auf die globale Variable eggs. Deshalb gibt das Programm beim Ausführen `'GLOBALGLOBAL'` aus.

Lokale und globale Variablen können denselben Namen haben.

Technisch gesehen ist es völlig zulässig, denselben Variablennamen sowohl für eine globale Variable als auch für lokale Variablen in unterschiedlichen Gültigkeitsbereichen zu verwenden. Wenn Sie sich das Leben erleichtern wollen, sollten

Sie dies jedoch vermeiden. Um zu sehen, was passieren kann, geben Sie den folgenden Code in den Dateieditor ein und speichern Sie diesen als *localGlobalSameName.py*:

```
def spam():
    eggs = 'spam local' ❶
    print(eggs)  # Gibt 'spam local' aus

def bacon():
    eggs = 'bacon local' ❷
    print(eggs)  # Gibt 'bacon local' aus
    spam()
    print(eggs)  # Gibt 'bacon local' aus

eggs = 'global' ❸
bacon()
print(eggs)  # Gibt 'global' aus
```

Wenn Sie dieses Programm ausführen, erscheint die folgende Ausgabe:

```
bacon local
spam local
bacon local
global
```

Dieses Programm enthält tatsächlich drei verschiedene Variablen, die jedoch alle eggs heißen, was zu Verwirrung führen kann. Die Variablen lauten wie folgt:

- eine Variable namens eggs, die im lokalen Gültigkeitsbereich existiert, wenn `spam()` aufgerufen wird ❶
- eine Variable namens eggs, die im lokalen Gültigkeitsbereich existiert, wenn `bacon()` aufgerufen wird ❷
- eine Variable namens eggs, die im globalen Gültigkeitsbereich existiert ❸

Da diese drei separaten Variablen denselben Namen tragen, kann es schwierig sein, jeweils nachzuvollziehen, welche gerade verwendet wird. Vergeben Sie stattdessen für alle Variablen eindeutige Namen, selbst wenn sie in verschiedenen Gültigkeitsbereichen auftreten.

Die global-Anweisung

Wenn Sie eine globale Variable innerhalb einer Funktion verändern müssen, verwenden Sie die Anweisung `global`. Wenn Sie zu Beginn einer Funktion eine Zeile wie `global eggs` einfügen, weist dies Python an: »In dieser Funktion bezieht sich eggs auf die globale Variable, daher soll keine lokale Variable mit diesem Namen erstellt werden.« Geben Sie zum Beispiel den folgenden Code in den Dateieditor ein und speichern Sie ihn als *globalStatement.py*:

```
def spam():
  global eggs ❶
  eggs = 'spam' ❷

eggs = 'global'
spam()
print(eggs)  # Gibt 'spam' aus
```

Wenn Sie dieses Programm ausführen, gibt der abschließende `print()`-Aufruf Folgendes aus:

```
spam
```

Da eggs am Anfang von `spam()` als `global` deklariert wird ❶, bewirkt die Zuweisung von eggs auf `'spam'` ❷ eine Änderung des Werts der globalen Variable eggs. Es wird niemals eine lokale eggs-Variable erstellt.

Identifikation des Gültigkeitsbereichs

Nutzen Sie diese vier Regeln, um festzustellen, ob eine Variable zum lokalen oder zum globalen Gültigkeitsbereich gehört:

1. Eine Variable im globalen Gültigkeitsbereich (also außerhalb aller Funktionen) ist immer eine globale Variable.
2. Eine Variable in einer Funktion mit einer `global`-Anweisung ist in dieser Funktion immer eine globale Variable.
3. Andernfalls gilt: Wenn eine Funktion eine Variable in einer Zuweisungsanweisung verwendet, handelt es sich um eine lokale Variable.
4. Wenn die Funktion jedoch eine Variable verwendet, jedoch nie in einer Zuweisungsanweisung, handelt es sich um eine globale Variable.

Um diese Regeln besser zu verstehen, finden Sie hier ein Beispielprogramm. Geben Sie den folgenden Code in den Dateieditor ein und speichern Sie ihn unter *sameNameLocalGlobal.py*:

```
def spam():
    global eggs ❶
    eggs = 'spam'  # Dies ist die globale Variable.

def bacon():
    eggs = 'bacon' # Dies ist eine lokale Variable. ❷
```

```
def ham():
    print(eggs)  # Dies ist die globale Variable. ❸

eggs = 'global'  # Dies ist die globale Variable.
spam()
print(eggs)
```

In der Funktion `spam()` bezieht sich `eggs` auf die globale Variable `eggs`, da die Funktion eine `global`-Anweisung dafür enthält ❶. In `bacon()` ist `eggs` eine lokale Variable, weil die Funktion eine Zuweisungsanweisung für sie enthält ❷. In `ham()` ❸ ist `eggs` die globale Variable, da die Funktion weder eine Zuweisungsanweisung noch eine `global`-Anweisung für diese Variable enthält. Wenn Sie *sameNameLocalGlobal.py* ausführen, wird die Ausgabe wie folgt aussehen:

```
spam
```

Wenn Sie versuchen, in einer Funktion eine lokale Variable zu verwenden, bevor Sie ihr einen Wert zuweisen, wie im folgenden Programm, gibt Python Ihnen einen Fehler aus. Um dies zu veranschaulichen, geben Sie Folgendes in den Dateieditor ein und speichern Sie es als sameNameError.py:

```
def spam():
    print(eggs)  # FEHLER!
    eggs = 'spam local' ❶

eggs = 'global' ❷
spam()
```

Wenn Sie das vorherige Programm ausführen, erhalten Sie eine Fehlermeldung:

```
Traceback (most recent call last):
  File "C:/sameNameError.py", line 6, in <module>
    spam()
  File "C:/sameNameError.py", line 2, in spam
    print(eggs)  # FEHLER!
UnboundLocalError: local variable 'eggs' referenced before assignment
```

Dieser Fehler tritt auf, weil Python erkennt, dass es in der `spam()`-Funktion eine Zuweisungsanweisung für `eggs` gibt ❶ und daher jede Erwähnung der Variable `eggs` in `spam()` als lokale Variable betrachtet. Da jedoch `print(eggs)` ausgeführt wird, bevor `eggs` ein Wert zugewiesen wurde, existiert die lokale Variable `eggs` nicht. Python greift in diesem Fall nicht auf die globale `eggs`-Variable zurück ❷.

Der Name des Fehlers, `UnboundLocalError`, kann etwas verwirrend sein. In Python bedeutet *binden* (engl. *binding*) so viel wie zuweisen. Dieser Fehler weist daher darauf hin, dass im Programm eine lokale Variable verwendet wurde, bevor ihr ein Wert zugewiesen war.

> **Funktionen als »Black Boxes«**
> Oft müssen Sie bei einer Funktion lediglich deren Eingaben (Parameter) und ihren Ausgabewert kennen; es ist nicht immer notwendig, sich mit den Details des Funktionscodes zu beschäftigen. Wenn Sie auf diese Weise abstrahiert über Funktionen nachdenken, spricht man oft davon, eine Funktion als »Black Box« zu behandeln.
>
> Dieses Konzept ist grundlegend für die moderne Programmierung. In späteren Kapiteln dieses Buches werden Ihnen verschiedene Module mit Funktionen vorgestellt, die von anderen entwickelt wurden. Auch wenn Sie aus Interesse den Quellcode einsehen können, müssen Sie nicht verstehen, wie diese Funktionen intern arbeiten, um sie zu nutzen. Da das Schreiben von Funktionen ohne globale Variablen ratsam ist, müssen Sie sich in der Regel keine Sorgen machen, dass der Funktionscode mit dem restlichen Programm interagiert.

Ausnahmebehandlung

Wenn aktuell ein Fehler oder eine *Ausnahme* (engl. *exception*) in Ihrem Python-Programm auftritt, stürzt das gesamte Programm ab – es »crasht«. Das möchten Sie in realen Programmen vermeiden. Stattdessen soll das Programm Fehler erkennen, sie behandeln und anschließend weiterlaufen.

Betrachten Sie hierzu das folgende Programm, das einen Fehler durch Division durch null enthält. Öffnen Sie ein Dateieditor-Fenster und geben Sie den folgenden Code ein. Speichern Sie die Datei als *zeroDivide.py*:

```
def spam(teile_durch):
    return 42 / teile_durch

print(spam(2))
print(spam(12))
print(spam(0))
print(spam(1))
```

Wir haben eine Funktion namens `spam` definiert, ihr einen Parameter übergeben und anschließend den Wert dieser Funktion mit verschiedenen Parametern ausgegeben, um das Verhalten zu beobachten. Das ist die Ausgabe, wenn Sie den vorangegangenen Code ausführen:

```
21.0
3.5
Traceback (most recent call last):
  File "C:/zeroDivide.py", line 6, in <module>
    print(spam(0))
  File "C:/zeroDivide.py", line 2, in spam
    return 42 / teile_durch
ZeroDivisionError: division by zero
```

Ein `ZeroDivisionError` tritt immer dann auf, wenn Sie versuchen, eine Zahl durch null zu teilen. Anhand der in der Fehlermeldung angegebenen Zeilennummer erkennen Sie, dass die `return`-Anweisung in `spam()` einen Fehler verursacht. In den meisten Fällen weisen Ausnahmen auf einen Bug in Ihrem Code hin, den Sie beheben müssen. Manchmal kann man jedoch Ausnahmen voraussehen und sie behandeln. Beispielsweise lernen Sie in Kapitel 10, wie Sie Text aus Dateien lesen. Wenn Sie einen Dateinamen angeben, der nicht existiert, löst Python eine `FileNotFoundError`-Ausnahme aus. Sie können diese Ausnahme so behandeln, dass Sie den Benutzer bitten, den Dateinamen erneut einzugeben, anstatt das Programm aufgrund einer unbehandelten Ausnahme sofort abstürzen zu lassen.

Fehler lassen sich mit `try`- und `except`-Anweisungen behandeln. Der Code, der potenziell einen Fehler verursachen könnte, wird in einen `try`-Block gesetzt. Die Ausführung des Programms springt zum Beginn des nachfolgenden `except`-Blocks, wenn ein Fehler auftritt.

Sie können den zuvor gezeigten Code zur Division durch null in einen `try`-Block setzen und den Code zur Fehlerbehandlung in einen `except`-Block auslagern:

```
def spam(divide_by):
    try:
        # ZeroDivisionError-Code in diesem Block, führt nicht zum
Crash:
        return 42 / divide_by
    except ZeroDivisionError:
        # Bei einem ZeroDivisionError wird der Code in diesem Block
ausgeführt:
        print('Fehler: Ungültiges Argument.')

print(spam(2))
print(spam(12))
print(spam(0))
print(spam(1))
```

Wenn der Code in einem try-Block einen Fehler verursacht, springt die Programmausführung sofort zum Code in den except-Block. Nach der Ausführung dieses Codes läuft das Programm wie gewohnt weiter. Tritt im try-Block keine Ausnahme auf, wird der Code im except-Block übersprungen. Die Ausgabe des vorherigen Programms lautet wie folgt:

```
21.0
3.5
Fehler: Ungültiges Argument.
None
42.0
```

Beachten Sie, dass auch alle Fehler, die bei Funktionsaufrufen innerhalb des try-Blocks auftreten, abgefangen werden. Schauen Sie sich das folgende Programm mit spam()-Aufrufen im try-Block an:

```
def spam(divide_by):
    return 42 / divide_by

try:
    print(spam(2))
    print(spam(12))
    print(spam(0))
    print(spam(1))
except ZeroDivisionError:
    print('Fehler: Ungültiges Argument.')
```

Wenn Sie dieses Programm ausführen, sieht die Ausgabe wie folgt aus:

```
21.0
3.5
Fehler: Ungültiges Argument.
```

Der Grund, warum print(spam(1)) nie ausgeführt wird, liegt darin, dass das Programm nach dem Wechsel in den Code des except-Blocks nicht mehr zum try-Block zurückkehrt. Stattdessen fährt es regulär mit dem weiteren Programmablauf nach dem except-Block fort.

Ein kurzes Programm: Zigzag

Nutzen wir die bisherigen Programmierkonzepte, um ein kleines Animationsprogramm zu erstellen. Dieses Programm erzeugt ein Zickzack-Muster, das sich hin- und herbewegt, bis Sie es durch Drücken der Stopp-Schaltfläche im Mu-Editor oder durch Betätigen von [Strg]-[C] anhalten. Beim Ausführen des Programms erscheint die folgende Ausgabe:

```
    ********
   ********
  ********
 ********
********
 ********
  ********
   ********
    ********
```

Geben Sie den folgenden Quellcode in den Dateieditor ein und speichern Sie die Datei unter *zigzag.py*:

```
import time, sys
einzug = 0  # Wie viele Leerzeichen einrücken
einzug_erhöhen = True  # Ob die Einrückung zunimmt oder nicht

try:
    while True:  # Die Hauptprogrammschleife
        print(' ' * einzug, end='')
        print('********')
        time.sleep(0.1) # Pause für 1/10s.

        if einzug_erhöhen:
            # Erhöhe die Anzahl der Leerzeichen:
            einzug = einzug + 1
            if einzug == 20:
                # Richtung wechseln:
                einzug_erhöhen = False
        else:
            # Verringern der Anzahl der Leerzeichen:
            einzug = einzug - 1
            if einzug == 0:
                # Richtung wechseln:
                einzug_erhöhen = True
except KeyboardInterrupt:
    sys.exit()
```

Analysieren wir diesen Code Zeile für Zeile, beginnend ganz oben:

```
import time, sys
einzug = 0  # Wie viele Leerzeichen einrücken
einzug_erhöhen = True  # Ob die Einrückung zunimmt oder nicht
```

Zunächst importieren wir die Module `time` und `sys`. Unser Programm verwendet zwei Variablen: Die Variable `einzug` zeichnet auf, wie viele Leerzeichen als Einrückung vor dem Block aus acht Sternchen stehen. Die Variable `einzug_erhöhen` enthält einen booleschen Wert, der angibt, ob die Einrückung zunimmt oder abnimmt:

```
try:
    while True:  # Die Hauptprogrammschleife
        print(' ' * einzug, end='')
        print('********')
        time.sleep(0.1) # Pause für 1/10s.
```

Anschließend fügen wir den restlichen Programmcode in eine `try`-Anweisung ein. Wenn man während der Ausführung eines Python-Programms [Strg]-[C] drückt, löst Python die Ausnahme `KeyboardInterrupt` aus. Ist keine `try-except`-Anweisung vorhanden, um diese Ausnahme abzufangen, stürzt das Programm mit einer unschönen Fehlermeldung ab. Wir möchten jedoch, dass unser Programm die Ausnahme `KeyboardInterrupt` sauber behandelt, indem es `sys.exit()` aufruft. (Den Code, der dies ermöglicht, finden Sie in der `except`-Anweisung am Ende des Programms.)

Die `while True:`-Endlosschleife wiederholt die Anweisungen im Programm unendlich. Dabei verwenden wir `' ' * einzug`, um die richtige Anzahl von Leerzeichen für die Einrückung auszugeben. Damit nach diesen Leerzeichen nicht automatisch eine neue Zeile ausgegeben wird, übergeben wir auch `end=''` beim ersten `print()`-Aufruf. Ein zweiter `print()`-Aufruf gibt das Band aus Sternchen aus. Wir haben die `time.sleep()`-Funktion bisher noch nicht besprochen; hier reicht es zu wissen, dass sie eine Pause von einer Zehntelsekunde in das Programm einfügt:

```
        if einzug_erhöhen:
            # Erhöhe die Anzahl der Leerzeichen:
            einzug = einzug + 1
            if einzug == 20:
                # Richtung wechseln:
                einzug_erhöhen = False
```

Als Nächstes passen wir die Anzahl der Einrückungen an, die beim nächsten Ausgeben der Sternchen verwendet wird. Ist `einzug_erhöhen` auf `True`, erhöhen wir `einzug` um `1`. Sobald jedoch die Einrückung `20` erreicht, verringern wir die Einrückung:

```
        else:
            # Verringern der Anzahl der Leerzeichen:
            einzug = einzug - 1
            if einzug == 0:
                # Richtung wechseln:
                einzug_erhöhen = True
```

Ist `einzug_erhöhen` gerade `False`, möchten wir eins von `einzug` subtrahieren. Sobald die Einrückung `0` erreicht, soll die Einrückung wieder erhöht werden. In jedem Fall springt die Programmausführung zurück an den Anfang der Hauptprogrammschleife, um die Sternchen erneut auszugeben.

Drückt man zu irgendeinem Zeitpunkt, während sich die Programmausführung im `try`-Block befindet, [Strg]-[C], löst diese `except`-Anweisung die `KeyboardInterrupt`-Ausnahme aus und verarbeitet sie:

```
except KeyboardInterrupt:
    sys.exit()
```

Die Programmausführung wechselt in den `except`-Block, führt `sys.exit()` aus und beendet das Programm. So hat man, obwohl die Hauptprogrammschleife unendlich ist, eine Möglichkeit, das Programm zu beenden.

Ein kurzes Programm: Spike

Lassen Sie uns ein weiteres Scroll-Animationsprogramm erstellen. Dieses Programm verwendet String-Replikation und verschachtelte Schleifen, um Zacken (engl. *spikes*) zu zeichnen. Öffnen Sie eine neue Datei in Ihrem Code-Editor, geben Sie den folgenden Code ein und speichern Sie diese als *spike.py*:

```
import time, sys

try:
    while True:  # Die Hauptprogrammschleife
        # Zeichnen von Linien mit zunehmender Länge:
        for i in range(1, 9):
            print('-' * (i * i))
            time.sleep(0.1)

        # Zeichnen von Linien mit abnehmender Länge:
        for i in range(7, 1, -1):
            print('-' * (i * i))
            time.sleep(0.1)
except KeyboardInterrupt:
    sys.exit()
```

Wenn Sie dieses Programm ausführen, zeichnet es wiederholt die folgende Zacke:

```
-
----
---------
----------------
-------------------------
------------------------------------
-------------------------------------------------
----------------------------------------------------------------
-------------------------------------------------
------------------------------------
-------------------------
----------------
---------
----
```

Wie beim vorherigen Zickzack-Programm muss das Spike-Programm die Funktionen `time.sleep()` und `sys.exit()` aufrufen. Die erste Zeile importiert die Module `time` und `sys`. Ein `try`-Block fängt die `KeyboardInterrupt`-Ausnahme ab, die ausgelöst wird, wenn man `Strg`-`C` drückt. Eine Endlosschleife zeichnet dann fortlaufend Zacken.

Die erste `for`-Schleife zeichnet Spitzen mit zunehmender Größe:

```
# Zeichnen von Linien mit zunehmender Länge:
for i in range(1, 9):
    print('-' * (i * i))
    time.sleep(0.1)
```

Da die `i`-Variable nacheinander auf `1`, dann auf `2`, dann auf `3` usw. bis ausschließlich `9` gesetzt wird, vervielfacht der nachfolgende `print()`-Aufruf die `'-'`-Strings mit `1 * 1` (also: `1`), dann `2 * 2` (also: `4`), dann `3 * 3` (also: `9`) und so weiter. Dieser Code erstellt somit Strings, die 1, 4, 9, 16, 25, 36, 49 und schließlich 64 Bindestriche lang sind. Indem wir die Strings quadratisch wachsen lassen, erzeugen wir die obere Hälfte der Spitze.

Um die untere Hälfte der Spitze zu zeichnen, benötigen wir eine weitere `for`-Schleife, die bewirkt, dass `i` bei `7` beginnt und dann bis `1` abnimmt, ohne die `1`:

```
# Zeichnen von Linien mit abnehmender Länge:
for i in range(7, 1, -1):
    print('-' * (i * i))
    time.sleep(0.1)
```

Sie können die Werte `9` und `7` in den beiden `for`-Schleifen anpassen, wenn Sie die Breite der Spitze verändern möchten. Der übrige Code funktioniert mit diesen neuen Werten weiterhin einwandfrei.

Zusammenfassung

Funktionen sind das wichtigste Mittel, um Ihren Code in logische Gruppen zu gliedern. Da Variablen in Funktionen in ihren eigenen lokalen Gültigkeitsbereichen existieren, kann der Code einer Funktion die Werte lokaler Variablen in anderen Funktionen nicht direkt beeinflussen. Dies begrenzt die Codeteile, die die Werte Ihrer Variablen ändern können, was beim Debuggen hilfreich ist.

Funktionen sind ein hervorragendes Werkzeug, um Ihren Code zu organisieren. Sie können sich Funktionen wie Blackboxen vorstellen: Sie haben Eingaben in Form von Parametern und Ausgaben in Form von Rückgabewerten, und der Code in ihnen beeinflusst keine Variablen in anderen Funktionen.

In den vorherigen Kapiteln konnte ein einziger Fehler dazu führen, dass Ihr Programm abstürzt. In diesem Kapitel haben Sie `try`- und `except`-Anweisungen kennengelernt, mit denen Code ausgeführt werden kann, wenn ein Fehler erkannt wurde. Dadurch werden Ihre Programme widerstandsfähiger gegenüber häufig auftretenden Fehlern.

Übungsfragen

1. Warum sind Funktionen in Ihren Programmen vorteilhaft?
2. Wann wird der Code in einer Funktion ausgeführt: wenn die Funktion definiert wird oder wenn sie aufgerufen wird?
3. Mit welcher Anweisung wird eine Funktion erstellt?
4. Was ist der Unterschied zwischen einer Funktion und einem Funktionsaufruf?
5. Wie viele globale Gültigkeitsbereiche hat ein Python-Programm? Wie viele lokale Gültigkeitsbereiche gibt es?
6. Was geschieht mit Variablen in einem lokalen Gültigkeitsbereich, wenn der Funktionsaufruf beendet wird?
7. Was ist ein Rückgabewert? Kann ein Rückgabewert Teil eines Ausdrucks sein?
8. Wenn eine Funktion keine `return`-Anweisung enthält, welcher Rückgabewert ergibt sich beim Aufruf dieser Funktion?
9. Wie können Sie eine Variable innerhalb einer Funktion dazu bringen, sich auf die globale Variable zu beziehen?
10. Welcher Datentyp besitzt `None`?

11. Was bewirkt die Anweisung `import heissenalleihrehaustiereeric`?
12. Wenn Sie im Modul `spam` eine Funktion namens `bacon()` haben, wie würden Sie diese nach dem Import von `spam` aufrufen?
13. Wie können Sie verhindern, dass ein Programm beim Auftreten eines Fehlers abstürzt?
14. Was gehört in den `try`-Block? Was gehört in den `except`-Block?
15. Schreiben Sie das folgende Programm in eine Datei mit dem Namen *notrandomdice.py* und führen Sie es aus. Warum gibt jeder Funktionsaufruf dieselbe Zahl zurück?

```
import random
zufallszahl = random.randint(1, 6)

def hole_zufallswurf():
    # Gibt eine zufällige Ganzzahl von 1 bis 6 zurück
    return zufallszahl

print(hole_zufallswurf())
print(hole_zufallswurf())
print(hole_zufallswurf())
print(hole_zufallswurf())
```

Übungsprogramme

Schreiben Sie zur Übung Programme, die die folgenden Aufgaben ausführen.

Die Collatz-Sequenz

Schreiben Sie eine Funktion mit dem Namen `collatz()`, die einen Parameter mit dem Namen `zahl` besitzt. Ist `zahl` gerade, soll `collatz()` den Wert von `zahl // 2` ausgeben und zurückgeben. Ist `zahl` ungerade, soll `collatz()` das Ergebnis von `3 * zahl + 1` ausgeben und diesen Wert zurückgeben.

Schreiben Sie anschließend ein Programm, das den Benutzer eine Ganzzahl eingeben lässt und fortlaufend `collatz()` auf diese Zahl anwendet, bis die Funktion den Wert `1` zurückgibt. (Erstaunlicherweise funktioniert diese Folge tatsächlich für jede Ganzzahl; früher oder später gelangen Sie mit dieser Sequenz immer zur 1! Selbst Mathematiker wissen nicht genau, warum. Ihr Programm erforscht damit die sogenannte Collatz-Sequenz, die manchmal auch als »das einfachste Problem der Mathematik, das niemand lösen kann«, bezeichnet wird, siehe *https://youtu.be/094y1Z2wpJg*, Veritaserum, 2021.)

Denken Sie daran, den Rückgabewert von `input()` mit der Funktion `int()` in eine Ganzzahl umzuwandeln; andernfalls handelt es sich um einen String-Wert. Um die Ausgabe übersichtlicher zu gestalten, sollten die `print()`-Aufrufe, die die Zahlen ausgeben, den benannten Parameter `sep=' '` verwenden, damit alle Werte in einer Zeile erscheinen.

Die Ausgabe dieses Programms könnte beispielsweise wie folgt aussehen:

```
Bitte gib eine Zahl ein:
3
3 10 5 16 8 4 2 1
```

Hinweis

Eine Ganzzahl `zahl` ist gerade, wenn `zahl % 2 == 0`, und ungerade, wenn `zahl % 2 == 1`.

Eingabevalidierung

Fügen Sie dem vorherigen Projekt `try`- und `except`-Anweisungen hinzu, um zu überprüfen, ob man einen Nicht-Ganzzahl-String eingegeben hat. Normalerweise löst die Funktion `int()` einen `ValueError`-Fehler aus, wenn ihr ein Nicht-Ganzzahl-String übergeben wird, wie beispielsweise bei `int('lachen')`. Geben Sie im `except`-Block eine Nachricht für den Benutzer aus, dass eine Ganzzahl eingegeben werden muss.

5
Debugging

Da Sie nun in der Lage sind, grundlegende Programme zu schreiben, werden Sie vermutlich bald auf nicht ganz so einfache Fehler stoßen. In diesem Kapitel lernen Sie einige Werkzeuge und Techniken kennen, mit deren Hilfe Sie die Ursachen von Fehlern in Ihrem Programm identifizieren, um diese effizienter und mit weniger Aufwand zu beheben. Um einen alten Witz unter Programmierern zu zitieren: Das Schreiben von Code macht 90 Prozent der Programmierung aus. Das Debuggen von Code macht die übrigen 90 Prozent aus.

Ihr Computer wird nur das ausführen, was Sie ihm *sagen*; er wird nicht Ihre Gedanken lesen und das tun, was Sie *wollen*. Selbst professionelle Programmierer produzieren ständig Fehler – lassen Sie sich also nicht entmutigen, falls Ihr Programm einmal nicht wie erwartet funktioniert.

Zum Glück ermöglichen Ihnen einige Werkzeuge und Techniken, exakt nachzuvollziehen, was Ihr Code tut und an welcher Stelle er fehlerhaft ist. Sie werden den *Debugger* nutzen, ein Werkzeug in Mu, mit dem Sie ein Programm Schritt für Schritt ausführen können. Dadurch können Sie die Werte von Variablen während der Ausführung Ihres Codes einsehen und nachvollziehen, wie sich diese im Verlauf Ihres Programms verändern. Dieser Vorgang ist deutlich langsamer als die Ausführung des Programms mit maximaler Geschwindigkeit, ermöglicht Ihnen jedoch, die tatsächlichen Werte eines Programms während der Ausführung zu beobachten, anstatt sie aus dem Quellcode ableiten zu müssen.

Sie werden Ihre Programme auch dazu bringen, eigene Ausnahmen zu erzeugen, um Fehler anzuzeigen, und Sie lernen Loggen sowie Plausibilitätsprüfungen, sog. *Assertions*, kennen – zwei Techniken, die Sie dabei unterstützen, Fehler frühzeitig zu erkennen. Je früher Sie Fehler entdecken, desto einfacher lassen sie sich in der Regel beheben.

Ausnahmen auslösen

Python löst immer dann eine Ausnahme aus, wenn versucht wird, ungültigen Code auszuführen. In Kapitel 4 haben Sie Pythons Ausnahmen mit den Anweisungen `try` und `except` behandelt, damit Ihr Programm auf voraussehbare Ausnahmen reagieren kann. Sie können jedoch auch in Ihrem eigenen Code Exceptions auslösen. Eine solche auszulösen bedeutet, anzuordnen: »Beende die Ausführung dieses Codes und setze die Ausführung an der `except`-Anweisung fort.« Man kann auch sagen, man *wirft* eine Exception.

Wir lösen Exceptions mit einer `raise`-Anweisung aus, die sich zusammensetzt aus:

- dem Schlüsselwort `raise`
- einem Aufruf der speziellen Funktion `Exception()`
- einem String mit einer hilfreichen Fehlermeldung, der an `Exception()` übergeben wird

Geben Sie zum Beispiel Folgendes in die interaktive Shell ein:

```
>>> raise Exception('Dies ist eine Fehlermeldung.')
Traceback (most recent call last):
  File "<pyshell#191>", line 1, im <Modul>
    raise Exception('Dies ist eine Fehlermeldung.')
Exception: Dies ist eine Fehlermeldundung.
```

Wenn keine `try`- und `except`-Anweisungen die `raise`-Anweisung abdecken, durch die die Ausnahme ausgelöst wurde, stürzt das Programm einfach ab und zeigt die Fehlermeldung der Exception an.

Oft weiß der Code, der die Funktion mit einer `raise`-Anweisung aufruft, besser, wie eine Ausnahme behandelt werden kann, als die Funktion selbst. Das bedeutet, dass Sie häufig eine `raise`-Anweisung innerhalb einer Funktion und die try- und except-Anweisungen im aufrufenden Code sehen. Öffnen Sie beispielsweise einen neuen Dateieditor-Tab, geben Sie den folgenden Code ein und speichern Sie das Programm als *boxPrint.py*:

```
def male_kasten(symbol, breite, höhe):
    if len(symbol) != 1:
      raise Exception('Symbol muss genau ein Zeichen sein.') ❶
    if breite <= 2:
      raise Exception('Breite muss größer als 2 sein.') ❷
    if höhe <= 2:
      raise Exception('Höhe muss größer als 2 sein.') ❸

    print(symbol * breite)
    for i in range(höhe - 2):
        print(symbol + (' ' * (breite - 2)) + symbol)
    print(symbol * breite)

try:
    male_kasten('*', 4, 4)
    male_kasten('O', 20, 5)
    male_kasten('x', 1, 3)
    male_kasten('ZZ', 3, 3)
except Exception as err: ❹
    print('Eine Ausnahme ist aufgetreten: ' + str(err)) ❺
try:
    male_kasten('ZZ', 3, 3)
except Exception as err:
    print('Eine Ausnahme ist aufgetreten: ' + str(err))
```

Hier haben wir eine Funktion male_kasten() definiert, die ein Zeichen, eine Breite und eine Höhe entgegennimmt und das Zeichen verwendet, um eine kleine Darstellung eines Kastens mit dieser Breite und Höhe zu erstellen. Dieser Kasten wird auf dem Bildschirm ausgegeben.

Angenommen, Sie möchten, dass die Funktion nur ein einzelnes Zeichen akzeptiert und dass Breite und Höhe größer als 2 sind. Dazu fügen wir if-Anweisungen hinzu, die Ausnahmen auslösen, falls diese Anforderungen nicht erfüllt werden. Wenn Sie später male_kasten() mit verschiedenen Argumenten aufrufen, behandelt unser try-except ungültige Argumente.

Dieses Programm verwendet die Form except Exception as err der except-Anweisung ❹. Wird male_kasten() durch das Auslösen einer Exception verlassen ❶ ❷ ❸, speichert diese except-Anweisung sie in einer Variable mit dem Namen err. Anschließend können Sie das Exception-Objekt mit str() in einen String umwandeln, um eine benutzerfreundliche Fehlermeldung ❺ zu erzeugen. Wenn Sie *boxPrint.py* ausführen, wird die Ausgabe wie folgt aussehen:

```
****
*  *
*  *
****
OOOOOOOOOOOOOOOOOOOO
O                  O
O                  O
O                  O
OOOOOOOOOOOOOOOOOOOO
Eine Ausnahme ist aufgetreten: Breite muss größer als 2 sein.
Eine Ausnahme ist aufgetreten: Symbol muss genau ein Zeichen sein.
```

Mithilfe der Anweisungen `try` und `except` können Sie Fehler elegant behandeln, anstatt das gesamte Programm abstürzen zu lassen.

Assertions

Eine *Assertion* ist eine Plausibilitätsprüfung, um sicherzustellen, dass Ihr Code nichts offensichtlich Falsches ausführt. Solche Plausibilitätsprüfungen führen wir mit `assert`-Anweisungen durch. Schlägt die Plausibilitätsprüfung fehl, löst der Code eine `AssertionError`-Exception aus. Eine `assert`-Anweisung besteht aus Folgendem:

- dem `assert`-Schlüsselwort
- einer Bedingung (also einem Ausdruck, der zu `True` oder `False` ausgewertet wird)
- einem Komma
- einem String, der angezeigt wird, wenn die Bedingung `False` ist

Mit anderen Worten drückt eine `assert`-Anweisung aus: »Ich behaupte, dass die Bedingung zutrifft. Falls nicht, liegt irgendwo ein Fehler vor und das Programm muss sofort beendet werden.« Geben Sie zum Beispiel Folgendes in die interaktive Shell ein:

```
>>> alter = [26, 57, 92, 54, 22, 15, 17, 80, 47, 73]
>>> alter.sort()
>>> alter
[15, 17, 22, 26, 47, 54, 57, 73, 80, 92]
>>> # Stelle sicher, dass das erste Alter kleiner oder gleich dem
letzten ist:
>>> assert alter[0] <= alter[-1]
```

Die `assert`-Anweisung stellt hier sicher, dass das erste Element in `alter` kleiner oder gleich dem letzten ist. Dies ist eine Plausibilitätsprüfung; ist der Code in sort() fehlerfrei und funktioniert wie beabsichtigt, ist die Behauptung wahr. Da der alter[0] <= alter[-1]-Ausdruck zu True ausgewertet wird, unternimmt die assert-Anweisung nichts.

Stellen Sie sich jedoch vor, es gäbe einen Fehler in Ihrem Code. Angenommen, Sie hätten versehentlich die reverse()-Methode statt der sort()-Methode aufgerufen. Wenn Sie Folgendes in die interaktive Shell eingeben, löst die assert-Anweisung einen AssertionError aus:

```
>>> alter = [26, 57, 92, 54, 22, 15, 17, 80, 47, 73]
>>> alter.reverse()
>>> alter
[73, 47, 80, 17, 15, 22, 54, 92, 57, 26]
>>> # Stelle sicher, dass das erste Alter kleiner oder gleich dem
letzten ist:
>>> assert alter[0] <= alter[-1]
Traceback (most recent call last):
  File "<python-input-0>", line 1, in <module>
AssertionError
```

Im Gegensatz zu Ausnahmen sollte Ihr Code assert-Anweisungen nicht mit try und except behandeln; wenn ein assert fehlschlägt, sollte Ihr Programm abstürzen. Indem Sie auf diese Weise »früh fehlschlagen«, verkürzen Sie die Zeitspanne zwischen der ursprünglichen Ursache des Fehlers und dem Moment, in dem Sie ihn erstmals bemerken. Dadurch reduziert sich die Menge an Code, die Sie zur Fehlersuche überprüfen müssen. Dieses »failing fast« ist ein häufiges Paradigma.

Assertions sind für Programmierfehler gedacht, nicht für Benutzerfehler. Sie sollten ausschließlich während der Entwicklung des Programms fehlschlagen; ein Benutzer sollte in einem fertigen Programm niemals einen Assertion-Fehler sehen. Für Fehler, die in Ihrem Programm im normalen Betrieb auftreten können (etwa wenn eine Datei nicht gefunden wird oder man ungültige Daten eingibt), sollten Sie eine Exception auslösen, anstatt dies mit einer assert-Anweisung zu prüfen.

Loggen

Wenn Sie schon einmal eine Funktion print() in Ihren Code eingefügt haben, um den Wert einer Variable während des Programmablaufs auszugeben, haben Sie eine Form des Loggens verwendet, um Ihren Code zu debuggen. Loggen ist eine hervorragende Methode, um nachzuvollziehen, was in Ihrem Programm geschieht und in welcher Reihenfolge dies erfolgt. Das Modul logging von Python ermöglicht es Ihnen, problemlos ein Protokoll individueller Nachrichten zu erstellen, die Sie selbst verfassen. Diese Logzeilen geben an, wann die Programmausführung den loggenden Funktionsaufruf erreicht hat, und führen sämtliche

Variablen auf, die Sie zu diesem Zeitpunkt angegeben haben. Sie bilden eine nachvollziehbare Spur, die Ihnen hilft, den Zeitpunkt und die Ursache eines Problems zu erkennen. Fehlt hingegen eine Logzeile, weist dies darauf hin, dass ein Teil des Codes übersprungen und nicht ausgeführt wurde.

Das Logging-Modul

Um das Modul `logging` so zu konfigurieren, dass während der Programmausführung Logzeilen auf dem Bildschirm erscheinen, fügen Sie Folgendes am Anfang Ihres Programms ein:

```
import logging
logging.basicConfig(
    level=logging.DEBUG, format=' %(asctime)s -  %(levelname)s
-  %(message)s')
```

Die Funktion `basicConfig()` des Moduls `logging` ermöglicht es Ihnen, festzulegen, welche Informationen Sie sehen möchten und in welchem Format diese angezeigt werden.

Angenommen, Sie haben eine Funktion entwickelt, mit der die Fakultät einer Zahl berechnet wird. In der Mathematik berechnet sich die Fakultät von 4 als 1 × 2 × 3 × 4, also 24. Die Fakultät von 7 ist 1 × 2 × 3 × 4 × 5 × 6 × 7, also 5040. Öffnen Sie einen neuen Dateieditor-Tab und geben Sie den folgenden Code ein. Das Programm enthält einen Fehler, doch Sie werden mehrere Logzeilen erzeugen, um herauszufinden, was falsch läuft. Speichern Sie das Programm als *factorialLog.py*:

```
import logging
logging.basicConfig(
    level=logging.DEBUG, format='%(asctime)s -  %(levelname)s -
%(message)s')
logging.debug('Start des Programms')

def fakultät(n):
    logging.debug('Start von fakultät(' + str(n) + ')')
    summe = 1
    for i in range(n + 1):
        summe *= i
        logging.debug('i ist ' + str(i) + ', Gesamtsumme ist ' +
str(summe))
    logging.debug('Ende von fakultät(' + str(n) + ')')
    return summe

print(fakultät(5))
logging.debug('Ende des Programms')
```

Wir verwenden die Funktion `logging.debug()`, um Loginformationen auszugeben. Diese Funktion `debug()` ruft `basicConfig()` auf, wodurch eine Informationszeile in dem von uns im Funktionsaufruf angegebenen Format sowie die an `debug()` übergebenen Nachrichten ausgegeben werden. Der Aufruf `print (fakultät(5))` ist Teil des ursprünglichen Programms, daher gibt der Code das Ergebnis auch dann aus, wenn Logging deaktiviert ist.

Die Ausgabe dieses Programms sieht folgendermaßen aus:

```
2035-05-23 16:20:12,664 - DEBUG - Start des Programms
2035-05-23 16:20:12,664 - DEBUG - Start von fakultät(5)
2035-05-23 16:20:12,665 - DEBUG - i ist 0, Gesamtsumme ist 0
2035-05-23 16:20:12,668 - DEBUG - i ist 1, Gesamtsumme ist 0
2035-05-23 16:20:12,670 - DEBUG - i ist 2, Gesamtsumme ist 0
2035-05-23 16:20:12,673 - DEBUG - i ist 3, Gesamtsumme ist 0
2035-05-23 16:20:12,675 - DEBUG - i ist 4, Gesamtsumme ist 0
2035-05-23 16:20:12,678 - DEBUG - i ist 5, Gesamtsumme ist 0
2035-05-23 16:20:12,680 - DEBUG - Ende von fakultät(5)
0
2035-05-23 16:20:12,684 - DEBUG - Ende des Programms
```

Die Funktion `fakultät()` gibt `0` als Fakultät von `5` zurück, was nicht korrekt ist. Die `for`-Schleife sollte den Wert in `Gesamtsumme` mit den Zahlen von `1` bis `5` multiplizieren, aber die Logzeilen, die durch `logging.debug()` ausgegeben werden, zeigen, dass die `i`-Variable bei `0` statt bei `1` beginnt. Da null mal etwas immer null ergibt, erhalten die weiteren Iterationen einen falschen Wert für `total`.

Ändern Sie die Zeile `for i in range(n + 1):` zu `for i in range(`**`1`**`, n + 1):` und führen Sie das Programm erneut aus. Die Ausgabe sieht folgendermaßen aus:

```
2035-05-23 17:13:40,650 - DEBUG - Start des Programms
2035-05-23 17:13:40,651 - DEBUG - Start von fakultät(5)
2035-05-23 17:13:40,651 - DEBUG - i ist 1, Gesamtsumme ist 1
2035-05-23 17:13:40,654 - DEBUG - i ist 2, Gesamtsumme ist 2
2035-05-23 17:13:40,656 - DEBUG - i ist 3, Gesamtsumme ist 6
2035-05-23 17:13:40,659 - DEBUG - i ist 4, Gesamtsumme ist 24
2035-05-23 17:13:40,661 - DEBUG - i ist 5, Gesamtsumme ist 120
2035-05-23 17:13:40,661 - DEBUG - Ende von fakultät(5)
120
2035-05-23 17:13:40,666 - DEBUG - Ende des Programms
```

Der Aufruf `factorial(5)` gibt korrekt `120` zurück. Die Logzeilen zeigten, was innerhalb der Schleife geschah, was direkt zum Fehler führte. Sie können sehen, dass die Aufrufe von `logging.debug()` nicht nur die übergebenen Strings ausgaben, sondern auch einen Zeitstempel und das Wort *DEBUG*.

Protokolldateien

Statt die Logzeilen auf dem Bildschirm anzuzeigen, können Sie diese in eine Textdatei schreiben. Die Funktion `logging.basicConfig()` nimmt einen benannten Parameter `filename` entgegen, zum Beispiel so:

```
import logging
logging.basicConfig(filename='myProgramLog.txt', level=logging.DEBUG,
    format=' %(asctime)s -  %(levelname)s -  %(message)s')
```

Dieser Code speichert die Protokollnachrichten in *myProgramLog.txt*.

Obwohl Logzeilen hilfreich sind, können sie Ihren Bildschirm überladen und es erschweren, die normale Programmausgabe zu erkennen. Wenn Sie die Logzeilen in eine Datei schreiben, bleibt Ihr Bildschirm sauber, und Sie können die Nachrichten nach dem Ausführen des Programms lesen. Sie können diese Textdatei in jedem Texteditor öffnen, zum Beispiel mit Notepad oder TextEdit.

Eine schlechte Praxis: Debuggen mit print()

Das Aufsetzen von Logging von `import logging` und `logging.basicConfig(level=logging.DEBUG, format= '%(asctime)s - %(levelname)s - %(message)s')` ist etwas umständlich. Sie möchten stattdessen möglicherweise `print()`-Aufrufe nutzen, aber geben Sie dieser Versuchung nicht nach! Nach dem Debuggen werden Sie viel Zeit damit verbringen, alle `print()`-Aufrufe für jede Logzeile aus Ihrem Code wieder zu entfernen. Es kann sogar passieren, dass Sie versehentlich einige `print()`-Aufrufe entfernen, die nicht für Logging verwendet wurden. Der Vorteil von Logzeilen besteht darin, dass Sie Ihr Programm mit beliebig vielen davon ausstatten können und sie später jederzeit durch einen einzigen `logging.disable(logging.CRITICAL)`-Aufruf deaktivieren können. Im Gegensatz zu `print()` ermöglicht das Modul `logging` ein einfaches Umschalten zwischen dem Anzeigen und Ausblenden von Logzeilen.

Logzeilen sind für Programmierer bestimmt, nicht für Benutzer. Die Benutzer interessiert der Inhalt eines Dictionary-Eintrags, den Sie zur Fehlersuche benötigen, nicht; verwenden Sie dafür eine Logzeile. Für Fehlermeldungen, die man sehen sollte – wie `Datei nicht gefunden` oder `Ungültige Eingabe, bitte gib eine Zahl ein` –, verwenden Sie `print()`. Sie sollten den Nutzenden keine hilfreichen Informationen vorenthalten, mit denen sie ihre Probleme lösen können.

Loglevel

Loglevels, also unterschiedliche Stufen des Loggens, bieten eine Möglichkeit, Ihre Logzeilen nach Wichtigkeit zu kategorisieren, sodass Sie beim Testen Ihrer Programme weniger wichtige Zeilen filtern können. Es gibt fünf Loglevel, die in Tabelle 5.1 von der niedrigsten bis zur höchsten Wichtigkeit beschrieben werden. Ihr Programm kann Logzeilen unterschiedlicher Level mit den verschiedenen Funktionen ausgeben.

Loglevel	Logging-Funktion	Beschreibung
DEBUG	`logging.debug()`	Die niedrigste Stufe, verwendet für kleine Details. In der Regel interessieren Sie sich nur für diese Nachrichten, wenn Sie Probleme diagnostizieren.
INFO	`logging.info()`	Sie verwenden dies, um Informationen über allgemeine Ereignisse in Ihrem Programm zu loggen oder um zu bestätigen, dass das Programm an verschiedenen Stellen funktioniert.
WARNING	`logging.warning()`	Verwenden Sie dies, um auf ein potenzielles Problem hinzuweisen, das das Programm zwar aktuell nicht beeinträchtigt, jedoch in Zukunft problematisch werden könnte.
ERROR	`logging.error()`	Verwenden Sie dies, um einen Fehler zu protokollieren, der das Programm an der Ausführung einer Aufgabe gehindert hat.
CRITICAL	`logging.critical()`	Dies ist die höchste Stufe und wird verwendet, um einen kritischen Fehler zu kennzeichnen, der bereits dazu geführt hat oder unmittelbar dazu führen wird, dass das Programm vollständig stoppt.

Tab. 5.1 *Loglevel in Python*

Letztendlich liegt es bei Ihnen, zu entscheiden, in welche Kategorie Ihre Logzeile fällt. Sie können die Zeile als String an diese Funktionen übergeben. Probieren Sie es selbst aus, indem Sie Folgendes in die interaktive Shell eingeben:

```
>>> import logging
>>> logging.basicConfig(level=logging.DEBUG, format=' %(asctime)s -
%(levelname)s -  %(message)s')
>>> logging.debug('Einige kleinere Code- und Debugging-Details.')
2035-05-18 19:04:26,901 - DEBUG - Einige kleinere Code- und Debug-
ging-Details.
>>> logging.info('Ein Ereignis ist eingetreten.')
2035-05-18 19:04:35,569 - INFO - Ein Ereignis ist eingetreten.
>>> logging.warning('Etwas könnte schiefgehen.')
2035-05-18 19:04:56,843 - WARNING - Etwas könnte schiefgehen.
>>> logging.error('Ein Fehler ist aufgetreten.')
2035-05-18 19:05:07,737 - ERROR - Ein Fehler ist aufgetreten.
>>> logging.critical('Das Programm kann sich nicht mehr erholen!')
2035-05-18 19:05:45,794 - CRITICAL - Das Programm kann sich nicht
mehr erholen!
```

Ein Vorteil der Logzeilen besteht darin, dass Sie die Priorität der Ausgabe, die Sie sehen möchten, anpassen können. Wenn Sie `logging.DEBUG` als Wert für den `level`-Parameter der Funktion `basicConfig()` übergeben, werden Nachrichten aus sämtlichen Loglevels angezeigt (wobei DEBUG die niedrigste Stufe darstellt). Nachdem Sie Ihr Programm weiterentwickelt haben, interessieren Sie sich möglicherweise nur noch für Fehler. In diesem Fall können Sie das Argument `level` von `basicConfig()` auf `logging.ERROR` setzen. Damit werden nur ERROR- und CRITICAL-Nachrichten angezeigt, während DEBUG-, INFO- und WARNING-Nachrichten ausgelassen werden.

Deaktiviertes Logging

Nachdem Sie Ihr Programm debuggt haben, möchten Sie vermutlich nicht, dass all diese Logzeilen den Bildschirm überladen. Die Funktion `logging.disable()` deaktiviert Logging, sodass Sie die Logausgaben nicht von Hand entfernen müssen. Übergeben Sie einfach ein Loglevel an `logging.disable()`, um alle Logzeilen auf diesem oder einem niedrigeren Level zu unterdrücken. Um Logging vollständig zu deaktivieren, fügen Sie Ihrem Programm `logging.disable(logging.CRITICAL)` hinzu. Geben Sie zum Beispiel Folgendes in die interaktive Shell ein:

```
>>> import logging
>>> logging.basicConfig(level=logging.INFO, format=' %(asctime)s -
%(levelname)s -  %(message)s')
>>> logging.critical('Kritischer Fehler! Kritischer Fehler!')
2035-05-22 11:10:48,054 - CRITICAL - Kritischer Fehler! Kritischer
Fehler!
>>> logging.disable(logging.CRITICAL)
>>> logging.critical('Kritischer Fehler! Kritischer Fehler!')
>>> logging.error('Fehler! Fehler!')
```

Da `logging.disable()` alle Nachrichten nach dessen Aufruf deaktiviert, empfiehlt es sich, diese Zeile nahe der `import logging`-Zeile in Ihrem Code einzufügen. So können Sie diese Stelle leicht wiederfinden, um den Aufruf bei Bedarf einfach auszukommentieren oder einzufügen und so die Logzeilen zu aktivieren oder zu deaktivieren.

Der Debugger von Mu

Der *Debugger* ist eine Funktion des Mu-Editors, von IDLE und anderer Editor-Software, die es Ihnen ermöglicht, Ihr Programm schrittweise, Zeile für Zeile, auszuführen. Der Debugger führt jeweils eine einzelne Codezeile aus und wartet anschließend darauf, dass Sie ihm das Fortsetzen anweisen. Wenn Sie Ihr Programm auf diese Weise »im Debugger« ausführen, können Sie sich so viel Zeit nehmen, wie Sie brauchen, um die Werte der Variablen zu jedem beliebigen Zeitpunkt während der Laufzeit des Programms zu untersuchen. Dies ist ein wertvolles Werkzeug, um Fehler aufzuspüren.

Um ein Programm im Debugger von Mu auszuführen, klicken Sie auf die Schaltfläche *Debug* in der obersten Schaltflächenreihe, direkt neben der Schaltfläche *Run*. Der Debug-Inspector-Bereich sollte sich auf der rechten Seite des Fensters öffnen. In diesem Bereich werden die aktuellen Werte der Variablen in Ihrem Programm angezeigt. In Abbildung 5.1 hat der Debugger die Ausführung des Programms direkt vor der ersten Codezeile angehalten. Im Dateieditor ist diese Zeile entsprechend hervorgehoben.

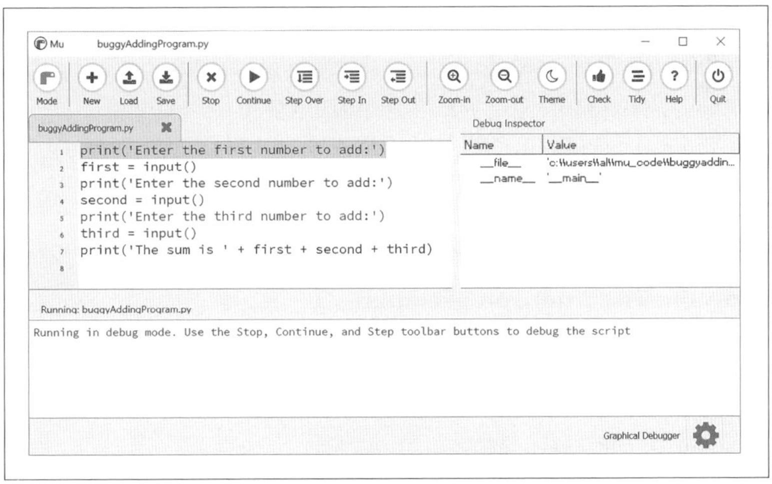

Abb. 5.1 *Mu führt ein Programm im Debugger-Modus aus.*

Im Debugging-Modus erscheinen oben im Editor zusätzliche Schaltflächen: *Fortfahren*, *Überspringen*, *Schritt hinein*, *Schritt heraus* (engl. *Continue, Step Over, Step In* und *Step Out*). Die gewohnte *Stopp*-Schaltfläche steht ebenfalls zur Verfügung.

Ein Klick auf *Fortfahren* bewirkt, dass das Programm normal ausgeführt wird, bis es beendet wird oder einen *Breakpoint* erreicht. (Breakpoints werden später in diesem Kapitel erläutert.) Wenn Sie mit dem Debugging fertig sind und das Programm regulär fortgesetzt werden soll, klicken Sie auf die Schaltfläche *Fortfahren*.

Wenn Sie auf *Schritt hinein* klicken, führt der Debugger die nächste Codezeile aus und pausiert anschließend erneut. Handelt es sich bei der nächsten Codezeile um einen Funktionsaufruf, wird der Debugger in diese Funktion *hineinspringen* und in deren erster Codezeile anhalten.

Wenn Sie auf die Schaltfläche *Überspringen* klicken, führen Sie die nächste Codezeile aus – ähnlich wie bei *Schritt hinein*. Handelt es sich bei der nächsten Codezeile jedoch um einen Funktionsaufruf, wird mit *Überspringen* die Funktion mit voller Geschwindigkeit durchlaufen und erst angehalten, wenn die aufgerufene Funktion zurückkehrt. Enthält die nächste Codezeile zum Beispiel einen `spam()`-Funktionsaufruf und interessiert Sie der Code innerhalb dieser Funktion nicht, können Sie *Überspringen* klicken. Dadurch wird der Code der Funktion mit normaler Geschwindigkeit ausgeführt und die Ausführung pausiert, sobald die Funktion zurückkehrt. Deshalb nutzen viele häufiger die Schaltfläche *Überspringen* als die Schaltfläche *Schritt hinein*.

Klicken Sie auf *Schritt heraus*, führt der Debugger die Codezeilen mit voller Geschwindigkeit aus, bis er aus der aktuellen Funktion zurückkehrt. Sind Sie mit *Schritt hinein* in einen Funktionsaufruf eingestiegen und möchten nun alle Anweisungen bis zum Verlassen ausführen, klicken Sie auf die Schaltfläche *Schritt heraus*, um aus dem aktuellen Funktionsaufruf zurückzukehren.

Wenn Sie das Debugging vollständig beenden und die restliche Ausführung des Programms nicht fortsetzen möchten, klicken Sie auf *Stopp*. Diese Schaltfläche beendet das Programm sofort.

Debugging eines Additionsprogramms

Um den Umgang mit dem Mu-Debugger zu üben, öffnen Sie einen neuen Dateieditor-Tab und geben Sie den folgenden Code ein:

```
print('Enter the first number to add:')
first = input()
print('Enter the second number to add:')
second = input()
print('Enter the third number to add:')
third = input()
print('The sum is ' + first + second + third)
```

Speichern Sie die Datei als *buggyAddingProgram.py* und führen Sie sie zunächst ohne aktivierten Debugger aus. Das Programm gibt ungefähr Folgendes aus:

```
Enter the first number to add:
5
Enter the second number to add:
3
Enter the third number to add:
42
The sum is 5342
```

Das Programm ist nicht abgestürzt, aber die Summe ist offensichtlich falsch.

Führen Sie das Programm erneut aus, diesmal unter dem Debugger. Klicken Sie auf die Schaltfläche *Debug*. Das Programm sollte nun bei Zeile 1 anhalten, also dem Code, den es als Nächstes ausführen wird.

Klicken Sie einmal auf die Schaltfläche *Überspringen*, um den ersten `print()`-Aufruf auszuführen. Verwenden Sie hier *Überspringen* anstelle von *Schritt hinein*, da Sie nicht in den Code der Funktion `print()` verzweigen möchten (obwohl der Mu-Editor normalerweise verhindert, dass der Debugger in Pythons eingebaute Funktionen eintritt). Der Debugger fährt mit Zeile 2 fort und hebt diese im Dateieditor hervor, wie in Abbildung 5.2 zu sehen. Dies zeigt Ihnen, an welcher Stelle sich die Ausführung des Programms aktuell befindet.

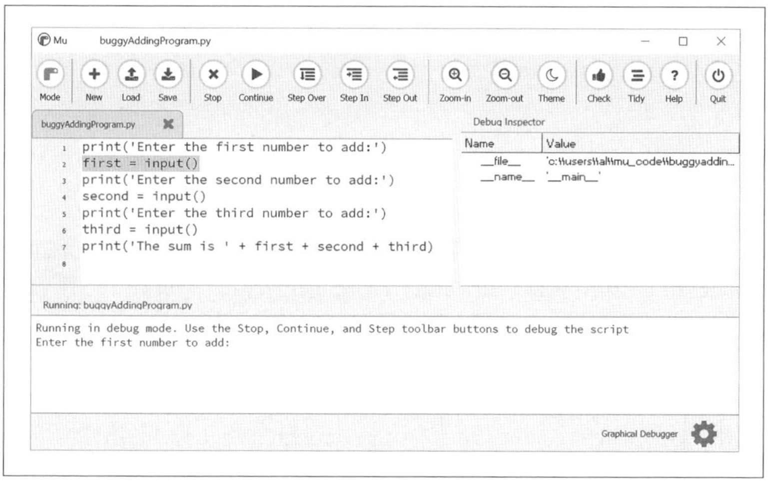

Abb. 5.2 *Das Fenster des Mu-Editors nach dem Klicken auf Überspringen*

Klicken Sie erneut auf *Überspringen*, um den Funktionsaufruf `input()` auszuführen. Die Hervorhebung verschwindet, während der Mu-Editor darauf wartet, dass Sie für den `input()`-Aufruf eine Eingabe im Ausgabefenster tätigen. Geben Sie **5** ein und drücken Sie [↵]. Die Hervorhebung wird wiederhergestellt.

Klicken Sie weiterhin auf *Überspringen* und geben Sie als die nächsten beiden Zahlen **3** und **42** ein. Wenn der Debugger Zeile 7 erreicht, nämlich den abschließenden `print()`-Aufruf im Programm, sollte das Mu-Editor-Fenster wie in Abbildung 5.3 aussehen.

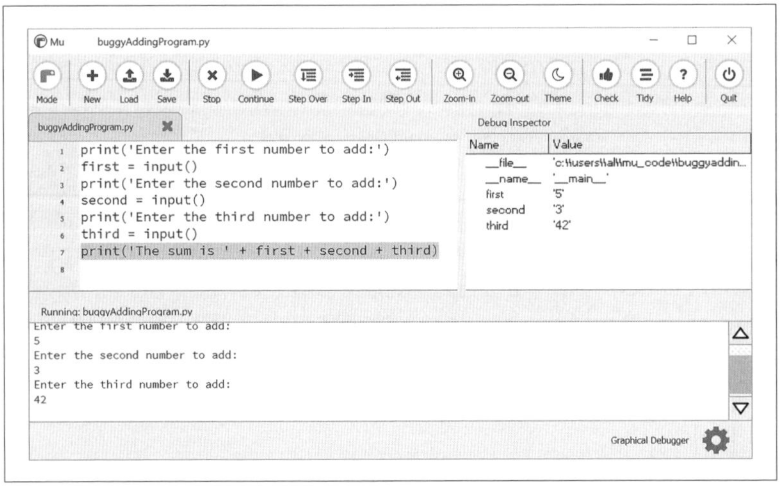

Abb. 5.3 *Das Debug-Inspector-Fenster auf der rechten Seite des Mu-Editor-Fensters zeigt, dass die Variablen auf Strings statt auf Ganzzahlen gesetzt sind. Dies führt zu dem Fehler.*

Im Debug-Inspector-Fenster sollten Sie sehen, dass die Variablen `first`, `second` und `third` auf die String-Werte `'5'`, `'3'` und `'42'` statt auf die Ganzzahlwerte `5`, `3` und `42` gesetzt sind. Wird die letzte Zeile ausgeführt, verkettet Python diese Strings, anstatt die Zahlen zu addieren, was zu dem Fehler führt.

Das Durchlaufen des Programms mit dem Debugger ist hilfreich, kann jedoch auch langsam sein. Oft möchten Sie, dass das Programm regulär läuft, bis es eine bestimmte Codezeile erreicht. Sie können den Debugger so konfigurieren, dass er dies mithilfe von Breakpoints ausführt.

Breakpoints setzen

Wenn Sie einen *Breakpoint* auf eine bestimmte Codezeile setzen, zwingt dies den Debugger dazu, bei Erreichen dieser Zeile die Ausführung zu pausieren. Öffnen Sie eine neue Dateieditor-Registerkarte und tragen Sie das folgende Programm ein, das das Münzwurfexperiment mit 1000 Durchläufen simuliert. Speichern Sie es als *coinFlip.py*:

```
import random
heads = 0
for i in range(1, 1001):
  if random.randint(0, 1) == 1: ❶
        heads = heads + 1
    if i == 500:
      print('Halfway done!') ❷
print('Heads came up ' + str(heads) + ' times.')
```

Der Aufruf von `random.randint(0, 1)` ❶ liefert in etwa der Hälfte der Zeit `0` und in der anderen Hälfte `1`, wodurch ein Münzwurf mit 50/50-Chance simuliert wird, wobei `1` für Kopf steht. Wenn Sie dieses Programm ohne den Debugger ausführen, wird es schnell etwas Ähnliches ausgeben wie:

```
Halfway done!
Heads came up 490 times.
```

Wenn Sie dieses Programm mit dem Debugger ausführen, müssten Sie Tausende Male auf *Überspringen* klicken, bevor das Programm beendet wird. Falls Sie am Wert von `heads` auf halbem Weg der Programmausführung interessiert sind, wenn also 500 von 1000 Münzwürfen abgeschlossen sind, könnten Sie stattdessen einfach einen Breakpoint auf die Zeile `print('Halfway done!')` setzen ❷. Um einen Breakpoint zu setzen, klicken Sie im Dateieditor auf die Zeilennummer. Dadurch sollte ein roter Punkt erscheinen, der den Breakpoint markiert; siehe Abbildung 5.4.

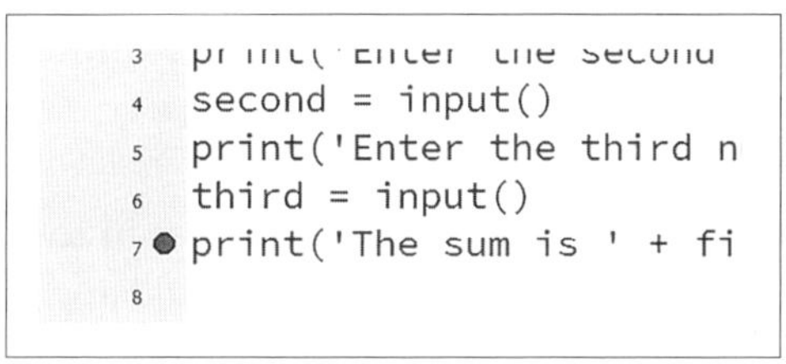

Abb. 5.4 *Das Setzen eines Breakpoints bewirkt, dass neben der Zeilennummer ein roter Punkt erscheint.*

Beachten Sie, dass Sie keinen Breakpoint auf die `if`-Anweisung setzen sollten, da diese bei jeder einzelnen Iteration durch die Schleife ausgeführt wird. Wenn Sie den Breakpoint auf den Code in der `if`-Anweisung setzen, hält der Debugger nur an, wenn die Ausführung den `if`-Block erreicht.

Wenn Sie das Programm nun unter dem Debugger ausführen, startet es wie gewohnt im pausierten Zustand an der ersten Zeile. Wenn Sie dann auf *Fortfahren* klicken, läuft das Programm mit voller Geschwindigkeit, bis es die Zeile mit dem gesetzten Breakpoint erreicht. Anschließend können Sie wie gewohnt auf *Fortfahren*, *Überspringen*, *Schritt hinein* oder *Schritt heraus* klicken, um weiter zu debuggen.

Um einen Breakpoint zu entfernen, klicken Sie erneut auf die Zeilennummer. Der rote Punkt verschwindet, und der Debugger wird künftig an dieser Zeile nicht mehr anhalten.

Zusammenfassung

Assertions, Ausnahmen, Logging und der Debugger sind allesamt wertvolle Werkzeuge, um Fehler in Ihrem Programm zu finden und ihnen vorzubeugen. Assertions mit der `assert`-Anweisung in Python sind eine geeignete Methode, um Plausibilitätsprüfungen zu implementieren, die Sie frühzeitig warnen, wenn eine notwendige Bedingung nicht erfüllt ist. Assertions sind nur für Fehler gedacht, von denen sich das Programm nicht erholen sollte, und sie sollten möglichst frühzeitig fehlschlagen. Andernfalls sollten Sie eine Ausnahme auslösen.

Eine Ausnahme kann mit den Anweisungen `try` und `except` abgefangen und verarbeitet werden. Das Modul `logging` bietet eine effektive Möglichkeit, Ihren Code während der Ausführung zu überwachen. Es ist deutlich komfortabler als die Funktion `print()`, da es unterschiedliche Loglevel bereitstellt und das Logging in eine Textdatei ermöglicht.

Mit dem Debugger können Sie Ihr Programm schrittweise Zeile für Zeile durchgehen. Alternativ können Sie Ihr Programm mit normaler Geschwindigkeit ausführen und den Debugger die Ausführung automatisch anhalten lassen, sobald eine Zeile mit einem Breakpoint erreicht wird. Mithilfe des Debuggers können Sie den Zustand jeder Variablen zu jedem beliebigen Zeitpunkt während der Programmlaufzeit einsehen.

Es ist unvermeidlich, dass Sie versehentlich Fehler in Ihren Code einbauen – unabhängig davon, wie viele Jahre Programmiererfahrung Sie haben. Diese Debugging-Werkzeuge und Techniken unterstützen Sie dabei, Programme zu entwickeln, die zuverlässig funktionieren.

Übungsfragen

1. Formulieren Sie eine `assert`-Anweisung, die einen `AssertionError` auslöst, wenn die Variable `spam` eine Ganzzahl kleiner als `10` ist.

2. Schreiben Sie eine `assert`-Anweisung, die einen `AssertionError` auslöst, wenn die Variablen `eggs` und `bacon` Strings enthalten, die gleich sind, selbst wenn ihre Groß- und Kleinschreibung unterschiedlich ist. (Das bedeutet, `'hallo'` und `'Hallo'` werden als gleich angesehen, ebenso wie `'wiedersehen'` und `'WIEDERsehen'`.)

3. Schreiben Sie eine `assert`-Anweisung, die *immer* einen `AssertionError` auslöst.

4. Welche zwei Zeilen muss Ihr Programm enthalten, damit Sie `logging.debug()` aufrufen können?

5. Welche zwei Zeilen muss Ihr Programm enthalten, damit `logging.debug()` eine Logzeile in eine Datei mit dem Namen *programLog.txt* schreibt?
6. Welche fünf Loglevel gibt es?
7. Welche Codezeile können Sie hinzufügen, um alle Logzeilen in Ihrem Programm zu deaktivieren?
8. Warum ist die Nutzung von Logzeilen besser als die Verwendung von `print()`, um dieselbe Nachricht auszugeben?
9. Worin unterscheiden sich die Schaltflächen *Überspringen*, *Schritt hinein* und *Schritt heraus* im Debugger?
10. Wann stoppt der Debugger, nachdem Sie auf *Fortfahren* geklickt haben?
11. Was ist ein Breakpoint?
12. Wie setzen Sie in Mu einen Breakpoint in einer Codezeile?

Übungsprogramm: Münzwurf debuggen

Das folgende Programm soll ein einfaches Münzwurf-Ratespiel sein. Der Spieler erhält zwei Versuche. (Es ist ein einfaches Spiel.) Das Programm enthält jedoch mehrere Fehler. Führen Sie das Programm mehrmals aus, um die Fehler zu identifizieren, die das korrekte Funktionieren verhindern.

```
import random
geraten = ''
while geraten not in ('Kopf', 'Zahl'):
    print('Rate, wie die Münze fällt! Gib Kopf oder Zahl ein:')
    geraten = input()
wurf = random.randint(0, 1)  # 0 ist Zahl, 1 ist Kopf
if wurf == geraten:
    print('Richtig geraten!')
else:
    print('Nee, rate nochmal!')
    geraten = input()
    if wurf == geraten:
        print('Richtig geraten!')
    else:
        print('Wieder falsch. Du bist echt schlecht in diesem
Spiel.')
```

6
Listen

Ein weiteres Thema, das Sie verstehen sollten, bevor Sie mit dem ernsthaften Schreiben von Programmen beginnen, ist der Listendatentyp und sein »Verwandter«, das Tupel. Listen und Tupel können mehrere Werte enthalten, was das Erstellen von Programmen, die große Datenmengen verarbeiten, erleichtert. Da Listen auch andere Listen enthalten können, lassen sie sich verwenden, um Daten in hierarchischen Strukturen zu organisieren.

In diesem Kapitel erläutere ich Ihnen die Grundlagen von Listen. Ich erkläre Ihnen außerdem Methoden, also Funktionen, die an Werte eines bestimmten Datentyps gebunden sind. Im Anschluss werde ich die Sequenzdatentypen (Listen, Tupel und Strings) kurz vorstellen und deren Unterschiede aufzeigen. Im nächsten Kapitel führe ich Sie in den Dictionary-Datentyp ein.

Der Listendatentyp

Eine *Liste* ist ein Wert, der mehrere Werte in einer wohldefinierten Reihenfolge enthält. Der Begriff *Listenwert* bezieht sich auf die Liste selbst (die Sie wie jeden anderen Wert in einer Variablen speichern oder an eine Funktion übergeben können), nicht auf die Werte innerhalb des Listenwerts. Ein Listenwert sieht folgendermaßen aus: `['Hund', 'Katze', 'Maus', 'Elefant']`. Ähnlich wie String-Werte durch Anführungszeichen begrenzt werden, beginnt eine Liste mit einer öffnenden und endet mit einer schließenden eckigen Klammer: `[]`.

Die Werte innerhalb der Liste nennen wir Elemente. Elemente werden durch Kommas getrennt. Geben Sie zum Beispiel Folgendes in die interaktive Shell ein:

```
>>> [1, 2, 3]  # Eine Liste mit drei Ganzzahlen
[1, 2, 3]
>>> ['Hund', 'Katze', 'Maus', 'Elefant']  # Eine Liste aus vier
Strings
['Hund', 'Katze', 'Maus', 'Elefant']
>>> ['Hallo', 3.1415, True, None, 42]  # Eine Liste mit mehreren
Werten
['Hallo', 3.1415, True, None, 42]
>>> spam = ['Hund', 'Katze', 'Maus', 'Elefant'] ❶
>>> spam
['Hund', 'Katze', 'Maus', 'Elefant']
```

Der Variablen `spam` ❶ wird nur ein Wert zugewiesen: der Listenwert. Doch der Listenwert selbst enthält weitere Werte.

Beachten Sie, dass der Wert `[]` eine leere Liste darstellt, die keine Werte enthält, ähnlich wie `''`, der leere String.

Indizes

Angenommen, Sie haben die Liste `['Hund', 'Katze', 'Maus', 'Elefant']` in einer Variablen namens `spam` gespeichert. Der Python-Code `spam[0]` ergibt `'Hund'`, der Code `spam[1]` ergibt `'Katze'` und so weiter. Die Ganzzahl in den eckigen Klammern nach der Liste wird als Index bezeichnet. Der erste Wert in der Liste befindet sich am Index `0`, der zweite Wert am Index `1`, der dritte Wert am Index `2` usw. Abbildung 6.1 zeigt einen Listenwert, der der Variablen `spam` zugewiesen wird, gemeinsam mit den Index-Ausdrücken, auf die sie auswerten würden. Beachten Sie, dass der erste Index `0` ist, sodass der letzte Index die Größe der Liste minus eins ergibt. Eine Liste mit vier Elementen hat also `3` als letzten Index.

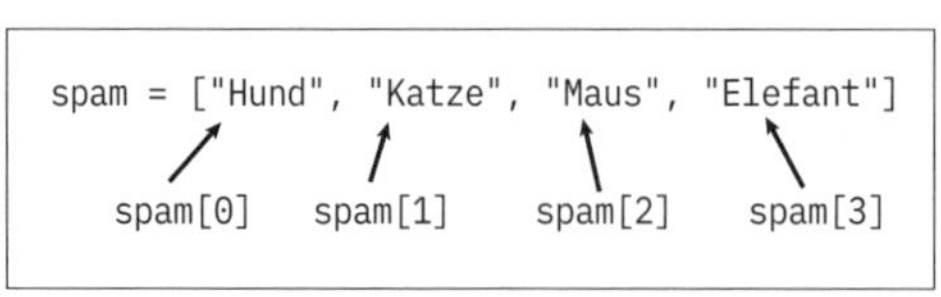

Abb. 6.1 *Ein Listenwert, gespeichert in der Variablen spam, zeigt, auf welchen Wert sich jeder Index bezieht.*

Geben Sie zur Veranschaulichung der Arbeit mit Indizes die folgenden Ausdrücke in die interaktive Shell ein. Wir beginnen damit, der Variablen `spam` eine Liste zuzuweisen:

```
>>> spam = ['Hund', 'Katze', 'Maus', 'Elefant']
>>> spam[0]
'Hund'
>>> spam[1]
'Katze'
>>> spam[2]
'Maus'
>>> spam[3]
'Elefant'
>>> ['Hund', 'Katze', 'Maus', 'Elefant'][3]
'Elefant'
>>> 'Hallo, ' + spam[0] ❶
'Hallo, Hund' ❷
>>> 'Die ' + spam[1] + ' hat die ' + spam[2] + ' gefressen.'
'Die Katze hat die Maus gefressen.'
```

Beachten Sie, dass der Ausdruck `'Hallo, ' + spam[0]` ❶ zu `'Hallo, ' + 'Hund'` ausgewertet wird, da `spam[0]` den String `'Hund'` ergibt. Dieser Ausdruck wird wiederum zum String-Wert `'Hallo, Hund'` ausgewertet ❷.

Python gibt Ihnen eine `IndexError`-Fehlermeldung aus, wenn Sie einen Index verwenden, der die Anzahl der Werte in Ihrem Listenwert überschreitet:

```
>>> spam = ['Hund', 'Katze', 'Maus', 'Elefant']
>>> spam[10000]
Traceback (most recent call last):
  File "<python-input-0>", line 1, in <module>
    spam[10000]
IndexError: list index out of range
```

Listen können auch andere Listenwerte enthalten. Sie können auf die Werte in diesen Listen von Listen mithilfe mehrerer Indizes wie folgt zugreifen:

```
>>> spam = [['Katze', 'Maus'], [10, 20, 30, 40, 50]]
>>> spam[0]
['Katze', 'Maus']
>>> spam[0][1]
'Maus'
>>> spam[1][4]
50
```

Der erste Index bestimmt, welchen Listenwert Sie verwenden, und der zweite gibt den Wert innerhalb dieses Listenwerts an. `spam[0][1]` gibt zum Beispiel `'Maus'` aus, den zweiten Wert in der ersten Liste.

Negative Indizes

Obwohl Indizes bei `0` beginnen und aufsteigend gezählt werden, können Sie für den Index auch negative Ganzzahlen verwenden. Geben Sie zum Beispiel Folgendes in die interaktive Shell ein:

```
>>> spam = ['Hund', 'Katze', 'Maus', 'Elefant']
>>> spam[-1]  # Letzter Index
'Elefant'
>>> spam[-3]  # Drittletzter Index
'Katze'
>>> 'Der ' + spam[-1] + ' hat Angst vor der ' + spam[-2] + '.'
'Der Elefant hat Angst vor der Maus.'
```

Die Ganzzahl `-1` bezieht sich auf den letzten Index in einer Liste, der Wert `-2` auf den vorletzten Index dieser Liste usw.

Ausschnitte (Slices)

Genau wie ein Index einen einzelnen Wert aus einer Liste entnimmt, kann ein *Ausschnitt* (*Slice*) mehrere Werte aus einer Liste entnehmen – in Form einer neuen Liste. Sie geben einen Ausschnitt zwischen eckigen Klammern ein, wie bei einem Index, jedoch mit zwei durch einen Doppelpunkt getrennten Ganzzahlen. Beachten Sie den Unterschied zwischen Indizes und Slices:

- `spam[2]` ist eine Liste mit einem Index (einer Ganzzahl).
- `spam[1:4]` ist eine Liste mit einem Slice (drei Ganzzahlen).

Bei einem Ausschnitt gibt die erste Ganzzahl den Index an, an dem der Ausschnitt beginnt. Die zweite Ganzzahl gibt den Index an, vor dem der Ausschnitt endet. Die durch einen Ausschnitt erstellte Liste reicht bis zum zweiten Index, schließt dessen Wert aber nicht ein. Geben Sie zum Beispiel Folgendes in die interaktive Shell ein:

```
>>> spam = ['Hund', 'Katze', 'Maus', 'Elefant']
>>> spam[0:4]
['Hund', 'Katze', 'Maus', 'Elefant']
>>> spam[1:3]
['Katze', 'Maus']
>>> spam[0:-1]
['Hund', 'Katze', 'Maus']
```

Übrigens: Die Länge eines Ausschnitts ist der zweite Index minus den ersten Index (wenn Sie keinen negativen Index verwenden). Also `spam[1:4]` hat die Länge 3, weil $4 - 1 = 3$ ist.

Als Abkürzung können Sie einen oder beide Indizes auf einer Seite des Doppelpunkts im Ausschnitt auslassen:

```
>>> spam = ['Hund', 'Katze', 'Maus', 'Elefant']
>>> spam[:2]
['Hund', 'Katze']
>>> spam[1:]
['Katze', 'Maus', 'Elefant']
>>> spam[:]
['Hund', 'Katze', 'Maus', 'Elefant']
```

Das Auslassen des ersten Index entspricht der Verwendung von `0` oder dem Beginn der Liste. Das Auslassen des zweiten Index entspricht der Verwendung der Länge der Liste, wodurch bis zum Ende der Liste ausgeschnitten wird.

Die Funktion len()

Die Funktion `len()` gibt die Anzahl der Werte in einem übergebenen Listenwert zurück. Geben Sie beispielsweise Folgendes in die interaktive Shell ein:

```
>>> spam = ['Hund', 'Katze', 'Elch']
>>> len(spam)
3
```

Dieses Verhalten ähnelt der Art und Weise, wie die Funktion die Anzahl der Charaktere in einem String zählt.

Wertaktualisierungen

In der Regel steht der Variablenname auf der linken Seite einer Zuweisungsanweisung, wie in `spam = 42`. Sie können jedoch auch einen Index einer Liste verwenden, um den Wert an diesem Index zu ändern:

```
>>> spam = ['Hund', 'Katze', 'Maus', 'Elefant']
>>> spam[1] = 'Gürteltier'
>>> spam
['Hund', 'Gürteltier', 'Maus', 'Elefant']
>>> spam[2] = spam[1]
>>> spam
['Hund', 'Gürteltier', 'Gürteltier', 'Elefant']
>>> spam[-1] = 12345
>>> spam
['Hund', 'Gürteltier', 'Gürteltier', 12345]
```

In diesem Beispiel bedeutet `spam[1] = 'Gürteltier'`: »Weise den Wert am Index `1` in der Liste `spam` dem String `'aardvark'` zu.« Sie können auch negative Indizes wie `-1` verwenden, um Listen zu aktualisieren.

Verkettung und Vervielfältigung

Sie können Listen mithilfe der Operatoren `+` und `*` verketten und vervielfältigen, genau wie Strings:

```
>>> [1, 2, 3] + ['A', 'B', 'C']
[1, 2, 3, 'A', 'B', 'C']
>>> ['X', 'Y', 'Z'] * 3
['X', 'Y', 'Z', 'X', 'Y', 'Z', 'X', 'Y', 'Z']
>>> spam = [1, 2, 3]
>>> spam = spam + ['A', 'B', 'C']
>>> spam
[1, 2, 3, 'A', 'B', 'C']
```

Der Operator `+` verbindet zwei Listen zu einem neuen Listenwert, und der Operator `*` kombiniert eine Liste mit einer Ganzzahl, um die Liste zu vervielfältigen.

del-Anweisungen

Die `del`-Anweisung entfernt einen Wert an einem bestimmten Index in einer Liste. Alle Werte in der Liste nach dem gelöschten Wert rücken um einen Index nach vorne. Geben Sie zum Beispiel Folgendes in die interaktive Shell ein:

```
>>> spam = ['Hund', 'Katze', 'Maus', 'Elefant']
>>> del spam[2]
>>> spam
['Hund', 'Katze', 'Elefant']
>>> del spam[2]
>>> spam
['Hund', 'Katze']
```

Die Anweisung `del` kann auch auf eine einzelne Variable angewendet werden, um sie zu löschen – als wäre es eine »Entzuweisung«. Wenn Sie versuchen, die Variable nach dem Löschen zu verwenden, erhalten Sie einen `NameError`-Fehler, da die Variable nicht mehr existiert. In der Praxis müssen Sie einfache Variablen jedoch nahezu nie löschen; die Anweisung `del` ist am nützlichsten, um Werte aus Listen zu entfernen.

Arbeiten mit Listen

Wenn Sie beginnen, Programme zu schreiben, könnten Sie versucht sein, viele einzelne Variablen zu erstellen, um eine Gruppe ähnlicher Werte zu speichern. Möchte ich zum Beispiel die Namen meiner Katzen speichern, könnte ich auf die Idee kommen, folgenden Code zu schreiben:

```
katzenname_1 = 'Minka'
katzenname_2 = 'Felix'
katzenname_3 = 'Mausi'
katzenname_4 = 'Tiger'
```

Letztlich ist dies jedoch keine geeignete Vorgehensweise, um Code zu verfassen. Wenn sich die Anzahl der Katzen ändert (und Sie können stets weitere Katzen hinzufügen), wird Ihr Programm nie mehr Katzen speichern können, als Sie Variablen haben. Diese Programme enthalten zudem viel duplizierten oder nahezu identischen Code. Um dies praktisch nachzuvollziehen, geben Sie das folgende Programm in den Dateieditor ein und speichern Sie es als *allMyCats1.py*:

```
print('Gib den Namen der Katze 1 ein:')
katzenname_1 = input()
print('Gib den Namen der Katze 2 ein:')
katzenname_2 = input()
print('Gib den Namen der Katze 3 ein:')
katzenname_3 = input()
print('Gib den Namen der Katze 4 ein:')
katzenname_4 = input()
print('Die Katzennamen sind:')
print(katzenname_1 + ' ' + katzenname_2 + ' ' + katzenname_3 + ' ' +
katzenname_4)
```

Statt mehrere, sich wiederholende Variablen zu verwenden, können Sie eine einzige Variable nutzen, die einen Listenwert enthält. Hier sehen Sie beispielsweise eine neue, verbesserte Version des Programms *allMyCats1.py*. Diese Version nutzt eine einzige Liste und kann beliebig viele Katzen speichern, die Sie eingeben. Geben Sie im neuen Dateieditor-Fenster den folgenden Code ein und speichern Sie ihn als *allMyCats2.py*:

```
katzennamen = []
while True:
    print('Gib den Namen der Katze ' + str(len(katzennamen) + 1) +
      ' (Oder gib nichts zum Beenden ein.):')
    name = input()
    if name == '':
        break
    katzennamen = katzennamen + [name]  # Listenverkettung
```

```
print('Die Katzennamen sind:')
for name in katzennamen:
    print('  ' + name)
```

Wenn Sie dieses Programm ausführen, sieht die Ausgabe etwa folgendermaßen aus:

```
Gib den Namen der Katze 1 ein (Oder gib nichts zum Beenden ein.):
Minka
Gib den Namen der Katze 2 ein (Oder gib nichts zum Beenden ein.):
Felix
Gib den Namen der Katze 3 ein (Oder gib nichts zum Beenden ein.):
Mausi
Gib den Namen der Katze 4 ein (Oder gib nichts zum Beenden ein.):
Tiger
Gib den Namen der Katze 5 ein (Oder gib nichts zum Beenden ein.):

Die Katzennamen lauten:
  Minka
  Felix
  Mausi
  Tiger
```

Der Vorteil der Verwendung einer Liste besteht darin, dass Ihre Daten nun in einer Struktur organisiert sind, wodurch Ihr Programm diese deutlich flexibler verarbeiten kann als mit mehreren sich wiederholenden Variablen.

for-Schleifen und Listen

In Kapitel 3 haben Sie erfahren, wie Sie mithilfe einer `for`-Schleife einen Codeblock eine festgelegte Anzahl von Malen ausführen. Technisch wiederholt eine `for`-Schleife den Codeblock jeweils für jedes Element eines Listenwerts. Wenn Sie beispielsweise diesen Code ausführen:

```
for i in range(4):
    print(i)
```

lautet die Ausgabe dieses Programms wie folgt:

```
0
1
2
3
```

Dies liegt daran, dass der Rückgabewert von `range(4)` ein Sequenzwert ist, den Python als vergleichbar mit `[0, 1, 2, 3]` betrachtet. Das folgende Programm erzeugt die gleiche Ausgabe wie das vorherige:

```
for i in [0, 1, 2, 3]:
    print(i)
```

Die vorherige `for`-Schleife durchläuft tatsächlich ihren Block, wobei die Variable `i` in jeder Iteration einen aufeinanderfolgenden Wert der Liste `[0, 1, 2, 3]` annimmt und der Codeblock einmal pro Wert ausgeführt wird.

Eine verbreitete Technik in Python besteht darin, `range(len(`*`eine_liste`*`))` mit einer `for`-Schleife zu verwenden, um über die Indizes einer Liste zu iterieren. Geben Sie zum Beispiel Folgendes in die interaktive Shell ein:

```
>>> materialien = ['Stifte', 'Tacker', 'Flammenwerfer', 'Hefter']
>>> for i in range(len(materialien)):
...     print('Index ' + str(i) + ' in materialien ist: ' +
materialien[i])
...
Index 0 in materialien ist: Stifte
Index 1 in materialien ist: Tacker
Index 2 in materialien ist: Flammenwerfer
Index 3 in materialien ist: Hefter
```

Die Verwendung von `range(len(materialien))` in der zuvor gezeigten `for`-Schleife ist sehr praktisch, da der Code in der Schleife sowohl auf den Index (als Variable `i`) als auch auf den Wert an diesem Index (`materialien[i]`) zugreifen kann. Am besten ist, dass `range(len(materialien))` durch alle Indizes von `materialien` iteriert – unabhängig davon, wie viele Elemente die Liste enthält.

Die Operatoren in und not in

Mit den Operatoren `in` und `not in` können Sie feststellen, ob ein Wert in einer Liste enthalten ist oder nicht. Wie andere zweistellige Operatoren kommen `in` und `not in` in Ausdrücken vor und stehen zwischen zwei Werten: den zu suchenden Wert und die Liste, in der dieser gegebenenfalls enthalten ist. Diese Ausdrücke ergeben einen booleschen Wert. Um ihre Funktionsweise kennenzulernen, geben Sie bitte Folgendes in die interaktive Shell ein:

```
>>> 'hallöchen' in ['hallo', 'hi', 'huhu', 'hallöchen']
True
>>> spam = ['hallo', 'hi', 'huhu', 'hallöchen']
>>> 'Katze' in spam
False
>>> 'hallöchen' not in spam
False
>>> 'Katze' not in spam
True
```

Das folgende Programm ermöglicht es dem Benutzer, einen Tiernamen einzugeben, und prüft anschließend, ob der Name in einer Liste von Haustieren enthalten ist. Öffnen Sie ein neues Dateieditor-Fenster, geben Sie den folgenden Code ein und speichern Sie ihn als *myPets.py*:

```
meine_haustiere = ['Minka', 'Felix', 'Mausi']
print('Gib einen Tiernamen ein:')
name = input()
if name not in meine_haustiere:
    print('Ich habe kein Tier mit dem Namen ' + name)
else:
    print(name + ' ist mein Tier.')
```

Die Ausgabe könnte beispielsweise folgendermaßen aussehen:

```
Gib einen Tiernamen ein:
Waldi
Ich habe kein Tier mit dem Namen Waldi
```

Beachten Sie, dass der Operator `not in` sich vom booleschen Operator `not` unterscheidet.

Der Trick der Mehrfachzuweisung

Der *Trick der Mehrfachzuweisung* (technisch auch als *Tupel-Unpacking* bezeichnet) ist eine Abkürzung, mit der Sie mehreren Variablen die Werte einer Liste in nur einer Codezeile zuweisen können. Anstatt dies so zu schreiben:

```
>>> katze = ['dick', 'grau', 'laut']
>>> größe = katze[0]
>>> farbe = katze[1]
>>> stimmung = katze[2]
```

... könnten Sie diese Codezeile eingeben:

```
>>> cat = ['dick', 'grau', 'laut']
>>> größe, farbe, stimmung = katze
```

Die Anzahl der Variablen und die Länge der Liste müssen genau übereinstimmen, sonst gibt Python einen `ValueError` aus:

```
>>> katze = ['dick', 'grau', 'laut']
>>> größe, farbe, stimmung, name = katze
Traceback (most recent call last):
  File "<python-input-0>", line 1, in <module>
    größe, farbe, stimmung, name = katze
ValueError: not enough values to unpack (expected 4, got 3)
```

Dieser Trick macht Ihren Code kürzer und besser lesbar, als wenn Sie drei separate Codezeilen eingeben.

Enumerierung von Listenelementen

Anstatt die Technik mit `range(len())` mit einer `for`-Schleife zu verwenden, um den Ganzzahl-Index der Elemente in der Liste zu erhalten, können Sie die Funktion `enumerate()` aufrufen. Bei jeder Iteration der Schleife gibt `enumerate()` zwei Werte zurück: den Index des Elements in der Liste sowie das Element selbst. Zum Beispiel ist dieser Code äquivalent zu dem Code im Abschnitt »for-Schleifen und Listen« auf Seite 182:

```
>>> materialien = ['Stifte', 'Tacker', 'Flammenwerfer', 'Hefter']
>>> for index, element in enumerate(materialien):
...     print('Index ' + str(index) + ' in materialien ist: ' +
element)
...
Index 0 in materialien ist: Stifte
Index 1 in materialien ist: Tacker
Index 2 in materialien ist: Flammenwerfer
Index 3 in materialien ist: Hefter
```

Die `enumerate()`-Funktion ist hilfreich, wenn Sie sowohl das Element als auch dessen Index im Schleifenblock benötigen.

Zufällige Auswahl und Anordnung

Das `random`-Modul bietet einige Funktionen, die Listen als Argumente akzeptieren. Die Funktion `random.choice()` gibt ein zufällig ausgewähltes Element aus der Liste zurück. Geben Sie Folgendes in die interaktive Shell ein:

```
>>> import random
>>> pets = ['Hund', 'Katze', 'Muli']
>>> random.choice(pets)
'Katze'
>>> random.choice(pets)
'Muli'
>>> random.choice(pets)
'Muli'
```

Sie können `random.choice()` als eine kürzere Form von `[random.randint (0, len() - 1]` betrachten.

Die Funktion `random.shuffle()` ordnet die Elemente einer Liste direkt neu an. Geben Sie Folgendes in die interaktive Shell ein:

```
>>> import random
>>> leute = ['Alice', 'Bob', 'Carol', 'David']
>>> random.shuffle(leute)
>>> leute
['Bob', 'Carol', 'Alice', 'David']
>>> random.shuffle(leute)
>>> leute
['Bob', 'Alice', 'David', 'Carol']
```

Diese Funktion verändert die Liste direkt, anstatt eine neue Liste zurückzugeben.

Erweiterte Zuweisungsoperatoren

Die Operatoren `+` und `*`, die mit Strings funktionieren, lassen sich auch mit Listen verwenden. Daher werden wir einen kurzen Exkurs machen, um die *erweiterten Zuweisungsoperatoren* kennenzulernen (auch *augmented assignment operators* oder *compound assignment operators*). Beim Zuweisen eines Wertes zu einer Variablen verwenden Sie häufig die Variable selbst. Wenn Sie zum Beispiel der Variablen `spam` den Wert `42` zuweisen, erhöhen Sie anschließend den Wert in `spam` um `1` mit folgendem Code:

```
>>> spam = 42
>>> spam = spam + 1
>>> spam
43
```

Als Abkürzung können Sie den erweiterten Zuweisungsoperator `+=` verwenden (also den regulären Operator gefolgt von einem Gleichheitszeichen), um dasselbe zu erreichen:

```
>>> spam = 42
>>> spam += 1
>>> spam
43
```

Für die Operatoren +, -, *, / und % existieren erweiterte Zuweisungsoperatoren, die in Tabelle 6.1 beschrieben werden.

Erweiterte Zuweisung	Gleichwertige Zuweisung
`spam += 1`	`spam = spam + 1`
`spam -= 1`	`spam = spam - 1`
`spam *= 1`	`spam = spam * 1`
`spam /= 1`	`spam = spam / 1`
`spam %= 1`	`spam = spam % 1`

Tab. 6.1 *Die erweiterten Zuweisungsoperatoren*

Der +=-Operator kann auch String- und Listenverkettung durchführen, und der *= Operator ermöglicht String- und Listenreplikation. Geben Sie Folgendes in die interaktive Shell ein:

```
>>> spam = 'Hallo,'
>>> spam += ' Welt!'  # Entspricht spam = spam + ' Welt!'
>>> spam
'Hallo, Welt!'
>>> bacon = ['Zophie']
>>> bacon *= 3  # Entspricht bacon = bacon * 3
>>> bacon
['Zophie', 'Zophie', 'Zophie']
```

Wie der Trick der Mehrfachzuweisung bieten erweiterte Zuweisungsoperatoren eine Abkürzung, um Ihren Code einfacher und lesbarer zu gestalten.

Methoden

Eine *Methode* ist dasselbe wie eine Funktion, mit dem Unterschied, dass sie auf einen Wert *angewendet* wird. Wenn zum Beispiel ein Listenwert in `spam` gespeichert ist, würden Sie die Listenmethode `index()` (die ich in Kürze erläutern werde) auf diese Liste wie folgt anwenden: `spam.index('hello')`. Der Methodenteil folgt auf den Wert und wird durch einen Punkt getrennt.

Jeder Datentyp verfügt über einen Satz von Methoden. Der Listendatentyp bietet z. B. mehrere nützliche Methoden, um Werte in einer Liste zu finden, hinzuzufügen, zu entfernen oder anderweitig zu manipulieren. Stellen Sie sich eine

Methode als eine Funktion vor, die stets mit einem Wert verknüpft ist. In unserem spam-Listenbeispiel könnte die Funktion `index(spam, 'hello')` lauten. Da `index()` eine Listenmethode und keine Funktion ist, rufen Sie aber `spam.index('hello')` auf. Indem Sie `index()` mit einen Listenwert aufrufen, erkennt Python, dass `index()` eine Listenmethode ist. Lassen Sie uns nun die Listenmethoden in Python kennenlernen.

Werte finden

Ein Listenwert verfügt über die Methode `index()`, der Sie ein Argument übergeben können. Existiert dieses Argument in der Liste, gibt die Methode dessen Index zurück. Ist es nicht in der Liste, erzeugt Python einen `ValueError`-Fehler. Geben Sie Folgendes in die interaktive Shell ein:

```
>>> spam = ['hallo', 'hi', 'huhu', 'hallöchen']
>>> spam.index('hallo')
0
>>> spam.index('huhu')
2
>>> spam.index('hi hi hi')
Traceback (most recent call last):
  File "<python-input-0>", line 1, in <module>
    spam.index('hi hi hi')
ValueError: 'hi hi hi' ist nicht in Liste
```

Wenn die Liste Duplikate des Wertes enthält, liefert die Methode den Index des ersten Auftretens:

```
>>> spam = ['Minka', 'Felix', 'Mausi', 'Felix']
>>> spam.index('Felix')
1
```

Beachten Sie, dass `index()` den Wert `1` und nicht `3` zurückgibt.

Werte hinzufügen

Um neue Werte zu einer Liste hinzuzufügen, verwenden Sie die Methoden `append()` und `insert()`. Die Methode `append()` fügt das Argument am Ende der Liste hinzu:

```
>>> spam = ['Hund', 'Katze', 'Maus']
>>> spam.append('Elch')
>>> spam
['Hund', 'Katze', 'Maus', 'Elch']
```

Die Methode `insert()` kann einen Wert an jeder beliebigen Stelle der Liste einfügen. Das erste Argument von `insert()` ist der Index für den neuen Wert, das zweite Argument ist der einzufügende Wert. Geben Sie Folgendes in die interaktive Shell ein:

```
>>> spam = ['Hund', 'Katze', 'Maus']
>>> spam.insert(1, 'Huhn')
>>> spam
['Hund', 'Huhn', 'Katze', 'Maus']
```

Beachten Sie, dass der Code keine Zuweisung wie `spam = spam.append('Elch')` oder `spam = spam.insert(1, 'Huhn')` durchführt. Die Rückgabe von `append()` und `insert()` ist `None`. Sie sollten diesen daher keinesfalls als neuen Variablenwert speichern. Vielmehr verändern diese Methoden die Liste direkt. Dieses Thema wird im Abschnitt »Veränderliche und unveränderliche Datentypen« auf Seite 195 ausführlich behandelt.

Methoden gehören zu einem bestimmten Datentyp. Die Methoden `append()` und `insert()` sind von Listen und können ausschließlich auf Listenwerte aufgerufen werden, nicht jedoch auf Werte anderer Datentypen wie Strings oder Zahlen. Um zu sehen, was passiert, wenn Sie dies dennoch versuchen, geben Sie Folgendes in die interaktive Shell ein:

```
>>> eggs = 'hallo'
>>> eggs.append('welt')
Traceback (most recent call last):
  File "<python-input-0>", line 1, in <module>
    eggs.append('welt')
AttributeError: 'str' object has no attribute 'append'
>>> bacon = 42
>>> bacon.insert(1, 'welt')
Traceback (most recent call last):
  File "<python-input-0>", line 1, in <module>
    bacon.insert(1, 'welt')
AttributeError: 'int' object has no attribute 'insert'
```

Sie erhalten in dem Fall also `AttributeError`-Fehlermeldungen.

Werte entfernen

Die Methode `remove()` akzeptiert einen Wert, den sie aus der Liste entfernt, auf der sie aufgerufen wird:

```
>>> spam = ['Hund', 'Katze', 'Maus', 'Elefant']
>>> spam.remove('Hund')
>>> spam
['Katze', 'Maus', 'Elefant']
```

Wenn Sie versuchen, einen Wert zu löschen, der in der Liste nicht vorhanden ist, resultiert dies in einem `ValueError`. Geben Sie beispielsweise Folgendes in die interaktive Shell ein und beachten Sie die Fehlermeldung:

```
>>> spam = ['Hund', 'Katze', 'Maus', 'Elefant']
>>> spam.remove('Huhn')
Traceback (most recent call last):
  File "<python-input-0>", line 1, in <module>
    spam.remove('Huhn')
ValueError: list.remove(x): x not in list
```

Wenn ein Wert mehrfach in der Liste vorhanden ist, entfernt die Methode nur das erste Vorkommen davon:

```
>>> spam = ['Hund', 'Katze', 'Hund', 'Maus', 'Haus', 'Elefant',
'Hund']
>>> spam.remove('Hund')
>>> spam
['Katze', 'Hund', 'Maus', 'Haus', 'Elefant', 'Hund']
```

Die Anweisung `del` ist nützlich, wenn Sie den Index des zu entfernenden Wertes kennen, während die Methode `remove()` hilfreich ist, wenn Sie den Wert selbst kennen.

Werte sortieren

Sie können Listen von Zahlenwerten oder Listen von Strings mit der `sort()`-Methode sortieren. Geben Sie zum Beispiel Folgendes in die interaktive Shell ein:

```
>>> spam = [2, 5, 3.14, 1, -7]
>>> spam.sort()
>>> spam
[-7, 1, 2, 3.14, 5]
>>> spam = ['Aale', 'Chamäleons', 'Dachse', 'Bienen', 'Elche']
>>> spam.sort()
>>> spam
['Aale', 'Bienen', 'Chamäleons', 'Dachse', 'Elche']
```

Die Methode ordnet die Zahlen in numerischer Reihenfolge und die Strings in alphabetischer Reihenfolge. Sie können auch `True` als `reverse`-Schlüsselwort-Argument übergeben, um die Werte in umgekehrter Reihenfolge zu sortieren:

```
>>> spam = ['Aale', 'Chamäleons', 'Dachse', 'Bienen', 'Elche']
>>> spam.sort(reverse=True)
>>> spam
['Elche', 'Dachse', 'Chamäleons', 'Bienen', 'Aale']
```

Drei Dinge der `sort()`-Methode sollten Sie wissen. Erstens wird die Liste »vor Ort« sortiert; versuchen Sie nicht, den Rückgabewert zu speichern, indem Sie Code wie `spam = spam.sort()` verwenden.

Zweitens können Sie keine Listen sortieren, die sowohl Zahlen als auch Strings enthalten, da Python nicht weiß, wie diese Werte verglichen werden sollen. Geben Sie Folgendes in die interaktive Shell ein und beachten Sie den `TypeError`-Fehler:

```
>>> spam = [1, 3, 2, 4, 'Alice', 'Bob']
>>> spam.sort()
Traceback (most recent call last):
  File "<python-input-0>", line 1, in <module>
    spam.sort()
TypeError: '<' not supported between instances of 'str' and 'int'
```

Drittens verwendet `sort()` die *ASCIIbetische Ordnung* oder auch *technische Ordnung* anstelle der tatsächlichen alphabetischen Reihenfolge beim Sortieren von Strings. Das bedeutet, dass Großbuchstaben vor Kleinbuchstaben stehen, sodass das kleine *a* nach dem großen *Z* platziert wird. Geben Sie zum Beispiel Folgendes in die interaktive Shell ein:

```
>>> spam =  ['älter', 'Apfel', 'Zebra', 'zwei', 'blau', 'auch']
>>> spam.sort()
>>> spam
['Apfel', 'Zebra', 'auch', 'blau', 'zwei', 'älter']
```

Wenn Sie die Werte in der üblichen alphabetischen Reihenfolge sortieren möchten, übergeben Sie `str.lower` als `key`-Schlüsselargument beim Aufruf der `sort()`-Methode:

```
>>> spam =  ['älter', 'Apfel', 'Zebra', 'zwei', 'blau', 'auch']
>>> spam.sort(key=str.lower)
>>> spam
['Apfel', 'auch', 'blau', 'Zebra', 'zwei', 'älter']
```

Dieses Argument bewirkt, dass die Funktion `sort()` alle Elemente in der Liste behandelt, als wären sie kleingeschrieben, ohne die Werte in der Liste tatsächlich zu verändern. Wie Sie sehen, werden so Umlaute aber immer hinten eingeordnet.

Umkehren von Werten

Wenn Sie die Reihenfolge der Elemente in einer Liste schnell umkehren möchten, können Sie die Listenmethode `reverse()` aufrufen. Geben Sie Folgendes in die interaktive Shell ein:

```
>>> spam = ['Hund', 'Katze', 'Elch']
>>> spam.reverse()
>>> spam
['Elch', 'Katze', 'Hund']
```

Wie die Listenmethode `sort()` gibt auch `reverse()` keine Liste zurück. Daher schreiben wir `spam.reverse()` statt `spam = spam.reverse()`.

Ausnahmen von Pythons Einrückregel

In den meisten Fällen gibt die Einrückung einer Codezeile in Python an, zu welchem Block sie gehört. Es existieren jedoch einige Ausnahmen von dieser Regel. Beispielsweise können Listen tatsächlich mehrere Zeilen in der Quellcodedatei umfassen. Die Einrückung dieser Zeilen ist dabei unerheblich; Python erkennt, dass die Liste erst abgeschlossen ist, wenn die abschließende eckige Klammer erscheint. Das bedeutet, dass Sie Code schreiben können, der folgendermaßen aussieht:

```
spam = ['Äpfel',
  'Orangen',
                  'Bananen',
'Katzen']
print(spam[0]) # Gibt Äpfel aus
```

In der Praxis nutzen die meisten Menschen dieses Verhalten von Python, um ihre Listen übersichtlich und gut lesbar zu gestalten – wie die `aussagen`-Liste im Abschnitt »Ein kurzes Programm: Magisches Orakel mit einer Liste« auf Seite 193.

Sie können eine einzelne Anweisung auch über mehrere Zeilen aufteilen, indem Sie jede Zeile mit dem Zeilenfortsetzungszeichen (\) beenden. Betrachten Sie \ als den Hinweis: »Diese Anweisung wird in der nächsten Zeile fortgesetzt.« Die Einrückung der nachfolgenden Zeile ist dabei nicht relevant. Zum Beispiel ist folgender Python-Code gültig:

```
print('Achtzig und sieben ' + \
      'Jahre ist es her...')
```

Solche Techniken sind hilfreich, wenn Sie lange Python-Codezeilen umstrukturieren möchten, um sie besser lesbar zu machen.

Kurzschlussauswertung mit booleschen Operatoren

Boolesche Operatoren verhalten sich auf eine subtile Weise, die leicht übersehen werden kann. Beachten Sie, dass der gesamte Ausdruck `False` ergibt, wenn einer der Werte, die durch einen Operator `and` verknüpft werden, `False` ist. Wird jedoch einer der Werte durch einen Operator `or` verknüpft und ist `True`, ergibt der gesamte Ausdruck `True`. Wenn ich Ihnen den Ausdruck `False and spam` präsentiere, spielt es keine Rolle, ob die Variable `spam` entweder `True` oder `False` ist, da der gesamte Ausdruck in jedem Fall `False` ergibt. Dasselbe gilt für `True or spam`; dieser wird unabhängig vom Wert von `spam` stets zu `True` ausgewertet.

Python (wie auch viele andere Programmiersprachen) nutzt diese Tatsache, um den Code zu optimieren und die Ausführung etwas zu beschleunigen, indem die rechte Seite eines booleschen Operators in diesen Fällen gar nicht erst geprüft wird. Diese Vorgehensweise nennt man *Kurzschlussauswertung*. In den meisten Fällen verhält sich Ihr Programm genau so, als würde Python den gesamten Ausdruck prüfen (nur eben ein paar Mikrosekunden schneller). Betrachten Sie jedoch dieses kurze Programm, in dem wir prüfen, ob das erste Element in einer Liste `'Katze'` ist:

```
spam = ['Katze', 'Hund']
if spam[0] == 'Katze':
    print('Eine Katze ist das erste Element.')
else:
    print('Das erste Element ist keine Katze.')
```

Wie geschrieben, gibt dieses Programm `Eine Katze ist das erste Element.` aus. Ist jedoch die Liste in `spam` leer, verursacht der `spam[0]`-Code einen Fehler `IndexError: list Index out of range`. Um das zu beheben, passen wir die Bedingung der `if`-Anweisung an und nutzen die Kurzschlussauswertung:

```
spam = []
if len(spam) > 0 und spam[0] == 'Katze':
    print('Eine Katze ist das erste Element.')
else:
    print('Das erste Element ist keine Katze.')
```

Dieses Programm verursacht nie einen Fehler. Wenn `len(spam) > 0` nun `False` ist (das heißt, die Liste in `spam` ist leer), sorgt die Kurzschlussauswertung des Operators `and` dafür, dass Python den Code `spam[0] == 'Katze'`, der den `IndexError`-Fehler verursachen würde, gar nicht erst ausführt. Behalten Sie dieses Kurzschlussauswertungsverhalten im Hinterkopf, wenn Sie Code schreiben, der die Operatoren `and` und `or` verwendet.

Ein kurzes Programm: Magisches Orakel mit einer Liste

Mit Listen können Sie eine deutlich elegantere Version des Programms *magic8Ball.py* aus Kapitel 4 erstellen. Anstatt mehrere nahezu identische `elif`-Anweisungen zu schreiben, können Sie eine einzige Liste erstellen, mit der Ihr Code arbeitet. Öffnen Sie ein neues Dateieditor-Fenster und geben Sie den folgenden Code ein. Speichern Sie diese Datei als *magic8Ball2.py*:

```
import random

aussagen = [
    'Ganz sicher.',
    'Zweifellos ja.',
    'Ja, auf jeden Fall.',
    'Unklar, versuch es noch einmal.',
    'Frag später noch einmal.',
    'Konzentriere dich und frag noch einmal.',
    'Meine Antwort ist nein.',
    'Die Aussichten sind nicht so gut.',
    'Sehr zweifelhaft.'
]

print('Stelle eine Ja- oder Nein-Frage:')
input('> ')
print(aussagen[random.randint(0, len(aussagen) - 1)])
```

Wenn Sie das Programm ausführen, werden Sie feststellen, dass es genauso funktioniert wie das vorherige Programm *magic8Ball.py*.

Der Aufruf `random.randint(0, len(aussagen) - 1)` erzeugt eine Zufallszahl als Index, unabhängig von der Größe von `aussagen`. Das bedeutet, Sie erhalten eine Zufallszahl zwischen `0` und dem Wert von `len(aussagen) - 1`. Der Vorteil dieses Ansatzes besteht darin, dass Sie problemlos Strings zur `aussagen`-Liste hinzufügen oder daraus entfernen können, ohne andere Codezeilen anpassen zu müssen. Wenn Sie Ihren Code später aktualisieren, müssen Sie weniger Zeilen ändern und minimieren somit die Wahrscheinlichkeit, Fehler einzubauen.

Da das Auswählen eines zufälligen Elements aus einer Liste so häufig vorkommt, stellt Python die Funktion `random.choice(aussagen)` bereit, die denselben Zweck erfüllt wie `random.randint(0, len(aussagen) - 1)`.

Sequenz-Datentypen

Listen sind nicht die einzigen Datentypen, die geordnete Sequenzen von Werten repräsentieren. Beispielsweise ähneln sich Strings und Listen, wenn Sie einen String als »Liste« einzelner Textzeichen auffassen. Zu den Sequenz-Datentypen in Python zählen Listen, Strings, von `range()` zurückgegebene Range-Objekte und Tupel (wie im Abschnitt »Der Tupel-Datentyp« auf Seite 197 erläutert). Viele Operationen, die Sie mit Listen ausführen können, lassen sich ebenso auf Strings und andere Werte von Sequenztypen anwenden. Schauen Sie es sich in der interaktiven Shell an:

```
>>> name = 'Sophie'
>>> name[0]
'S'
>>> name[-2]
'i'
>>> name[0:4]
'Soph'
>>> 'So' in name
True
>>> 's' in name
False
>>> 'p' not in name
False
>>> for i in name:
...     print('* * * ' + i + ' * * *')
...
* * * S * * *
* * * o * * *
* * * p * * *
* * * h * * *
* * * i * * *
* * * e * * *
```

Sie können mit Sequenzwerten all das tun, was Sie auch mit Listen tun können: Indexierung, Slicing, `for`-Schleifen, `len()` sowie die Operatoren `in` und `not in`.

Veränderliche und unveränderliche Datentypen

Listen und Strings unterscheiden sich jedoch in einem wichtigen Punkt. Ein Listenwert ist ein *veränderlicher* Datentyp: Sie können Werte hinzufügen, entfernen oder ändern. Ein String hingegen ist *unveränderlich*: Er kann nicht verändert werden. Wenn Sie versuchen, einem String ein einzelnes Zeichen neu zuzuweisen, führt dies zu einem `TypeError`, wie Sie anhand der folgenden Eingabe in der interaktiven Shell sehen können:

```
>>> name = 'Sophie : Katze'
>>> name[7] = 'die'
Traceback (most recent call last):
  File "<python-input-0>", line 1, in <module>
    name[7] = 'die'
TypeError: 'str' object does not support item assignment
```

Die korrekte Methode, einen String zu »verändern«, ist, einen *neuen* String zu erzeugen und mit Slicing und Verkettung Teile des alten Strings zu kopieren:

```
>>> name = 'Sophie : Katze'
>>> neuer_name = name[0:7] + 'die' + name[8:]
>>> name
'Sophie : Katze'
>>> neuer_name
'Sophie die Katze'
```

Wir haben `[0:7]` und `[8:]` verwendet, um auf die Zeichen zu verweisen, die wir nicht ersetzen möchten. Beachten Sie, dass der ursprüngliche `'Sophie : Katze'`-String nicht verändert wird, da Strings fix sind.

Obwohl ein Listenwert *veränderbar* ist, wird in der zweiten Zeile des folgenden Codes die Liste eggs nicht verändert:

```
>>> eggs = ['A', 'B', 'C']
>>> eggs = ['x', 'y', 'z']
>>> eggs
['x', 'y', 'z']
```

Der Listenwert in eggs wird hier nicht verändert; stattdessen ersetzt ein neuer und vollkommen anderer Listenwert (`['x', 'y', 'z']`) den alten Listenwert (`['A', 'B', 'C']`).

Wenn Sie die ursprüngliche Liste in eggs tatsächlich so ändern möchten, dass sie `['x', 'y', 'z']` enthält, müssen Sie die `del`-Anweisungen und die `append()`-Methode wie folgt verwenden:

```
>>> eggs = ['A', 'B', 'C']
>>> del eggs[2]
>>> del eggs[1]
>>> del eggs[0]
>>> eggs.append('x')
>>> eggs.append('y')
>>> eggs.append('z')
>>> eggs
['x', 'y', 'z']
```

In diesem Beispiel hat die Variable eggs am Ende denselben Listenwert wie zu Beginn. Allerdings wurde diese Liste verändert (mutiert), anstatt überschrieben zu werden. Dies nennen wir *Ändern der Liste an Ort und Stelle* (engl. *in place*).

Der Unterschied zwischen veränderlichen und unveränderlichen Datentypen mag unbedeutend wirken, doch in Abschnitt »Referenzen« auf Seite 198 wird erklärt werden, wie sich beide beim Aufruf von Funktionen unterschiedlich verhalten. Zunächst betrachten wir jedoch den Tupel-Datentyp, eine unveränderliche Variante des Listentyps.

Der Tupel-Datentyp

Es gibt zwei Unterschiede zwischen dem *Tupel*-Datentyp und dem Listendatentyp. Der erste Unterschied besteht darin, dass Sie Tupel mit runden Klammern anstelle von eckigen Klammern schreiben. Geben Sie zum Beispiel Folgendes in die interaktive Shell ein:

```
>>> eggs = ('hallo', 42, 0.5)
>>> eggs[0]
'hallo'
>>> eggs[1:3]
(42, 0.5)
>>> len(eggs)
3
```

Der zweite und wichtigere Unterschied zwischen Tupeln und Listen ist, dass Tupel – wie Strings – unveränderlich sind: Sie können deren Werte weder verändern noch anhängen oder entfernen. Geben Sie Folgendes in die interaktive Shell ein und beachten Sie den daraus resultierenden `TypeError`:

```
>>> eggs = ('hallo', 42, 0.5)
>>> eggs[1] = 99
Traceback (most recent call last):
  File "<python-input-0>", line 1, in <module>
    eggs[1] = 99
TypeError: 'tuple' object does not support item assignment
```

Wenn Ihr Tupel nur einen Wert enthält, kennzeichnen Sie dies, indem Sie nach dem Wert innerhalb der Klammern ein Komma setzen. Andernfalls geht Python davon aus, dass Sie lediglich einen Wert in gewöhnlichen Klammern eingegeben haben. (Anders als in einigen anderen Programmiersprachen ist es in Python unproblematisch, ein Komma nach dem letzten Element einer Liste oder eines Tupels zu setzen.) Geben Sie die folgenden Funktionsaufrufe von `type()` in der interaktiven Shell ein, um den Unterschied zu sehen:

```
>>> type(('hallo',))
<class 'tuple'>
>>> type(('hallo'))
<class 'str'>
```

Sie können Tupel verwenden, um allen, die Ihren Code lesen, klar zu zeigen, dass Sie nicht beabsichtigen, diese Sequenz von Werten zu verändern. Wenn Sie eine geordnete Sequenz von Werten benötigen, die sich niemals ändert, nehmen Sie dazu ein Tupel. Ein weiterer Vorteil von Tupeln statt Listen besteht darin, dass

Python, weil sie unveränderlich sind und ihr Inhalt sich nicht ändert, Optimierungen vornehmen kann. Dadurch wird Code, der Tupel verwendet, in der Regel etwas schneller ausgeführt als Code mit Listen.

Typumwandlung zwischen Liste und Tupel

Ebenso wie `str(42)` den String `'42'`, also die Zeichenketten-Darstellung der Ganzzahl 42, liefert, geben die Funktionen `list()` und `tuple()` die Listen- bzw. Tupel-Version der übergebenen Werte zurück. Geben Sie Folgendes in die interaktive Shell ein und beachten Sie, dass der Rückgabewert einen anderen Datentyp besitzt als der übergebene Wert:

```
>>> tuple(['Katze', 'Hund', 5])
('Katze', 'Hund', 5)
>>> list(('Katze', 'Hund', 5))
['Katze', 'Hund', 5]
>>> list('Hallo')
['H', 'a', 'l', 'l', 'o']
```

Die Umwandlung eines Tupels in eine Liste ist hilfreich, wenn Sie eine veränderbare Version eines Tupels benötigen.

Referenzen

Wir haben schon besprochen, dass man Variablen wie Schachteln ansehen kann, die Werte wie Strings und Ganzzahlen »aufbewahren«. Diese Darstellung ist jedoch eine Vereinfachung dessen, was Python tatsächlich tut. Eine treffendere Metapher ist, dass Variablen wie Namensschilder sind, die mit einem Bindfaden an den Werten befestigt werden. Geben Sie Folgendes in die interaktive Shell ein:

```
>>> spam = 42 ❶
>>> eggs = spam ❷
>>> spam = 99 ❸
>>> spam
99
>>> eggs
42
```

Wenn Sie der Variablen `spam` den Wert 42 zuweisen, wird tatsächlich der Wert 42 im Speicher des Computers erzeugt und eine *Referenz* darauf in der Variablen `spam` gespeichert. Wenn Sie den Wert in `spam` kopieren und der Variablen `eggs` zuweisen, kopieren Sie die Referenz. Sowohl die Variable `spam` als auch `eggs` verweisen auf den Wert 42 im Arbeitsspeicher des Computers. Nutzen Sie die Metapher des Namensschilds für Variablen: Sie haben das Namensschild spam und das Namensschild eggs an denselben Wert 42 angebracht. Wenn Sie spam einen neuen Wert 99 zuweisen, ändern Sie damit, worauf das Namensschild spam referenziert. Abbildung 6.2 ist eine grafische Darstellung des Codes.

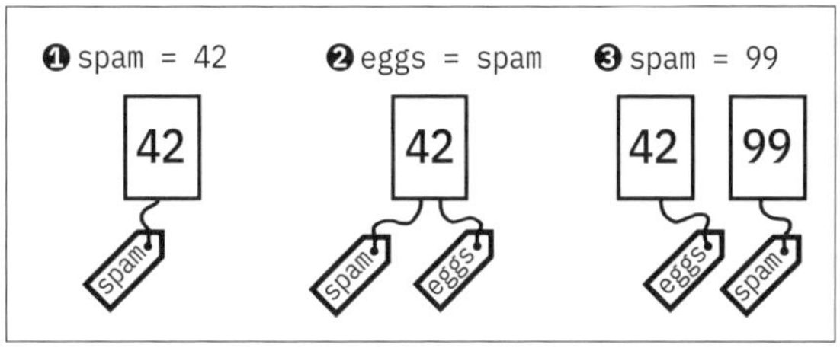

Abb. 6.2 *Die Variablenzuweisung überschreibt den Wert nicht; sie ändert die Referenz.*

Die Änderung wirkt sich nicht auf eggs aus, da diese weiterhin auf den Wert 42 verweist.

Listen verhalten sich jedoch anders, weil Listenwerte sich ändern können; das heißt, Listen sind *veränderbar*. Hier sehen Sie Code, der diesen Unterschied leichter verständlich macht. Geben Sie ihn in die interaktive Shell ein:

```
>>> spam = [0, 1, 2, 3] ❶
>>> eggs = spam  # Die Referenz, nicht die Liste, wird kopiert. ❷
>>> eggs[1] = 'Hallo!'  # Dies ändert den Listenwert. ❸
>>> spam
[0, 'Hallo!', 2, 3]
>>> eggs  # Die Variable eggs verweist auf dieselbe Liste.
[0, 'Hallo!', 2, 3]
```

Dieser Code mag Ihnen ungewohnt erscheinen. Sie haben nur die eggs-Liste verändert, aber sowohl die eggs- als auch die spam-Listen scheinen sich geändert zu haben.

Wenn Sie die Liste erstellen ❶, weisen Sie der Variablen spam eine Referenz auf diese Liste zu. In der nächsten Zeile kopieren Sie jedoch nur die Listenreferenz aus spam nach eggs ❷ – nicht aber den Listenwert selbst. Es gibt weiterhin nur eine Liste, und spam sowie eggs verweisen nun beide darauf. Der Grund, warum es nur eine zugrunde liegende Liste gibt, ist, dass die Liste selbst nie tatsächlich kopiert wurde. Wenn Sie also das erste Element von eggs ❸ ändern, modifizieren Sie dieselbe Liste, auf die auch spam verweist. Dies wird in Abbildung 6.3 deutlich.

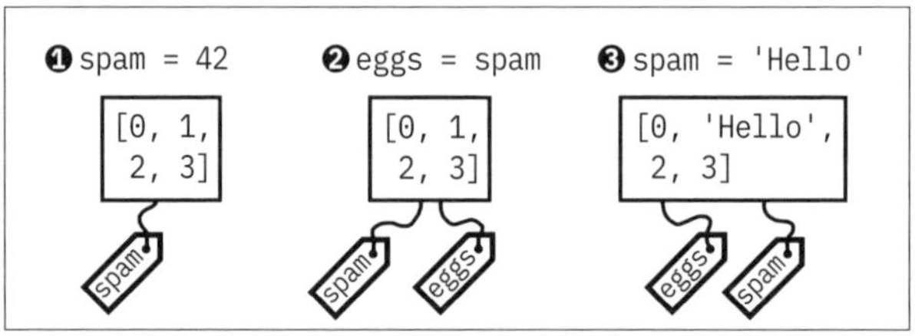

Abb. 6.3 *Weil spam und eggs auf dieselbe Liste verweisen, verändert eine Änderung an einem automatisch auch das andere.*

Es gestaltet sich etwas komplexer, da Listen nicht direkt eine Folge von Werten enthalten, sondern vielmehr eine Folge von Referenzen auf diese Werte. Eine ausführlichere Erläuterung finden Sie unter »Die Funktionen copy() und deepcopy()« auf Seite 201.

Obwohl Python-Variablen technisch gesehen Referenzen auf Werte enthalten, wird umgangssprachlich oft gesagt, dass die Variable den Wert *enthält*. Beachten Sie dabei jedoch die folgenden zwei Regeln:

- In Python enthalten Variablen niemals Werte. Sie enthalten ausschließlich Referenzen auf Werte.
- In Python kopiert der Zuweisungsoperator = lediglich Referenzen. Er selbst kopiert niemals Werte.

In den meisten Fällen müssen Sie diese Details nicht kennen. Mitunter führen diese einfachen Regeln jedoch zu überraschenden Effekten, sodass Sie genau nachvollziehen sollten, was Python tatsächlich macht.

Argumente

Referenzen sind besonders wichtig, um zu verstehen, wie Argumente an Funktionen übergeben werden. Beim Aufruf einer Funktion kopiert Python die Referenz auf die Argumente in die Parametervariablen. Für veränderbare Werte wie Listen (und Dictionaries, die ich in Kapitel 7 erläutere) bedeutet dies, dass der Code in der Funktion den ursprünglichen Wert direkt verändert. Um die Auswirkungen dieses Sachverhalts nachzuvollziehen, öffnen Sie ein neues Dateieditor-Fenster, geben Sie den folgenden Code ein und speichern Sie ihn unter *passingReference.py*:

```
def eggs(ein_parameter):
    ein_parameter.append('Hallo')

spam = [1, 2, 3]
eggs(spam)
print(spam)  # Gibt [1, 2, 3, 'Hallo'] aus
```

Beachten Sie, dass es beim Aufruf von eggs() keinen Rückgabewert gibt und kein neuer Wert an spam zugewiesen wird. Stattdessen wird die Liste direkt vor Ort verändert. Wenn Sie dieses Programm ausführen, gibt es [1, 2, 3, 'Hallo'] aus.

Obwohl spam und ein_parameter unterschiedliche Referenzen enthalten, verweisen beide auf dieselbe Liste. Aus diesem Grund wirkt sich der Aufruf der Methode append('Hallo') innerhalb der Funktion auch nach deren Ausführung auf die originale Liste aus.

Behalten Sie dieses Verhalten im Hinterkopf. Wenn Sie vergessen, dass Python Listen- und Dictionary-Variablen auf diese Weise behandelt, kann dies zu unerwartetem Verhalten und schwer nachvollziehbaren Fehlern führen.

Die Funktionen copy() und deepcopy()

Obwohl das Weitergeben von Referenzen häufig die praktischste Methode ist, mit Listen und Dictionaries zu arbeiten, möchten Sie unter Umständen nicht, dass Änderungen durch die Funktion auch den ursprünglichen Wert der Liste oder des Dictionarys betreffen. Um dieses Verhalten zu steuern, stellt Python ein Modul namens copy zur Verfügung, das sowohl die Funktion copy() als auch die Funktion deepcopy() enthält. Die erste dieser Methoden, copy.copy(), kann ein Duplikat eines veränderbaren Werts wie einer Liste oder eines Dictionarys erstellen, nicht nur die Kopie einer Referenz. Geben Sie Folgendes in die interaktive Shell ein:

```
>>> import copy
>>> spam = ['A', 'B', 'C']
>>> cheese = copy.copy(spam)  # Erstellt eine doppelte Kopie der
Liste
>>> cheese[1] = 42  # Ändert cheese
>>> spam  # Die Variable spam bleibt unverändert.
['A', 'B', 'C']
>>> cheese  # Die Variable cheese wurde geändert.
['A', 42, 'C']
```

Jetzt verweisen die Variablen spam und cheese auf separate Listen. Daher wird nur die Liste in cheese verändert, wenn Sie bei Index 1 den Wert 42 zuweisen.

Ebenso wie Variablen auf Werte verweisen, statt diese zu enthalten, enthalten Listen Referenzen auf Werte und nicht die Werte selbst. Dies können Sie in Abbildung 6.4 erkennen.

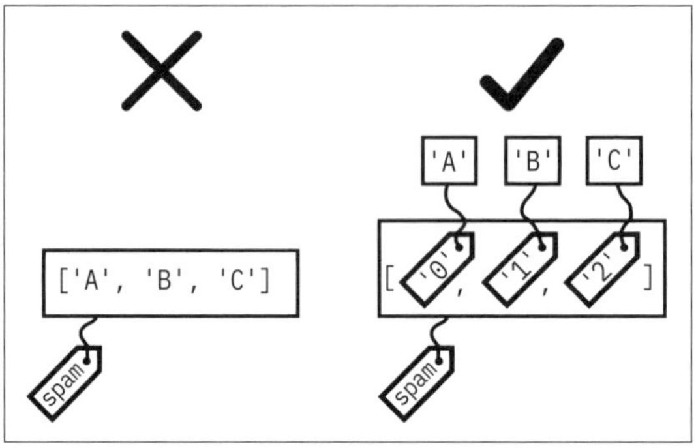

Abb. 6.4 *Listen enthalten keine Werte direkt (links); sie enthalten Referenzen auf Werte (rechts).*

Wenn die zu kopierende Liste wieder Listen enthält, verwenden Sie die Funktion `copy.deepcopy()` anstelle von `copy.copy()`. Die Funktion `copy.deepcopy()` kopiert auch diese inneren Listen.

Ein kurzes Programm: der Matrix-Bildschirmschoner

Im Hacker-Science-Fiction-Film *The Matrix* zeigen Computermonitore Ströme leuchtend grüner Zahlen, wie digitaler Regen, der an einer Glasscheibe herabfließt. Die Zahlen mögen bedeutungslos sein, aber sie sehen eindrucksvoll aus. Erstellen Sie aus Spaß Ihren eigenen Matrix-Bildschirmschoner in Python. Geben Sie den folgenden Code in eine neue Datei ein und speichern Sie diese als *matrixscreensaver.py*:

```
import random, sys, time

BREITE = 70  # Die Anzahl der Spalten

try:
    # Für jede Spalte gilt: Ist der Zähler 0, wird kein Stream
angezeigt.
    # Andernfalls fungiert er als Zähler dafür, wie oft eine 1 oder 0
    # in dieser Spalte angezeigt werden soll.
    spalten = [0] * BREITE
    while True:
        # Iteriere über jede Spalte:
        for i in range(BREITE):
            if random.random() < 0.02:
                # Starte einen Stream-Zähler in dieser Spalte neu.
                # Die Stream-Länge beträgt zwischen 4 und 14 Zeichen.
                spalten[i] = random.randint(4, 14)

            # Gib ein Zeichen in dieser Spalte aus:
```

```
            if spalten[i] == 0:
                # Ändere hier ' ' zu '.', um die Leerstellen zu
sehen:
                print(' ', end='')
            else:
                # Gib eine 0 oder 1 aus:
                print(random.choice([0, 1]), end='')
                spalten[i] -= 1  # Dekrementiere den Zähler für diese
Spalte.
        print()  # Gib am Ende der Spaltenreihe eine neue Zeile aus.
        time.sleep(0.1)  # Jede Zeile pausiert für 1/10s.
except KeyboardInterrupt:
    sys.exit()  # Wenn Strg-C gedrückt wird, beende das Programm.
```

Wenn Sie dieses Programm ausführen, erzeugt es Ströme von binären Einsen und Nullen, wie in Abbildung 6.5.

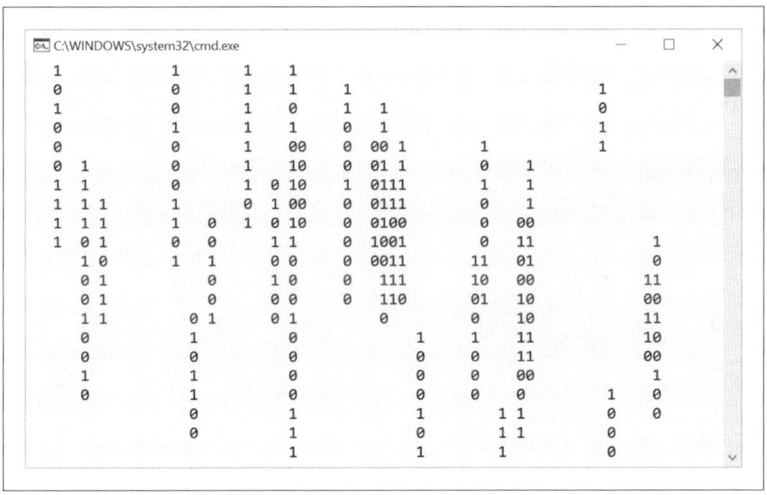

Abb. 6.5 *Das Matrix-Bildschirmschoner-Programm*

Wie die vorherigen Zacken- und Zickzack-Programme erzeugt dieses Programm eine scrollende Animation, indem es Zeilen von Text in einer Endlosschleife ausgibt, die endet, wenn man `Strg`-`C` drückt. Die Hauptdatenstruktur ist die Liste `spalten`, die 70 Zahlen enthält – je eine für jede Ausgabespalte. Wenn in `spalten` eine Zahl `0` ist, wird für diese Spalte ein Leerzeichen ausgegeben. Wenn sie größer als `0` ist, gibt das Programm zufällig eine `0` oder `1` aus und dekrementiert anschließend die Zahl. Sobald die Zahl auf `0` reduziert wurde, wird in dieser Spalte erneut ein Leerzeichen ausgegeben. Das Programm setzt die Zahlen in `spalten` zufällig auf Werte zwischen `4` und `14`, um Ströme zufälliger binärer Nullen und Einsen zu erzeugen.

Lassen Sie uns die einzelnen Teile des Programms im Detail betrachten:

```
import random, sys, time

BREITE = 70  # Die Anzahl der Spalten
```

Wir importieren das Modul `random` für die Funktionen `choice()` und `randint()`, das Modul `sys` für die Funktion `exit()` und das Modul `time` für die Funktion `sleep()`. Außerdem setzen wir eine Variable mit dem Namen `BREITE` auf `70`, sodass das Programm Ausgaben für 70 Spalten von Zeichen erzeugt. Sie können diesen Wert beliebig auf eine größere oder kleinere Zahl setzen, abhängig von der Größe des Fensters, in dem Sie das Programm ausführen.

Die Variable `BREITE` wird vollständig großgeschrieben, weil sie eine Konstante ist. Eine *Konstante* ist eine Variable, die im Code nach ihrer Festlegung nicht mehr geändert werden soll. Durch die Verwendung von Konstanten schreiben Sie besser lesbaren Code, etwa `spalten = [0] * BREITE` statt `spalten = [0] * 70`, da Sie sich beim späteren Lesen des Codes sonst vielleicht fragen, wofür die `70` steht. In Python gibt es nichts, das Sie daran hindert, den Wert einer Konstanten trotzdem zu ändern; der Name in Großbuchstaben sollte Sie jedoch daran erinnern, dies zu unterlassen.

Der Hauptteil des Programms befindet sich in einem `try`-Block, der erkennt, wenn man [Strg]-[C] drückt, um eine `KeyboardInterrupt`-Ausnahme auszulösen:

```
try:
    # Für jede Spalte gilt: Ist der Zähler 0, wird kein Stream
angezeigt.
    # Andernfalls fungiert er als Zähler dafür, wie oft eine 1 oder 0
    # in dieser Spalte angezeigt werden soll.
    spalten = [0] * BREITE
```

Die `spalten`-Variable enthält eine Liste von der Zahl `0`. Die Anzahl der Zahlen in dieser Liste entspricht der `BREITE`. Jede dieser Zahlen steuert, ob in einer Spalte des Ausgabefensters eine Folge von Binärzahlen ausgegeben wird oder nicht:

```
    while True:
        # Iteriere über jede Spalte:
        for i in range(BREITE):
            if random.random() < 0.02:
                # Starte einen Stream-Zähler in dieser Spalte neu.
                # Die Stream-Länge beträgt zwischen 4 und 14 Zeichen.
                spalten[i] = random.randint(4, 14)
```

Dieses Programm soll dauerhaft laufen; daher schließen wir alles in eine endlose `while True:`-Schleife ein. Innerhalb dieser Schleife befindet sich eine `for`-Schleife, die über jede Spalte einer Zeile iteriert. Die Schleifenvariable `i` steht für die Indizes der Spalten; sie beginnt bei `0` und geht bis (exklusive) `WIDTH`. Der Wert in `spalten[0]` gibt vor, was in der ganz linken Spalte ausgegeben wird, `spalten[1]` bestimmt dies für die zweite Spalte von links usw.

Für jede Spalte besteht eine Wahrscheinlichkeit von zwei Prozent, dass die Zahl an Position `spalte[i]` auf einen Wert zwischen `4` und `14` gesetzt wird. Diese Wahrscheinlichkeit berechnen wir, indem wir `random.random()` (eine Funktion, die eine zufällige Fließkommazahl zwischen `0.0` und `1.0` zurückgibt) mit `0.02` vergleichen. Sollten Sie die Streams dichter oder spärlicher gestalten wollen, können Sie diese Zahl entsprechend erhöhen oder verringern. Wir setzen die Zähler jeder Spalte auf eine Zufallszahl zwischen 4 und 14:

```
# Gib ein Zeichen in dieser Spalte aus:
if spalten[i] == 0:
    # Ändere hier ' ' zu '.', um die Leerstellen zu sehen:
    print(' ', end='')
else:
    # Gib eine 0 oder 1 aus:
    print(random.choice([0, 1]), end='')
    spalten[i] -= 1  # Dekrementiere den Zähler für diese Spalte.
```

Ebenfalls innerhalb der `for`-Schleife entscheidet das Programm, ob eine zufällige binäre Zahl `0` oder `1` oder ein Leerzeichen ausgegeben werden soll. Ist `spalten[i]` gleich `0`, wird ein Leerzeichen ausgegeben. Andernfalls übergeben wir die Liste `[0, 1]` an die Funktion `random.choice()`, die einen zufälligen Wert aus dieser Liste zum Ausgeben zurückgibt. Der Code dekrementiert außerdem den Zähler bei `spalten[i]`, sodass er sich `0` nähert und dadurch keine Binärzahlen mehr ausgegeben werden.

Wenn Sie die »leeren« Zeichen sehen möchten, die das Programm ausgibt, probieren Sie aus, den `' '` String durch `'.'` zu ersetzen und das Programm erneut auszuführen. Die Ausgabe sollte folgendermaßen aussehen:

```
............................1.........................................
................0...........1......................1..................
................1...........0................1.....0..................
............1...0...........0.....0..........1.....0..................
............1.1.1...........0.....0..........1.....1..1...............
............0.0.0...........0.....1.........00.....1..1...............
```

Sobald der else-Block endet, wird auch der for-Schleifenblock abgeschlossen:

```
            print()  # Gib am Ende der Spaltenreihe eine neue Zeile aus.
            time.sleep(0.1)  # Jede Zeile pausiert für 1/10s.
    except KeyboardInterrupt:
        sys.exit()  # Wenn Strg-C gedrückt wird, beende das Programm.
```

Der print()-Aufruf nach der for-Schleife gibt eine neue Zeile aus, da die vorherigen print()-Aufrufe für jede Spalte das Argument end='' verwenden, um zu verhindern, dass nach jeder Spalte eine neue Zeile ausgegeben wird. Für jede ausgegebene Zeile legt das Programm eine Pause von einer Zehntelsekunde ein, indem es time.sleep(0.1) aufruft.

Der letzte Teil des Programms ist ein except-Block, der das Programm beendet, wenn man [Strg]-[C] drückt und dadurch eine KeyboardInterrupt-Ausnahme auslöst.

Zusammenfassung

Listen sind nützliche Datentypen, da sie es Ihnen ermöglichen, Code zu schreiben, der mit einer veränderbaren Anzahl an Werten in einer einzigen Variablen arbeitet. Später in diesem Buch werden Sie Programme kennenlernen, die Listen verwenden, um Aufgaben zu lösen, die sonst schwierig oder unmöglich wären.

Eine Liste ist ein Sequenz-Datentyp, dessen Inhalt sich verändern lässt. Tupel und Strings sind ebenfalls Sequenz-Datentypen, jedoch unveränderlich – ihr Inhalt kann nach der Erstellung nicht mehr geändert werden. Sie können eine Variable, die ein Tupel oder einen String enthält, mit einem neuen Tupel oder String überschreiben. Dies unterscheidet sich jedoch vom direkten Ändern des vorhandenen Wertes, wie es beispielsweise die Methoden append() oder remove() bei Listen ermöglichen.

Variablen speichern Listenwerte nicht direkt; sie speichern Referenzen auf Listen. Dies ist ein wichtiger Unterschied, wenn Sie Variablen kopieren oder Listen als Argumente in Funktionsaufrufen übergeben. Da beim Kopieren die Listenreferenz übernommen wird, sollten Sie beachten, dass alle Änderungen an der Liste auch Auswirkungen auf eine andere Variable in Ihrem Programm haben können. Sie können copy() oder deepcopy() verwenden, wenn Sie eine Liste in einer Variablen verändern möchten, ohne die ursprüngliche Liste zu modifizieren.

Übungsfragen

1. Was ist []?
2. Wie würden Sie den Wert 'hallo' als dritten Wert in einer Liste zuweisen, die in einer Variablen namens spam gespeichert ist? (Nehmen Sie an, spam enthält [2, 4, 6, 8, 10].)

   Für die folgenden drei Fragen nehmen Sie bitte an, dass spam die Liste ['a', 'b', 'c', 'd'] enthält.
3. Welchen Wert ergibt spam[int(int('3' * 2) // 11)]?
4. Welchen Wert ergibt spam[-1]?
5. Welchen Wert ergibt spam[:2]?

   Für die folgenden drei Fragen nehmen Sie bitte an, dass bacon die Liste [3.14, 'Katze', 11, 'Katze', True] enthält.
6. Welchen Wert ergibt bacon.index('Katze')?
7. Wie sieht die Liste bacon aus, nachdem bacon.append(99) ausgeführt wurde?
8. Wie sieht die Liste bacon aus, nachdem bacon.remove('Katze') ausgeführt wurde?
9. Welche Operatoren werden für Listenverkettung und Listenvervielfältigung verwendet?
10. Worin besteht der Unterschied zwischen den Listenmethoden append() und insert()?
11. Nennen Sie zwei Möglichkeiten, einen Wert aus einer Liste zu entfernen.
12. Nennen Sie einige Gemeinsamkeiten von Listen und Strings.
13. Worin besteht der Unterschied zwischen Listen und Tupeln?
14. Wie schreiben Sie das Tupel, das nur die Ganzzahl 42 enthält?
15. Wie können Sie die Tupel-Form einer Liste erhalten? Wie können Sie die Listen-Form eines Tupels erhalten?
16. Variablen, die »Listenwerte enthalten«, enthalten nicht direkt Listen. Was enthalten sie stattdessen?
17. Was ist der Unterschied zwischen copy.copy() und copy.deepcopy()?

Übungsprogramme

Schreiben Sie zur Übung Programme, die die folgenden Aufgaben ausführen.

Komma-Code

Angenommen, Sie haben einen Listenwert wie diesen:

```
spam = ['Äpfel', 'Bananen', 'Tofu', 'Katzen']
```

Schreiben Sie eine Funktion, die eine Liste als Argument entgegennimmt und einen String zurückgibt, in dem alle Elemente durch ein Komma und ein Leerzeichen getrennt sind, aber vor dem letzten Element stattdessen ein *und* eingefügt wird. Wenn Sie beispielsweise die vorherige `spam`-Liste an die Funktion übergeben, würde sie `'Äpfel, Bananen, Tofu und Katzen'` zurückgeben. Ihre Funktion sollte jedoch mit jeder übergebenen Liste funktionieren. Testen Sie dabei unbedingt auch den Fall, dass eine leere Liste `[]` an Ihre Funktion übergeben wird.

Münzwurf-Serien

Für diese Übung führen wir ein Experiment durch. Wenn Sie eine Münze 100-mal werfen und für jedes Kopf-Ergebnis ein *K* sowie für jedes Zahl-Ergebnis ein *Z* notieren, entsteht eine Liste wie *Z Z Z Z K K K K Z Z*. Bitten Sie einen Menschen, 100 zufällige Münzwürfe aufzuschreiben, erhalten Sie wahrscheinlich abwechselnde Kopf-Zahl-Ergebnisse wie *K Z K Z K K Z K Z Z* – was zwar für Menschen zufällig erscheint, es aber mathematisch betrachtet nicht wirklich ist. Menschen schreiben fast nie eine Serie von sechs Köpfen oder sechs Zahlen in Folge auf, obwohl dies bei tatsächlich zufälligen Münzwürfen sehr wahrscheinlich ist. Menschen sind vorhersehbar schlecht darin, zufällige Ergebnisse zu erzeugen.

Schreiben Sie ein Programm, das herausfindet, wie oft in einer zufällig generierten Liste aus 100 Köpfen und Zahlen eine Serie von sechs gleichen Ergebnissen hintereinander auftritt. Gliedern Sie Ihr Programm für dieses Experiment in zwei Teile: Im ersten Teil erzeugen Sie eine Liste mit 100 zufällig bestimmten `'K'`- und `'Z'`-Werten, im zweiten Teil prüfen Sie, ob darin eine Serie vorkommt. Fassen Sie den gesamten Code in eine Schleife, die das Experiment 10.000-mal wiederholt, sodass Sie ermitteln, in wie viel Prozent der Münzwurf-Listen eine Serie von sechs gleichen Ergebnissen in Folge enthalten ist. Als Hinweis: Der Funktionsaufruf `random.randint(0, 1)` liefert zu 50 Prozent den Wert `0` und zu 50 Prozent den Wert `1` zurück.

Sie können mit der folgenden Vorlage beginnen:

```
import random
anz_der_serien = 0
for experiment_nummmer in range(10000): # Führe 10.000 Experimente
durch.
    # Code, der eine Liste mit 100 'Kopf'- oder 'Zahl'-Werten er-
stellt

    # Code, der überprüft, ob eine Serie von 6 Gleichen hintereinan-
der vorliegt

print('Chance auf eine Serie: %s%%' % (anz_der_serien / 100))
```

Natürlich handelt es sich hierbei nur um eine Schätzung, aber 10.000 ist eine angemessene Stichprobengröße. Mit entsprechenden Mathematikkenntnissen könnten Sie die exakte Antwort ermitteln und sich die Mühe sparen, ein Programm zu schreiben, jedoch sind Programmierer bekanntermaßen nicht besonders gut in Mathematik.

Um eine Liste zu erstellen, verwenden Sie eine `for`-Schleife, die 100 Mal zufällig entweder `'K'` oder `'Z'` zu einer Liste hinzufügt. Um festzustellen, ob eine Serie von sechs Gleichen vorliegt, erstellen Sie einen Ausschnitt wie `eine_liste[i:i+6]` (dieser enthält die sechs Elemente ab Index `i`) und vergleichen Sie diesen dann mit den Listenwerten `['K', 'K', 'K', 'K', 'K', 'K']` und `['Z', 'Z', 'Z', 'Z', 'Z', 'T']`.

7

Dictionaries und Strukturierung von Daten

In diesem Kapitel lernen Sie den Dictionary-Datentyp kennen, der eine flexible Möglichkeit bietet, auf Daten zuzugreifen und diese zu organisieren. Wenn Sie Dictionaries mit Ihrem Wissen über Listen aus dem vorherigen Kapitel kombinieren, erfahren Sie außerdem, wie Sie eine Datenstruktur zur Modellierung eines Schachbretts erstellen.

Der Dictionary-Datentyp

Wie eine Liste ist ein *Dictionary* eine veränderbare Sammlung vieler Werte mit einem Index. Im Gegensatz zu Indizes bei Listen können Indizes für Dictionaries viele verschiedene Datentypen nutzen, nicht nur Ganzzahlen. Diese Dictionary-Indizes werden als *Schlüssel* bezeichnet (engl. *key*), und ein Schlüssel mit seinem zugehörigen Wert heißt *Schlüssel-Wert-Paar*. Im Prinzip funktioniert ein Dictionary wie ein Wörterbuch – mit einem nahezu beliebigen Schlüssel können Sie einen nahezu beliebigen Wert abspeichern und schnell wiederfinden.

In Code wird ein Dictionary in geschweiften Klammern ({}) geschrieben. Geben Sie Folgendes in die interaktive Shell ein:

```
>>> meine_katze = {'größe': 'fett', 'farbe': 'grau', 'alter': 17}
```

Damit wird der Variablen `meine_katze` ein Dictionary zugewiesen. Die Schlüssel dieses Dictionarys sind `'größe'`, `'farbe'` und `'alter'`. Die Werte für diese Schlüssel sind `'fett'`, `'grau'` und `17`. Sie können auf diese Werte über die jeweiligen Schlüssel zugreifen:

```
>>> meine_katze = {'größe': 'fett', 'farbe': 'grau', 'alter': 17}
>>> meine_katze['größe']
'fett'
>>> 'Das Fell meiner Katze ist ' + meine_katze['farbe'] + '.'
'Das Fell meiner Katze ist grau.'
```

Mit Dictionaries können Sie mehrere Informationen über dieselbe Sache in einer einzigen Variablen speichern. Hier enthält die Variable `meine_katze` drei verschiedene Werte, die meine Katze beschreiben: zwei Strings und eine Zahl. Sie können sie als Argument oder Rückgabewert in einem Funktionsaufruf nutzen und ersparen sich so das Anlegen von drei separaten Variablen.

Ein Dictionary kann auch Ganzzahlen als Schlüssel verwenden, so wie eine Liste Ganzzahlen für einen Index nutzt. Sie müssen jedoch nicht bei `0` beginnen, sondern können beliebige Zahlen sein:

```
>>> spam = {12345: 'Fahrradschloss', 42: 'die Antwort'}
>>> spam[12345]
'Fahrradschloss'
>>> spam[42]
'die Antwort'
>>> spam[0]
Traceback (most recent call last):
  File "<python-input-0>", line 1, in <module>
KeyError: 0
```

Ein Dictionary hat einen Schlüssel, keinen Index. In diesem Beispiel besitzt das Dictionary in `spam` zwar die ganzzahligen Schlüssel `12345` und `42`, verfügt jedoch nicht über einen Index von `0` bis `41` wie eine Liste.

Vergleich von Dictionary und Liste

Im Gegensatz zu Listen sind Elemente in Dictionaries ungeordnet. Das erste Element einer Liste namens `spam` wäre `spam[0]`. In einem Dictionary gibt es jedoch kein »erstes« Element. Während die Reihenfolge der Elemente entscheidend ist, um zu bestimmen, ob zwei Listen identisch sind, können Sie die Schlüssel-Wert-Paare eines Dictionaries in beliebiger Reihenfolge hinzufügen. Geben Sie Folgendes in die interaktive Shell ein:

```
>>> spam = ['cats', 'dogs', 'moose']
>>> bacon = ['dogs', 'moose', 'cats']
>>> spam == bacon  # Die Reihenfolge der Listenelemente ist entschei-
dend.
False
>>> eggs = {'name': 'Zophie', 'species': 'cat', 'age': '8'}
>>> ham = {'species': 'cat', 'age': '8', 'name': 'Zophie'}
>>> eggs == ham  # Die Reihenfolge der Elemente in einem Dictionary
ist unerheblich.
True
```

Die `eggs`- und `ham`-Dictionaries haben identische Schlüssel-Wert-Paare, auch wenn sie in unterschiedlicher Reihenfolge angegeben wurden. Da ein Dictionary nicht geordnet ist, handelt es sich nicht um einen Sequenzdatentyp und kann nicht wie eine Liste mit Slices adressiert werden.

Wenn Sie versuchen, auf einen Schlüssel zuzugreifen, der in einem Dictionary nicht existiert, erhalten Sie einen `KeyError` – ähnlich wie einen `IndexError` bei Listen. Geben Sie Folgendes in die interaktive Shell ein und achten Sie auf die Fehlermeldung, wenn der `'farbe'`-Eintrag nicht existiert:

```
>>> spam = {'name': 'Sophie', 'age': 7}
>>> spam['farbe']
Traceback (most recent call last):
  File "<python-input-0>", line 1, in <module>
    spam['farbe']
KeyError: 'farbe'
```

Auch wenn Dictionaries nicht geordnet sind, ermöglicht Ihnen die Verwendung beliebiger Werte als Schlüssel, Ihre Daten auf leistungsstarke Weise zu organisieren. Angenommen, Sie möchten, dass Ihr Programm Daten zu den Geburtstagen Ihrer Freunde speichert. Sie können ein Dictionary mit den Namen als Schlüssel und den Geburtstagen als Werten verwenden. Öffnen Sie ein neues Dateieditor-Fenster, geben Sie den folgenden Code ein und speichern Sie die Datei anschließend als *birthdays.py*:

```
geburtstage = {'Alice': '1. April', 'Bob': '12. Dez', 'Carol': '4. Mär'} ❶

while True:
    print('Gib einen Namen ein: (leer lassen zum Beenden)')
    name = input()
    if name == '':
        break

  if name in geburtstage: ❷
        print('Der Geburtstag von ' + name + ' ist ' +
geburtstage[name]) ❸
    else:
        print('Ich habe keinen Geburtstags für ' + name)
        print('Wann ist der Geburtstag?')
        datum = input()
        birthdays[name] = datum ❹
        print('Geburtstagsdatenbank aktualisiert.')
```

Der Code erstellt ein anfängliches Dictionary und speichert es in `geburtstage` ❶. Mit dem Schlüsselwort `in` ❷ können Sie prüfen, ob der eingegebene Name als Schlüssel im Dictionary vorhanden ist – genau wie bei Listen. Wenn der Name im Dictionary enthalten ist, greifen Sie mit eckigen Klammern ❸ auf den zugehörigen Wert zu; falls nicht, können Sie ihn mit derselben Klammernschreibweise und dem Zuweisungsoperator ❹ hinzufügen.

Wenn Sie dieses Programm ausführen, sieht es folgendermaßen aus:

```
Gib einen Namen ein: (leer lassen zum Beenden)
Alice
Der Geburtstag von Alice ist 1. Apr.
Gib einen Namen ein: (leer lassen zum Beenden)
Eve
Ich habe keine Geburtstagsinformationen zu Eve.
Wie lautet der Geburtstag?
5. Dez.
Geburtstagsdatenbank aktualisiert.
Gib einen Namen ein: (leer lassen zum Beenden)
Eve
Der Geburtstag von Eve ist 5. Dez.
Gib einen Namen ein: (leer lassen zum Beenden)
```

Alle Daten, die Sie in dieses Programm eingeben, werden selbstverständlich vergessen, sobald das Programm beendet wird. Sie lernen, wie Sie Daten in Dateien auf der Festplatte speichern, in Kapitel 10.

Schlüssel und Werte zurückgeben

Drei Dictionary-Methoden liefern listenähnliche Werte für die Schlüssel, Werte oder die Kombination aus beiden: `keys()`, `values()` und `items()`. Die von diesen Methoden zurückgegebenen Werte sind keine echten Listen: Sie können nicht verändert werden und verfügen nicht über eine `append()`-Methode. Ihre Datentypen (`dict_keys`, `dict_values` und `dict_items`) *können* in `for`-Schleifen verwendet werden. Um die Funktionsweise dieser Methoden zu verstehen, geben Sie Folgendes in die interaktive Shell ein:

```
>>> spam = {'farbe': 'rot', 'alter': 42}
>>> for v in spam.values():
...     print(v)

rot
42
```

Hier durchläuft eine `for`-Schleife alle Werte im Dictionary `spam`. Eine `for`-Schleife kann anstatt über die Schlüssel auch über die Werte oder die Kombination aus beiden iterieren:

```
>>> spam = {'farbe': 'rot', 'alter': 42}
>>> for k in spam.keys():
...     print(k)

farbe
alter
>>> 'farbe' in spam.keys()
True
>>> 'alter' not in spam.keys()
False
>>> 'rot' in spam.values()
True
>>> for i in spam.items():
...     print(i)

('farbe', 'rot')
('alter', 42)
```

Wenn Sie die Methoden `keys()`, `values()` und `items()` verwenden, kann eine `for`-Schleife über die Schlüssel, Werte bzw. Schlüssel-Wert-Paare eines Dictionarys iterieren. Sie können außerdem die Operatoren `in` und `not in` verwenden, um zu überprüfen, ob ein Wert als Schlüssel oder Wert im Dictionary existiert. Beachten Sie, dass die Werte im durch die `items()`-Methode zurückgegebenen `dict_items`-Typ Tupel aus Schlüssel und Wert sind.

Sie können die Operatoren `in` und `not in` auch direkt mit dem Dictionary verwenden, um die Existenz eines Schlüssels zu prüfen. Dies entspricht der Verwendung dieser Operatoren mit der Methode `keys()`:

```
>>> spam = {'farbe': 'rot', 'alter': 42}
>>> 'farbe' in spam
True
>>> 'farbe' in spam.keys()
True
```

Wenn Sie eine echte Liste aus einer dieser Methoden erhalten möchten, übergeben Sie deren listenähnlichen Rückgabewert an die Funktion `list()`. Geben Sie Folgendes in die interaktive Shell ein:

```
>>> spam = {'farbe': 'rot', 'alter': 42}
>>> spam.keys()  # Gibt einen listenähnlichen dict_keys-Wert zurück
dict_keys(['farbe', 'alter'])
>>> list(spam.keys())  # Gibt eine tatsächliche Liste zurück
['farbe', 'alter']
```

Die Zeile `list(spam.keys())` nimmt den von `keys()` zurückgegebenen Wert vom Typ `dict_keys` und übergibt ihn an `list()`, wodurch ein Listenwert von `['color', 'age']` zurückgegeben wird.

Sie können außerdem den Trick der Mehrfachzuweisung in einer `for`-Schleife einsetzen, um den Schlüssel und den Wert getrennten Variablen zuzuweisen. Geben Sie Folgendes in die interaktive Shell ein:

```
>>> spam = {'farbe': 'rot', 'alter': 42}
>>> for k, v in spam.items():
...     print('Schlüssel: ' + str(k) + ' Wert: ' + str(v))

Schlüssel: farbe Wert: rot
Schlüssel: alter Wert: 42
```

Dieser Code erzeugt ein Dictionary mit den Schlüsseln `'farbe'` und `'alter'`, deren Werte `'rot'` beziehungsweise `42` sind. Die `for`-Schleife durchläuft die von der `items()`-Methode zurückgegebenen Tupel: `('farbe', 'rot')` und `('alter', 42)`. Die beiden Variablen `k` und `v` werden mit dem ersten (dem Schlüssel) beziehungsweise dem zweiten (dem Wert) Wert aus diesen Tupeln belegt. Der Schleifenrumpf gibt die Variablen `k` und `v` für jedes Schlüssel-Wert-Paar aus.

Obwohl Sie viele Werte als Schlüssel verwenden können, dürfen Sie weder eine Liste noch ein Dictionary als Schlüssel in einem Dictionary verwenden. Diese Datentypen sind *unhashable*, ein Konzept, das außerhalb des Rahmens dieses Buchs liegt. Als Faustregel merken Sie sich: Veränderbare Datentypen können Sie nicht als Schlüssel einsetzen. Falls Sie eine Liste als Schlüssel für ein Dictionary benötigen, verwenden Sie stattdessen ein Tupel.

Überprüfen, ob ein Schlüssel existiert

Zu überprüfen, ob ein Schlüssel in einem Dictionary existiert, bevor Sie auf dessen Wert zugreifen, kann aufwendig sein. Glücklicherweise verfügen Dictionaries über die Methode `get()`, die zwei Argumente erwartet: den Schlüssel des abzurufenden Werts sowie einen Rückgabewert, falls dieser Schlüssel nicht existiert.

Geben Sie Folgendes in die interaktive Shell ein:

```
>>> picknick = {'Äpfel': 5, 'Tassen': 2}
>>> 'Ich bringe ' + str(picknick.get('Tassen', 0)) + ' Tassen mit.'
'Ich bringe 2 Tassen mit.'
>>> 'Ich bringe ' + str(picknick.get('Eier', 0)) + ' Eier mit.'
'Ich bringe 0 Eier mit.'
```

Da es keinen `'eggs'`-Schlüssel im `picnic_items`-Dictionary gibt, gibt die `get()`-Methode den Standardwert `0` zurück. Ohne die Verwendung von `get()` hätte der Code eine Fehlermeldung verursacht, wie im folgenden Beispiel:

```
>>> picknick = {'Äpfel': 5, 'Tassen': 2}
>>> 'Ich bringe ' + str(picknick['Eier']) + ' Eier mit.'
Traceback (most recent call last):
  File "<python-input-0>", line 1, in <module>
    'Ich bringe ' + str(picknick['Eier']) + ' Eier mit.'
KeyError: 'Eier'
```

Alternativ können Sie vor dem Zugriff mit `in` auf den Wert eines Schlüssels prüfen, ob dieser Schlüssel existiert, und so verhindern, dass Ihr Programm mit einer Fehlermeldung abstürzt.

Standardwerte festlegen

Häufig müssen Sie in einem Dictionary für einen bestimmten Schlüssel einen Wert festlegen, jedoch nur, wenn dieser Schlüssel noch keinen Wert besitzt. Ihr Code könnte dann folgendermaßen aussehen:

```
>>> spam = {'name': 'Felix', 'alter': 5}
>>> if 'farbe' not in spam:
...     spam['farbe'] = 'schwarz'
...
>>> spam
{'name': 'Felix', 'alter': 5, 'farbe': 'schwarz'}
```

Die `setdefault()`-Methode bietet Ihnen die Möglichkeit, dies in einer einzigen Codezeile zu erledigen. Das erste Argument, das an die Methode übergeben wird, ist der Schlüssel, nach dem gesucht werden soll, das zweite Argument ist der Wert, der für diesen Schlüssel gesetzt wird, falls der Schlüssel nicht existiert. Existiert der Schlüssel, gibt die `setdefault()`-Methode den Wert des Schlüssels zurück. Geben Sie Folgendes in die interaktive Shell ein:

```
>>> spam = {'name': 'Felix', 'alter': 5}
>>> spam.setdefault('farbe', 'schwarz')  # Setzt den Schlüssel
'farbe' auf 'schwarz'
'schwarz'
>>> spam
{'name': 'Felix', 'alter': 5, 'farbe': 'schwarz'}
>>> spam.setdefault('farbe', 'weiß')  # Es passiert nichts
'schwarz'
>>> spam
{'name': 'Felix', 'alter': 5, 'farbe': 'schwarz'}
```

Beim ersten Aufruf von `setdefault()` ändert sich das Dictionary in `spam` zu `{'name': 'Felix', 'alter': 5, 'farbe': 'schwarz'}`. Die Methode gibt den Wert `'schwarz'` zurück, da dies nun der für den Schlüssel `'farbe'` festgelegte Wert ist. Wenn anschließend `spam.setdefault('farbe', 'weiß')` aufgerufen wird, ändert sich der Wert für diesen Schlüssel *nicht* zu `'weiß'`, da `spam` bereits einen Schlüssel mit dem Namen `'farbe'` besitzt.

Die Methode `setdefault()` ist eine praktische Abkürzung, um sicherzustellen, dass ein Schlüssel existiert. Nachfolgend finden Sie ein kurzes Programm, das die Anzahl der Vorkommen jedes Buchstabens in einem String ermittelt. Öffnen Sie das Dateieditor-Fenster und geben Sie den folgenden Code ein. Speichern Sie diesen unter *characterCount.py*:

```
nachricht = 'Es war ein heller, kalter Apriltag, und die Uhren
schlugen dreizehn.'
anzahl = {}

for zeichen in nachricht:
    anzahl.setdefault(zeichen, 0) ❶
    anzahl[zeichen] = anzahl[zeichen] + 1 ❷

print(anzahl)
```

Das Programm durchläuft jeden Charakter im String der `nachricht`-Variable und zählt, wie häufig jeder Charakter vorkommt. Der Aufruf der Methode `setdefault()` ❶ stellt sicher, dass der Schlüssel im Dictionary `anzahl` enthalten ist (mit einem Standardwert von `0`), sodass das Programm keinen `KeyError`-Fehler wirft, wenn `anzahl[zeichen] = anzahl[zeichen] + 1` ausgeführt wird ❷. Wenn Sie dieses Programm ausführen, sieht die Ausgabe folgendermaßen aus:

```
{'E': 1, 's': 2, ' ': 10, 'w': 1, 'a': 3, 'r': 6, 'e': 9, 'i': 4,
'n': 5, 'h': 4, 'l': 5, ',': 2, 'k': 1, 't': 2, 'A': 1, 'p': 1, 'g':
2, 'u': 2, 'd': 3, 'U': 1, 'c': 1, 'z': 1, '.': 1}
```

Aus der Ausgabe können Sie entnehmen, dass der Kleinbuchstabe *h* viermal vorkommt, das Leerzeichen 10-mal und der Großbuchstabe *E* einmal. Dieses Programm funktioniert unabhängig davon, welcher String sich in der Variable nachricht befindet – selbst wenn der String Millionen von Zeichen umfasst!

Reale Objekte mithilfe von Datenstrukturen modellieren

Bereits vor dem Internet war es möglich, mit jemandem am anderen Ende der Welt eine Partie Schach zu spielen. Die Spielenden richteten sich jeweils zu Hause ein Schachbrett ein und schickten sich dann abwechselnd Postkarten, auf denen sie ihren Zug erklärten. Dazu benötigten die Spieler eine Möglichkeit, die Aufstellung auf dem Brett und ihre Züge eindeutig zu beschreiben.

In der *algebraischen Schachnotation* werden die Quadrate des Schachbretts durch eine Zahlen- und Buchstabenkombination identifiziert, wie in Abbildung 7.1 dargestellt.

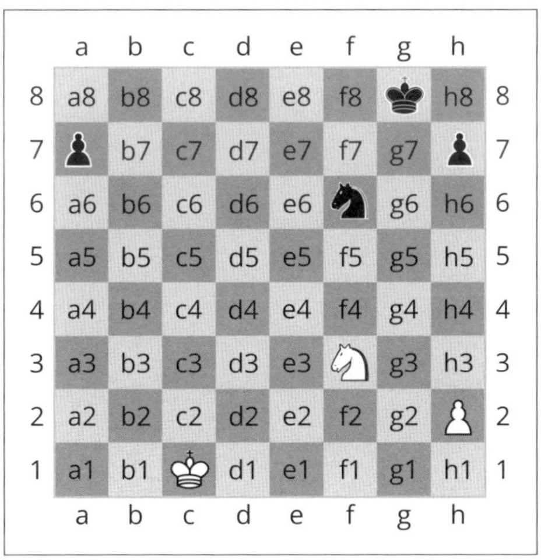

Abb. 7.1 *Die Koordinaten eines Schachbretts in der algebraischen Schachnotation*

Die Schachfiguren werden durch Buchstaben dargestellt: *K* für König, *Q* für Dame, *R* für Turm (engl. *rook*), *B* für Läufer (engl. *bishop*) und *N* für Springer (engl. *knight*, gesprochen ohne das *k*). Der Bauer bekommt ein P (engl. *pawn*), oder das Figurzeichen wird einfach weggelassen. Um einen Zug zu beschreiben, geben Sie den Buchstaben der Figur sowie die Koordinaten ihres Zielortes an. Ein Paar dieser Halbzüge beschreibt, was innerhalb eines ganzen Spielzugs geschieht, wobei Weiß den ersten Zug ausführt; zum Beispiel bedeutet die Notation *"2. Nf3 Nc6"*, dass Weiß im zweiten Zug einen Springer nach f3 und Schwarz einen Springer nach c6 zieht.

Die algebraische Notation umfasst noch weitere Einzelheiten, jedoch können Sie mit ihr eine Schachpartie eindeutig beschreiben, ohne vor einem Schachbrett zu sitzen. Ihr Gegner kann sich sogar auf der anderen Seite der Welt befinden! Tatsächlich benötigen Sie kein physisches Schachbrett, wenn Sie ein gutes Gedächtnis haben: Sie können die per Post erhaltenen Schachzüge lesen und das Schachbrett in Ihrer Vorstellung aktualisieren.

Computer verfügen über ein gutes Gedächtnis. Ein Programm auf einem modernen Computer kann problemlos Milliarden von Strings speichern, wie etwa `'2. Nf3 Nc6'`. Auf diese Weise können Computer Schach spielen, ohne über ein physisches Schachbrett zu verfügen. Sie modellieren Daten, um ein Schachbrett darzustellen, und Sie können Code schreiben, um mit diesem Modell eine Schachpartie zu simulieren.

An dieser Stelle erweisen sich Listen und Dictionaries als äußerst hilfreich. Beispielsweise könnten wir eine eigene Notation entwickeln, sodass das Dictionary `{'h1': 'bK', 'c6': 'wQ', 'g2': 'bB', 'h5': 'bQ', 'e3': 'wK'}` das Schachbrett in Abbildung 7.2 repräsentieren könnte.

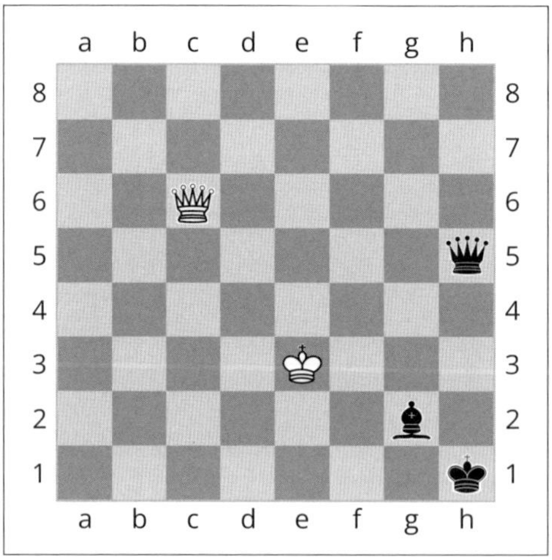

Abb. 7.2 *Ein durch das Dictionary {'h1': 'bK', 'c6': 'wQ', 'g2': 'bB', 'h5': 'bQ', 'e3': 'wK'} modelliertes Schachbrett*

Lassen Sie uns dieses Datenstruktur-Schema nutzen, um unser eigenes interaktives Schachbrett-Programm zu erstellen.

Projekt 1: Interaktiver Schachbrett-Simulator

Bereits die frühesten Computer führten Berechnungen wesentlich schneller durch als jeder Mensch, doch damals galt Schach als echter Beweis für rechnerische Intelligenz. Wir werden hier kein eigenes Schachspiel-Programm entwickeln. (Das würde ein eigenes Buch erfordern!) Aber mit dem bisher Besprochenen können wir ein interaktives Schachbrett-Programm erstellen.

Für dieses Programm müssen Sie die Schachregeln nicht kennen. Sie sollten lediglich wissen, dass Schach auf einem 8×8-Brett mit weißen und schwarzen Figuren – Bauern, Springern, Läufern, Türmen, Damen und Königen – gespielt wird. Das obere linke und das untere rechte Quadrat des Brettes sollten weiß sein, und unser Programm geht davon aus, dass der Hintergrund des Ausgabefensters schwarz ist (im Gegensatz zum weißen Hintergrund eines Papierbuchs). Unser Schachbrett-Programm besteht lediglich aus einem Brett, auf dem Figuren platziert sind; es setzt dabei nicht einmal die Regeln um, wie die Figuren sich bewegen dürfen. Wir verwenden Textzeichen, um ein Schachbrett zu zeichnen, wie in Abbildung 7.3 dargestellt.

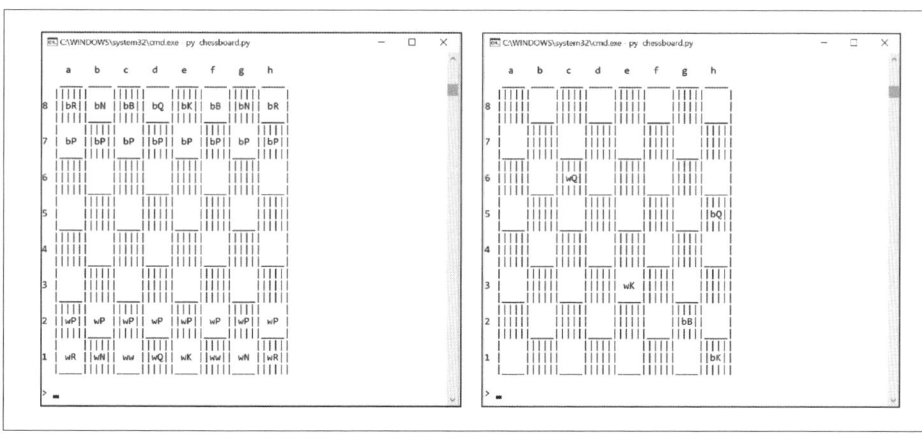

Abb. 7.3 *Die nichtgrafische, textbasierte Ausgabe des Schachbrett-Programms*

Grafiken wären zwar schön und würden die Spielfiguren leichter erkennbar machen, aber wir haben alle Informationen über die Figuren auch ohne sie erfasst. Dieser textbasierte Ansatz ermöglicht es uns, das Programm ausschließlich mit der Funktion `print()` zu schreiben, und macht die Installation einer Grafikbibliothek wie Pygame (erläutert in meinem Buch *Invent Your Own Computer Games with Python* [No Starch Press, 2016]) für unser Programm überflüssig.

Zunächst gilt es eine Datenstruktur zu entwerfen, die ein Schachbrett und jede mögliche Anordnung der Figuren darauf abbilden kann. Das Beispiel aus dem vorherigen Abschnitt ist geeignet: Das Brett ist ein Dictionary mit String-

Schlüsseln von 'a1' bis 'h8', um die Felder auf dem Brett darzustellen. Beachten Sie, dass diese Strings stets aus zwei Buchstaben bestehen. Außerdem wird der Buchstabe immer kleingeschrieben und steht vor der Zahl. Diese Besonderheit ist wichtig; Sie werden diese Details im Code nutzen.

Zur Darstellung der Figuren verwenden wir ebenfalls zweistellige Strings, wobei der erste Buchstabe ein kleines 'w' oder 'b' zur Kennzeichnung der weißen oder schwarzen Farbe ist, und der zweite Buchstabe ein großes 'P', 'N', 'B', 'R', 'Q' oder 'K' zur Unterscheidung der Figurenart. Abbildung 7.4 zeigt jede Figur zusammen mit ihrer String-Darstellung.

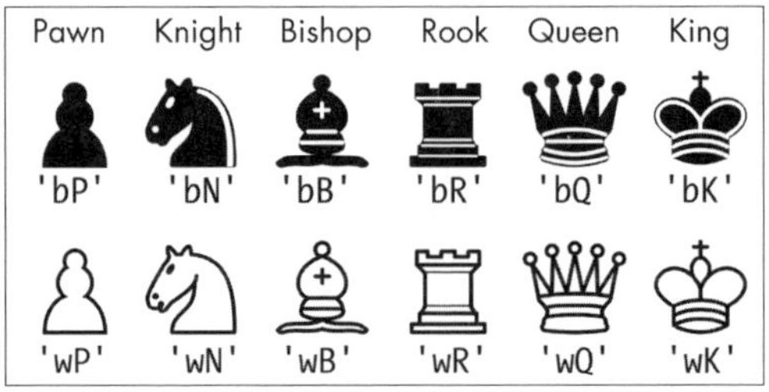

Abb. 7.4 *Die zweistelligen String-Darstellungen für jede Schachfigur*

Die Schlüssel des Dictionarys identifizieren die Felder des Schachbretts, und die Werte kennzeichnen die Figur auf dem jeweiligen Feld. Fehlt ein Schlüssel im Dictionary, so steht dies für ein leeres Feld. Ein Dictionary eignet sich sehr gut für die Speicherung dieser Informationen: Jeder Schlüssel kann im Dictionary nur einmal vergeben werden, und jedes Quadrat eines Schachbretts darf zur selben Zeit nur eine Figur enthalten.

Schritt 1: Das Programm einrichten

Im ersten Teil des Programms werden das Modul sys für die Funktion exit() sowie das Modul copy für die Funktion copy() importiert. Zu Beginn des Spiels verfügen sowohl der weiße als auch der schwarze Spieler über jeweils 16 Figuren. Die Konstante STARTING_PIECES enthält ein Schachbrett-Dictionary mit sämtlichen passenden Figuren an ihren jeweiligen Startpositionen:

```
import sys, copy

STARTING_PIECES = {'a8': 'bR', 'b8': 'bN', 'c8': 'bB', 'd8': 'bQ',
'e8': 'bK', 'f8': 'bB', 'g8': 'bN', 'h8': 'bR', 'a7': 'bP', 'b7': 'bP',
'c7': 'bP', 'd7': 'bP', 'e7': 'bP', 'f7': 'bP', 'g7': 'bP', 'h7': 'bP',
'a1': 'wR', 'b1': 'wN', 'c1': 'wB', 'd1': 'wQ', 'e1': 'wK', 'f1': 'wB',
'g1': 'wN', 'h1': 'wR', 'a2': 'wP', 'b2': 'wP', 'c2': 'wP', 'd2': 'wP',
'e2': 'wP', 'f2': 'wP', 'g2': 'wP', 'h2': 'wP'}
```

(Dieser Code ist etwas umständlich zu tippen. Sie können ihn von *https://autbor.com/3/chessboard.py* kopieren und einfügen.) Immer wenn das Programm das Schachbrett auf die Anfangsaufstellung zurücksetzen muss, kann es `STARTING_PIECES` mit der `copy.copy()`-Funktion kopieren.

Schritt 2: Eine Schachbrettvorlage erstellen

Die Variable `BOARD_TEMPLATE` enthält einen String, der als Vorlage für ein Schachbrett dient. Das Programm kann die Strings der einzelnen Figuren darin einfügen, bevor es sie ausgibt. Indem Sie drei doppelte (oder einfache) Anführungszeichen hintereinander verwenden, können Sie einen *mehrzeiligen String* erstellen, der sich über mehrere Codezeilen erstreckt. Der mehrzeilige String endet mit weiteren drei doppelten Anführungszeichen. Diese Python-Syntax ist einfacher, als alles in eine einzige Zeile mit `\n`-Escape-Zeichen zu schreiben. Im nächsten Kapitel lernen Sie mehr über mehrzeilige Strings.

```
# Schablone für das Schachbrett:
BOARD_TEMPLATE = """
    a    b    c    d    e    f    g    h

   ____ ____ ____ ____ ____ ____ ____ ____
  ||||||    ||||||    ||||||    ||||||    |
8 ||{}|| {} ||{}|| {} ||{}|| {} ||{}|| {} |
  ||||||____||||||____||||||____||||||____|
  |    ||||||    ||||||    ||||||    ||||||
7 | {} ||{}|| {} ||{}|| {} ||{}|| {} ||{}||
  |____||||||____||||||____||||||____||||||
  ||||||    ||||||    ||||||    ||||||    |
6 ||{}|| {} ||{}|| {} ||{}|| {} ||{}|| {} |
  ||||||____||||||____||||||____||||||____|
  |    ||||||    ||||||    ||||||    ||||||
5 | {} ||{}|| {} ||{}|| {} ||{}|| {} ||{}||
  |____||||||____||||||____||||||____||||||
  ||||||    ||||||    ||||||    ||||||    |
4 ||{}|| {} ||{}|| {} ||{}|| {} ||{}|| {} |
  ||||||____||||||____||||||____||||||____|
  |    ||||||    ||||||    ||||||    ||||||
3 | {} ||{}|| {} ||{}|| {} ||{}|| {} ||{}||
  |____||||||____||||||____||||||____||||||
  ||||||    ||||||    ||||||    ||||||    |
2 ||{}|| {} ||{}|| {} ||{}|| {} ||{}|| {} |
  ||||||____||||||____||||||____||||||____|
  |    ||||||    ||||||    ||||||    ||||||
1 | {} ||{}|| {} ||{}|| {} ||{}|| {} ||{}||
  |____||||||____||||||____||||||____||||||
"""
WHITE_SQUARE = '||'  # weißes Feld
BLACK_SQUARE = '  '  # schwarzes Feld
```

Die geschweiften Klammern kennzeichnen Stellen im String, an denen wir Figuren-Strings wie 'wR' oder 'bQ' einfügen werden. Ist das Quadrat leer, fügt das Programm stattdessen den String WHITE_SQUARE oder BLACK_SQUARE ein, was ich Ihnen bei der Erläuterung der Funktion print_chess_board() näher erläutere.

Schritt 3: Das aktuelle Schachbrett ausgeben

Wir definieren eine Funktion print_chess_board(), die das Schachbrett-Dictionary entgegennimmt und ein Schachbrett auf dem Bildschirm ausgibt, das die Figuren auf diesem Brett widerspiegelt. Wir rufen die format()-Methode des Strings BOARD_TEMPLATE auf und übergeben eine Liste von Strings. Die format()-Methode gibt einen neuen String zurück, bei dem die {}-Paare in BOARD_TEMPLATE durch die Strings aus der übergebenen Liste ersetzt werden. Im nächsten Kapitel erfahren Sie mehr über format().

Betrachten Sie den Code in print_chess_board():

```
def print_chess_board(board):
    squares = []
    is_white_square = True                    # weißes Feld?
    for y in '87654321':
        for x in 'abcdefgh':
            #print(x, y, is_white_square)  # DEBUG: Koordinaten
anzeigen
```

Auf einem Schachbrett gibt es 64 Felder und 64 {}-Paare im String BOARD_TEMPLATE. Wir müssen eine Liste mit 64 Strings erstellen, um diese {}-Paare zu ersetzen. Wir speichern diese Liste in der squares-Variable. Die Strings in dieser Liste repräsentieren entweder Schachfiguren wie 'wB' und 'bQ' oder leere Felder. Je nachdem, ob das leere Feld weiß oder schwarz ist, verwenden wir entweder den WHITE_SQUARE-String ('||') oder den BLACK_SQUARE-String (' '). Wir nutzen einen booleschen Wert in der is_white_square-Variable, um festzuhalten, welche Felder weiß und welche schwarz sind.

Zwei verschachtelte for-Schleifen iterieren über alle 64 Quadrate des Brettes, beginnend mit dem Feld oben links und von rechts nach links, dann von oben nach unten. Das Feld oben links ist ein weißes Feld, daher setzen wir is_white_square zunächst auf True. Denken Sie daran, dass for-Schleifen entweder über die von range() zurückgegebenen Ganzzahlen, die Werte einer Liste oder die einzelnen Zeichen eines Strings iterieren können. In diesen beiden for-Schleifen nehmen die Variablen y und x die Zeichen aus den Strings '87654321' beziehungsweise 'abcdefgh' an. Um die Reihenfolge zu erkennen, in der der Code über die Felder iteriert (zusammen mit der jeweiligen Farbe jedes Feldes), heben

Sie die Auskommentierung der Codezeile `print(x, y, is_white_square)` auf, bevor Sie das Programm ausführen.

Der Code innerhalb der `for`-Schleifen stellt die `squares`-Liste mit den passenden Strings zusammen:

```
            if x + y in board.keys():
                squares.append(board[x + y])
            else:
                if is_white_square:
                    squares.append(WHITE_SQUARE)
                else:
                    squares.append(BLACK_SQUARE)
            is_white_square = not is_white_square
        is_white_square = not is_white_square

    print(BOARD_TEMPLATE.format(*squares))
```

Die Strings in den Schleifenvariablen `x` und `y` werden zusammengefügt und ergeben einen zwei Zeichen langen Feld-String. Wenn beispielsweise `x` `'a'` und `y` `'8'` ist, ergibt `x + y` den String `'a8'`. Mit `x + y in board.keys()` wird geprüft, ob dieser String als Schlüssel im Schachbrett-Dictionary existiert. Trifft dies zu, fügt der Code den String der Schachfigur für dieses Feld an das Ende der `squares`-Liste an.

Trifft dies nicht zu, muss der Code den leeren Feld-String aus `WHITE_SQUARE` oder `BLACK_SQUARE` anhängen, abhängig vom Wert in `is_white_square`. Nachdem der Code dieses Schachbrett-Feld verarbeitet hat, invertiert er den booleschen Wert in `is_white_square` (da das nächste Feld die entgegengesetzte Farbe haben wird). Die Variable muss nach Abschluss einer Zeile am Ende der äußeren `for`-Schleife erneut getoggelt werden.

Nachdem die Schleifen beendet sind, enthält die `squares`-Liste 64 Strings. Die String-Methode `format()` nimmt jedoch kein einzelnes Listenargument entgegen, sondern jeweils ein String-Argument pro zu ersetzendem `{}`-Paar. Der Stern `*` neben `squares` weist Python an, die Werte in dieser Liste als einzelne Argumente zu übergeben. Das ist etwas subtil, aber stellen Sie sich vor, Sie verfügen über eine Liste `spam = ['Hund', 'Katze', 'Maus']`. Wenn Sie `print(spam)` aufrufen, gibt Python den Listenwert zusammen mit den eckigen Klammern, Anführungszeichen und Kommas aus. Das Aufrufen von `print(*spam)` entspricht jedoch dem Aufruf von `print('Hund', 'Katze', 'Maus')`, wodurch einfach `Hund Katze Maus` ausgegeben wird. Ich bezeichne dies als *Stern-Syntax*.

Die Funktion `print_chess_board()` wurde so konzipiert, dass sie mit der spezifischen Datenstruktur arbeitet, die wir zur Darstellung von Schachbrettern verwenden: einem Dictionary mit Schlüsseln aus Feld-Strings wie `'a8'` und Werten aus Figuren-Strings wie 'bQ'. Hätten wir unsere Datenstruktur anders gestaltet, müssten wir auch die Funktion entsprechend anpassen. Die Funktion print_chess_board() gibt eine textbasierte Darstellung des Bretts aus. Wenn wir jedoch eine Grafikbibliothek wie Pygame nutzen würden, um das Schachbrett darzustellen, könnten wir trotzdem dieses Dictionary verwenden, um die Schachbrettkonfiguration darzustellen.

Schritt 4: Manipulation des Schachbretts

Da wir nun ein Schachbrett mit einem Dictionary darstellen und eine Funktion haben, um dieses Schachbrett auszugeben, schreiben wir Code, der die Figuren auf dem Brett verschiebt, indem er die Schlüssel und Werte des Dictionarys verändert. Nach dem def-Block der Funktion print_chess_board() zeigt der Hauptteil des Programms einen Text an, der erläutert, wie Sie das interaktive Schachbrett-Programm nutzen:

```
def print_help():
    print('Interactive Chess Board')
    print('by Al Sweigart al@inventwithpython.com')
    print()
    print('Pieces:')
    print('  w - White, b - Black')
    print('  P - Pawn, N - Knight, B - Bishop, R - Rook, Q - Queen, K - King')
    print('Commands:')                                      # Liste der Befehle
    print('  move e2 e4 - Moves the piece at e2 to e4.')    # Bewegen
    print('  remove e2 - Removes the piece at e2.')         # Entfernen
    print('  set e2 wP - Sets square e2 to a white pawn.')  # Einsetzen
    print('  reset - Reset pieces back to their starting squares.') # Start
    print('  clear - Clear the entire board.')              # alles löschen
    print('  fill wP - Fill entire board with white pawns.') # alles Bauern
    print('  help - Show this help information.')
    print('  quit - Quits the program.')

print_help()
```

Das Programm kann Figuren bewegen, Figuren entfernen, Felder mit einer Figur belegen, das Schachbrett zurücksetzen und das Schachbrett löschen, indem es das Schachbrett-Dictionary verändert:

```
main_board = copy.copy(STARTING_PIECES)
while True:
    print_chessboard(main_board)
    response = input('> ').split()
```

Zu Beginn erhält die Variable `main_board` eine Kopie des `STARTING_PIECES`-Dictionarys, das alle Schachfiguren in ihren Startpositionen enthält. Die Ausführung tritt in eine Endlosschleife ein, die es dem Benutzer ermöglicht, Befehle einzugeben. Gibt man beispielsweise **move e2 e4** ein, nachdem `input()` aufgerufen wurde, liefert die Methode `split()` die Liste `['move', 'e2', 'e4']`, die das Programm dann in der Variable `response` speichert. Das erste Element in dieser Liste, `response[0]`, ist der Befehl, den man ausführen möchte:

```
if response[0] == 'move':
    main_board[response[2]] = main_board[response[1]]
    del main_board[response[1]]
```

Wenn man beispielsweise **move e2 e4** eingibt, dann ist `response[0]` `'move'`. Sie können eine Figur von einem Feld auf ein anderes verschieben, indem Sie zunächst die Figur in `main_board` vom alten Feld (in `response[1]`) auf das neue Feld (in `response[2]`) kopieren. Anschließend können Sie das Schlüssel-Wert-Paar für das alte Feld in `main_board` löschen. Dies hat zur Folge, dass es so wirkt, als sei die Figur gezogen worden (diese Änderung wird jedoch erst sichtbar, wenn Sie erneut `print_chess_board()` aufrufen).

Unser interaktiver Schachbrett-Simulator prüft dabei nicht, ob es sich um einen gültigen Zug handelt. Es führt lediglich die vom Benutzer erteilten Befehle aus. Gibt man beispielsweise **remove e2** ein, setzt das Programm `response` auf `['remove', 'e2']`:

```
elif response[0] == 'remove':
    del main_board[response[1]]
```

Durch das Löschen des Schlüssel-Wert-Paares mit dem Schlüssel `response[1]` aus `main_board` entfernen wir die Figur vom Brett. Gibt man etwa **set e2 wP** ein, um einen weißen Bauern auf e2 zu platzieren, setzt das Programm `response` auf `['set', 'e2', 'wP']`:

```
elif response[0] == 'set':
    main_board[response[1]] = response[2]
```

Sie können ein neues Schlüssel-Wert-Paar mit dem Schlüssel `response[1]` und dem Wert `response[2]` in `main_board` anlegen, um diese Figur dem Brett hinzuzufügen. Gibt man **reset** ein, ist `response` einfach `['reset']`, und Sie können das Brett auf die Anfangskonfiguration zurücksetzen, indem Sie das Dictionary `STARTING_PIECES` auf `main_board` kopieren:

```
elif response[0] == 'reset':
    main_board = copy.copy(STARTING_PIECES)
```

Gibt man **clear** ein, so ist `response` einfach `['clear']`, und Sie können alle Figuren vom Schachbrett entfernen, indem Sie `main_board` auf ein leeres Dictionary setzen:

```
    elif response[0] == 'clear':
        main_board = {}
```

Gibt man **fill** ein, so ist `response` die Liste `['fill', 'wP']`, und Sie ändern alle 64 Quadrate in den String `'wP'`:

```
    elif response[0] == 'fill':
        for y in '87654321':
            for x in 'abcdefgh':
                main_board[x + y] = response[1]
```

Die verschachtelten `for`-Schleifen durchlaufen jedes Quadrat und setzen den `x + y`-Schlüssel auf `response[1]`. Es gibt zwar keinen vernünftigen Grund, 64 weiße Bauern auf ein Schachbrett zu platzieren, aber dieses Kommando zeigt, wie einfach es ist, die Schachbrett-Datenstruktur Ihren Wünschen entsprechend einzurichten. Abschließend kann man das Programm beenden, indem man **quit** eingibt:

```
    elif response[0] == 'quit':
        sys.exit()
```

Nachdem der Befehl des Users ausgeführt und `main_board` angepasst wurde, kehrt die Ausführung zum Beginn der `while`-Schleife zurück, um das veränderte Schachbrett anzuzeigen und einen neuen Befehl zu empfangen.

Dieses interaktive Schachbrett-Programm beschränkt nicht, welche Figuren Sie platzieren oder bewegen dürfen. Es nutzt einfach ein Dictionary zur Darstellung der Figuren auf einem Schachbrett und stellt eine Funktion bereit, mit der solche Dictionaries auf dem Bildschirm so ausgegeben werden, dass sie wie ein Schachbrett erscheinen. Sie können sämtliche Objekte oder Prozesse aus der realen Welt modellieren, indem Sie Datenstrukturen entwerfen und Funktionen erstellen, die mit diesen Datenstrukturen arbeiten. Wenn Sie ein weiteres Beispiel für die Modellierung eines Spielbretts mit Datenstrukturen sehen möchten, enthält mein anderes Buch, *The Big Book of Small Python Projects* (No Starch Press, 2021), ein funktionierendes Tic-Tac-Toe-Programm.

Verschachtelte Dictionaries und Listen

Wenn Sie komplexere Sachverhalte modellieren, werden Sie feststellen, dass Sie Dictionaries und Listen benötigen, die wiederum andere Dictionaries und Listen enthalten. Listen sind nützlich, um eine geordnete Reihe von Werten zu speichern, und Dictionaries eignen sich dazu, Schlüssel mit Werten zu verknüpfen. Zum Beispiel sehen Sie hier ein Programm, das ein Dictionary verwendet, um Dictionaries mit Dingen zu erfassen, die Gäste zu einem Picknick mitbringen. Die `mitgebracht()`-Funktion kann diese Datenstruktur auslesen und die Gesamtsumme jedes Elementtyps berechnen. Geben Sie den folgenden Code in ein neues Programm ein, das als *guestpicnic.py* gespeichert wird:

```
alle_gäste = {'Alice': {'Äpfel': 5, 'Brezeln': 12},
              'Bob': {'Wurstbrote': 3, 'Äpfel': 2},
              'Carol': {'Becher': 3, 'Apfelkuchen': 1}}

def mitgebracht(gäste, was):
    anz_mitgebracht = 0
    for k, v in gäste.items(): ❶
        anz_mitgebracht += v.get(was, 0) ❷
    return anz_mitgebracht

print('Anzahl der mitgebrachten Dinge:')
print(' - Äpfel         ' + str(mitgebracht(alle_gäste, 'Äpfel')))
print(' - Becher        ' + str(mitgebracht(alle_gäste, 'Becher')))
print(' - Kuchen        ' + str(mitgebracht(alle_gäste, 'Kuchen')))
print(' - Wurstbrote    ' + str(mitgebracht(alle_gäste, 'Wurstbrote')))
print(' - Apfelkuchen   ' + str(mitgebracht(alle_gäste, 'Apfelkuchen')))
```

Innerhalb der Funktion `mitgebracht()` iteriert die `for`-Schleife über die Schlüssel-Wert-Paare in `gäste` ❶. In der Schleife wird der String mit dem Namen des Gastes `k` zugewiesen, und das Dictionary der Picknick-Elemente, die er mitbringt, wird `v` zugewiesen. Existiert der Parameter `was` als Schlüssel in diesem Dictionary, wird sein Wert (die Menge) zu `anz_mitgebracht` addiert ❷. Falls es nicht als Schlüssel existiert, gibt die `get()`-Methode 0 zurück, um zu `anz_mitgebracht` addiert zu werden.

Die Ausgabe dieses Programms sieht folgendermaßen aus:

```
Anzahl der mitgebrachten Dinge:
 - Äpfel         7
 - Becher        3
 - Kuchen        0
 - Wurstbrote    3
 - Apfelkuchen   1
```

Die Anzahl der zu einem Picknick mitgebrachten Dinge erscheint zunächst so einfach, dass Sie meinen könnten, dafür kein Programm schreiben zu müssen. Bedenken Sie jedoch, dass dieselbe Funktion `mitgebracht()` problemlos ein Dictionary mit Tausenden von Gästen verarbeiten kann, von denen jeder Tausende verschiedene Picknick-Dinge beisteuert. In einem solchen Fall würde es Ihnen viel Zeit sparen, diese Informationen in einer Datenstruktur zusammen mit der Funktion `mitgebracht()` zu verwalten!

Sie können Elemente mithilfe von Datenstrukturen ganz nach Ihren Vorstellungen modellieren, solange der restliche Code Ihres Programms korrekt mit dem Datenmodell arbeitet. Wenn Sie mit dem Programmieren beginnen, machen Sie sich zunächst keine allzu großen Gedanken darüber, auf welche »richtige« Weise Sie Daten modellieren. Mit wachsender Erfahrung werden Sie vermutlich effizientere Modelle entwickeln; wichtig ist, dass das Datenmodell den Anforderungen Ihres Programms gerecht wird.

Zusammenfassung

In diesem Kapitel haben Sie alles Wichtige über Dictionaries gelernt. Sowohl Listen als auch Dictionaries können mehrere Werte enthalten – darunter auch weitere Listen oder Dictionaries. Dictionaries sind besonders nützlich, weil sie es ermöglichen, einem Element (dem Schlüssel) ein anderes Element (den Wert) zuzuordnen, während Listen lediglich eine Folge von Werten in einer bestimmten Reihenfolge speichern. Auf die Werte in einem Dictionary greifen Sie – wie bei Listen – mit eckigen Klammern zu. Statt Ganzzahl-Indizes verwenden Dictionaries jedoch Schlüssel unterschiedlicher Datentypen, etwa Ganzzahlen, Fließkommazahlen, Strings oder Tupel. Durch die Organisation von Werten in solchen Datenstrukturen lassen sich Abbildungen realer Objekte schaffen, wie zum Beispiel das in diesem Kapitel modellierte Schachbrett.

Übungsfragen

1. Wie sieht der Code für ein leeres Dictionary aus?
2. Wie sieht ein Dictionary mit dem Schlüssel `'foo'` und dem Wert `42` aus?
3. Was ist der Hauptunterschied zwischen einem Dictionary und einer Liste?
4. Was passiert, wenn Sie versuchen, auf `spam['foo']` zuzugreifen, wenn `spam` den Wert `{'bar': 100}` hat?
5. Wenn ein Dictionary in `spam` gespeichert ist, worin besteht der Unterschied zwischen den Ausdrücken `'Katze' in spam` und `'Katze' in spam.keys()`?

6. Wenn ein Dictionary in `spam` gespeichert ist, worin besteht der Unterschied zwischen den Ausdrücken `'Katze' in spam` und `'Katze' in spam.values()`?
7. Wie lautet eine Kurzform für den folgenden Code?

```
if 'farbe' not in spam:
    spam['farbe'] = 'schwarz'
```

8. Welches Modul und welche Funktion können Sie verwenden, um die Werte eines Dictionarys übersichtlich auszugeben?

Übungsprogramme

Schreiben Sie zur Übung Programme, die die folgenden Aufgaben ausführen.

Schach-Dictionary-Validator

In diesem Kapitel haben wir das Dictionary `{'h1': 'bK', 'c6': 'wQ', 'g2': 'bB', 'h5': 'bQ', 'e3': 'wK'}` verwendet, um ein Schachbrett darzustellen. Schreiben Sie eine Funktion mit dem Namen `ist_gültiges_schachbrett()`, die ein Dictionary als Argument erhält und `True` oder `False` zurückgibt, je nachdem, ob das Schachbrett gültig ist oder nicht.

Ein gültiges Schachbrett enthält genau einen schwarzen und genau einen weißen König. Jeder Spieler darf höchstens 16 Figuren besitzen, von denen maximal acht Bauern sein dürfen; außerdem müssen sich alle Figuren auf einem gültigen Quadrat von `'1a'` bis `'8h'` befinden. Das bedeutet, dass sich eine Figur nicht auf dem Quadrat `'9z'` befinden darf. Die Namen der Figuren sollten entweder mit einem `'w'` oder einem `'b'` beginnen, um weiß oder schwarz zu kennzeichnen, gefolgt von `'pawn'`, `'knight'`, `'bishop'`, `'rook'`, `'queen'` oder `'king'`. Diese Funktion soll erkennen, wenn ein Fehler zu einem ungültigen Schachbrett geführt hat. (Dies ist keine vollständige Liste der Anforderungen, aber sie ist für diese Übung ausreichend.)

Fantasy-Spiel-Inventar

Nehmen wir an, Sie entwickeln ein mittelalterliches Fantasy-Videospiel. Die Datenstruktur zur Modellierung des Inventars des Spielers ist ein Dictionary, dessen Schlüssel Strings sind, die den Gegenstand im Inventar beschreiben, und dessen Werte Ganzzahlen, die angeben, wie viele Exemplare dieses Gegenstands der Spieler besitzt. Zum Beispiel bedeutet das Dictionary `{'Seil': 1, 'Fackel': 6, 'Goldstück': 42, 'Dolch': 1, 'Pfeil': 12}`, dass der Spieler ein Seil, sechs Fackeln, 42 Goldstücke usw. besitzt.

Schreiben Sie eine Funktion mit dem Namen zeige_inventar(), die jedes beliebige »Inventar« entgegennimmt und es wie folgt anzeigt:

```
Inventar:
1 Dolch
6 Fackel
42 Goldstück
12 Pfeil
1 Seil
Anzahl der Elemente: 62
```

Hinweis: Sie können eine for-Schleife verwenden, um alle Schlüssel in einem Dictionary zu durchlaufen.

```
zeug = {'Seil': 1, 'Fackel': 6, 'Goldstück': 42, 'Dolch': 1, 'Pfeil': 12}

def zeige_inventar(inventar):
    print("Inventar:")
    gesamt_anzahl = 0
    for k, v in inventar.items():
        # DIESEN TEIL AUSFÜLLEN
    print("Anzahl der Elemente: " + str(gesamt_anzahl))

zeige_inventar(zeug)
```

Listen-zu-Dictionary-Beute-Umwandlung

Stellen Sie sich vor, dass im selben Fantasy-Videospiel die Beute eines besiegten Drachen als Liste von Strings dargestellt wird, wie in diesem Beispiel:

```
drachenschatz = ['Goldstück', 'Dolch', 'Goldstück', 'Goldstück',
'Rubin']
```

Schreiben Sie eine Funktion mit dem Namen inventar_dazu(inventar, dinge_dazu). Der inventar-Parameter ist ein Dictionary, das das Inventar des Spielers repräsentiert (wie im vorherigen Projekt), und der singe_dazu-Parameter ist eine Liste, wie drachenschatz. Die Funktion inventar_dazu() sollte ein Dictionary zurückgeben, das das aktualisierte Inventar des Spielers darstellt. Beachten Sie, dass die Liste dinge_dazu mehrere Exemplare desselben Elements enthalten kann.

Ihr Code könnte beispielsweise folgendermaßen aussehen:

```
def inventar_dazu(inventar, dinge_dazu):
    # Ihr Code kommt hierhin.

inv = {'Goldstück': 42, 'Seil': 1}
drachenschatz = ['Goldstück', 'Dolch', 'Goldstück', 'Goldstück',
'Rubin']
inv = inventar_dazu(inv, dragon_loot)
zeige_inventar(inv)
```

Das vorherige Programm (mit Ihrer Funktion `zeige_inventar()` aus dem vorherigen Projekt) würde Folgendes ausgeben:

```
Inventar:
1 Dolch
45 Goldstück
1 Rubin
1 Seil

Anzahl der Elemente: 48
```

8

Strings und Textbearbeitung

Text ist eine der häufigsten Datenformen, mit denen Ihre Programme umgehen werden. Sie wissen bereits, wie Sie zwei Strings mit dem +-Operator verknüpfen, doch Sie können weitaus mehr tun: etwa Teilstrings aus Strings extrahieren, Abstände hinzufügen oder entfernen, Buchstaben in Klein- oder Großbuchstaben umwandeln oder die korrekte Formatierung von Strings überprüfen. Sie können sogar Python-Code schreiben, um auf die Zwischenablage zuzugreifen, die zum Kopieren und Einfügen von Text genutzt wird.

In diesem Kapitel erfahren Sie all das – und noch viel mehr. Anschließend bearbeiten Sie ein Programmierprojekt, mit dem Sie die lästige Aufgabe automatisieren, Aufzählungspunkte zu Text hinzuzufügen.

Arbeiten mit Strings

Schauen wir uns einige Wege an, wie Python es Ihnen ermöglicht, Strings im Code zu schreiben, auszugeben und darauf zuzugreifen.

String-Literale

Während String-Werte im Speicher des Programms liegen, bezeichnet man die Strings, die buchstäblich in unserem Code erscheinen, als String-Literale. String-Literale in Python zu schreiben, ist unkompliziert: Sie beginnen und enden mit einem einfachen Anführungszeichen, dazwischen steht der Text des Strings. Doch wie können Sie Anführungszeichen innerhalb eines Strings verwenden? Wenn Sie `'Wie geht's dir?'` eingeben, funktioniert das nicht, da Python denkt, der String endet nach `geht` und behandelt den Rest (`s dir?'`) als ungültigen Python-Code. Glücklicherweise gibt es mehrere Möglichkeiten, String-Literale zu schreiben. Der Ausdruck String bezeichnet im Kontext eines laufenden Programms einen String-Wert und beim Schreiben von Python-Quellcode ein String-Literal.

Doppelte Anführungszeichen

String-Literale können mit doppelten oder einzelnen Anführungszeichen beginnen und enden. Ein Vorteil der doppelten Anführungszeichen ist, dass der String ein einzelnes Anführungszeichen enthalten darf. Geben Sie dazu Folgendes in die interaktive Shell ein:

```
>>> spam = "Das ist Max' Katze."
```

Da der String mit einem doppelten Anführungszeichen beginnt, erkennt Python das einfache Anführungszeichen als Teil des Strings und nicht als Ende des Strings. Wenn Sie jedoch sowohl einfache als auch doppelte Anführungszeichen im String verwenden möchten, müssen Sie Escape-Zeichen einsetzen.

Escape-Zeichen

Ein *Escape-Zeichen* erlaubt es Ihnen, ein Zeichen zu nutzen, das Sie sonst nicht in ein String-Literal einfügen könnten. Eine Escape-Sequenz besteht aus dem Escape-Zeichen Backslash (\), gefolgt von dem Zeichen, das Sie zum String hinzufügen möchten. Zum Beispiel ist `\'` die Escape-Sequenz für ein einfaches Anführungszeichen und `\n` die Escape-Sequenz für ein Zeilenumbruch-Zeichen. Sie können diese Syntax innerhalb eines Strings verwenden, der mit einfachen Anführungszeichen beginnt und endet. Um zu sehen, wie ein Escape-Zeichen funktioniert, geben Sie Folgendes in die interaktive Shell ein:

```
>>> spam = 'Sage hallo zu Max\'s Mutter.'
```

Python erkennt, dass das einfache Anführungszeichen in `Max\'s` durch den Backslash kein String-Ende darstellt. Mit den Escape-Sequenzen `\'` und `\"` können Sie einfache beziehungsweise doppelte Anführungszeichen zu Ihren Strings hinzufügen. Tabelle 8.1 listet die Escape-Sequenzen auf, die Sie verwenden können.

Escape-Sequenz	Bedeutet
`\'`	einfaches Anführungszeichen
`\"`	doppeltes Anführungszeichen
`\t`	Tab
`\n`	Zeilenumbruch (neue Zeile)
`\\`	Backslash

Tab. 8.1 *Escape-Sequenzen*

Zum Üben geben Sie Folgendes in die interaktive Shell ein:

```
>>> print('Hallo!\nWie geht\'s?\nMir geht's gut.")
Hallo!
Wie geht's?
Mir geht's gut.
```

Beachten Sie, dass der \ Backslash eine Escape-Sequenz einleitet. Möchten Sie einen echten Backslash in Ihrem String verwenden, müssen Sie die Escape-Sequenz \\ nutzen.

Raw-Strings

Sie können ein `r` vor das öffnende Anführungszeichen eines String-Literals setzen, um daraus einen Raw-String zu machen. Ein Raw-String erleichtert die Eingabe von Strings mit Backslashes, da sämtliche Escape-Zeichen ignoriert werden. Geben Sie beispielsweise Folgendes in die interaktive Shell ein:

```
>>> print(r'Die Datei befindet sich in C:\Benutzer\Alice\Desktop')
Die Datei befindet sich in C:\Benutzer\Alice\Desktop
```

Da dies ein Raw-String ist, betrachtet Python den Backslash als Teil des Strings und nicht als Escape-Zeichen:

```
>>> print('Hallo...\n\n...Welt!')  # Ohne Raw-String
Hallo...

...Welt!
>>> print(r'Hallo...\n\n...Welt!')  # Als Raw-String
Hallo...\n\n...Welt!
```

Raw-Strings sind praktisch, wenn Ihre String-Werte viele Backslashes enthalten, etwa bei Strings für Windows-Dateipfade wie `r'C:\Benutzer\Al\Desktop'` oder bei Strings für reguläre Ausdrücke, die im nächsten Kapitel erläutert werden.

Mehrzeilige Strings

Sie können zwar die Escape-Sequenz `\n` verwenden, um einen Zeilenumbruch in einen String einzufügen, aber oft ist es einfacher, mehrzeilige Strings zu nutzen. Ein mehrzeiliger String in Python beginnt und endet entweder mit drei einfachen oder drei doppelten Anführungszeichen. Alle Anführungszeichen, Tabs oder Zeilenumbrüche zwischen den »dreifachen Anführungszeichen« gehören zum String. Die Einrückungsregeln von Python für Blöcke gelten nicht für Zeilen innerhalb eines mehrzeiligen Strings.

Öffnen Sie zum Beispiel den Dateieditor und geben Sie Folgendes ein:

```
print('''Liebe Alice,

kannst du Max' Katze dieses Wochenende füttern?

Mit freundlichen Grüßen
Bob''')
```

Speichern Sie dieses Programm als *feedcat.py* und führen Sie es aus. Die Ausgabe sieht folgendermaßen aus:

```
Liebe Alice,

kannst du Max' Katze dieses Wochenende füttern?

Mit freundlichen Grüßen
Bob
```

Beachten Sie, dass das einfache Anführungszeichen in `Max'` nicht mit einem Escape-Zeichen versehen werden muss. Das Maskieren von einfachen und doppelten Anführungszeichen ist in mehrzeiligen Strings optional:

```
print("Liebe Alice,\n\nkannst du Max' Katze dieses Wochenende
füttern?\n\nMit freundlichen Grüßen\nBob")
```

Dieser `print()`-Aufruf gibt denselben Text aus, verwendet aber keinen mehrzeiligen String.

Mehrzeilige Kommentare

Während das Doppelkreuz (#) den Beginn eines Kommentars für den Rest der Zeile markiert, nutzt man für Kommentare über mehrere Zeilen hinweg häufig einen mehrzeiligen String:

```
"""Dies ist ein Test-Python-Programm.
Geschrieben von Al Sweigart al@inventwithpython.com

Dieses Programm wurde für Python 3 entwickelt, nicht für Python 2.
"""

def sag_hallo():
    """Diese Funktion gibt Hallo aus.
    Sie gibt nichts zurück."""
    print('Hallo!')
```

Der mehrzeilige String in diesem Beispiel ist vollkommen gültiger Python-Code.

Indizes und Slices

Strings verwenden Indizes und Slices genauso wie Listen. Sie können sich den String `'Hallo, Welt!'` als Liste vorstellen, wobei jedes Zeichen im String ein Element mit passendem Index und negativem Index ist:

```
'   H   a   l   l   o   ,       W   e   l   t   !  '
    0   1   2   3   4   5   6   7   8   9  10  11
  -12 -11 -10  -9  -8  -7  -6  -5  -4  -3  -2  -1
```

Das Leerzeichen und das Ausrufezeichen werden mitgezählt, daher ist `'Hallo, Welt!'` 12 Zeichen lang, von `H` an Index 0 bis `!` an Index 11.
Geben Sie Folgendes in die interaktive Shell ein:

```
>>> begruessung = 'Hallo, Welt!'
>>> begruessung[0]
'H'
>>> begruessung[4]
'o'
>>> begruessung[-1]
'!'
>>> begruessung[0:5]
'Hallo'
>>> begruessung[:5]
'Hallo'
>>> begruessung[7:-1]
'Welt'
>>> begruessung[7:]
'Welt!'
```

Wenn Sie einen Index angeben, erhalten Sie das Zeichen an dieser Position im String. Wenn Sie einen Bereich von einem Index zum anderen angeben, wird der Startindex einbezogen, der Endindex jedoch nicht. Deshalb ergibt `begruessung[0:5]` bei `begruessung = 'Hallo, Welt!'` den Wert `'Hallo'`. Der Teilstring, den Sie mit `begruessung[0:5]` erhalten, schließt alles von `begruessung[0]` bis `begruessung[4]` ein, lässt jedoch das Komma an Index 5 und das Leerzeichen an Index 6 aus. Ähnlich verhält es sich mit `range(5)`, wodurch eine `for`-Schleife bis, aber nicht einschließlich 5 iteriert.

Beachten Sie, dass das Slicing eines Strings den ursprünglichen String nicht verändert. Sie können einen Ausschnitt aus einer Variablen in einer separaten Variablen speichern. Probieren Sie Folgendes in der interaktiven Shell aus:

```
>>> begruessung = 'Hallo, Welt!'
>>> begruessung_ausschnitt = begruessung[0:5]
>>> begruessung_ausschnitt
'Hallo'
>>> begruessung
'Hallo, Welt!'
```

Indem Sie einen Ausschnitt per Slicing erfassen und das Ergebnis in einer anderen Variablen speichern, stehen Ihnen sowohl der komplette String als auch der Teilstring bequem zur Verfügung.

Die in- und not in-Operatoren

Sie können die `in`- und `not in`-Operatoren mit Strings ebenso verwenden wie mit Listenwerten. Ein Ausdruck, der zwei Strings durch `in` oder `not in` verbindet, ergibt einen booleschen Wert: `True` oder `False`. Geben Sie Folgendes in die interaktive Shell ein:

```
>>> 'Hallo' in 'Hallo, Welt'
True
>>> 'Hallo' in 'Hallo'
True
>>> 'HALLO' in 'Hallo, Welt'
False
>>> '' in 'Spam'
True
>>> 'Katzen' not in 'Katzen und Hunde'
False
```

Diese Ausdrücke prüfen, ob der erste String (einschließlich Groß- und Kleinschreibung) im zweiten String enthalten ist.

f-Strings

Das Einfügen von Strings in andere Strings gehört zu den häufigsten Operationen beim Programmieren. Bisher haben Sie dafür den +-Operator und die String-Verkettung genutzt:

```
>>> name = 'Al'
>>> alter = 4000
>>> 'Hallo, mein Name ist ' + name + '. Ich bin ' + str(alter) + '
Jahre alt.'
'Hallo, mein Name ist Al. Ich bin 4000 Jahre alt.'
>>> 'In zehn Jahren werde ich ' + str(alter + 10) + ' sein.'
'In zehn Jahren werde ich 4010 sein.'
```

Das ist jedoch mit viel umständlichem Tippen verbunden. Mit *f-Strings* geht es deutlich einfacher: Sie können Variablennamen oder ganze Ausdrücke direkt in einen String einfügen. Wie das Präfix `r` bei Raw-Strings steht bei f-Strings das `f`-Präfix vor dem ersten Anführungszeichen. Geben Sie Folgendes in die interaktive Shell ein:

```
>>> name = 'Al'
>>> alter = 4000
>>> f'Mein Name ist {name}. Ich bin {alter} Jahre alt.'
'Mein Name ist Al. Ich bin 4000 Jahre alt.'
>>> f'In zehn Jahren werde ich {alter + 10} sein.'
'In zehn Jahren werde ich 4010 sein.'
```

Alles zwischen den geschweiften Klammern (`{}`) wird so interpretiert, als ob es an `str()` übergeben und mit dem +-Operator mitten im String verknüpft wird. Wenn Sie in einem f-String wörtliche geschweifte Klammern verwenden müssen, nutzen Sie doppelte geschweifte Klammern:

```
>>> name = 'Sophie'
>>> f'{name}'
'Sophie'
>>> f'{{name}}'  # Doppelte {{ und }} werden zu { und }.
'{name}'
```

F-Strings sind ein nützliches Feature in Python, wurden jedoch erst mit Version 3.6 eingeführt. In älterem Python-Code stoßen Sie eventuell auf alternative Techniken.

Alternativen zu f-Strings: %s und format()

In Python-Versionen vor 3.6 gab es andere Möglichkeiten, Strings in andere Strings einzufügen. Die erste Möglichkeit ist die *String-Interpolation*, bei der Strings einen %s-Formatbezeichner enthalten, den Python durch einen anderen String ersetzt. Geben Sie beispielsweise Folgendes in die interaktive Shell ein:

```
>>> name = 'Al'
>>> alter = 4000
>>> 'Mein Name ist %s. Ich bin %s Jahre alt.' % (name, alter)
'Mein Name ist Al. Ich bin 4000 Jahre alt.'
>>> 'In zehn Jahren werde ich %s sein.' % (alter+ 10)
'In zehn Jahren werde ich 4010 sein.'
```

Python ersetzt das erste %s durch den ersten Wert in den Klammern nach dem String, das zweite %s durch den zweiten String usw. Dies funktioniert ebenso gut wie f-Strings, wenn Sie nur ein oder zwei Strings einfügen möchten, aber f-Strings sind meist übersichtlicher, wenn mehrere Strings eingefügt werden müssen.

Die nächste Möglichkeit, Strings in andere Strings einzufügen, ist die format()-String-Methode. Sie können ein Paar geschweifte Klammern verwenden, um zu kennzeichnen, wo die Strings eingefügt werden sollen, genau wie das %s bei der String-Interpolation. Geben Sie Folgendes in die interaktive Shell ein:

```
>>> name = 'Al'
>>> alter = 4000
>>> 'Mein Name ist {}. Ich bin {} Jahre alt.'.format(name, alter)
'Mein Name ist Al. Ich bin 4000 Jahre alt.'
```

Die Methode format() verfügt über einige weitere Funktionen als die %s-String-Interpolation. Sie können die Index-Ganzzahl (beginnend bei 0) in die geschweiften Klammern setzen, um anzugeben, welches der Argumente an format() eingefügt wird. Das ist hilfreich, wenn Sie Strings mehrfach oder in anderer Reihenfolge einfügen möchten:

```
>>> name = 'Al'
>>> alter = 4000
>>> '{1} Jahre zuvor wurde {0} geboren und {0} genannt.'.format(name,
alter)
'4000 Jahre zuvor wurde Al geboren und Al genannt.'
```

Die meisten Programmierer bevorzugen f-Strings gegenüber diesen beiden Alternativen. Trotzdem sollten Sie sie kennen, da Sie ihnen im bestehenden Code begegnen könnten.

Nützliche String-Methoden

Mehrere String-Methoden analysieren Strings oder erzeugen veränderte String-Werte. In diesem Abschnitt werden die Methoden vorgestellt, die Sie am häufigsten verwenden.

Groß- und Kleinschreibung ändern

Die String-Methoden `upper()` und `lower()` liefern einen neuen String, in dem alle Buchstaben aus dem Original jeweils in Groß- bzw. Kleinbuchstaben umgewandelt sind. Zeichen, die keine Buchstaben sind, bleiben im String unverändert. Geben Sie beispielsweise Folgendes in die interaktive Shell ein:

```
>>> spam = 'Hallo, Welt!'
>>> spam = spam.upper()
>>> spam
'HALLO, WELT!'
>>> spam = spam.lower()
>>> spam
'hallo, welt!'
```

Beachten Sie, dass diese Methoden den String selbst nicht verändern, sondern neue Strings zurückgeben. Wenn Sie den ursprünglichen String ändern möchten, müssen Sie `upper()` oder `lower()` auf den String anwenden und den neuen String dann der Variable zuweisen, die den ursprünglichen Wert gespeichert hat. Deshalb müssen Sie `spam = spam.upper()` verwenden, um den String in `spam` zu ändern, anstatt einfach nur `spam.upper()` zu schreiben. (Das ist vergleichbar mit einer Variable `eggs`, die den Wert `10` enthält. Wenn Sie `eggs + 3` schreiben, ändert sich der Wert von `eggs` nicht, aber mit `eggs = eggs + 3` sehr wohl.)

Die Methoden `upper()` und `lower()` sind hilfreich, wenn Sie einen Vergleich ohne Berücksichtigung der Groß- und Kleinschreibung durchführen möchten. Zum Beispiel sind die Strings `'klasse'` und `'KLAsse'` nicht gleich, doch im folgenden kleinen Programm kann man `Klasse`, `KLASSE` oder `klaSSE` eingeben, weil der Code den String in Kleinbuchstaben umwandelt:

```
print('Wie geht es dir?')
gefuehl = input()
if gefuehl.lower() == 'klasse':
    print('Mir geht es auch großartig.')
else:
    print('Ich hoffe, der Rest deines Tages ist gut.')
```

Wenn Sie dieses Programm ausführen, wird eine Frage angezeigt, und jede Variante von `klasse` wie etwa `KLAsse` führt zur Ausgabe `Mir geht es auch großar-`

tig. Indem Sie Ihrem Programm Code hinzufügen, der auf verschiedene Schreibweisen oder Tippfehler bei der Eingabe, zum Beispiel bei der Groß- und Kleinschreibung, reagiert, machen Sie Ihre Programme benutzerfreundlicher und robuster:

```
Wie geht es dir?
KLAsse
Mir geht es auch großartig.
```

Die Methoden `isupper()` und `islower()` geben einen booleschen Wert `True` zurück, wenn der String mindestens einen Buchstaben enthält und alle Buchstaben entweder Groß- oder Kleinbuchstaben sind. Andernfalls gibt die Methode `False` zurück. Geben Sie Folgendes in die interaktive Shell ein und achten Sie darauf, was jeder Methodenaufruf zurückgibt:

```
>>> spam = 'Hallo, Welt!'
>>> spam.islower()
False
>>> spam.isupper()
False
>>> 'HALLO'.isupper()
True
>>> 'abc12345'.islower()
True
>>> '12345'.islower()
False
>>> '12345'.isupper()
False
```

Da die `upper()`- und `lower()`-Methoden selbst wieder Strings zurückgeben, können Sie auch String-Methoden auf *diese* zurückgegebenen Strings anwenden:

```
>>> 'Hallo'.upper()
'HALLO'
>>> 'Hallo'.upper().lower()
'hallo'
>>> 'Hallo'.upper().lower().upper()
'HALLO'
>>> 'HALLO'.lower()
'hallo'
>>> 'HALLO'.lower().islower()
True
```

Solche Ausdrücke bilden, wie hier zu sehen, eine Kette von Methodenaufrufen.

Überprüfen von String-Eigenschaften

Zusammen mit `islower()` und `isupper()` tragen mehrere weitere String-Methoden Namen, die mit dem Wort *is* beginnen. Diese Methoden liefern einen booleschen Wert zurück, der die Eigenschaften des Strings beschreibt. Hier finden Sie einige typische `is()`-String-Methoden:

- **`isalpha()`** gibt `True` zurück, wenn der String ausschließlich aus Buchstaben besteht und nicht leer ist.
- **`isalnum()`** gibt `True` zurück, wenn der String ausschließlich aus Buchstaben und Zahlen (alphanumerisch) besteht und nicht leer ist.
- **`isdecimal()`** gibt `True` zurück, wenn der String ausschließlich aus numerischen Zeichen besteht und nicht leer ist.
- **`isspace()`** gibt `True` zurück, wenn der String ausschließlich aus Leerzeichen, Tabs und Zeilenumbrüchen besteht und nicht leer ist.
- **`istitle()`** gibt `True` zurück, wenn der String ausschließlich aus Wörtern besteht, die mit einem Großbuchstaben beginnen, gefolgt von Kleinbuchstaben.

Geben Sie Folgendes in die interaktive Shell ein:

```
>>> 'hallo'.isalpha()
True
>>> 'hallo123'.isalpha()
False
>>> 'hallo123'.isalnum()
True
>>> 'hallo'.isalnum()
True
>>> '123'.isdecimal()
True
>>> '    '.isspace()
True
>>> 'Dies Ist Titelgroßschreibung'.istitle()
True
```

Die `isX()`-String-Methoden sind äußerst hilfreich, wenn Sie Benutzereingaben überprüfen möchten. Zum Beispiel fordert das folgende Programm die Nutzer wiederholt dazu auf, ihr Alter und ein Passwort einzugeben, bis beide Eingaben gültig sind. Öffnen Sie ein neues Fenster im Dateieditor und geben Sie dieses Programm ein. Speichern Sie es anschließend unter *validateInput.py*:

```
while True:
    print('Gib dein Alter ein:')
    alter = input()
    if alter.isdecimal():
        break
    print('Bitte gib eine Zahl für dein Alter ein.')

while True:
    print('Wähle ein neues Passwort (nur Buchstaben und Zahlen):')
    passwort = input()
    if passwort.isalnum():
        break
    print('Passwörter dürfen nur Buchstaben und Zahlen enthalten.')
```

In der ersten `while`-Schleife bitten wir um die Eingabe des Alters und speichern die Eingabe in `alter`. Ist `alter` ein gültiger (dezimaler) Wert, verlassen wir die erste `while`-Schleife und fahren mit der zweiten fort, die nach einem Passwort fragt. Andernfalls teilen wir mit, dass eine Zahl eingegeben werden muss, und fordern erneut auf, das Alter einzugeben. In der zweiten `while`-Schleife bitten wir um ein Passwort, speichern die Eingabe in `password` und verlassen die Schleife, wenn die Eingabe alphanumerisch ist. Ist dies nicht der Fall, sind wir nicht zufrieden, daher teilen wir dem Nutzer mit, dass das Passwort alphanumerisch sein muss, und fordern erneut auf, ein Passwort einzugeben.

Wird das Programm ausgeführt, sieht die Ausgabe folgendermaßen aus:

```
Bitte gib dein Alter ein:
zweiundvierzig
Bitte gib eine Zahl für dein Alter ein.
Bitte gib dein Alter ein:
42
Wähle ein neues Passwort (nur Buchstaben und Zahlen):
secr3t!
Passwörter dürfen nur Buchstaben und Zahlen enthalten.
Wähle ein neues Passwort (nur Buchstaben und Zahlen):
secr3t
```

Indem Sie `isdecimal()` und `isalnum()` auf Variablen aufrufen, können Sie testen, ob die in diesen Variablen gespeicherten Werte dezimal oder alphanumerisch sind. In diesem Fall helfen diese Tests, die Eingabe `zweiundvierzig` abzulehnen, aber `42` zu akzeptieren – und `secr3t!` abzulehnen, aber `secr3t` zu erlauben.

Den Anfang oder das Ende eines Strings überprüfen

Die Methoden `startswith()` und `endswith()` geben `True` zurück, wenn der String, auf dem sie aufgerufen werden, jeweils mit dem an die Methode übergebenen String beginnt oder endet; andernfalls erhalten Sie `False`. Geben Sie Folgendes in die interaktive Shell ein:

```
>>> 'Hallo, Welt!'.startswith('Hallo')
True
>>> 'Hallo, Welt!'.endswith('Welt!')
True
>>> 'abc123'.startswith('abcdef')
False
>>> 'abc123'.endswith('12')
False
>>> 'Hallo, Welt!'.startswith('Hallo, Welt!')
True
>>> 'Hallo, Welt!'.endswith('Hallo, Welt!')
True
```

Diese Methoden sind nützliche Alternativen zum Gleichheitsoperator (==), wenn Sie nur überprüfen wollen, ob der Anfang oder das Ende des Strings – statt des gesamten Strings – mit einem anderen String übereinstimmt.

Strings zusammenfügen und aufteilen

Die Methode `join()` ist hilfreich, wenn Sie eine Liste von Strings zu einem einzigen String verbinden möchten. Man ruft die Methode `join()` auf einem String auf, übergibt ihr eine Liste von Strings und erhält als Rückgabewert die Verkettung aller Strings aus der übergebenen Liste. Geben Sie beispielsweise Folgendes in die interaktive Shell ein:

```
>>> ', '.join(['Hund', 'Katze', 'Maus'])
'Hund, Katze, Maus'
>>> ' '.join(['Mein', 'Name', 'ist', 'Simon'])
'Mein Name ist Simon'
>>> 'ABC'.join(['Mein', 'Name', 'ist', 'Simon'])
'MeinABCNameABCistABCSimon'
```

Beachten Sie, dass der String, auf dem `join()` aufgerufen wird, zwischen jedem Element des Listenarguments eingefügt wird. Zum Beispiel, wenn Sie `join(['Hund', 'Katze', 'Maus'])` auf den String `', '` anwenden, gibt es den String `'Hund, Katze Maus'` zurück.

Denken Sie daran: Sie wenden `join()` auf einen String an und übergeben ihm eine Liste. (Es ist schnell mal versehentlich andersherum gemacht.) Die Methode `split()` funktioniert genau umgekehrt: Sie wenden sie auf einen String an, woraufhin sie eine Liste von Strings zurückgibt. Geben Sie Folgendes in die interaktive Shell ein:

```
>>> 'Mein Name ist Simon'.split()
['Mein', 'Name', 'ist', 'Simon']
```

Standardmäßig trennt die Methode den String `'Mein Name ist Simon'` überall dort, wo sie Leerraum wie Leerzeichen, Tabulator oder Zeilenumbruchzeichen findet. Diese Leerraum-Zeichen sind in den Strings der zurückgegebenen Liste nicht enthalten. Sie können der Methode `split()` einen Trennzeichen-String übergeben, um ein alternatives Trennzeichen festzulegen. Geben Sie beispielsweise Folgendes in die interaktive Shell ein:

```
>>> 'MeinABCNameABCistABCSimon'.split('ABC')
['Mein', 'Name', 'ist', 'Simon']
>>> 'Mein Name ist Simon'.split('m')
['Mein Na', 'e ist Si', 'on']
```

Eine häufige Anwendung von `split()` ist das Aufteilen eines mehrzeiligen Strings anhand der Zeilenumbruchzeichen. Geben Sie beispielsweise Folgendes in die interaktive Shell ein:

```
>>> spam = '''Liebe Alice,
... Im Kühlschrank steht eine Milchflasche
... die mit "Milch-Experiment" beschriftet ist.
...
... Bitte trinke sie nicht.
... Mit freundlichen Grüßen,
... Bob'''
...
>>> spam.split('\n')
['Liebe Alice,', 'Im Kühlschrank steht eine Milchflasche',
'die mit "Milch-Experiment" beschriftet ist.', '', 'Bitte trinke sie
nicht.',
'Mit freundlichen Grüßen,', 'Bob']
```

Wenn Sie `split()` das Argument `'\n'` übergeben, können Sie den mehrzeiligen String in `spam` an den Zeilenumbrüchen teilen und Sie erhalten eine Liste, in der jedes Element einer Zeile des Strings entspricht.

Text ausrichten und zentrieren

Die String-Methoden `rjust()` und `ljust()` liefern eine aufgefüllte Version des Strings, wobei Leerzeichen eingefügt werden, um den Text auszurichten. Das erste Argument beider Methoden ist eine Ganzzahl, die die gewünschte Länge des ausgerichteten Strings angibt. Geben Sie Folgendes in die interaktive Shell ein:

```
>>> 'Hallo'.rjust(10)
'     Hallo'
>>> 'Hallo'.rjust(20)
'               Hallo'
>>> 'Hallo, Welt'.rjust(20)
'         Hallo, Welt'
>>> 'Hallo'.ljust(10)
'Hallo     '
```

Der Code `'Hallo'.rjust(10)` besagt, dass Sie `'Hallo'` in einem String mit insgesamt `10` Zeichen rechtsbündig ausrichten möchten. `'Hallo'` besteht aus fünf Zeichen, daher werden fünf Leerzeichen links ergänzt. So erhalten Sie einen String mit zehn Zeichen, in dem `'Hallo'` rechtsbündig steht.

Ein optionales zweites Argument bei `rjust()` und `ljust()` bestimmt ein Füllzeichen, das statt eines Leerzeichens verwendet wird. Geben Sie Folgendes in die interaktive Shell ein:

```
>>> 'Hallo'.rjust(20, '*')
'***************Hallo'
>>> 'Hallo'.ljust(20, '-')
'Hallo---------------'
```

Die String-Methode `center()` funktioniert wie `ljust()` und `rjust()`, richtet den Text jedoch zentriert statt links- oder rechtsbündig aus. Geben Sie Folgendes in die interaktive Shell ein:

```
>>> 'Hallo'.center(20)
'       Hallo        '
>>> 'Hallo'.center(20, '=')
'=======Hallo========'
```

Jetzt ist der ausgegebene Text zentriert.

Entfernen von Leerzeichen

Manchmal möchten Sie Leerraum-Zeichen (Leerzeichen, Tabulatoren und Zeilenumbrüche) vom linken, rechten oder von beiden Enden eines Strings entfernen. Die String-Methode `strip()` gibt einen neuen String zurück, bei dem sämtlicher Leerraum von Anfang und Ende entfernt wurde, während die Methoden `lstrip()` und `rstrip()` den Leerraum nur am linken bzw. rechten Rand entfernen. Geben Sie Folgendes in die interaktive Shell ein:

```
>>> spam = '    Hallo, Welt    '
>>> spam.strip()
'Hallo, Welt'
>>> spam.lstrip()
'Hallo, Welt    '
>>> spam.rstrip()
'    Hallo, Welt'
```

Optional kann ein String-Argument festlegen, welche Zeichen an den Enden entfernt werden sollen. Geben Sie Folgendes in die interaktive Shell ein:

```
>>> spam = 'SpamSpamBaconSpamEggsSpamSpam'
>>> spam.strip('ampS')
'BaconSpamEggs'
```

Wenn Sie `strip()` das Argument `'ampS'` übergeben, wird die Methode angewiesen, Vorkommen von `a`, `m`, `p` und `S` an den Enden des in `spam` gespeicherten Strings zu entfernen. Die Reihenfolge der Zeichen im an `strip()` übergebenen String spielt keine Rolle: `strip('ampS')` bewirkt dasselbe wie `strip('mapS')` oder `strip('Spam')`.

Numerische Codepunkte von Zeichen

Computer speichern Informationen als *Bytes* (Folgen von binären Zahlen), weshalb wir Text in Zahlen umwandeln müssen. Daher besitzt jedes Textzeichen einen entsprechenden numerischen Wert, der als *Unicode-Codepoint* bezeichnet wird. Zum Beispiel beträgt der numerische Codepoint für `'A'` `65`, für `'4'` `52` und für `'!'` `33`. Sie können die Funktion `ord()` verwenden, um den Codepoint eines ein Zeichen langen Strings zu erhalten, und die Funktion `chr()`, um aus einem Ganzzahl-Codepoint den entsprechenden einstelligen String zu erzeugen. Geben Sie Folgendes in die interaktive Shell ein:

```
>>> ord('A')
65
>>> ord('4')
52
>>> ord('!')
33
>>> chr(65)
'A'
```

Diese Funktionen sind hilfreich, wenn Sie Zeichen sortieren oder mathematische Operationen mit Zeichen durchführen möchten:

```
>>> ord('B')
66
>>> ord('A') < ord('B')
True
>>> chr(ord('A'))
'A'
>>> chr(ord('A') + 1)
'B'
```

Unicode und Codepoints bieten noch mehr, aber diese Details liegen außerhalb des Rahmens dieses Buches. Wenn Sie sich weiter informieren möchten, empfehle ich Ihnen, den PyCon-Vortrag von Ned Batchelder aus dem Jahr 2012 »Pragmatic Unicode, or How Do I Stop the Pain?« unter *https://nedbatchelder.com/text/unipain.html* anzusehen oder nachzulesen.

Wenn Strings in eine Datei geschrieben oder über das Internet gesendet werden, bezeichnet man die Umwandlung von Text in Bytes als *Kodierung*. Es existieren mehrere Unicode-Kodierungsstandards, aber der gebräuchlichste ist UTF-8. Wenn Sie einmal eine Unicode-Kodierung auswählen müssen, ist `'utf-8'` in 99 Prozent der Fälle die richtige Wahl. Tom Scott bietet auf Computerphile das Video »Characters, Symbols and the Unicode Miracle« unter *https://youtu.be/MijmeoH9LT4* an, das insbesondere UTF-8 anschaulich erklärt.

Strings kopieren und einfügen

Das `pyperclip`-Modul stellt die Funktionen `copy()` und `paste()` bereit, mit denen Sie Text an die Zwischenablage Ihres Computers senden oder von dort abrufen können. Wenn Sie die Ausgabe Ihres Programms an die Zwischenablage senden, können Sie diese mühelos in eine E-Mail, eine Textverarbeitung oder andere Software einfügen.

Das `pyperclip`-Modul gehört nicht zum Lieferumfang von Python. Um es zu installieren, folgen Sie den Anweisungen zur Installation von Drittanbieter-Paketen in Anhang A. Nach der Installation von `pyperclip` geben Sie Folgendes in die interaktive Shell ein:

```
>>> import pyperclip
>>> pyperclip.copy('Hallo, Welt!')
>>> pyperclip.paste()
'Hallo, Welt!'
```

Natürlich gibt die Funktion `paste()` einen anderen Wert zurück, wenn außerhalb Ihres Programms der Inhalt der Zwischenablage geändert wird. Wenn ich zum Beispiel diesen Satz in die Zwischenablage kopieren und dann `paste()` aufrufen würde, sähe das so aus:

```
>>> pyperclip.paste()
'Wenn ich zum Beispiel diesen Satz in die Zwischenablage kopieren und
dann \
paste() aufrufen würde, sähe das so aus:'
```

Die Zwischenablage eignet sich hervorragend, um große Mengen Text einzugeben und zu übernehmen, ohne ihn bei einer `input()`-Aufforderung eintippen zu müssen. Nehmen wir an, Sie möchten ein Programm, das Text in aBwEcHsElNde Groß- und Kleinbuchstaben umwandelt. Sie können den gewünschten Text in die Zwischenablage kopieren und dann dieses Programm ausführen, das den Text übernimmt und die Version mit abwechselnden Groß- und Kleinbuchstaben wieder in die Zwischenablage legt. Geben Sie den folgenden Code in eine Datei mit dem Namen *alternatingText.py* ein:

```
import pyperclip

text = pyperclip.paste()  # Text aus der Zwischenablage holen
neu_text = ''  # erhält den geänderten Text
mache_gross = False
for zeichen in text:
    # jeden Buchstaben durchgehen und neu_text hinzufügen:
    if mache_gross:
        neu_text += zeichen.upper()
    else:
        neu_text += zeichen.lower()

    # mache_gross auf den entgegengesetzten Wert setzen:
    mache_gross = not mache_gross
pyperclip.copy(neu_text)  # Ergebnis in die Zwischenablage legen
print(neu_text)  # Ergebnis auch auf dem Bildschirm ausgeben
```

Wenn Sie einen Text in die Zwischenablage kopieren (zum Beispiel diesen Satz) und dieses Programm ausführen, werden sowohl die Ausgabe als auch der Inhalt der Zwischenablage wie folgt aussehen:

```
wEnN sIe eInEn tExT iN dIe zWiScHeNaBlAgE kOpIeReN (zUm bEiSpIeL
dIeSeN sAtZ)
uNd dIeSeS pRoGrAmM aUsFüHrEn, wErDeN sOwOhL dIe aUsGaBe aLs aUcH dEr
iNhAlT
dEr zWiScHeNaBlAgE wIe fOlGt aUsSeHeN:
```

Die Fähigkeit des Moduls `pyperclip`, mit der Zwischenablage zu arbeiten, bietet Ihnen eine unkomplizierte Möglichkeit, Text zwischen Ihren Programmen und der Zwischenablage ein- und auszugeben.

Projekt 2: Aufzählungszeichen zum Wiki-Markup hinzufügen

Wenn Sie einen Wikipedia-Artikel bearbeiten, können Sie eine Liste mit Aufzählungszeichen erstellen, indem Sie jeden Listeneintrag in eine eigene Zeile schreiben und davor einen Stern setzen. Angenommen, Sie haben eine sehr große Liste, der Sie Aufzählungszeichen hinzufügen möchten. Sie könnten die Sterne einzeln am Anfang jeder Zeile eingeben – oder diese Aufgabe mit einem kurzen Python-Skript automatisieren.

Das Skript *bulletPointAdder.py* liest den Text aus der Zwischenablage, fügt zu Beginn jeder Zeile einen Stern und ein Leerzeichen hinzu und kopiert anschließend diesen neuen Text zurück in die Zwischenablage. Nehmen wir an, ich habe folgenden Text (für den Wikipedia-Artikel »Liste von Listen von Listen«) in die Zwischenablage kopiert:

```
Listen der Tiere
Listen des Aquarienlebens
Listen der Biologen nach Autorenabkürzung
Listen der Kultivare
```

Wenn Sie nun das Programm *bulletPointAdder.py* ausführen, enthält die Zwischenablage Folgendes:

```
* Listen der Tiere
* Listen des Aquarienlebens
* Listen der Biologen nach Autorenabkürzung
* Listen der Kultivare
```

Dieser mit Sternchen versehene Text ist bereit, als Aufzählungsliste in einen Wikipedia-Artikel eingefügt zu werden.

Schritt 1: Kopieren und Einfügen aus der Zwischenablage

Das Programm *bulletPointAdder.py* soll Folgendes tun:

- den Text aus der Zwischenablage holen
- den Text weiterverarbeiten
- den neuen Text in die Zwischenablage kopieren

Die Bearbeitung des Textes ist etwas anspruchsvoller, aber das Kopieren und Einfügen ist unkompliziert: Hierfür nutzen Sie lediglich die Funktionen `pyperclip.copy()` und `pyperclip.paste()`. Schreiben Sie zunächst den Teil des Programms, der diese Funktionen aufruft. Geben Sie Folgendes ein und speichern Sie das Programm als *bulletPointAdder.py*:

```
import pyperclip
text = pyperclip.paste()

# TODO: Zeilen trennen und Sterne ergänzen

pyperclip.copy(text)
```

Der TODO-Kommentar dient als Erinnerung, dass Sie diesen Teil des Programms zu gegebener Zeit vervollständigen sollten. Im nächsten Schritt implementieren Sie diesen Teil des Programms.

Schritt 2: Zeilen des Textes trennen

Der Aufruf von pyperclip.paste() liefert den gesamten Text aus der Zwischenablage als einen einzigen großen String. Hätten wir das Beispiel »Liste von Listen von Listen« genutzt, sähe der im text gespeicherte String wie folgt aus:

```
'Listen von Tieren\nListen von Aquariumleben\nListen von Biologen nach
Autorenabkürzung\nListen von Kultivaren'
```

Die \n-Zeilenumbruchzeichen in diesem String bewirken, dass er beim Anzeigen oder beim Einfügen aus der Zwischenablage mit mehreren Zeilen erscheint. In diesem einzelnen String sind viele »Zeilen« enthalten. Sie möchten am Anfang jeder dieser Zeilen einen Stern hinzufügen.

Sie könnten Code schreiben, der nach jedem \n-Zeilenumbruchzeichen im String sucht und unmittelbar danach einen Stern anfügt. Es ist jedoch einfacher, die Methode split() zu verwenden. Damit wird eine Liste von Strings zurückgegeben – jeweils einer für jede Zeile des ursprünglichen Strings –, und Sie können anschließend an jedes Element der Liste vorne einen Stern setzen.
Passen Sie Ihr Programm so an, dass es wie folgt aussieht:

```
import pyperclip
text = pyperclip.paste()

# Zeilen trennen und Sterne hinzufügen
zeilen = text.split('\n')
for i in range(len(zeilen)): # Schleife über alle Indizes der Liste zeilen
    zeilen[i] = '* ' + zeilen[i] # jedem String einen Stern hinzufügen

pyperclip.copy(text)
```

Wir teilen den Text an seinen Zeilenumbrüchen und erhalten so eine Liste, in der jedes Element eine Zeile des Texts darstellt. Wir speichern diese Liste in zeilen und durchlaufen dann alle Elemente von `zeilen` mit einer Schleife. Für jede Zeile fügen wir am Anfang einen Stern und ein Leerzeichen ein. Jetzt beginnt jeder String in `zeilen` mit einem Stern.

Schritt 3: Die bearbeiteten Zeilen verbinden

Die Liste `zeilen` enthält jetzt geänderte Zeilen, die mit einem Stern beginnen. Aber `pyperclip.copy()` erwartet einen einzelnen String, nicht eine Liste von Strings. Um diesen einzelnen String zu erzeugen, übergeben Sie `zeilen` an die `join()`-Methode, um einen String zu erhalten, der aus den Strings der Liste zusammengefügt ist:

```
import pyperclip
text = pyperclip.paste()

# Zeilen trennen und Sterne hinzufügen.
zeilen = text.split('\n')
for i in range(len(zeilen)): # Schleife über alle Indizes der Liste
zeilen
    zeilen[i] = '* ' + zeilen[i] # jedem String einen Stern hinzufü-
gen
text = '\n'.join(zeilen)
pyperclip.copy(text)
```

Führen Sie dieses Programm aus, ersetzt es den Text in der Zwischenablage durch Text, der am Anfang jeder Zeile einen Stern enthält. Jetzt ist das Programm fertig, und Sie können es ausprobieren, indem Sie zuvor Text in die Zwischenablage kopieren.

Auch wenn Sie genau diese Aufgabe nicht automatisieren müssen, möchten Sie vielleicht eine andere Form der Textbearbeitung automatisieren, zum Beispiel das Entfernen von Leerzeichen am Zeilenende oder das Umwandeln von Text in Groß- oder Kleinbuchstaben. Egal, welches Ziel Sie haben – Sie können die Zwischenablage für Eingabe und Ausgabe nutzen.

Ein kurzes Programm: Pig Latin

Pig Latin ist eine alberne Fantasiesprache, die englische Wörter verändert. Wenn ein Wort mit einem Vokal beginnt, wird *yay* an sein Ende angehängt. Beginnt ein Wort mit einem Konsonanten oder einer Konsonantenverbindung (wie *ch* oder *gr*), wird diese Konsonantenverbindung an das Wortende verschoben und mit *ay* ergänzt. Für Deutsch gibt es eine ähnliche Fantasiesprache, die »Kedelkloppersprook«.

Schreiben wir ein Schweinelatein-Programm, das etwa Folgendes ausgibt:

```
Gib die englische Nachricht ein, die nach Pig Latin übersetzt werden soll:
My name is AL SWEIGART and I am 4.000 years old.
Ymay amenay isyay ALYAY EIGARTSWAY andyay Iyay amyay 4.000 yearsyay oldyay.
```

Dieses Programm arbeitet, indem es einen String mit den in diesem Kapitel vorgestellten Methoden verändert. Geben Sie den folgenden Quelltext im Dateieditor ein und speichern Sie die Datei als *pigLat.py*:

```
# Englisch zu Pig Latin
print('Gib die englische Nachricht ein, die nach Pig Latin übersetzt
werden soll:')
nachricht = input()

VOKALE = ('a', 'e', 'i', 'o', 'u', 'y')
pig_latin = []  # Eine Liste der Wörter in Pig Latin
for wort in nachricht.split():
    # Die Nicht-Buchstaben am Anfang dieses Wortes abtrennen:
    präfix_nicht_buchstaben = ''
    while len(wort) > 0 and not wort[0].isalpha():
        präfix_nicht_buchstaben += wort[0]
        wort = wort[1:]
    if len(wort) == 0:
        pig_latin.append(präfix_nicht_buchstaben)
        continue

    # Die Nicht-Buchstaben am Ende dieses Wortes abtrennen:
    suffix_nicht_buchstaben = ''
    while not wort[-1].isalpha():
        suffix_nicht_buchstaben = wort[-1] + suffix_nicht_buchstaben
        wort = wort[:-1]

    # Merken, ob das Wort in Großbuchstaben oder Titelgroßschreibung war:
    war_groß = wort.isupper()
    war_titel = wort.istitle()

    wort = wort.lower()  # Mache das Wort für die Übersetzung zu
Kleinbuchstaben.

    # Trenne Konsonanten am Wortanfang ab:
    präfix_konsonanten = ''
    while len(wort) > 0 and wort[0] not in VOKALE:
        präfix_konsonanten += wort[0]
        wort = wort[1:]

    # Hänge die Pig-Latin-Endung an das Wort an:
    if präfix_konsonanten != '':
        wort += präfix_konsonanten + 'ay'
```

```
    else:
        wort += 'yay'

    # Stelle das Wort wieder in Großbuchstaben oder Titelgroßschrei-
bung her:
    if war_groß:
        wort = wort.upper()
    if war_titel:
        wort = wort.title()

    # Füge die Nicht-Buchstaben wieder am Anfang oder Ende des Wortes
ein.
    pig_latin.append(präfix_nicht_buchstaben + wort + suffix_nicht_
buchstaben)

# Setze alle Wörter wieder zu einem einzelnen String zusammen:
print(' '.join(pig_latin))
```

Sehen wir uns diesen Code Zeile für Zeile an. Schauen wir uns zunächst das Grundgerüst am Anfang und am Ende an:

```
# Englisch zu Pig Latin
print('Gib die englische Nachricht ein, die nach Pig Latin übersetzt
werden soll:')
nachricht = input()

VOKALE = ('a', 'e', 'i', 'o', 'u', 'y')
```

Zuerst bitten wir den Benutzer, den englischen Text einzugeben, der ins Pig Latin übersetzt werden soll. Außerdem legen wir eine Konstante an, die jeden Kleinbuchstaben-Vokal (und *y*) als Tupel von Strings enthält. Diese Variable werden wir später verwenden.

Als Nächstes legen wir die pig_latin-Variable an, um die Wörter zu speichern, während wir sie ins Schweinelatein übersetzen:

```
pig_latin = [] # Eine Liste der Wörter in Pig Latin
for wort in nachricht.split():
    # Die Nicht-Buchstaben am Anfang dieses Wortes abtrennen:
    präfix_nicht_buchstaben = ''
    while len(wort) > 0 and not wort[0].isalpha():
        präfix_nicht_buchstaben += wort[0]
        wort = wort[1:]
    if len(wort) == 0:
        pig_latin.append(präfix_nicht_buchstaben)
        continue
```

Jedes Wort muss ein eigener String sein. Deshalb rufen wir nachricht.split() auf, um eine Liste der Wörter als separate Strings zu erhalten. Der String 'My name is AL SWEIGART and I am 4,000 years old.' würde dazu führen, dass split() ['My', 'name', 'is', 'AL', 'SWEIGART', 'and', 'I', 'am', '4,000', 'years', 'old.'] zurückgibt.

Wir müssen ebenfalls alle Nicht-Buchstaben am Anfang und Ende jedes Worts entfernen, damit Strings wie 'old.' zu 'oldyay.' statt zu 'old.yay' übersetzt werden. Diese Nicht-Buchstaben werden in der Variable namens präfix_nicht_buchstaben gespeichert.

```
# Die Nicht-Buchstaben am Ende dieses Wortes abtrennen:
suffix_nicht_buchstaben = ''
while not wort[-1].isalpha():
    suffix_nicht_buchstaben += wort[-1] + suffix_nicht_buchstaben
    wort = wort[:-1]
```

Eine Schleife, die isalpha() auf das erste Zeichen des Worts anwendet, entscheidet, ob ein Zeichen entfernt und an das Ende von präfix_nicht_buchstaben angehängt werden soll. Besteht das gesamte Wort aus Nicht-Buchstaben, wie zum Beispiel '4,000', können Sie es einfach zur pig_latin-Liste hinzufügen und mit dem nächsten Wort weitermachen. Auch die Nicht-Buchstaben am Ende des Strings wort müssen Sie speichern. Dieser Code ist der vorherigen Schleife ähnlich.

Als Nächstes sorgen Sie dafür, dass das Programm sich merkt, ob das Wort in Großbuchstaben oder Titelgroßschreibung geschrieben war, damit Sie diesen Zustand nach der Übersetzung ins Schweinelatein wiederherstellen können:

```
# Merken, ob das Wort in Großbuchstaben oder Titelgroßschreibung war:
war_gross = wort.isupper()
war_titel = wort.istitle()

wort = wort.lower() # Mache das Wort für die Übersetzung zu
Kleinbuchstaben.
```

Für den restlichen Code in der for-Schleife arbeiten Sie mit einer Kleinschreibversion von wort.

Um ein Wort wie *sweigart* in *eigart-sway* umzuwandeln, müssen Sie alle Konsonanten vom Wortanfang aus wort entfernen:

```
# Trenne Konsonanten am Wortanfang ab:
präfix_konsonanten = ''
while len(wort) > 0 and wort[0] not in VOKALE:
    präfix_konsonanten += wort[0]
    wort = wort[1:]
```

Wir verwenden eine Schleife, dic ähnlich wie die Schleife funktioniert, mit der die Nicht-Buchstaben vom Beginn des `wort` entfernt wurden, außer dass nun Konsonanten abgetrennt und in einer Variablen namens `präfix_konsonanten` gespeichert werden.

Falls sich am Wortanfang Konsonanten befinden, stehen diese nun in `präfix_konsonanten`, und Sie sollten diese Variable sowie den String `'ay'` an das Ende von `wort` anhängen. Andernfalls können Sie davon ausgehen, dass `wort` mit einem Vokal beginnt, und müssen lediglich `'yay'` anhängen:

```
# Hänge die Pig-Latin-Endung an das Wort an:
if präfix_konsonanten != '':
    wort += präfix_konsonanten + 'ay'
else:
    wort += 'yay'
```

Denken Sie daran, dass wir `wort` mit `wort = word.lower()` in Kleinbuchstaben umgewandelt haben. Falls `wort` ursprünglich in Großbuchstaben oder Titelgroßschreibung vorlag, stellt dieser Code `wort` wieder in die ursprüngliche Schreibweise wieder her:

```
    # Stelle das Wort wieder in Großbuchstaben oder Titelgroßschrei-
bung her:
    if war_groß:
        wort = wort.upper()
    if war_titel:
        wort = wort.title()
```

Am Ende der `for`-Schleife fügen wir das Wort zusammen mit jedem nicht buchstabenartigen Präfix oder Suffix, das es ursprünglich hatte, der `pig_latin`-Liste hinzu:

```
    # Füge die Nicht-Buchstaben wieder am Anfang oder Ende des Wortes ein.
    pig_latin.append(präfix_nicht_buchstaben + wort + suffix_nicht_
buchstaben)

# Setze alle Wörter wieder zu einem einzelnen String zusammen:
print(' '.join(pig_latin))
```

Nachdem diese Schleife abgeschlossen ist, verbinden wir die Liste der Strings mit der `join()`-Methode zu einem einzelnen String und übergeben diesen anschließend an `print()`, um unser Schweinelatein auf dem Bildschirm auszugeben.

Zusammenfassung

Text ist eine gängige Datenform, und Python bietet viele hilfreiche String-Methoden, um den in Strings gespeicherten Text zu verarbeiten. Man nutzt Indexing, Slicing und String-Methoden in fast jedem Python-Programm, das man schreibt.

Die Programme, die Sie derzeit schreiben, wirken noch nicht besonders ausgeklügelt; sie verfügen nicht über grafische Benutzeroberflächen (GUIs) mit Bildern und farbigem Text. Bislang geben Sie Text mit `print()` aus und lassen Nutzer Text mit `input()` eingeben. Allerdings kann man sehr schnell große Mengen Text über die Zwischenablage austauschen. Diese Möglichkeit eröffnet einen nützlichen Weg, Programme zu schreiben, die riesige Mengen Text verarbeiten. Solche textbasierten Programme besitzen vielleicht keine auffälligen Fenster oder Grafiken, dennoch können sie zahlreiche praktische Aufgaben sehr schnell erledigen.

Eine weitere Methode, umfangreichen Text zu verarbeiten, ist das direkte Lesen und Schreiben von Dateien auf der Festplatte. Wie Sie dies mit Python tun können, erfahren Sie in Kapitel 10.

Damit sind nahezu alle grundlegenden Konzepte der Python-Programmierung abgedeckt! Im weiteren Verlauf des Buches lernen Sie weitere Konzepte kennen, doch Sie wissen nun genug, um bereits nützliche Programme zur Automatisierung von Aufgaben zu schreiben. Wenn Sie eine Sammlung kurzer, einfacher Python-Programme entdecken möchten, die auf den grundlegenden Konzepten basieren, die Sie bisher gelernt haben, lesen Sie gern mein anderes Buch *The Big Book of Small Python Projects* (No Starch Press, 2021). Kopieren Sie den Quellcode jedes Programms von Hand und nehmen Sie dann Veränderungen vor, um zu sehen, wie sich das Verhalten dadurch ändert. Wenn Sie verstanden haben, wie das Programm funktioniert, versuchen Sie, es eigenständig von Grund auf neu zu schreiben. Sie müssen den Quellcode nicht genau übernehmen; konzentrieren Sie sich einfach darauf, was das Programm macht, nicht darauf, wie es das erreicht.

Vielleicht haben Sie das Gefühl, noch nicht genug Python-Kenntnisse zu besitzen, um etwa Webseiten herunterzuladen, Tabellen zu aktualisieren oder Textnachrichten zu senden – genau hier kommen Python-Module ins Spiel! Diese von anderen Programmiererinnen und Programmierern entwickelten Module bieten Funktionen, mit denen Sie all dies ganz einfach erledigen können. Im nächsten Kapitel erfahren Sie, wie Sie echte Programme schreiben, um nützliche Aufgaben zu automatisieren.

Übungsaufgaben

1. Was sind Escape-Sequenzen?
2. Wofür stehen die Escape-Sequenzen `\n` und `\t`?
3. Wie fügen Sie ein \ Backslash-Zeichen in einen String ein?
4. Der String `"Max' Maus"` ist ein gültiger String. Warum ist es kein Problem, dass das einfache Anführungszeichen im Wort `Max'` nicht escaped ist?
5. Wenn Sie kein `\n` in Ihren String aufnehmen möchten, wie können Sie einen String mit Zeilenumbrüchen schreiben?
6. Was ergibt die Auswertung der folgenden Ausdrücke?
   - `'Hallo, Welt!'[1]`
   - `'Hallo, Welt!'[0:5]`
   - `'Hallo, Welt!'[:5]`
   - `'Hallo, Welt!'[3:]`
7. Was ergeben die folgenden Ausdrücke?
   - `'Hallo'.upper()`
   - `'Hallo'.upper().isupper()`
   - `'Hallo'.upper().lower()`
8. Was ergibt sich aus den folgenden Ausdrücken?
   - `'Remember, remember, the fifth of November.'.split()`
   - `'-'.join('Es kann nur einen geben.'.split())`
9. Mit welchen String-Methoden können Sie einen String rechtsbündig, linksbündig und zentriert ausrichten?
10. Wie können Sie Leerraum am Anfang oder am Ende eines Strings entfernen?

Übungsprogramm: Tabellen-Drucker

Schreiben Sie zur Übung eine Funktion namens `zeige_tabelle()`, die eine Liste von Listen mit Strings entgegennimmt und sie in einer übersichtlichen Tabelle mit jeweils rechtsbündigen Spalten darstellt. Nehmen Sie an, dass alle inneren Listen die gleiche Anzahl von Strings enthalten. Zum Beispiel könnte der Wert so aussehen:

```
daten = [['Äpfel', 'Orangen', 'Kirschen', 'Bananen'],
         ['Alice', 'Bob', 'Carol', 'David'],
         ['Hunde', 'Katzen', 'Mäuse', 'Gänse']]
```

Ihre `zeige_tabelle()`-Funktion gibt Folgendes aus:

```
   Äpfel Alice  Hunde
 Orangen   Bob Katzen
Kirschen Carol  Mäuse
 Bananen David  Gänse
```

Tipp: Ihr Code muss zunächst den längsten String in jeder der inneren Listen ermitteln, damit die gesamte Spalte breit genug ist und alle Strings aufnehmen kann. Sie können die maximale Breite jeder Spalte als eine Liste von Ganzzahlen speichern. Die `zeige_tabelle()`-Funktion kann mit `breiten = [0] * len(daten)` beginnen; das erstellt eine Liste mit ebenso vielen `0`-Werten, wie es innere Listen in `daten` gibt. So kann `breiten[0]` die Breite des längsten Strings in `daten[0]` speichern, `breiten[1]` die des längsten Strings in `daten[1]` usw. Anschließend können Sie den größten Wert in der `breiten`-Liste ermitteln, um herauszufinden, welche Ganzzahl Sie an die `rjust()`-String-Methode übergeben sollten.

Teil II

Aufgaben automatisieren

9

Texterkennung mit regulären Ausdrücken

Sie kennen wahrscheinlich die Suchfunktion, bei der Sie [Strg]-[F] drücken und die gewünschten Wörter eingeben. Reguläre Ausdrücke gehen darüber hinaus: Sie ermöglichen es, ein Muster für den Text festzulegen, nach dem gesucht werden soll. Vielleicht kennen Sie nicht die genaue Telefonnummer eines Unternehmens, aber in Deutschland bestehen Telefonnummern in der Regel aus einer Vorwahl mit null, gefolgt von der eigentlichen Rufnummer, zum Beispiel 030 1234567. Schon auf den ersten Blick erkennen Sie, dass 030 1234567 wie eine Telefonnummer aussieht, während 3.012.345,67 € keine ist.

Wir erkennen täglich zahlreiche andere Textmuster: E-Mail-Adressen enthalten ein @-Symbol in der Mitte, US-Sozialversicherungsnummern bestehen aus neun Ziffern und zwei Bindestrichen, Webseiten-URLs enthalten oft Punkte und Schrägstriche, Nachrichtenüberschriften nutzen Titelgroßschreibung, und Hashtags in sozialen Medien beginnen mit # und enthalten keine Leerzeichen – um nur einige Beispiele zu nennen.

Reguläre Ausdrücke sind äußerst hilfreich, doch nur wenige Nichtprogrammierende kennen sie, obwohl die meisten modernen Texteditoren und Textverarbeitungsprogramme Suchen-und-Ersetzen-Funktionen bieten, die eine Suche mithilfe regulärer Ausdrücke ermöglichen. Reguläre Ausdrücke sparen nicht nur Softwareanwendern, sondern auch Programmierenden enorm viel Zeit. Tatsächlich vertritt der Technikautor Cory Doctorow im Artikel »Das sollte man im Informatikunterricht tatsächlich lernen: Wie man mit regulären Ausdrücken umgeht« (im Original *Here's What ICT Should Really Teach Kids: How to Do Regular Expressions*) des *Guardian* die Ansicht, dass wir reguläre Ausdrücke lehren sollten, bevor wir Programmieren unterrichten:

> *Das Wissen über [reguläre Ausdrücke] kann darüber entscheiden, ob Sie ein Problem in drei oder in 3000 Schritten lösen. Als Nerd vergiss man leicht, dass Aufgaben, die man mit ein paar Tastendrücken erledigt, andere tagelang mit mühsamer, fehleranfälliger Arbeit beschäftigen können.*

In diesem Kapitel beginnen Sie damit, ein Programm zu schreiben, das Textmuster *ohne* reguläre Ausdrücke findet. Anschließend lernen Sie, wie Sie mit regulären Ausdrücken den Code vereinfachen können. Ich zeige Ihnen zunächst das grundlegende Finden mit regulären Ausdrücken und gehe dann über zu einigen leistungsfähigeren Funktionen, wie etwa der String-Ersetzung und dem Erstellen eigener Zeichenklassen. Sie erfahren außerdem, wie Sie das Humre-Modul nutzen, das verständliche, menschenlesbare Alternativen zur schwer lesbaren, symbolbasierten Syntax regulärer Ausdrücke bereitstellt.

Textmuster ohne reguläre Ausdrücke finden

Angenommen, Sie möchten eine US-Telefonnummer in einem String finden; Sie suchen drei Zahlen, einen Bindestrich, drei Zahlen, einen Bindestrich und vier Zahlen. Hier ein Beispiel: 415-555-4242.

Schreiben wir gemeinsam eine Funktion mit dem Namen `ist_us_telefonnummer()`, die prüft, ob ein String diesem Muster entspricht und entweder `True` oder `False` zurückgibt. Öffnen Sie einen neuen Dateieditor-Tab, geben Sie den folgenden Code ein und speichern Sie die Datei dann als *isPhoneNumber.py*:

```
def ist_telefonnr(text):
    if len(text) != 12:  # ❶ US-Telefonnummern haben genau 12 Zeichen.
        return False
    for i in range(0, 3):  # Die ersten drei Zeichen müssen Zahlen sein.
      if not text[i].isdecimal(): ❷
          return False
    if text[3] != '-':  # ❸ Das vierte Zeichen muss ein Bindestrich sein.
        return False
```

```
    for i in range(4, 7):  # Die nächsten drei Zeichen müssen Zahlen sein.
      if not text[i].isdecimal(): ❹
            return False
    if text[7] != '-':  # ❺ Das achte Zeichen muss ein Bindestrich sein.
        return False
    for i in range(8, 12):  # Die nächsten vier Zeichen müssen Zahlen sein.
      if not text[i].isdecimal(): ❻
            return False
    return True ❼

print('Ist 415-555-4242 eine Telefonnummer?', ist_telefonnr('415-555-4242'))
print(ist_telefonnr('415-555-4242'))
print('Ist Moshi moshi eine Telefonnummer?', ist_telefonnr('Moshi moshi'))
```

Wenn Sie dieses Programm ausführen, sieht die Ausgabe folgendermaßen aus:

```
Ist 415-555-4242 eine Telefonnummer?
True
Ist Moshi moshi eine Telefonnummer?
False
```

Die `ist_telefonr()`-Funktion enthält Code, der verschiedene Prüfungen durchführt, um festzustellen, ob der String in `text` eine gültige Telefonnummer ist. Falls eine dieser Prüfungen fehlschlägt, gibt die Funktion `False` zurück. Zunächst prüft der Code, ob der String genau 12 Zeichen lang ist ❶. Dann wird geprüft, ob die Vorwahl (also die ersten drei Zeichen in `text`) nur aus Ziffern besteht ❷, indem man die String-Methode `isdecimal()` aufruft. Im weiteren Verlauf prüft die Funktion, ob der String dem Muster einer Telefonnummer entspricht: Die Nummer muss nach der Vorwahl einen ersten Bindestrich ❸, danach drei weitere Ziffern ❹, einen weiteren Bindestrich ❺ und schließlich vier weitere Ziffern ❻ enthalten. Wenn die Programmausführung alle Überprüfungen besteht, gibt sie `True` zurück ❼.

Wenn Sie `ist_telefonnr()` mit dem Argument `'415-555-4242'` aufrufen, wird `True` zurückgegeben. Wenn Sie `ist_telefonnr()` mit `'Moshi moshi'` aufrufen, wird `False` zurückgegeben. Der erste Test schlägt fehl, da `'Moshi moshi'` nicht 12 Zeichen lang ist.

Möchten Sie eine Telefonnummer innerhalb eines größeren Strings finden, müssten Sie noch mehr Code hinzufügen, um das Muster zu lokalisieren. Ersetzen Sie die letzten vier Aufrufe der `print()`-Funktion in *isPhoneNumber.py* durch Folgendes:

```
nachricht = 'Rufen Sie mich morgen unter 415-555-1011 an. 415-555-
9999 ist mein Büro.'
for i in range(len(nachricht)):
    teil = nachricht[i:i+12] ❶
    if ist_telefonnr(teil): ❷
        print('Telefonnummer gefunden: ' + teil)
print('Fertig')
```

Wenn Sie dieses Programm ausführen, sieht die Ausgabe so aus:

```
Telefonnummer gefunden: 415-555-1011
Telefonnummer gefunden: 415-555-9999
Fertig
```

Bei jeder Iteration der `for`-Schleife wird ein neues Segment von 12 Zeichen aus der `nachricht`-Variable der Variable `teil` zugewiesen ❶. Beispielsweise ist bei der ersten Iteration `i` gleich `0`, und `teil` erhält den Wert `nachricht[0:12]` (also den String `'Rufen Sie mi'`). Bei der nächsten Iteration ist `i` gleich `1`, und `teil` wird `nachricht[1:13]` zugewiesen (der String `'ufen Sie mic'`). Anders ausgedrückt: Bei jeder Iteration der `for`-Schleife nimmt `teil` die folgenden Werte an:

```
'Rufen Sie mi'
'ufen Sie mic'
'fen Sie mich'
'en Sie mich '
```

und so weiter, bis sein letzter Wert `'t mein Büro.'` ist (streng genommen ist es `'.'`, aber der ist ohnehin zu kurz und fällt gleich raus).

Der Schleifencode übergibt den `teil` an `ist_telefonr()`, um zu prüfen, ob es dem Telefonnummern-Muster ❷ entspricht; falls ja, wird der Teil ausgegeben. Sobald `nachricht` vollständig durchlaufen wurde, geben wir `Fertig` aus.

Auch wenn der String in `nachricht` in diesem Beispiel kurz ist, würde das Programm selbst bei Millionen von Zeichen weniger als eine Sekunde benötigen. Ein ähnliches Programm, das Telefonnummern mit regulären Ausdrücken findet, würde ebenfalls in weniger als einer Sekunde laufen; allerdings können Sie mit regulären Ausdrücken solche Programme deutlich schneller schreiben.

Textmuster mit regulären Ausdrücken finden

Das vorherige Programm zum Auffinden von Telefonnummern funktioniert, benötigt jedoch viel Code, um eine eingeschränkte Aufgabe zu erfüllen. Die Funktion `ist_telefonnr()` umfasst 17 Zeilen, kann aber nur ein Telefonnummernformat erkennen. Wie sieht es mit einer Telefonnummer aus, die

415.555.4242 oder (415) 555-4242 formatiert ist? Und was ist, wenn die Telefonnummer eine Erweiterung hat, etwa 415-555-4242 x99?

> **Anmerkung des Übersetzers**
> Oder deutsche Telefonnummern, bei denen die Vorwahl drei bis sechs Ziffern lang ist und die gesamte Nummer sechs bis 14 Ziffern hat?

Die `ist_telefonnr()`-Funktion würde diese nicht erkennen. Sie könnten zwar zusätzlichen Code für diese weiteren Muster schreiben, aber es gibt eine einfachere Lösung.

Reguläre Ausdrücke, kurz *Regexes* genannt, sind eine Art Mini-Sprache, mit der Sie ein Muster im Text beschreiben können. Beispielsweise stehen die Zeichen `\d` in einer Regex für eine Dezimalziffer zwischen 0 und 9. Python nutzt den Regex-String `r'\d\d\d-\d\d\d-\d\d\d\d'`, um dasselbe Textmuster zu erkennen wie die vorherige `ist_telefonnr()`-Funktion: ein String aus drei Ziffern, einem Bindestrich, drei weiteren Ziffern, einem weiteren Bindestrich und vier Ziffern. Jeder andere String würde nicht zur Regex `r'\d\d\d-\d\d\d-\d\d\d\d'` passen.

Reguläre Ausdrücke können deutlich ausgefeilter sein als dieses Beispiel. Wenn Sie beispielsweise eine Zahl wie 3 in geschweiften Klammern (`{3}`) hinter ein Muster setzen, bedeutet das: »Dieses Muster soll dreimal übereinstimmen.« Die etwas kürzere Regex `r'\d{3}-\d{3}-\d{4}'` entspricht somit ebenfalls dem Muster einer US-Telefonnummer.

Beachten Sie, dass Regex-Strings oft als Raw-Strings mit dem Präfix `r` geschrieben werden. Das ist nützlich, da Regex-Strings häufig Backslashes enthalten. Ohne Raw-Strings müssten Sie statt `'\d'` zum Beispiel `'\\d'` eingeben, und ein einzelner Backslash muss mit dem Muster `'\\\\'`. gesucht werden statt mit `r'\\'`.

Bevor wir alle Details der Syntax regulärer Ausdrücke behandeln, sehen wir uns zunächst an, wie Sie diese in Python verwenden. Wir bleiben beim Beispiel des Regex-Strings `r'\d{3}-\d{3}-\d{4}'`, mit dem Sie US-Telefonnummern in einem Text wie `'Meine Nummer ist 415-555-4242'` finden. Der generelle Ablauf bei der Verwendung von regulären Ausdrücken in Python umfasst vier Schritte:

1. Importieren Sie das Modul `re`.
2. Sie übergeben den Regex-String an `re.compile()`, um ein `Pattern`-Objekt zu erzeugen.
3. Sie übergeben den Text-String an die `search()`-Methode des `Pattern`-Objekts, um ein `Match`-Objekt zu erhalten.
4. Sie rufen die `group()`-Methode des `Match`-Objekts auf, um den String des übereinstimmenden Textes zu erhalten.

In der interaktiven Shell sehen diese Schritte wie folgt aus:

```
>>> import re
>>> telefonnr_re = re.compile(r'\d{3}-\d{3}-\d{4}')
>>> treffer = telefonnr_re.search('Meine Nummer ist 415-555-4242.')
>>> treffer.group()
'415-555-4242'
```

Alle Regex-Funktionen in Python befinden sich im Modul `re`. Die meisten Beispiele in diesem Kapitel benötigen das `re`-Modul. Denken Sie deshalb daran, es am Anfang des Programms zu importieren. Andernfalls erhalten Sie die Fehlermeldung: `NameError: name 're' is not defined`. Wie bei jedem anderen Modul müssen Sie es nur einmal pro Programm oder Sitzung der interaktiven Shell importieren.

Übergeben Sie den regulären Ausdruck als String an `re.compile()`, erhalten Sie ein `Pattern`-Objekt zurück. Sie müssen das `Pattern`-Objekt nur einmal kompilieren, danach können Sie die `search()`-Methode des `Pattern`-Objekts für beliebig viele verschiedene Text-Strings aufrufen.

Die Methode `search()` eines Pattern-Objekts durchsucht den übergebenen String nach Treffern zur Regex. Die Methode `search()` gibt `None` zurück, wenn die Regex nicht im String gefunden wird. Wird das Muster gefunden, gibt `search()` ein Match-Objekt zurück. Das hat eine Methode `group()`, die einen String des übereinstimmenden Texts zurückliefert.

Reguläre Ausdrücke ausprobieren

Während ich Sie dazu ermutige, den Beispielcode in die interaktive Shell einzugeben, können Sie auch webbasierte Werkzeuge zur Überprüfung regulärer Ausdrücke nutzen, die Ihnen genau zeigen, wie eine Regex auf einen von Ihnen eingegebenen Text passt. Ich empfehle die Tester unter *https://pythex.org* und *https://regex101.com*. Verschiedene Programmiersprachen verwenden leicht unterschiedliche Syntax für reguläre Ausdrücke. Achten Sie daher darauf, auf diesen Webseiten die Python-Variante auszuwählen.

Die Syntax regulärer Ausdrücke

Nachdem Sie nun die grundlegenden Schritte zum Erstellen und Auffinden von Objekten für reguläre Ausdrücke in Python kennen, sind Sie bereit, die vollständige Bandbreite der Syntax regulärer Ausdrücke kennenzulernen. In diesem Abschnitt lernen Sie, wie Sie Elemente eines regulären Ausdrucks mit Klammern gruppieren, Sonderzeichen escapen, mehrere alternative Gruppen mit dem Pipe-Zeichen abgrenzen und mit der Methode `findall()` alle Treffer zurückgeben.

Gruppieren mit Klammern

Angenommen, Sie möchten einen kleineren Teil des übereinstimmenden Texts, beispielsweise die Vorwahl, vom Rest der Telefonnummer trennen, um etwa eine bestimmte Operation darauf anzuwenden. Durch das Hinzufügen von Klammern erzeugen Sie *Gruppen* im Regex-String: `r'(\d\d\d)-(\d\d\d-\d\d\d\d)'`. Anschließend können Sie die Methode `group()` von `Match`-Objekten nutzen, um den übereinstimmenden Text gezielt aus einer bestimmten Gruppe zu entnehmen.

Das erste Klammerpaar in einem Regex-String bildet die Gruppe `1`. Das zweite Klammerpaar bildet die Gruppe `2`. Wenn Sie die Ganzzahl `1` oder `2` an die Methode `group()` übergeben, erhalten Sie verschiedene Teile des übereinstimmenden Texts. Geben Sie `0` oder nichts an die Methode `group()` weiter, wird der gesamte übereinstimmende Text zurückgegeben. Geben Sie Folgendes in die interaktive Shell ein:

```
>>> import re
>>> telefon_re = re.compile(r'(\d\d\d)-(\d\d\d-\d\d\d\d)')
>>> mo = telefon_re.search('Meine Nummer ist 415-555-4242.')
>>> mo.group(1)  # Gibt die erste Gruppe des übereinstimmenden Texts
zurück
'415'
>>> mo.group(2)  # Gibt die zweite Gruppe des übereinstimmenden
Textes zurück
'555-4242'
>>> mo.group(0)  # Gibt den gesamten übereinstimmenden Text zurück
'415-555-4242'
>>> mo.group()   # Gibt ebenfalls den gesamten übereinstimmenden Text
zurück
'415-555-4242'
```

Möchten Sie alle Gruppen auf einmal abrufen, verwenden Sie die Methode `groups()` (beachten Sie die Pluralform im Namen):

```
>>> mo.groups()
('415', '555-4242')
>>> vorwahl, teilnehmer = mo.groups()
>>> print(vorwahl)
415
>>> print(teilnehmer)
555-4242
```

Da `mo.groups()` ein Tupel mit mehreren Werten zurückgibt, können Sie mit dem Mehrfachzuweisungs-Trick jedem Wert eine eigene Variable zuweisen, wie in der Zeile zuvor: `vorwahl, teilnehmer = mo.groups()`.

Escape-Sequenzen verwenden

Klammern erzeugen Gruppen in regulären Ausdrücken und werden nicht als Teil des Textmusters betrachtet. Wie gehen Sie also vor, wenn Sie eine Klammer in Ihrem Text abgleichen müssen? Angenommen, die Telefonnummern, die Sie abgleichen möchten, enthalten die Vorwahl in Klammern: `'(415) 555-4242'`.

In diesem Fall müssen Sie die `(`- und `)`-Zeichen mit einem Backslash als Escape-Zeichen versehen. Die `\(` und `\)` maskierten Klammern werden als Teil des Musters interpretiert. Geben Sie Folgendes in die interaktive Shell ein:

```
>>> pattern = re.compile(r'(\(\d\d\d\)) (\d\d\d-\d\d\d\d)')
>>> mo = pattern.search('Meine Telefonnummer ist (415) 555-4242.')
>>> mo.group(1)
'(415)'
>>> mo.group(2)
'555-4242'
```

Die `\(`- und `\)`-Escape-Sequenzen im Raw-String, der an `re.compile()` übergeben wird, stimmen mit tatsächlichen Klammern überein. In regulären Ausdrücken haben die folgenden Zeichen eine besondere Bedeutung:

```
$ () * + - . ? [ \ ] ^ { | }
```

Wenn Sie diese Zeichen als Teil Ihres Textmusters erkennen möchten, müssen Sie sie mit einem Backslash als Escape-Zeichen versehen:

```
\$ \( \) \* \+ \- \. \? \[ \\ \] \^ \{ \| \}
```

Überprüfen Sie stets sorgfältig, ob Sie nicht versehentlich direkte Klammern `\(` und `\)` mit Gruppenklammern `(` und `)` in einem regulären Ausdruck verwechselt haben. Wenn Sie eine Fehlermeldung wie »missing)« oder »unbalanced parenthesis« erhalten, haben Sie eventuell eine schließende Gruppenklammer vergessen, wie in folgendem Beispiel:

```
>>> import re
>>> re.compile(r'(\(Klammern\)')
Traceback (most recent call last):
--schnipp--
re.error: missing ), unterminated subpattern at position 0
```

Die Fehlermeldung weist Sie darauf hin, dass an Index `0` des Strings `r'(\(Klammern\)'` eine öffnende Klammer ohne zugehörige schließende Klammer steht. Wenn Sie das später in diesem Kapitel vorgestellte Humre-Modul verwenden, können Sie solche Tippfehler vermeiden.

Zeichen aus alternativen Gruppen abgleichen

Das Zeichen `|` nennt man *Pipe*; in regulären Ausdrücken ist es der *Alternationsoperator*. Sie können es überall dort einsetzen, wo Sie eines von mehreren Mustern finden möchten. Zum Beispiel passt der reguläre Ausdruck `r'Katze|Hund'` entweder auf `'Katze'` oder auf `'Hund'`.

Mit dem Pipe-Zeichen können Sie zudem eines von mehreren Mustern als Teil Ihrer Regex finden. Angenommen, Sie möchten einen der Strings `'Katze'`, `'Katastrophe'`, `'Katakombe'` oder `'Kategorie'` abgleichen. Da all diese Strings mit `Kat` beginnen, wäre es angenehm, dieses Präfix nur einmal angeben zu müssen. Das erreichen Sie, indem Sie die Pipe innerhalb von Klammern verwenden, um die möglichen Suffixe zu trennen. Geben Sie Folgendes in die interaktive Shell ein:

```
>>> import re
>>> pattern = re.compile(r'Kat(ze|astrophe|akombe|egorie)')
>>> match = pattern.search('Katzen schnurren.')
>>> match.group()
'Katze'
>>> match.group(1)
'ze'
```

Der Methodenaufruf `match.group()` gibt den vollen übereinstimmenden Text `'Katze'` zurück, während `match.group(1)` nur den Teil des übereinstimmenden Texts innerhalb der ersten Klammerngruppe, `'tze'`, liefert. Wenn Sie das Pipe-Zeichen zusammen mit gruppierenden Klammern einsetzen, können Sie verschiedene alternative Muster angeben, die Ihre Regex erkennen soll.

Wenn Sie ein echtes Pipe-Zeichen matchen möchten, escapen Sie es mit einem Backslash, also `\|`.

Alle Übereinstimmungen zurückgeben

Zusätzlich zur `search()`-Methode verfügen `Pattern`-Objekte auch über eine `findall()`-Methode. Während `search()` ein `Match`-Objekt des *ersten* übereinstimmenden Texts in der durchsuchten Zeichenkette zurückgibt, liefert die Methode `findall()` die Strings *aller* Treffer in der durchsuchten Zeichenkette.

Ein Detail sollten Sie beim Verwenden von `findall()` beachten. Die Methode gibt eine Liste von Strings zurück, *wenn im regulären Ausdruck keine Gruppen enthalten sind*. Geben Sie Folgendes in die interaktive Shell ein:

```
>>> import re
>>> muster = re.compile(r'\d{3}-\d{3}-\d{4}')  # enthält keine Gruppen
>>> muster.findall('Handy: 415-555-9999 Büro: 212-555-0000')
['415-555-9999', '212-555-0000']
```

Sind im regulären Ausdruck *Gruppen* definiert, gibt `findall()` eine Liste von Tupeln zurück. Jedes Tupel steht für einen einzelnen Treffer und enthält jeweils einen String für jede Gruppe in der Regex. Um dieses Verhalten zu sehen, geben Sie Folgendes in die interaktive Shell ein (und achten Sie darauf, dass der nun kompilierte reguläre Ausdruck Gruppen in Klammern enthält):

```
>>> import re
>>> muster = re.compile(r'(\d{3})-(\d{3})-(\d{4})')  # enthält Gruppen
>>> muster.findall('Handy: 415-555-9999 Büro: 212-555-0000')
[('415', '555', '9999'), ('212', '555', '0000')]
```

Beachten Sie außerdem, dass `findall()` keine überlappenden Treffer erkennt. Wenn Sie beispielsweise drei Ziffern mit dem Regex-String `r'\d{3}'` suchen, werden die ersten drei Ziffern in `'1234'` erfasst, aber nicht die letzten drei:

```
>>> import re
>>> muster = re.compile(r'\d{3}')
>>> muster.findall('1234')
['123']
>>> muster.findall('12345')
['123']
>>> muster.findall('123456')
['123', '456']
```

Da die ersten drei Ziffern in `'1234'` bereits als `'123'` gefunden wurden, werden die Ziffern `'234'` bei weiteren Treffern nicht berücksichtigt, obwohl sie zum `r'\d{3}'`-Muster passen würden.

Qualifizierer-Syntax: Welche Zeichen sollen abgeglichen werden?

Reguläre Ausdrücke bestehen aus zwei Teilen: den *Qualifizierern*, die festlegen, welche Zeichen Sie abgleichen möchten, und den *Quantifizierern*, die bestimmen, wie viele Zeichen abgeglichen werden sollen. In der Beispiel-Regex `r'\d{3}-\d{3}-\d{4}'` für eine Telefonnummer, das wir verwendet haben, sind die Teile `r'\d'` und `'-'` Qualifizierer, während `'{3}'` und `'{4}'` Quantifizierer darstellen. Untersuchen wir nun die Syntax der Qualifizierer.

Zeichenklassen und negative Zeichenklassen verwenden

Sie können zwar wie in den bisherigen Beispielen ein einzelnes Zeichen zur Suche festlegen, aber auch in eckigen Klammern eine Menge von Zeichen definieren, die übereinstimmen können. Diese Menge wird als *Zeichenklasse* bezeichnet. Die

Zeichenklasse `[aeiouäöüAEIOUÄÖÜ]` erfasst zum Beispiel jeden Vokal, sowohl als Kleinbuchstaben als auch als Großbuchstaben. Das entspricht der Schreibweise `a|e|i|o|u|ä|ö|ü|A|E|I|O|U|Ä|Ö|Ü`, ist aber leichter zu tippen. Geben Sie Folgendes in die interaktive Shell ein:

```
>>> import re
>>> vokal_re = re.compile(r'[aeiouäöüAEIOUÄÖÜ]')
>>> vokal_re.findall('Otto isst überall Äpfel.')
['O', 'o', 'i', 'ü', 'e', 'a', 'Ä', 'e']
```

Sie können außerdem Buchstaben- oder Zahlenbereiche mithilfe eines Bindestrichs angeben. Zum Beispiel erfasst die Zeichenklasse `[a-zA-Z0-9äöüÄÜÖ]` alle Kleinbuchstaben, Großbuchstaben und Zahlen.

Beachten Sie, dass die regulären Ausdruckssymbole innerhalb der eckigen Klammern nicht als solche ausgewertet werden. Das bedeutet, dass Sie Zeichen wie Klammern innerhalb der eckigen Klammern nicht mit einem Escape-Zeichen versehen müssen, wenn Sie tatsächliche Klammern finden möchten. Zum Beispiel erfasst die Zeichenklasse `[()]` entweder eine öffnende oder eine schließende Klammer. Sie müssen dies nicht als `[\(\)]` schreiben.

Wenn Sie direkt nach der öffnenden eckigen Klammer ein Zirkumflex-Zeichen (^) setzen, können Sie eine *negative Zeichenklasse* definieren. Eine negative Zeichenklasse findet alle Zeichen, die *nicht* in der Zeichenklasse enthalten sind. Geben Sie beispielsweise Folgendes in die interaktive Shell ein:

```
>>> import re
>>> konsonant_re = re.compile(r'[^aeiouäöüAEIOUÄÖÜ]')
>>> konsonant_re.findall('Otto isst überall Äpfel.')
['t', 't', ' ', 's', 's', 't', ' ', 'b', 'r', 'l', 'l', ' ', 'p',
'f', 'l', '.']
```

Nun wird nicht mehr jeder Vokal gesucht, sondern jedes Zeichen, das kein Vokal ist. Beachten Sie, dass dazu auch Leerzeichen, Zeilenumbrüche, Satzzeichen und Zahlen zählen.

Kurzschreibweisen für Zeichenklassen verwenden

Im früheren Beispiel eines regulären Ausdrucks für Telefonnummern haben Sie gelernt, dass `\d` für eine beliebige Ziffer stehen kann. Das heißt, `\d` ist eine Kurzschreibweise für den regulären Ausdruck `0|1|2|3|4|5|6|7|8|9` oder `[0-9]`. Es existieren viele solcher *Kurzformen für Zeichenklassen*, wie in Tabelle 9.1 dargestellt.

Kurzform	Steht für ...
`\d`	eine beliebige Ziffer von 0 bis 9.
`\D`	jedes Zeichen, das keine Ziffer ist.
`\w`	jeden Buchstaben, jede Ziffer oder den Unterstrich (Eselsbrücke: ein »W« wie Wort).
`\W`	jedes Zeichen, das kein Buchstabe, keine Ziffer oder kein Unterstrich ist.
`\s`	jedes Leerraum-Zeichen wie Leerzeichen, Tabulator oder Zeilenumbruch (Eselsbrücke: »S« wie Space-Taste).
`\S`	jedes Zeichen, das kein Leerzeichen, Tabulator oder Zeilenumbruch ist.

Tab. 9.1 *Kurzschreibweisen für geläufige Zeichenklassen*

Beachten Sie, dass `\d` Ziffern und `\w` Ziffern, Buchstaben sowie den Unterstrich abdeckt, es jedoch keine Kurzschreibweise für eine Zeichenklasse gibt, die ausschließlich Buchstaben umfasst. Sie können zwar die Zeichenklasse `[a-zA-Z]` verwenden, allerdings werden damit weder Buchstaben mit Akzent noch solche aus nichtlateinischen Alphabeten wie `'é'` oder Umlaute wie `'ä'` abgedeckt. Denken Sie außerdem daran, zur besseren Lesbarkeit des Backslashs Raw-Strings zu verwenden: `r'\d'`.

Geben Sie beispielsweise Folgendes aus einem englischen Weihnachtslied in die interaktive Shell ein:

```
>>> import re
>>> muster = re.compile(r'\d+\s\w+')
>>> muster.findall('12 drummers, 11 pipers, 10 lords, 9 ladies, 8 maids,
7 swans, 6 geese, 5 rings, 4 birds, 3 hens, 2 doves, 1 partridge')
['12 drummers', '11 pipers', '10 lords', '9 ladies', '8 maids', '7 swans',
'6 geese', '5 rings', '4 birds', '3 hens', '2 doves', '1 partridge']
```

Der reguläre Ausdruck `\d+\s\w+` sucht Textstellen, die aus einer oder mehreren Ziffern (`\d+`), gefolgt von einem Leerraum (`\s`), und anschließend einem oder mehreren Buchstaben-, Ziffern- oder Unterstrich-Zeichen (`\w+`) bestehen. Die Methode `findall()` gibt alle übereinstimmenden Strings des regulären Ausdrucksmusters in einer Liste zurück.

Alles mit dem Punktzeichen finden

Der `.` (oder *Punkt*) in einem regulären Ausdruck trifft auf jedes Zeichen außer einem Zeilenumbruch zu. Geben Sie beispielsweise Folgendes in die interaktive Shell ein:

```
>>> import re
>>> au_re = re.compile(r'.au')
>>> au_re.findall('Der Bau war grau und der Pfau schlief im Stau.')
['Bau', 'rau', 'fau', 'tau']
```

Beachten Sie, dass das Punktzeichen immer nur ein Zeichen findet. Daher wurde der Text `Pfau` im vorherigen Beispiel nur als `fau` erkannt. Um einen tatsächlichen Punkt zu erfassen, müssen Sie das Punktzeichen mit einem Backslash escapen oder als Gruppe verwenden: `\.` oder `[.]`.

Seien Sie vorsichtig, was Sie suchen

Das Beste und gleichzeitig das Schlechteste an regulären Ausdrücken ist, dass sie genau das finden, was Sie angeben. Hier sind einige typische Missverständnisse im Zusammenhang mit Zeichenklassen:

- Die Zeichenklasse `[A-Z]` bzw. `[a-z]` entspricht entweder Groß- oder Kleinbuchstaben, aber nicht beiden zusammen. Sie müssen `[A-Za-z]` verwenden, um sowohl Groß- als auch Kleinbuchstaben abzudecken.
- Die Zeichenklasse `[A-Za-z]` erfasst nur einfache, nicht akzentuierte Buchstaben. Beispielsweise würde der Regex-String `r'Vorname: ([A-Za-z]+)'` auf »First Name: « gefolgt von einer Gruppe aus einem oder mehreren nicht akzentuierten Buchstaben passen. Beim Vornamen von Jürgen Drews würde jedoch nur bis zum *ü* ein Treffer erzielt, und die Gruppe würde nur `'J'` enthalten.
- Die Zeichenklasse `\w` umfasst alle Buchstaben, einschließlich akzentuierter Zeichen und Buchstaben aus anderen Alphabeten. Sie deckt jedoch auch Zahlen und das Unterstrich-Zeichen ab, sodass die Regex `r'Vorname: (\w+)'` möglicherweise mehr erfasst, als Sie beabsichtigen.
- Die Zeichenklasse `\w` erfasst zwar alle Buchstaben, aber der Regex-String `r'Nachname: (\w+)'` würde Sinéad O'Connors Nachnamen nur bis zum Apostroph-Zeichen erfassen. Das bedeutet, die Gruppe würde ihren Nachnamen als `'O'` erfassen.
- Gerade und geschwungene Anführungszeichen (' " ‘ ’ “ ”) gelten als vollkommen unterschiedliche Zeichen und müssen jeweils einzeln angegeben werden.

Reale Daten sind komplex. Selbst wenn Ihr Programm Jürgen Drews und Sinéad O'Connors Namen erfassen kann, könnte es bei Jean-Paul Sartres Namen wegen des Bindestrichs scheitern.

Natürlich liegt der Fehler bei der Software – und nicht beim Namen –, wenn ein Name als ungültige Eingabe deklariert wird; Personennamen können nicht ungültig sein. Sie können mehr über dieses Thema in Patrick McKenzies Artikel »Falsehoods Programmers Believe About Names« unter *https://www.kalzumeus.com/2010/06/17/falsehoods-programmers-believe-about-names* erfahren. Dieser Artikel hat ein ganzes Genre ähnlicher »Falsehoods Programmers Believe«-Beiträge hervorgebracht, die thematisieren, wie Software mit Datumsangaben, Zeitzonen, Währungen, Postadressen, Geschlechtern, Flughafencodes und Liebe unzureichend umgeht. Sehen Sie sich dazu Carina C. Zonas PyCon-Vortrag von 2015 an: »Schemas for the Real World« unter *https://youtu.be/PYYfVqtcWQY*.

Quantifizierer-Syntax: Wie viele Qualifizierer sollen gefunden werden?

In einem regulären Ausdruck folgen Quantifizierer auf Qualifizierer-Zeichen und geben vor, wie viele davon gematcht werden sollen. In der Telefonnummer-Regex, die wir zuvor betrachtet haben, folgt zum Beispiel `{3}` auf `\d`, um genau drei Ziffern zu erfassen. Wenn auf einen Qualifizierer kein Quantifizierer folgt, muss der Qualifizierer genau einmal vorkommen: Sie können sich `r'\d'` als gleichwertig zu `r'\d{1}'` vorstellen.

Ein optionales Muster finden

Gelegentlich möchten Sie ein Muster nur optional erfassen. Das bedeutet, die Regex soll null oder genau eine Instanz des vorausgehenden Qualifizierers matchen. Das Zeichen `?` kennzeichnet den vorausgehenden Qualifizierer als optional. Gib dafür zum Beispiel Folgendes in die interaktive Shell ein:

```
>>> import re
>>> muster = re.compile(r'42!?')
>>> muster.search('42!')
<re.Match Objekt; span=(0, 3), match='42!'>
>>> muster.search('42')
<re.Match Objekt; span=(0, 2), match='42'>
```

Der `?`-Teil des regulären Ausdrucks bedeutet, dass das Muster `!` optional ist. Daher passt es sowohl zu `42!` (mit Ausrufezeichen) als auch zu `42` (ohne).

Wie Sie sehen, erschwert die Syntax regulärer Ausdrücke mit ihren vielen Symbolen und Satzzeichen das Lesen: das `?` (Fragezeichen) hat in der Regex-Syntax eine Bedeutung, das `!` (Ausrufezeichen) jedoch nicht. Also steht `r'42!?'` für `'42'`, dem optional ein `'!'` folgen kann, während `r'42?!'` bedeutet, dass auf `'4'` optional `'2'` folgt und daran anschließend ein `'!'` kommen muss:

```
>>> import re
>>> muster = re.compile(r'42?!')
>>> muster.search('42!')
<re.Match Objekt; span=(0, 3), match='42!'>
>>> muster.search('4!')
<re.Match Objekt; span=(0, 2), match='4!'>
>>> muster.search('42') == None  # Kein Treffer
True
```

Um mehrere Zeichen optional zu machen, setzen Sie sie in eine Gruppe und stellen das ? hinter die Gruppe. Im Telefonnummern-Beispiel von zuvor können Sie ? verwenden, um die Regex so zu gestalten, dass nach Telefonnummern gesucht wird, die entweder eine Vorwahl haben oder nicht. Geben Sie Folgendes in die interaktive Shell ein:

```
>>> import re
>>> muster = re.compile(r'(\d{3}-)?\d{3}-\d{4}')
>>> treffer1 = muster.search('Meine Nummer ist 415-555-4242')
>>> treffer1.group()
'415-555-4242'

>>> treffer2 = muster.search('Meine Nummer ist 555-4242')
>>> treffer2.group()
'555-4242'
```

Sie können das ? so verstehen, dass es sagt: »Stimme null- oder einmal mit der Gruppe vor diesem Fragezeichen überein.« Wenn Sie tatsächlich ein Fragezeichen benötigen, schreiben Sie es als \?.

Null oder mehr Qualifizierer finden

Der * (*Stern* oder *Asterisk*) bedeutet: »null- oder mehrfache Übereinstimmung«. Anders ausgedrückt: Der Qualifizierer, der dem Stern vorangeht, darf beliebig oft im Text erscheinen: gar nicht oder aber auch immer wieder. Werfen Sie einen Blick auf das folgende Beispiel:

```
>>> import re
>>> muster = re.compile('Eggs(and spam)*')
>>> muster.search('Eggs')
<re.Match Objekt; span=(0, 4), match='Eggs'>
>>> muster.search('Eggs and spam')
<re.Match Objekt; span=(0, 13), match='Eggs and spam'>
>>> muster.search('Eggs and spam and spam')
<re.Match Objekt; span=(0, 22), match='Eggs and spam and spam'>
>>> muster.search('Eggs and spam and spam and spam')
<re.Match Objekt; span=(0, 31), match='Eggs and spam and spam and spam'>
```

Während der 'Eggs'-Teil des Strings genau einmal vorkommen muss, kann ihm eine beliebige Anzahl von ' and spam' folgen – einschließlich keiner einzigen Instanz.

Müssen Sie ein tatsächliches Sternchen abgleichen, setzen Sie im regulären Ausdruck dem Stern einen Backslash voran, *.

Finden von einem oder mehreren Qualifizierern

Während * für »null oder mehr« Treffer steht, bedeutet + (*Plus*) »ein oder mehrere«. Im Gegensatz zum Stern, der nicht verlangt, dass sein Qualifizierer im gefundenen String enthalten ist, fordert das Plus, dass der vorangestellte Qualifizierer *mindestens einmal* vorkommt. Es ist also nicht optional. Geben Sie Folgendes in die interaktive Shell ein und vergleichen Sie das Ergebnis mit den Stern-Regexes im vorherigen Abschnitt:

```
>>> muster = re.compile('Eggs(and spam)+')
>>> muster.search('Eggs and spam')
<re.Match Objekt; span=(0, 13), match='Eggs and spam'>
>>> muster.search('Eggs and spam and spam')
<re.Match Objekt; span=(0, 22), match='Eggs and spam and spam'>
>>> muster.search('Eggs and spam and spam and spam')
<re.Match Objekt; span=(0, 31), match='Eggs and spam and spam and
spam'>
```

Die Regex 'Eggs(and spam)+' passt nicht auf den String 'Eggs', weil das Pluszeichen mindestens ein ' and spam' benötigt.

In Ihren Regex-Strings werden Sie häufig Klammern einsetzen, um Qualifizierer zu einer Gruppe zusammenzufassen, sodass sie einen Quantifizierer auf die gesamte Gruppe anwenden können. Beispielsweise könnten Sie mit r'(\.|\-)+' jede beliebige Kombination aus Punkten und Bindestrichen im Morsecode finden (obwohl dieser Ausdruck auch ungültige Morsecode-Kombinationen erfassen würde).

Wenn Sie tatsächlich ein Pluszeichen abgleichen möchten, setzen Sie einen Backslash davor, um es zu escapen: \+.

Finden einer bestimmten Anzahl von Qualifizierern

Wenn Sie eine Gruppe haben, die Sie eine bestimmte Anzahl von Malen wiederholen möchten, fügen Sie der Gruppe in Ihrer Regex eine Zahl in geschweiften Klammern hinzu. Zum Beispiel stimmt die Regex (Ha){3} mit dem String 'HaHaHa' überein, aber nicht mit 'HaHa', da letzterer nur zwei Wiederholungen der (Ha)-Gruppe enthält.

Anstelle einer einzelnen Zahl können Sie einen Bereich angeben, indem Sie ein Minimum, ein Komma und ein Maximum zwischen die geschweiften Klammern schreiben. Zum Beispiel stimmt die Regex `(Ha){3,5}` mit `'HaHaHa'`, `'HaHaHaHa'` und `'HaHaHaHaHa'` überein.

Sie können auch die erste oder zweite Zahl in den geschweiften Klammern weglassen, um das Minimum oder Maximum unbegrenzt zu lassen. Beispielsweise findet `(Ha){3,}` drei oder mehr Instanzen der `(Ha)`-Gruppe, während `(Ha){,5}` null bis fünf Instanzen abdeckt. Mit geschweiften Klammern können Sie Ihre regulären Ausdrücke kompakter gestalten. Diese beiden regulären Ausdrücke erfassen identische Muster:

```
(Ha){3}
HaHaHa
```

Dasselbe gilt für diese beiden regulären Ausdrücke:

```
(Ha){3,5}
(HaHaHa)|(HaHaHaHa)|(HaHaHaHaHa)
```

Geben Sie Folgendes in die interaktive Shell ein:

```
>>> import re
>>> ha_regex = re.compile(r'(Ha){3}')
>>> treffer1 = ha_regex.search('HaHaHa')
>>> treffer1.group()
'HaHaHa'

>>> treffer = ha_regex.search('HaHa')
>>> treffer == None
True
```

Hier passt `(Ha){3}` auf `'HaHaHa'`, jedoch nicht auf `'Ha'`. Da kein Treffer bei `'HaHa'` erfolgt, gibt `search()` `None` zurück.

Die Syntax des geschweiften Klammer-Quantors ähnelt der Slice-Syntax in Python (beispielsweise `'Hallo, Welt!'[3:5]`, was zu `'lo'` führt). Es gibt jedoch wesentliche Unterschiede. Beim Regex-Quantifizierer sind die beiden Zahlen durch ein Komma statt durch einen Doppelpunkt getrennt. Zudem ist die zweite Zahl im Quantifizierer inklusive: `'(Ha){3,5}'` erfasst bis zu *und einschließlich* fünf Instanzen des `'(Ha)'`-Qualifizierers.

Gieriges und nichtgieriges Suchen

Da `(Ha){3,5}` drei, vier oder fünf Instanzen von `Ha` im String `'HaHaHaHaHa'` erfassen kann, könnten Sie sich fragen, warum der Aufruf von `group()` am `Match`-Objekt im vorherigen Beispiel mit geschweiften Klammern `'HaHaHaHaHa'` und nicht eine der kürzeren Möglichkeiten zurückgibt. Immerhin sind auch `'HaHaHa'` und `'HaHaHaHa'` gültige Treffer für den regulären Ausdruck `(Ha){3,5}`.

Reguläre Ausdrücke in Python sind standardmäßig *gierig* (engl. *greedy*), das heißt, sie erfassen in mehrdeutigen Fällen stets die längstmögliche Zeichenkette. Die *nichtgierige* (auch *lazy* genannte) Variante der geschweiften Klammern, die die kürzestmögliche Zeichenkette findet, benötigt direkt nach der schließenden geschweiften Klammer ein Fragezeichen.

Geben Sie Folgendes in die interaktive Shell ein und erkennen Sie den Unterschied zwischen der gierigen und der nichtgierigen Variante der geschweiften Klammern bei der Suche in derselben Zeichenkette:

```
>>> import re
>>> greedy_re = re.compile(r'(Ha){3,5}')
>>> treffer1 = greedy_re.search('HaHaHaHaHa')
>>> treffer1.group()
'HaHaHaHaHa'

>>> lazy_re = re.compile(r'(Ha){3,5}?')
>>> treffer2 = lazy_re.search('HaHaHaHaHa')
>>> treffer2.group()
'HaHaHa'
```

Beachten Sie, dass das Fragezeichen in regulären Ausdrücken zwei Bedeutungen haben kann: Es kann entweder eine nichtgierige Suche deklarieren oder einen optionalen Qualifizierer angeben. Diese Bedeutungen sind völlig unabhängig voneinander.

Es sei darauf hingewiesen, dass Sie technisch gesehen auch ohne den ?-Quantifizierer oder sogar die *- und +-Quantifizierer auskommen könnten:

- Der ? Quantifizierer entspricht `{0,1}`.
- Der *-Quantifizierer entspricht `{0,}`.
- Der +-Quantifizierer entspricht `{1,}`.

Allerdings sind ?-, *- und +-Quantifizierer gängige Kurzschreibweisen.

Alles finden

Mitunter möchten Sie vielleicht alles und jedes finden. Angenommen, Sie möchten den String `'Vorname:'` finden, gefolgt von beliebigem Text, anschließend `'Nachname:'` und erneut beliebigem Text. Sie können das Punkt-Stern-Muster (`.*`) verwenden, was für »irgendetwas« steht. Denken Sie daran: Das Punktzeichen steht für »beliebiges einzelnes Zeichen außer dem Zeilenumbruch«, das Sternzeichen für »null oder mehr Vorkommen des vorherigen Zeichens«.

Geben Sie Folgendes in die interaktive Shell ein:

```
>>> import re
>>> namen_re = re.compile(r'Vorname: (.*) Nachname: (.*)')
>>> namen_treffer = namen_re.search('Vorname: Al Nachname: Sweigart')
>>> namen_treffer.group(1)
'Al'
>>> namen_treffer.group(2)
'Sweigart'
```

Das Punkt-Stern-Muster ist gierig: Es versucht immer, möglichst viel Text zu erfassen. Um jeglichen Text auf nichtgierige Weise zu erfassen, nutzen Sie Punkt, Stern und Fragezeichen (`.*?`). Wie bei der Verwendung mit geschweiften Klammern weist das Fragezeichen Python an, nichtgierig zu suchen.

Geben Sie folgendes Beispiel angelehnt an eine Kurzgeschichte von Demon Knight in die interaktive Shell ein, um den Unterschied zwischen gierigen und nichtgierigen Ausdrücken zu erkennen:

```
>>> import re
>>> lazy_re = re.compile(r'<.*?>')
>>> match1 = lazy_re.search('<Menschen dienen> zum Abendessen.>')
>>> treffer1.group()
'<Menschen dienen>'

>>> greedy_re = re.compile(r'<.*>')
>>> match2 = greedy_re.search('<Menschen dienen> zum Abendessen.>')
>>> treffer2.group()
'<Menschen dienen> zum Abendessen.>'
```

Beide Regexes lassen sich ungefähr so übersetzen: »Eine öffnende spitze Klammer, gefolgt von beliebigen Zeichen, gefolgt von einer schließenden spitzen Klammer suchen.« Im String `'<Menschen dienen> zum Abendessen.>'` gibt es jedoch zwei mögliche Stellen für die schließende Klammer. In der nichtgierigen Version der Regex wählt Python die kürzestmögliche Übereinstimmung: `'<Menschen dienen>'`. In der gierigen Version wählt Python die längstmögliche Übereinstimmung: `'<Menschen dienen> zum Abendessen.>'`.

Zeilenumbruchzeichen finden

Der Punkt in `.*` erfasst alles außer einem Zeilenumbruch. Wenn Sie `re.DOTALL` als zweites Argument an `re.compile()` übergeben, wird das Punktzeichen so erweitert, dass es auf *alle* Zeichen passt – auch auf das Zeilenumbruchzeichen. Geben Sie Folgendes in die interaktive Shell ein:

```
>>> import re
>>> text = 'Diene dem Gemeinwohl.\nSchütze die Unschuldigen.\nWahre
das Gesetz.'
>>> kein_umbruch_re = re.compile('.*')
>>> kein_umbruch_re.search(text).group()
'Diene dem Gemeinwohl.'

>>> umbruch_re = re.compile('.*', re.DOTALL)
>>> umbruch_re.search(text).group()
'Diene dem Gemeinwohl.\nSchütze die Unschuldigen.\nWahre das Gesetz.'
```

Die Regex `kein_umbruch_re`, der beim Aufruf von `re.compile()` kein `re.DOTALL` übergeben wurde, erfasst nur alles bis zum ersten Zeilenumbruchzeichen. `umbruch_re` hingegen, das mit `re.DOTALL` an `re.compile()` erstellt wurde, erfasst tatsächlich den gesamten Text. Deshalb erkennt der Aufruf von `umbruch_re.search()` die gesamte Zeichenkette, einschließlich ihrer Zeilenumbruchzeichen.

Finden am Anfang und Ende eines Strings

Sie können das Zirkumflex-Zeichen (^) am Anfang einer Regex verwenden, um anzugeben, dass eine Übereinstimmung am *Anfang* des durchsuchten Textes erfolgen muss. Ebenso können Sie am Ende der Regex ein Dollarzeichen ($) setzen, um anzugeben, dass der String mit diesem Regex-Muster *enden* muss. Es ist auch möglich, ^ und $ zu kombinieren, um anzugeben, dass der gesamte String der Regex entsprechen muss – es genügt also nicht, wenn nur ein Teil des Strings übereinstimmt.

Zum Beispiel findet der reguläre Ausdruck-String `r'^Hallo'` alle Strings, die mit `'Hallo'` beginnen. Geben Sie Folgendes in die interaktive Shell ein:

```
>>> import re
>>> beginnt_mit_hallo = re.compile(r'^Hallo')
>>> beginnt_mit_hallo.search('Hallo, Welt!')
<re.Match Objekt; span=(0, 5), match='Hallo'>
>>> beginnt_mit_hallo.search('Er sagt "Hallo."') == None
True
```

Der reguläre Ausdruck `r'\d$'` passt auf Strings, die mit einer Ziffer enden. Geben Sie Folgendes in die interaktive Shell ein:

```
>>> import re
>>> endet_mit_ziffer = re.compile(r'\d$')
>>> endet_mit_ziffer.search('Deine Zahl ist 42')
<re.Match Objekt; span=(16, 17), match='2'>
>>> endet_mit_ziffer.search('Deine Zahl ist zweiungvierzig.') == None
True
```

Der reguläre Ausdruck `r'^\d+$'` passt auf Strings, die sowohl mit einer oder mehreren Ziffern beginnen als auch enden. Geben Sie Folgendes in die interaktive Shell ein:

```
>>> import re
>>> alles_ziffern = re.compile(r'^\d+$')
>>> alles_ziffern.search('1234567890')
<re.Match Objekt; span=(0, 10), match='1234567890'>
>>> alles_ziffern.search('12345xyz67890') == None
True
```

Die letzten beiden `search()`-Aufrufe im vorherigen Beispiel der interaktiven Shell zeigen, dass der gesamte String auf die Regex passen muss, wenn `^` und `$` verwendet werden. (Ich verwechsle die Bedeutung dieser beiden Symbole häufig, daher merke ich sie mir mit der Eselsbrücke: »Ein Dach kostet Geld«, um mich daran zu erinnern, dass das Dachzeichen am Anfang und das Dollarzeichen am Ende steht.)

Sie können auch `\b` verwenden, damit eine Regex nur an einer *Wortgrenze* trifft: also am Anfang, am Ende oder sowohl am Anfang als auch am Ende eines Wortes. In diesem Fall ist ein »Wort« eine Folge von Buchstaben, die durch Nicht-Buchstaben-Zeichen getrennt werden. Zum Beispiel: `r'\bden.*?\b'` findet ein Wort, das mit `'den'` beginnt, gefolgt von beliebigen weiteren Zeichen bis zur nächsten Wortgrenze:

```
>>> import re
>>> muster = re.compile(r'\bden.*?\b')
>>> muster.findall('Ich denke den Gedenken an Abenden.')
['denke', 'den']
```

Die `\B`-Syntax findet alles, was keine Wortgrenze ist:

```
>>> import re
>>> muster = re.compile(r'\Bden\B')
>>> muster.findall('Gedenken')  # Treffer
['den']
>>> muster.findall('denke')  # Kein Treffer
[]
```

Das ist praktisch, um Treffer in der Mitte eines Wortes zu finden.

Ein Überblick über Regex-Symbole

In diesem Kapitel haben Sie bereits zahlreiche Notationen kennengelernt. Hier finden Sie eine kurze Zusammenfassung der grundlegenden Syntax regulärer Ausdrücke:

- Das ? entspricht null oder einer Instanz des vorhergehenden Qualifizierers.
- Das * entspricht null oder mehr Vorkommen des vorhergehenden Qualifizierers.
- Das + entspricht einem oder mehreren Vorkommen des vorhergehenden Qualifizierers.
- Das `{n}` entspricht genau n Vorkommen des vorhergehenden Qualifizierers.
- Das `{n,}` entspricht n oder mehr Vorkommen des vorhergehenden Qualifizierers.
- Das `{,m}` entspricht 0 bis m Vorkommen des vorhergehenden Qualifizierers.
- Das `{n,m}` entspricht mindestens n und höchstens m Vorkommen des vorhergehenden Qualifizierers.
- `{n,m}?` oder `*?` oder `+?` ermöglicht eine nichtgierige Übereinstimmung mit dem vorhergehenden Qualifizierer.
- `^spam` bedeutet, dass der String mit spam beginnen muss.
- `spam$` bedeutet, dass der String mit spam enden muss.
- Der `.` entspricht jedem Zeichen außer dem Zeilenumbruch.
- Die Sequenzen `\d`, `\w` und `\s` entsprechen jeweils einer Ziffer, einem Wort- oder einem Leerzeichen.
- Die `\D`, `\W` und `\S` passen jeweils auf alles außer einer Ziffer, einem Wort- oder Leerraumzeichen. `[abc]` passt auf jedes Zeichen zwischen den eckigen Klammern (wie a, b oder c).
- `[^abc]` passt auf jedes Zeichen, das nicht zwischen den eckigen Klammern steht.
- `(Hallo)` fasst `'Hallo'` als eine Gruppe zu einem einzelnen Qualifizierer zusammen.

Groß-/Kleinschreibungsunabhängiges Suchen

Normalerweise stimmen reguläre Ausdrücke mit Text nur in exakt der Schreibweise überein, die Sie angeben. Zum Beispiel passen die folgenden Regexes auf völlig unterschiedliche Strings:

```
>>> import re
>>> muster1 = re.compile('RoboCop')
>>> muster2 = re.compile('ROBOCOP')
>>> muster3 = re.compile('robOcop')
>>> muster4 = re.compile('RobocOp')
```

Mitunter interessiert Sie nur, dass die Buchstaben übereinstimmen – unabhängig davon, ob es sich um Groß- oder Kleinbuchstaben handelt. Um Ihre Regex groß-/kleinschreibungsunabhängig zu machen, können Sie `re.IGNORECASE` oder `re.I` als zweites Argument an `re.compile()` übergeben. Geben Sie Folgendes in die interaktive Shell ein:

```
>>> import re
>>> muster = re.compile(r'robocop', re.I)
>>> muster.search('RoboCop ist teils Mensch, teils Maschine, voll
Cop.').group()
'RoboCop'

>>> muster.search('ROBOCOP beschützt die Unschuldigen.').group()
'ROBOCOP'

>>> muster.search('Haben Sie robocop gesehen?').group()
'robocop'
```

Der reguläre Ausdruck erkennt jetzt Strings mit beliebiger Groß- und Kleinschreibung.

Strings ersetzen

Reguläre Ausdrücke suchen nicht nur nach Textmustern, sie können auch neuen Text anstelle dieser Muster einfügen. Die Methode `sub()` für `Pattern`-Objekte nimmt zwei Argumente entgegen. Das erste ist ein String, der für alle Treffer eingesetzt werden soll. Das zweite Argument ist der String, in dem ersetzt wird. Die Methode `sub()` gibt einen String mit den vorgenommenen Ersetzungen zurück.

Geben Sie beispielsweise Folgendes in die interaktive Shell ein, um Geheimagenten-Namen durch `ZENSIERT` zu ersetzen:

```
>>> import re
>>> agent_muster = re.compile(r'Agent \w+')
>>> agent_muster.sub('ZENSIERT', 'Agent Alice kontaktierte Agent
Bob.')
'ZENSIERT kontaktierte ZENSIERT.'
```

Mitunter möchten Sie den übereinstimmenden Text selbst als Teil der Ersetzung verwenden. Im ersten Argument von `sub()` können Sie `\1`, `\2`, `\3` usw. einfügen, um auszudrücken: »Setze den Text der Gruppe `1`, `2`, `3` usw. in die Ersetzung ein.« Diese Syntax bezeichnet man als *Rückverweis*.

Sie möchten zum Beispiel die Namen der Geheimagenten zensieren, indem nur der Anfangsbuchstabe des Namens stehen bleibt. Dazu könnten Sie das Regex-Muster `Agent (\w)\w*` verwenden und `r'\1****'` als erstes Argument an `sub()` übergeben:

```
>>> import re
>>> agent_muster = re.compile(r'Agent (\w)\w*')
>>> agent_muster.sub(r'\1****', 'Agent Alice kontaktierte Agent
Bob.')
'A**** kontaktierte B****.'
```

Das `\1` im regulären Ausdrucks-String wird durch den Text ersetzt, den die Gruppe `1` erfasst hat – also die `(\w)`-Gruppe des regulären Ausdrucks.

Komplexe Regexes im ausführlichen Modus beherrschen

Reguläre Ausdrücke eignen sich gut, wenn das Textmuster, nach dem Sie suchen möchten, einfach ist. Das Schreiben komplizierter Textmuster kann jedoch lange und verschachtelte reguläre Ausdrücke erfordern. Diese Komplexität können Sie reduzieren, indem Sie der `re.compile()`-Funktion mitteilen, Leerzeichen und Kommentare im regulären Ausdruck zu ignorieren. Aktivieren Sie diesen »ausführlichen Modus«, indem Sie die Variable `re.VERBOSE` als zweites Argument an `re.compile()` übergeben.

Statt eines schwer lesbaren regulären Ausdrucks wie diesem

```
muster = re.compile(r'((\d{3}|\(\d{3}\))?(\s|-|\.)?\d{3}(\s|-
|\.)\d{4}(\s*(ext|x|ext\.)\s*\d{2,5})?)')
```

können Sie den regulären Ausdruck auf mehrere Zeilen verteilen und mit Kommentaren die einzelnen Komponenten kennzeichnen, wie hier:

```
pattern = re.compile(r'''(
    (\d{3}|\(\d{3}\))? # Vorwahl
    (\s|-|\.)?         # Trennzeichen
    \d{3}              # Erste drei Ziffern
    (\s|-|\.)          # Trennzeichen
    \d{4}              # Letzte vier Ziffern
    (\s*(ext|x|ext\.)\s*\d{2,5})? # Erweiterung
    )''', re.VERBOSE)
```

Beachten Sie, wie im vorherigen Beispiel die Drei-Anführungszeichen-Syntax (`'''`) verwendet wird, um einen mehrzeiligen String zu erzeugen. Dadurch können Sie die Definition des regulären Ausdrucks über viele Zeilen übersichtlich gestalten.

Die Kommentarregeln innerhalb des regulären Ausdrucks-Strings entsprechen denen im regulären Python-Code: Das `#`-Symbol und alles, was danach kommt, bis zum Ende der Zeile, wird ignoriert. Zudem werden die zusätzlichen Leerzeichen im mehrzeiligen String für den regulären Ausdruck nicht als Teil des

Textmusters angesehen, das Sie suchen möchten. So können Sie den regulären Ausdruck übersichtlich strukturieren und dadurch leichter lesbar machen.

Auch wenn der ausführliche Modus Ihre Regexes besser lesbar macht, empfehle ich Ihnen, stattdessen das später in diesem Kapitel vorgestellte Humre-Modul zu verwenden, um die Lesbarkeit Ihrer regulären Ausdrücke noch mehr zu verbessern.

Kombinieren von re.IGNORECASE, re.DOTALL und re.VERBOSE

Was tun, wenn Sie `re.VERBOSE` nutzen möchten, um Kommentare in Ihren regulären Ausdruck zu schreiben, dabei jedoch auch `re.IGNORECASE` einsetzen wollen, um die Groß- und Kleinschreibung zu ignorieren? Leider akzeptiert die Funktion `re.compile()` nur einen einzelnen Wert als zweites Argument.

Sie können dieses Limit umgehen, indem Sie die Variablen `re.IGNORECASE`, `re.DOTALL` und `re.VERBOSE` mit dem Pipe-Zeichen (`|`) kombinieren, das in diesem Zusammenhang als *bitweiser Oder*-Operator bezeichnet wird. Wenn Sie zum Beispiel einen regulären Ausdruck schreiben möchten, der nicht zwischen Groß- und Kleinschreibung unterscheidet *und* Zeilenumbrüche einbezieht, sodass das Punktzeichen passt, würden Sie Ihren `re.compile()`-Aufruf so gestalten:

```
>>> eine_regex = re.compile('foo', re.IGNORECASE | re.DOTALL)
```

Wenn Sie alle drei Optionen im zweiten Argument angeben, sieht das so aus:

```
>>> eine_regex = re.compile('foo', re.IGNORECASE | re.DOTALL | re.
VERBOSE)
```

Diese Syntax ist etwas altmodisch und stammt aus den frühen Python-Versionen. Die Details der bitweisen Operatoren sind nicht Gegenstand dieses Buches, aber unter *https://nostarch.com/automate-boring-stuff-python-3rd-edition* finden Sie weiterführende Informationen. Sie können auch weitere Optionen als zweites Argument übergeben; sie sind zwar selten, aber auch dazu finden Sie mehr in den genannten Quellen.

Projekt 3: Kontaktinformationen aus umfangreichen Dokumenten extrahieren

Angenommen, Sie bekommen die wenig spannende Aufgabe, alle Telefonnummern und E-Mail-Adressen auf einer langen Webseite oder in einem Dokument zu finden. Wenn Sie manuell durch die Seite scrollen, könnten Sie lange suchen. Doch mit einem Programm, das den Text in Ihrer Zwischenablage nach Telefonnummern und E-Mail-Adressen durchsucht, könnten Sie einfach `Strg`-`A` drücken, um den gesamten Text auszuwählen, dann `Strg`-`C`, um ihn in die Zwischenablage zu kopieren, und Ihr Programm ausführen. Dieses kann den Text in der Zwischenablage durch die gefundenen Telefonnummern und E-Mail-Adressen ersetzen.

Wann immer Sie ein neues Projekt angehen, ist es verlockend, sofort mit dem Programmieren zu beginnen. Oft ist es jedoch besser, einen Schritt zurückzutreten und das große Ganze im Blick zu behalten. Ich empfehle Ihnen, zunächst einen groben Plan zu entwerfen, was Ihr Programm leisten soll. An den eigentlichen Code müssen Sie dabei noch nicht denken, das können Sie später erledigen. Konzentrieren Sie sich zunächst auf das Wesentliche.

Ihr Extraktionsprogramm für Telefonnummern und E-Mail-Adressen sollte beispielsweise Folgendes erledigen:

- den Text aus der Zwischenablage holen
- alle Telefonnummern und E-Mail-Adressen im Text finden
- das Ergebnis in der Zwischenablage platzieren

Nun können Sie überlegen, wie sich dies in Code umsetzen ließe. Der Code muss Folgendes erledigen:

- das Modul `pyperclip` verwenden, um Strings zu kopieren und einzufügen
- zwei Regexes erstellen – eine zur Erkennung von Telefonnummern und eine für das Auffinden von E-Mail-Adressen
- alle Treffer (nicht nur den ersten) beider Regexes suchen
- die gefundenen Strings übersichtlich zu einem einzigen String formatieren, den Sie einfügen können
- eine Nachricht anzeigen, falls keine Treffer im Text gefunden werden

Diese Liste dient Ihnen als Fahrplan für das Projekt. Wenn Sie den Code schreiben, können Sie sich Schritt für Schritt auf jeden dieser Punkte konzentrieren – und jeder Schritt erscheint so überschaubar. Die Schritte sind außerdem so formuliert, dass Sie sie bereits mit Ihrem bisherigen Python-Wissen umsetzen können.

Schritt 1: Eine Regex für Telefonnummern erstellen

Zuerst müssen Sie einen regulären Ausdruck erstellen, um nach Telefonnummern zu suchen. Erstellen Sie eine neue Datei, geben Sie Folgendes ein und speichern Sie sie als *phoneAndEmail.py*:

```
import pyperclip, re

telefon_re = re.compile(r'''(
    (\d{3}|\(\d{3}\))? # Vorwahl
    (\s|-|\.)? # Trennzeichen
    (\d{3}) # Erste drei Ziffern
    (\s|-|\.) # Trennzeichen
    (\d{4}) # Letzte vier Ziffern
    (\s*(ext|x|ext\.)\s*(\d{2,5}))? # Erweiterung
    )''', re.VERBOSE)

# TODO: E-Mail-Regex erstellen

# TODO: Übereinstimmungen im Zwischenablage-Text finden

# TODO: Ergebnisse in die Zwischenablage kopieren.
```

Die `TODO`-Kommentare bilden lediglich das Gerüst für das Programm. Sie werden ersetzt, sobald Sie den eigentlichen Code schreiben.

Die Telefonnummer beginnt mit einer *optionalen* Vorwahl, daher folgt nach der Vorwahl-Gruppe ein Fragezeichen. Da die Vorwahl entweder aus drei Ziffern bestehen kann (also `\d{3}`) *oder* aus drei Ziffern in Klammern (also `\(\d{3}\)`), sollten Sie einen senkrechten Strich verwenden, um diese Teile zu verbinden. Sie können diesen Teil des mehrzeiligen Strings mit dem Regex-Kommentar `# Vorwahl` versehen, damit Sie sich merken, was `(\d{3}|\(\d{3}\))?` finden soll.

Das Trennzeichen einer Telefonnummer kann ein *optionales* Leerzeichen (`\s`), ein Bindestrich (`-`) oder ein Punkt (`.`) sein, daher sollten wir diese Teile auch mit Pipes verknüpfen. Die nächsten Teile des regulären Ausdrucks sind unkompliziert: drei Ziffern, gefolgt von einem weiteren Trennzeichen und anschließend vier Ziffern. Der letzte Teil ist eine optionale Erweiterung aus beliebig vielen Leerzeichen, gefolgt von `ext`, `x` oder `ext.` und anschließend zwei bis fünf Ziffern.

Hinweis

Sie können schnell mal den Überblick verlieren, wenn Sie reguläre Ausdrücke schreiben, die Gruppen mit Klammern *()* und escapten Klammern *\(\)* enthalten. Überprüfen Sie die Syntax sorgfältig, falls Sie die Fehlermeldung »missing), unterminated subpattern« erhalten.

Schritt 2: Erstellen Sie eine Regex für E-Mail-Adressen

Sie benötigen außerdem einen regulären Ausdruck, der E-Mail-Adressen erkennen kann. Gestalten Sie Ihr Programm wie folgt:

```
import pyperclip, re
--schnipp--

# E-Mail-Regex erstellen
email_re = re.compile(r'''(
    [a-zA-Z0-9._%+-]+  # Benutzername ❶
    @  # @-Symbol ❷
    [a-zA-Z0-9.-]+  # Domain-Name ❸
    (\.[a-zA-Z]{2,4})  # Punkt-irgendwas
    )''', re.VERBOSE)

# TODO: Übereinstimmungen im Zwischenablage-Text finden

# TODO: Ergebnisse in die Zwischenablage kopieren
```

Der Benutzername-Teil der E-Mail-Adresse ❶ besteht aus einem oder mehreren Zeichen; erlaubt sind Kleinbuchstaben, Großbuchstaben, Zahlen, ein Punkt, ein Unterstrich, ein Prozentzeichen, ein Pluszeichen oder ein Bindestrich. All diese sind in der Zeichenklasse `[a-zA-Z0-9._%+-]` enthalten.

Domain und Benutzername werden durch ein `@`-Symbol ❷ getrennt. Der Domain-Name ❸ verwendet eine etwas restriktivere Zeichenklasse mit nur Buchstaben, Zahlen, Punkten und Bindestrichen: `[a-zA-Z0-9.-]`. Zuletzt folgt der »Dot-Com«-Teil (technisch als *top-level domain* bezeichnet), der im Grunde alles hinter dem Punkt sein kann.

Das Format für E-Mail-Adressen unterliegt zahlreichen ungewöhnlichen Regeln. Dieser reguläre Ausdruck findet zwar nicht jede denkbare gültige E-Mail-Adresse, aber er erkennt nahezu jede typische E-Mail-Adresse, der Sie begegnen werden.

Schritt 3: Alle Übereinstimmungen im Text der Zwischenablage finden

Nachdem Sie die regulären Ausdrücke für Telefonnummern und E-Mail-Adressen festgelegt haben, kann das `re`-Modul von Python Ihnen die Arbeit abnehmen und alle Treffer in der Zwischenablage finden. Die `pyperclip.paste()`-Funktion liest den String-Wert des Textes aus der Zwischenablage, und die `findall()`-Regex-Methode gibt eine Liste von Tupeln zurück.

Gestalten Sie Ihr Programm wie folgt:

```
import pyperclip, re
--schnipp--

# Übereinstimmungen im Text der Zwischenablage finden
text = str(pyperclip.paste())

treffer = [] ❶
for gruppen in telefon_re.findall(text): ❷
    telnr = '-'.join([gruppen[1], gruppen[3], gruppen[5]])
    if gruppen[6] != '':
        telnr += ' x' + gruppen[6]
    treffer.append(telnr)
for gruppen in email_re.findall(text): ❸
    treffer.append(gruppen[0])

# TODO: Ergebnisse in die Zwischenablage kopieren.
```

Für jeden Treffer gibt es ein Tupel, und jedes Tupel enthält Strings für jede Gruppe im regulären Ausdruck. Beachten Sie, dass Gruppe `0` dem gesamten regulären Ausdruck entspricht, daher ist die Gruppe am Index `0` des Tupels die relevante.

Wie Sie bei ❶ sehen, speichern wir die Treffer in einer Liste namens `treffer`. Sie startet als leere Liste sowie mit ein paar `for`-Schleifen. Für die E-Mail-Adressen fügen wir bei jedem Treffer die Gruppe `0` hinzu ❸. Für die gefundenen Telefonnummern möchten wir jedoch nicht einfach nur Gruppe `0` anhängen. Obwohl das Programm Telefonnummern in verschiedenen Formaten erkennt, möchten wir, dass die angehängte Telefonnummer immer in einem einheitlichen Standardformat erscheint. Die Variable `telnr` erhält einen String, der aus den Gruppen `1`, `3`, `5` und `6` des übereinstimmenden Texts ❷ gebildet wird. (Diese Gruppen sind die Vorwahl, die ersten drei Ziffern, die letzten vier Ziffern und die Erweiterung.)

Schritt 4: Fassen Sie die Übereinstimmungen zu einem String zusammen

Da Sie nun die E-Mail-Adressen und Telefonnummern als Liste von Strings in `matches` besitzen, möchten Sie diese in die Zwischenablage kopieren. Die Funktion `pyperclip.copy()` akzeptiert nur einen einzelnen String und keine Liste von Strings. Deshalb müssen Sie die Methode `join()` auf `matches` anwenden.

Gestalten Sie Ihr Programm wie folgt:

```
import pyperclip, re
--schnipp--

# Ergebnisse in die Zwischenablage kopieren
if len(treffer) > 0:
    pyperclip.copy('\n'.join(treffer))
    print('In die Zwischenablage kopiert:')
    print('\n'.join(treffer))
else:
    print('Keine Telefonnummern oder E-Mail-Adressen gefunden.')
```

Damit Sie leicht nachvollziehen können, dass das Programm funktioniert, geben wir außerdem alle gefundenen Treffer im Terminalfenster aus. Wenn keine Telefonnummern oder E-Mail-Adressen gefunden wurden, informiert das Programm darüber.

Um Ihr Programm zu testen, öffnen Sie im Browser die Kontaktseite von No Starch Press unter *https://nostarch.com/contactus*, drücken Sie `Strg`-`A`, um den gesamten Text auf der Seite zu markieren, und anschließend `Strg`-`C`, um ihn in die Zwischenablage zu kopieren. Wenn Sie dieses Programm ausführen, sollte die Ausgabe etwa so aussehen:

```
In die Zwischenablage kopiert:
800-555-7240
415-555-9900
415-555-9950
info@nostarch.com
media@nostarch.com
academic@nostarch.com
info@nostarch.com
```

Sie können dieses Skript so anpassen, dass es nach Postadressen, Social-Media-Handles und vielen weiteren Arten von Textmustern sucht.

Ideen für ähnliche Programme

Das Erkennen von Mustern im Text (und ggf. deren Ersetzung mit der Methode `sub()`) bietet zahlreiche Anwendungsmöglichkeiten. Zum Beispiel könnten Sie Folgendes umsetzen:

- Finden Sie Webseiten-URLs, die mit *http://* oder *https://* beginnen.
- Bereinigen Sie Datumsangaben in unterschiedlichen Formaten (wie 14.3.2030, 3/14/2030, 03-14-2030, 2030-03-14 und 2030/3/14), indem Sie sie durch Datumsangaben in einem einheitlichen Standardformat ersetzen.

- Entfernen Sie sensible Informationen wie Sozialversicherungsnummern oder Kreditkartennummern.
- Finden Sie häufige Tippfehler wie mehrere Leerzeichen zwischen Wörtern, versehentlich doppelt geschriebene Wörter oder mehrere Ausrufezeichen am Satzende. Das ist wirklich störend!!

Humre: ein Modul für menschenlesbare Regexes

Code wird viel häufiger gelesen als geschrieben, daher ist es wichtig, dass Ihr Code gut lesbar ist. Doch die von Satzzeichen geprägte Syntax regulärer Ausdrücke ist sogar für erfahrene Programmierer oft schwer verständlich. Um dieses Problem zu lösen, geht das externe Python-Modul Humre über die guten Ansätze des ausführlichen Modus hinaus und verwendet leicht verständliche Begriffe, um übersichtlichen Regex-Code zu erstellen (»hum-re« von *human readable re*). Sie können Humre installieren, indem Sie den Anweisungen in Anhang A folgen.

Kehren wir zum `r'\d{3}-\d{3}-\d{4}'`-Telefonnummernbeispiel zurück. Die Funktionen und Konstanten in Humre können denselben Regex-String in Klartext erzeugen:

```
>>> from humre import *
>>> tel_re = exactly(3,DIGIT) +'-'+ exactly(3,DIGIT) +'-'+
exactly(4,DIGIT)
>>> tel_re
'\\d{3}-\\d{3}-\\d{4}'
```

Die Konstanten in Humre (wie `DIGIT`) enthalten Strings, und die Funktionen von Humre (wie `exactly()`) geben ebenfalls Strings zurück. Humre ersetzt das Modul `re` nicht. Stattdessen erzeugt es Regex-Strings, die an `re.compile()` übergeben werden können:

```
>>> import re
>>> muster = re.compile(tel_re)
>>> muster.search('Meine Nummer ist 415-555-4242')
<re.Match Objekt; span=(13, 25), match='415-555-4242'>
```

Humre stellt Konstanten und Funktionen für jedes Element der Syntax regulärer Ausdrücke zur Verfügung. Sie können die Konstanten und zurückgegebenen Strings dann wie jeden anderen String miteinander verketten. Hier sind beispielsweise Humres Konstanten für die Kurzschreibweise für Zeichenklassen:

- `DIGIT` und `NONDIGIT` stehen für `r'\d'` bzw. `r'\D'`.
- `WORD` und `NONWORD` stehen für `r'\w'` bzw. `r'\W'`.
- `WHITESPACE` und `NONWHITESPACE` stehen für `r'\s'` bzw. `r'\S'`.

Eine häufige Quelle von Regex-Fehlern ist es zu vergessen, welche Zeichen escaped werden müssen. Sie können die Konstanten von Humre verwenden, statt die Escape-Sequenz selbst einzugeben. Angenommen, Sie möchten eine einstellige Fließkommazahl mit genau einer Nachkommastelle finden, etwa `'0.9'` oder `'4.5'`. Wenn Sie den Regex-String `r'\d.\d'` verwenden, übersehen Sie möglicherweise, dass der Punkt zwar einen Dezimalpunkt (wie in `'4.5'`) findet, aber auch auf jedes andere Zeichen (wie in `'4A5'`) passt.

Verwenden Sie stattdessen die Humre-Konstante `PERIOD`, die den String `r'\.'` enthält. Der Ausdruck `DIGIT + PERIOD + DIGIT` ergibt `r'\d\.\d'` und macht sofort deutlich, was die Regex finden soll.

Es gibt folgende Humre-Konstanten für Escape-Sequenzen:

```
PERIOD          OPEN_PAREN    OPEN_BRACKET    PIPE
DOLLAR_SIGN     CLOSE_PAREN   CLOSE_BRACKET   CARET
QUESTION_MARK   ASTERISK      OPEN_BRACE      TILDE
HASHTAG         PLUS          CLOSE_BRACE
AMPERSAND       MINUS         BACKSLASH
```

Es gibt außerdem Konstanten für `NEWLINE`, `TAB`, `QUOTE` und `DOUBLE_QUOTE`. Rückbezüge von `r'\1'` bis `r'\99'` werden als `BACK_1` bis `BACK_99` bezeichnet.

Den größten Zugewinn an Lesbarkeit erreichen Sie allerdings mit den Humre-Funktionen. Tabelle 9.2 zeigt diese Funktionen und die entsprechende Syntax regulärer Ausdrücke.

Humre-Funktion	Regex-String
`group('A')`	`r'(A)'`
`optional('A')`	`r'A?'`
`either('A', 'B', 'C')`	`r'A|B|C'`
`exactly(3, 'A')`	`'A{3}'`
`between(3, 5, 'A')`	`'A{3,5}'`
`at_least(3, 'A')`	`'A{3,}'`
`at_most(3, 'A')`	`'A{,3}'`
`chars('A-Z')`	`'[A-Z]'`
`nonchars('A-Z')`	`'[^A-Z]'`
`zero_or_more('A')`	`'A*'`
`zero_or_more_lazy('A')`	`'A*?'`
`one_or_more('A')`	`'A+'`
`one_or_more_lazy('A')`	`'A+?'`
`starts_with('A')`	`'^A'`

→

Humre-Funktion	Regex-String
ends_with('A')	'A$'
starts_and_ends_with('A')	'^A$'
named_group('name', 'A')	'(?P<name>A)'

Tab. 9.2 *Humre-Funktionen*

Humre stellt Ihnen zudem verschiedene Komfortfunktionen bereit, die übliche Paare von Funktionsaufrufen zusammenfassen. Statt `optional(group('A'))` zu verwenden, um `'(A)?'` zu erzeugen, können Sie einfach `optional_group('A')` aufrufen. Tabelle 9.3 enthält die vollständige Liste der Humre-Komfortfunktionen.

Komfortfunktion	Äquivalent	Regex-String
optional_group('A')	optional(group('A'))	'(A)?'
group_either('A')	group(either('A', 'B', 'C'))	'(A|B|C)'
exactly_group(3, 'A')	exactly(3, group('A'))	'(A){3}'
between_group(3, 5, 'A')	between(3, 5, group('A'))	'(A){3,5}'
at_least_group (3, 'A')	at_least(3, group('A'))	'(A){3,}'
at_most_group (3, 'A')	at_most(3, group('A'))	'(A){,3}'
zero_or_more_group('A')	zero_or_more(group('A'))	'(A)*'
zero_or_more_lazy_group('A')	zero_or_more_lazy(group('A'))	'(A)*?'
one_or_more_group('A')	one_or_more(group('A'))	'(A)+'
one_or_more_lazy_group('A')	one_or_more_lazy(group('A'))	'(A)+?'

Tab. 9.3 *Humre-Komfortfunktionen*

Alle Funktionen von Humre, außer `either()` und `group_either()`, erlauben es Ihnen, mehrere Strings zu übergeben, sodass diese automatisch zusammengefügt werden. Das bedeutet, dass ein Aufruf von `group(DIGIT, PERIOD, DIGIT)` denselben Regex-String erzeugt wie `group(DIGIT + PERIOD + DIGIT)`. Beide geben den Regex-String `r'(\d\.\d)'` zurück.

Schließlich bietet Humre Konstanten für gängige Regex-Muster:

- `ANY_SINGLE` – das `.`-Muster, das genau ein beliebiges Zeichen außer Zeilenumbrüchen findet
- `ANYTHING_LAZY` – das nichtgierige `.*?`-Null-oder-mehr-Muster
- `ANYTHING_GREEDY` – das gierige `.*`-Null-oder-mehr-Muster
- `SOMETHING_LAZY` – das nichtgierige `.+?`-Eins-oder-mehr-Muster
- `SOMETHING_GREEDY` – das gierige `.+`-Eins-oder-mehr-Muster

Die Lesbarkeit einer Regex, die Sie mit Humre verfassen, wird besonders deutlich, wenn Sie große, komplexe reguläre Ausdrücke betrachten. Schreiben wir die Telefonnummer-Regex aus dem vorherigen Telefonnummern-Extraktor-Projekt mithilfe von Humre um:

```
import re
from humre import *
tel_re = group(
    optional_group(either(exactly(3, DIGIT),     # Vorwahl
        OPEN_PAREN + exactly(3, DIGIT) + CLOSE_PAREN)),
    optional(group_either(WHITESPACE, '-', PERIOD)),  # Trenner
    group(exactly(3, DIGIT)),                    # Erste drei Ziffern
    group_either(WHITESPACE, '-', PERIOD),       # Trenner
    group(exactly(4, DIGIT)),                    # Letzte vier Ziffern
    optional_group(                              # Erweiterung
      zero_or_more(WHITESPACE),
      group_either('ext', 'x', r'ext\.'),
      zero_or_more(WHITESPACE),
      group(between(2, 5, DIGIT))
      )
    )

muster = re.compile(tel_re)
match = muster.search('Meine Nummer ist 415-555-1212.')
print(match.group())
```

Wenn Sie dieses Programm ausführen, erhalten Sie diese Ausgabe:

```
415-555-1212
```

Dieser Code ist deutlich ausführlicher als selbst die Regex im ausführlichen Modus. Es empfiehlt sich, Humre mit der Syntax `from humre import *` zu importieren, damit Sie `humre.` nicht vor jede Funktion und Konstante schreiben müssen. Doch die Länge des Codes spielt eine geringere Rolle als die Lesbarkeit.

Sie können Ihre bestehenden regulären Ausdrücke durch einen Aufruf der Funktion `humre.parse()` in Humre-Code umwandeln, die einen String mit Python-Quelltext zurückgibt:

```
>>> import humre
>>> humre.parse(r'\d{3}-\d{3}-\d{4}')
"exactly(3, DIGIT) + '-' + exactly(3, DIGIT) + '-' + exactly(4,
DIGIT)"
```

In Verbindung mit einem modernen Editor wie PyCharm oder Visual Studio Code bietet Humre Ihnen noch weitere Vorteile:

- Sie können Ihren Code einrücken, damit sofort klar wird, welche Teile der Regex andere enthalten.
- Die Klammernerkennung Ihres Editors funktioniert.
- Die Syntaxhervorhebung Ihres Editors funktioniert.
- Das Linter- und das Type-Hints-Tool Ihres Editors erkennen Tippfehler.
- Die Autovervollständigung Ihres Editors ergänzt Funktions- und Konstantennamen.
- Humre übernimmt für Sie die Behandlung von Raw-Strings und Escape-Zeichen.
- Sie können neben dem Humre-Code auch Python-Kommentare setzen.
- Tippfehler führen zu hilfreicheren Fehlermeldungen.

Viele erfahrene Programmierer werden alles außer der standardmäßigen, komplizierten und schwer lesbaren Syntax regulärer Ausdrücke ablehnen. Wie Programmierer Peter Bhat Harkins einmal sagte: »Eines der nervigsten Dinge, die Programmierer regelmäßig tun, ist, sich so sehr darüber zu freuen, etwas Schwieriges gelernt zu haben, dass sie nicht nach Wegen suchen, es einfacher zu machen, oder sich sogar gegen Dinge wenden, die das erreichen würden.«

Wenn jedoch ein Kollege Einwände gegen Ihre Nutzung von Humre hat, können Sie einfach den zugrunde liegenden Regex-String, den Ihr Humre-Code erzeugt, ausgeben und ihn in Ihren Quellcode übernehmen. Beispielsweise sieht der Inhalt der `tel_re`-Variable im Telefonnummern-Extraktionsprojekt folgendermaßen aus:

```
r'((\d{3}|\(\d{3}\))?(\s|-|\.)?(\d{3})(\s|-
\.)(\d{4})(\s*(ext|x|ext\.)\s*(\d{2,5}))?)'
```

Ihr Kollege darf diesen Regex-String gerne nutzen, falls er ihn für passender hält.

Zusammenfassung

Während ein Computer Text schnell durchsucht, muss er exakt wissen, wonach gesucht werden soll. Reguläre Ausdrücke erlauben Ihnen, das Zeichenmuster anzugeben, das Sie suchen, anstatt nur den genauen Text. Tatsächlich bieten manche Textverarbeitungs- und Tabellenkalkulationsprogramme Suchen-und-Ersetzen-Funktionen, mit denen Sie mittels regulärer Ausdrücke suchen können. Die satzzeichenreiche Syntax regulärer Ausdrücke besteht aus Qualifizierern, die festlegen, was gefunden werden soll, und Quantifizierern, die bestimmen, wie viele Treffer gesucht werden.

Das `re`-Modul, das mit Python ausgeliefert wird, erlaubt Ihnen, einen Regex-String in ein `Pattern`-Objekt zu kompilieren. Diese Objekte bieten mehrere Methoden: `search()`, um eine einzelne Übereinstimmung zu finden, `findall()`, um alle passenden Vorkommen zu finden, und `sub()`, um ein Suchen-und-Ersetzen im Text vorzunehmen.

Weitere Informationen finden Sie in der offiziellen Python-Dokumentation unter *https://docs.python.org/3/library/re.html*. Eine weitere nützliche Ressource ist die Tutorial-Website *https://www.regular-expressions.info*. Die Humre-Seite im Python Package Index finden Sie unter *https://pypi.org/project/Humre*.

Übungsaufgaben

1. Wie heißt die Funktion, die `Regex`-Objekte zurückgibt?
2. Warum verwendet man beim Erstellen von `Regex`-Objekten häufig Raw-Strings?
3. Was gibt die Methode `search()` zurück?
4. Wie erhalten Sie die tatsächlichen Strings, die auf das Muster passen, aus einem `Match`-Objekt?
5. In der Regex, die mit `r'(\d\d\d)-(\d\d\d-\d\d\d\d)'` erstellt wurde: Was umfasst Gruppe `0`? Gruppe `1`? Gruppe `2`?
6. Klammern und Punkte haben in der Syntax regulärer Ausdrücke spezielle Bedeutungen. Wie geben Sie an, dass ein regulärer Ausdruck tatsächlich Klammern und Punkt-Zeichen finden soll?
7. Die Methode `findall()` gibt entweder eine Liste von Strings oder eine Liste von Tupeln aus Strings zurück. Wodurch entscheidet sich, ob Sie das eine oder das andere erhalten?
8. Was bedeutet das Zeichen `|` in regulären Ausdrücken?
9. Für welche zwei Dinge steht das Zeichen `?` in regulären Ausdrücken?
10. Worin besteht der Unterschied zwischen den Zeichen `+` und `*` in regulären Ausdrücken?
11. Worin liegt der Unterschied zwischen `{3}` und `{3,5}` in regulären Ausdrücken?

12. Wofür stehen die Kurzschreibweisen für Zeichenklassen `\d`, `\w` und `\s` in regulären Ausdrücken?
13. Was bedeuten die Kurzschreibweisen für Zeichenklassen `\D`, `\W` und `\S` in regulären Ausdrücken?
14. Was ist der Unterschied zwischen den regulären Ausdrücken `.*` und `.*?`?
15. Wie lautet die Zeichenklassen-Syntax, um alle Zahlen und Kleinbuchstaben zu erfassen?
16. Wie machen Sie einen regulären Ausdruck groß-/kleinschreibungsunempfindlich?
17. Was bedeutet das Zeichen `.` normalerweise? Was wird gematcht, wenn `re.DOTALL` als zweites Argument an `re.compile()` übergeben wird?
18. Wenn `num_re = re.compile(r'\d+')`, was gibt `num_re.sub('X', '12 drummers, 11 pipers, five rings, 3 hens')` zurück?
19. Was ermöglicht das Übergeben von `re.VERBOSE` als zweitem Argument an `re.compile()`?

Übungsprogramme

Schreiben Sie zur Übung Programme, die die folgenden Aufgaben erledigen.

Starke Passworterkennung

Schreiben Sie eine Funktion, die reguläre Ausdrücke verwendet, um sicherzustellen, dass das übergebene Passwort-String stark ist. Ein starkes Passwort unterliegt mehreren Regeln: Es muss mindestens acht Zeichen lang sein, sowohl Groß- als auch Kleinbuchstaben enthalten und mindestens eine Ziffer aufweisen. Tipp: Es ist einfacher, den String mit mehreren Regex-Mustern zu prüfen, als zu versuchen, eine einzige Regex zu entwickeln, die alle Regeln abdeckt.

Regex-Version der strip()-Methode

Schreiben Sie eine Funktion, die einen String entgegennimmt und dasselbe tut wie die String-Methode `strip()`. Falls keine weiteren Argumente übergeben werden als der zu bearbeitende String, soll die Funktion Leerraum am Anfang und Ende des Strings entfernen. Andernfalls soll die Funktion die im zweiten Argument angegebenen Zeichen aus dem String entfernen.

10

Dateien lesen und schreiben

Variablen sind eine gute Möglichkeit, Daten während der Ausführung Ihres Programms zu speichern. Wenn Sie jedoch möchten, dass Ihre Daten auch nach Beenden des Programms erhalten bleiben, müssen Sie sie in einer Datei speichern. Sie können sich den Inhalt einer Datei als einen einzigen String vorstellen, der potenziell Gigabyte groß sein kann. In diesem Kapitel erfahren Sie, wie Sie mit Python Dateien auf der Festplatte erstellen, lesen und speichern.

Dateien und Dateipfade

Eine Datei besitzt zwei wesentliche Eigenschaften: einen *Dateinamen* (meist als ein Wort geschrieben) und einen *Pfad*. Der Pfad gibt an, wo sich eine Datei auf dem Computer befindet. Beispielsweise befindet sich auf meinem Windows-Laptop eine Datei mit dem Dateinamen *Projekt.docx* im Pfad *C:\Benutzer\Al\Dokumente*. Der Teil des Dateinamens nach dem letzten Punkt wird als *Erweiterung* bezeichnet und zeigt den Typ der Datei an. Der Dateiname *Projekt.docx* ist ein Word-Dokument; *Users*, *Al* und *Dokumente* bezeichnen jeweils einen *Ordner* (auch als *Verzeichnis* bekannt). Ordner können sowohl Dateien als auch andere Ordner (sogenannte *Unterordner*) enthalten. Zum Beispiel liegt *Projekt.docx* im Ordner *Dokumente*, der sich im Ordner *Al* befindet, welcher wiederum im Ordner *Benutzer* liegt. Abbildung 10.1 zeigt diese Ordnerstruktur.

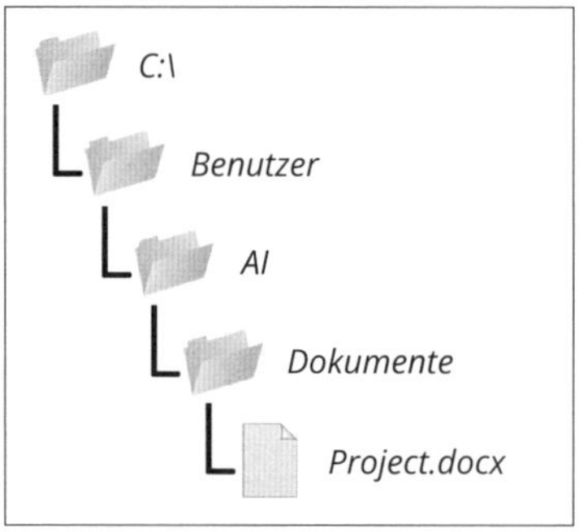

Abb. 10.1 *Eine Datei in einer Ordnerhierarchie*

Der Abschnitt *C:* im Pfad ist der *Anker-* oder *Wurzelordner*, der alle anderen Ordner enthält. Unter Windows heißt der Wurzelordner *C:* und wird auch als *C:-Laufwerk* bezeichnet. Unter macOS und Linux ist der Wurzelordner */*. In diesem Buch verwende ich den für Windows typischen Wurzelordner *C:*. Geben Sie bei der Eingabe der Beispiele in der interaktiven Shell unter macOS oder Linux stattdessen / ein.

Zusätzliche *Laufwerke*, etwa ein DVD-Laufwerk oder USB-Stick, werden auf verschiedenen Betriebssystemen unterschiedlich angezeigt. Unter Windows erscheinen sie als neue, mit Buchstaben versehene Wurzel-Laufwerke wie *D:* oder *E:*. Unter macOS erscheinen sie als neue Ordner im Ordner */Volumes*. Unter Linux erscheinen sie als neue Ordner im Ordner */mnt* (»mount«). Beachten Sie außerdem, dass Ordnernamen und Dateinamen unter Windows und macOS nicht zwischen Groß- und Kleinschreibung unterscheiden, während es unter Linux einen Unterschied macht.

Hinweis

Da Ihr System vermutlich andere Dateien und Ordner enthält als meines, können Sie nicht jedem Beispiel in diesem Kapitel exakt folgen. Versuchen Sie trotzdem, mit Ordnern zu arbeiten, die auf Ihrem Computer vorhanden sind.

Pfad-Trennzeichen standardisieren

Unter Windows werden Pfade mit Backslashes (\) als Trennzeichen zwischen Ordnernamen geschrieben. Die Betriebssysteme macOS und Linux verwenden hingegen Schrägstriche (/) als Pfad-Trennzeichen.

Die `Path()`-Funktion im `pathlib`-Modul unterstützt alle Betriebssysteme. Daher empfiehlt es sich, in Ihrem Python-Code Schrägstriche zu verwenden. Wenn Sie der Funktion die Strings einzelner Datei- und Ordnernamen in ihrem Pfad übergeben, gibt `Path()` einen String mit einem Dateipfad und den richtigen Pfad-Trennzeichen zurück. Geben Sie Folgendes in die interaktive Shell ein:

```
>>> from pathlib import Path
>>> Path('spam', 'bacon', 'eggs')
WindowsPath('spam/bacon/eggs')
>>> str(Path('spam', 'bacon', 'eggs'))
'spam\\bacon\\eggs'
```

Obwohl das `WindowsPath`-Objekt gegebenenfalls / Schrägstriche verwendet, müssen Sie bei der Umwandlung in einen String mit der `str()`-Funktion \ Backslashes verwenden. Beachten Sie, dass es üblich ist, `pathlib` mit `from pathlib import Path` zu importieren, da Sie sonst überall, wo in Ihrem Code `Path` steht, `pathlib.Path` schreiben müssten. Dieses zusätzliche Tippen ist nicht nur überflüssig, sondern sogar redundant.

Ich führe die interaktiven Shell-Beispiele dieses Kapitels unter Windows aus, daher hat `Path('spam', 'bacon', 'eggs')` ein `WindowsPath`-Objekt für den kombinierten Pfad zurückgegeben, dargestellt als `WindowsPath('spam/bacon/eggs')`. Obwohl Windows eigentlich Backslashes verwendet, zeigt die `WindowsPath`-Darstellung in der interaktiven Shell diese mit Schrägstrichen an, da Open-Source-Entwickler traditionell das Linux-Betriebssystem bevorzugt haben.

Wenn Sie einen einfachen Text-String dieses Pfads erhalten möchten, können Sie ihn an die `str()`-Funktion übergeben; in unserem Beispiel gibt sie `'spam\\bacon\\eggs'` zurück. (Beachten Sie, dass wir die Backslashes verdoppeln, weil jeder Backslash mit einem weiteren Backslash-Zeichen escaped werden muss.) Hätten Sie diese Funktion unter macOS oder Linux aufgerufen, hätte `Path()` ein `PosixPath`-Objekt geliefert, das bei Übergabe an `str()` den Wert `'spam/bacon/eggs'` zurückgegeben hätte. (*POSIX* ist eine Sammlung von Standards für Unix-ähnliche Betriebssysteme.)

Wenn Sie mit `Path`-Objekten arbeiten, müssen `WindowsPath` und `PosixPath` nie direkt in Ihrem Quelltext stehen. Diese `Path`-Objekte werden an mehrere der dateibezogenen Funktionen übergeben, die in diesem Kapitel vorgestellt werden. Zum Beispiel fügt der folgende Code Namen aus einer Liste von Dateinamen am Ende des Ordnernamens an:

```
>>> from pathlib import Path
>>> meine_dateien = ['zugänge.txt', 'details.csv', 'einladung.docx']
>>> for dateiname in meine_dateien:
...     print(Path(r'C:\Benutzer\Al', dateiname))
...
C:\Benutzer\Al\zugänge.txt
C:\Benutzer\Al\details.csv
C:\Benutzer\Al\einladung.docx
```

Unter Windows trennt der Backslash Verzeichnisse, daher können Sie ihn nicht in Dateinamen verwenden. Unter macOS und Linux hingegen können Sie Backslashes in Dateinamen nutzen. Während also `Path(r'spam\eggs')` unter Windows auf zwei separate Ordner (oder eine Datei *eggs* in einem Ordner *spam*) verweist, bezieht sich derselbe Befehl auf macOS und Linux auf einen einzigen Ordner (oder eine Datei) namens *spam\eggs*. Aus diesem Grund empfiehlt es sich in der Regel, in Ihrem Python-Code immer Schrägstriche zu verwenden (und ich werde dies im weiteren Verlauf dieses Kapitels auch tun). Das Modul `pathlib` stellt sicher, dass Ihr Code stets auf allen Betriebssystemen funktioniert – und das in den allermeisten Fällen, ohne dass Sie etwas tun müssen, weil dies im Hintergrund passiert.

Pfade verbinden

Normalerweise verwenden wir den +-Operator, um zwei Ganzzahlen oder Fließkommazahlen zu addieren, beispielsweise im Ausdruck `2 + 2`, der den Ganzzahlwert `4` ergibt. Den +-Operator können Sie jedoch ebenso verwenden, um zwei Strings zusammenzufügen, wie im Ausdruck `'Hello' + 'World'`, der den String `'HelloWorld'` ergibt. Der /-Operator, den man gewöhnlich zur Division einsetzt, kann jedoch `Path`-Objekte und Strings kombinieren. Dies ist praktisch, wenn Sie ein `Path`-Objekt nach der Erstellung mit der `Path()`-Funktion weiter anpassen möchten.

Geben Sie beispielsweise Folgendes in die interaktive Shell ein:

```
>>> from pathlib import Path
>>> Path('spam') / 'bacon' / 'eggs'
WindowsPath('spam/bacon/eggs')
>>> Path('spam') / Path('bacon/eggs')
WindowsPath('spam/bacon/eggs')
>>> Path('spam') / Path('bacon', 'eggs')
WindowsPath('spam/bacon/eggs')
```

Das Einzige, was Sie beim Verwenden des `/`-Operators zum Verbinden von Pfaden beachten müssen, ist, dass einer der beiden ersten Werte im Ausdruck ein `Path`-Objekt sein muss. Dies liegt daran, dass diese Ausdrücke von links nach rechts ausgewertet werden und der `/`-Operator entweder zwischen zwei `Path`-Objekten oder zwischen einem `Path`-Objekt und einem String verwendet werden kann, jedoch nicht zwischen zwei Strings. Python gibt Ihnen eine Fehlermeldung aus, wenn Sie Folgendes in die interaktive Shell eingeben:

```
>>> 'spam' / 'bacon'
Traceback (most recent call last):
  File "<python-input-0>", line 1, in <module>
TypeError: unsupported operand type(s) for /: 'str' and 'str'
```

Daher muss entweder der erste oder der zweite Wert von links ein `Path`-Objekt sein, damit der gesamte Ausdruck als `Path`-Objekt ausgewertet wird. So ergibt die Auswertung des `/`-Operators zusammen mit einem `Path`-Objekt das endgültige `Path`-Objekt:

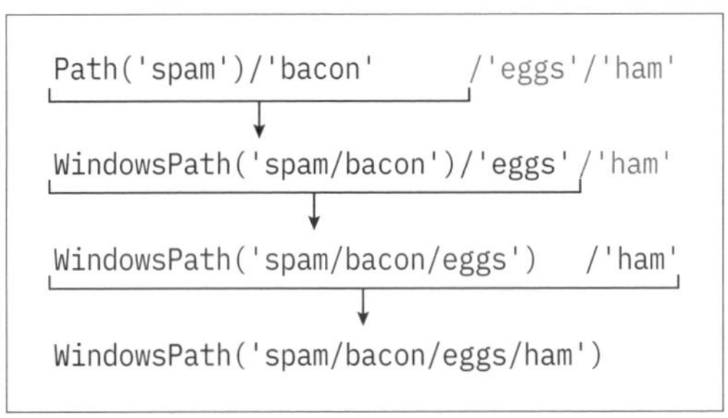

Wenn Sie die zuvor gezeigte Fehlermeldung `TypeError: unsupported operand type(s) for /: 'str' and 'str'` erhalten, müssen Sie auf der linken Seite des Ausdrucks ein `Path`-Objekt anstelle eines Strings angeben.

Der `/`-Operator ersetzt die ältere `os.path.join()`-Funktion. Mehr dazu erfahren Sie unter *https://docs.python.org/3/library/os.path.html#os.path.join*.

Zugriff auf das aktuelle Arbeitsverzeichnis

Jedes Programm, das auf Ihrem Computer ausgeführt wird, besitzt ein *aktuelles Arbeitsverzeichnis*. Alle Dateinamen oder Pfade, die nicht mit dem Wurzelordner beginnen, werden als im aktuellen Arbeitsverzeichnis liegend angenommen.

Hinweis

Obwohl Ordner die modernere Bezeichnung für Verzeichnis ist, beachten Sie, dass aktuelles Arbeitsverzeichnis (oder einfach Arbeitsverzeichnis) der Standardbegriff ist – nicht aktueller Arbeitsordner.

Und noch ein Hinweis: Die internationalen Windows-Versionen benutzen Ordnernamen wie *Benutzer* und *Dokumente* anstatt der englischen Ordner *Users* und *Documents*. Dennoch funktioniert beides: *C:\Users\Al* und *C:\Benutzer\Al* zeigen auf einem deutschen Windows in das gleiche Verzeichnis. Auf der Festplatte existiert aber tatsächlich nur die englische Version.

Sie können das aktuelle Arbeitsverzeichnis als String mit der Funktion `Path.cwd()` ermitteln und es mit `os.chdir()` ändern. Geben Sie Folgendes in die interaktive Shell ein:

```
>>> from pathlib import Path
>>> import os
>>> Path.cwd()
WindowsPath('C:/Benutzer/Al/AppData/Local/Programme/Python/Py-
thon313')'
>>> os.chdir('C:\\Windows\\System32')
>>> Path.cwd()
WindowsPath('C:/Windows/System32')
```

Hier ist das aktuelle Arbeitsverzeichnis auf *C:\Benutzer\Al\AppData\Local\Programme\Python\Python313* gesetzt. Daher bezieht sich der Dateiname *Projekt.docx* auf *C:\Benutzer\Al\AppData\Local\Programme\Python\Python313\Projekt.docx*. Wenn das Arbeitsverzeichnis zu *C:\Windows\System32* geändert wird, interpretiert Python den Dateinamen *Projekt.docx* als *C:\Windows\System32\Projekt.docx*.

Python zeigt einen Fehler an, wenn Sie versuchen, in ein Verzeichnis zu wechseln, das nicht existiert:

```
>>> import os
>>> os.chdir('C:/DiesenOrdnerGibtsNicht')
Traceback (most recent call last):
  File "<python-input-0>", line 1, in <module>
FileNotFoundError: [WinError 2] The system cannot find the file specified:
'C:/DiesenOrdnerGibtsNicht'
```

Es gibt keine `pathlib`-Funktion zum Ändern des Arbeitsverzeichnisses. Sie müssen `os.chdir()` verwenden.

Die Funktion `os.getcwd()` ist die ältere Methode, um das aktuelle Arbeitsverzeichnis als String zu erhalten. Diese ist in der Dokumentation unter *https://docs.python.org/3/library/os.html#os.getcwd* beschrieben.

Zugriff auf das Home-Verzeichnis

Alle Nutzer besitzen auf ihrem Computer einen Ordner für ihre eigenen Dateien; dieser wird als *Home-Verzeichnis* oder *Home-Ordner* bezeichnet. Sie erhalten ein `Path`-Objekt des Home-Verzeichnisses, indem Sie `Path.home()` aufrufen:

```
>>> from pathlib import Path
>>> Path.home()
WindowsPath('C:/Benutzer/Al')
```

Die Home-Verzeichnisse befinden sich – abhängig vom Betriebssystem – an einem festen Ort:

- Unter Windows liegen die Home-Verzeichnisse unter *C:\Benutzer*.
- Unter macOS liegen die Home-Verzeichnisse unter */Users*.
- Unter Linux liegen die Home-Verzeichnisse meist unter */home*.

Ihre Skripte verfügen nahezu immer über die Berechtigung, Dateien im Home-Verzeichnis zu lesen und zu schreiben. Deshalb eignet es sich ideal, um die Dateien dort abzulegen, mit denen Ihre Python-Programme arbeiten.

Absolute und relative Pfade angeben

Es gibt zwei Möglichkeiten, einen Dateipfad zu spezifizieren:

- ein *absoluter Pfad*, der stets mit dem Stammordner beginnt (*C:* unter Windows und / unter macOS und Linux)
- ein *relativer Pfad*, der sich auf das aktuelle Arbeitsverzeichnis des Programms bezieht

Unter Windows ist *C:* das Wurzelverzeichnis des Hauptlaufwerks. Diese Buchstabenvergabe stammt aus den 1960er-Jahren, als Computer zwei Diskettenlaufwerke mit den Bezeichnungen *A:* und *B:* hatten. Unter Windows werden USB-Speichersticks und DVD-Laufwerke mit Buchstaben ab *D:* aufwärts versehen. Verwenden Sie eines dieser Laufwerke als Wurzelordner, um auf Dateien dieses Speichermediums zuzugreifen.

Es gibt außerdem die *Punkt* (.)- und *Punkt-Punkt* (..)-Ordner. Dabei handelt es sich nicht um echte Ordner, sondern um spezielle Bezeichnungen, die Sie in einem Dateipfad verwenden können. Ein einzelner Punkt als Ordnername steht als Abkürzung für *dieser Ordner*. Zwei Punkte (Punkt-Punkt) kennzeichnen *den Elternordner*.

Abbildung 10.2 zeigt beispielhafte Ordner und Dateien. Ist das aktuelle Arbeitsverzeichnis auf *C:\bacon* gesetzt, gelten die relativen Pfade für die anderen Ordner und Dateien wie in Abbildung 10.2 dargestellt.

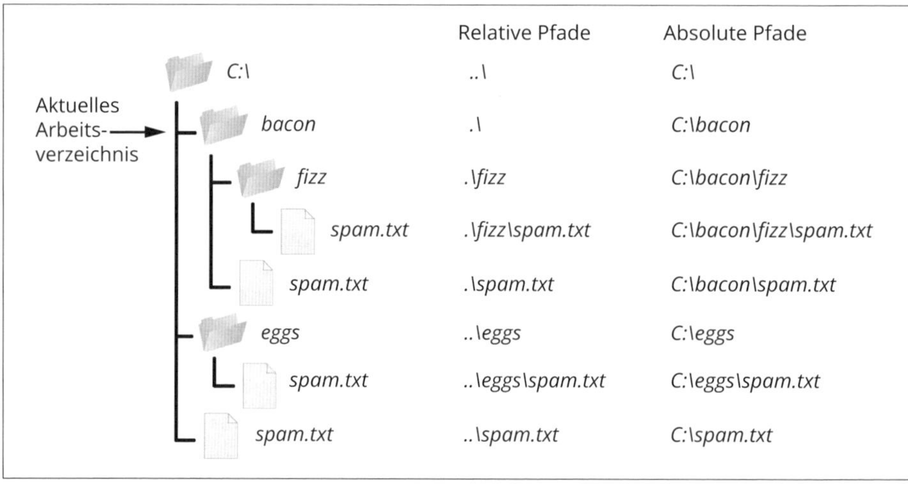

Abb. 10.2 *Die relativen Pfade für Ordner und Dateien im Arbeitsverzeichnis C:\bacon*

Das .\ am Anfang eines relativen Pfads ist optional. So verweisen *.\spam.txt* und *spam.txt* auf dieselbe Datei.

Neue Ordner anlegen

Sie können mit der `os.makedirs()`-Funktion neue Ordner erstellen. Geben Sie Folgendes in die interaktive Shell ein:

```
>>> import os
>>> os.makedirs('C:\\wohlschmeckende\\Walnuss\\Waffeln')
```

Dadurch wird nicht nur der Ordner *C:\wohlschmeckende* angelegt, sondern darin auch ein *Walnuss*-Ordner sowie ein *Waffeln*-Ordner in *C:\wohlschmeckende\Walnuss*. Das heißt, `os.makedirs()` erstellt alle erforderlichen Zwischenordner, damit der volle Pfad existiert. Abbildung 10.3 zeigt diese Ordnerhierarchie.

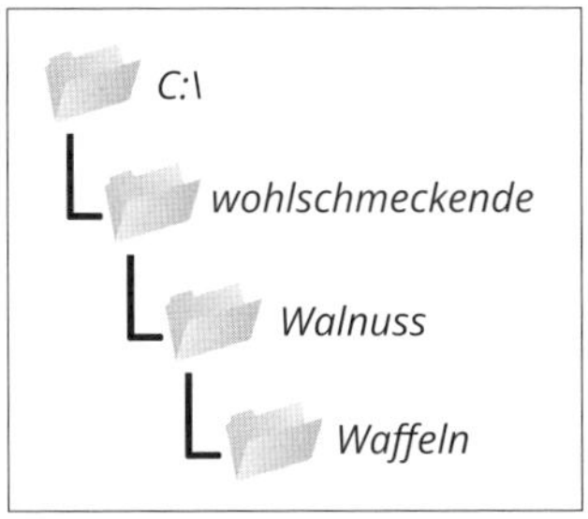

Abb. 10.3 Das Ergebnis von `os.makedirs('C:\\wohlschmeckende\\Walnuss\\Waffeln')`

Um ein Verzeichnis aus einem `Path`-Objekt zu erstellen, rufen Sie die Methode `mkdir()` auf. Zum Beispiel legt dieser Code einen *spam*-Ordner im Home-Verzeichnis auf meinem Computer an:

```
>>> from pathlib import Path
>>> Path(r'C:\Benutzer\Al\spam').mkdir()
```

Beachten Sie, dass `mkdir()` immer nur ein Verzeichnis auf einmal anlegt, es sei denn, Sie übergeben `parents=True`. Dann werden alle notwendigen übergeordneten Ordner ebenfalls erstellt.

Umgang mit absoluten und relativen Pfaden

Wenn Sie die Methode `is_absolute()` für ein `Path`-Objekt aufrufen, gibt sie `True` zurück, wenn es einen absoluten Pfad darstellt, oder `False`, wenn es sich um einen relativen Pfad handelt. Geben Sie zum Beispiel Folgendes in die interaktive Shell ein und verwenden Sie dabei Ihre eigenen Dateien und Ordner anstelle der hier aufgeführten:

```
>>> from pathlib import Path
>>> Path.cwd()
WindowsPath('C:/Benutzer/Al/AppData/Local/Programme/Python/Py-
thon313')
>>> Path.cwd().is_absolute()
True
>>> Path('spam/bacon/eggs').is_absolute()
False
```

Um einen absoluten Pfad aus einem relativen Pfad zu erhalten, stellen Sie `Path.cwd() /` vor das relative `Path`-Objekt. Wenn wir von einem »relativen Pfad« sprechen, meinen wir nahezu immer einen Pfad, der relativ zum aktuellen Arbeitsverzeichnis ist. Auch die Methode `absolute()` gibt dieses `Path`-Objekt zurück. Geben Sie Folgendes in die interaktive Shell ein:

```
>>> from pathlib import Path
>>> Path('my/relative/path')
WindowsPath('my/relative/path')
>>> Path.cwd() / Path('my/relative/path')
WindowsPath('C:/Benutzer/Al/Desktop/mein/relativer/pfad')
>>> Path('my/relative/path').absolute()
WindowsPath('C:/Benutzer/Al/Desktop/mein/relativer/pfad')
```

Bezieht sich Ihr relativer Pfad auf einen anderen Pfad als das aktuelle Arbeitsverzeichnis, ersetzen Sie `Path.cwd()` durch diesen anderen Pfad. Das folgende Beispiel zeigt, wie Sie einen absoluten Pfad mithilfe des Home-Verzeichnisses statt des aktuellen Arbeitsverzeichnisses erhalten:

```
>>> from pathlib import Path
>>> Path('mein/relativer/pfad')
WindowsPath('mein/relativer/pfad')
>>> Path.home() / Path('mein/relativer/pfad')
WindowsPath('C:/Benutzer/Al/mein/relativer/pfad')
```

`Path`-Objekte dienen dazu, sowohl relative als auch absolute Pfade darzustellen. Der einzige Unterschied besteht darin, ob das `Path`-Objekt mit dem Wurzelordner beginnt oder nicht.

Die Bestandteile eines Dateipfads ermitteln

Mit einem `Path`-Objekt können Sie die verschiedenen Bestandteile des Dateipfads als Strings extrahieren, indem Sie mehrere Attribute des `Path`-Objekts nutzen. Diese sind hilfreich, wenn Sie neue Dateipfade auf Basis bestehender erstellen möchten. Abbildung 10.4 veranschaulicht die Attribute.

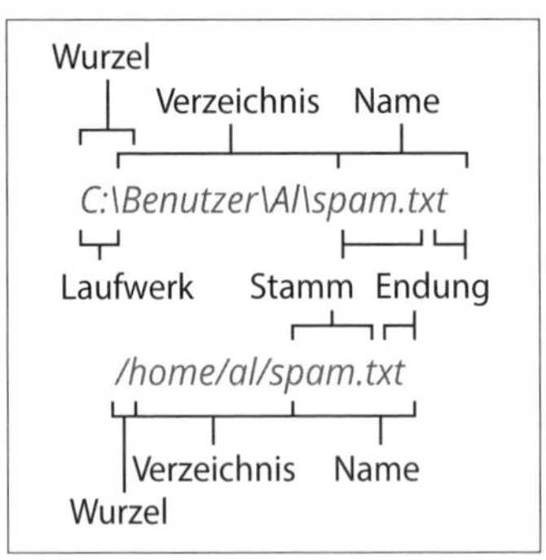

Abb. 10.4 *Die Bestandteile eines Windows- (oben) und macOS/Linux-Dateipfads (unten)*

Zu den Bestandteilen eines Dateipfads zählen unter anderem:

- der *Anker*, der den Wurzelordner des Dateisystems darstellt
- unter Windows das *Laufwerk* (engl. *drive*), der einzelne Buchstabe, der häufig ein physisches Laufwerk oder ein anderes Speichermedium kennzeichnet
- das *Verzeichnis*, also der Ordner, der die Datei enthält
- der *Name* oder *Basisname* der Datei bestehend aus dem Datei-*Stamm* und der *Endung* (oder *Suffix*)

Beachten Sie, dass Windows-`Pfad`-Objekte ein `drive`-Attribut für das Laufwerk besitzen, die `Pfad`-Objekte in macOS und Linux jedoch nicht. Das `drive`-Attribut enthält nicht den ersten Backslash.

Um die einzelnen Attribute aus dem Dateipfad zu extrahieren, geben Sie Folgendes in die interaktive Shell ein:

```
>>> from pathlib import Path
>>> p = Path('C:/Benutzer/Al/spam.txt')
>>> p.anchor
'C:\\'
>>> p.parent
WindowsPath('C:/Benutzer/Al')
>>> p.name
'spam.txt'
>>> p.stem
'spam'
>>> p.suffix
'.txt'
>>> p.drive
'C:'
```

Diese Attribute ergeben einfache Strings, außer `parent`, das ein weiteres `Pfad`-Objekt ergibt. Wenn Sie einen Pfad anhand seines Trennzeichens aufteilen möchten, verwenden Sie das `parts`-Attribut, um ein Tupel von Strings zu erhalten:

```
>>> from pathlib import Path
>>> p = Path('C:/Benutzer/Al/spam.txt')
>>> p.parts
('C:\\', 'Benutzer', 'Al', 'spam.txt')
 >>> p.parts[3]
'spam.txt'
>>> p.parts[0:2]
('C:\\', 'Benutzer')
```

Beachten Sie, dass auch wenn der im `Path()`-Aufruf verwendete String Schrägstriche enthält, `parts` unter Windows eine Wurzel mit dem passenden Backslash nutzt: `'C:\\'` (oder als Raw-String `r'C:\'`).

Das Attribut `parents` (zu unterscheiden vom Attribut `parent`) gibt die übergeordneten Ordner eines `Path`-Objekts als Liste mit Index zurück:

```
>>> from pathlib import Path
>>> Path.cwd()
WindowsPath('C:/Benutzer/Al/Desktop')
>>> Path.cwd().parents[0]
WindowsPath('C:/Benutzer/Al')
>>> Path.cwd().parents[1]
WindowsPath('C:/Benutzer')
>>> Path.cwd().parents[2]
WindowsPath('C:/')
```

Folgen Sie den Elternordnern weiter, gelangen Sie schließlich zum Wurzelordner.

Dateigrößen und Zeitstempel ermitteln

Sobald Sie Methoden zur Handhabung von Dateipfaden beherrschen, können Sie gezielt Informationen zu bestimmten Dateien und Ordnern sammeln. Die Methode `stat()` gibt ein `stat_result`-Objekt aus, das Dateigröße und Zeitstempel einer Datei enthält.

Geben Sie beispielsweise Folgendes in die interaktive Shell ein, um Informationen zur Programmdatei *calc.exe* unter Windows zu erhalten:

```
>>> from pathlib import Path
>>> calc_file = Path('C:/Windows/System32/calc.exe')
>>> calc_file.stat()
os.stat_result(st_mode=33279, st_ino=562949956525418,
st_dev=3739257218,
st_nlink=2, st_uid=0, st_gid=0, st_size=27648, st_atime=1678984560,
st_mtime=1575709787, st_ctime=1575709787)
>>> calc_file.stat().st_size
27648
>>> calc_file.stat().st_mtime
1712627129.0906117
>>> import time
>>> time.asctime(time.localtime(calc_file.stat().st_mtime))
'Mo Apr  8 20:45:29 2024'
```

Das `st_size`-Attribut des vom `stat()`-Methodenaufruf zurückgegebenen `stat_result`-Objekts gibt die Größe der Datei in Bytes an. Sie können diese Zahl durch `1024`, `1024 ** 2` oder `1024 ** 3` teilen, um die Größe in KB, MB oder GB zu erhalten.

Das `st_mtime` ist der Zeitstempel »Zuletzt geändert«, der etwa dabei hilft, zu ermitteln, wann eine *.docx*-Word-Datei zuletzt geändert wurde. Dieser Zeitstempel liegt in Unix-Epoch-Zeit vor, also der Anzahl der Sekunden seit dem 1. Januar 1970. Das `time`-Modul (erläutert in Kapitel 19) stellt Funktionen bereit, mit denen Sie diese Zahl in eine lesbare Form umwandeln.

Das `stat_result`-Objekt enthält mehrere nützliche Attribute:

- `st_size` – die Größe der Datei in Bytes
- `st_mtime` – (modified) der Zeitstempel, zu dem die Datei zuletzt geändert wurde
- `st_ctime` – (created) Unter Windows zeigt dieser Zeitstempel an, wann die Datei erstellt wurde. Unter macOS und Linux gibt dieser an, wann die Metadaten der Datei (wie beispielsweise ihr Name) zuletzt geändert wurden.
- `st_atime` – (access) der Zeitstempel, der angibt, wann die Datei zuletzt gelesen wurde

Bitte beachten Sie, dass all diese Zeitstempel manuell verändert werden können und daher nicht unbedingt korrekt sind.

Dateien mithilfe von Glob-Mustern finden

Die Zeichen `*` und `?` können genutzt werden, um Ordnernamen und Dateinamen mit sogenannten *Glob-Mustern* zu suchen. Glob-Muster sind wie eine vereinfachte Regex-Sprache: Das Zeichen `*` steht für beliebigen Text, und das Zeichen `?` steht genau für ein Zeichen. Sehen Sie sich zum Beispiel diese Glob-Muster an:

- `'*.txt'` findet alle Dateien, die mit *.txt* enden.
- `'Project?.txt'` findet `'Project1.txt'`, `'Project2.txt'` oder `'ProjectX.txt'`.
- `'*Project?.*'` entspricht `'Katzen Project5.txt'` oder `'Geheimes_Project7.docx'`.
- `'*'` entspricht allen Dateinamen.

Path-Objekte von Ordnern bieten eine `glob()`-Methode, mit der Sie jeden Inhalt im Ordner auflisten können, der zum Glob-Muster passt. Die `glob()`-Methode gibt ein Generatorobjekt zurück (dessen Besprechung außerhalb der Themen dieses Buches liegt), das Sie an `list()` übergeben müssen, um es in der interaktiven Shell bequem anzeigen zu können:

```
>>> from pathlib import Path
>>> p = Path('C:/Benutzer/Al/Desktop')
>>> p.glob('*')
<generator object Path.glob at 0x000002A6E389DED0>
>>> list(p.glob('*'))
[WindowsPath('C:/Benutzer/Al/Desktop/1.png'), WindowsPath('C:/Benutzer/Al/
Desktop/22-ap.pdf'), WindowsPath('C:/Benutzer/Al/Desktop/Katze.jpg'),
WindowsPath('C:/Benutzer/Al/Desktop/zzz.txt')]
```

Sie können auch das Generatorobjekt, das `glob()` zurückgibt, in einer `for`-Schleife nutzen:

```
>>> from pathlib import Path
>>> for name in Path('C:/Benutzer/Al/Desktop').glob('*'):
>>>     print(name)
C:\Benutzer\Al\Desktop\1.png
C:\Benutzer\Al\Desktop\22-ap.pdf
C:\Benutzer\Al\Desktop\Katze.jpg
C:\Benutzer\Al\Desktop\zzz.txt
```

Möchten Sie beispielsweise jede Datei in einem Ordner verarbeiten – etwa um sie in einen Sicherungsordner zu kopieren oder umzubenennen –, verschafft Ihnen der Methodenaufruf `glob('*')` eine Liste der `Path`-Objekte für diese Dateien und Ordner. Beachten Sie, dass Glob-Muster auch häufig in Kommandozeilenbefehlen wie `ls` oder `dir` zum Einsatz kommen. Kapitel 12 beleuchtet die Kommandozeile näher.

Überprüfung der Pfadgültigkeit

Viele Python-Funktionen stürzen mit einer Fehlermeldung ab, wenn Sie ihnen einen nicht existierenden Pfad übergeben. Praktischerweise bieten `Path`-Objekte Methoden, um zu prüfen, ob ein gegebener Pfad existiert und ob es sich dabei um eine Datei oder einen Ordner handelt. Angenommen, Sie haben eine Variable `p` mit einem `Path`-Objekt, dann erwarten Sie Folgendes:

- Wenn Sie `p.exists()` aufrufen, gibt die Methode `True` zurück, wenn der Pfad existiert – andernfalls erhalten Sie `False`.
- Der Aufruf von `p.is_file()` liefert `True`, falls der Pfad existiert und eine Datei ist; andernfalls gibt die Methode `False` zurück.
- Wenn Sie `p.is_dir()` aufrufen, erhalten Sie `True`, falls der Pfad existiert und ein Ordner ist; in allen anderen Fällen erhalten Sie `False`.

Auf meinem Computer sieht das Ergebnis so aus, wenn Sie diese Methoden in der interaktiven Shell ausprobieren:

```
>>> from pathlib import Path
>>> win_dir = Path('C:/Windows')
>>> not_exists_dir = Path('C:/Dieser/Ordener/existiert/nicht')
>>> calc_file_path = Path('C:/Windows/System32/calc.exe')
>>> win_dir.exists()
True
>>> win_dir.is_dir()
True
>>> not_exists_dir.exists()
False
>>> calc_file_path.is_file()
True
>>> calc_file_path.is_dir()
False
```

Sie können feststellen, ob derzeit ein DVD- oder Flash-Laufwerk an den Computer angeschlossen ist, indem Sie dies mit der Methode `exists()` überprüfen. Wenn Sie zum Beispiel prüfen möchten, ob an Ihrem Windows-Computer ein Flash-Laufwerk mit dem Laufwerksnamen *D:* angeschlossen ist, können Sie das wie folgt tun:

```
>>> from pathlib import Path
>>> d_drive = Path('D:/')
>>> d_drive.exists()
False
```

Ups! Offenbar habe ich vergessen, meinen USB-Stick reinzustecken.

Das ältere Modul `os.path` kann die gleiche Aufgabe mit den Funktionen `os.path.exists(`*path*`)`, `os.path.isfile(`*path*`)` und `os.path.isdir(`*path*`)` erfüllen, die ebenso wie ihre `Path`-Pendants arbeiten. Ab Python 3.6 können diese Funktionen sowohl `Path`-Objekte als auch Strings der Dateipfade akzeptieren.

Lesen und Schreiben von Dateien

Sobald Sie mit Ordnern und relativen Pfaden vertraut sind, können Sie die Speicherorte von Dateien zum Lesen und Schreiben gezielt angeben. Die in den nächsten Abschnitten behandelten Funktionen gelten für Klartext-Dateien. *Klartext-Dateien* enthalten ausschließlich einfache Textzeichen und speichern keine Informationen zu Schriftart, Größe oder Farbe. Textdateien mit der *.txt*-Erweiterung oder Python-Skripten mit der *.py*-Erweiterung sind Beispiele für Klartext-Dateien. Sie können diese Dateien mit dem Windows-Editor oder der Anwendung TextEdit auf macOS öffnen. Ihre Programme lesen deren Inhalt mühelos und behandeln ihn wie einen gewöhnlichen String.

Binärdateien umfassen alle anderen Dateitypen, zum Beispiel Textverarbeitungsdokumente, PDFs, Bilder, Tabellen und ausführbare Programme. Öffnen Sie eine Binärdatei in Notepad oder TextEdit, wirkt ihr Inhalt wie ein wirres Durcheinander – so, wie in Abbildung 10.5 zu sehen.

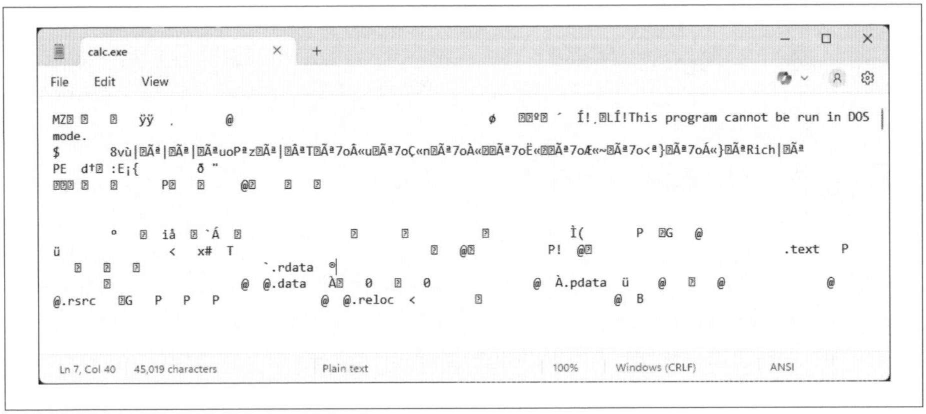

Abb. 10.5 *Das Windows-Programm calc.exe im Editor geöffnet*

Da jede Art von Binärdatei auf ganz eigene Weise zu behandeln ist, geht dieses Buch nicht auf das direkte Lesen und Schreiben von rohen Binärdateien ein. Glücklicherweise erleichtern zahlreiche Module die Arbeit mit Binärdateien, und eines davon – das Modul `shelve` – lernen Sie später in diesem Kapitel kennen.

Die Methode `read_text()` des Moduls `pathlib` gibt den vollständigen Inhalt einer Textdatei als String zurück. Mit der Methode `write_text()` erstellen Sie eine neue Textdatei (oder überschreiben eine bestehende) mit dem übergebenen String. Geben Sie dazu Folgendes in die interaktive Shell ein:

```
>>> from pathlib import Path
>>> p = Path('spam.txt')
>>> p.write_text('Hallo, Welt!')
12
>>> p.read_text()
'Hallo, Welt!'
```

Mit diesen Methodenaufrufen erzeugen Sie die Datei *spam.txt* mit dem Inhalt `'Hallo, Welt!'`. Die von `write_text()` zurückgegebene `12` zeigt an, dass 12 Zeichen in die Datei geschrieben wurden. (Diesen Rückgabewert können Sie in der Regel ignorieren.) Der Aufruf von `read_text()` liest den Inhalt der neuen Datei und gibt ihn als String zurück: `'Hallo, Welt!'`.

Beachten Sie, dass diese `Path`-Methoden nur grundlegende Interaktionen mit Dateien ermöglichen. Die verbreitetere Methode, um in eine Datei zu schreiben, verwendet die `open()`-Funktion und Dateiobjekte. Für das Lesen oder Schreiben von Dateien in Python führen Sie die folgenden drei Schritte aus:

1. Sie rufen die Funktion `open()` auf, um ein `File`-Objekt zu erhalten.
2. Sie verwenden die Methoden `read()` oder `write()` des `File`-Objekts.
3. Sie schließen die Datei mit der Methode `close()` des `File`-Objekts.

Im Folgenden gehen wir diese Schritte gemeinsam durch.

Beachten Sie, dass es beim Arbeiten mit Dateien hilfreich sein kann, die Dateierweiterungen (*.txt*, *.pdf*, *.jpg* usw.) rasch erkennen zu können. Windows und macOS blenden Dateierweiterungen oft standardmäßig aus, sodass *spam.txt* lediglich als *spam* angezeigt wird. Um Erweiterungen anzuzeigen, öffnen Sie die Einstellungen des Datei-Explorers (unter Windows) bzw. des Finders (unter macOS) und suchen Sie nach einem Kontrollkästchen mit der Beschriftung wie »Alle Dateinamenerweiterungen anzeigen« oder »Erweiterungen bei bekannten Dateitypen ausblenden«. Der genaue Ort und die genaue Bezeichnung dieser Einstellung hängen von der Version Ihres Betriebssystems ab.

Dateien öffnen

Um eine Datei mit der Funktion `open()` zu öffnen, übergeben Sie ihr einen String-Pfad, der die gewünschte Datei angibt. Dies kann entweder ein absoluter Pfad oder ein relativer Pfad sein. Die Funktion `open()` gibt ein `File`-Objekt zurück.

Probieren Sie das aus, indem Sie mit Notepad oder TextEdit eine Textdatei namens *hallo.txt* erstellen. Geben Sie als Inhalt dieser Datei **Hallo, Welt!** ein und speichern Sie sie in Ihrem Home-Verzeichnis. Geben Sie anschließend Folgendes in die interaktive Shell ein:

```
>>> from pathlib import Path
>>> hallo_file = open(Path.home() / 'hallo.txt', encoding='UTF-8')
```

Die Funktion `open()` öffnet die Datei im Modus »reinen Text lesen«, kurz im *Lesemodus*. Wenn Sie eine Datei im Lesemodus öffnen, ermöglicht Python Ihnen, die Daten der Datei zu lesen, jedoch nicht, sie auf irgendeine Weise zu verändern oder zu beschreiben. Der Lesemodus ist der Standardmodus für Dateien, die Sie in Python öffnen. Möchten Sie sich nicht auf die Standardwerte verlassen, können Sie den Modus ausdrücklich festlegen, indem Sie den String `'r'` als zweites Argument an `open()` übergeben. Zum Beispiel bewirkt `open('/Benutzer/Al/hallo.txt', 'r')` dasselbe wie `open('/Benutzer/Al/hallo.txt')`.

Der benannte Parameter `encoding` legt fest, welche Kodierung verwendet wird, um die Bytes in der Datei in einen Python-Textstring umzuwandeln. Die richtige Kodierung ist fast immer `'utf-8'`, die auch unter macOS und Linux als Standard verwendet wird. Unter Windows dagegen setzt man standardmäßig auf `'cp1252'` (auch bekannt als *erweiterter ASCII*). Dies kann unter Windows zu Problemen führen, wenn Sie versuchen, bestimmte UTF-8-kodierte Textdateien mit nicht englischen Zeichen zu lesen. Daher empfiehlt es sich, beim Öffnen von Dateien im reinen Text-Lese-, Schreib- oder Anhängemodus stets `encoding='utf-8'` in Ihren `open()`-Funktionsaufruf zu übergeben. Die binären Lese-, Schreib- und Anhängemodi verwenden den Parameter `encoding` nicht, daher können Sie ihn in diesen Fällen weglassen.

Der Aufruf von `open()` gibt ein `File`-Objekt zurück. Ein `File`-Objekt repräsentiert eine Datei auf Ihrem Computer; es ist lediglich ein weiterer Wertetyp in Python, ähnlich wie die Listen und Wörterbücher, mit denen Sie bereits vertraut sind. Im vorherigen Beispiel haben Sie das `File`-Objekt in der Variable `hallo_file` gespeichert. Wann immer Sie nun aus der Datei lesen oder in sie schreiben möchten, rufen Sie einfach Methoden auf dem `File`-Objekt in `hallo_file` auf.

Den Inhalt von Dateien lesen

Nun, da Sie ein `File`-Objekt besitzen, können Sie damit beginnen, daraus zu lesen. Möchten Sie den gesamten Inhalt einer Datei als String erhalten, nutzen Sie die Methode `read()` des `Datei`-Objekts. Fahren wir fort mit dem *hello.txt* `Datei`-Objekt, das Sie in `hallo_file` gespeichert haben. Geben Sie Folgendes in die interaktive Shell ein:

```
>>> hallo_inhalt = hallo_file.read()
>>> hallo_inhalt
'Hallo, Welt!'
```

Sie können sich den Inhalt einer Datei als einen einzigen großen String vorstellen; die Methode `read()` gibt den String zurück, der in der Datei gespeichert ist.

Alternativ können Sie die Methode `readlines()` verwenden, um eine *Liste* von String-Werten aus der Datei zu erhalten – jeweils einen für jede Zeile Text. Erstellen Sie zum Beispiel eine Datei namens *er_ists.txt* im gleichen Verzeichnis wie *hallo.txt* und fügen Sie folgenden Text ein:

```
Frühling lässt sein blaues Band
Wieder flattern durch die Lüfte;
Süße, wohlbekannte Düfte
Streifen ahnungsvoll das Land.
```

Achten Sie darauf, die vier Zeilen mit Zeilenumbrüchen zu trennen. Geben Sie dann Folgendes in die interaktive Shell ein:

```
>>> er_ists_file = open(Path.home() / 'er_ists.txt', encoding='UTF-8')
>>> er_ists_file.readlines()
["Frühling lässt sein blaues Band\n", 'Wieder flattern durch die Lüfte;\n',
'Süße, wohlbekannte Düfte\n', 'Streifen ahnungsvoll das Land.']
```

Beachten Sie, dass – außer bei der letzten Zeile der Datei – jeder der Strings mit einem Zeilenumbruch `\n` endet. Eine Liste von Strings lässt sich oft leichter verarbeiten als ein einziger großer String.

In Dateien schreiben

Python ermöglicht es Ihnen, Inhalt in eine Datei zu schreiben, genau wie die `print()`-Funktion Strings auf dem Bildschirm ausgibt. Sie können allerdings nicht in eine Datei schreiben, die Sie im Lesemodus geöffnet haben. Stattdessen müssen Sie sie im »Schreibmodus« oder im sogenannten »Anhängemodus« öffnen.

Der Schreibmodus überschreibt die bestehende Datei – ähnlich wie beim Überschreiben des Wertes einer Variablen durch einen neuen Wert. Geben Sie als zweites Argument `'w'` an `open()` weiter, um die Datei im Schreibmodus zu öffnen. Im Anhängemodus hingegen wird Text an das Ende der bestehenden Datei angefügt. Sie können sich diesen Modus so vorstellen, als würden Sie Werte an eine Liste in einer Variable anfügen, anstatt die Variable komplett zu überschreiben. Geben Sie als zweites Argument `'a'` an `open()` weiter, um die Datei im Anhängemodus zu öffnen.

Existiert der an `open()` übergebene Dateiname nicht, wird sowohl im Schreibmodus als auch im Anhängemodus eine neue, leere Datei erstellt. Nachdem Sie eine Datei gelesen oder geschrieben haben, sollten Sie die Methode `close()` aufrufen, bevor Sie die Datei erneut öffnen.

Führen wir diese Konzepte einmal zusammen. Geben Sie Folgendes in die interaktive Shell ein:

```
>>> bacon_file = open('bacon.txt', 'w', encoding='UTF-8')
>>> bacon_file.write('Hallo, Welt!\n')
13
>>> bacon_file.close()
>>> bacon_file = open('bacon.txt', 'a', encoding='UTF-8')
>>> bacon_file.write('Speck ist kein Gemüse.')
22
>>> bacon_file.close()
>>> bacon_file = open('bacon.txt', encoding='UTF-8')
```

```
>>> inhalt = bacon_file.read()
>>> bacon_file.close()
>>> print(inhalt)
Hallo, Welt!
Speck ist kein Gemüse.
```

Zuerst öffnen Sie *bacon.txt* im Schreibmodus. Da noch keine *bacon.txt*-Datei existiert, legt Python eine an. Wenn Sie `write()` für die geöffnete Datei aufrufen und `write()` das String-Argument `'Hallo, Welt!\n'` übergeben, wird der String in die Datei geschrieben und die Anzahl der geschriebenen Zeichen, einschließlich des Zeilenumbruchs, zurückgegeben. Dann schließen wir die Datei.

Um Text zum bestehenden Inhalt der Datei hinzuzufügen, anstatt den gerade geschriebenen String zu ersetzen, öffnen Sie die Datei im Anhängemodus. Sie schreiben `'Speck ist kein Gemüse.'` in die Datei und schließen sie. Um nun den Dateiinhalt auf dem Bildschirm anzuzeigen, öffnen Sie die Datei im Standard-Lesemodus, rufen `read()` auf, speichern das Ergebnis als `Datei`-Objekt in `inhalt`, schließen die Datei und geben `inhalt` aus.

Beachten Sie, dass die Methode `write()` nicht automatisch einen Zeilenumbruch an das Ende des Strings anhängt – wie es die Funktion `print()` tut. Sie müssen dieses Zeichen selbst hinzufügen.

Sie können der `open()`-Funktion auch ein `Path`-Objekt statt eines Dateinamens als String übergeben.

Verwendung von with-Anweisungen

Für jede Datei, die Ihr Programm mit `open()` öffnet, muss auch `close()` aufgerufen werden. Es kann jedoch passieren, dass Sie `close()` vergessen oder Ihr Programm unter bestimmten Umständen den Aufruf von `close()` überspringt.

Mit der Anweisung `with` schließen Sie Dateien komfortabel und automatisch. Eine `with`-Anweisung erstellt einen sogenannten *Kontextmanager*, den Python zum Verwalten von Ressourcen verwendet. Diese Ressourcen – etwa Dateien, Netzwerkverbindungen oder Speichersegmente – durchlaufen üblicherweise bestimmte Schritte zum Einrichten und Freigeben: Die Ressource wird zugewiesen und später wieder freigegeben, damit andere Programme darauf zugreifen können. Am häufigsten begegnen Sie `with`-Anweisungen beim Öffnen von Dateien.

Die Anweisung `with` fügt einen Codeblock hinzu, der zunächst die Ressource reserviert und sie wieder freigibt, sobald die Programmausführung den Block verlässt – sei es durch eine `return`-Anweisung, eine unbehandelte Ausnahme oder aus einem anderen Grund.

Hier sehen Sie typischen Code, der den Inhalt einer Datei schreibt und liest:

```
file_obj = open('data.txt', 'w', encoding='utf-8')
file_obj.write('Hallo, Welt!')
file_obj.close()
file_obj = open('data.txt', encoding='utf-8')
content = file_obj.read()
file_obj.close()
```

Hier sehen Sie den entsprechenden Code mit der `with`-Anweisung:

```
with open('data.txt', 'w', encoding='UTF-8') as file_obj:
    file_obj.write('Hallo, Welt!')
with open('data.txt', encoding='UTF-8') as file_obj:
    content = file_obj.read()
```

Im Beispiel mit dem `with` sehen Sie, dass kein `close()` mehr notwendig ist, da die `with`-Anweisung dies automatisch übernimmt, sobald die Programmausführung den Block verlässt. Die `with`-Anweisung weiß dank des Kontextmanagers, den sie von der Funktion `open()` erhält, was zu tun ist. Eigene Kontextmanager zu erstellen, fällt nicht in den Rahmen dieses Buches, aber Sie finden weiterführende Informationen in der Online-Dokumentation unter *https://docs.python.org/3/reference/datamodel.html#context-managers* oder im Buch *Serious Python* von Julien Danjou (No Starch Press, 2018).

Variablen mit dem shelve-Modul speichern

Sie können Variablen in Ihren Python-Programmen mit dem Modul `shelve` als binäre Shelf-Dateien speichern. Damit kann Ihr Programm diese Daten beim nächsten Ausführen den Variablen erneut zuweisen. Mit dieser Technik könnten Sie Ihrem Programm zum Beispiel Speichern- und Öffnen-Funktionen hinzufügen. Wenn Sie beispielsweise ein Programm ausführen und einige Konfigurationseinstellungen eingeben, können Sie diese Einstellungen in einer Shelf-Datei speichern und das Programm beim nächsten Start anweisen, die Einstellungen zu laden.

Um den Umgang mit `shelve` zu üben, geben Sie Folgendes in die interaktive Shell ein:

```
>>> import shelve
>>> shelf_file = shelve.open('meine_daten')

>>> shelf_file['katzen'] = ['Minka', 'Felix', Tiger']
>>> shelf_file.close()
```

Um Daten mit dem Modul `shelve` zu lesen und zu schreiben, importieren Sie zunächst `shelve`. Als Nächstes rufen Sie `shelve.open()` auf, übergeben einen Dateinamen und speichern den zurückgegebenen Shelf-Wert in einer Variable. Sie können den Shelf-Wert wie ein Dictionary ändern. Wenn Sie fertig sind, rufen Sie `close()` auf dem Shelf-Wert auf. Hier ist unser Shelf-Wert in `shelf_file` gespeichert. Wir erstellen eine Liste `katzen` und schreiben `shelf_file['katzen'] = ['Minka', 'Felix', Tiger']`, um die Liste in `shelf_file` als Wert zum Schlüssel `'katzen'` zu speichern (wie in einem Dictionary). Anschließend rufen wir `close()` auf `shelf_file` auf.

Nachdem Sie den vorherigen Code unter Windows ausgeführt haben, sollten Sie drei neue Dateien im aktuellen Arbeitsverzeichnis sehen: *meine_daten.bak*, *meine_daten.dat* und *meine_daten.dir*. Unter macOS sehen Sie lediglich eine einzige *meine_daten.db*-Datei, und unter Linux gibt es nur eine einzelne *meine_daten*-Datei. Diese Binärdateien enthalten die Daten, die Sie in Ihrem Shelf abgelegt haben. Das Format dieser Binärdateien ist nicht entscheidend; Sie müssen lediglich wissen, was das `shelve`-Modul macht, aber nicht, wie es das erreicht. Das Modul nimmt Ihnen die Sorge ab, wie Sie die Daten Ihres Programms in einer Datei speichern.

Ihre Programme können das Modul `shelve` nutzen, um später diese Shelf-Dateien erneut zu öffnen und die Daten daraus abzurufen. Shelf-Werte müssen nicht im Lese- oder Schreibmodus geöffnet werden; nach dem Öffnen erlauben sie sowohl das Lesen als auch das Schreiben. Geben Sie Folgendes in die interaktive Shell ein:

```
>>> shelf_file = shelve.open('meine_daten')
>>> type(shelf_file)
<class 'shelve.DbfilenameShelf'>
>>> shelf_file['katzen']
['Minka', 'Felix', Tiger']
>>> shelf_file.close()
```

Hier öffnen wir die Shelf-Dateien, um zu überprüfen, ob wir die Daten korrekt gespeichert haben. Geben wir `shelf_file['katzen']` ein, erhalten wir dieselbe Liste, die wir zuvor erstellt haben. Nachdem wir wissen, dass die Datei die Liste korrekt gespeichert hat, rufen wir `close()` auf.

Wie bei Dictionaries verfügen Shelf-Werte über die Methoden `keys()` und `values()`, die listenähnliche Elemente der Schlüssel und Werte im Shelf zurückgeben. Da diese Rückgabewerte keine echten Listen sind, sollten Sie sie an die `list()`-Funktion übergeben, um sie im Listenformat zu erhalten. Geben Sie Folgendes in die interaktive Shell ein:

```
>>> shelf_file = shelve.open('meine_daten')
>>> list(shelf_file.keys())
['katzen']
>>> list(shelf_file.values())
[['Minka', 'Felix', Tiger']]
>>> shelf_file.close()
```

Klartext eignet sich, um Dateien zu erstellen, die Sie in einem Texteditor wie Notepad oder TextEdit lesen können; möchten Sie jedoch Daten aus Ihren Python-Programmen speichern, verwenden Sie das Modul `shelve`.

Projekt 4: Erstellen Sie zufällige Quiz-Dateien

Angenommen, Sie sind Geografielehrkraft mit 35 Schülerinnen und Schülern und möchten einen unangekündigten Kurztest zu Hauptstädten durchführen. Leider gibt es in Ihrer Klasse einige schwarze Schafe, sodass Sie nicht darauf vertrauen können, dass die Lernenden nicht schummeln. Sie möchten die Fragenreihenfolge zufällig gestalten, damit jeder Test bzw. jedes Quiz einzigartig ist und niemand Antworten von anderen abschreiben kann. Natürlich wäre es eine langwierige und monotone Aufgabe, dies von Hand zu erledigen. Zum Glück beherrschen Sie Python.

Das macht das Programm:

- 35 unterschiedliche Quizze erzeugen
- für jedes Quiz Multiple-Choice-Fragen in zufälliger Reihenfolge erstellen
- zu jeder Frage die richtige Antwort sowie drei zufällige falsche Antworten bereitstellen, jeweils in zufälliger Reihenfolge
- die Quizze in 35 Textdateien schreiben
- die Antwortschlüssel in 35 Textdateien ausgeben

Das bedeutet, der Code muss Folgendes leisten:

- die Staaten und deren Hauptstädte in einem Dictionary ablegen.
- `open()`, `write()` und `close()` für die Quiz- und Antwortschlüssel-Dateien aufrufen
- `random.shuffle()` verwenden, um die Reihenfolge der Fragen und der Multiple-Choice-Optionen zu mischen

Lassen Sie uns beginnen.

Schritt 1: Speichern der Quizdaten in einem Dictionary

Zunächst legen Sie ein Grundgerüst für das Skript an und füllen es mit Ihren Quizdaten. Erstellen Sie eine Datei mit dem Namen *randomQuizGenerator.py* und gestalten Sie sie wie folgt:

```
# randomQuizGenerator.py - Erstellt Quizze mit Fragen und Antworten in
# zufälliger Reihenfolge sowie dem Antwortschlüssel

import random ❶

# Die Quizdaten. Die Schlüssel sind Staaten, die Werte ihre Hauptstädte.
hauptstädte = { 'Albanien': 'Tirana', 'Andorra': 'Andorra la Vella', ❷
'Armenien': 'Jerewan', 'Aserbaidschan': 'Baku', 'Belgien': 'Brüssel',
'Bosnien und Herzegowina': 'Sarajevo', 'Bulgarien': 'Sofia', 'Dänemark':
'Kopenhagen', 'Deutschland': 'Berlin', 'Estland': 'Tallinn', 'Finnland':
'Helsinki', 'Frankreich': 'Paris', 'Georgien': 'Tiflis', 'Griechenland':
'Athen', 'Irland': 'Dublin', 'Island': 'Reykjavík', 'Italien': 'Rom',
'Kasachstan': 'Astana', 'Kosovo': 'Pristina', 'Kroatien': 'Zagreb',
'Lettland': 'Riga', 'Liechtenstein': 'Vaduz', 'Litauen': 'Vilnius',
'Luxemburg': 'Luxemburg', 'Malta': 'Valletta', 'Moldau': 'Chișinău',
'Monaco': 'Monaco', 'Montenegro': 'Podgorica', 'Niederlande': 'Amsterdam',
'Nordmazedonien': 'Skopje', 'Norwegen': 'Oslo', 'Österreich': 'Wien',
'Polen': 'Warschau', 'Portugal': 'Lissabon', 'Rumänien': 'Bukarest',
'Russland': 'Moskau', 'San Marino': 'San Marino', 'Schweden': 'Stockholm',
'Schweiz': 'Bern', 'Serbien': 'Belgrad', 'Slowakei': 'Bratislava',
'Slowenien': 'Ljubljana', 'Spanien': 'Madrid', 'Tschechien': 'Prag',
'Türkei': 'Ankara', 'Ukraine': 'Kiew', 'Ungarn': 'Budapest',
'Vatikanstadt': 'Vatikanstadt', 'Vereinigtes Königreich': 'London',
'Weißrussland': 'Minsk'
}

# Erzeuge 35 Quiz-Dateien.
for quiz_num in range(35): ❸
    # TODO: Quiz- und Antwortschlüssel-Dateien erstellen

    # TODO: Header für das Quiz schreiben

    # TODO: Reihenfolge der Staaten mischen

    # TODO: alle Staaten durchlaufen und für jeden eine Frage erstellen
```

Da dieses Programm die Fragen und Antworten zufällig anordnet, müssen Sie das Modul `random` importieren ❶, um dessen Funktionen zu nutzen. Die `hauptstädte`-Variable ❷ enthält ein Dictionary, das die Staaten als Schlüssel und deren Hauptstädte als Werte speichert. Da Sie 35 Quiz-Dateien erstellen möchten, kommt der Code, der das Quiz und die Antwortschlüssel-Dateien tatsächlich generiert (momentan durch `TODO`-Kommentare gekennzeichnet), in eine `for`-

Schleife, die 35-mal ausgeführt wird ❸. Sie können diese Zahl anpassen, um beliebig viele Quiz-Dateien zu generieren.

Schritt 2: Erstellen der Quiz-Datei

Jetzt ist es an der Zeit, die `TODO`s auszufüllen.

Der Code in der Schleife wird 35-mal durchlaufen, jeweils einmal pro Quiz. Daher müssen Sie sich innerhalb der Schleife immer nur auf ein Quiz konzentrieren. Zuerst erstellen Sie die eigentliche Quiz-Datei. Diese benötigt einen eindeutigen Dateinamen und einen standardisierten Header, in den die Schülerin bzw. der Schüler Name, Datum und Klassenstufe eintragen kann. Anschließend benötigen Sie eine Liste der Staaten in zufälliger Reihenfolge, mit der Sie später die Fragen und Antworten für das Quiz erstellen.

Fügen Sie die folgenden Zeilen Code zu *randomQuizGenerator.py* hinzu:

```
# randomQuizGenerator.py - Erstellt Quizze mit Fragen und Antworten in
# zufälliger Reihenfolge sowie dem Antwortschlüssel

--schnipp--

# Erzeuge 35 Quiz-Dateien.
for quiz_num in range(35):
    # Erstelle die Quiz- und Antwortschlüssel-Dateien.
    quiz_file = open(f'Hauptstadtquiz{quiz_num+1}.txt', 'w',
encoding='UTF-8') ❶
    antwort_file = open(
        f'Hauptstadtquiz_Antworten{quiz_num+1}.txt', 'w',
encoding='UTF-8') ❷

    # Schreibe den Header für das Quiz.
    quiz_file.write('Name:\n\nDatum:\n\nStunde:\n\n') ❸
    quiz_file.write((' ' * 20) + f'Hauptstadtquiz (Formular {quiz_num+1})')
    quiz_file.write('\n\n')

    # Mische die Reihenfolge der Staaten.
    staaten = list(hauptstädte.keys())
    random.shuffle(staaten) ❹

    # TODO: Durchlaufe alle Staaten und erstelle für jeden eine Frage.
```

Für die Quizze werden die Dateinamen *Hauptstadtquiz<N>.txt* verwendet, wobei *<N>* eine eindeutige Nummer ist, die aus `quiz_num`, dem Zähler der `for`-Schleife, stammt. Wir speichern den Antwortschlüssel für *Hauptstadtquiz<N>.txt* in den Textdateien mit dem Namen *Hauptstadtquiz_Antworten<N>.txt*. In jeder Iteration der Schleife ersetzt der Code die Platzhalter `{quiz_num+1}` in diesen

Dateinamen durch eine eindeutige Nummer. Zum Beispiel heißen das erste Quiz und der erste Antwortschlüssel *Hauptstadtquiz1.txt* und *Hauptstadtquiz_Antworten1.txt*. Diese Dateien erstellen wir durch Aufrufe von `open()` an den jeweiligen Stellen ❶ und ❷, wobei Sie `'w'` als zweiten Parameter übergeben, um sie im Schreibmodus zu öffnen.

Die `write()`-Anweisungen bei ❸ erzeugen einen Quiz-Header, den die Lernenden ausfüllen. Anschließend erstellen Sie mit der Funktion `random.shuffle()` ❹ eine zufällige Liste der Staaten, indem Sie deren Werte beliebig neu anordnen lassen.

Schritt 3: Die Antwortoptionen erstellen

Nun müssen Sie die Antwortmöglichkeiten A bis D für jede Frage mit einer weiteren `for`-Schleife erzeugen. Später wird eine dritte, verschachtelte `for`-Schleife diese Multiple-Choice-Optionen in die Dateien schreiben. Gestalten Sie Ihren Code wie folgt:

```
# randomQuizGenerator.py - Erstellt Quizze mit Fragen und Antworten in
# zufälliger Reihenfolge sowie dem Antwortschlüssel

--schnipp--

    # Durchlaufe alle Staaten und erstelle für jeden eine Frage.
    for num in range(len(staaten)):

        # Richtige und falsche Antworten ermitteln.
        richtige_antwort = hauptstädte[staaten[num]]
        falsche_antworten = list(hauptstädte.values())
        del falsche_antworten[falsche_antworten.index(richtige_antwort)]
        falsche_antworten = random.sample(falsche_antworten, 3)
        antworten = falsche_antworten + [richtige_antwort]
        random.shuffle(antworten)

        # TODO: Schreibe die Frage und Antwortmöglichkeiten in die
Quiz-Datei.

        # TODO: Schreibe den Antwortschlüssel in eine Datei.
```

Die richtige Antwort ist leicht zu erzeugen; sie ist bereits als Wert im Dictionary `hauptstädte` gespeichert. Diese Schleife durchläuft die Staaten in der gemischten `staaten`-Liste, sucht jeden Staat in `hauptstädte` und speichert die entsprechende Hauptstadt in `richtige_antwort`.

Die Erstellung der Liste potenzieller falscher Antworten ist anspruchsvoller. Sie erhalten sie, indem Sie die Werte im Dictionary `hauptstädte` duplizieren, die richtige Antwort entfernen und anschließend drei Zufallswerte aus dieser Liste auswählen. Die Funktion `random.sample()` erleichtert diese Auswahl. Das erste Argument ist die Liste, aus der Sie auswählen möchten; das zweite Argument gibt an, wie viele Werte Sie wählen. Die vollständige Liste der Antwortmöglichkeiten setzt sich aus diesen drei falschen Antworten und der richtigen Antwort zusammen. Zum Schluss mischen wir die Antworten, sodass die richtige Antwort nicht immer Option D ist.

Schritt 4: Schreiben des Inhalts der Dateien

Nun müssen Sie nur noch die Frage in die Quiz-Datei und die Antwort in die Antwortschlüssel-Datei schreiben. Gestalten Sie Ihren Code wie folgt:

```
# randomQuizGenerator.py - Erstellt Quizze mit Fragen und Antworten in
# zufälliger Reihenfolge sowie dem Antwortschlüssel

--schnipp--

    # Durchlaufe alle Staaten und erstelle für jeden eine Frage.
    for num in range(len(staaten)):
        --schnipp--

        # Schreibe die Frage und Antwortmöglichkeiten in die Quiz-Datei
        quiz_file.write(
            f'{num + 1}. Was ist die Hauptstadt von {staaten[num]}:\n')
        for i in range(4): ❶
            quiz_file.write(f"    {'ABCD'[i]}. {antworten[i]}\n") ❷
        quiz_file.write('\n')

        # Schreibe den Antwortschlüssel in eine Datei.
        antwort_file.write(
            f"{num+1}.{'ABCD'[antworten.index(richtige_antwort)]}") ❸

    quiz_file.close()
    antwort_file.close()
```

Eine `for`-Schleife durchläuft die Zahlen von `0` bis `3`, um die Antwortoptionen aus der `antworten`-Liste in die Datei zu schreiben ❶. Der Ausdruck `'ABCD'[i]` ❷ behandelt den String `'ABCD'` wie eine Liste und ergibt in jeder Iteration der Schleife jeweils `'A'`, `'B'`, `'C'` und `'D'`.

In der letzten Zeile der Schleife ermittelt der Ausdruck `antworten.index(richtige_antwort)` ❸ den Index der richtigen Antwort in den zufällig angeordneten Antwortoptionen, sodass der Buchstabe der korrekten Antwort in den Antwortschlüssel geschrieben wird.

Nachdem Sie das Programm ausgeführt haben, sollte Ihre Datei *Hauptstadtquiz1.txt* etwa wie folgt aussehen. Fragen und Antwortmöglichkeiten hängen dabei vom Ergebnis Ihrer `random.shuffle()`-Aufrufe ab:

```
Name:

Datum:

Stunde:

                    Hauptstadtquiz (Formular 1)

1. Was ist die Hauptstadt von Moldau:
    A. Paris
    B. Rom
    C. Amsterdam
    D. Chișinău

2. Was ist die Hauptstadt von Polen:
    A. Luxemburg
    B. Zagreb
    C. Warschau
    D. San Marino

--schnipp--
```

Die entsprechende Textdatei *Hauptstadtquiz1_Antworten1.txt* wird folgendermaßen aussehen:

```
1. D
2. C

--schnipp--
```

Das zufällige Anordnen der Fragenmenge und des zugehörigen Antwortschlüssels per Hand würde Stunden in Anspruch nehmen. Mit etwas Programmierkenntnissen automatisieren Sie diese lästige Aufgabe nicht nur für ein Hauptstädte-Quiz, sondern für jede beliebige Multiple-Choice-Prüfung.

Zusammenfassung

Betriebssysteme organisieren Dateien in Ordnern (auch Verzeichnisse genannt) und verwenden Pfade, um deren Speicherort zu beschreiben. Jedes Programm, das auf Ihrem Computer läuft, besitzt ein aktuelles Arbeitsverzeichnis. Das erlaubt Ihnen, Dateipfade relativ zum aktuellen Standort anzugeben, anstatt stets den vollständigen (absoluten) Pfad einzugeben. Die Module `pathlib` und `os.path` bieten zahlreiche Funktionen zur Bearbeitung von Dateipfaden.

Ihre Programme können außerdem direkt mit dem Inhalt von Textdateien interagieren. Mit der `open()`-Funktion können Sie diese Dateien öffnen, um ihren Inhalt entweder als einen großen String (mit der Methode `read()`) oder als Liste von Strings (mit der Methode `readlines()`) einzulesen. Mit der `open()`-Funktion können Dateien zudem im Schreib- oder Anhängemodus geöffnet werden, um neue Textdateien zu erstellen oder bestehenden Textdateien Inhalte hinzuzufügen.

In den vorherigen Kapiteln haben Sie die Zwischenablage genutzt, um große Mengen Text in ein Programm einzufügen, anstatt sie direkt einzutippen. Jetzt können Sie Ihre Programme Dateien von der Festplatte lesen lassen – ein bedeutender Fortschritt, denn Dateien sind wesentlich weniger flüchtig als die Zwischenablage.

Im nächsten Kapitel lernen Sie, wie Sie Dateien selbst kopieren, löschen, umbenennen, verschieben und weitere Operationen durchführen.

Übungsaufgaben

1. Worauf bezieht sich ein relativer Pfad?
2. Womit beginnt ein absoluter Pfad?
3. Wozu wird `Path('C:/Benutzer') / 'Al'` unter Windows ausgewertet?
4. Wozu wird `'C:/Benutzer' / 'Al'` unter Windows ausgewertet?
5. Was machen die Funktionen `os.getcwd()` und `os.chdir()`?
6. Was sind die Ordner . und ..?
7. In *C:\bacon\eggs\spam.txt* – welcher Teil ist der Verzeichnisname und welcher ist der Basisname?
8. Welche drei »Modus«-Argumente können Sie der Funktion `open()` für Klartext-Dateien übergeben?
9. Was geschieht, wenn eine bestehende Datei im Schreibmodus geöffnet wird?
10. Worin besteht der Unterschied zwischen den Methoden `read()` und `readlines()`?
11. Welcher Datenstruktur ähnelt ein Shelf-Wert?

Übungsprogramme

Üben Sie, indem Sie die folgenden Programme entwerfen und schreiben.

Mad Libs

Erstellen Sie ein Mad Libs-Programm, das Textdateien einliest und wo man an beliebiger Stelle im Text, wo das Wort *ADJECTIVE*, *NOUN*, *ADVERB* oder *VERB* vorkommt, eigenen Text einfügen kann. Eine Textdatei kann zum Beispiel folgendermaßen aussehen:

```
The ADJECTIVE panda walked to the NOUN and then VERB. A nearby NOUN
was
unaffected by these events.
```

Das Programm würde diese Stellen finden und Sie auffordern, sie zu ersetzen:

```
Bitte geben Sie ein englisches Adjektiv ein:
silly
Bitte geben Sie ein englisches Substantiv ein:
chandelier
Bitte geben Sie ein englisches Verb ein:
screamed
Bitte geben Sie ein englisches Substantiv ein:
pickup truck
```

Es würde dann folgende Textdatei erstellen:

```
The silly panda walked to the chandelier and then screamed. A nearby
pickup truck was unaffected by these events.
```

Das Programm sollte die Ergebnisse zusätzlich zum Speichern in einer neuen Textdatei auch auf dem Bildschirm ausgeben.

Regex-Suche

Schreiben Sie ein Programm, das alle *.txt*-Dateien in einem Ordner öffnet und jede Zeile durchsucht, die mit einem vom Benutzer vorgegebenen regulären Ausdruck übereinstimmt. Anschließend werden die Ergebnisse auf dem Bildschirm ausgegeben.

11
Dateien organisieren

Neben dem Erstellen und Beschreiben neuer Dateien können Sie mit Ihren Programmen auch bereits vorhandene Dateien auf der Festplatte organisieren. Vielleicht haben Sie schon einmal einen Ordner mit Dutzenden, Hunderten oder sogar Tausenden von Dateien durchsucht und diese alle von Hand kopiert, umbenannt, verschoben oder komprimiert. Oder denken Sie an Aufgaben wie diese:

- alle PDF-Dateien (und *nur* die PDF-Dateien) in jedem Unterordner eines Ordners kopieren
- die führenden Nullen in den Dateinamen einer jeden Datei in einem Ordner mit Hunderten von Dateien namens *spam001.txt*, *spam002.txt*, *spam003.txt* usw. entfernen
- den Inhalt mehrerer Ordner in eine ZIP-Datei komprimieren (als einfache Sicherung)

All diese lästige Handarbeit schreit förmlich danach, in Python automatisiert zu werden. Indem Sie Ihren Computer so programmieren, dass er diese Aufgaben übernimmt, verwandeln Sie ihn in einen flink arbeitenden Dateiassistenten, der keine Fehler macht.

Während Windows Backslashes (\) verwendet, um Ordner in einem Dateipfad zu trennen, nutzt der Python-Code in diesem Kapitel stattdessen Schrägstriche (/), da diese auf allen Betriebssystemen funktionieren.

Das Modul shutil

Das `shutil`-Modul bietet Ihnen Funktionen, mit denen Sie Dateien in Ihrem Python-Programmen kopieren, verschieben, umbenennen und löschen können. Der Name des Moduls steht für Shell Utilities, wobei *shell* ein anderer Begriff für eine Terminal-Kommandozeile ist. Um die `shutil`-Funktionen zu verwenden, müssen Sie zuerst `import shutil` ausführen.

Um eine Beispieldatei und einen Beispielordner zum Üben anzulegen, führen Sie bitte vor den Beispielen in der interaktiven Shell dieses Kapitels den folgenden Code aus:

```
>>> from pathlib import Path
>>> h = Path.home()
>>> (h / 'spam').mkdir(exist_ok=True)
>>> with open(h / 'spam/file1.txt', 'w', encoding='utf-8') as file:
...     file.write('Hallo')
...
```

Damit wird ein Ordner mit dem Namen *spam* und einer Textdatei mit dem Namen *file1.txt* erstellt. Die Beispiele in diesem Kapitel werden diese Datei und diesen Ordner kopieren, verschieben, umbenennen und löschen. Alle `shutil`-Funktionen akzeptieren Dateipfad-Argumente, die entweder Strings oder `Path`-Objekte sind.

Dateien und Ordner kopieren

Das Modul `shutil` bietet Funktionen, um Dateien sowie ganze Ordner zu kopieren. Mit `shutil.copy(quelle, ziel)` kopieren Sie die Datei `quelle` in den Ordner `ziel`. Sowohl `quelle` als auch `ziel` können entweder Strings oder `Path`-Objekte sein. Wenn `ziel` ein Dateiname ist, wird dieser als neuer Name für die kopierte Datei verwendet. Ist `ziel` ein Ordner, landet die Datei dort mit ihrem ursprünglichen Namen. Die Funktion gibt den Pfad der kopierten Datei zurück.

Geben Sie Folgendes in die interaktive Shell ein, um zu sehen, wie `shutil.copy()` funktioniert:

```
>>> import shutil
>>> from pathlib import Path
>>> h = Path.home()
>>> shutil.copy(h / 'spam/file1.txt', h) ❶
'C:\\Benutzer\\Al\\file1.txt'
>>> shutil.copy(h / 'spam/file1.txt', h / 'spam/file2.txt') ❷
WindowsPath('C:/Benutzer/Al/spam/file2.txt')
```

Der erste Aufruf von `shutil.copy()` kopiert die Datei *C:\Benutzer\Al\spam\file1.txt* in das Home-Verzeichnis *C:\Benutzer\Al*. Der Rückgabewert ist der Pfad der neu kopierten Datei. Beachten Sie, dass, da Sie einen Ordner als Ziel angegeben haben ❶, die neue, kopierte Datei denselben Dateinamen wie die ursprüngliche Datei *file1.txt* trägt. Der zweite Aufruf von `shutil.copy()` ❷ kopiert die Datei *C:\Benutzer\Al\spam\file1.txt* in den Ordner *C:\Benutzer\Al\spam*, gibt der kopierten Datei jedoch den Namen *file2.txt*.

Während `shutil.copy()` eine einzelne Datei kopiert, kopiert `shutil.copytree(`*`quelle, ziel`*`)` den Ordner am Pfad *`quelle`* zusammen mit allen darin enthaltenen Dateien und Unterordnern in den Ordner am Pfad *`ziel`*. Die Funktion gibt den Pfad des kopierten Ordners zurück.

Geben Sie Folgendes in die interaktive Shell ein:

```
>>> import shutil
>>> from pathlib import Path
>>> h = Path.home()
>>> shutil.copytree(h / 'spam', h / 'spam_backup')
WindowsPath('C:/Benutzer/Al/spam_backup')
```

Der Aufruf von `shutil.copytree()` erstellt einen neuen Ordner namens *spam_backup* mit demselben Inhalt wie der ursprüngliche *spam*-Ordner. Sie haben nun eine Sicherung Ihrer überaus wertvollen Spam-Sammlung.

Verschieben und Umbenennen von Dateien und Ordnern

Ein Aufruf von `shutil.move(quelle, ziel)` verschiebt die Datei `quelle` oder den Ordner `quelle` zum Pfad `ziel` und gibt einen String mit dem absoluten Pfad des neuen Speicherorts zurück.

Wenn `ziel` auf einen Ordner verweist, wird die `quelle`-Datei in das `ziel` verschoben und behält ihren aktuellen Dateinamen. Geben Sie beispielsweise Folgendes in die interaktive Shell ein:

```
>>> import shutil
>>> from pathlib import Path
>>> h = Path.home()
>>> (h / 'spam2').mkdir()
>>> shutil.move(h / 'spam/file1.txt', h / 'spam2')
'C:\\Benutzer\\Al\\spam2\\file1.txt'
```

Nachdem Sie den Ordner *spam2* im Home-Verzeichnis erstellt haben, weist dieser Aufruf von `shutil.move()` Python an: »Verschiebe *C:\Benutzer\Al\spam\file1.txt* in den Ordner *C:\Benutzer\Al\spam2*.« Wäre im Ordner *C:\Benutzer\Al\spam2* bereits eine Datei *file1.txt* vorhanden gewesen, hätte Python sie überschrieben.

Falls der `ziel`-Pfad kein existierender Ordner ist, nutzt `shutil.move()` diesen Pfad, um die Datei umzubenennen. Im folgenden Beispiel wird die `quelle`-Datei verschoben *und* umbenannt:

```
>>> shutil.move(h / 'spam/file1.txt', h / 'spam2/new_name.txt')
'C:\\Benutzer\\Al\\spam2\\new_name.txt'
```

Diese Zeile bedeutet: »Verschiebe *C:\Benutzer\Al\spam\file1.txt* in den Ordner *C:\Benutzer\Al\spam2* und benenne dabei *file1.txt* in *new_name.txt* um.«

Dateien und Ordner dauerhaft löschen

Sie können eine einzelne Datei oder einen leeren Ordner mit Funktionen aus dem Modul os löschen; möchten Sie jedoch einen Ordner samt seinem gesamten Inhalt entfernen, verwenden Sie das Modul `shutil`:

- Rufen Sie `shutil.rmtree(pfad)` auf, um den gesamten Ordnerbaum am angegebenen `pfad` einschließlich aller Dateien und Unterordner zu löschen.
- Ein Aufruf von `os.unlink(path)` löscht die einzelne Datei `path`.
- Ein Aufruf von `os.rmdir(path)` löscht den Ordner `path`. Dieser Ordner muss jedoch leer sein.

Seien Sie vorsichtig, wenn Sie diese Funktionen in Ihren Programmen verwenden! Oft empfiehlt es sich, Ihr Programm zunächst mit auskommentierten Aufrufen und eingefügten `print()`-Anweisungen auszuführen, um anzuzeigen, welche Dateien gelöscht würden. Dies bezeichnet man als *Testlauf*. Hier sehen Sie ein Python-Programm, das ursprünglich dazu gedacht war, Dateien mit der Dateierweiterung *.txt* zu löschen. Aufgrund eines Tippfehlers (hier fett hervorgehoben) werden jedoch stattdessen *.rxt*-Dateien gelöscht:

```
import os
from pathlib import Path
for filename in Path.home().glob('*.rxt'):
    os.unlink(filename)
```

Falls Sie wichtige Dateien mit der Endung *.rxt* hatten, wären diese versehentlich dauerhaft gelöscht worden. Stattdessen sollten Sie das Programm zunächst wie folgt ausführen:

```
import os
from pathlib import Path
for filename in Path.home().glob('*.rxt'):
    #os.unlink(filename )
    print('Lösche', filename)
```

Der Aufruf `os.unlink()` ist nun auskommentiert, sodass Python ihn ignoriert. Stattdessen geben wir den Dateinamen der Datei aus, die gelöscht worden wäre. Wenn wir diese Version des Programms zuerst ausführen, erfahren wir, dass wir dem Programm versehentlich mitgeteilt haben, *.rxt*-Dateien statt *.txt*-Dateien zu löschen.

Sie sollten außerdem Testläufe für Programme durchführen, die Dateien kopieren, umbenennen oder verschieben. Abschließend empfiehlt es sich, eine Sicherungskopie des gesamten Ordners mit allen Dateien anzulegen, die von Ihrem Programm bearbeitet werden – für den Fall, dass Sie die Originaldateien vollständig wiederherstellen müssen. Sobald Sie sich sicher sind, dass das Programm wie vorgesehen funktioniert, entfernen Sie die Zeile `print(filename)` und kommentieren die Zeile `os.unlink(filename)` wieder ein. Führen Sie anschließend das Programm erneut aus, um die Dateien endgültig zu löschen.

Löschen in den Papierkorb

Pythons eingebaute Funktion `shutil.rmtree()` entfernt Dateien und Ordner unwiderruflich. Das macht die Funktion gefährlich in der Anwendung, da ein Fehler Dateien löschen könnte, die Sie nicht beabsichtigt haben. Eine deutlich bessere Möglichkeit, Dateien und Ordner zu löschen, ist das Drittanbieter-Modul `send2trash`. (Siehe Anhang A für eine ausführlichere Erklärung zur Installation von Drittanbieter-Paketen.)

Die Nutzung der Funktion `send2trash()` aus dem Modul `send2trash` ist wesentlich sicherer als Pythons reguläre Löschfunktionen, da Ordner und Dateien so in den Papierkorb des Computers verschoben werden, statt dauerhaft gelöscht zu werden. Falls ein Fehler in Ihrem Programm dazu führt, dass Sie versehentlich etwas mit send2trash löschen, können Sie es später aus dem Papierkorb wiederherstellen.

Nachdem Sie send2trash installiert haben, geben Sie Folgendes in die interaktive Shell ein, um die Datei *file1.txt* in den Papierkorb zu verschieben:

```
>>> import send2trash
>>> send2trash.send2trash('file1.txt')
```

Sie sollten zum Löschen von Dateien und Ordnern generell die Funktion send2trash.send2trash() verwenden. Während das Verschieben von Dateien in den Papierkorb Ihnen die Möglichkeit gibt, diese später wiederherzustellen, wird dadurch kein Speicherplatz frei – diesen Effekt erzielen Sie erst durch dauerhaftes Löschen. Beachten Sie, dass die Funktion send2trash() ausschließlich Dateien in den Papierkorb verschieben kann; sie kann jedoch keine Dateien daraus zurückholen.

Einen Verzeichnisbaum durchlaufen

Möchten Sie sämtliche Dateien und Unterordner in einem Ordner auflisten, rufen Sie die Funktion os.listdir() auf und übergeben einen Ordnernamen:

```
>>> import os
>>> os.listdir(r'C:\Benutzer\Al')
['.anaconda', '.android', '.cache', '.dotnet', '.eclipse', '.gitconfig',
--schnipp--
'__pycache__']
```

Ebenso können Sie eine Liste von Path-Objekten in einem Ordner erhalten, indem Sie die Methode iterdir() aufrufen:

```
>>> from pathlib import Path
>>> home = Path.home()
>>> list(home.iterdir())
[WindowsPath('C:/Benutzer/Al/.anaconda'), WindowsPath('C:/Benutzer/
Al/.android'),
WindowsPath('C:/Benutzer/Al/.cache'),
--schnipp--
WindowsPath('C:/Benutzer/Al/__pycache__')]
```

Angenommen, Sie möchten jede Datei in einem Ordner sowie jede Datei in jedem Unterordner dieses Ordners umbenennen. Das heißt, Sie wollen durch den Verzeichnisbaum gehen und dabei auf jede Datei zugreifen. Es kann kompliziert werden, dafür ein Programm zu schreiben; glücklicherweise stellt Python die Funktion os.walk() bereit, die diesen Vorgang für Sie übernimmt.

Erstellen Sie eine Reihe von Ordnern und Dateien, indem Sie den folgenden Code in der interaktiven Shell ausführen:

```
>>> from pathlib import Path
>>> h = Path.home()
>>> (h / 'spam').mkdir(exist_ok=True)
>>> (h / 'spam/eggs').mkdir(exist_ok=True)
>>> (h / 'spam/eggs2').mkdir(exist_ok=True)
>>> (h / 'spam/eggs/bacon').mkdir(exist_ok=True)
>>> for f in ['spam/file1.txt', 'spam/eggs/file2.txt', 'spam/eggs/file3.txt',
'spam/eggs/bacon/file4.txt']:
...     with open(h / f, 'w', encoding='utf-8') as Datei:
...         file.write('Hallo')
...
>>> # Ab hier existieren die Ordner und Dateien.
```

Dieser Code erstellt die folgenden Ordner und Dateien in Ihrem Home-Verzeichnis:

- den Ordner *spam*
- die Datei *spam/file1.txt*
- den Ordner *spam/eggs*
- die Datei *spam/eggs/file2.txt*
- die Datei *spam/eggs/file3.txt*
- den Ordner *spam/eggs2*
- den Ordner *spam/eggs/bacon*
- die Datei *spam/eggs/bacon/file4.txt*

Hier ist ein Beispielprogramm, das die `os.walk()`-Funktion auf diesem Ordnerbaum anwendet und jede Datei in Großbuchstaben umbenennt:

```
import os, shutil
from pathlib import Path
h = Path.home()

for ordner_name, unterordner, dateinamen in os.walk(h / 'spam'):
    print(f'Der aktuelle Ordner ist {ordner_name}')

    for unterordner in unterordner:
        print(f'UNTERORDNER VON {ordner_name}: {unterordner}')

    for dateiname in dateinamen:
        print(f'DATEI IN {ordnername }: {dateiname}')
        # Datei in Großbuchstaben umbenennen:
        p = Path(ordnername)
        shutil.move(p / dateiname, p / dateiname.upper())

    print()
```

Die `os.walk()`-Funktion erhält einen einzelnen String als Parameter: den Pfad eines Ordners. Sie können `os.walk()` in einer `for`-Schleife einsetzen, um einen Verzeichnisbaum zu durchlaufen – ähnlich wie Sie die `range()`-Funktion verwenden können, um einen Zahlenbereich abzuschreiten. Im Gegensatz zu `range()` gibt die `os.walk()`-Funktion bei jeder Schleifeniteration drei Werte zurück:

- einen String mit dem Namen des aktuellen Ordners
- eine Liste von Strings mit den Unterordnern des aktuellen Ordners
- eine Liste von Strings mit den Dateien des aktuellen Ordners

Der *aktuelle Ordner* bezeichnet hier den Ordner, der in der jeweiligen Iteration der `for`-Schleife durchsucht wird. Die `os.walk()`-Funktion ändert das aktuelle Arbeitsverzeichnis des Programms nicht. Ebenso wie Sie im Code `for i in range(10):` den Variablennamen `i` frei wählen können, dürfen Sie auch die Variablennamen für die drei oben genannten Werte selbst bestimmen. Ich verwende stets die aussagekräftigen Namen `ordner_name`, `unterordner` und `dateinamen`.

Als ich dieses Programm auf meinem Computer ausgeführt habe, erhielt ich die folgende Ausgabe:

```
Der aktuelle Ordner ist C:\Benutzer\Al\spam
UNTERORDNER VON C:\Benutzer\Al\spam: eggs
UNTERORDNER VON C:\Benutzer\Al\spam: eggs2
DATEI IN C:\Benutzer\Al\spam: file1.txt

Der aktuelle Ordner ist C:\Benutzer\Al\spam\eggs
UNTERORDNER VON C:\Benutzer\Al\spam\eggs: bacon
DATEI IN C:\Benutzer\Al\spam\eggs: file2.txt
DATEI IN C:\Benutzer\Al\spam\eggs: file3.txt

Der aktuelle Ordner ist C:\Benutzer\Al\spam\eggs\bacon
DATEI IN C:\Benutzer\Al\spam\eggs\bacon: file4.txt

Der aktuelle Ordner ist C:\Benutzer\Al\spam\eggs2
```

Da `os.walk()` Listen von Strings für die Variablen `unterordner` und `dateinamen` zurückgibt, können Sie diese Rückgabewerte in eigenen `for`-Schleifen verwenden. Sie können zum Beispiel den Ordner und den Dateinamen an Funktionen wie `shutil.move()` übergeben, wie im Beispiel gezeigt.

Dateien komprimieren mit dem Modul zipfile

Sie kennen vielleicht ZIP-Dateien (mit der Dateierweiterung *.zip*), die komprimierte Inhalte vieler anderer Dateien enthalten können. Das Komprimieren einer Datei verkleinert deren Größe, was beim Übertragen über das Internet hilfreich ist. Und da eine ZIP-Datei auch mehrere Dateien und Unterordner beinhalten kann, ist sie eine praktische Möglichkeit, mehrere Dateien in einer einzigen zu bündeln. Diese einzelne Datei – die sogenannte *Archivdatei* – können Sie dann beispielsweise als Anhang einer E-Mail versenden.

Ihre Python-Programme können ZIP-Dateien mithilfe von Funktionen im Modul `zipfile` erstellen oder entpacken.

ZIP-Dateien erstellen und hinzufügen

Um eigene komprimierte ZIP-Dateien zu erzeugen, müssen Sie ein `ZipFile`-Objekt im Schreibmodus öffnen, indem Sie `'w'` als zweites Argument übergeben. (Beachten Sie die Großbuchstaben *Z* und *F* im Objektnamen – im Gegensatz zum Modulnamen `zipfile`.) Dieses Verfahren ähnelt dem Öffnen einer Textdatei im Schreibmodus, indem Sie `'w'` an die `open()`-Funktion übergeben. Für den Dateinamen können Sie entweder einen String oder ein `Path`-Objekt angeben.

Wenn Sie einen Pfad an die Methode `write()` eines `ZipFile`-Objekts übergeben, komprimiert Python die angegebene Datei und fügt sie dem ZIP-Archiv hinzu. Das erste Argument von `write()` ist ein String mit dem hinzuzufügenden Dateinamen. Das zweite Argument ist der Parameter *compression type*, der angibt, welchen Algorithmus er zum Komprimieren der Dateien verwenden soll; Sie können diesen Wert auf `zipfile.ZIP_DEFLATED` setzen, um den *deflate*-Komprimierungsalgorithmus festzulegen, welcher für alle Datentypen zuverlässig funktioniert. Geben Sie diesen Wert nicht an, fügt die Methode `write()` die Datei mit ihrer normalen, unkomprimierten Größe zur ZIP-Datei hinzu. Geben Sie Folgendes in die interaktive Shell ein:

```
>>> import zipfile
>>> with open('file1.txt', 'w', encoding='utf-8') as file_obj:
...     file_obj.write('Hallo' * 10000)
...
>>> with zipfile.ZipFile('beispiel.zip', 'w') as beispiel_zip:
...     beispiel_zip.write('file1.txt', compress_type=zipfile.ZIP_DE-
FLATED,
        compresslevel=9)
```

Dieser Code erstellt eine Textdatei namens `file1.txt` und schreibt darin den 50.000-Zeichen-String `'Hallo' * 10000` (etwa 49 KB). Anschließend legt er eine neue ZIP-Datei namens `beispiel.zip` an, die den komprimierten Inhalt von file1.txt enthält (circa 213 Bytes; hochgradig repetitive Daten lassen sich besonders effizient komprimieren). Das Schlüsselwortargument compresslevel (ab Python 3.7 und später) kann auf jeden Wert von 0 bis 9 gesetzt werden, wobei 9 die langsamste, aber die am stärksten komprimierende Stufe darstellt. Wenn Sie dieses Schlüsselwortargument nicht angeben, beträgt der Standardwert 6.

Die Funktion zipfile.ZipFile() öffnet eine ZIP-Datei in einer with-Anweisung, ähnlich wie die Funktion open() Dateien öffnet. So wird sichergestellt, dass die Methode close() automatisch aufgerufen wird, sobald die Ausführung den Block der with-Anweisung verlässt.

Beachten Sie, dass – wie beim Schreiben in Dateien – der Schreibmodus sämtliche bestehenden Inhalte einer ZIP-Datei löscht. Wenn Sie einer vorhandenen ZIP-Datei einfach Dateien hinzufügen möchten, geben Sie 'a' als zweites Argument an zipfile.ZipFile() weiter, um die ZIP-Datei im Anhängemodus zu öffnen.

ZIP-Dateien lesen

Um den Inhalt einer ZIP-Datei zu lesen, müssen Sie zunächst ein ZipFile-Objekt erzeugen. Dies gelingt, indem Sie die Funktion zipfile.ZipFile() aufrufen und den Dateinamen der ZIP-Datei übergeben. Beachten Sie, dass zipfile der Name des Python-Moduls ist und ZipFile() der Name der Funktion.

Geben Sie beispielsweise Folgendes in die interaktive Shell ein:

```
>>> import zipfile

>>> beispiel_zip = zipfile.ZipFile('beispiel.zip')
>>> beispiel_zip.namelist()
['file1.txt']
>>> datei1_info = beispiel_zip.getinfo('file1.txt')
>>> datei1_info.file_size
50000
>>> datei1_info.compress_size
97
>>> f'Komprimierte Datei ist {round(datei1_info.file_size / datei1_info ❶
    .compress_size, 2)}x kleiner!'

'Komprimierte Datei ist 515.46x kleiner!'
>>> beispiel_zip.close()
```

Ein ZipFile-Objekt bietet die Methode namelist(), die eine Liste von Strings aller Dateien und Ordner in der ZIP-Datei zurückgibt. Diese Strings können an die Methode getinfo() von ZipFile übergeben werden, um ein ZipInfo-Objekt zu dieser bestimmten Datei zu erhalten. ZipInfo-Objekte besitzen eigene Attribute, etwa file_size und compress_size, die jeweils die ursprüngliche und die komprimierte Dateigröße in Bytes angeben. Während ein ZipFile-Objekt eine gesamte Archivdatei repräsentiert, hält ein ZipInfo-Objekt nützliche Informationen zu einer einzelnen Datei im Archiv bereit.

Der Befehl bei ❶ berechnet, wie effizient *beispiel.zip* komprimiert ist, indem er die ursprüngliche Dateigröße durch die komprimierte teilt und diese Information ausgibt.

Extrahieren aus ZIP-Dateien

Die Methode `extractall()` von `ZipFile`-Objekten extrahiert alle Dateien und Ordner aus einer ZIP-Datei in das aktuelle Arbeitsverzeichnis. Erstellen Sie eine ZIP-Datei namens *beispiel.zip*, indem Sie den Anweisungen im Abschnitt »ZIP-Dateien erstellen und hinzufügen« auf Seite 341 folgen, und geben Sie anschließend Folgendes in die interaktive Shell ein:

```
>>> import zipfile
>>> beispiel_zip = zipfile.ZipFile('beispiel.zip')
>>> example_zip.extractall() ❶
>>> beispiel_zip.close()
```

Nachdem Sie diesen Code ausgeführt haben, wird Python den Inhalt von *beispiel.zip* in das aktuelle Arbeitsverzeichnis extrahieren. Sie können optional einen Ordnernamen an `extractall()` übergeben, um die Dateien in einen anderen Ordner als das aktuelle Arbeitsverzeichnis extrahieren zu lassen. Existiert der an die Methode `extractall()` übergebene Ordner nicht, wird Python ihn erstellen. Ersetzen Sie beispielsweise den Aufruf ❶ durch `example_zip.extractall('C:\\spam')`, werden die Dateien aus *beispiel.zip* in einen neu erstellten Ordner *C:\spam* extrahiert.

Die Methode `extract()` von `ZipFile`-Objekten extrahiert eine einzelne Datei aus der ZIP-Datei. Fahren Sie mit dem Beispiel in der interaktiven Shell fort, indem Sie Folgendes eingeben:

```
>>> example_zip.extract('file1.txt')
'C:\\Benutzer\\Al\\Desktop\\file1.txt'
>>> example_zip.extract('file1.txt', 'C:\\irgendein\\neuer\\ordner')
'C:\\irgendein\\neuer\\ordner\\file1.txt'
>>> beispiel_zip.close()
```

Der String, den Sie an `extract()` übergeben, muss mit einem der Strings in der Liste übereinstimmen, die von `namelist()` zurückgegeben wird. Optional können Sie `extract()` ein zweites Argument übergeben, um die Datei in einen anderen Ordner als das aktuelle Arbeitsverzeichnis zu extrahieren. Falls dieser zweite Ordner noch nicht existiert, wird Python den Ordner anlegen.

Projekt 5: Sichern Sie einen Ordner in einer ZIP-Datei

Angenommen, Sie arbeiten an einem Projekt, dessen Dateien Sie in einem Ordner mit dem Namen *C:\Benutzer\Al\AlsPythonBuch* aufbewahren. Um zu verhindern, dass Ihre ganze Arbeit verloren geht, möchten Sie »Schnappschüsse« des gesamten Ordners als ZIP-Datei anlegen. Sie möchten außerdem verschiedene Versionen dieser Schnappschüsse behalten, daher soll sich der Dateiname der ZIP-Datei jedes Mal erhöhen, wenn eine neue Version erstellt wird, zum Beispiel *AlsPythonBuch_1.zip*, *AlsPythonBuch_2.zip*, *AlsPythonBuch_3.zip* usw. Sie könnten dies von Hand erledigen, aber das wäre ziemlich umständlich und Sie könnten die Namen der ZIP-Dateien versehentlich falsch nummerieren. Es wäre wesentlich einfacher, ein Programm auszuführen, das diese lästige Aufgabe für Sie übernimmt.

Öffnen Sie für dieses Projekt ein neues Dateieditor-Fenster und speichern Sie es unter *backup_to_zip.py*.

Schritt 1: Den Namen der ZIP-Datei festlegen

Den Code dieses Programms betten wir in eine Funktion mit dem Namen `backup_to_zip()` ein. So können Sie die Funktion bei Bedarf ganz einfach in andere Python-Programme, die diese Funktionalität benötigen, kopieren und einfügen. Am Ende des Programms wird die Funktion aufgerufen, um die Sicherung durchzuführen. Gestalten Sie Ihr Programm folgendermaßen:

```
# backup_to_zip.py - Kopiert einen gesamten Ordner samt Inhalt in
# eine ZIP-Datei, deren Dateiname fortlaufend nummeriert wird

import zipfile, os
from pathlib import Path

def backup_to_zip(ordner):
    # kompletten Inhalt von "ordner" in eine ZIP-Datei sichern
    ordner = Path(ordner) # mache sicherheitshalber string ordner zu Path

    # ZIP-Dateinamen ermitteln; basierend darauf, was es schon gibt
    number = 1 ❶
    while True: ❷
        zip_name = Path(f'{ordner.parts[-1]}_{number}.zip')
        if not zip_name.exists():
            break
        number = number + 1
```

```
        # TODO: ZIP-Datei erstellen ❸

        # TODO: Ordnerstruktur durchlaufen und alle Dateien komprimieren
        print('Fertig.')

backup_to_zip(Path.home() / 'spam')
```

Wir importieren zunächst die Module zipfile und os. Anschließend definieren wir die Funktion backup_to_zip(), die nur einen Parameter, nämlich ordner, entgegennimmt. Dieser Parameter ist ein String oder ein Path-Objekt zu dem Ordner, dessen Inhalt gesichert werden soll. Die Funktion bestimmt selbst den Dateinamen, den sie für die ZIP-Datei verwendet. Danach wird sie die Datei erstellen, den ordner durchlaufen und alle Unterordner und Dateien der ZIP-Datei hinzufügen. Schreiben Sie TODO-Kommentare für diese Schritte in den Quellcode, um sich daran zu erinnern, diese später durchzuführen ❸.

Die erste Aufgabe, das Benennen der ZIP-Datei, nutzt den Basisnamen des absoluten Pfads von ordner. Wenn der zu sichernde Ordner *C:\Benutzer\Al\spam* ist, sollte der Name der ZIP-Datei *spam_N.zip* lauten, wobei N beim ersten Ausführen des Programms 1 ist, beim zweiten Ausführen 2 usw.

Um den passenden Wert für N zu ermitteln, prüft das Programm nacheinander, ob bereits eine Datei wie spam_1.zip, spam_2.zip usw. existiert. Dazu wird eine Variable nummer angelegt ❶, die bei jedem Schleifendurchlauf um eins erhöht wird, während exists() kontrolliert, ob die jeweilige Datei vorhanden ist ❷. Sobald ein Dateiname gefunden wird, der noch nicht existiert, beendet break die Schleife – dieser Name wird dann als neuer ZIP-Dateiname verwendet.

Schritt 2: Erstellen Sie die neue ZIP-Datei

Anschließend erstellen Sie die ZIP-Datei. Gestalten Sie Ihr Programm wie folgt:

```
# backup_to_zip.py - Kopiert einen gesamten Ordner samt Inhalt in
# eine ZIP-Datei, deren Dateiname fortlaufend nummeriert wird

--schnipp--

    # Die ZIP-Datei erstellen.
    print(f'Erstelle {zip_name}...')
    backup_zip = zipfile.ZipFile(zip_name, 'w')

    # TODO: Ordnerstruktur durchlaufen und alle Dateien komprimieren.
    print('Fertig.')

backup_to_zip(Path.home() / 'spam')
```

Nun ist der Name der neuen ZIP-Datei in der Variable `zip_name` gespeichert. Jetzt können wir `zipfile.ZipFile()` aufrufen, um die ZIP-Datei tatsächlich zu erstellen. Achten Sie darauf, als zweites Argument `'w'` zu übergeben, um die ZIP-Datei im Schreibmodus zu öffnen. Entfernen Sie außerdem das TODO aus dem Kommentar, da Sie den Code für diesen Abschnitt abgeschlossen haben.

Schritt 3: Durchlaufen Sie den Verzeichnisbaum

Nun müssen Sie die `os.walk()`-Funktion verwenden, um jede Datei im Ordner und in seinen Unterordnern aufzulisten. Gestalten Sie Ihr Programm wie folgt:

```
# backup_to_zip.py - Kopiert einen gesamten Ordner samt Inhalt in
# eine ZIP-Datei, deren Dateiname fortlaufend nummeriert wird

--schnipp--

    # Ordnerstruktur durchlaufen und alle Dateien komprimieren.
    for ordner_name, unerordner, dateinamen in os.walk(ordner): ❶
        ordner_name = Path(ordner_name)
        print(f'Füge Dateien im Ordner {ordner_name} hinzu...')

        # Füge alle Dateien in diesem Ordner der ZIP-Datei hinzu.
        for dateiname in dateinamen: ❷
            print(f'Füge Datei {dateiname} hinzu...')
        backup_zip.write(ordner_name / dateiname)
    backup_zip.close()
    print('Fertig.')

backup_to_zip(Path.home() / 'spam')
```

Verwenden Sie `os.walk()` in einer `for`-Schleife ❶. Bei jeder Iteration gibt die Funktion den aktuellen Ordnernamen, die Unterordner darin und die Dateinamen in diesem Ordner zurück. Die verschachtelte `for`-Schleife kann jeden Dateinamen in der `filenames`Liste durchlaufen ❷. Jede davon wird der ZIP-Datei hinzugefügt.

Wenn Sie dieses Programm ausführen, sollte die Ausgabe etwa wie folgt aussehen:

```
Erstelle spam_1.zip...
Füge Dateien in spam hinzu...
Füge Datei file1.txt hinzu...
Fertig.
```

Beim zweiten Ausführen werden alle Dateien im *spam*-Ordner in eine ZIP-Datei mit dem Namen *spam_2.zip* gelegt usw.

Ideen für weitere Programme

Sie können einen Verzeichnisbaum durchlaufen und Dateien in komprimierte ZIP-Archive in verschiedenen anderen Programmen aufnehmen. Beispielsweise könnten Sie Programme schreiben, die Folgendes erledigen:

- Durchlaufe einen Verzeichnisbaum und archiviere nur Dateien mit bestimmten Erweiterungen, zum Beispiel *.txt* oder *.py*, und sonst keine.
- Durchlaufe einen Verzeichnisbaum und archiviere jede Datei außer solchen mit der Erweiterung *.txt* oder *.py*.
- Archiviere nur die Ordner in einem Verzeichnisbaum, die am meisten Speicherplatz belegen oder seit der letzten Archivierung verändert wurden.

Zusammenfassung

Selbst als erfahrener Computerbenutzer bearbeiten Sie Dateien vermutlich weiterhin manuell mit Maus und Tastatur. Moderne Datei-Explorer erleichtern die Arbeit mit wenigen Dateien. Manchmal stehen Sie jedoch vor Aufgaben, die im Datei-Explorer Ihres Computers Stunden dauern würden.

Die Module `os` und `shutil` stellen Funktionen zum Kopieren, Verschieben, Umbenennen und Löschen von Dateien bereit. Beim Löschen von Dateien empfiehlt es sich, das Modul `send2trash` zu verwenden, um die Dateien in den Papierkorb zu verschieben, statt sie endgültig zu löschen. Wenn Sie Programme schreiben, die mit Dateien arbeiten, empfiehlt es sich, zunächst einen Testlauf durchzuführen. Kommentieren Sie den Code aus, der das eigentliche Kopieren, Verschieben, Umbenennen oder Löschen übernimmt, und ersetzen Sie ihn durch einen `print()`-Aufruf. So können Sie das Programm ausführen und genau nachvollziehen, was es tun wird.

Oft müssen Sie diese Vorgänge nicht nur für Dateien in einem Ordner durchführen, sondern auch in jedem Unterordner dieses Ordners, in den Unterordnern dieser Unterordner usw. Die Funktion `os.walk()` übernimmt diese Reise durch die Ordner für Sie, damit Sie sich darauf konzentrieren können, was Ihr Programm mit den Dateien darin machen soll.

Das Modul `zipfile` bietet Ihnen eine Möglichkeit, Dateien in *.zip*-Archiven mit Python zu komprimieren und zu extrahieren. In Kombination mit den Datei-Funktionen von `os` und `shutil` können Sie mit `zipfile` mühelos mehrere Dateien von überall auf Ihrem Laufwerk zu einem Paket zusammenfassen. Diese ZIP-Dateien lassen sich viel leichter auf Websites hochladen oder als E-Mail-Anhänge versenden als zahlreiche einzelne Dateien.

Übungsaufgaben

1. Was ist der Unterschied zwischen `shutil.copy()` und `shutil.copytree()`?
2. Mit welcher Funktion können Dateien umbenannt werden?
3. Worin unterscheiden sich die Löschfunktionen der Module `send2trash` und `shutil`?
4. `ZipFile`-Objekte verfügen genauso wie `File`-Objekte über eine `close()`-Methode. Welche Methode von `ZipFile` entspricht der `open()`-Methode von Datei-Objekten?

Übungsprogramme

Schreiben Sie zur Übung Programme, die die folgenden Aufgaben erledigen.

Selektives Kopieren

Schreiben Sie ein Programm, das eine Ordnerstruktur durchläuft und nach Dateien mit einer bestimmten Dateierweiterung sucht (wie etwa *.pdf* oder *.jpg*). Kopieren Sie diese Dateien von ihrem aktuellen Speicherort in einen neuen Ordner.

Unnötige Dateien löschen

Es kommt häufig vor, dass einige wenige, jedoch sehr große unnötige Dateien oder Ordner den Großteil des Speicherplatzes auf Ihrem Laufwerk beanspruchen. Wenn Sie Speicherplatz auf Ihrem Computer freimachen möchten, ist es am effektivsten, zuerst die größten unnötigen Dateien zu identifizieren.

Schreiben Sie ein Programm, das eine Ordnerstruktur durchläuft und nach außergewöhnlich großen Dateien oder Ordnern sucht – etwa solchen mit einer Dateigröße von mehr als 100 MB. Denken Sie daran, dass Sie zur Bestimmung der Dateigröße `os.path.getsize()` aus dem `os`-Modul verwenden können. Geben Sie diese Dateien mit ihrem absoluten Pfad auf dem Bildschirm aus.

Dateien umnummerieren

Schreiben Sie ein Programm, das in einem Ordner alle Dateien mit einem bestimmten Präfix findet – etwa *spam001.txt*, *spam002.txt* usw. – und dabei Lücken in der Nummerierung aufspürt (zum Beispiel, wenn es eine *spam001.txt* und eine *spam003.txt*, aber keine *spam002.txt* gibt). Lassen Sie das Programm alle späteren Dateien umbenennen, um diese Lücke zu schließen.

Um diese Beispieldateien zu erstellen (wobei *spam042.txt*, *spam086.txt* und *spam103.txt* ausgelassen werden), führen Sie folgenden Code aus:

```
>>> for i in range(1, 121):
...     if i not in (42, 86, 103):
...         with open(f'spam{i:03d}.txt', 'w') as datei:
...             pass
...
```

Als zusätzliche Herausforderung: Schreiben Sie ein weiteres Programm, das Lücken in nummerierten Dateien einfügen kann (und die Zahlen in den Dateinamen nach der Lücke entsprechend erhöht), sodass eine neue Datei eingefügt werden kann.

Amerikanische Datumsangaben ins europäische Format umwandeln

Angenommen, Ihr Chef schickt Ihnen Tausende von Dateien mit amerikanischen Datumsangaben (MM-TT-JJJJ) im Namen und benötigt diese im europäischen Datumsformat (TT-MM-JJJJ) umbenannt. Diese monotone Aufgabe könnte per Hand den ganzen Tag dauern! Schreiben Sie stattdessen ein Programm, das Folgendes erledigt:

1. Durchsuchen Sie alle Dateinamen im aktuellen Arbeitsverzeichnis und in allen Unterordnern nach US-amerikanischen Datumsangaben. Nutzen Sie die Funktion `os.walk()`, um durch die Unterordner zu gehen.
2. Verwenden Sie reguläre Ausdrücke, um Dateinamen mit dem Muster MM-TT-JJJJ zu identifizieren – zum Beispiel *spam12-31-1900.txt*. Gehen Sie davon aus, dass Monate und Tage immer zweistellig angegeben sind und keine Dateien existieren, bei denen eine Übereinstimmung nicht auf ein Datum verweist. (Sie werden keine Dateien finden, die etwa *99-99-9999.txt* heißen.)
3. Sobald ein passender Dateiname gefunden ist, wird die Datei umbenannt, indem Monat und Tag vertauscht werden, sodass das europäische Format entsteht. Verwenden Sie hierfür die Funktion `shutil.move()`.

12

Kommandozeilenprogramme entwickeln und bereitstellen

Bisher lag der Fokus darauf, Programme aus Mu (oder aus dem von Ihnen verwendeten Code-Editor) heraus auszuführen. In diesem Kapitel erfahren Sie, wie Sie Programme über das Kommandozeilenterminal ausführen. Die Kommandozeile wirkt mit ihren kryptischen Kommandos und der ziemlich benutzerunfreundlichen Oberfläche oft abschreckend – deshalb halten sich viele Nutzer fern. Doch es lohnt sich, damit vertraut zu werden, denn sie ist nicht anspruchsvoller als das Programmieren, das Sie bislang kennengelernt haben.

Sobald Sie ein Python-Programm zur Automatisierung einer Aufgabe geschrieben haben, kann es lästig werden, jedes Mal Mu zu öffnen, um es auszuführen. Die Kommandozeile bietet eine komfortablere Möglichkeit, Python-Skripte auszuführen – vor allem, wenn Sie Ihre Programme mit Bekannten oder Kolleginnen und Kollegen teilen, die weder Mu noch Python installiert haben. In der Softwareentwicklung versteht man unter *Deployment* den Prozess, Software außerhalb des Code-Editors nutzbar zu machen.

Ist es das Programm, das alles wirkt und schafft?

Dieses Kapitel (wie auch die Programmierung generell) verwendet viele Begriffe, die *ein Programm* oder Varianten davon bedeuten. Alle folgenden Elemente könnten Sie zutreffend als Programm bezeichnen. Es bestehen jedoch feine Unterschiede zwischen der Bedeutung dieser Bezeichnungen:

- **Programm** – Ein vollständiges Softwareprodukt, ob groß oder klein, das aus Anweisungen besteht, die ein Computer ausführt.
- **Skript** – Ein Programm, das ein Interpreter direkt aus dem Quellcode heraus startet statt aus einer kompilierten Maschinencode-Version. Dies ist ein sehr offen gefasster Begriff. Python-Programme werden häufig als Skripte bezeichnet, obwohl Sie Python-Code ebenso wie andere Sprachen kompilieren können (wie Sie in »Kompilieren von Python-Programmen mit PyInstaller« auf Seite 386 erfahren).
- **Kommando** oder Befehl – Ein Programm, das typischerweise von einem textbasierten Terminal ausgeführt wird und keine grafische Benutzeroberfläche (GUI) besitzt. Sämtliche Konfiguration nehmen Sie vorab vor, indem Sie Kommandozeilenargumente angeben, bevor das Kommando ausgeführt wird (obwohl *interaktive Kommandos* ihre Ausführung manchmal mit einer »Sind Sie sicher? J/N«-Frage an den Nutzer unterbrechen können). Wie im Abschnitt »Die Kommandos cd, pwd, dir und ls« auf Seite 354 erläutert, sind sowohl `dir` als auch `ls` Beispiele für Kommandos.
- **Shell-Skript** – Eine einzelne Textdatei, mit der Sie bequem mehrere gebündelte Kommandos in einem Durchlauf ausführen können. So kann ein Nutzer ein einziges Shell-Skript starten, anstatt mehrere Befehle einzeln manuell einzugeben. Unter macOS und Linux haben Shell-Skripte die Dateierweiterung *.sh* (oder keine Erweiterung), während Windows für Shell-Skripte mit der Dateierweiterung *.bat* den Begriff Batchdatei verwendet.
- **Anwendung** – Ein Programm mit grafischer Benutzeroberfläche, das mehrere zusammengehörige Funktionen vereint. Excel und Firefox sind Beispiele für Anwendungen. Anwendungen bestehen meist aus mehreren Dateien, die ein *Installer*-Programm auf Ihrem Computer einrichtet (und die ein *Uninstaller*-Programm wieder entfernen kann), statt nur aus einer einzelnen ausführbaren Datei, die auf den Computer kopiert wird.
- **App** – Ein geläufiger Name für Anwendungen auf Mobiltelefonen und Tablets; der Begriff kann aber ebenso für Desktop-Anwendungen verwendet werden.
- **Web-App** – Ein Programm, das auf einem Webserver läuft und mit dem Nutzer über das Internet per Browser interagieren.

Sie dürfen gern über genaue Definitionen streiten; diese Erklärungen sollen Ihnen lediglich einen allgemeinen Eindruck vom Gebrauch der Begriffe vermitteln. Wenn Sie sich mit weiteren Fachbegriffen vertraut machen möchten, finden Sie in meinem Buch *Beyond the Basic Stuff with Python* (No Starch Press, 2020) zusätzliche Definitionen im Kapitel »Programming Jargon«.

Verwendung des Terminals

Bis in die 1990er-Jahre, als Apple und Microsoft Computer mit grafischen Benutzeroberflächen populär machten, die mehrere Programme gleichzeitig ausführen konnten, startete man Programme über eine *Kommandozeilenschnittstelle* (CLI, ausgesprochen »ßih-ell-ai«), wobei die Eingabe und Ausgabe oft auf Text beschränkt war. Mitunter werden CLIs auch als *Kommandozeile*, *Befehlszeile*, *Terminal*, *Shell* oder *Konsole* bezeichnet. Softwareentwickler nutzen CLIs nach wie vor und haben häufig mehrere Terminalfenster gleichzeitig auf ihrem Computer geöffnet. Auch wenn ein textbasiertes Terminal nicht über die Symbole, Schaltflächen und Grafiken einer grafischen Benutzeroberfläche verfügt, ist es eine effektive Möglichkeit, einen Computer zu bedienen, sobald Sie einige Kommandos beherrschen.

Um ein Terminalfenster zu öffnen, gehen Sie bitte wie folgt vor:

- Unter Windows klicken Sie auf die *Start*-Schaltfläche (oder drücken die [Windows]-Taste) und geben **Eingabeaufforderung** (oder **PowerShell** oder **Terminal**, sofern installiert) ein.
- Unter macOS klicken Sie auf das Spotlight-Symbol oben rechts (oder drücken Sie [⌘]-[Leer]-Taste) und geben **Terminal** ein.
- Unter Ubuntu Linux drücken Sie die [Windows]-Taste, um den Dash aufzurufen, und geben **Terminal** ein. Alternativ können Sie die Tastenkombination [Strg]-[Alt]-[T] verwenden.

Wie die interaktive Shell mit einem >>>-Prompt zeigt auch das Terminal einen Prompt an, in den Sie Kommandos eingeben können. Unter Windows wird hier der vollständige Pfad des Ordners angezeigt, in dem Sie sich aktuell befinden, gefolgt von einer spitzen Klammer (>):

```
C:\Benutzer\al>Hier kommen Ihre Kommandos hin
```

Unter macOS zeigt der Prompt Ihren Benutzernamen, den Namen Ihres Computers und das aktuelle Arbeitsverzeichnis an (wobei Ihr Home-Verzeichnis zur Kurzform als ~ dargestellt wird), gefolgt von einem Prozentzeichen (%):

```
al@Als-MacBook-Pro ~ % Ihre Kommandos stehen hier
```

Unter Ubuntu Linux ähnelt der Prompt dem von macOS, außer dass er mit dem Benutzernamen und einem `@`-Zeichen beginnt:

```
al@al-VirtualBox:~$ Ihre Kommandos stehen hier
```

Auch wenn es meist bequemer ist, Programme über das Startmenü (Windows) oder Spotlight (macOS) zu starten, können Sie sie ebenso direkt über das Terminal aufrufen. Der Python-Interpreter ist ein solches Programm, das häufig im Terminal ausgeführt wird.

In diesem Kapitel gehen wir davon aus, dass das Python-Programm, das Sie ausführen möchten, *yourScript.py* heißt und sich in einem *Scripts*-Ordner unter Ihrem Home-Verzeichnis befindet. Sie müssen Mu nicht öffnen, um auf die Python-interaktive Shell zuzugreifen. In einem Terminalfenster können Sie unter Windows `python` oder unter macOS und Linux `python3` eingeben, um den Interpreter zu starten. (Anschließend erscheint in der Regel der bekannte >>>-Prompt.) Um eine Ihrer *.py* Python-Dateien aus dem Terminal heraus auszuführen, geben Sie den Dateipfad nach `python` oder `python3` an – entweder in absoluter Form wie `python C:\Benutzer\al\Scripts\yourScript.py` oder relativ wie `python yourScript.py`, wenn das aktuelle Arbeitsverzeichnis auf *C:\Benutzer\al\Scripts* gesetzt ist, also demselben Ordner, in dem sich *yourScript.py* befindet.

Die Kommandos cd, pwd, dir und ls

Wie alle ausgeführten Programme verfügt auch das Terminal über ein aktuelles Arbeitsverzeichnis (engl. *current working directory*, CWD), an das relative Dateipfade angehängt werden. Sie können dieses CWD als Teil des Terminal-Prompts sehen oder es sich mit dem Kommando `pwd` (für *print working directory*) unter macOS und Linux beziehungsweise mit dem `cd`-Kommando ohne Kommandozeilenargumente unter Windows anzeigen lassen.

Ihre Python-Programme können das CWD ändern, indem sie die `os.chdir()`-Funktion aufrufen. Im Terminal erreichen Sie dasselbe, indem Sie das Kommando `cd` gefolgt vom relativen oder absoluten Dateipfad des Ordners eingeben, zu dem Sie wechseln möchten:

```
C:\Benutzer\al>cd Desktop
C:\Benutzer\al\Desktop>cd ..
C:\Benutzer\al>cd C:\Windows\System32
C:\Windows\System32>
```

Unter Windows kommt häufig hinzu, dass Sie auch den Laufwerksbuchstaben wechseln müssen. Mit dem Kommando `cd` können Sie nicht das Laufwerk wechseln, auf dem Sie sich befinden. Geben Sie stattdessen den Laufwerksbuchstaben gefolgt von einem Doppelpunkt ein und verwenden Sie anschließend cd, um das Verzeichnis auf dem Laufwerk zu wechseln:

```
C:\Windows\System32>D:
D:\>cd backup
D:\backup>
```

Mit dem Kommando dir unter Windows sowie ls unter macOS und Linux lassen Sie sich den Datei- und Unterordnerinhalt des AWV anzeigen:

```
C:\Benutzer\al>dir
--sschnipp--
26.08.2036  18:42           171.304 _recursive-centaur.png
18.08.2035  11:25             1.278 _viminfo
13.08.2035  00:58    <DIR>          __pycache__
              77 Datei(en)     83.805.114 Bytes
             108 Ordner    149.225.267.200 Bytes frei
```

Beim Navigieren durch das Dateisystem im Terminal wechseln Sie häufig zwischen cd, um das Verzeichnis zu ändern, und dir/ls, um den Inhalt des aktuellen Ordners anzuzeigen. Sie können alle ausführbaren Dateien im CWD auflisten, indem Sie dir *.exe unter Windows beziehungsweise file * | grep executable unter macOS und Linux ausführen. Sobald Sie sich im Ordner mit einem Programm befinden, können Sie es wie folgt starten:

- Unter Windows geben Sie den Programmnamen mit oder ohne die *.exe*-Erweiterung ein: beispiel.exe.
- Unter macOS und Linux geben Sie ./ gefolgt vom Programmnamen ein: ./example.

Natürlich können Sie auch jederzeit den vollständigen absoluten Pfad eines Programms angeben: C:\voller\pfad\zu\beispiel.exe oder /voller/pfad/zu/beispiel.

Möchten Sie eine Datei öffnen, die kein Programm ist, beispielsweise eine Textdatei namens *example.txt*, können Sie sie mit der zugeordneten Anwendung öffnen, indem Sie example.txt unter Windows oder open example.txt unter macOS und Linux eingeben. Dadurch wird im Terminal dasselbe erreicht wie durch einen Doppelklick auf das Symbol der *example.txt*-Datei in einer grafischen Oberfläche. Ist noch keine zugeordnete Anwendung für *.txt*-Dateien festgelegt, fordert das Betriebssystem auf, eine auszuwählen, und merkt sich diese Auswahl für die Zukunft.

Die Umgebungsvariable PATH

Alle laufenden Programme, unabhängig von der verwendeten Programmiersprache, verfügen über eine Gruppe von String-Variablen, die als *Umgebungsvariablen* bezeichnet werden. Eine davon ist die Umgebungsvariable `PFAD`, die eine Liste von Ordnern enthält, die das Terminal überprüft, wenn Sie den Namen eines Programms eingeben. Geben Sie zum Beispiel unter Windows `python` oder unter macOS und Linux `python3` ein, sucht das Terminal in den im `PATH` aufgeführten Ordnern nach einem Programm mit diesem Namen. Betriebssysteme haben leicht unterschiedliche Regeln, wie sie den `PATH` verwenden:

- Windows überprüft zunächst den CWD auf ein Programm mit diesem Namen und anschließend die Ordner in `PATH`.
- Linux und macOS prüfen nur die Ordner in `PATH` und berücksichtigen das CWD überhaupt nicht. Möchten Sie ein Programm namens *beispiel* im CWD ausführen, müssen Sie `./beispiel` anstelle von `beispiel` eingeben.

Um den Inhalt der `PATH`-Umgebungsvariablen anzuzeigen, führen Sie unter Windows `echo %PATH%` oder unter macOS und Linux `echo $PATH` aus. Der Wert, der in `PATH` gespeichert ist, ist ein langer String, der aus Ordnernamen besteht, die unter Windows durch ein Semikolon und unter macOS und Linux durch einen Doppelpunkt getrennt sind. Unter Ubuntu Linux sieht die `PATH`-Umgebungsvariable beispielsweise folgendermaßen aus:

```
al@al-virtual-machine:~$ echo $PATH
/home/al/.local/bin:/home/al/bin:/usr/local/sbin:/usr/local/bin:/usr/sbin:/
usr/bin:/sbin:/bin:/usr/games:/usr/local/games:/snap/bin
```

Wenn Sie `python3` in das Linux-Terminal mit diesem `PATH` eingeben, prüft Linux zuerst, ob ein Programm namens *python3* im Ordner */home/al/.local/bin* liegt, dann im Ordner */home/al/bin* usw. Schließlich findet es *python3* im Ordner */usr/bin* und führt dieses aus. Die Umgebungsvariable `PATH` ist sehr praktisch: Sie können ein Programm einfach in einen Ordner legen, der im `PATH` liegt, und ersparen sich so, für jeden Start per `cd` in seinen Ordner wechseln zu müssen.

Beachten Sie, dass das Terminalfenster keine Unterordner innerhalb eines `PATH`-Ordners durchsucht. Wenn *C:\Benutzer\al\Scripts* im `PFAD` aufgeführt ist, wird beim Ausführen von *spam.exe* eine *C:\Benutzer\al\Scripts\spam.exe*-Datei ausgeführt, jedoch keine *C:\Benutzer\al\Scripts\eggs\spam.exe*-Datei.

PFAD-Bearbeitung

Bisher haben Sie Ihre *.py*-Dateien möglicherweise im Ordner *mu_code* gespeichert, den der Mu-Editor standardmäßig verwendet. Ich empfehle Ihnen jedoch, einen Ordner *Scripts* in Ihrem Home-Verzeichnis anzulegen. Falls Ihr Benutzername *al* ist, würde dieser Ordner wie folgt lauten:

- *C:\Benutzer\al\Scripts* unter Windows
- */Users/al/Scripts* unter macOS
- */home/al/Scripts* unter Ubuntu Linux

Fügen wir nun diesen Ordner der Umgebungsvariable `PATH` hinzu.

Windows

Windows verfügt über zwei Arten von Umgebungsvariablen: System-Umgebungsvariablen (die für alle Benutzer gelten) und Benutzer-Umgebungsvariablen (die die Systemvariablen überschreiben, aber nur für den aktuellen Benutzer wirksam sind). Um diese zu bearbeiten, klicken Sie auf das *Start*-Menü und geben dann **Umgebungsvariablen für dieses Konto bearbeiten** ein; dadurch sollte sich das Fenster *Umgebungsvariablen* öffnen.

Wählen Sie *PATH* aus der Benutzer-Variablenliste oben auf dem Bildschirm (nicht aus der System-Variablenliste unten auf dem Bildschirm), klicken Sie auf *Bearbeiten*, fügen Sie im erscheinenden Textfeld den neuen Ordnernamen *C:\Benutzer\al\Scripts* mit Semikolon als Trennzeichen hinzu und klicken Sie auf *OK*.

macOS und Linux

Um Ordner zu den Umgebungsvariablen `PATH` hinzuzufügen, müssen Sie das Startskript des Terminals bearbeiten. Dabei handelt es sich um die Datei *.zshrc* auf macOS und die Datei *.bashrc* auf Linux. Beide Dateien befinden sich in Ihrem Home-Verzeichnis und enthalten Kommandos, die bei jedem Öffnen eines neuen Terminalfensters ausgeführt werden. Fügen Sie auf macOS Folgendes am Ende der Datei *.zshrc* hinzu:

```
export PATH=/Users/al/Scripts:$PATH
```

Fügen Sie auf Linux Folgendes am Ende der Datei *.bashrc* hinzu:

```
export PATH=/home/al/Scripts:$PATH
```

Diese Zeile passt `PATH` für alle zukünftigen Terminalfenster an, die Sie öffnen – sie wirkt sich also nicht auf bereits geöffnete Terminalfenster aus.

Die Kommandos »which« und »where«

Wenn Sie herausfinden möchten, in welchem Ordner innerhalb der Umgebungsvariablen `PATH` sich ein Programm befindet, können Sie auf macOS und Linux das Programm `which` und unter Windows das Programm `where` ausführen. Geben Sie beispielsweise das folgende `which`-Kommando im macOS-Terminal ein:

```
al@Als-MacBook-Pro ~ % which python3
/Library/Frameworks/Python.framework/Versions/3.13/bin/python3
```

Geben Sie unter Windows das folgende `where`-Kommando im Terminal ein:

```
C:\Benutzer\al>where python
C:\Benutzer\al\AppData\Local\Programs\Python\Python313\python.exe
C:\Benutzer\al\AppData\Local\Programs\Python\Python312\python.exe
```

Das Kommando `where` zeigt Ihnen jeden Ordner im `PATH`, in dem sich ein Programm namens *python* befindet. Die Version im obersten Ordner ist diejenige, die ausgeführt wird, wenn Sie `python` eingeben. Die Kommandos `which` und `where` sind nützlich, wenn Sie sich nicht sicher sind, wie `PATH` konfiguriert ist, und den Speicherort eines bestimmten Programms herausfinden möchten.

Virtuelle Umgebungen

Nehmen Sie an, Sie haben zwei Python-Programme: Eines verwendet Version 1.0 eines Pakets, das andere Version 2.0 desselben Pakets. Python kann nicht zwei Versionen desselben Pakets gleichzeitig installiert haben. Falls Version 2.0 nicht abwärtskompatibel zu Version 1.0 ist, müssten Sie jedes Mal eine Version deinstallieren und die andere neu installieren, sobald Sie das Programm wechseln möchten.

Pythons Lösung für dieses Problem sind virtuelle Umgebungen; das sind separate Python-Installationen, die jeweils über ihren eigenen Satz an installierten Drittanbieter-Paketen verfügen. In der Regel benötigt jede Python-Anwendung, die Sie erstellen, ihre eigene virtuelle Umgebung. Sie können jedoch eine virtuelle Umgebung für alle Ihre kleinen Skripte verwenden, während Sie das Programmieren erlernen. Python kann virtuelle Umgebungen mit dem integrierten venv-Modul erstellen. Um eine virtuelle Umgebung zu erstellen, wechseln Sie mit `cd` in Ihren *Scripts*-Ordner und führen Sie `python -m venv .venv` aus (unter macOS und Linux verwenden Sie `python3`):

```
C:\Benutzer\al>
C:\Benutzer\al>cd Scripts
C:\Benutzer\al\Scripts>python -m venv .venv
```

Dadurch werden die Dateien der virtuellen Umgebung in einem neuen Ordner mit dem Namen *.venv* angelegt. Sie können jeden beliebigen Ordnernamen wählen, doch *.venv* hat sich als Standard etabliert. Dateien und Ordner, deren Namen mit einem Punkt beginnen, sind normalerweise verborgen. Sie können jedoch den Schritten in der Einleitung dieses Buches folgen, um Ihr Betriebssystem so einzustellen, dass solche Elemente standardmäßig angezeigt werden.

Wenn Sie im Terminal `python` oder `python3` ausführen, verwenden Sie weiterhin den Interpreter Ihrer ursprünglichen Python-Installation. Um die Python-Version der virtuellen Umgebung zu nutzen, müssen Sie diese aktivieren. Führen Sie dazu unter Windows das Skript *C:\Benutzer\al\Scripts\.venv\Scripts\activate.bat* aus:

```
C:\Benutzer\al\Scripts>cd .venv\Scripts
C:\Benutzer\al\Scripts\.venv\Scripts>activate.bat
(.venv) C:\Benutzer\al\Scripts\.venv\Scripts>where python.exe
C:\Benutzer\Al\Scripts\.venv\Scripts\python.exe
C:\Benutzer\Al\AppData\Local\Programs\Python\Python313\python.exe
C:\Benutzer\Al\AppData\Local\Programs\Python\Python312\python.exe
```

Wenn Sie nach der Aktivierung der virtuellen Umgebung `where python.exe` ausführen, sehen Sie, dass der Befehl `python` im Terminal den Python-Interpreter im Ordner *.venv\Scripts* startet – und nicht das System-Python (darauf gehen wir gleich ein).

Das entsprechende Skript unter macOS und Linux ist *~/Scripts/.venv/bin/activate*. Aufgrund dessen, wie Unix funktioniert, können Sie es jedoch nicht direkt ausführen. Verwenden Sie stattdessen das Kommando `source activate`:

```
al@al-virtual-machine:~/Scripts$ cd .venv/bin
al@al-virtual-machine:~/Scripts/.venv/bin$ source activate
(.venv) al@al-virtual-machine:~/Scripts/.venv/bin$ which python3
/home/al/Scripts/.venv/bin/python3
```

Die Aktivierung ändert die Umgebungsvariable `PATH` so, dass `python` oder `python3` den Python-Interpreter im Ordner *.venv* statt das ursprüngliche Programm startet. Außerdem erkennen Sie am Terminal-Prompt *(.venv)*, dass die virtuelle Umgebung aktiv ist. Das Ausführen von `which python3` in der aktivierten virtuellen Umgebung zeigt, dass `python3` den Python-Interpreter im neu erstellten Ordner *.venv/bin* verwendet. Diese Änderungen gelten nur für das aktuelle Terminalfenster; in bestehenden oder neuen Terminalfenstern sind diese Änderungen der Umgebungsvariablen oder des Prompts nicht aktiv. Diese frische Python-Installation enthält nur die Standardpakete, jedoch keines der Pakete, die Sie möglicherweise bereits in Ihrer ursprünglichen Python-Installation installiert haben.

Sie können dies bestätigen, indem Sie folgendes Kommando ausführen, um die installierten Pakete aufzulisten:

```
(.venv) C:\Benutzer\al\Scripts\.venv\Scripts>python -m pip list
Package    Version
---------- -------
pip        23.0
setuptools 65.5.0
```

Die übliche Vorgehensweise ist, für jedes Python-Projekt, an dem Sie arbeiten, eine eigene virtuelle Umgebung anzulegen, da jedes Projekt individuelle Paketabhängigkeiten haben kann. Unter Windows hingegen können wir bei den zufälligen kleinen Skripten, die wir im Ordner *Scripts* schreiben, etwas lockerer sein: Diese können sich alle diese eine Umgebung teilen.

Die Betriebssysteme macOS und Linux verfügen über eigene Programme, die auf die Python-Installation angewiesen sind, die mit dem Betriebssystem ausgeliefert wird. Das Installieren oder Aktualisieren von Paketen für diese ursprüngliche Python-Installation, dem sogenannten *System Python*, birgt ein gewisses Risiko von Inkompatibilitäten, die dazu führen können, dass diese Programme nicht mehr funktionieren. Das Ausführen eigener Skripte mit dem System Python ist unproblematisch; das Installieren von Drittanbieter-Paketen im System Python ist zwar etwas riskant, aber das Anlegen einer virtuellen Umgebung im Ordner *Scripts* ist eine sinnvolle Vorsichtsmaßnahme gegen inkompatible Pakete.

Beachten Sie, dass Mu eine eigene virtuelle Umgebung hat. Wenn Sie [F5] drücken, um ein Skript in Mu auszuführen, stehen die Pakete, die Sie in der virtuellen Umgebung des Ordners *Scripts\.venv* installiert haben, dort nicht zur Verfügung. Mit zunehmender Programmiererfahrung kann es für Sie praktischer sein, das Mu-Fenster zum Bearbeiten Ihres Codes geöffnet zu lassen, während Sie ein Terminalfenster zum Ausführen bereithalten. Sie können mit der Tastenkombination [Alt]-[⇆] unter Windows und Linux beziehungsweise mit [⌘]-[⇆] auf macOS schnell zwischen den Fenstern hin- und herwechseln.

Um die virtuelle Umgebung zu deaktivieren, führen Sie `deactivate.bat` (unter Windows) oder `deactivate` (unter macOS und Linux) aus. Sie können alternativ einfach das Terminalfenster schließen und ein neues öffnen. Möchten Sie die virtuelle Umgebung samt aller installierten Pakete dauerhaft entfernen, löschen Sie einfach den *.venv*-Ordner sowie dessen Inhalt.

In den folgenden Abschnitten erfahren Sie, wie Sie Ihr Skript bereitstellen, nachdem Sie die virtuelle Umgebung eingerichtet und Ihren *Scripts*-Ordner zum `PATH` hinzugefügt haben.

Python-Pakete mit pip installieren

Python enthält ein Kommandozeilen-Paketmanager-Programm namens *pip* (in Kleinbuchstaben, sofern es nicht am Satzanfang steht). Pip ist ein rekursives Akronym für *pip installs package*. Während die Python-Standardbibliothek Module wie `sys`, `random` und `os` enthält, gibt es darüber hinaus Hunderttausende von Drittanbieter-Paketen, die Sie auf *PyPI* (ausgesprochen »pai-pi-ai« und nicht »pai-pai«), dem Python Package Index, unter *https://pypi.org* finden. In Python ist ein *Packet* eine Sammlung von Python-Code, die auf PyPI bereitgestellt wird, und ein *Modul* ist eine einzelne *.py*-Datei mit Python-Code. Sie installieren Pakete von PyPI, die Module enthalten, und importieren Module mit einer `import`-Anweisung.

Obwohl pip ein eigenständiges Programm ist, ist es leichter, es über den Python-Interpreter zu verwenden: Führen Sie `python -m pip` unter Windows oder `python3 -m pip` unter macOS und Linux aus, anstatt das Programm `pip` (unter Windows) bzw. `pip3` (unter macOS und Linux) direkt zu starten. Dies verhindert Fehler in den seltenen Fällen, in denen mehrere Python-Installationen vorhanden sind, Ihr `PATH` falsch konfiguriert ist und `pip`/`pip3` für einen anderen Python-Interpreter installiert als den, den Sie mit `python`/`python3` aufrufen.

> **Verwenden Sie nicht pip mit Anaconda**
> Falls Sie die Anaconda-Distribution von Python statt der regulären Distribution von *https://python.org* installiert haben, sollten Sie pip in Ihren conda-Umgebungen nicht verwenden. Verwenden Sie stattdessen das conda-eigene Paketverwaltungstool über das Kommando conda.

Um ein Paket von PyPI zu installieren, geben Sie Folgendes im Terminal ein:

```
C:\Benutzer\al>python -m pip install packet_name
```

Denken Sie daran, auf macOS oder Linux statt `python` den Befehl `python3` für diese Befehle zu benutzen. Beachten Sie außerdem, dass Sie dies im Terminalfenster ausführen und nicht in der interaktiven Python-Shell.

Um alle installierten Pakete mit ihren Versionsnummern aufzulisten, führen Sie `python -m pip list` aus:

```
C:\Benutzer\al>python -m pip list
Packege                   Version     Editable project location
------------------------- ----------- -------------------------
altgraph                  0.17.3
argon2-cffi               21.3.0
argon2-cffi-bindings      21.2.0
async-generator           1.10
--schnipp--
wsproto                   1.2.0
```

Sie können ein Paket auch auf die neueste Version auf PyPI aktualisieren, indem Sie `python -m pip install packet_name -U` ausführen. Um eine bestimmte Version (z. B. 1.17.4) zu installieren, verwenden Sie `python -m pip install packet_name==1.17.4`.

Um ein Paket zu deinstallieren, führen Sie `python -m pip uninstall packet_name` aus. Weitere Informationen zu pip erhalten Sie, wenn Sie `python -m pip --help` ausführen.

Installation des Pakets dieses Buchs

Dieses Buch behandelt mehrere Drittanbieter-Pakete. Im Laufe der Zeit veröffentlichen die Autorinnen und Autoren dieser Pakete möglicherweise Updates, die nicht rückwärtskompatibel zu den in diesem Buch genutzten Versionen sind. Um sicherzustellen, dass die Informationen in diesem Buch korrekt sind, installieren Sie bitte die in Anhang A aufgeführten spezifischen Versionen. Das Installieren der jeweils neuesten Versionen funktioniert mitunter problemlos, aber Sie müssen dann die Online-Dokumentation des jeweiligen Pakets konsultieren, um sich über die neuen Änderungen zu informieren.

Am einfachsten installieren Sie alle richtigen Versionen der in diesem Buch behandelten Pakete, indem Sie das Paket automateboringstuff3 in eine virtuelle Umgebung installieren. Dieses Paket dient als Container für sämtliche in diesem Buch vorgestellten Pakete (samt passender Versionen). Aktivieren Sie in einem Windows-Terminal eine virtuelle Umgebung und führen Sie Folgendes aus:

```
python -m pip install automateboringstuff3
```

Aktivieren Sie unter macOS oder Linux eine virtuelle Umgebung und führen Sie aus:

```
python3 -m pip install automateboringstuff3
```

Selbsterkennende Python-Programme

Die Standardbibliothek von Python enthält keine Module, die Ihren Programmen ein Bewusstsein verleihen. (Noch nicht.) Allerdings stellen mehrere eingebaute Variablen Ihrem Python-Programm hilfreiche Informationen über sich selbst, das Betriebssystem und den eingesetzten Python-Interpreter bereit. Der Python-Interpreter setzt diese Variablen automatisch.

Die Variable `__file__` enthält den Pfad der *.py*-Datei als String. Wenn Sie zum Beispiel eine *yourScript.py*-Datei in Ihrem Home-Verzeichnis ausführen, ergibt das `'C:\Benutzer\al\yourScript.py'`. Importieren Sie `from pathlib import Path` und rufen `Path(__file__)` auf, erhalten Sie ein `Path`-Objekt dieser Datei. Diese Information ist hilfreich, wenn Sie Dateien ausfindig machen müssen, die im Ordner Ihres Python-Programms liegen. Die Variable `__file__` existiert nicht, wenn Sie die interaktive Python-Shell verwenden.

Die Variable `sys.executable` enthält den vollständigen Pfad des Python-Interpreter-Programms, während `sys.version` den String liefert, der zu Beginn der interaktiven Shell mit Versionsinformationen über den Python-Interpreter angezeigt wird.

Die Variablen `sys.version_info.major` und `sys.version_info.minor` enthalten die Haupt- bzw. Nebenversion des Python-Interpreters als Zahlen. Auf meinem Laptop mit Python Version 3.13.1 sind das `3` und `13`. Sie können `sys.version_info` auch an die `list()`-Funktion übergeben, um noch detailliertere Informationen zu erhalten: `list(sys.version_info)` ergibt auf meinem Laptop `[3, 13, 1, 'final', 0]`. Die Versionsinformationen in dieser Form zu besitzen, ist deutlich komfortabler, als zu versuchen, sie aus dem `sys.version`-String zu extrahieren.

Die `os.name`-Variable enthält den String `'nt'`, wenn Ihr Python-Skript unter Windows läuft, und `'posix'`, wenn es unter macOS oder Linux ausgeführt wird. Dies ist nützlich, wenn Ihr Python-Skript je nach Betriebssystem unterschiedliche Anweisungen ausführen soll.

Für eine noch genauere Betriebssystem-Erkennung enthält die `sys.platform`-Variable unter Windows `'win32'`, unter macOS `'darwin'` und unter Linux `'linux'`.

Wenn Sie besonders detaillierte Informationen zur OS-Version und zum CPU-Typ benötigen, kann das eingebaute Modul `platform` diese Angaben ermitteln. Die Dokumentation zu diesem Modul finden Sie online unter *https://docs.python.org/3/library/platform.html*.

Müssen Sie prüfen, ob ein Modul installiert ist, setzen Sie die `import`-Anweisung in einen `try`-Block und fangen Sie die Ausnahme `ModuleNotFoundError` ab:

```
try:
    import gibtsNichtModul
except ModuleNotFoundError:
    print('wird ausgeführt, wenn gibtsNichtModul nicht gefunden
wurde.')
```

Falls das Modul für das Funktionieren Ihres Programms notwendig ist, können Sie hier eine aussagekräftige Fehlermeldung ausgeben und `sys.exit()` aufrufen, um das Programm zu beenden. Das ist für den Nutzer hilfreicher als eine allgemeine Fehlermeldung mit Stacktrace.

Textbasiertes Programmdesign

Bevor Betriebssysteme mit GUI-Unterstützung verbreitet waren, kommunizierten alle Programme mithilfe von Text mit Ihnen. Dieses Buch legt den Schwerpunkt auf die Entwicklung kleiner, nützlicher Programme statt auf professionelle Softwareanwendungen. Daher nutzen die Programme in diesem Buch `print()` und `input()` über eine Kommandozeilenschnittstelle, anstatt auf Fenster, Schaltflächen und Grafiken einer GUI zurückzugreifen.

Auch auf Text beschränkte Softwareanwendungen können eine Benutzeroberfläche bieten, die modernen GUIs ähnelt. Abbildung 12.1 zeigt Norton Commander, ein Programm zur Durchsuchung des Dateisystems. Solche Anwendungen werden im Nachhinein als *TUI* oder *textbasierte Benutzeroberfläche* bezeichnet.

Auch wenn Sie keine professionelle Softwareentwicklerin oder kein professioneller Softwareentwickler sind, liegt der Vorteil textbasierter Benutzeroberflächen in ihrer Einfachheit. In diesem Abschnitt stelle ich Ihnen verschiedene Gestaltungsmöglichkeiten vor, die Ihre Programme für die Benutzeroberfläche nutzen können.

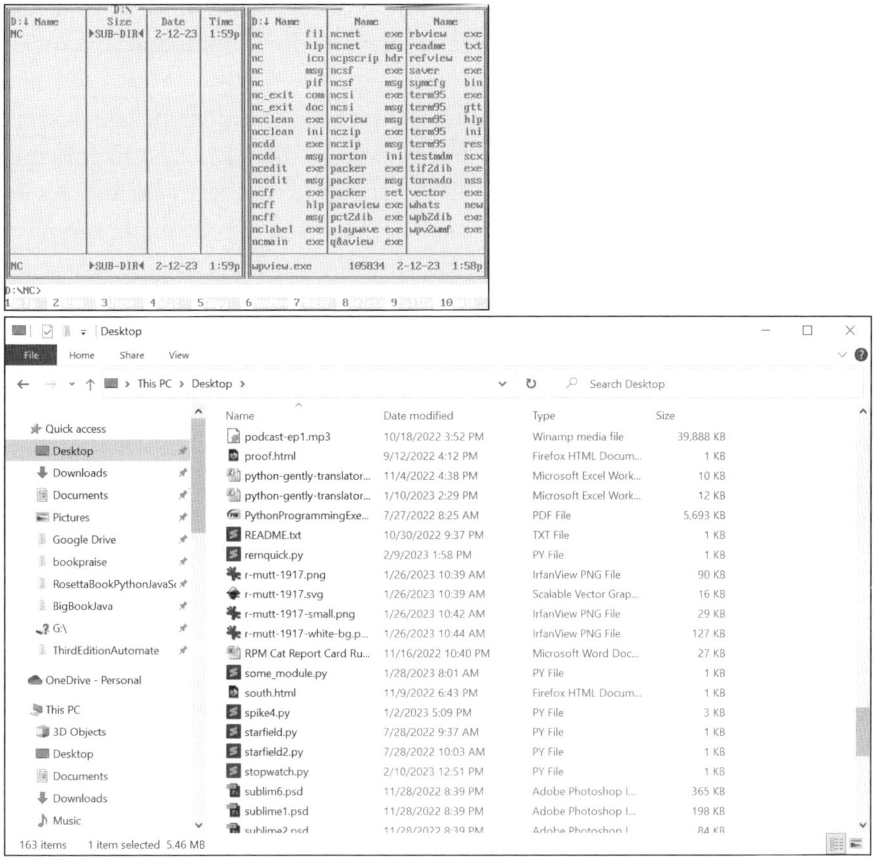

Abb. 12.1 *Der textbasierte Norton Commander (oben) im Vergleich zu einer modernen GUI-Anwendung (unten)*

Kurze Kommandonamen

Viele Nutzerinnen und Nutzer führen textbasierte Programme lieber über die Kommandozeile aus, anstatt ein Symbol auf dem Desktop oder im Startmenü anzuklicken. Diese Kommandos können manchmal schwer verständlich erscheinen. Als ich begann, das Linux-Betriebssystem kennenzulernen, war ich überrascht, dass das mir vertraute Windows-Kommando `copy` unter Linux `cp` hieß. Der Name *copy* war wesentlich lesbarer als *cp*. War ein knapper, kryptischer Name wirklich den Gewinn von zwei getippten Zeichen wert?

Mit wachsender Erfahrung an der Kommandozeile wurde mir deutlich: Die Antwort ist ein klares Ja. Wir lesen Quellcode deutlich öfter, als wir ihn schreiben – daher sind ausführliche Namen für Variablen und Funktionen hilfreich.

Doch Kommandos tippen wir an der Kommandozeile häufiger, als wir sie lesen. Hier gilt also das Gegenteil: Kurze Namen machen die Kommandozeile zugänglicher und schonen die Handgelenke.

Wenn Ihr Programm ein Kommando ist, das Sie vermutlich mehrmals täglich eingeben, überlegen Sie sich einen kurzen Namen dafür. Mit den Kommandos `which` und `where` können Sie prüfen, ob dieser Name bereits für ein anderes Programm existiert. Sie können zudem eine Internetsuche durchführen, um festzustellen, ob es schon andere Kommandos mit diesem Namen gibt. Ein kurzer Name macht die Nutzung deutlich komfortabler.

Kommandozeilenargumente

Um ein Programm über die Kommandozeile zu starten, geben Sie einfach dessen Namen ein. Für *.py*-Python-Quellcodedateien müssen Sie das Programm `python` (Windows) bzw. `python3` (macOS und Linux) ausführen und anschließend den *.py*-Dateinamen angeben – zum Beispiel so: `python yourScript.py`.

Der Text, der nach einem Kommando angegeben wird, heißt *Kommandozeilenargument*. Kommandozeilenargumente werden an Kommandos ähnlich übergeben wie Argumente bei einem Funktionsaufruf. So listet etwa das Kommando `ls` allein die Dateien im CWD auf. Sie können aber auch `ls beispielOrdner` eingeben, dann weist das Kommandozeilenargument `beispielOrdner` das Kommando `ls` an, die Dateien im Ordner *beispielOrdner* aufzulisten. Kommandozeilenargumente ermöglichen es Ihnen, das Verhalten des Kommandos zu konfigurieren.

Python-Skripte können auf die Kommandozeilenargumente zugreifen, die dem Python-Interpreter über die `sys.argv`-Liste übergeben wurden. Wenn Sie zum Beispiel `python3 yourScript.py hallo welt` eingeben, erhält das Programm `python3` die Kommandozeilenargumente und leitet sie über die Variable `sys.argv` an Ihr Python-Skript weiter. Die Variable `sys.argv` würde `['yourScript.py', 'hallo', 'welt']` enthalten.

Beachten Sie, dass das erste Element in `sys.argv` der Dateiname des Python-Skripts ist. Die übrigen Argumente werden auf der Kommandozeile durch Leerzeichen getrennt. Wenn Sie beim Ausführen des Kommandos Leerzeichen in ein Argument einfügen möchten, setzen Sie dieses in doppelte Anführungszeichen. Zum Beispiel würde `python3 yourScript.py "hallo welt"` die Variable `sys.argv` auf `['yourScript.py', 'hallo welt']` setzen.

Der Hauptnutzen von Kommandozeilenargumenten besteht darin, dass Sie bereits vor dem Start des Programms verschiedenste Konfigurationen tätigen können. Es ist nicht nötig, ein Konfigurationsmenü zu durchlaufen oder einen anderen mehrstufigen Prozess zu absolvieren. Leider führt dieser Ansatz dazu, dass Kommandozeilenargumente sehr kompliziert und unübersichtlich werden können. Wenn Sie `/?` nach einem Windows-Kommando oder `--help` nach einem macOS- oder Linux-Kommando eingeben, finden Sie oft seitenweise Dokumentation zu Kommandozeilenargumenten.

Wenn die Menge der Kommandozeilenargumente, die Ihr Programm akzeptiert, übersichtlich ist, ist es am einfachsten, wenn Ihr Programm die `sys.argv`-Liste direkt ausliest. Sobald Sie jedoch weitere Argumente hinzufügen, können die möglichen Kombinationen schnell unüberschaubar werden. Soll `python yourScript.py spam eggs` dasselbe tun wie `python yourScript.py eggs spam`? Wenn man entweder ein `cheese`-Argument oder ein `bacon`-Argument haben kann – was passiert dann, wenn beide angegeben werden? Diese Komplexität würde es erfordern, dass Sie jede Menge Code schreiben, um die verschiedenen Sonderfälle abzudecken. An diesem Punkt sind Sie vermutlich besser beraten, Pythons integriertes Modul `argparse` zu nutzen, um diese komplizierten Aufgaben zu meistern. Das Modul `argparse` liegt außerhalb des Rahmens dieses Buches, aber Sie können die Dokumentation online unter *https://docs.python.org/3/library/argparse.html* einsehen.

Zwischenablage-I/O

Sie müssen nicht auf `input()` zurückgreifen, um Text aus Dateien oder von der Tastatur zu lesen. Sie können für die Text-Ein- und -Ausgabe Ihres Python-Programms auch die Zwischenablage verwenden. Das plattformübergreifende Modul `pyperclip` stellt die Funktion `copy()` bereit, mit der Sie Text in die Zwischenablage legen können, und die Funktion `paste()`, die den Text der Zwischenablage als String zurückgibt. Pyperclip ist ein externes Paket und wird im Terminal mit pip installiert: `python -m pip install pyperclip`. Unter Linux müssen Sie zusätzlich `sudo apt install xclip` ausführen, damit Pyperclip funktioniert. Die vollständigen Anweisungen finden Sie in Anhang A.

Alle Ihre Zwischenablage-I/O-Programme folgen diesem grundlegenden Aufbau:

1. Importieren Sie das Modul `pyperclip`.
2. Rufen Sie `pyperclip.paste()` auf, um den Eingabetext aus der Zwischenablage zu holen.
3. Verarbeiten Sie den Text.
4. Kopieren Sie die Ergebnisse in die Zwischenablage zurück, indem Sie sie an `pyperclip.copy()` übergeben.

Das Projekt »Aufzählungszeichen zu Wiki-Markup hinzufügen« in Kapitel 8 ist ein Beispiel für diese Art von Programm. Das Design dieses Programms wird besonders nützlich, sobald Sie es gemäß den Anweisungen unter »Python-Programme bereitstellen« auf Seite 374 eingesetzt haben. Markieren Sie einfach den Eingabetext, drücken Sie Strg-C zum Kopieren und führen Sie das Programm aus. Das Ergebnis befindet sich in der Zwischenablage und ist bereit, woanders eingefügt zu werden.

Später in diesem Kapitel werden wir zwei Projekte betrachten, die die Zwischenablage nutzen: das Kommando `ccwd` und den Zwischenablage-Recorder.

Farbiger Text mit Bext

Sie können farbigen Text mit dem Drittanbieter-Paket Bext ausgeben, das auf Jonathan Hartleys Paket Colorama basiert. Installieren Sie Bext mit pip, indem Sie die Anweisungen in Anhang A befolgen. Bext funktioniert ausschließlich in Programmen, die aus einem Terminalfenster heraus ausgeführt werden, und nicht in Mu oder den meisten anderen Code-Editoren. Damit `print()` farbigen Text ausgibt, rufen Sie die `fg()`- und `bg()`-Funktionen auf, um die Text- beziehungsweise Hintergrundfarbe zu ändern. Übergeben Sie dazu einen String wie `'black'`, `'red'`, `'green'`, `'yellow'`, `'blue'`, `'magenta'`, `'purple'`, `'cyan'` oder `'white'`. Sie können auch `'reset'` übergeben, um die Farbe auf die Standardfarbe des Terminalfensters zurückzusetzen. Geben Sie beispielsweise Folgendes in die interaktive Shell ein:

```
>>> import bext
>>> bext.fg('red')
>>> print('Dieser Text ist rot.')
Dieser Text ist rot.
>>> bext.bg('blue')
>>> print('Roter Text auf blauem Hintergrund ist ein grässliches
Farbschema.')
Roter Text auf blauem Hintergrund ist ein grässliches Farbschema.
>>> bext.fg('reset')
>>> bext.bg('reset')
>>> print('Der Text ist wieder normal. Ah, viel besser.')
Der Text ist wieder normal. Ah, viel besser.
```

Beachten Sie, dass man sein Terminalfenster eventuell im Hell- oder Dunkelmodus eingestellt haben kann. Daher können Sie nicht vorhersagen, ob das Terminal standardmäßig schwarzen Text auf weißem Hintergrund oder weißen Text auf schwarzem Hintergrund anzeigt. Auch die Verwendung von Farben sollte begrenzt sein: Zu viele Farben lassen Ihr Programm schnell kitschig oder unleserlich wirken.

Bext verfügt zudem über einige eingeschränkte TUI-ähnliche Funktionen, darunter:

- `bext.clear()` – Leert den Bildschirm.
- `bext.width()` und `bext.height()` – Geben jeweils die aktuelle Breite (in Spalten) und Höhe (in Zeilen) des Terminalfensters zurück.
- `bext.hide()` und `bext.show()` – Blenden den Cursor jeweils aus bzw. ein.
- `bext.title(text)` – Ändert die Titelleiste des Terminalfensters.
- `bext.goto(x, y)` – Setzt den Cursor auf Spalte x und Zeile y im Terminal, wobei 0, 0 der obere linke Rand ist.
- `bext.get_key()` – Wartet, bis eine beliebige Taste gedrückt wird, und gibt dann einen String zurück, der die Taste beschreibt.

Betrachten Sie die Funktion `bext.get_key()` als eine Ein-Tasten-Variante von `input()`. Der zurückgegebene String kann `'a'`, `'z'` oder `'5'` enthalten, aber auch Tasten wie `'left'`, `'f1'` und `'esc'`. Die [⭾]- und [↵]-Tasten liefern jeweils `'\t'` beziehungsweise `'\n'` als Rückgabewert. Rufen Sie `bext.get_key()` in der interaktiven Shell auf, um verschiedene Tasten zu testen und deren Rückgabewerte zu sehen.

Für eine Demonstration dessen, was Bext leisten kann, führen Sie bitte den Quellcode des ASCII-Art-Aquarium-Programms unter *https://inventwithpython.com/projects/fishtank.py* aus. Zunächst verwendet dieses Programm `bext.clear()`, um das Terminalfenster von sämtlichem Text zu leeren. Anschließend ruft das Programm `bext.goto()` auf, um den Cursor zu positionieren, und `bext.fg()`, um die Textfarbe zu verändern, bevor es verschiedene Fische aus Textzeichen wie `><)))*>` ausgibt. Dieses Programm wird in meinem Buch *The Big Book of Small Python Projects* (No Starch Press, 2021) vorgestellt.

Terminal leeren

Die `bext.clear()`-Funktion ist hilfreich, wenn Sie möchten, dass Ihr Programm alten Text entfernt, der vor dem Start noch im Terminalfenster steht. Sie können sie außerdem für Animationen im Daumenkino-Stil nutzen: Rufen Sie `clear()` auf, um das Terminal zu leeren, füllen Sie es dann mit Text über `print()`, pausieren Sie kurz mit Pythons `time.sleep()` und wiederholen Sie den Ablauf. Es gibt einen Python-*One-Liner* (eine einzelne Codezeile für einen besonderen Trick), den Sie in Ihrer eigenen `clear()`-Funktion platzieren können, um den Bildschirm zu leeren:

```
import os
def clear():
    os.system('cls' if os.name == 'nt' else 'clear')
```

Mit diesem Code kann Ihr Programm den Terminalbildschirm leeren, ohne dass das Bext-Pakct installiert werden muss. Er funktioniert jedoch nur in Python-Skripten, die direkt im Terminal ausgeführt werden, nicht in Mu oder einem anderen Code-Editor. Der Aufruf `os.system()` startet das `cls`-Programm (unter Windows) oder das `clear`-Programm (unter macOS und Linux). Die etwas ungewöhnliche Syntax hier ist ein Beispiel für Pythons *konditionale Ausdrücke* oder *if-Ausdrücke*, in anderen Sprachen auch als *ternäre Operatoren* bekannt. Die Syntax lautet `wert1 if bedingung else wert2` und ergibt `wert1`, wenn `bedingung` `True` ist, andernfalls `wert2`. In unserem Fall nimmt der bedingte Ausdruck den Wert `'cls'` an, wenn die Bedingung `os.name == 'nt'` `True` ist; andernfalls nimmt er den Wert `'clear'` an. Bedingte Ausdrücke (und Einzeiler im Allgemeinen) führen oft zu unleserlichem Code und sollten in der Regel vermieden werden – dies hier ist jedoch ein einfaches Beispiel.

Signal- und Textbenachrichtigung

Terminalprogramme existierten schon, bevor heutige Computer reichhaltige Audiofunktionen boten. Heute gibt es keinen Grund, warum Ihre textbasierten Programme stumm bleiben sollten. Es gibt jedoch gute Gründe, Geräusche so weit wie möglich zu reduzieren oder ganz darauf zu verzichten. Geräusche können darüber benachrichtigen, dass eine Aufgabe abgeschlossen wurde oder ein Problem aufgetreten ist, wenn man gerade auf andere Fenster konzentriert ist. Doch wie farbiger Text werden auch Geräusche schnell zur Belästigung, wenn man sie zu häufig einsetzt. Man könnte bereits mit einer Aufgabe beschäftigt sein, bei der Ton abgespielt wird, oder sich in einem Online-Meeting befinden, das durch zusätzliche Geräusche unangenehm gestört würde. Und wenn der Computer des Nutzers stummgeschaltet ist, hört man die Tonbenachrichtigung dennoch nicht.

Möchten Sie lediglich eine einfache Audiodatei abspielen, können Sie das Drittanbieter-Paket playsound3 verwenden. Nach der Installation spielen Sie eine Audiodatei ab, indem Sie das Modul `playsound3` importieren und die Funktion `playsound()` mit dem Dateipfad einer MP3- oder WAV-Datei aufrufen. Laden Sie die Datei *hello.mp3* von *https://autbor.com/hello.mp3* herunter (oder verwenden Sie Ihre eigene Datei) und geben Sie Folgendes in die interaktive Shell ein:

```
>>> import playsound3
>>> playsound3.playsound('hello.mp3')
```

Die Funktion `playsound()` gibt die Kontrolle erst zurück, nachdem die Audiodatei vollständig abgespielt wurde, das heißt, die Funktion *blockiert*, bis das Audio beendet ist. Beachten Sie: Bei langen Audiodateien wird Ihr Programm unterbrochen, während die Datei abgespielt wird. Falls `playsound()` Ausnahmen auslöst (was vorkommt, wenn der Dateiname ungewöhnliche Zeichen wie ein Gleichheitszeichen enthält), versuchen Sie, statt eines Strings die Audiodatei als `Path`-Objekt zu übergeben.

Ebenso könnten Sie den vom Programm erzeugten Text begrenzen wollen. Nach der Unix-Philosophie des Kommandodesigns ist das Weiterleiten der Textausgabe eines Kommandos an einen anderen einfacher, wenn das Kommando ausschließlich relevante Informationen liefert – sonst müssten unnötige Textausgaben erst gefiltert werden. Viele Kommandos beschränken ihre Textausgabe auf das Nötigste oder verzichten ganz darauf und teilen Erfolg oder Fehler nur über den Exit-Code mit. (Exit-Codes werden in Kapitel 19 behandelt.) Möchten Sie als Benutzer hingegen mehr Informationen sehen und leiten die Ausgabe nicht an ein anderes Kommando weiter, bieten viele Kommandos ein Kommandozeilenargument `-v` oder `-verbose` an, um diesen *ausführlichen Modus* einzuschalten. Andere Kommandos wählen den umgekehrten Weg, überfluten die Ausgabe mit Informationen, bieten jedoch ein Kommandozeilenargument `-q` oder `-quiet` an, um stattdessen einen *stillen Modus* ohne Textausgabe zu ermöglichen. (Dies könnte auch dazu dienen, Benachrichtigungstöne stummzuschalten.) Noch besser: Legen Sie Stille als Standard fest und aktivieren Sie Töne oder Signalgeber erst durch `--verbose` oder `--beep`.

Wenn Ihr Programm keine derart ausgefeilten Funktionen benötigt, können Sie diesen Aspekt getrost vernachlässigen. Sobald Sie Ihre Programme jedoch mit anderen teilen, die sie vielleicht auf kreative, von Ihnen nicht geplante Weise nutzen, leisten solche Optionen einen großen Beitrag zur Benutzerfreundlichkeit.

Ein kurzes Programm: Schneesturm

Lassen Sie uns eine textbasierte Schneesturm-Animation erstellen. Unser Programm verwendet Block-Zeichen, die jeweils die obere Hälfte, die untere Hälfte oder den ganzen Block einer einzelnen Zeichenzelle ausfüllen. Diese Textzeichen werden vom Programm als Strings durch `chr(9600)`, `chr(9604)` und `chr(9608)` zurückgegeben und in den Konstanten `OBEN`, `UNTEN` und `VOLL` gespeichert, um unseren Code übersichtlicher zu machen.

Geben Sie den folgenden Code in eine Datei namens *snowstorm.py* ein:

```
import os, random, time, sys

OBEN  = chr(9600)  # Zeichen 9600 ist '▀'
UNTEN = chr(9604)  # Zeichen 9604 ist '▄'
VOLL  = chr(9608)  # Zeichen 9608 ist '█'

# Setze die Schneesturmdichte auf das Argument:
DICHTE = 4  # Standard-Schneedichte ist 4 %
if len(sys.argv) > 1:
    DICHTE = int(sys.argv[1])

def clear():
    os.system('cls' if os.name == 'nt' else 'clear')

while True:
    clear()  # Das Terminalfenster leeren.

    # Schleife über jede Zeile und Spalte:
    for y in range(20):
        for x in range(40):
            if random.randint(0, 99) < DICHTE:
                # Schnee ausgeben:
                print(random.choice([OBEN, UNTEN]), end='')
            else:
                # Leeres Zeichen ausgeben:
                print(' ', end='')
        print()  # Gibt eine neue Zeile aus.

    # Den schneebedeckten Boden ausgeben:
    print(VOLL * 40 + '\n' + VOLL * 40)
    print('(STRG-C zum Beenden.)')

    time.sleep(0.2)  # Kurze Pause.
```

Zuerst importiert das Programm die Module `os`, `random`, `sys` und `time`. Diese Module gehören zur Python-Standardbibliothek, Sie müssen daher keine Drittanbieter-Pakete installieren. Anschließend definiert das Programm die Konstanten `OBEN`, `UNTEN` und `VOLL` mit den Rückgabewerten von `chr()`. Das Programm verwendet diese Konstantennamen, weil sie verständlicher sind als die Zahlen 9600, 9604 und 9608.

Man kann die `DICHTE` des Schneesturms festlegen, indem man ein Kommandozeilenargument angibt. Falls kein Argument übergeben wird, ist `sys.argv` auf `['snowstorm.py']` gesetzt, und das Programm belässt `DICHTE` bei 4. Wenn man das Programm jedoch beispielsweise mit `python snowstorm.py 20` startet, wird `sys.argv` auf `['snowstorm.py', '20']` gesetzt, und das Programm aktualisiert

DICHTE auf int(sys.argv[1]), also 20. Auf diese Weise kann man das Verhalten des Programms ändern, ohne den Quellcode anpassen zu müssen.

Innerhalb einer unendlichen while-Schleife leert dieses Programm zunächst den Bildschirm mit dem Einzeiler cls/clear. Anschließend verwendet es zwei verschachtelte for-Schleifen, um jede Zeile und Spalte in einem 40×20-Bereich im Terminal zu durchlaufen. (Sie können diese Zahlen anpassen, um die Größe Ihres Schneesturms zu verändern.) An jeder Zeile und Spalte gibt das Programm ein einzelnes Zeichen aus: entweder ein zufällig ausgewähltes OBEN- oder UNTEN-Zeichen zur Darstellung von Schnee oder ein Leerzeichen. (Nur vier Prozent der Zeichen sind standardmäßig keine Leerzeichen.) Diese print()-Aufrufe übergeben das Schlüsselwortargument end='', sodass print() nach jedem Aufruf nicht automatisch einen Zeilenumbruch ausgibt. Das Programm gibt diesen Zeilenumbruch selbst aus, indem es print() ohne Argumente aufruft, nachdem eine Zeile beendet wurde.

Nach den verschachtelten for-Schleifen gibt das Programm zwei Reihen mit jeweils 40 VOLL-Zeichen aus, um den Boden darzustellen, zusammen mit einem Hinweis, dass man Strg-C drücken kann, um das Programm zu beenden. All dieser Code erzeugt ein »Bild« der Schneesturm-Animation, und time.sleep(0.2) hält dieses Bild kurz an, bevor die Ausführung zurückkehrt, um das Terminal zu leeren und den Vorgang erneut zu starten.

Ich habe die Schneesturm-Animation gewählt, weil sie Spaß macht und nicht unbedingt praktisch ist – wie eine Schneekugel fürs Terminal. Eine nützlichere Anwendung dieser Technik ist die Erstellung einer *Dashboard*-App: eines Programms, das Sie in einem Terminalfenster offen lassen, um Informationen auf einen Blick darzustellen. Dieses Programm gibt relevante Informationen aus, leert anschließend den Bildschirm und zeigt die aktualisierten Informationen jede Sekunde, Minute, Stunde oder in einem anderen Intervall erneut an.

Pop-up-Nachrichtenboxen mit PyMsgBox

Während das Erstellen einer vollständigen grafischen Benutzeroberfläche für Ihr Programm das Erlernen einer ganzen Programmbibliothek wie Tkinter, wxPython oder PyQt voraussetzt, können Sie mit dem Paket PyMsgBox kleine GUI-Nachrichtenboxen in Ihr Programm integrieren. Dies ist ein Drittanbieter-Paket, das Sie installieren, indem Sie pip install pymsgbox im Terminal ausführen. PyMsgBox ermöglicht das Erstellen von Dialogfenstern mit Tkinter, das unter Windows und macOS bereits mit Python ausgeliefert wird. Unter Ubuntu Linux müssen Sie zunächst Tkinter installieren, indem Sie sudo apt install python3-tk im Terminal eingeben. Anhang A enthält eine vollständige Anleitung.

PyMsgBox stellt Funktionen bereit, deren Namen den Nachrichtenbox-Funktionen in JavaScript entsprechen:

- `pymsgbox.alert(text)` – Zeigt eine Nachricht an, bis man auf *OK* klickt, und gibt dann den String `'OK'` zurück.
- `pymsgbox.confirm(text)` – Zeigt eine Nachricht an, bis man auf *OK* oder *Abbrechen* klickt, und gibt dann `'OK'` oder `'Cancel'` zurück.
- `pymsgbox.prompt(Text)` – Zeigt eine Textnachricht zusammen mit einem Textfeld an und gibt anschließend den Text, den man eingegeben hat, als String zurück oder `None`, falls man auf *Abbrechen* geklickt hat.
- `pymsgbox.password(Text)` – Entspricht `pymsgbox.prompt()`, aber der eingegebene Text wird durch Sternchen maskiert.

Diese Funktionen geben erst dann einen Wert zurück, wenn man auf *OK*, *Abbrechen* oder *X* (Schließen) geklickt hat. Wenn Ihr Programm nur gelegentlich eine Benachrichtigung oder Eingabe benötigt, könnten Sie die Dialoge von PyMsgBox als Ersatz für `print()` und `input()` verwenden.

Python-Programme bereitstellen

Sobald Ihr Python-Programm fertig ist, möchten Sie vielleicht nicht jedes Mal Mu starten, die *.py*-Datei laden und dann auf die Schaltfläche *Ausführen* klicken, wenn Sie es ausführen wollen. In diesem Abschnitt wird erläutert, wie Sie Ihr Python-Programm so bereitstellen, dass Sie es mit möglichst wenigen Tastendrücken starten können.

Stellen Sie sicher, dass Sie die Schritte im Abschnitt »Die Umgebungsvariable PATH« auf Seite 356 befolgen, um einen Ordner *Scripts* zu `PATH` hinzuzufügen. Da mein Benutzername *al* ist, befindet sich der Pfad zu diesem Ordner unter Windows bei *C:\Benutzer\al\Scripts*, unter macOS bei */Users/al/Scripts* und unter Linux bei */home/al/Scripts*. Außerdem müssen Sie eine virtuelle Umgebung für Ihre Python-Skripte einrichten, wie im Folgenden beschrieben.

Windows

Unter Windows können Sie den Dialog *Ausführen* öffnen, indem Sie die [Windows]-Taste und [R] gleichzeitig drücken (oder mit der rechten Maustaste auf die *Startmenü*-Schaltfläche klicken und *Ausführen* wählen). Damit öffnet sich ein kleines Fenster, das wie ein temporäres Terminal funktioniert: Hier führen Sie ein einzelnes Kommando aus. Um Ihre Python-Skripte von hier aus zu starten, gehen Sie folgendermaßen vor:

1. Legen Sie das Python-Skript *yourScript.py* in Ihrem Ordner *Scripts* ab.
2. Erstellen Sie eine Batchdatei *yourScript.bat* in Ihrem Ordner *Scripts*, um das Python-Skript auszuführen.

Batchdateien enthalten Terminalkommandos, die gemeinsam ausgeführt werden können. Sie besitzen die Dateierweiterung *.bat* und ähneln Shell-Skripten unter Linux beziehungsweise *.command*-Skripten auf macOS. Wenn Sie eine Batchdatei mit dem Namen *yourScript.bat* in einem der `PATH`-Ordner ablegen, können Sie sie über den Dialog *Ausführen* starten, indem Sie `yourScript` eingeben. Unter Windows müssen Sie die Dateierweiterung nicht angeben, um *.bat*- oder *.exe*-Dateien auszuführen.

Der Inhalt einer Batchdatei ist Klartext, genau wie bei einer *.py*-Datei. Sie können Batchdateien mit Mu oder einem Texteditor wie Notepad erstellen. Jede Zeile einer Batchdatei enthält genau ein Kommando. Um eine Datei *yourScript.py* aus dem Ordner *C:\Benutzer\al\Scripts* auszuführen, erstellen Sie eine Datei namens *yourScript.bat* mit folgendem Inhalt:

```
@call %HOMEDRIVE%%HOMEPATH%\Scripts\.venv\Scripts\activate.bat
@python %HOMEDRIVE%%HOMEPATH%\Scripts\yourScript.py %*
@pause
@deactivate
```

Die Batchdatei kann beliebig benannt werden, aber es ist leichter, sie wiederzuerkennen, wenn sie denselben Namen wie das Python-Skript trägt. Diese Batchdatei führt drei Kommandos aus. Das erste Kommando aktiviert die von Ihnen erstellte virtuelle Umgebung für Ihren *Scripts*-Ordner. Das `@`-Symbol am Anfang sorgt dafür, dass das Kommando selbst nicht im Terminalfenster ausgegeben wird. Die Umgebungsvariable `%HOMEDRIVE%` steht für `'C:'`, und `%HOMEPATH%` ist der Pfad zu Ihrem Home-Verzeichnis, etwa `'\Benutzer\al'`. (Die Tilde [~] repräsentiert unter Windows nicht das Home-Verzeichnis.) Durch die Kombination erhalten Sie den Pfad zum Aktivierungsskript der virtuellen Umgebung – unabhängig davon, wie Ihr Benutzername lautet. (Das ist hilfreich, wenn Sie diese Dateien mit Kollegen teilen, die sie auf dem eigenen Rechner ausführen möchten.) Beachten Sie, dass das `call` erforderlich ist; wenn eine Batchdatei (wie *yourScript.bat*) eine andere Batchdatei (wie *activate.bat*) ohne `call` aufruft, werden die übrigen Kommandos der ersten Batchdatei nicht mehr ausgeführt.

Anschließend startet die Batchdatei *python.exe*, das wiederum *yourScript.py* ausführt. Das `%*` sorgt dafür, dass die Batchdatei alle empfangenen Kommandozeilenargumente an Ihr Python-Skript weiterleitet. Es ist empfehlenswert, das `%*` immer anzugeben, für den Fall, dass Sie Ihrem Python-Skript später Kommandozeilenargumente hinzufügen.

Das dritte Kommando ist `pause`, wodurch Windows die Anzeige `Drücken Sie eine beliebige Teste` einblendet und wartet, bis man eine Taste drückt. Dadurch wird verhindert, dass das Terminalfenster nach Abschluss des Python-Programms sofort geschlossen wird, sodass Sie die verbleibende Ausgabe sehen können. Falls Ihr Programm keine Ausgabe erzeugt, können Sie diese Zeile weglassen. Abschließend deaktiviert die Zeile `@deactivate` die virtuelle Umgebung für den Fall, dass Sie diese Batchdatei aus dem Terminal heraus gestartet haben und das Terminalfenster nach Beendigung des Python-Programms offen bleibt.

Nachdem die Batchdatei eingerichtet ist, können Sie Ihr Python-Skript nun ausführen, indem Sie die [⊞]-Taste + [R] drücken, um den Dialog *Ausführen* zu öffnen, und `yourScript` (gefolgt von etwaigen Kommandozeilenargumenten) eingeben, um das Skript *yourScript.bat* zu starten. Oder, wenn Sie ein Terminalfenster geöffnet haben, geben Sie einfach `yourScript` im Terminal aus einem beliebigen Ordner ein. Das geht deutlich schneller, als es aus einem Code-Editor wie Mu zu starten.

Wenn Sie weitere Python-Skripte erstellen, können Sie diese Batchdatei wiederverwenden. Kopieren Sie einfach die Datei unter einem neuen Namen und ändern Sie den Dateinamen *yourScript.py* auf den Namen des neuen Python-Skripts. Alles andere kann so bleiben, wie es ist.

macOS

Wenn Sie auf macOS gleichzeitig die [⌘]-Taste und die [Leer]-Taste drücken, öffnet sich Spotlight. Sie können dann den Namen eines Programms eingeben, das Sie ausführen möchten. Um eigene Python-Skripte zu Spotlight hinzuzufügen, müssen Sie Folgendes tun:

1. Legen Sie das Python-Skript *yourScript.py* in Ihrem Ordner *Scripts* ab.
2. Erstellen Sie eine Textdatei mit dem Namen *yourScript.command*, um das Python-Skript auszuführen.
3. Führen Sie `chmod u+x yourScript.command` aus, um der Datei *yourScript.command* Ausführungsrechte zu erteilen.

Sobald Sie Ihr *.py*-Python-Skript im Ordner *Scripts*, etwa */Users/al/Scripts*, abgelegt haben, erstellen Sie im Ordner *Scripts* eine Textdatei mit dem Namen *yourScript.command* und folgendem Inhalt:

```
source ~/Scripts/.venv/bin/activate
python3 ~/Scripts/yourScript.py
deactivate
```

Das Zeichen ~ steht für das Home-Verzeichnis, zum Beispiel `/Users/al`. Die erste Zeile aktiviert die virtuelle Umgebung, die zweite führt das Python-Skript mit der Python-Installation dieser Umgebung aus.

Öffnen Sie anschließend ein Terminal, wechseln Sie mit `cd` in `~/Scripts` und führen Sie das Kommando `chmod u+x yourScript.command` aus. So vergeben Sie Ausführungsrechte, damit Sie das Skript aus Spotlight heraus starten können. Nun können Sie das Python-Skript schnell ausführen, indem Sie [⌘]-[Leer]-Taste drücken und *yourScript.command* eingeben. (Spotlight sollte den vollständigen Namen automatisch ergänzen, sobald Sie die ersten Zeichen eingegeben haben.) Sie können Ihr Python-Skript außerdem im Terminal ausführen, indem Sie `yourScript.command` eingeben.

Die Datei *yourScript.command* ist erforderlich, da Spotlight beim Ausführen der Datei *yourScript.py* die *.py*-Dateierweiterung erkennt und annimmt, Sie möchten diese Datei in Mu oder einem anderen Code-Editor öffnen, statt sie direkt auszuführen.

Beachten Sie, dass Sie, wenn Sie unter macOS mit TextEdit die Datei *yourScript.command* erstellen, unbedingt eine Klartext-Datei anlegen sollten. Drücken Sie dazu [⇧]-[⌘]-[T] (oder wählen Sie die Menüpunkte *Format* und *In reinen Text umwandeln*). TextEdit versucht außerdem, »hilfreich« zu sein, indem es `python3` automatisch zu `Python3` großschreibt, was in Spotlight zu einem Fehler führt.

Leider gibt es in Spotlight keine Möglichkeit, Kommandozeilenargumente an das Python-Skript zu übergeben. Alle Argumente müssen im Voraus in die *.command*-Datei eingetragen werden.

Ubuntu Linux

Das Ubuntu Linux Dash rufen Sie auf, indem Sie die Windows-Taste drücken und den Namen des Programms eingeben, das Sie ausführen möchten. Um Ihr Python-Skript zum Dash hinzuzufügen, gehen Sie folgendermaßen vor:

1. Legen Sie das Python-Skript *yourScript.py* in Ihrem Ordner *Scripts* ab.
2. Erstellen Sie ein Shell-Skript namens *yourScript*, um die virtuelle Umgebung zu aktivieren und Ihr Python-Skript auszuführen.
3. Führen Sie `chmod u+x yourScript` aus, um dem Shell-Skript Ausführungsrechte zu erteilen.
4. Erstellen Sie eine Datei *yourScript.desktop* im Ordner *~/.local/share/applications*, um das Shell-Skript über das Dash starten zu können.

Sobald Sie Ihr Python-Skript mit der Dateierweiterung *.py* in Ihrem Ordner *Scripts*, zum Beispiel */home/al/Scripts*, abgelegt haben, erstellen Sie in *Scripts* eine Textdatei namens *yourScript* (ohne Dateierweiterung) mit folgendem Inhalt:

```
#!/usr/bin/env bash
source ~/Scripts/.venv/bin/activate
python3 ~/Scripts/yourScript.py "$@"
read -p "Drücken Sie eine beliebige Taste, um fortzufahren..." -n1 -s
deactivate
```

Das Zeichen ~ steht für das Home-Verzeichnis, zum Beispiel `/Users/al`. Die erste Zeile kennzeichnet diese Datei als Shell-Skript. Eine *.sh*-Dateierweiterung ist für diese Datei nicht erforderlich.

Die zweite Zeile aktiviert die virtuelle Umgebung, und die dritte Zeile führt das Python-Skript mit der Python-Installation der virtuellen Umgebung aus. Wie unter Windows sorgt `"$@"` dafür, dass Kommandozeilenargumente des Shell-Skripts an Ihr Python-Programm weitergegeben werden, sollten Sie welche angeben. Das Kommando `read` sorgt dafür, dass das Terminal `Drücken Sie eine beliebige Taste, um fortzufahren` anzeigt, und es wird gewartet, bis der Nutzer eine Taste gedrückt hat. Dadurch schließt sich das Terminalfenster nach Abschluss des Python-Programms nicht sofort, sodass man die verbleibende Ausgabe sehen kann. Hat Ihr Programm keine Ausgabe, können Sie diese Zeile weglassen.

Nachdem Sie dieses Shell-Skript erstellt haben, wechseln Sie mit `cd` nach `~/Scripts` und führen das Kommando `chmod u+x yourScript` aus. Dadurch werden Ausführungsrechte vergeben, sodass Sie es ausführen können. Ab jetzt können Sie Ihr Python-Skript im Terminal starten, indem Sie `yourScript` eingeben. Um Ihr Python-Skript über Dash zu starten, müssen Sie eine Datei *yourScript.desktop* erstellen.

Erstellen Sie in Mu oder einem anderen Texteditor wie gedit eine Datei *yourScript.desktop* mit folgendem Inhalt:

```
[Desktop Entry]
Name=yourScript
Exec=gnome-terminal -- /home/al/Scripts/yourScript
Type=Application
```

Speichern Sie diese Datei im Ordner */home/al/.local/share/applications* (ersetzen Sie *al* durch Ihren eigenen Benutzernamen) unter dem Namen *yourScript.desktop*. (Beachten Sie, dass Sie im Feld `Exec` den Pfad `/home/al` ausschreiben müssen; hier kann kein ~ verwendet werden.) Falls Ihr Texteditor den Ordner *.local* nicht anzeigt (weil Ordner, die mit einem Punkt beginnen, als versteckt gelten), drücken

Sie [Strg]-[H] im Dialog zum Speichern von Dateien, um versteckte Dateien anzeigen zu lassen.

Ab jetzt können Sie das Python-Skript schnell starten, indem Sie die [Win]-Taste für das Dash drücken, und *yourScript* eingeben. Dash sollte den vollständigen Namen automatisch ergänzen. Der Text `yourScript` im Feld `Name` der Datei *yourScript.desktop* erscheint in Dash und kann beliebig lauten – es ist jedoch praktisch, denselben Namen wie *yourScript.py* zu wählen.

Als Nächstes erstellen Sie zwei Programme nach den Prinzipien dieses Kapitels und stellen sie für eine unkomplizierte Nutzung bereit.

Ein kurzes Programm: Das aktuelle Arbeitsverzeichnis kopieren

Während das Kommando `pwd` unter macOS und Linux das aktuelle Arbeitsverzeichnis anzeigt, ist es manchmal nützlich, diesen Wert in die Zwischenablage zu kopieren, um ihn an anderer Stelle einzufügen. Zum Beispiel kopiere ich unter Windows ständig das aktuelle Arbeitsverzeichnis aus dem Terminal, damit ich es im Dialog *Datei speichern* einfügen und eine Datei genau in diesem Verzeichnis ablegen kann. Obwohl ich mit der Maus das aktuelle Arbeitsverzeichnis aus der Windows-Eingabeaufforderung kopieren könnte (oder unter macOS und Linux das Kommando `pwd` ausführen und den Text zum Kopieren markieren könnte), sind dafür mehrere Schritte nötig – dabei ließe sich dies auch in nur einem Schritt erledigen.

Meine Idee ist, ein Programm namens *ccwd* zu schreiben (für *copy current working directory*). Zunächst gebe ich unter Windows `where ccwd` und unter macOS sowie Linux `which ccwd` ein, um sicherzugehen, dass es noch kein Kommando mit diesem Namen gibt; vielleicht mache ich zusätzlich eine kurze Internetsuche nach *ccwd*. Der Name *ccwd* ist kurz genug zum Tippen und dennoch eindeutig.

Als zusätzliches Feature: Angenommen, das Arbeitsverzeichnis des Terminals war auf *C:\Benutzer\al\Scripts* gesetzt, aber Sie wollten eigentlich *C:\Benutzer\al* in die Zwischenablage kopieren. Sie könnten einfach das Kommando `cd ..` eingeben, dann `ccwd`, anschließend `cd Scripts`, um wieder zu *C:\Benutzer\al\Scripts* zurückzukehren. Doch es wäre komfortabler, wenn Sie einen relativen Dateipfad als Kommandozeilenargument an `ccwd` übergeben könnten. Zum Beispiel: `ccwd ..` würde *C:\Benutzer\al* in die Zwischenablage kopieren, wenn das aktuelle Arbeitsverzeichnis *C:\Benutzer\al\Scripts* ist. Sie müssen dieses Kommandozeilenargument nicht angeben (das Programm verwendet standardmäßig das aktuelle Arbeitsverzeichnis, falls keines übergeben wird); die Funktion steht jedoch zur Verfügung, wenn man sie nutzen möchte. Solche kleinen Verbesserungen mögen unbedeutend erscheinen, doch Online-Händler bieten »One-Click Buying« auf ihren Webseiten an, weil sie wissen, dass schon kleine Bequemlichkeiten große Auswirkungen haben können.

Wir nutzen das Pyperclip-Paket, um die Zwischenablage zu verwalten. Installieren Sie es daher unbedingt in die virtuelle Umgebung des Ordners *Scripts*. Erstellen Sie eine neue Datei in Mu und fügen Sie folgenden Inhalt ein:

```
import pyperclip, os, sys
if len(sys.argv) > 1:
    os.chdir(sys.argv[1])
pyperclip.copy(os.getcwd())
```

Speichern Sie dieses Programm als *ccwd.py* im Ordner *Scripts* in Ihrem Home-Verzeichnis.

Die erste Zeile importiert die vom Programm benötigten Module. Die zweite Zeile überprüft, ob dem Programm Kommandozeilenargumente übergeben wurden. Beachten Sie, dass `sys.argv` eine Liste ist, die immer mindestens einen String enthält: hier den Skriptnamen `'ccwd.py'`. Falls sie mehr als einen String enthält, weiß man, dass dem Programm Argumente übergeben wurden. In diesem Fall ändert die dritte Zeile das aktuelle Arbeitsverzeichnis des Programms. Bitte beachten Sie, dass jedes Programm ein eigenes aktuelles Arbeitsverzeichnis besitzt und dessen Änderung mit `os.chdir()` das Arbeitsverzeichnis des Terminals, von dem aus das Programm gestartet wurde, nicht beeinflusst. Abschließend kopiert die vierte Zeile das aktuelle Arbeitsverzeichnis in die Zwischenablage.

Das Programm ist fertiggestellt, aber um es über das Terminal auszuführen, müssten Sie den vollständigen Pfad angeben: etwa `python C:\Benutzer\al\Scripts\ccwd.py`. Das ist viel zu tippen und steht dem Ziel eines schnellen, einfachen Skripts, das das aktuelle Arbeitsverzeichnis in die Zwischenablage kopiert, entgegen. Um diesen Ablauf zu verbessern, gehen wir nun die Bereitstellungsschritte für dieses Programm auf jedem Betriebssystem durch.

Windows

Speichern Sie die Python-Datei als *C:\Benutzer\al\Scripts\ccwd.py* (wobei Sie *al* durch Ihren Benutzernamen ersetzen). Erstellen Sie im gleichen *Scripts*-Ordner eine *ccwd.bat*-Datei mit folgendem Inhalt:

```
@call %HOMEDRIVE%%HOMEPATH%\Scripts\.venv\Scripts\activate.bat
@python %HOMEDRIVE%%HOMEPATH%\Scripts\ccwd.py %*
@deactivate
```

Diese Batchdatei enthält keine `@pause`-Zeile, da sie keine `print()`-Ausgabe erzeugt. Sie können dieses Programm jetzt im Terminal in jedem Ordner ausführen, indem Sie **ccwd** eingeben:

```
C:\Benutzer\al>ccwd
C:\Benutzer\al>
```

Zu diesem Zeitpunkt befindet sich `'C:\Benutzer\al'` in der Zwischenablage.

macOS

Speichern Sie die Python-Datei unter */Users/al/Scripts/ccwd.py* (ersetzen Sie dabei *al* durch Ihren Benutzernamen). Legen Sie im selben *Scripts*-Ordner eine Textdatei mit dem Namen *ccwd.command* und folgendem Inhalt an:

```
source ~/Scripts/.venv/bin/activate
python3 ~/Scripts/ccwd.py
deactivate
```

Öffnen Sie anschließend ein Terminal, wechseln Sie in den *Scripts*-Ordner und führen Sie Folgendes aus:

```
al@Als-MacBook-Pro ~ % cd ~/Scripts
al@Als-MacBook-Pro Scripts % chmod u+x ccwd.command
```

Sie können dieses Programm nun im Terminal in jedem Ordner durch folgendes Kommando ausführen:

```
al@Als-MacBook-Pro ~ % ccwd.command
al@Als-MacBook-Pro ~ %
```

Jetzt sollte `'/Users/al'` in der Zwischenablage sein.

Ubuntu Linux

Speichern Sie die Python-Datei als */home/al/Scripts/ccwd.py* (wobei Sie *al* durch Ihren Benutzernamen ersetzen). Erstellen Sie im selben *Scripts*-Ordner eine Textdatei mit dem Namen *ccwd* und folgendem Inhalt:

```
#!/usr/bin/env bash
source ~/Scripts/.venv/bin/activate
python3 ~/Scripts/ccwd.py
deactivate
```

Dieses *ccwd*-Shell-Skript benötigt keine Zeile `read` ..., da es ausschließlich aus dem Terminal und nicht über Dash ausgeführt wird. Es gibt also kein Terminalfenster, das Sie mittels `read` am Schließen hindern wollen.

Wechseln Sie anschließend in einem Terminal mit `cd` in den *Scripts*-Ordner und führen Sie `chmod u+x ccwd` aus:

```
al@al-VirtualBox:~$ cd ~/Scripts
al@al-VirtualBox:~/Scripts$ chmod u+x ccwd
```

Sie können dieses Programm nun im Terminal in jedem Ordner durch folgendes Kommando ausführen:

```
al@al-VirtualBox:~$ ccwd
al@al-VirtualBox:~$
```

Zu diesem Zeitpunkt sollte `'/home/al'` in der Zwischenablage liegen.

Ein kurzes Programm: Zwischenablage-Recorder

Angenommen, ein Teil Ihrer Arbeit besteht darin, die URLs von Links auf einer Webseite zu kopieren und in eine Tabellenkalkulation einzufügen. (In Kapitel 13 lernen Sie, wie Sie alle Links aus dem HTML-Quelltext der Seite extrahieren. Nehmen wir nun mal an, Sie müssen nur einige davon kopieren, und ein Mensch muss jeweils entscheiden, welche übernommen werden sollen.) Sie könnten folgendermaßen vorgehen:

1. Klicken Sie mit der rechten Maustaste auf einen Link in einem Browser.
2. Wählen Sie im Kontextmenü den Eintrag *Link kopieren* oder *Adresse des Links kopieren* aus.
3. Wechseln Sie zur Tabellenkalkulation.
4. Drücken Sie Strg-V, um den Link einzufügen.
5. Wechseln Sie zurück zum Browser.

Dies ist eine monotone Aufgabe, besonders wenn die Seite Dutzende oder Hunderte von Links enthält. Erstellen Sie ein kleines Programm zur Zwischenablage-Aufzeichnung, um diesen Vorgang zu beschleunigen. Wir werden dieses Programm auf unserem Computer bereitstellen, sodass Sie es bei Bedarf bequem ausführen können. Unser Programm überwacht die Zwischenablage, um festzustellen, ob neuer Text hineinkopiert wurde. Ist dies der Fall, gibt es ihn im Terminal aus. So können Sie unseren bisherigen Fünf-Schritte-Prozess auf nur zwei Schritte verkürzen:

1. Klicken Sie mit der rechten Maustaste auf einen Link in einem Browser.
2. Wählen Sie im Kontextmenü den Eintrag *Link kopieren* oder *Adresse des Links kopieren* aus.

Dann kann man einfach den gesamten Text aus dem Terminalfenster des Zwischenablage-Recorders kopieren und ihn auf einmal in die Tabelle einfügen. Tragen Sie Folgendes in den Dateieditor ein und speichern Sie es als *cliprec.py*:

```
import pyperclip, time

print('Zwischenablage wird aufgezeichnet... (STRG-C zum Beenden)')
vorheriger_inhalt = ''
try:
    while True:
        inhalt = pyperclip.paste()  # Inhalt der Zwischenablage
abrufen

        if inhalt != vorheriger_inhalt:
            # ausgeben, wenn sich inhalt vom vorherigen unterscheidet
            print(inhalt)
            vorheriger_inhalt = inhalt

        time.sleep(0.01)  # kurz pausieren, um den Prozessor zu
schonen
except KeyboardInterrupt:
    pass
```

Schauen wir uns nun von oben nach unten die einzelnen Abschnitte des Programms an:

```
import pyperclip, time

print('Zwischenablage wird aufgezeichnet... (STRG-C zum Beenden)')
vorheriger_inhalt = ''
```

Das Programm kopiert und fügt Text aus der Zwischenablage ein, daher müssen Sie das Modul `pyperclip` importieren. Importieren Sie außerdem das `time`-Modul, um auf dessen Funktion `sleep()` zugreifen zu können. Das Programm zeigt eine kurze Nachricht an, die mitteilt, dass es läuft, und erinnert Sie daran, dass `Strg`-`C` das Programm beendet. Das Programm erkennt eine Änderung des Zwischenablageninhalts, indem es mit einer Variable `vorheriger_inhalt` verfolgt, welcher Inhalt zuvor vorhanden war; diese wird zunächst auf einen leeren String gesetzt.

```
try:
    while True:
        inhalt = pyperclip.paste()  # Inhalt der Zwischenablage
abrufen
```

Der Hauptteil des Programms befindet sich in einer endlosen `while`-Schleife, die wiederum in einem `try`-Block liegt. Wenn Sie [Strg]-[C] drücken, löst Python einen `KeyboardInterrupt` aus und führt den Code im `except`-Block am Ende des Quellcodes aus.

Diese Schleife überwacht fortlaufend den Inhalt der Zwischenablage und zeigt ihn jedes Mal an, wenn Sie neuen Text hineinkopieren. In der Schleife besteht der erste Schritt darin, den aktuellen Text der Zwischenablage durch Aufrufen von `pyperclip.paste()` abzurufen.

```
        if inhalt != vorheriger_inhalt:
            # ausgeben, wenn sich inhalt vom vorherigen unterscheidet
            print(inhalt)
            vorheriger_inhalt = inhalt
```

Wenn der aktuelle Inhalt der Zwischenablage sich von `vorheriger_inhalt` unterscheidet, gibt das Programm den aktuellen Inhalt aus und setzt `vorheriger_inhalt` auf `inhalt`. So bereiten Sie die Schleife darauf vor, beim nächsten Kopieren eines neuen Textes in die Zwischenablage aktiv zu werden.

```
        time.sleep(0.01)  # Kurz pausieren, um den Prozessor zu schonen.
```

Wenn der Inhalt der Zwischenablage mit dem zuvor erfassten Inhalt identisch ist, kann Ihr Programm untätig bleiben. Allerdings kann dieses Programm die Schleife problemlos zehntausende Male pro Sekunde durchlaufen – und man wird die Zwischenablage wohl kaum so oft aktualisieren. (Man würde wahrscheinlich die [Strg]- und [C]-Tasten auf der Tastatur abnutzen, wenn man es versuchen würde.) Um zu vermeiden, dass das Programm den Prozessor durch diese wenig produktive Schleife übermäßig beansprucht, fügen wir eine Verzögerung von 0,01 Sekunden ein. So wird die Zwischenablage nur 100 Mal pro Sekunde auf Aktualisierungen geprüft.

```
except KeyboardInterrupt:
    pass
```

Der letzte Teil des Programms ist der `except`-Block, der Pythons `pass`-Anweisung verwendet. Sie tut tatsächlich nichts, aber Python erwartet mindestens eine Zeile in einem Block, wie hier nach der `except`-Anweisung. Dafür wurde die `pass`-Anweisung geschaffen. Wenn man [Strg]-[C] drückt, springt die Ausführung zu diesem except-Block und läuft dann bis zum Ende des Programms weiter, wo es beendet wird.

Mit dieser App können mehrere Dinge kopiert werden, ohne ständig zwischen den Apps hin- und herwechseln zu müssen. Kleine Programme wie dieses erleichtern Ihren Arbeitsablauf erheblich, besonders wenn Sie diese Aufgaben täglich erledigen. Nun wollen wir dieses Programm auf jedem Betriebssystem bereitstellen.

Windows

Speichern Sie die Python-Datei als *C:\Benutzer\al\Scripts\cliprec.py* (ersetzen Sie dabei *al* durch Ihren Benutzernamen). Erstellen Sie im selben *Scripts*-Ordner eine *cliprec.bat*-Datei mit folgendem Inhalt:

```
@call %HOMEDRIVE%%HOMEPATH%\Scripts\.venv\Scripts\activate.bat
@python %HOMEDRIVE%%HOMEPATH%\Scripts\cliprec.py %*
@pause
@deactivate
```

Sie können dieses Programm nun im Terminal ausführen oder indem Sie gleichzeitig die [Win]-Taste und die [R]-Taste drücken, um den Dialog *Ausführen* zu öffnen, und anschließend cliprec eingeben.

macOS

Speichern Sie die Python-Datei als */Users/al/Scripts/cliprec.py* (ersetzen Sie *al* durch Ihren Benutzernamen). Erstellen Sie im selben *Scripts*-Ordner eine Textdatei mit dem Namen *cliprec.command* und folgendem Inhalt:

```
source ~/Scripts/.venv/bin/activate
python3 ~/Scripts/cliprec.py
deactivate
```

Öffnen Sie anschließend ein Terminal, wechseln Sie in den *Scripts*-Ordner und führen Sie Folgendes aus:

```
al@Als-MacBook-Pro ~ % cd ~/Scripts
al@Als-MacBook-Pro Scripts % chmod u+x cliprec.command
```

Sie können dieses Programm nun ausführen, indem Sie [⌘]-[Leer]-Taste drücken, um Spotlight zu öffnen, und cliprec.command eingeben.

Ubuntu Linux

Speichern Sie die Python-Datei als */home/al/Scripts/cliprec.py* (ersetzen Sie *al* durch Ihren Benutzernamen). Erstellen Sie im selben *Scripts*-Ordner eine Textdatei mit dem Namen *cliprec* und folgendem Inhalt:

```
#!/usr/bin/env bash
source ~/Scripts/.venv/bin/activate
python3 ~/Scripts/cliprec.py
read -p "Drücken Sie eine beliebige Taste, um fortzufahren..." -n1 -s
deactivate
```

Öffnen Sie anschließend ein Terminal, wechseln Sie in den *Scripts*-Ordner und führen Sie Folgendes aus:

```
al@al-VirtualBox:~$ cd ~/Scripts
al@al-VirtualBox:~/Scripts$ chmod u+x cliprec
```

Erstellen Sie abschließend eine Textdatei und speichern Sie sie unter *~/.local/share/applications/cliprec.desktop* mit folgendem Inhalt:

```
[Desktop Entry]
Name=Zwischenablage Recorder
Exec=gnome-terminal -- /home/al/cliprec
Type=Application
```

Sie können dieses Programm nun ausführen, indem Sie die [Windows]-Taste drücken, um Dash zu öffnen, und `Zwischenablage Recorder` eingeben oder die ersten Buchstaben des Namens tippen und die Autovervollständigung nutzen.

Kompilieren von Python-Programmen mit PyInstaller

Python wird häufig als interpretierte Sprache bezeichnet, doch Programmiersprachen selbst sind weder interpretiert noch kompiliert. Sie können für jede Sprache einen Interpreter oder Compiler erstellen. Programme, die in Python geschrieben wurden, werden stattdessen meist von Interpretern *ausgeführt*. Es ist jedoch auch möglich, mit dem PyInstaller-Paket aus Python-Code ausführbare Programme zu erstellen, die Sie von der Kommandozeile aus starten können.

PyInstaller kompiliert Python-Programme nicht im eigentlichen Sinne zu Maschinencode, stattdessen erzeugt es ein ausführbares Programm, das eine Kopie des Python-Interpreters und Ihr Skript enthält. Diese Programme fallen daher meist recht groß aus. Selbst ein einfaches »Hallo Welt«-Programm, das mit PyInstaller kompiliert wurde, kann fast 8 MB groß sein – sprich, tausendmal größer als eine Version in Assemblersprache. Der Vorteil, Ihr Python-Programm zu kompilieren, besteht jedoch darin, dass Sie Ihr Programm mit Personen teilen können, die Python nicht installiert haben. Sie könnten ihnen eine einzige ausführbare Datei schicken.

Sie können PyInstaller installieren, indem Sie `pip install pyinstaller` ausführen. Sie müssen PyInstaller auf dem Betriebssystem ausführen, für das die ausführbare Datei erstellt werden soll. Das bedeutet: Wenn Sie Windows nutzen, kann PyInstaller zwar eine Windows-Anwendung erzeugen, aber keine für macOS oder Linux – und umgekehrt.

Führen Sie im Terminal folgendes Kommando aus (unter macOS und Linux verwenden Sie hierfür `python3` statt `python`), um ein Python-Skript mit dem Namen *yourScript.py* zu kompilieren:

```
C:\Benutzer\al>python -m PyInstaller --onefile yourScript.py
378 INFO: PyInstaller: X.X.X
378 INFO: Python: 3.XX.XX
392 INFO: Platform: Windows-XX-XX.X.XXXX
393 INFO: schrieb C:\Benutzer\al\Desktop\hello-test\hello.spec
399 INFO: UPX ist nicht verfügbar.
--schnipp--
11940 INFO: PKG-Archiv wird an EXE angehängt
11950 INFO: EXE-Header werden korrigiert
13622 INFO: Erstellung der EXE aus EXE-00.toc wurde erfolgreich
abgeschlossen.
```

Beachten Sie, dass Sie `PyInstaller` mit einem großen *P* und einem großen *I* eingeben müssen, da Sie sonst die Fehlermeldung »No module named pyinstaller« erhalten. Beachten Sie außerdem, dass das Argument `--onefile` zwei Bindestriche hat.

Nach dem Ausführen von PyInstaller gibt es einen Ordner *build* (den Sie löschen können) und einen Ordner *dist*. Der Ordner *dist* enthält das ausführbare Programm. Sie müssen dafür keine virtuelle Umgebung anlegen. Sie können das Programm anschließend auf andere Computer kopieren oder als E-Mail-Anhang versenden. Beachten Sie, dass viele E-Mail-Anbieter als Sicherheitsmaßnahme E-Mails blockieren können, die ein ausführbares Programm enthalten.

Die Anweisungen hier gelten für grundlegende Python-Programme. Die Online-Dokumentation unter *https://pyinstaller.org* enthält weitere Details.

Zusammenfassung

In diesem Kapitel haben Sie erfahren, wie Sie Ihre Programme aus dem Code-Editor befreien können und so bereitstellen, dass Nutzer sie schnell und unkompliziert ausführen können. Sie haben zudem weitere Mittel kennengelernt, wie Sie Programme mit textbasierten Benutzeroberflächen anstelle moderner grafischer Oberflächen gestalten. Während eine grafische Benutzeroberfläche (GUI) benutzerfreundlich ist, lassen sich textbasierte Benutzeroberflächen (TUIs) leichter programmieren. Wenn Sie Aufgaben für sich selbst automatisieren möchten, ist es den zusätzlichen Aufwand nicht wert, Ihr Programm wie eine professionelle Anwendung aussehen zu lassen – Hauptsache, es funktioniert.

Dennoch gibt es verschiedene Möglichkeiten, Ihr Programm benutzerfreundlich zu gestalten. Häufig ist dazu das Kommandozeilenterminal erforderlich, mit dem viele Nutzer weniger vertraut sind. Das Erlernen von Kommandozeilenkonzepten wie der Navigation im Dateisystem mit `cd` und `dir/ls`, der Umgebungsvariable `PATH` und Kommandozeilenargumenten kann einige Zeit dauern. Das Terminal ermöglicht es Ihnen jedoch, Kommandos und Programme äußerst schnell auszuführen, insbesondere nachdem Sie die Programme geschrieben und bereitgestellt haben.

Dieses Kapitel behandelte außerdem mehrere Pakete von Drittanbietern. Mit dem Paket Bext können Sie farbigen Text hinzufügen, den Cursor positionieren und den Bildschirm leeren. Das Paket PyMsgBox erstellt GUI-Fenster für Benachrichtigungen oder einfache Eingaben, ohne das Terminalfenster zu verwenden. Da Sie möglicherweise einmal Programme ausführen, die unterschiedliche und inkompatible Versionen desselben Pakets benötigen, empfiehlt es sich, Skripte jeweils in eigenen virtuellen Umgebungen zu betreiben. Virtuelle Umgebungen können Sie mit dem Modul `venv` erstellen, das bei Python bereits enthalten ist. Solche virtuellen Umgebungen werden im Terminal aktiviert und schützen bestehende Programme, indem sie Ihnen einen separaten Bereich für die Installation von Paketen bereitstellen.

Schließlich ermöglicht das Paket PyInstaller, Ihre *.py*-Dateien in ausführbare Programme zu übersetzen. Diese Programme können zwar mehrere Megabyte groß sein, doch Sie können sie mit Kollegen teilen, die möglicherweise kein Python (und die von Ihrem Programm verwendeten Pakete von Drittanbietern) auf ihrem Computer installiert haben.

Dieses Kapitel behandelte nur wenige Grundkonzepte von Programmiersprachen; stattdessen zeigte es, wie Sie Ihre Programme im Alltag verwendbar und komfortabel gestalten. An diesem Punkt beherrschen Sie bereits genug Python-Syntax, um grundlegende Programme zu erstellen – auch wenn man immer noch dazulernen kann! Im weiteren Verlauf dieses Buches entdecken Sie verschiedene Drittanbieter-Pakete, die die Möglichkeiten Ihrer Python-Programme erweitern.

Übungsaufgaben

1. Welches Kommando zeigt unter Windows den Ordnerinhalt an? Und wie funktioniert das unter macOS und Linux?
2. Was enthält die Umgebungsvariable `PATH`?
3. Welchen Inhalt hat die Variable `__file__`?
4. Welches Kommando löscht den Text im Terminalfenster unter Windows? Und wie funktioniert das unter macOS und Linux?
5. Wie erstellen Sie eine neue virtuelle Umgebung?
6. Welches Kommandozeilenargument sollten Sie PyInstaller beim Kompilieren von Programmen übergeben?

Übungsprogramm: Machen Sie Ihre Programme bereit für den Einsatz

Machen Sie Ihre vorhandenen Programme leicht ausführbar, indem Sie Shell-Skripte in einem `PATH`-Ordner anlegen, der sie aufruft, oder sie mit PyInstaller kompilieren. Wenden Sie dies für die folgenden Projekte an:

- »Sichern Sie einen Ordner in einer ZIP-Datei« aus Kapitel 11
- »Kontaktinformationen aus umfangreichen Dokumenten extrahieren« aus Kapitel 9
- »Aufzählungszeichen zum Wiki-Markup hinzufügen« aus Kapitel 8
- »Interaktiver Schachbrett-Simulator« aus Kapitel 7
- alle weiteren Programme, die Sie erstellt haben und bequem starten oder mit anderen teilen möchten

13 Web Scraping

In jenen seltenen, entsetzlichen Momenten ohne WLAN wird mir klar, wie viel von dem, was ich am Computer tue, tatsächlich im Internet stattfindet. Oft ertappe ich mich dabei, aus reiner Gewohnheit E-Mails zu checken, soziale Medien zu durchstöbern oder Antworten auf Fragen zu suchen wie: »Hatte Kurtwood Smith vor seinem Auftritt im Original-RoboCop von 1987 irgendwelche größeren Rollen?«

Da so viele Tätigkeiten am Computer das Internet erfordern, wäre es ideal, wenn Ihre Programme online gehen könnten. *Web Scraping* bezeichnet den Vorgang, mit einem Programm Inhalte aus dem Web herunterzuladen und zu verarbeiten. Beispielsweise betreibt Google zahlreiche Web-Scraping-Programme, um Webseiten für seine Suchmaschine zu indexieren. In diesem Kapitel lernen Sie folgende Module kennen, die das Scrapen von Webseiten mit Python erleichtern:

- **webbrowser** wird mit Python ausgeliefert und öffnet einen Browser auf einer bestimmten Seite.
- **requests** lädt Dateien und Webseiten aus dem Internet herunter.

- **Beautiful Soup (bs4)** parst HTML, das Format, in dem Webseiten verfasst sind, um gezielt Informationen zu extrahieren.
- **Selenium** startet und steuert einen Browser, zum Beispiel um Formulare auszufüllen und Mausklicks zu simulieren.
- **Playwright** startet und steuert einen Browser; ist neuer als Selenium und bietet zusätzliche Funktionen.

HTTP und HTTPS

Wenn Sie eine Webseite besuchen, wird deren Webadresse, wie etwa *https://dpunkt.de*, als *Uniform Resource Locator (URL)* bezeichnet. Das *HTTPS* in der URL steht für *HyperText Transfer Protocol Secure* – das Protokoll, das Ihr Browser nutzt, um auf Webseiten zuzugreifen. Die Pakete in diesem Kapitel ermöglichen es Ihren Skripten, über dieses Protokoll auf Webserver zuzugreifen.

Genauer gesagt ist HTTPS eine verschlüsselte Version von HTTP und schützt somit Ihre Privatsphäre, während Sie das Internet nutzen. Wenn Sie HTTP verwenden würden, könnten Identitätsdiebe, Geheimdienste und Ihr Internetanbieter den Inhalt der von Ihnen besuchten Seiten einsehen, einschließlich aller Passwörter und Kreditkarteninformationen, die Sie eingeben. Die Nutzung eines Virtual Private Networks (VPN) könnte verhindern, dass Ihr Internetdienstanbieter Ihren Datenverkehr einsehen kann; allerdings könnte nun der VPN-Anbieter Ihren Datenverkehr sehen. Ein unseriöser VPN-Anbieter könnte dann Informationen darüber, welche Webseiten Sie besuchen, an Datenhändler verkaufen. (Tom Scott erläutert in seinem Video »This Video Is Sponsored by VPN«, was ein VPN leistet und was nicht.)

Im Gegensatz dazu wird jeder Webseiteninhalt, den Sie mit HTTPS betrachten, verschlüsselt und verborgen. Früher nutzten Webseiten HTTPS nur für Seiten, auf denen Passwörter und Kreditkartennummern übertragen wurden, heute verschlüsseln die meisten Seiten den gesamten Datenverkehr. Beachten Sie jedoch, dass Ihre Identität der von Ihnen besuchten Webseite weiterhin bekannt sein kann; niemand wird genau sehen können, was Sie von KatzenBilder.de herunterladen, aber jemand kann sehen, dass Sie eine Verbindung zur Website KatzenBilder.de hergestellt haben, und kann daraus schließen, dass Sie vermutlich Katzenfotos angesehen haben. Der Tor-Browser, der das Anonymisierungsnetzwerk Tor nutzt, ermöglicht wirklich anonymes Surfen. Sie können ihn unter *https://www.torproject.org/download* herunterladen.

Projekt 6: Starten Sie ein Programm mit dem browser-Modul

Lernen Sie das Python-Modul `browser` kennen, indem Sie es in einem Programmierprojekt einsetzen. Mit der Funktion `open()` von `browser` können Sie einen neuen Browser mit einer angegebenen URL starten. Geben Sie Folgendes in die interaktive Shell ein:

```
>>> import webbrowser
>>> webbrowser.open('https://inventwithpython.com/')
```

Ein Browser-Tab wird mit der URL *https://inventwithpython.com* geöffnet. Das ist so ziemlich die einzige Fähigkeit, die das `browser`-Modul bietet. Dennoch eröffnet diese Funktion `open()` einige interessante Möglichkeiten.

Es ist zum Beispiel umständlich, jedes Mal eine Straßenadresse in die Zwischenablage zu kopieren, wenn Sie sie auf OpenStreetMap anzeigen möchten. Sie könnten diesen Ablauf vereinfachen, indem Sie ein einfaches Skript erstellen, das die Karte automatisch im Browser auf Grundlage des Inhalts Ihrer Zwischenablage öffnet. So müssten Sie nur die Adresse in die Zwischenablage kopieren und das Skript ausführen, damit die Karte für Sie geladen wird. Wir können die Adresse direkt an die OpenStreetMap-URL anhängen, sodass wir lediglich die Funktion `browser.open()` benötigen.

Das erledigt Ihr Programm:

- eine Straßenadresse aus den Kommandozeilenargumenten oder der Zwischenablage erhalten
- den Browser auf der OpenStreetMap-Seite für diese Adresse öffnen

Das bedeutet, Ihr Code muss Folgendes umsetzen:

- die Kommandozeilenargumente aus `sys.argv` einlesen
- den Inhalt der Zwischenablage auslesen
- die Funktion `webbrowser.open()` aufrufen, um den Browser zu öffnen

Öffnen Sie einen neuen Dateieditor-Tab und speichern Sie ihn als *showmap.py*.

Schritt 1: Ermitteln der URL

Folgen Sie den Anweisungen in Kapitel 12, um eine Datei *showmap.py* so einzurichten, dass sie beim Ausführen von der Kommandoszeile wie folgt funktioniert:

```
C:\Benutzer\al> showmap Kehrwieder 2, 20457 Hamburg
```

Das Skript wird dann die Kommandozeilenargumente statt der Zwischenablage verwenden. Wenn keine Argumente vorhanden sind, weiß das Programm, dass es den Inhalt der Zwischenablage verwenden soll.

Dazu müssen Sie herausfinden, welche URL Sie für eine bestimmte Straßenadresse verwenden. Wenn Sie *https://www.openstreetmap.org* im Browser aufrufen und nach einer Adresse suchen, sieht die URL in der Adressleiste etwa so aus: *https://www.openstreetmap.org/search?query=Kehrwieder+2%2C+20457+Hamburg#map=19/53.543871/9.989404*.

Sie können testen, ob die URL den Teil *#map* benötigt, indem Sie ihn aus der Adresszeile entfernen und die Seite aufrufen, um zu prüfen, ob sie weiterhin korrekt geladen wird. Ihr Programm kann also so eingestellt werden, dass es einen Browser auf *https://www.openstreetmap.org/search?query=<Adresse>* öffnet (wobei *<Adresse>* die Adresse ist, die Sie auf der Karte anzeigen lassen möchten). Beachten Sie, dass Ihr Browser automatisch jede notwendige URL-Kodierung übernimmt, etwa das Umwandeln von Leerzeichen in der URL in *%20*.

Schritt 2: Kommandozeilenargumente verarbeiten

Gestalten Sie Ihren Code wie folgt:

```
# showmap.py - Öffnet eine Karte im Browser mit einer Adresse aus der
# Kommandozeile oder aus der Zwischenablage

import webbrowser, sys
if len(sys.argv) > 1:
    # Adresse aus der Kommandoszeile holen
    adresse = ' '.join(sys.argv[1:])

# TODO: Adresse aus der Zwischenablage holen

# TODO: Browser öffnen
```

Zuerst müssen Sie das Modul `webbrowser` importieren, um den Browser zu starten, und das Modul `sys`, um mögliche Kommandozeilenargumente einzulesen. Die `sys.argv`-Variable speichert den Skriptnamen sowie die Kommandozeilenargumente als Liste. Enthält diese Liste mehr als nur den Skriptnamen, so ergibt `len(sys.argv)` eine Zahl größer als `1`. Das bedeutet, dass tatsächlich Argumente übergeben wurden.

Normalerweise werden Kommandozeilenargumente durch Leerzeichen getrennt, jedoch sollten Sie in diesem Fall alle Argumente als einen einzigen String interpretieren. Da `sys.argv` eine Liste von Strings ist, können Sie sie an die Methode `join()` übergeben, die einen einzelnen String zurückgibt. Sie möchten den

Programmnamen nicht in diesem String haben, deshalb sollten Sie `sys.argv[1:]` statt `sys.argv` übergeben, um das erste Element des Arrays zu entfernen. Der finale String, zu dem dieser Ausdruck ausgewertet wird, wird in der Variable `adresse` gespeichert.

Wenn Sie das Programm ausführen, indem Sie Folgendes in die Kommandozeile eingeben:

```
showmap Kehrwieder 2, 20457 Hamburg
```

enthält die Variable `sys.argv` diesen Listenwert:

```
['showmap.py', 'Kehrwieder', '2,', '20457', 'Hamburg']
```

Nachdem Sie `sys.argv[1:]` mit Leerzeichen verbunden haben, enthält die Variable `adresse` den String `'Kehrwieder 2, 20457 Hamburg'`.

Schritt 3: Inhalt der Zwischenablage abrufen

Um die URL aus der Zwischenablage abzurufen, gestalten Sie Ihren Code wie folgt:

```
# showmap.py - Öffnet eine Karte im Browser mit einer Adresse aus der
# Kommandozeile oder aus der Zwischenablage

import webbrowser, sys, pyperclip
if len(sys.argv) > 1:
    # Adresse aus der Kommandozeile holen
    adresse = ' '.join(sys.argv[1:])
else:
    # Adresse aus der Zwischenablage holen
    adresse = pyperclip.paste()

# Browser öffnen
webbrowser.open('https://www.openstreetmap.org/search?query=' +
address)
```

Wenn keine Kommandozeilenargumente übergeben werden, geht das Programm davon aus, dass die Adresse in der Zwischenablage gespeichert ist. Sie rufen den Inhalt der Zwischenablage mit `pyperclip.paste()` ab und speichern ihn in der Variablen `adresse`. Um schließlich einen Browser mit der OpenStreetMap-URL zu öffnen, rufen Sie `webbrowser.open()` auf.

Während einige der Programme, die Sie schreiben, umfangreiche Aufgaben erledigen und Ihnen Stunden sparen, kann es ebenso befriedigend sein, ein Programm zu verwenden, das Ihnen bei wiederkehrenden Aufgaben komfortabel ein paar Sekunden erspart – etwa wenn Sie eine Karte zu einer Adresse aufrufen. Tabelle 13.1 vergleicht die Schritte, die erforderlich sind, um eine Karte mit und ohne *showmap.py* anzuzeigen.

Manuell die Karte aufrufen	Mit *showmap.py*
1. die Adresse markieren	1. die Adresse markieren
2. die Adresse kopieren	2. die Adresse kopieren
3. den Browser öffnen	3. *showmap.py* ausführen
4. zu *https://www.openstreetmap.org* navigieren	
5. auf das Adressfeld klicken	
6. aus der Zwischenablage einfügen	
7. [↵] drücken	

Tab. 13.1 *Eine Karte mit und ohne showmap.py abrufen*

Wir haben Glück, dass die OpenStreetMap-Website keine Interaktion erfordert, um eine Karte anzuzeigen; Sie können die Adressinformationen direkt in die URL einfügen. Das Skript *showmap.py* macht diese Aufgabe deutlich angenehmer, besonders wenn Sie sie häufig erledigen.

Ideen für ähnliche Programme

Solange Sie eine URL haben, können Sie mit dem Modul `webbrowser` den Schritt überspringen, den Browser manuell zu öffnen und selbst zu einer Webseite zu navigieren. Andere Programme könnten diese Funktion wie nutzen, indem sie:

- alle Links auf einer Seite in separaten Browser-Tabs öffnen
- den Browser mit der URL Ihrer lokalen Wetter-Seite öffnen
- mehrere soziale Netzwerke oder Lesezeichen-Seiten, die Sie regelmäßig besuchen, öffnen
- eine lokale *.html*-Datei auf Ihrem Laufwerk öffnen

Der letzte Vorschlag ist besonders nützlich, um Hilfedateien anzuzeigen. Während Ihr Programm mit `print()` eine Hilfeseite ausgeben könnte, erlaubt das Aufrufen von `webbrowser.open()` zum Öffnen einer *.html*-Datei mit Hilfetext, dass die Seite verschiedene Schriftarten, Farben, Tabellen und Bilder enthalten kann. Verwenden Sie statt des Präfixes *https://* das Präfix *file://*. Sollte Ihr *Desktop*-Ordner zum Beispiel unter Windows eine Datei *help.html* enthalten, dann erreichen Sie diese mit *file:///C:/Benutzer/al/Desktop/help.html* unter Windows oder unter macOS mit *file:///Users/al/Desktop/help.html*.

Dateien mit »requests« aus dem Web laden

Das Modul `requests` ermöglicht es, Dateien ganz einfach aus dem Web herunterzuladen, ohne sich um komplexe Themen wie Netzwerkfehler, Verbindungsrouting oder Datenkomprimierung kümmern zu müssen. Das Modul ist nicht standardmäßig in Python enthalten, daher müssen Sie es zunächst installieren. Folgen Sie dafür den Anweisungen in Anhang A.

Webseiten herunterladen

Die Funktion `requests.get()` erwartet einen String, der eine URL angibt, die heruntergeladen werden soll. Wenn Sie `type()` für den Rückgabewert der Funktion aufrufen, sehen Sie, dass ein `Response`-Objekt zurückgegeben wird, das die Antwort enthält, die der Webserver auf Ihre Anfrage gesendet hat. Ich werde das `Response`-Objekt später noch ausführlicher erläutern. Geben Sie zunächst Folgendes in die interaktive Shell ein, während Ihr Computer mit dem Internet verbunden ist:

```
>>> import requests
>>> response = requests.get('https://automatetheboringstuff.com/
files/rj.txt') ❶
>>> type(response)
<class 'requests.models.Response'>
>>> response.status_code == requests.codes.ok ❷
True
>>> len(response.text)
178978
>>> print(response.text[:210])
The Project Gutenberg EBook of Romeo and Juliet, by William Shakespeare

This eBook is for the use of anyone anywhere at no cost and with
almost no restrictions whatsoever.  You may copy it, give it away or
re-
```

Die URL führt Sie zu einer Webseite, die den gesamten Text von *Romeo und Julia* enthält ❶. Sie können feststellen, dass die Anfrage zur Webseite erfolgreich war, indem Sie das `status_code`-Attribut des `Response`-Objekts überprüfen. Wenn es dem Wert von `requests.codes.ok` entspricht, lief alles ordnungsgemäß ❷. (Übrigens lautet der Statuscode für »OK« in HTTP 200. Den 404-Statuscode für »Nicht gefunden« kennen Sie wahrscheinlich bereits.)

Wenn die Anfrage erfolgreich war, wird die heruntergeladene Webseite als String in der `text`-Variable des `Response`-Objekts gespeichert. Dieser große String besteht aus dem gesamten Theaterstück; der Aufruf von `len(response.text)` zeigt Ihnen, dass er mehr als 178.000 Zeichen lang ist. Wenn Sie schließlich print(response.text[:210]) aufrufen, werden nur die ersten 210 Zeichen angezeigt.

Falls die Anfrage fehlschlägt und eine Fehlermeldung wie »Failed to establish a new connection« oder »Max retries exceeded« angezeigt wird, prüfen Sie Ihre Internetverbindung. Die Verbindung zu Servern kann recht komplex sein, und ich kann hier keine vollständige Liste möglicher Probleme geben. Häufige Ursachen für Ihren Fehler finden Sie, indem Sie die Fehlermeldung in Anführungszeichen im Internet suchen. Beachten Sie außerdem, dass Sie beim Herunterladen einer Webseite mit requests nur den HTML-Inhalt der Seite erhalten. Bilder und andere Medien müssen Sie separat herunterladen.

Fehlerprüfung

Wie Sie gesehen haben, besitzt das Response-Objekt ein Attribut status_code, das Sie mit requests.codes.ok vergleichen können, um zu überprüfen, ob der Download erfolgreich war. Eine einfachere Möglichkeit, den Erfolg zu prüfen, besteht darin, die Methode raise_for_status() am Response-Objekt aufzurufen. Diese Methode löst eine Ausnahme aus, wenn beim Herunterladen der Datei ein Fehler auftrat, und unternimmt nichts, falls der Download erfolgreich war. Geben Sie Folgendes in die interaktive Shell ein:

```
>>> response = requests.get('https://inventwithpython.com/gibts-
Nicht!')
>>> response.raise_for_status()
Traceback (most recent call last):
  File "<python-input-0>", Zeile 1, in <module>

  File "C:\Benutzer\Al\AppData\Local\Programs\Python\PythonXX\lib\
site-packages\requests\models.py", line 940, in raise_for_status
    raise HTTPError(http_error_msg, response=self)
requests.exceptions.HTTPError: 404 Client Error: Not Found for url:
https://inventwithpython.com/gibtsNicht!
```

Die Methode raise_for_status() ist ein unkomplizierter Weg, um sicherzustellen, dass ein Programm bei einem fehlerhaften Download angehalten wird. In der Regel sollten Sie Ihr Programm sofort beenden lassen, sobald ein unerwarteter Fehler auftritt. Wenn ein fehlgeschlagener Download kein K.-o.-Kriterium ist, können Sie die Zeile mit raise_for_status() in try- und außer-Anweisungen einschließen, um diesen Fehlerfall zu behandeln, ohne dass das Programm abstürzt:

```
import requests
response = requests.get('https://inventwithpython.com/gibtsNicht!')
try:
    response.raise_for_status()
except Exception as exc:
    print(f'Es gab ein Problem: {exc}')
```

Dieser Aufruf der Methode `raise_for_status()` veranlasst das Programm, Folgendes auszugeben:

```
Es gab ein Problem: 404 Client Error: Not Found for url:
https://inventwithpython.com/gibtsNicht!
```

Rufen Sie `raise_for_status()` immer auf, nachdem Sie `requests.get()` verwendet haben. Sie sollten sicherstellen, dass der Download tatsächlich erfolgreich war, bevor Ihr Programm fortfährt.

Heruntergeladene Dateien auf dem Laufwerk speichern

Ab hier können Sie die Webseite mithilfe der Standardfunktion `open()` und der Methode `write()` als Datei auf Ihrem Laufwerk speichern. Öffnen Sie dabei die Datei jedoch im *binären Schreibmodus*, indem Sie den String `'wb'` als zweites Argument an `open()` übergeben. Selbst wenn die Seite reiner Text ist (wie der zuvor heruntergeladene *Romeo und Julia*-Text), müssen Sie Binärdaten statt Textdaten schreiben, um die Unicode-Kodierung des Textes beizubehalten.

Um die Webseite in eine Datei zu schreiben, können Sie eine `for`-Schleife mit der Methode `iter_content()` des `Response`-Objekts verwenden:

```
>>> import requests
>>> response = requests.get('https://automatetheboringstuff.com/
files/rj.txt')
>>> response.raise_for_status()
>>> with open('RomeoAndJuliet.txt', 'wb') as theater_file:
...     for stück in response.iter_content(100000):
...         theater_file.write(stück)
...
100000
78978
```

Die Methode `iter_content()` liefert bei jeder Iteration der Schleife ein Stück des Inhalts zurück. Jedes Stück ist vom Datentyp `bytes`, und Sie können angeben, wie viele Bytes jedes Stück enthalten soll. Hunderttausend Bytes ist üblicherweise eine gute Größe, daher übergeben Sie `100000` als Argument an `iter_content()`.

Die Datei *RomeoAndJuliet.txt* existiert nun im aktuellen Arbeitsverzeichnis. Beachten Sie, dass der Dateiname auf der Webseite zwar *rj.txt* war, die Datei auf Ihrem Laufwerk jedoch einen anderen Dateinamen hat.

Die Methode `write()` gibt die Anzahl der Bytes zurück, die in die Datei geschrieben wurden. Im vorherigen Beispiel umfasste das erste Stück 100.000 Bytes, für den verbleibenden Teil der Datei waren nur noch 78.978 Bytes erforderlich.

Zusammenfassung für das Herunterladen und Speichern von Dateien

Zur Wiederholung finden Sie hier den vollständigen Ablauf zum Herunterladen und Speichern einer Datei:

- Rufen Sie `requests.get()` auf, um die Datei herunterzuladen.
- Rufen Sie `open()` mit `'wb'` auf, um eine neue Datei im binären Schreibmodus zu erstellen.
- Führen Sie eine Schleife über die Methode `iter_content()` des Response-Objekts aus.
- Rufen Sie in jeder Iteration `write()` auf, um den Inhalt in die Datei zu schreiben.

Das ist schon alles zum `requests`-Modul! Weitere Funktionen finden Sie unter *https://requests.readthedocs.io/en/latest*.

Wenn Sie Videodateien von Websites wie YouTube, Facebook, X (ehemals Twitter) oder anderen Seiten herunterladen möchten, verwenden Sie stattdessen das Modul `yt-dlp`, das in Kapitel 24 behandelt wird.

Zugriff auf eine Wetter-API

Die von Ihnen genutzten Apps sind dafür entwickelt, mit menschlichen Nutzerinnen und Nutzern zu interagieren. Sie können jedoch Programme schreiben, um mit anderen Programmen über deren *Application Programming Interface (API)* zu kommunizieren. Eine API ist die Spezifikation, die definiert, wie eine Software (wie Ihr Python-Programm) mit einer anderen Software (etwa dem Webserver einer Wetterseite) kommunizieren kann. Viele Online-Dienste stellen APIs bereit. So könnten Sie etwa ein Python-Skript schreiben, das Beiträge auf Ihren sozialen Medien veröffentlicht oder neue Fotos herunterlädt. In diesem Abschnitt erstellen wir ein Skript, das Wetterinformationen von der kostenlosen Website OpenWeather abruft.

Fast alle Online-Dienste verlangen, dass Sie beim Verwenden ihrer API eine E-Mail-Adresse registrieren. Auch wenn die API kostenlos ist, gibt es oft Beschränkungen, wie viele Anfragen Sie pro Stunde oder Tag stellen dürfen. Wenn Sie sich Sorgen wegen Spam-E-Mails machen, können Sie einen temporären Einweg-E-Mail-Dienst wie *https://10minutemail.com* verwenden. Beachten Sie jedoch: Solche Dienste sollten nur für unwichtige Konten genutzt werden. Ein unseriöser Anbieter könnte sonst eine Passwort-Zurücksetzung in Ihrem Namen anfordern und dadurch die Kontrolle über Ihr Online-Konto übernehmen.

Registrieren Sie sich zunächst für ein kostenloses Konto unter *https://openweathermap.org*. Mit dem kostenfreien Konto können Sie bis zu 60 API-Anfragen pro Minute stellen. Das reicht für Ihre kleinen oder mittelgroßen Programmierprojekte völlig aus. Falls Ihr Programm mehr als dieses Limit benötigt (beispielsweise, weil es Anfragen von Hunderten gleichzeitigen Besuchern Ihrer Website bearbeitet), können Sie ein kostenpflichtiges Konto erwerben. Online-Dienste stellen Ihnen einen *API-Schlüssel* aus, der im Grunde wie ein Passwort funktioniert und Ihr Konto bei Ihren API-Anfragen identifiziert. Halten Sie diesen API-Schlüssel unbedingt geheim! Jeder, der diesen Schlüssel besitzt, kann API-Anfragen über Ihr Konto ausführen. Wenn Sie ein Programm schreiben, das einen API-Schlüssel nutzt, sollten Sie den Schlüssel aus einer Textdatei einlesen, anstatt ihn direkt im Quellcode zu hinterlegen. So können Sie Ihr Programm mit anderen teilen (die sich einen eigenen API-Schlüssel holen können), ohne befürchten zu müssen, dass die Anfragelimits Ihres Kontos überschritten werden.

Viele HTTP-APIs liefern ihre Antwort als einen großen String. Dieser String ist häufig im JSON- oder XML-Format. Kapitel 18 behandelt JSON und XML ausführlich, aber vorerst genügt es zu wissen, dass `json.loads(response.text)` aus den JSON-Daten von `response.text` eine Python-Datenstruktur aus Listen und Dictionaries erstellt. In den Beispielen dieses Kapitels werden diese Daten in eine Variable namens `response_data` gespeichert – Sie können aber jeden beliebigen Variablennamen dafür wählen.

Alle Online-Dienste dokumentieren die Nutzung ihrer API. OpenWeather stellt seine Dokumentation unter *https://openweathermap.org/api* zur Verfügung. Sobald Sie sich angemeldet und Ihren API-Schlüssel über die Seite *My API keys* unter *https://home.openweathermap.org/api_keys* erhalten haben, verwenden Sie ihn im folgenden interaktiven Shell-Code. Ich verwende `'30ee784a80d81480dab1749d33980112'` als einen fiktiven API-Schlüssel in diesem Beispiel. Bitte verwenden Sie diesen Beispiel-API-Schlüssel nicht in Ihrem Code, er funktioniert für Sie nicht.

Zuerst nutzen Sie OpenWeather, um den Breitengrad und Längengrad von San Francisco zu ermitteln:

```
>>> import requests
>>> city_name = 'San Francisco'
>>> state_code = 'CA'
>>> country_code = 'US'
>>> API_key = '30ee784a80d81480dab1749d33980112'  # kein echter API-Key
>>> response = requests.get(f'https://api.openweathermap.org/geo/1.0/
direct?q={city_name},{state_code},{country_code}&appid={API_key}')
```

```
>>> response.text  # This is a Python string.
'[{"name":"San Francisco","local_names":{"id":"San Francisco",
--schnipp--
,"lat":37.7790262,"lon":-122.419906,"country":"US","state":"California"}]'
>>> import json
>>> response_data = json.loads(response.text)
>>> response_data  # This is a Python data structure.
[{"name":"San Francisco","local_names":{"id":"San Francisco",
--schnipp--
,"lat":37.7790262,"lon":-122.419906,"country":"US","state":"California"}]
```

Um die Daten in der Antwort zu verstehen, sollten Sie entweder die Online-API-Dokumentation von OpenWeather konsultieren oder das Dictionary `response_data` in der interaktiven Shell untersuchen. Sie werden sehen, dass die Antwort eine Liste ist, deren erstes Element (an Index `0`) ein Dictionary mit den Schlüsseln `'lat'` und `'lon'` ist. Die Werte dieser Schlüssel sind Gleitkommazahlen für den Breitengrad und den Längengrad:

```
>>> response_data[0]['lat']
37.7790262
>>> response_data[0]['lon']
-122.419906
```

Die spezifische URL, mit der eine API-Anfrage gestellt wird, nennt man den *Endpunkt*. Die f-Strings in diesem Beispiel ersetzen die Teile in geschweiften Klammern durch die Werte von Variablen. Das `direct?q={city_name},{state_code},{country_code}&appid={API_key}'` im vorherigen Beispiel wird zu `direct?q=San Francisco,CA,USA&appid=30ee784a80d81480dab1749d33980112'`.

Anschließend können Sie diese Breitengrad- und Längengrad-Informationen nutzen, um die aktuelle Temperatur von San Francisco zu bestimmen:

```
>>> lat = json.loads(response.text)[0]['lat']
>>> lon = json.loads(response.text)[0]['lon']
>>> response = requests.get(f'https://api.openweathermap.org/data/2.5/
weather?lat={lat}&lon={lon}&appid={API_key}')
>>> response_data = json.loads(response.text)
>>> response_data
{'coord': {'lon': -122.4199, 'lat': 37.779}, 'weather': [{'id': 803,
--schnipp--
'timezone': -25200, 'id': 5391959, 'name': 'San Francisco', 'cod': 200}
>>> response_data['main']['temp']
285.44
>>> round(285.44 - 273.15, 1)  # Umrechnen Kelvin to Celsius.
12.3
```

Beachten Sie, dass OpenWeather die Temperatur in Kelvin liefert. Um die Temperatur in Celsius zu erhalten, müssen Sie eine Umrechnung durchführen.

Analysieren wir die vollständige URL des Geolokalisierungs-Endpunkts aus dem vorherigen Beispiel:

- `https://` – Das *Schema* bezeichnet das Protokoll, mit dem auf den Server zugegriffen wird – meist HTTPS bei Online-APIs –, gefolgt von einem Doppelpunkt und zwei Schrägstrichen.
- `api.openweathermap.org` – Der Domainname des Webservers, der die API-Anfrage verarbeitet.
- `/geo/1.0/direct` – Der Pfad des API.
- `?q={city_name},{state_code},{country_code}&appid={API_key}` – Der Query-String der URL. Die Teile in geschweiften Klammern müssen Sie durch reale Werte ersetzen; Sie können sich diese als Parameter eines Funktionsaufrufs vorstellen. Bei der URL-Kodierung trennt ein Gleichheitszeichen den Parameternamen vom Argumentwert; mehrere Parameter-Argument-Paare werden durch ein Und-Zeichen (&) getrennt.

Sie können die Endpunkt-URL (mit dem vervollständigten Query-String) kopieren und in Ihren Browser einfügen, um den Antworttext direkt einzusehen. Oft empfiehlt sich diese Vorgehensweise, wenn Sie gerade erst den Umgang mit einer API erlernen. Der Antworttext von webbasierten APIs ist meist im JSON- oder XML-Format.

Um Ärgernisse beim Aktualisieren einer API zu vermeiden, integrieren die meisten Online-Dienste eine Versionsnummer als Teil der URL. Mit der Zeit veröffentlichen manche Dienste neue API-Versionen und setzen ältere außer Betrieb. In diesem Fall müssen Sie den Code in Ihren Skripten anpassen, um diese weiterhin nutzen zu können.

Die Gratis-Stufe von OpenWeather bietet außerdem Fünf-Tage-Vorhersagen und Informationen über Niederschlag, Wind und Luftverschmutzung. Die Dokumentationsseiten zeigen Ihnen, welche URLs Sie für diese Daten aufrufen und wie die JSON-Antwort für diese API-Aufrufe aufgebaut ist. Der Code in den nächsten Abschnitten setzt voraus, dass Sie `response_data = json.loads(response.text)` ausgeführt haben, um den vom Webserver zurückgegebenen Text in eine Python-Datenstruktur umzuwandeln.

Abrufen von Breitengrad und Längengrad

Der Endpunkt, um die Koordinaten (Breitengrad und Längengrad) einer Stadt zu erhalten, lautet *https://api.openweathermap.org/geo/1.0/direct?q={city_name},{state_code},{country_code}&appid={API_key}*. Der Bundesstaat-Code steht für die Abkürzung des jeweiligen Bundesstaats und ist nur für Städte in den USA erforderlich. Der Ländercode ist der zwei- oder dreibuchstabige ISO-3166-Code, den Sie unter *https://de.wikipedia.org/wiki/ISO-3166-1-Kodierliste* finden. Verwenden Sie zum Beispiel den Code `'US'` für die USA oder `'DE'` für Deutschland. Nachdem Sie den Antwort-JSON-Text in einer Python-Datenstruktur in eine Variable namens `response_data` umgewandelt haben, können Sie die folgenden Informationen abrufen:

- `response_data[0]['lat']` – Breitengrad der Stadt als Fließkommazahl
- `response_data[0]['lon']` – Längengrad der Stadt als Fließkommazahl

Falls der Stadtname zu mehreren Treffern führt, enthält die Liste in `response_data` verschiedene Dictionaries bei `response_data[0]`, `response_data[1]` usw. Kann OpenWeather die Stadt nicht finden, ist `response_data` eine leere Liste.

Das aktuelle Wetter abrufen

Der Endpunkt, um aktuelle Wetterinformationen anhand von Breitengrad und Längengrad zu erhalten, lautet *https://api.openweathermap.org/data/2.5/weather?lat={lat}&lon={lon}&appid={API_key}*. Nachdem Sie den JSON-Text der Antwort in einer Python-Datenstruktur in die Variable `response_data` umgewandelt haben, erhalten Sie Zugriff auf die folgenden Informationen:

- `response_data['weather'][0]['main']` – Enthält eine String-Beschreibung, wie etwa `'Clear'`, `'Rain'` oder `'Snow'`.
- `response_data['weather'][0]['description']` – Enthält einen genaueren String wie `'light rain'`, `'moderate rain'` oder `'extreme rain'`.
- `response_data['main']['temp']` – Enthält die aktuelle Temperatur in Kelvin.
- `response_data['main']['feels_like']` – Enthält das menschliche Temperaturempfinden in Kelvin.
- `response_data['main']['humidity']` – Enthält die Luftfeuchtigkeit als Prozentzahl.

Sollten Sie ein fehlerhaftes Argument für den Breitengrad oder Längengrad übergeben haben, ist `response_data` ein Dictionary wie `{"cod":"400","message":"wrong latitude"}`.

Eine Wettervorhersage abrufen

Der Endpunkt für eine fünftägige Wettervorhersage basierend auf einem bestimmten Breitengrad und Längengrad lautet: *https://api.openweathermap.org/data/2.5/forecast?lat={lat}&lon={lon}&appid={API_key}*. Nachdem Sie den JSON-Text der Antwort in einer Python-Datenstruktur in `response_data` umgewandelt haben, haben Sie die folgenden Informationen:

- `response_data['list']` – Enthält eine Liste von Dictionaries mit den Wetterprognosen für eine bestimmte Zeit.
- `response_data['list'][0]['dt']` – Enthält einen Zeitstempel als Unix-Epoch-Float. Übergeben Sie diesen Wert als Argument an `datetime.datetime.fromtimestamp()`, um den Zeitstempel als `datetime`-Objekt zu erhalten. Kapitel 19 behandelt das Python-Modul `datetime` ausführlicher.
- `response_data['list'][0]['main']` – Enthält ein Dictionary mit Schlüsseln wie `'temp'`, `'feels_like'`, `'humidity'` und anderen.
- `response_data['list'][0]['weather'][0]` – Enthält ein Dictionary mit Beschreibungen, die zum Beispiel die Schlüssel `'main'`, `'description'` und weitere umfassen.

Die Liste in `response_data['list']` enthält 40 Dictionaries mit Vorhersagen in Drei-Stunden-Schritten für die nächsten fünf Tage; dies kann sich jedoch in künftigen Versionen der API ändern.

APIs erkunden

Andere Webseiten wie *https://weather.gov* und *https://www.weatherapi.com* bieten eigene kostenlose Wetter-APIs an. Jedes API funktioniert unterschiedlich, wird aber häufig über HTTPS-Requests angesprochen. In diesem Fall können Sie das Modul `requests` verwenden und erhalten die Antwort als JSON- oder XML-Text. Manchmal hat jedoch jemand ein externes Python-Paket entwickelt, mit dem sich APIs komfortabler nutzen lassen – mithilfe von Python-Funktionen, die für Sie den Zugriff auf die Endpunkte übernehmen und die Antwort verarbeiten. Sie finden solche Pakete auf *https://pypi.org*; lesen Sie die Dokumentation eines Pakets, um mehr über dessen Verwendung zu erfahren.

HTML verstehen

Bevor Sie Webseiten analysieren, sollten Sie sich mit einigen Grundlagen der *HyperText Markup Language (HTML)* vertraut machen. HTML ist das Format, in dem Webseiten verfasst sind, während *Cascading Style Sheets (CSS)* dazu dienen, das Erscheinungsbild von HTML-Elementen einer Webseite gezielt zu verändern. Dieses Kapitel setzt grundlegende Erfahrungen mit HTML voraus. Benötigen Sie ein Anfänger-Tutorial, empfehle ich eine der folgenden Seiten:

- *https://selfhtml.org*
- *https://developer.mozilla.org/en-US/docs/Learn/HTML*
- *https://www.freecodecamp.org/news/html-coding-introduction-course-for-beginners*
- *https://www.khanacademy.org/computing/computer-programming/html-css*

In diesem Abschnitt lernen Sie außerdem, wie Sie auf die leistungsstarken Entwicklertools Ihres Browsers zugreifen – sie erleichtern das Extrahieren von Informationen aus dem Web erheblich.

Das Format erkunden

Eine HTML-Datei ist eine Klartext-Datei mit der Dateiendung *.html*. Der Text in diesen Dateien ist von HTML-*Tags* umgeben, das sind Wörter, die in spitzen Klammern (<>) stehen. Die Tags geben dem Browser vor, wie die Webseite zu formatieren ist. Ein öffnendes und ein schließendes Tag können einen Text einschließen und so ein HTML-*Element* bilden. Der anzuzeigende Text ist der Inhalt zwischen dem öffnenden und dem schließenden Tag. Zum Beispiel zeigt der folgende HTML-Code *Hallo, Welt!* im Browser an, wobei *Hallo* fett dargestellt wird:

```
<b>Hallo</b>, Welt!
```

Im Browser sieht dieses HTML so aus wie in Abbildung 13.1.

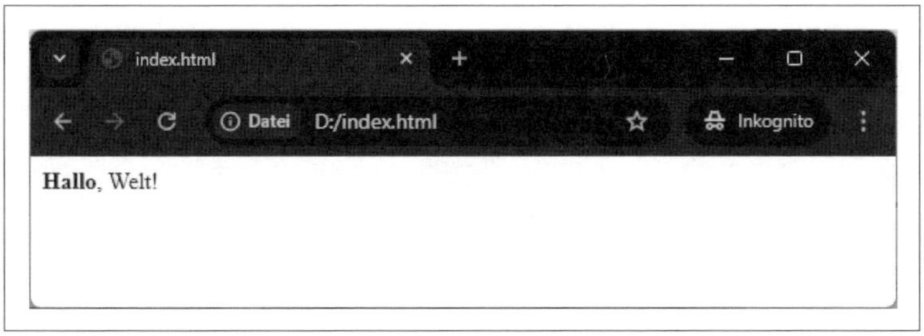

Abb. 13.1 *Hallo, Welt! im Browser dargestellt*

Das öffnende `<b>`-Tag gibt an, dass der eingeschlossene Text fett erscheint. Das schließende `</b>`-Tag weist den Browser darauf hin, wo das Ende des fett gedruckten Textes ist. Zusammen bilden sie ein Element: `<b>Hallo</b>`.

Es gibt viele verschiedene Tags in HTML. Einige dieser Tags besitzen zusätzliche Eigenschaften in Form von *Attributen* innerhalb der spitzen Klammern. Zum Beispiel umschließt das `<a>`-Tag Text, der zu einem Link werden soll, und das Attribut `href` bestimmt, auf welche URL verlinkt wird. Hier ein Beispiel:

```
<a href="https://inventwithpython.com">Dieser Text ist ein Link</a>
```

Einige Elemente verfügen über ein `id`-Attribut, mit dem das Element eindeutig auf der Seite identifiziert werden kann. Sie werden Ihre Programme häufig anweisen, ein Element anhand seines `id`-Attributs aufzufinden. Das Suchen dieses Attributs mit den Entwicklertools des Browsers ist daher eine gängige Aufgabe beim Schreiben von Web-Scraping-Programmen.

Anzeigen des Quelltexts einer Webseite

Sie müssen sich den HTML-Code der Webseiten anschauen, mit denen Ihre Programme arbeiten. Dieser wird als *Quelle* bezeichnet. Klicken Sie dazu mit der rechten Maustaste auf eine beliebige Webseite in Ihrem Browser (oder `ctrl`-Klick auf macOS) und wählen Sie **Quelltext anzeigen** oder **Seitenquelltext anzeigen** (Abbildung 13.2). Die Quelle ist der Text, den Ihr Browser tatsächlich empfängt. Der Browser weiß, wie er die Webseite anzeigen beziehungsweise *rendern* soll, anhand dieses HTML.

Abb. 13.2 *Quelltext einer Webseite anzeigen*

Schauen Sie sich ruhig den Quelltext einiger Ihrer Lieblingsseiten an. Es ist völlig in Ordnung, wenn Sie noch nicht alles, was Sie sehen, vollständig verstehen. Sie müssen HTML nicht perfekt beherrschen, um einfache Web-Scraping-Programme zu schreiben. Sie benötigen lediglich genug Kenntnisse, um Daten aus einer bestehenden Seite herauszufiltern.

Die Entwicklertools Ihres Browsers öffnen

Zusätzlich zur Anzeige des Quelltexts einer Webseite können Sie mit den Entwicklertools Ihres Browsers das HTML einer Seite durchstöbern. In Firefox, Chrome und Microsoft Edge blenden Sie die Werkzeuge mit der Taste F12 ein (Abbildung 13.3). Wenn Sie F12 erneut drücken, werden sie wieder geschlossen.

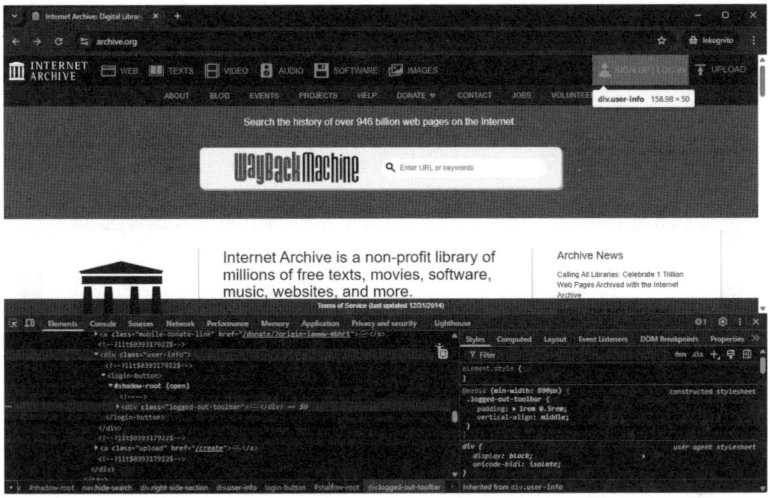

Abb. 13.3 *Das Fenster der Entwicklertools im Chrome-Browser*

Klicken Sie mit der rechten Maustaste auf einen beliebigen Bereich der Webseite und wählen Sie *Untersuchen* im Kontextmenü, um das für diesen Abschnitt zuständige HTML anzuzeigen. Dies wird Ihnen dabei helfen, HTML für Ihre Web-Scraping-Programme auszuwerten.

Verwenden Sie keine regulären Ausdrücke zum Parsen von HTML

Das Auffinden eines bestimmten HTML-Elements (oder eines Elements in XML, JSON, TOML oder YAML) innerhalb eines Strings erscheint als idealer Anwendungsfall für reguläre Ausdrücke. Ich rate Ihnen jedoch davon ab. HTML kann auf vielfältige Weise formatiert sein und bleibt dennoch gültig; den Versuch, sämtliche Varianten in einem regulären Ausdruck abzubilden, empfinden viele als mühsam und fehleranfällig. Wenn Sie ein speziell für das Parsen von HTML entwickeltes Modul wie `bs4` nutzen, vermeiden Sie Fehler.

Eine ausführlichere Begründung, warum Sie HTML nicht mit regulären Ausdrücken parsen sollten, finden Sie unter *https://stackoverflow.com/a/1732454/1893164*.

HTML-Elemente finden

Sobald Ihr Programm eine Webseite mit dem `requests`-Modul heruntergeladen hat, steht Ihnen der HTML-Inhalt der Seite als einzelner String zur Verfügung. Nun müssen Sie herausfinden, welcher Teil des HTML den Informationen auf der Webseite entspricht, an denen Sie interessiert sind.

An dieser Stelle können Ihnen die Entwicklertools Ihres Browsers helfen. Angenommen, Sie möchten ein Programm schreiben, das Wettervorhersagedaten von *https://weather.gov* abruft. Bevor Sie Code schreiben, führen Sie zunächst eine kurze Recherche durch. Wenn Sie die Seite besuchen und nach der Postleitzahl 94105 suchen, gelangen Sie auf eine Seite, die die Wettervorhersage für dieses Gebiet anzeigt.

Wie gehen Sie vor, wenn Sie Wetterinformationen für diese Postleitzahl extrahieren möchten? Klicken Sie mit der rechten Maustaste auf diese Information auf der Seite (oder `ctrl`-Klick auf macOS) und wählen Sie im erscheinenden Kontextmenü *Untersuchen*. So öffnet sich das Entwicklertools-Fenster, das Ihnen das HTML anzeigt, das genau diesen Bereich der Webseite erzeugt. Abbildung 13.4 zeigt die geöffneten Entwicklertools mit dem HTML für die nächstgelegene Vorhersage. Beachten Sie, dass Sie diesen Vorgang wiederholen müssen, wenn die Seite *https://weather.gov* das Design ihrer Webseiten ändert, um die neuen Elemente zu untersuchen.

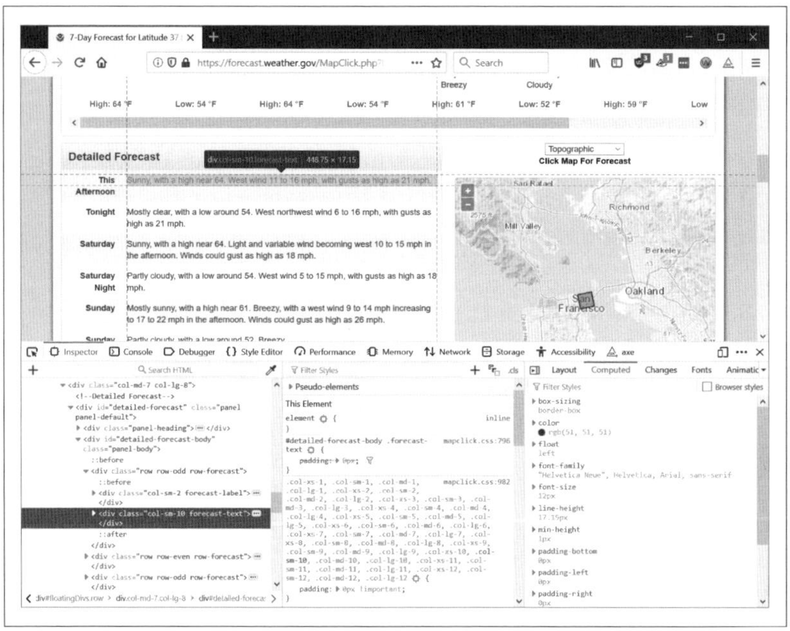

Abb. 13.4 *Das Untersuchen des Elements, das den Vorhersagetext enthält*

In den Entwicklertools können Sie sehen, dass der HTML-Code, der für den Vorhersagebereich der Webseite verantwortlich ist, folgendermaßen aussieht:

```
<div class="col-sm-10 forecast-text">Sunny, with a high near 64. West
wind
11 to 16 mph, with gusts as high as 21 mph.</div>
```

Das ist genau das, wonach Sie gesucht haben! Offenbar sind die Vorhersagedaten in einem `<div>`-Element mit der CSS-Klasse `forecast-text` enthalten.

Klicken Sie mit der rechten Maustaste auf dieses Element in der Entwicklerkonsole Ihres Browsers und wählen Sie im erscheinenden Kontextmenü *Copy → Selektor*. Diese Option kopiert einen String wie `'div.row-odd:nth-child(1) > div:nth-child(2)'` in die Zwischenablage. Sie können ihn anschließend der `select()`-Methode von Beautiful Soup oder der Methode `find_element()` von Selenium – wie später in diesem Kapitel erläutert – übergeben, um das Element im String zu finden.

Die in diesem String verwendete *CSS-Selektor*-Syntax gibt an, welche HTML-Elemente von einer Webseite abgerufen werden sollen. Die vollständige Selektor-Syntax liegt außerhalb des Rahmens dieses Buchs, aber Sie können den Selektor aus den Entwicklertools des Browsers entnehmen, wie wir es hier gemacht haben. *XPath* ist eine weitere Syntax zur Auswahl von HTML-Elementen, wird jedoch ebenfalls nicht in diesem Buch behandelt.

Beachten Sie, dass Sie die HTML-Tags, die Ihre Skripte überprüfen, aktualisieren müssen, wenn eine Webseite ihr Layout ändert. Dies kann mit wenig oder ganz ohne Vorwarnung passieren, daher sollten Sie Ihr Programm im Auge behalten, falls plötzlich Fehler auftreten, weil bestimmte Elemente nicht gefunden werden können. Im Allgemeinen ist es besser, die API einer Webseite zu verwenden, falls eine angeboten wird, da sich diese weit seltener ändert als die Seite selbst.

HTML mit Beautiful Soup parsen

Beautiful Soup ist ein Paket zur Extraktion von Informationen aus einer HTML-Seite. Sie installieren das Paket unter dem Namen `beautifulsoup4`, importieren es jedoch mit dem kürzeren Modulnamen `bs4`. In diesem Abschnitt setzen wir Beautiful Soup ein, um die HTML-Datei unter *https://autbor.com/examlpe3.html* zu ***parsen*** (also zu analysieren und die Bestandteile zu extrahieren). Die Datei hat den folgenden Inhalt:

```
<!-- This is an HTML comment. -->

<html>
<head>
    <title>Example Website Title</title>
    <style>
        .slogan {
            color: gray;
            font-size: 2em;
        }
    </style>
</head>
```

```
<body>
    <h1>Example Website</h1>
    <p>This &lt;p&gt; tag puts <b>content</b> into a <i>single</i>
paragraph.</p>
    <p><a href="https://inventwithpython.com">This text is a link</a>
to books by <span id="author">Al Sweigart</span>.</p>
    <p><img src="wow_such_zophie_thumb.webp" alt="Close up of my cat
Zophie." /></p>
    <p class="slogan">Learn to program in Python!</p>
    <form>
        <p><label>Username: <input id="login_user"
placeholder="admin" /></label></p>
        <p><label>Password: <input id="login_pass" type="password"
placeholder="swordfish" /></label></p>
        <p><label>Agree to disagree: <input type="checkbox" /></
label><input type="submit" value="Fake Button" /></p>
    </form>
</body>
</html>
```

Bitte beachten Sie, dass das Anmeldeformular auf dieser Seite nicht echt ist und lediglich zu kosmetischen Zwecken eingefügt wurde.

Selbst eine einfache HTML-Datei umfasst viele verschiedene Tags und Attribute. Bei komplexen Webseiten kann dies schnell unübersichtlich werden. Glücklicherweise vereinfacht Beautiful Soup den Umgang mit HTML entscheidend.

Ein Beautiful-Soup-Objekt erstellen

Die Funktion `bs4.BeautifulSoup()` nimmt einen String mit dem zu analysierenden HTML entgegen und gibt Ihnen ein `BeautifulSoup`-Objekt zurück. Geben Sie zum Beispiel Folgendes in die interaktive Shell ein, während Ihr Computer mit dem Internet verbunden ist:

```
>>> import requests, bs4
>>> res = requests.get('https://autbor.com/beispiel3.html')
>>> res.raise_for_status()
>>> suppe = bs4.BeautifulSoup(res.text, 'html.parser')
>>> type(suppe)
<class 'bs4.BeautifulSoup'>
```

Dieser Code nutzt `requests.get()`, um die Beispielseite von *Automate the Boring Stuff* herunterzuladen, und übergibt anschließend das `text`-Attribut der Antwort an `bs4.BeautifulSoup()`. Beautiful Soup kann verschiedene Formate analysieren. Das Argument `'html.parser'` gibt an, dass HTML analysiert wird. Abschließend speichert der Code das zurückgegebene `BeautifulSoup`-Objekt in der Variablen `suppe`.

Sie können auch eine HTML-Datei von Ihrem Laufwerk einlesen, indem Sie ein `Datei`-Objekt an `bs4.BeautifulSoup()` übergeben. Geben Sie Folgendes in die interaktive Shell ein (stellen Sie sicher, dass sich die Datei *example3.html* im Arbeitsverzeichnis befindet):

```
>>> import bs4
>>> mit open('example3.html') as datei:
...     suppe = bs4.BeautifulSoup(datei, 'html.parser')
...
>>> type(suppe)
<class 'bs4.BeautifulSoup'>
```

Sobald Sie ein `BeautifulSoup`-Objekt besitzen, können Sie dessen Methoden verwenden, um gezielt bestimmte Abschnitte eines HTML-Dokuments zu finden.

Ein Element finden

Sie können ein Webseiten-Element aus einem `BeautifulSoup`-Objekt abrufen, indem Sie dessen Methode `select()` aufrufen und einen CSS-Selektor-String für das gewünschte Element übergeben. Die Methode gibt eine Liste von `Tag`-Objekten zurück, die die passenden HTML-Elemente repräsentieren. Tabelle 13.2 zeigt Beispiele für die gängigsten CSS-Selektor-Muster mit `select()`.

CSS-Selektor für `select()`	Passt auf ...
`suppe.select('div')`	alle <div>-Elemente
`suppe.select('#author')`	das Element mit einem id-Attribut mit dem Inhalt `author`
`suppe.select('.notice')`	alle Elemente, die ein CSS-class-Attribut namens `notice` besitzen
`suppe.select('div span')`	alle Elemente <span>, die sich innerhalb eines Elements <div> befinden
`soup.select('div > span')`	alle <span>-Elemente, die sich *direkt* innerhalb eines <div>-Elements befinden, ohne dass ein weiteres Element dazwischenliegt
`soup.select( 'input[name]')`	alle <input>-Elemente, die ein name-Attribut mit beliebigem Wert besitzen
`soup.select( 'input[type="button"]')`	alle <input>-Elemente, die ein Attribut type mit dem Wert `button` besitzen

Tab. 13.2 *Beispiele für CSS-Selektoren*

Sie können die verschiedenen Selektor-Muster kombinieren, um anspruchsvolle Übereinstimmungen zu erzielen. Zum Beispiel findet `soup.select('p #author')` jedes Element, das über ein `id`-Attribut mit dem Wert `author` verfügt, sofern es sich außerdem innerhalb eines `<p>`-Elements befindet.

Sie können Tag-Werte an die Funktion `str()` übergeben, um die HTML-Tags anzuzeigen, die sie repräsentieren. Tag-Werte verfügen über ein `attrs`-Attribut, das alle ihre HTML-Attribute als Dictionary enthält. Laden Sie zum Beispiel die Seite *https://autbor.com/example3.html* als *beispiel3.html* herunter und geben Sie dann Folgendes in die interaktive Shell ein:

```
>>> import bs4
>>> datei = open('beispiel3.html')
>>> suppe = bs4.BeautifulSoup(datei.read(), 'html.parser')
>>> elemente = suppe.select('#author')
>>> type(elemente) # elemente ist eine Liste von Tag-Objekten.
<class 'bs4.element.ResultSet'>
>>> len(elemente)
1
>>> type(elemente[0])
<class 'bs4.element.Tag'>
>>> str(elemente[0])  # Tag-Objekt als String
'<span id="author">Al Sweigart</span>'
>>> elemente[0].gettext()  # innere Text des Elements
'Al Sweigart'
>>> elemente[0].attrs
{'id': 'author'}
```

Dieser Code findet das Element mit `id="author"` in unserem Beispiel-HTML. Mit `select('#author')` wird eine Liste aller Elemente mit `id="author"` zurückgegeben. Anschließend speichern wir diese Liste von `Tag`-Objekten in der Variable `elemente`. Wenn Sie `len(elems)` ausführen, erfahren Sie, dass sich ein `Tag`-Objekt in der Liste befindet – es gab also genau eine Übereinstimmung.

Übergeben Sie das Element an `str()`, erhalten Sie einen String mit den öffnenden und schließenden Tags sowie dem Text des Elements. Rufen Sie `gettext()` für das Element auf, erhalten Sie dessen Text – also den Inhalt zwischen den öffnenden und schließenden Tags: in diesem Fall `'Al Sweigart'`. Abschließend liefert `attrs` ein Dictionary mit dem Attribut des Elements, `'id'`, sowie dem Wert des `id`-Attributs, `'author'`.

Sie können außerdem alle `<p>`-Elemente aus dem `BeautifulSoup`-Objekt extrahieren. Geben Sie dies in die interaktive Shell ein:

```
>>> p_elems = suppe.select('p')
>>> str(p_elems[0])
'<p>This &lt;p&gt; tag puts <b>content</b> into a <i>single</i>
paragraph.</p>'
>>> p_elems[0].gettext()
'This <p> tag puts content into a single paragraph.'
>>> str(p_elems[1])
'<p> <a href ="https://inventwithpython .com /">This text is a link</
a>
to books by <span id="author">Al Sweigart</span>.</p>'
>>> p_elems[1].gettext()
'This text is a link to books by Al Sweigart.'
>>> str(p_elems[2])
'<p><img alt="Close-up of my cat Zophie."
src="wow_such_zophie_thumb.webp"/></p>'
>>> p_elems[2].gettext()
''
```

Diesmal liefert `select()` Ihnen eine Liste mit drei Treffern, die wir in `p_elems` speichern. Wenn Sie `str()` auf `p_elems[0]`, `p_elems[1]` und `p_elems[2]` anwenden, zeigt Ihnen das jedes Element als String, und verwenden Sie `gettext()` auf jedes Element, sehen Sie dessen Text.

Daten aus den Attributen eines Elements abrufen

Die Methode `get()` für `Tag`-Objekte ermöglicht Ihnen den Zugriff auf HTML-Attributwerte eines Elements. Sie übergeben der Methode einen Attributnamen als String und erhalten den entsprechenden Wert zurück. Nutzen Sie *beispiel3.html* von *https://autbor.com/example3.html* und geben Sie Folgendes in die interaktive Shell ein:

```
>>> import bs4
>>> soup = bs4.BeautifulSoup(open('beispiel3.html'), 'html.parser')
>>> span_elem = soup.select('span')[0]
>>> str(span_elem)
'<span id="author">Al Sweigart</span>'
>>> span_elem.get('id')
'author'
>>> span_elem.get('irgendwas_nicht_existentes') == None
True
>>> span_elem.attrs
{'id': 'author'}
```

Hier nutzen wir `select()`, um beliebige <span>-Elemente zu finden, und speichern anschließend das erste gefundene Element in `span_elem`. Wenn Sie den Attributnamen `'id'` an `get()` übergeben, erhalten Sie den Wert des Attributs, also `'author'`.

Projekt 7: Alle Suchergebnisse öffnen

Wenn ich ein Thema in einer Suchmaschine nachschlage, sehe ich mir nicht nur ein Suchergebnis nach dem anderen an. Indem ich mit der *mittleren Maustaste* auf einen Suchergebnis-Link klicke (oder mit gedrückter `Strg`-Taste daraufklicke), öffne ich die ersten paar Links jeweils in neuen Tabs, um sie später zu lesen. Ich suche so häufig im Internet, dass dieser Ablauf – Browser öffnen, nach einem Thema suchen und dann mehrere Links einzeln mit der mittleren Maustaste anklicken – mühsam ist. Es wäre praktisch, wenn ich einfach einen Begriff in die Kommandozeile eingeben und mein Computer automatisch die wichtigsten Suchergebnisse in neuen Browser-Tabs öffnen würde.

Lassen Sie uns ein Skript schreiben, das dies für die Suchergebnisseite auf Github unter *https://github.com* erledigt. Ein solches Programm ließe sich für viele andere Websites anpassen, auch wenn Google, DuckDuckGo, Amazon und andere große Seiten oft Maßnahmen ergreifen, die das Scrapen ihrer Suchergebnisseiten erschweren.

Das sollte das Programm tun:

- die Suchbegriffe aus den Kommandozeilenargumenten holen
- die Ergebnisseite der Suche abrufen
- für jedes Ergebnis einen Browser-Tab öffnen

Das bedeutet, Ihr Code muss Folgendes umsetzen:

- die Kommandozeilenargumente aus `sys.argv` holen
- die Suchergebnisseite mit dem Modul `requests` abfragen
- die Links zu den einzelnen Suchergebnissen finden
- die Funktion `webbrowser.open()` aufrufen, um den Browser zu öffnen

Öffnen Sie einen neuen Dateieditor-Tab und speichern Sie ihn als *searchpypi.py*.

Schritt 1: Die Suchseite abrufen

Bevor Sie mit dem Programmieren beginnen, müssen Sie zunächst die URL der Suchergebnisseite kennen. Wenn Sie nach einer Suche in die Adressleiste Ihres Browsers schauen, sehen Sie, dass die Ergebnisseite eine URL wie diese hat: *https://github.com/search?q=<Suchbegriff>&type=repositories*. Das Modul `requests` kann diese Seite herunterladen; anschließend können Sie mit Beautiful Soup die Links der Suchergebnisse im HTML finden. Schließlich nutzen Sie das Modul `webbrowser`, um diese Links in Browser-Tabs zu öffnen.

Gestalten Sie Ihren Code wie folgt:

```
# searchpypi.py - Öffnet mehrere Suchergebnisse auf github.com

import requests, sys, webbrowser, bs4

url = 'https://github.com/search?type=repositories&q=' + ' '.
join(sys.argv[1:])
print(f'Suche {url}...')  # Zeige während des Suchens Text an.
res = requests.get(url)
res.raise_for_status()
# TODO: Links zu den ersten Suchergebnissen holen

# TODO: Für jedes Ergebnis einen Browsertab öffnen
```

Man gibt die Suchbegriffe beim Start des Programms als Kommandozeilenargumente an, und der Code speichert diese Argumente als Strings in einer Liste in `sys.argv`.

Schritt 2: Alle Ergebnisse finden

Nun verwenden Sie Beautiful Soup, um die Links zu den wichtigsten Suchergebnissen aus dem heruntergeladenen HTML zu extrahieren. Doch wie bestimmen Sie den passenden Selektor für diese Aufgabe? Sie können zum Beispiel nicht einfach nach allen <a>-Tags suchen, da im HTML zahlreiche Links enthalten sind, die Sie nicht interessieren. Stattdessen sollten Sie die Ergebnisseite mit den Entwicklertools Ihres Browsers untersuchen, um einen Selektor zu finden, der gezielt nur die gewünschten Links auswählt.

Nachdem Sie eine Suche nach *pyautogui* durchgeführt haben, können Sie die Entwicklertools Ihres Browsers öffnen und einige der Link-Elemente auf der Seite untersuchen. Sie können kompliziert wirken, etwa so: `<a class="Link__StyledLink-sc-1syctfj-0 prc-Link-Link-85e08" href="/asweigart/pyautogui"><span …>asweigart/<em>pyautogui</em></span></a>`. Doch es ist egal, dass das Element äußerst kompliziert erscheint. Sie müssen lediglich das Muster finden, das alle Links in den Suchergebnissen gemeinsam haben. In diesem Fall gehen wir noch weiter nach außen und finden ein Element `<div class="… search-title">`, das den Link und den angezeigten Text umschließt und sich von allen anderen Links auf der Seite unterscheidet, sodass wir unnötige Links auf der Webseite ausschließen können. Das ergibt den CSS-Selektor `div.search-title a`, was so viel bedeutet wie »Finde alle `div`-Elemente mit der CSS-Klasse `search-title` und darin die enthaltenen a-Elemente«.

Daher gestalten Sie Ihren Code wie folgt:

```
# searchpypi.py - Öffnet mehrere Suchergebnisse auf github.com
import requests, sys, webbrowser, bs4
--schnipp--
# Links zu den ersten Suchergebnissen holen
soup = bs4.BeautifulSoup(res.text, 'html.parser')
# Für jedes Ergebnis einen Browsertab öffnen
link_elems = soup.select('div.search-title a')
```

Sie können aus dem HTML-Text der heruntergeladenen Seite ein `BeautifulSoup`-Objekt erstellen und anschließend mit dem Selektor `'div.search-title a'` alle <a>-Elemente finden, die sich innerhalb eines `div`-Elements mit der CSS-Klasse `search-title` befinden. Beachten Sie, dass Sie unter Umständen diesen Programmcode mit einem neuen CSS-Selektor aktualisieren müssen, falls die Github-Seite ihr Layout ändert, damit er als Argument für `soup.select()` übergeben werden kann. Der restliche Programmcode sollte aktuell bleiben.

> **Anmerkung des Übersetzers**
> Das ursprüngliche Beispiel dieses Buchs nutzte den Python Package Index auf *http://pypi.org* als Programmierprojekt. Aber weil genau das passiert ist, dass sich die Webseite geändert hat und nun JavaScript verlangt, wurde das Projekt auf Github umgestellt.

Schritt 3: Browser für jedes Ergebnis öffnen

Abschließend müssen Sie dem Programm mitteilen, für die Ergebnisse Browser-Tabs zu öffnen. Fügen Sie Folgendes ans Ende Ihres Programms hinzu:

```
# searchpypi.py - Öffnet mehrere Suchergebnisse auf github.com
import requests, sys, webbrowser, bs4
--schnipp--
# Für jedes Ergebnis einen Browsertab öffnen
link_elems = soup.select('div.search-title a')
öffne_anzahl = min(5, len(link_elems))
print(len(link_elems), 'Links gefunden, öffne', öffne_anzahl)
for i in range(öffne_anzahl):
    öffne_url = 'https://github.com' + link_elems[i].get('href')
    print('Öffne', öffne_url)
    webbrowser.open(öffne_url)
```

Standardmäßig öffnet das Programm die ersten fünf Suchergebnisse in neuen Tabs mittels des Moduls `webbrowser`. Allerdings kann man nach etwas gesucht haben, das weniger als fünf Ergebnisse liefert. Der Aufruf von `soup.select()` gibt eine Liste aller Elemente zurück, die mit Ihrem Selektor `'div.search-title a'` übereinstimmen. Die Anzahl der zu öffnenden Tabs ist also entweder `5` oder die Länge dieser Liste – je nachdem, welcher Wert kleiner ist.

Die eingebaute Python-Funktion `min()` gibt die kleinste der übergebenen Zahlen zurück. Es gibt auch eine eingebaute `max()`-Funktion, die das größte übergebene Argument zurückgibt. Mit `min()` finden Sie heraus, ob weniger als fünf Links in der Liste enthalten sind, und speichern die Anzahl der zu öffnenden Links in `öffne_anzahl`. Anschließend können Sie mit einer `for`-Schleife und dem Aufruf von `range(öffne_anzahl)` die gewünschte Wiederholung durchführen.

Bei jeder Iteration der Schleife nutzen Sie `webbrowser.open()`, um einen neuen Tab im Browser zu öffnen. Beachten Sie, dass der Wert des `href`-Attributs in den zurückgegebenen `<a>`-Elementen nicht den Anfang »https://github.com« enthält. Daher müssen Sie diesen an den Wert des `href`-Attributs anhängen.

So können Sie jetzt die ersten fünf Github-Suchergebnisse zu etwa *boring stuff* sofort öffnen, indem Sie `searchpypi boring stuff` in der Kommandozeile ausführen! In Kapitel 12 erfahren Sie, wie Sie Programme auf Ihrem Betriebssystem bequem starten.

Ideen für ähnliche Programme

Tabbed Browsing ermöglicht es Ihnen, Links unkompliziert in neuen Tabs zu öffnen und später durchzusehen. Ein Programm, das eigenständig mehrere Links gleichzeitig öffnet, kann eine hilfreiche Abkürzung sein, um Folgendes zu erledigen:

- alle Produktseiten nach einer Suche auf einer Shopping-Seite wie Amazon öffnen
- alle Links zu Rezensionen eines einzelnen Produkts öffnen
- die Ergebnislinks zu Fotos nach einer Suche auf einer Fotoseite wie Flickr oder Imgur öffnen

Projekt 8: XKCD-Comics herunterladen

Blogs, Webcomics und andere regelmäßig aktualisierte Websites bieten normalerweise eine Startseite mit dem neuesten Beitrag sowie eine Rückwärts-Schaltfläche auf der Seite, die man zum vorherigen Beitrag führt. Und auch der Beitrag verfügt dann über eine Rückwärts-Schaltfläche, und so entsteht eine Spur von der aktuellsten Seite bis zum ersten Beitrag der Website. Wenn Sie eine Kopie des Inhalts der Seite haben möchten, um sie offline zu lesen, könnten Sie jede Seite manuell aufrufen und speichern. Das ist jedoch ziemlich langweilige Arbeit – schreiben wir stattdessen ein Programm.

XKCD, siehe Abbildung 13.5, ist ein beliebter Geek-Webcomic mit einer Website, deren Struktur genau diesem Muster entspricht. Die Startseite unter *https://xkcd.com* verfügt über eine Rückwärts-Schaltfläche, die man durch frühere Comics zurückführt. Jeden Comic einzeln herunterzuladen, würde ewig dauern, aber Sie können ein Skript schreiben, das dies in wenigen Minuten erledigt.

Abb. 13.5 *XKCD, »ein Webcomic über Romantik, Sarkasmus, Mathematik und Sprache«*

Ihr Programm soll Folgendes tun:

- die Startseite von XKCD laden
- das Comic-Bild dieser Seite speichern
- dem Link zum vorherigen Comic folgen
- dies wiederholen, bis das erste Comic oder das maximale Download-Limit erreicht ist.

Das heißt, Ihr Code muss Folgendes leisten:

- Seiten mit dem Modul `requests` herunterladen
- die URL des Comic-Bildes einer Seite mit Beautiful Soup ermitteln
- das Comic-Bild mit `iter_content()` herunterladen und abspeichern
- die URL des Links zum vorherigen Comic ermitteln und den Vorgang wiederholen

Öffnen Sie einen neuen Dateieditor-Tab und speichern Sie diesen unter *downloadXkcdComics.py*.

Schritt 1: Das Programm entwerfen

Wenn Sie die Entwicklertools Ihres Browsers öffnen und die Elemente auf der Seite inspizieren, sollten Sie Folgendes sehen:

- Das `src`-Attribut eines `<img>`-Elements enthält die URL der Comic-Bilddatei.
- Das `<img>`-Element befindet sich innerhalb eines `<div id="comic">`-Elements.
- Die Rückwärts-Schaltfläche *Prev* besitzt ein HTML-Attribut `rel` mit dem Wert `prev`.
- Die Rückwärts-Schaltfläche des ältesten Comics verweist auf die URL *https://xkcd.com*, was darauf hinweist, dass es keine vorherigen Seiten mehr gibt.

Um zu verhindern, dass die Leserinnen und Leser dieses Buches zu viel Bandbreite der XKCD-Website beanspruchen, begrenzen wir die Anzahl der Downloads standardmäßig auf 10. Gestalten Sie Ihren Code wie folgt:

```
# downloadXkcdComics.py - Lädt XKCD-Comics herunter

import requests, os, bs4, time

url = 'https://xkcd.com'  # Start-URL
os.makedirs('xkcd', exist_ok=True)  # Speichert Comics in ./xkcd
anz_downloads = 0
MAX_DOWNLOADS = 10
while not url.endswith('#') and anz_downloads < MAX_DOWNLOADS:
    # TODO: Seite herunterladen

    # TODO: URL des Comic-Bildes finden

    # TODO: Bild herunterladen

    # TODO: Bild in ./xkcd speichern

    # TODO: URL der Rückwärts-Schaltfläche abrufen
```

Das Programm erzeugt eine `url`-Variable, die zunächst den Wert `'https://xkcd.com'` erhält und diesen anschließend in einer `while`-Schleife fortlaufend mit der URL des Rückwärts-Links der aktuellen Seite aktualisiert. In jedem Schritt der Schleife laden Sie den Comic unter `url` herunter. Die Schleife endet, wenn `url` mit `'#'` endet oder Sie bereits `MAX_DOWNLOADS` Comics heruntergeladen haben.

Wir laden die Bilddateien in einen Ordner namens *xkcd* im aktuellen Arbeitsverzeichnis herunter. Der Aufruf von `os.makedirs()` stellt sicher, dass dieser Ordner existiert; das Schlüsselwortargument `exist_ok=True` bewirkt, dass die Funktion keinen Fehler auslöst, falls dieser Ordner bereits vorhanden ist.

Schritt 2: Die Webseite herunterladen

Lassen Sie uns den Code zum Herunterladen der Seite implementieren. Gestalten Sie Ihren Code wie folgt:

```
# downloadXkcdComics.py - Lädt XKCD-Comics herunter

import requests, os, bs4, time

url = 'https://xkcd.com'  # Start-URL
os.makedirs('xkcd', exist_ok=True)  # Speichert Comics in ./xkcd
anz_downloads = 0
MAX_DOWNLOADS = 10
while not url.endswith('#') and anz_downloads < MAX_DOWNLOADS:
    # Seite herunterladen
    print(f'Seite {url} wird heruntergeladen...')
    res = requests.get(url)
    res.raise_for_status()

    soup = bs4.BeautifulSoup(res.text, 'html.parser')

    # TODO: URL des Comic-Bildes finden

    # TODO: Bild herunterladen

    # TODO: Bild in ./xkcd speichern

    # TODO: URL der Rückwärts-Schaltfläche abrufen

print('Fertig.')
```

Zunächst wird `url` ausgegeben, damit man weiß, welche URL das Programm gleich herunterladen wird; anschließend nutzen Sie das Modul `requests` und dessen Funktion `requests.get()`, um sie herunterzuladen. Wie immer rufen wir sofort die Methode `raise_for_status()` der `Response` auf, um eine Ausnahme auszulösen und das Programm zu beenden, falls beim Download ein Fehler aufgetreten ist. Andernfalls erstellen wir ein `BeautifulSoup`-Objekt aus dem Text der heruntergeladenen Seite.

Schritt 3: Finden und Herunterladen des Comic-Bilds

Um den Comic auf jeder Seite herunterzuladen, schreiben Sie den Code wie folgt:

```
# downloadXkcdComics.py - Lädt XKCD-Comics herunter

import requests, os, bs4, time

--schnipp--
```

```
        # URL des Comic-Bildes finden
        comic_elem = soup.select('#comic img')
        if comic_elem == []:
            print('Comic-Bild konnte nicht gefunden werden.')
        else:
            comic_url = 'https:' + comic_elem[0].get('src')
            # Bild herunterladen
            print(f'Lade Bild {comic_url} herunter...')
            res = requests.get(comic_url)
            res.raise_for_status()

        # TODO: Bild in ./xkcd speichern

        # TODO: URL der Rückwärts-Schaltfläche abrufen

    print('Fertig.')
```

Da Sie die XKCD-Startseite mit Ihren Entwicklertools untersucht haben, wissen Sie, dass sich das `<img>`-Element für das Comic-Bild in einem weiteren Element mit dem Attribut `id` und dem Wert `comic` befindet. Mit dem Selektor `'#comic img'` erhalten Sie somit das korrekte `<img>`-Element aus dem `BeautifulSoup`-Objekt.

Einige XKCD-Seiten enthalten spezielle Inhalte, die keine einfache Bilddatei darstellen. Das ist unproblematisch, Sie überspringen diese einfach. Findet Ihr Selektor keine Elemente, gibt `soup.select('#comic img')` ein `ResultSet`-Objekt mit einer leeren Liste zurück. In einem solchen Fall kann das Programm einfach eine Fehlermeldung ausgeben und fortfahren, ohne das Bild herunterzuladen.

Andernfalls gibt der Selektor eine Liste mit einem `<img>`-Element zurück. Sie können das `src`-Attribut dieses `<img>`-Elements auslesen und an `requests.get()` übergeben, um die Bilddatei des Comics herunterzuladen.

Schritt 4: Das Bild speichern und den vorherigen Comic suchen

Zu diesem Zeitpunkt liegt die Bilddatei des Comics in der `res`-Variable vor. Sie müssen diese Bilddaten in eine Datei auf der Festplatte schreiben. Gestalten Sie Ihren Code wie folgt:

```
# downloadXkcdComics.py - Lädt XKCD-Comics herunter

import requests, os, bs4, time

--schnipp--

            # Bild in ./xkcd speichern
            dateiname = os.path.join('xkcd', os.path.basename(comic_url))
            with open(dateiname, 'wb') as bild:
```

```
            for stück in res.iter_content(100000):
                bild.write(stück)

    # Ermitteln der URL der Rückwärts-Schaltfläche
    prev_link = soup.select('a[rel="prev"]')[0]
    url = 'https://xkcd.com' + prev_link.get('href')
    anz_downloads += 1
    time.sleep(1)  # Kurze Pause, damit wir den Webserver nicht
überlasten

print('Fertig.')
```

Sie benötigen außerdem einen Dateinamen für die lokale Bilddatei, den Sie an `open()` übergeben. Die `comic_url` hat etwa den Wert `'https://imgs.xkcd.com/comics/heartbleed_explanation.png'` – vielleicht ist Ihnen schon aufgefallen, dass dies einem Dateipfad recht ähnlich sieht. Tatsächlich können Sie `os.path.basename()` mit `comic_URL` aufrufen, um nur den letzten Teil der URL, `'heartbleed_explanation.png'`, zu erhalten und diesen als `dateiname` beim Speichern des Bildes zu verwenden. Verbinden Sie diesen Namen mit dem Namen Ihres Ordners `xkcd`, indem Sie `os.path.join()` verwenden. Ihr Programm verwendet dadurch Backslashes (\) unter Windows und Schrägstriche (/) unter macOS sowie Linux. Nun, da Sie endlich den Dateinamen haben, können Sie `open()` aufrufen, um eine neue Datei im Modus `'wb'` zu öffnen. Mit dem `with` stellen Sie sicher, dass Sie nicht vergessen, am Ende `bild.close()` aufzurufen, denn der Kontextmanager, den `with` erzeugt, macht das automatisch.

Erinnern Sie sich an den Anfang dieses Kapitels: Um Dateien zu speichern, die Sie mit `requests` heruntergeladen haben, müssen Sie über die Rückgabe der Methode `iter_content()` iterieren. Der Code in der `for`-Schleife schreibt Stücke der Bilddaten in die Datei und speichert damit das Bild.

Anschließend identifiziert der Selektor `'a[rel="prev"]'` das <a>-Element mit dem Attribut `rel`, das auf `prev` gesetzt ist. Sie nutzen das Attribut `href` des <a>-Elements, um die URL des vorherigen Comics zu erhalten, die dann in `url` für den nächsten Durchlauf gespeichert wird.

Der letzte Abschnitt des Codes der Schleife erhöht `anz_downloads` um `1`, sodass nicht standardmäßig alle Comics heruntergeladen werden. Außerdem wird mit `time.sleep(1)` eine Pause von einer Sekunde eingefügt, um zu verhindern, dass das Skript die Seite »bombardiert« (also unhöflich Comics so schnell wie möglich herunterlädt, was zu Performanceproblemen für andere Besucher der Website führen kann). Dann startet die `while`-Schleife den gesamten Download-Prozess erneut.

Die Ausgabe dieses Programms wird folgendermaßen aussehen:

```
Seite https://xkcd.com wird heruntergeladen...
Lade Bild https://imgs.xkcd.com/comics/physics_insight.png herun-
ter...
Seite https://xkcd.com/3153/ wird heruntergeladen...
Lade Bild https://imgs.xkcd.com/comics/hot_water_balloon.png herun-
ter...
Seite https://xkcd.com/3152/ wird heruntergeladen...
Lade Bild https://imgs.xkcd.com/comics/skateboard.png herunter...
Seite https://xkcd.com/3151/ wird heruntergeladen...
Lade Bild https://imgs.xkcd.com/comics/window_screen.png herunter...
--schnipp--
```

Dieses Projekt ist ein gutes Beispiel für ein Programm, das automatisch Links verfolgt, um große Datenmengen aus dem Web zu extrahieren. Nähere Informationen zu den weiteren Funktionen von Beautiful Soup finden Sie in der Dokumentation unter *https://www.crummy.com/software/BeautifulSoup/bs4/doc*.

Ideen für ähnliche Programme

Viele Web-Crawling-Programme laden Seiten herunter und folgen Links. Ähnliche Programme könnten Folgendes tun:

- Sichern einer gesamten Site, indem allen Links gefolgt wird
- Kopieren aller Nachrichten eines Web-Forums
- Duplizieren des Katalogs von Artikeln, die in einem Onlineshop zum Verkauf stehen

Die Module `requests` und `bs4` sind hervorragend, solange Sie die URL herausfinden, die Sie an `requests.get()` übergeben müssen. Allerdings ist diese URL nicht immer so einfach zu finden. Oder vielleicht erfordert die Webseite, die Ihr Programm besuchen soll, dass Sie sich zunächst anmelden. Selenium verleiht Ihren Programmen die Fähigkeit, solche anspruchsvollen Aufgaben auszuführen.

Den Browser mit Selenium steuern

Selenium ermöglicht es Python, den Browser direkt zu steuern, indem Links angeklickt und Formulare ausgefüllt werden – wie ein menschlicher Nutzer. Mit Selenium können Sie wesentlich fortschrittlicher mit Webseiten interagieren als mit `requests` und Beautiful Soup, doch da ein Browser gestartet wird, ist es etwas langsamer und schwieriger im Hintergrund auszuführen, wenn Sie zum Beispiel nur ein paar Dateien aus dem Web herunterladen möchten.

Wenn Sie jedoch mit einer Webseite auf eine Weise interagieren müssen, die beispielsweise vom JavaScript-Code abhängt, der die Seite aktualisiert, müssen Sie statt `requests` Selenium verwenden. Das liegt daran, dass große E-Commerce-Websites wie Amazon mit an Sicherheit grenzender Wahrscheinlichkeit Softwaresysteme einsetzen, die Scripting-Verkehr erkennen, der Informationen abgrast oder mehrere kostenlose Konten anlegt. Diese Websites können Ihnen nach einer Weile den Zugriff auf Seiten verweigern und dadurch alle von Ihnen erstellten Skripte funktionsunfähig machen. Selenium arbeitet auf diesen Seiten in der Regel wesentlich zuverlässiger als `requests`.

Ein Hauptindikator für Webseiten, dass man ein Skript verwendet, ist der *user-agent*-String, der den Browser kennzeichnet und in allen HTTP-Requests enthalten ist. Der User-Agent-String für das Modul `requests` ist zum Beispiel etwa `'python-requests/X.XX.X'`. Sie können beispielsweise eine Seite wie *https://www.whatsmyua.info* besuchen, um Ihren User-Agent-String zu sehen. Mit Selenium ist es erheblich wahrscheinlicher, dass Sie als Mensch erkannt werden, denn nicht nur verwendet Selenium denselben User Agent wie ein regulärer Browser (beispielsweise `'Mozilla/5.0 (Windows NT 10.0; Win64; x64; rv:108.0) Gecko/20100101 Firefox/108.0'`), sondern es zeigt auch das gleiche Verkehrsmuster: Ein von Selenium gesteuerter Browser lädt Bilder, Werbung, Cookies und datenschutzverletzende Tracker genauso wie ein gewöhnlicher Browser. Dennoch finden Websites weiterhin Möglichkeiten, Selenium zu erkennen, und große Ticket- sowie E-Commerce-Seiten sperren es häufig, um das Web Scraping ihrer Seiten zu unterbinden.

Start eines von Selenium gesteuerten Browsers

Die folgenden Beispiele zeigen Ihnen, wie Sie den Browser Firefox steuern. Sollten Sie Firefox noch nicht installiert haben, können Sie ihn kostenlos unter *https://getfirefox.com* herunterladen.

Das Importieren der Selenium-Module ist ein wenig anspruchsvoll. Anstelle von `import selenium` müssen Sie `from selenium import webdriver` verwenden. (Der genaue Grund, warum Selenium auf diese Weise eingerichtet ist, liegt nicht im Rahmen dieses Buches.) Danach können Sie den Firefox-Browser mit Selenium starten. Geben Sie dazu Folgendes in die interaktive Shell ein:

```
>>> from selenium import webdriver
>>> browser = webdriver.Firefox()
>>> type(browser)
<class 'selenium.webdriver.firefox.webdriver.WebDriver'>
>>> browser.get('https://inventwithpython.com')
```

Sie werden feststellen, dass beim Aufruf von `webdriver.Firefox()` der Firefox-Browser startet. Wenn Sie `type()` für den Wert `webdriver.Firefox()` aufrufen, sehen Sie, dass dieser vom Datentyp `WebDriver` ist. Mit dem Aufruf von `browser.get('https://inventwithpython.com')` navigieren Sie den Browser zu *https://inventwithpython.com*. Ihr Browser sollte nun etwa wie in Abbildung 13.6 aussehen.

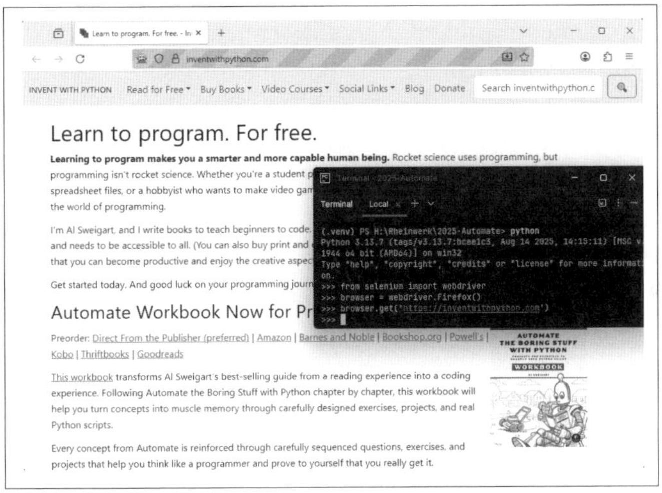

Abb. 13.6 *Nachdem Sie `webdriver.Firefox()` und `get()` in der interaktiven Shell aufgerufen haben, erscheint der Firefox-Browser.*

Wenn Sie die Fehlermeldung »geckodriver executable needs to be in PATH« erhalten, müssen Sie den Webbrowser-Treiber für Firefox manuell herunterladen, bevor Sie Selenium zu dessen Steuerung verwenden können. Sie können auch andere Browser automatisieren, indem Sie den jeweiligen Webbrowser-Treiber installieren. Statt die Browser-Webbrowser-Treiber manuell herunterzuladen, können Sie das Paket WebDriver Manager von `https://pypi.org/project/webdriver-manager/` nutzen.

Browser-Schaltflächen anklicken

Selenium kann Klicks auf verschiedene Browser-Schaltflächen mit den folgenden Methoden simulieren:

- `browser.back()` – Klickt auf die Zurück-Schaltfläche.
- `browser.forward()` – Klickt auf die Vorwärts-Schaltfläche.
- `browser.refresh()` – Klickt auf die Aktualisieren/Neu laden-<Schaltfläche.
- `browser.quit()` – Klickt auf die Fenster schließen-Schaltfläche.

Elemente auf der Seite finden

Ein `WebDriver`-Objekt bietet die Methoden `find_element()` und `find_elements()`, um Elemente auf einer Webseite zu finden. Die Methode `find_element()` gibt das erste Element auf der Seite als einzelnes `WebElement`-Objekt, das Ihrer Suchanfrage entspricht, aus. Die Methode `find_elements()` gibt eine Liste von `WebElement`-Objekten für jedes übereinstimmende Element der Seite zurück.

Sie können Elemente anhand ihres Klassennamens, CSS-Selektors, ihrer ID oder auf andere Weise finden. Führen Sie zunächst `from selenium.webdriver.common.by import By` aus, um das `By`-Objekt zu erhalten. Das `By`-Objekt bietet mehrere Konstanten, die Sie an die Methoden `find_element()` und `find_elements()` übergeben können. Tabelle 13.3 führt diese Konstanten auf.

Name der Konstante	Erhaltenes WebElement-Objekt/Liste
`By.CLASS_NAME`	Elemente mit der angegebenen CSS-Klasse
`By.CSS_SELECTOR`	Elemente, die dem CSS-Selektor entsprechen
`By.ID`	Elemente mit diesem `id`-Attributswert
`By.LINK_TEXT`	<a>-Elemente, die vollständig mit dem angegebenen Text übereinstimmen
`By.PARTIAL_LINK_TEXT`	<a>-Elemente, die den angegebenen Text enthalten
`By.NAME`	Elemente mit übereinstimmendem `name`-Attribut
`By.TAG_NAME`	Elemente mit übereinstimmendem Tag (Groß- und Kleinschreibung wird ignoriert; ein <a>-Element wird sowohl durch `'a'` als auch durch `'A'` gefunden)

Tab. 13.3 *Seleniums By-Konstanten zum Finden von Elementen*

Existieren auf der Seite keine Elemente, die mit den Suchkriterien der Methode übereinstimmen, so löst Selenium eine Exception `NoSuchElement` aus. Möchten Sie verhindern, dass diese Ausnahme Ihr Programm abstürzen lässt, ergänzen Sie Ihren Code um `try`- und `except`-Anweisungen.

Sobald Sie das `WebElement`-Objekt haben, können Sie mehr darüber erfahren, indem Sie die Attribute auslesen oder die Methoden in Tabelle 13.4 aufrufen.

Attribut oder Methode	Beschreibung
`tag_name`	Der Tag-Name, etwa `'a'` für ein <a>-Element.
`get_attribute(`*name*`)`	Der Wert des Attributs *name*, beispielsweise `href` in einem <a>-Element.
`get_property(`*name*`)`	Der Wert für eine Eigenschaft des Elements, die im HTML-Code nicht erscheint. Beispiele für HTML-Eigenschaften sind `innerHTML` und `innerText`.
`text`	Der Text innerhalb des Elements, zum Beispiel `'Hallo'` im folgenden Fall: `<span>Hallo</span>`
`clear()`	Für Textfeld- oder Textbereich-Elemente wird der eingegebene Text damit gelöscht.
`is_displayed()`	Gibt `True` zurück, wenn das Element sichtbar ist; andernfalls wird `False` zurückgegeben.
`is_enabled()`	Für Eingabeelemente gibt die Methode `True` zurück, wenn das Element auswählbar ist; andernfalls wird `False` zurückgegeben.
`is_sected()`	Für Kontrollkästchen- oder Optionsfeld-Elemente gibt die Methode `True` zurück, wenn das Element ausgewählt ist; andernfalls wird `False` zurückgegeben.
`location`	Ein Dictionary mit den Schlüsseln `'x'` und `'y'` für die Position des Elements auf der Seite.
`size`	Ein Dictionary mit den Schlüsseln `'width'` und `'height'` für die Größe des Elements auf der Seite.

Tab. 13.4 *`WebElement`-Attribute und -Methoden*

Öffnen Sie beispielsweise einen neuen Dateieditor-Tab und geben Sie das folgende Programm ein:

```
from selenium import webdriver
from selenium.webdriver.common.by import By
browser = webdriver.Firefox()
browser.get('https://autbor.com/example3.html')
elems = browser.find_elements(By.CSS_SELECTOR, 'p')
print(elems[0].text)
print(elems[0].get_property('innerHTML'))
```

Hier öffnen wir Firefox und navigieren zu einer URL. Auf dieser Seite erhalten wir eine Liste der <p>-Elemente, betrachten das erste am Index `0` und lesen dann den String des Texts innerhalb dieses <p>-Elements aus. Anschließend erhalten wir den String der `innerHTML`-Eigenschaft. Dieses Programm gibt Folgendes aus:

```
This <p> tag puts content into a single paragraph.
This &lt;p&gt; tag puts <b>content</b> into a <i>single</i> paragraph.
```

Das text-Attribut des Elements zeigt den Text so an, wie Sie ihn im Browser sehen würden: »This <p> tag puts content into a single paragraph.« Sie können zudem die innerHTML-Eigenschaft des Elements betrachten, indem Sie die Methode get_property() aufrufen; dies gibt den HTML-Quelltext mitsamt Tags und HTML-Entities aus. (< und > sind HTML-Escape-Sequenzen, die das Kleiner(<)- bzw. das Größer(>)-Zeichen darstellen.)

Beachten Sie, dass das text-Attribut lediglich eine Abkürzung für den Aufruf von get_property('innerText') ist. Die Bezeichnungen *innerHTML* und *innerText* sind Standardnamen für Eigenschaften von HTML-Elementen. Kurz gesagt: Auf diese Elementeigenschaften greifen JavaScript-Code und Webbrowser-Treiber zu, während die Elementattribute Teil des HTML-Quellcodes sind – wie zum Beispiel das href in <a href="https://inventwithpython.com">.

Elemente auf der Seite anklicken

Die von den Methoden find_element() und find_elements() zurückgegebenen WebElement-Objekte besitzen eine Methode click(), die einen Mausklick auf dieses Element simuliert. Mit dieser Methode können Sie einem Link folgen, eine Auswahl auf einer Optionsschaltfläche treffen, eine Absende-Schaltfläche anklicken oder jede andere Aktion auslösen, die beim Klicken auf das Element erfolgt. Geben Sie beispielsweise Folgendes in die interaktive Shell ein:

```
>>> from selenium import webdriver
>>> from selenium.webdriver.common.by import By
>>> browser = webdriver.Firefox()
>>> browser.get('https://autbor.com/example3.html')
>>> link_elem = browser.find_element(By.LINK_TEXT, 'This text is a link')
>>> type(link_elem)
<class 'selenium.webdriver.remote.webelement.WebElement'>
>>> link_elem.click()  # Folgt dem Link 'This text is a link'
```

Dieser Code öffnet Firefox mit *https://autbor.com/example3.html*, ermittelt das WebElement-Objekt für das <a>-Element mit dem Text »*This text is a link*« und simuliert anschließend einen Klick auf dieses <a>-Element – so, als ob Sie den Link selbst angeklickt hätten. Der Browser folgt anschließend diesem Link.

Formulare ausfüllen und absenden

Um Tastatureingaben an Textfelder auf einer Webseite zu senden, suchen Sie das entsprechende <input>- oder <textarea>-Element und rufen anschließend die Methode send_keys() auf. Geben Sie beispielsweise Folgendes in die interaktive Shell ein:

```
>>> from selenium import webdriver
>>> from selenium.webdriver.common.by import By
>>> browser = webdriver.Firefox()
>>> browser.get('https://autbor.com/example3.html')
>>> user_elem = browser.find_element(By.ID, 'login_user')
>>> user_elem.send_keys('your_real_username_here')
>>> password_elem = browser.find_element(By.ID, 'login_pass')
>>> password_elem.send_keys('your_real_password_here')
>>> password_elem.submit()
```

Solange sich auf der Login-Seite die `id` der Felder für Benutzername und Passwort sowie der `<input>`-Elemente nicht ändert, wird der vorherige Code diese Textfelder mit dem angegebenen Text ausfüllen. (Sie können stets das Inspektor-Tool Ihres Browsers nutzen, um die `id` zu überprüfen.) Das Aufrufen der `submit()`-Methode auf einem beliebigen Element hat denselben Effekt wie das Klicken auf die Absende-Schaltfläche des Formulars, in dem sich das Element befindet. (Sie hätten ebenso gut `user_elem.submit()` aufrufen können, das Ergebnis wäre identisch geblieben.)

> **Achtung**
>
> Vermeiden Sie es nach Möglichkeit, Ihre Passwörter im Quelltext zu speichern. Passwörter werden schnell mal versehentlich weitergegeben, wenn sie unverschlüsselt auf Ihrem Laufwerk gespeichert sind.

Sondertasten senden

Selenium bietet ein Modul namens `selenium.webdriver.common.keys` an, um Tastaturtasten darzustellen, die es in Attributen speichert. Da das Modul einen solch langen Namen hat, ist es deutlich komfortabler, am Anfang Ihres Programms `from selenium.webdriver.common.keys import Keys` auszuführen. Dadurch können Sie einfach überall `Keys` schreiben, wo Sie sonst `selenium.webdriver.common.keys` verwenden müssten.

Sie können Methode `send_keys()` eine der folgenden Konstanten übergeben:

`Keys.ENTER`	`Keys.PAGE_UP`	`Keys.DOWN`
`Keys.RETURN`	`Keys.ESCAPE`	`Keys.LEFT`
`Keys.HOME`	`Keys.BACK_SPACE`	`Keys.RIGHT`
`Keys.END`	`Keys.DELETE`	`Keys.TAB`
`Keys.PAGE_DOWN`	`Keys.UP`	`Keys.F1` bis `Keys.F12`

Sie können der Methode auch einen String übergeben, z. B. `'hallo'` oder `'?'`.

Befindet sich der Cursor beispielsweise nicht in einem Textfeld, scrollen die Tasten HOME und ENDE den Browser jeweils zum Anfang beziehungsweise ans Ende der Seite. Geben Sie Folgendes in die interaktive Shell ein und beachten Sie, wie die `send_keys()`-Aufrufe die Seite scrollen:

```
>>> from selenium import webdriver
>>> from selenium.webdriver.common.by import By
>>> from selenium.webdriver.common.keys import Keys
>>> browser = webdriver.Firefox()
>>> browser.get('https://nostarch.com')
>>> html_elem = browser.find_element(By.TAG_NAME, 'html')
>>> html_elem.send_keys(Keys.END)   # Scrollt nach UNTEN
>>> html_elem.send_keys(Keys.HOME)  # Scrollt nach OBEN
```

Der `<html>`-Tag bildet das Basiselement in HTML-Dateien: Der gesamte Inhalt der HTML-Datei wird von den `<html>`- und `</html>`-Tags eingeschlossen. Die Verwendung von `browser.find_element(By.TAG_NAME, 'html')` ist eine bewährte Methode, um Tastenbefehle über das zentrale `<html>`-Tag an die gesamte Webseite zu schicken. Das ist zum Beispiel sinnvoll, wenn neuer Inhalt geladen wird, sobald Sie bis zum Seitenende gescrollt haben.

Selenium beherrscht weit mehr als die hier vorgestellten Funktionen. Es kann die Cookies Ihres Browsers verwalten, Screenshots von Webseiten anfertigen und eigene JavaScript-Befehle ausführen. Wenn Sie mehr über diese Möglichkeiten erfahren möchten, besuchen Sie die Selenium-Dokumentation unter *https://selenium-python.readthedocs.io*. Sie finden auch Python-Konferenzvorträge zu Selenium, wenn Sie auf der Website *https://pyvideo.org* suchen.

Den Browser mit Playwright steuern

Playwright ist eine Bibliothek zur Browsersteuerung, ähnlich wie Selenium, aber neuer. Auch wenn Playwright aktuell noch nicht das große Publikum wie Selenium erreicht, bietet es Funktionen, die das Lernen wert sind. Zu den wichtigsten Neuerungen zählt die Möglichkeit, im *Headless-Modus* zu arbeiten. Das bedeutet, Sie können einen Browser simulieren, ohne dass das Browserfenster tatsächlich auf Ihrem Bildschirm angezeigt wird. Dadurch eignet sich Playwright bestens für automatisierte Tests oder Web Scraping im Hintergrund. Die vollständige Playwright-Dokumentation finden Sie unter *https://playwright.dev/python/docs/intro*.

Auch die Installation von Webbrowser-Treibern für einzelne Browser ist mit Playwright einfacher als mit Selenium: Führen Sie unter Windows einfach `python -m playwright install` und unter macOS oder Linux `python3 -m playwright install` im Terminalfenster aus, um die Webbrowser-Treiber für Firefox, Chrome und Safari zu installieren. Da Playwright ansonsten ähnlich wie Selenium ist, gehe ich in diesem Abschnitt nicht auf allgemeine Informationen zu Web Scraping und CSS-Selektoren ein.

Starten eines von Playwright gesteuerten Browsers

Sobald Playwright installiert ist, können Sie es mit dem folgenden Programm testen:

```
from playwright.sync_api import sync_playwright
with sync_playwright() as playwright:
    browser = playwright.firefox.launch()
    page = browser.new_page()
    page.goto('https://autbor.com/example3.html')
    print(page.title())
    browser.close()
```

Beim Ausführen dieses Programms pausiert die Ausführung, während der Firefox-Browser sowie die Website *https://autbor.com/example3.html* geladen werden. Danach wird ihr Titel, »Example Website Title«, ausgegeben. Sie können auch `playwright.chromium.launch()` oder `playwright.webkit.launch()` nutzen, um die Browser Chrome bzw. Safari zu verwenden.

Playwright ruft die Methoden `start()` und `stop()` automatisch auf, sobald die Ausführung den Block der `with`-Anweisung betritt oder verlässt. Playwright verfügt über einen synchronen Modus, bei dem seine Funktionen erst zurückkehren, wenn die jeweilige Operation abgeschlossen ist. So stellen Sie sicher, dass Sie dem Browser nicht versehentlich den Auftrag geben, ein Element zu suchen, bevor die Seite vollständig geladen ist. Die asynchronen Funktionen von Playwright sind nicht Thematik dieses Buches.

Sie haben vielleicht bemerkt, dass kein Browserfenster erschienen ist, da Playwright standardmäßig im Headless-Modus ausgeführt wird. Dies – zusammen mit der Tatsache, dass Playwright seinen Code in eine `with`-Anweisung einbettet – kann das Debuggen mitunter erschweren. Um Playwright Schritt für Schritt auszuführen, geben Sie Folgendes in die interaktive Shell ein:

```
>>> from playwright.sync_api import sync_playwright
>>> playwright = sync_playwright().start()
>>> browser = playwright.firefox.launch(headless=False, slow_mo=50)
>>> page = browser.new_page()
>>> page.goto('https://autbor.com/example3.html')
<Response url='https://autbor.com/example3.html' request=<Request
 url='https://autbor.com/example3.html' method='GET'>>
>>> browser.close()
>>> playwright.stop()
```

Die Schlüsselwörter `headless=False` und `slow_mo=50` bei `playwright.firefox.launch()` lassen das Browserfenster auf Ihrem Bildschirm erscheinen und fügen jeder Aktion eine Verzögerung von 50 ms hinzu. So können Sie leichter nachvollziehen, was passiert. Sie müssen sich keine Gedanken darüber machen, Pausen einzubauen, damit Webseiten Zeit zum Laden haben: Playwright ist hier deutlich besser als Selenium und fährt nicht mit neuen Operationen fort, bevor die vorherige vollständig abgeschlossen ist.

Das von der Methode `new_page()` zurückgegebene `Page`-Objekt repräsentiert einen neuen Tab in einem neuen Browserfenster. Mit Playwright können Sie mehrere Browserfenster gleichzeitig geöffnet haben.

Browser-Schaltflächen anklicken

Playwright kann das Klicken der Browser-Schaltflächen simulieren, indem Sie am vom `browser.new_page()` zurückgegebenen `Page`-Objekt die folgenden `Page`-Methoden aufrufen:

- `page.go_back()` – Klickt auf die Zurück-Schaltfläche.
- `page.go_forward()` – Klickt auf die Vorwärts-Schaltfläche.
- `page.reload()` – Klickt auf die Aktualisieren/Neu laden-Schaltfläche.
- `page.close()` – Klickt auf die Schließen-Schaltfläche.

Elemente auf der Seite finden

Playwright stellt `Page`-Methoden zur Verfügung, die umgangssprachlich als *locators* bezeichnet werden und `Locator`-Objekte zurückgeben, die mögliche HTML-Elemente auf einer Webseite repräsentieren. Ich sage *möglich*, denn während Selenium sofort einen Fehler meldet, wenn es das Element, das Sie anfordern, nicht findet, versteht Playwright, dass die Seite das Element möglicherweise dynamisch erst später erstellt. Das ist nützlich, bringt jedoch eine etwas ungünstige Nebenwirkung mit sich: Existiert das von Ihnen angegebene Element nicht, pausiert Playwright 30 Sekunden, während es auf das Erscheinen des Elements wartet.

Doch diese 30-sekündige Pause ist lästig, wenn Sie sich lediglich vertippt haben. Um unmittelbar zu prüfen, ob ein Element existiert und auf der Seite sichtbar ist, rufen Sie die Methode `is_visible()` auf dem `Locator`-Objekt auf, das der Locator zurückgibt. Sie können auch `page.query_selector('`*`selector`*`')` aufrufen, wobei *`selector`* ein String mit dem CSS- oder XPath-Selektor des Elements ist. Die Methode `page.query_selector()` gibt sofort das Ergebnis zurück; gibt sie `None` zurück, existiert das Element aktuell nicht auf der Seite. Ein `Locator`-Objekt kann einem oder mehreren HTML-Elementen auf der Webseite entsprechen. Tabelle 13.5 enthält die Locators von Playwright.

Locator	liefert Locator-Objekt ...
page.get_by_role(role,name=*label*)	Elemente anhand ihrer Rolle und optional ihres Labels
page.get_by_text(text)	Elemente, die text als Teil ihres inneren Textes enthalten
page.get_by_label(label)	Elemente mit übereinstimmendem <label>
page.get_by_placeholder(text)	<input>- und <textarea>-Elemente mit text als placeholder-Attributwerte
page.get_by_alt_text(text)	<img>-Elemente mit text als alt-Attributwerte
page.locator(selektor)	Elemente mit übereinstimmendem CSS- oder XPath-selektor

Tab. 13.5 *Playwright's Locators zur Elementfindung*

Die Methode get_by_role() nutzt die Rollen des Standards *Accessible Rich Internet Applications (ARIA)*, die es Software ermöglichen, Webseiten-Inhalt zu erkennen und für Nutzerinnen und Nutzer mit Seh- oder anderen Beeinträchtigungen anzupassen. Zum Beispiel gilt die Rolle »heading« für die <h1>- bis <h6>-Tags, wobei der Text zwischen <h1> und </h1> der Text ist, den Sie mit dem name-Parameter der Methode get_by_role() identifizieren können. (Über ARIA-Rollen gibt es noch viel mehr zu sagen, jedoch liegt dieses Thema außerhalb des Bereichs dieses Buchs.)

Sie können den Text zwischen den Anfangs- und Endtags nutzen, um Elemente zu finden. Ein Aufruf von page.get_by_text('is a link') würde das <a>-Element in <a href="https://inventwithpython.com">This text is a link</a> finden. Eine teilweise, nicht auf die Groß- und Kleinschreibung achtende Textübereinstimmung reicht meist aus, um das Element zu finden.

Die Methode page.get_by_label() findet Elemente mithilfe des Texts zwischen den <label>- und </label>-Tags. Zum Beispiel würde Seite.get_by_label('Agree') das <input>-Kontrollkästchen-Element in <label>Agree to disagree: <input type="checkbox" /></label> finden.

Die <input>- und <textarea>-Tags können ein placeholder-Attribut besitzen, das Platzhaltertext anzeigt, bis man echten Text eingibt. Zum Beispiel würde page.get_by_placeholder('admin') das <input>-Element für <input id="login_user" placeholder="admin" /> finden.

Bilder auf Webseiten können im alt-Attribut einen alternativen Text enthalten, der den Inhalt des Bildes für sehbeeinträchtigte Nutzerinnen und Nutzer beschreibt. Einige Browser zeigen den Alt-Text als Tooltip an, wenn Sie den Mauszeiger über das Bild bewegen. Der Aufruf page.get_by_alt_text('Zophie') würde das `<img>`-Element in `<img src="wow_such_zophie_thumb.webp" alt="-Close-up of my cat Zophie." />` zurückgeben.

Wenn Sie lediglich ein `Locator`-Objekt über einen CSS-Selektor erhalten möchten, rufen Sie den `locator()`-Locator auf und übergeben Sie den Selektor-String. Dies entspricht der Methode `find_elements()` von Selenium mit der Konstante `By.CSS_SELECTOR`.

Methode	Beschreibung
`get_attribute()`	Gibt den Wert eines Attributs dieses Elements zurück, etwa `'https://nostarch.com'` für das `href`-Attribut in einem `<a href="https://nostarch.com">`-Element.
`count()`	Ergibt die Anzahl der passenden Elemente in diesem `Locator`-Objekt.
`nth()`	Sie erhalten ein `Locator`-Objekt des übereinstimmenden Elements anhand des Index. Zum Beispiel gibt `nth(3)` das vierte übereinstimmende Element zurück, da Index `0` dem ersten entspricht.
`first`	Das `Locator`-Objekt des ersten übereinstimmenden Elements. Dies entspricht `nth(0)`.
`last`	Das `Locator`-Objekt des letzten übereinstimmenden Elements. Wenn es beispielsweise fünf übereinstimmende Elemente gibt, entspricht dies `nth(4)`.
`all()`	Sie erhalten eine Liste von `Locator`-Objekten für jedes einzelne übereinstimmende Element.
`inner_text()`	Sie erhalten den Text innerhalb des Elements, zum Beispiel `'hallo'` in `<b>hallo</b>`.
`inner_html()`	Sie erhalten den HTML-Quelltext innerhalb des Elements, zum Beispiel `'<b>hallo</b>'` in `<b>hallo</b>`.
`click()`	Simuliert einen Klick auf das Element. Dies ist besonders nützlich für Links, Kontrollkästchen und Schaltflächen.
`is_visible()`	Gibt `True` zurück, wenn das Element sichtbar ist; andernfalls wird `False` zurückgegeben.
`is_enabled()`	Für Eingabeelemente gibt die Methode `True` zurück, wenn das Element benutzbar ist; andernfalls wird `False` zurückgegeben.
`is_checked()`	Für Kontrollkästchen- oder Optionsfeld-Elemente gibt die Methode `True` zurück, wenn das Element angewählt ist; andernfalls wird `False` zurückgegeben.
`bounding_box()`	Gibt ein Dictionary mit den Schlüsseln `'x'` und `'y'` für die Position der oberen linken Ecke des Elements auf der Seite sowie mit den Schlüsseln `'width'` und `'height'` für die Größe des Elements zurück.

Tab. 13.6 *Locator-Methoden*

Da Locator-Objekte mehrere Elemente repräsentieren können, erhalten Sie mit der Methode nth() und dem nullbasierten Index ein Locator-Objekt für ein einzelnes Element. Öffnen Sie beispielsweise einen neuen Dateieditor-Tab und geben Sie das folgende Programm ein:

```
from playwright.sync_api import sync_playwright
with sync_playwright() as playwright:
    browser = playwright.firefox.launch(headless=False, slow_mo=50)
    page = browser.new_page()
    page.goto('https://autbor.com/example3.html')
    elems = page.locator('p')
    print(elems.nth(0).inner_text())
    print(elems.nth(0).inner_html())
```

Wie beim Selenium-Beispiel gibt dieses Programm Folgendes aus:

```
This <p> tag puts content into a single paragraph.
This &lt;p&gt; tag puts <b>content</b> into a <i>single</i> paragraph.
```

Der Code page.locator('p') gibt ein Locator-Objekt zurück, das alle <p>-Elemente auf der Seite erfasst. Der Methodenaufruf nth(0) liefert ein Locator-Objekt nur für das erste <p>-Element. Die Locator-Objekte verfügen ebenfalls über eine count()-Methode, mit der Sie die Anzahl der übereinstimmenden Elemente im Locator abrufen können (ähnlich der len()-Funktion für Python-Listen). Zusätzlich gibt es die Attribute first und last, die jeweils einen Locator enthalten, der das erste beziehungsweise das letzte Element auswählt. Wenn Sie eine Liste von Locator-Objekten für jedes einzelne passende Element benötigen, rufen Sie die all()-Methode auf.

Sobald Sie Locator-Objekte für Elemente besitzen, können Sie darauf Mausklicks und Tastatureingaben ausführen, wie in den nächsten Abschnitten erläutert.

Elemente auf der Seite anklicken

Das Page-Objekt bietet die Methoden click(), check(), uncheck() und set_checked(), mit denen Sie Klicks auf Link, Schaltflächen und Kontrollkästchen simulieren können. Sie können diese Methoden aufrufen und den String eines CSS- oder XPath-Selektors des Elements übergeben oder die Playwright-Locator-Funktionen aus Tabelle 13.6 nutzen. Geben Sie dafür in die interaktive Shell ein:

```
>>> from playwright.sync_api import sync_playwright
>>> playwright = sync_playwright().start()
>>> browser = playwright.firefox.launch(headless=False, slow_mo=50)
>>> page = browser.new_page()
>>> page.goto('https://autbor.com/example3.html')
<Response url='https://autbor.com/example3.html' request=<Request
 url='https://autbor.com/example3.html' method='GET'>>
>>> page.click('input[type=checkbox]')  # Aktiviert das Kontrollkästchen
>>> page.click('input[type=checkbox]')  # Deaktiviert es wieder
>>> page.click('a')  # Klickt auf den Link
>>> page.go_back()
>>> checkbox_elem = page.get_by_role('checkbox')  # Locator-Methode
>>> checkbox_elem.check()  # Markiert das Kontrollkästchen
>>> checkbox_elem.uncheck()  # Hebt die Markierung auf
>>> checkbox_elem.set_checked(True)  # Markiert das Kontrollkästchen
>>> checkbox_elem.set_checked(False)  # Hebt die Markierung auf
>>> page.get_by_text('is a link').click()  # Locator-Methode
>>> browser.close()
>>> playwright.stop()
```

Die Methoden `check()` und `uncheck()` sind für Kontrollkästchen zuverlässiger als `click()`. Die Methode `click()` wechselt das Kontrollkästchen in den entgegengesetzten Zustand, während `check()` und `uncheck()` es unabhängig vom vorherigen Zustand markieren oder aufheben. Ebenso können Sie mit der Methode `set_checked()` mit `True` das Kontrollkästchen markieren oder mit `False` aufheben.

Formulare ausfüllen und absenden

`Locator`-Objekte besitzen eine `fill()`-Methode, die einen String entgegennimmt und das <input>- oder <textarea>-Element mit dem Text füllt. Dies ist praktisch, um Online-Formulare auszufüllen, etwa das Anmeldeformular auf unserer *example3.html*-Webseite:

```
>>> from playwright.sync_api import sync_playwright
>>> playwright = sync_playwright().start()
>>> browser = playwright.firefox.launch(headless=False, slow_mo=50)
>>> page = browser.new_page()
>>> page.goto('https://autbor.com/example3.html')
<Response url='https://autbor.com/example3.html' request=<Request
url='https://autbor.com/example3.html' method='GET'>>
>>> page.locator('#login_user').fill('dein_echter_benutzername_hier')
>>> page.locator('#login_pass').fill('dein_echtes_passwort_hier')
>>> page.locator('input[type=submit]').click()
>>> browser.close()
>>> playwright.stop()
```

Es gibt außerdem eine `clear()`-Methode, die den aktuellen Text im Element vollständig löscht. Im Gegensatz zu Selenium existiert in Playwright keine `submit()`-Methode. Sie müssen stattdessen `click()` auf das `Locator`-Objekt ausführen, das das Element der Absende-Schaltfläche adressiert.

Sondertasten senden

Sie können zudem Tastatureingaben auf Elemente der Webseite mit der `press()`-Methode von `Locator`-Objekten simulieren. Befindet sich der Cursor beispielsweise nicht in einem Textfeld, scrollen die Tasten HOME und ENDE den Browser jeweils zum Anfang beziehungsweise UNTEN der Seite. Geben Sie Folgendes in die interaktive Shell ein und beobachten Sie, wie die `press()`-Aufrufe die Seite scrollen:

```
>>> from playwright.sync_api import sync_playwright
>>> playwright = sync_playwright().start()
>>> browser = playwright.firefox.launch(headless=False, slow_mo=50)
>>> page = browser.new_page()
>>> page.goto('https://autbor.com/example3.html')
<Response url='https://autbor.com/example3.html' request=<Request
url='https://autbor.com/example3.html' method='GET'>>
>>> page.locator('html').press('End')   # Scrollt and Ende
>>> page.locator('html').press('Home')  # Scrollt an den Anfang
>>> browser.close()
>>> playwright.stop()
```

Die Strings, die Sie an `press()` übergeben, können einzelne Zeichen enthalten (wie etwa `'a'` oder `'?'`) die Modifikatortasten `'Shift'`, `'Control'`, `'Alt'` oder `'Meta'` (zum Beispiel `'Control+A'` für [Strg]-[A]) und darüber hinaus eine der folgenden:

```
'Backquote'    'Escape'     'ArrowDown'
'Minus'        'End'        'ArrowRight'
'Equal'        'Enter'      'ArrowUp'
'Backslash'    'Home'       'F1' bis 'F12'
'Backspace'    'Insert'     'Digit0' bis 'Digit9'  für 0 bis 9
'Tab'          'PageUp'     'KeyA' bis 'KeyZ'      für A bis Z
'Delete'       'PageDown'
```

Playwright bietet weit mehr Möglichkeiten als die hier vorgestellten Funktionen. Um mehr über diese Funktionen zu erfahren, besuchen Sie bitte die Playwright-Dokumentation unter *https://playwright.dev*. Sie finden auch Python-Konferenzvorträge zu Playwright, wenn Sie unter *https://pyvideo.org* danach suchen.

Zusammenfassung

Die meisten langweiligen Aufgaben beschränken sich nicht nur auf die Dateien auf Ihrem Computer. Indem Sie Webseiten programmatisch herunterladen, weiten Sie die Fähigkeiten Ihrer Programme auf das Internet aus. Mit dem Modul `requests` laden Sie Seiten ganz einfach herunter. Mit Grundkenntnissen von HTML-Konzepten und Selektoren können Sie außerdem das Modul `BeautifulSoup` nutzen, um die heruntergeladenen Seiten zu analysieren.

Um jedoch jegliche webbasierte Aufgabe vollständig zu automatisieren, brauchen Sie die direkte Steuerung Ihres Browsers mit den Paketen Selenium und Playwright. Mit diesen Paketen können Sie sich automatisiert auf Webseiten anmelden und Formulare ausfüllen lassen. Da der Browser das gängigste Mittel ist, um Informationen im Internet zu senden und zu empfangen, ist dies eine wertvolle Fähigkeit für Ihren Werkzeugkasten als Programmierer.

Übungsaufgaben

1. Beschreiben Sie kurz die Unterschiede zwischen den Modulen `webbrowser`, `requests` und `bs4`.
2. Welcher Objekttyp wird von `requests.get()` zurückgegeben? Wie können Sie den heruntergeladenen Inhalt als String abrufen?
3. Mit welcher Methode von `requests` überprüfen Sie, ob der Download erfolgreich war?
4. Wie erhalten Sie den HTTP-Statuscode einer `requests`-Antwort?
5. Wie speichern Sie eine `requests`-Antwort in einer Datei?
6. In welchen zwei Formaten liefern die meisten Online-APIs ihre Antworten zurück?
7. Wie lautet das Tastenkürzel, um die Entwicklertools eines Browsers zu öffnen?
8. Wie können Sie (in den Entwicklertools) das HTML eines bestimmten Elements auf einer Webseite anzeigen?
9. Welcher CSS-Selektor-String findet das Element mit dem `id`-Attribut `main`?
10. Welcher CSS-Selektor-String findet die Elemente mit einem `class`-Attribut von `highlight`?
11. Angenommen, Sie haben ein Beautiful-Soup-`Tag`-Objekt in der Variable `spam` für das Element `<div>Hallo, Welt!</div>` gespeichert. Wie können Sie einen String `'Hallo, Welt!'` aus dem `Tag`-Objekt extrahieren?

12. Wie würden Sie alle Attribute eines Beautiful-Soup-`Tag`-Objekts in einer Variablen `link_elem` speichern?
13. Das Ausführen von `import selenium` funktioniert nicht. Wie importieren Sie Selenium korrekt?
14. Was ist der Unterschied zwischen den Methoden `find_element()` und `find_elements()` in Selenium?
15. Über welche Methoden verfügen Selenium-`WebElement`-Objekte, um Mausklicks und Tastatureingaben zu simulieren?
16. Welche Lokatormethode in Playwright simuliert das Drücken von `Strg`-`A`, um den gesamten Text auf der Seite auszuwählen?
17. Wie können Sie mit Selenium das Klicken auf die Vorwärts-, Zurück- und Aktualisieren-Schaltflächen im Browser simulieren?
18. Wie können Sie mit Playwright das Klicken auf die Vorwärts-, Zurück- und Aktualisieren-Schaltflächen im Browser simulieren?

Übungsprogramme

Schreiben Sie zur Übung Programme, die die folgenden Aufgaben erledigen.

Bildseiten-Downloader

Schreiben Sie ein Programm, das eine Foto-Sharing-Seite wie Flickr oder Imgur aufruft, nach einer Fotokategorie sucht und dann alle gefundenen Bilder herunterlädt. Sie könnten ein Programm schreiben, das mit jeder Fotoseite funktioniert, die über eine Suchfunktion verfügt.

2048

Das Spiel 2048 ist ein einfaches Spiel, bei dem Sie Kacheln kombinieren, indem Sie sie mit den Pfeiltasten nach oben, unten, links oder rechts verschieben. Sie können tatsächlich eine ziemlich hohe Punktzahl erzielen, indem Sie die Kacheln zufällig in verschiedene Richtungen verschieben. Schreiben Sie ein Programm, das das Spiel unter *https://play2048.co* öffnet und fortlaufend die Tasteneingaben oben, rechts, unten und links sendet, um das Spiel automatisch zu spielen.

Link-Verifikation

Schreiben Sie ein Programm, das für die angegebene URL einer Webseite jeden <a>-Link auf der Seite findet und prüft, ob die verlinkte URL einen Statuscode »404 Not Found« zurückliefert. Das Programm soll alle defekten Links ausgeben.

14
Excel-Tabellen

Obwohl Tabellenkalkulationen selten als Programmierwerkzeuge wahrgenommen werden, nutzt sie nahezu jeder, um Informationen in zweidimensionalen Datenstrukturen zu organisieren, Berechnungen mit Formeln auszuführen und Ergebnisse als Diagramme darzustellen. In den nächsten beiden Kapiteln werden Sie Python mit zwei weit verbreiteten Tabellenkalkulationen einsetzen: Microsoft Excel und Google Sheets.

Excel ist eine weit verbreitete und leistungsfähige Anwendung für Tabellenkalkulation. Das Modul `openpyxl` ermöglicht es Ihren Python-Programmen, Excel-Tabellen zu lesen und zu modifizieren. Beispielsweise könnten Sie vor der monotonen Aufgabe stehen, bestimmte Daten aus einer Tabellenkalkulation zu kopieren und in eine andere einzufügen. Oder Sie müssen Tausende von Zeilen durchgehen und nur einige wenige nach bestimmten Kriterien anpassen. Oder Sie sind mit der Aufgabe betraut, Hunderte von Abteilungsbudget-Tabellen zu durchsuchen, um diejenigen zu identifizieren, die Defizite aufweisen. Genau solche eintönigen, zeitaufwendigen Aufgaben bei Tabellenkalkulationen kann Python für Sie automatisieren.

Excel ist eine proprietäre Software von Microsoft, doch stellt LibreOffice eine kostenfreie Alternative dar, die unter Windows, macOS und Linux verfügbar ist. LibreOffice Calc verwendet das Dateiformat *.xlsx*, sodass das Modul `openpyxl` auch mit den Dateien dieser Anwendung kompatibel ist. Sie können es unter *https://www.libreoffice.org* herunterladen. Auch wenn Sie Excel bereits auf Ihrem Computer installiert haben, könnten Sie dieses Programm als leichter bedienbar empfinden. Die Abbildungen in diesem Kapitel stammen jedoch alle aus Excel.

Das Modul `openpyxl` arbeitet mit Excel-Dateien und nicht mit der Desktop-Excel-Anwendung oder der webbasierten Excel-App. Wenn Sie das cloudbasierte Office 365 nutzen, müssen Sie auf *Datei* → *Speichern unter* → *Kopie herunterladen* klicken, um die Datei herunterzuladen, Ihr Python-Skript ausführen, um die Tabellenkalkulationsdatei zu bearbeiten, und anschließend die überarbeitete Datei wieder in Office 365 hochladen, um die Änderungen anzuzeigen. Wenn Sie die Desktop-Excel-Anwendung verwenden, müssen Sie Excel schließen, Ihr Python-Skript ausführen, um die *.xlsx*-Datei zu bearbeiten, und sie anschließend erneut in Excel öffnen, um die Änderungen zu sehen.

Python enthält `openpyxl` nicht standardmäßig; Sie müssen dieses Paket installieren. Im Anhang A finden Sie Informationen zur Installation von Drittanbieter-Paketen mit Pythons Tool pip. Die vollständige `openpyxl`-Dokumentation finden Sie unter *https://openpyxl.readthedocs.io/en/stable*.

In diesem Kapitel verwenden wir mehrere Excel-Beispieldateien. Sie können diese unter *https://dpunkt.de/produkt/routineaufgaben-mit-python-automatisieren-3* aus dem Online-Material des Buches herunterladen.

Excel-Dateien lesen

Lassen Sie uns zunächst einige grundlegende Definitionen durchgehen. Ein Dokument einer Excel-Tabellenkalkulation wird als *Arbeitsmappe* (*Workbook*) bezeichnet. Eine Arbeitsmappe wird in einer Datei mit der Erweiterung *.xlsx* gespeichert.

Jede Arbeitsmappe kann mehrere *Tabellen* enthalten. Im Englischen sind dies *Sheets* – von *Worksheets*, was sich zu *Tabellen* übersetzt. Das sind viele Begriffe für dieselbe Sache. Besonders verwirrend kann dies dann werden, wenn wir in unseren Python-Skripten später Attribute und Funktionen aufrufen, die `sheet` im Namen haben. Gerade in den abgedruckten Listings müssen Sie daran denken, dass `sheet` und `tabelle` dasselbe sind. Die Tabelle, die man aktuell betrachtet (oder zuletzt vor dem Schließen von Excel angesehen hat), wird als *aktive Tabelle* bezeichnet. Jede Tabelle besteht aus *Spalten* (*Columns*, diese werden mit Buchstaben beginnend mit *A* adressiert) und *Zeilen* (*Rows*, diese werden mit Zahlen beginnend bei 1 adressiert). Eine Box an einer bestimmten Spalte und Zeile wird als *Zelle* (*Cell*) bezeichnet. Jede Zelle kann entweder eine Zahl oder einen Textwert enthalten. Das Raster aus Zellen und deren Daten bildet eine Tabelle.

Die Beispiele in diesem Kapitel verwenden eine Tabellenkalkulation namens *c14-beispiel3.xlsx*, die im aktuellen Arbeitsverzeichnis gespeichert ist. Sie können die Tabellenkalkulation entweder selbst erstellen oder aus den Online-Ressourcen dieses Buchs herunterladen. Abbildung 14.1 zeigt die Registerkarten der drei Tabellen mit den Namen *Tabelle1*, *Tabelle2* und *Tabelle3*.

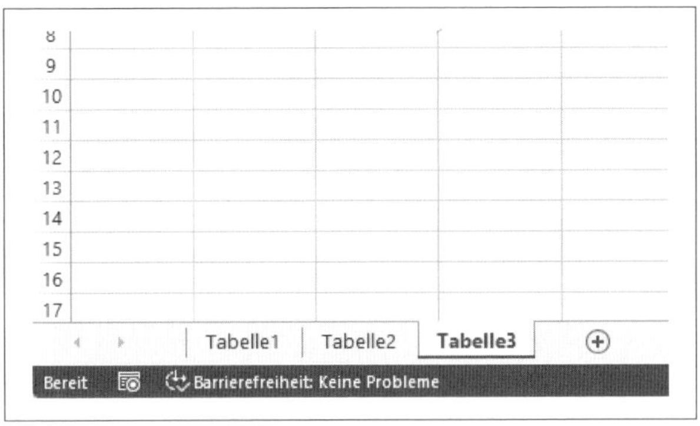

Abb. 14.1 *Die Registerkarten der Tabellen einer Arbeitsmappe befinden sich in der unteren linken Ecke von Excel.*

Tabelle1 in der Beispieldatei sollte wie Tabelle 14.1 aussehen. (Wenn Sie *c14-beispiel3.xlsx* nicht heruntergeladen haben, sollten Sie diese Daten selbst in die Tabelle eingeben.)

	A	B	C
1	05.04.2035 13:34	Äpfel	73
2	05.04.2035 03:41	Kirschen	85
3	06.04.2035 12:46	Birnen	14
4	08.04.2035 08:59	Orangen	52
5	10.04.2035 02:07	Äpfel	152
6	10.04.2035 18:10	Bananen	23
7	10.04.2035 02:40	Erdbeeren	98

Tab. 14.1 *Die c14-beispiel3.xlsx-Arbeitsmappe*

Nachdem Sie nun unsere Beispieltabellen in einer Arbeitsmappe erstellt haben, erfahren Sie im Folgenden, wie Sie diese mit dem Modul `openpyxl` bearbeiten können.

Eine Arbeitsmappe öffnen

Sobald Sie das Modul `openpyxl` importiert haben, können Sie mit der Funktion `openpyxl.load_workbook()` *.xlsx*-Dateien öffnen. Geben Sie Folgendes in die interaktive Shell ein:

```
>>> import openpyxl
>>> wb = openpyxl.load_workbook('c14-beispiel3.xlsx')
>>> type(wb)
<class 'openpyxl.workbook.workbook.Workbook'>
```

Die Funktion `openpyxl.load_workbook()` nimmt den Dateinamen entgegen und gibt einen Wert des Datentyps `Workbook` zurück. Dieses `Workbook`-Objekt repräsentiert die Excel-Datei, ähnlich wie ein `File`-Objekt eine geöffnete Textdatei repräsentiert.

Lesen von Tabellen aus der Arbeitsmappe

Sie können eine Liste aller Tabellennamen der Arbeitsmappe abrufen, indem Sie das Attribut `sheetnames` verwenden. Geben Sie in die interaktive Shell ein:

```
>>> import openpyxl
>>> wb = openpyxl.load_workbook('c14-beispiel3.xlsx')
>>> wb.sheetnames  # Die Namen der Tabellen der Arbeitsmappe
['Tabelle1', 'Tabelle2', 'Tabelle3']
>>> tabelle = wb['Tabelle3']  # Eine Tabelle aus der Arbeitsmappe holen
>>> tabelle
<Worksheet "Tabelle3">
>>> type(tabelle)
<class 'openpyxl.worksheet.worksheet.Worksheet'>
>>> tabelle.title  # den Titel der Tabelle als String lesen
'Tabelle3'
>>> andere_tabelle = wb.active  # Die aktive Tabelle holen
>>> andere_tabelle
<Worksheet "Tabelle1">
```

Jede Tabelle wird durch ein `Worksheet`-Objekt dargestellt, das Sie mithilfe von eckigen Klammern und dem Namen der Tabelle als String – ähnlich wie bei einem Dictionary-Schlüssel – erhalten können. Das Attribut `active` eines `Workbook`-Objekts ermöglicht Ihnen außerdem den Zugriff auf die aktive Tabelle der Arbeitsmappe. Die aktive Tabelle ist die Tabelle, das beim Öffnen der Arbeitsmappe in Excel im Vordergrund angezeigt wird. Sobald Sie das `Worksheet`-Objekt haben, können Sie dessen Namen über das Attribut `title` auslesen.

Zellen aus Tabellen lesen

Sobald Ihnen ein `Worksheet`-Objekt vorliegt, können Sie ein `Cell`-Objekt anhand seines Namens ansprechen. Geben Sie Folgendes in die interaktive Shell ein:

```
>>> import openpyxl
>>> wb = openpyxl.load_workbook('c14-beispiel3.xlsx')
>>> sheet = wb['Tabelle1']  # Tabelle aus der Arbeitsmappe holen.
>>> sheet['A1']  # Zelle aus der Tabelle holen.
<Cell 'Tabelle1'.A1>
>>> sheet['A1'].value  # Wert aus der Zelle auslesen.
datetime.datetime(2035, 4, 5, 13, 34, 2)
>>> c = sheet['B1']  # Eine weitere Zelle aus der Tabelle holen.
>>> c.value
'Äpfel'
>>> # Zeile, Spalte und Wert der Zelle auslesen.
>>> f'Zeile {c.row}, Spalte {c.column} ist {c.value}'
'Zeile 1, Spalte 2 ist Äpfel'
>>> f'Zelle {c.coordinate} ist {c.value}'
'Zelle B1 ist Äpfel'
>>> sheet['C1'].value
73
```

Das `Cell`-Objekt verfügt über das Attribut `value`, das – wie zu erwarten – den in dieser Zelle gespeicherten Wert enthält. Zudem besitzt es die Attribute `row`, `column` und `coordinate`, die Positionsinformationen der Zelle bereitstellen. Wenn Sie das Attribut `value` unseres `Cell`-Objekts für Zelle B1 abrufen, erhalten Sie den String `'Äpfel'`. Das Attribut `row` liefert den ganzzahligen Wert `1`, das Attribut `column` den Wert 2 und das Attribut `coordinate` den Wert `'B1'`.

Das Modul `openpyxl` interpretiert die Daten in Spalte A automatisch als Werte vom Typ `datetime` anstelle von Strings. Kapitel 19 erläutert diesen Datentyp ausführlich.

Die Angabe einer Spalte anhand ihres Buchstabens kann bei der Programmierung herausfordernd sein, insbesondere weil nach Spalte Z die Spaltennamen mit zwei Buchstaben weitergeführt werden: AA, AB, AC usw. Als Alternative können Sie eine Zelle auch mit Zahlen für die Schlüsselwortargumente `row` und `column` der Methode `cell()` holen. Die erste Zeile oder Spalte verwendet die Zahl 1, nicht 0. Führen Sie das Beispiel aus der interaktiven Shell fort, indem Sie Folgendes eingeben:

```
>>> tabelle.cell(row=1, column=2)
<Cell 'Tabelle1'.B1>
>>> tabelle.cell(row=1, column=2).value
'Äpfel'
>>> for i in range(1, 8, 2): # Durchlaufe jede zweite Zeile.
...     print(i, tabelle.cell(row=i, column=2).value)
...
```

```
1 Äpfel
3 Birnen
5 Äpfel
7 Erdbeeren
```

Mit der cell()-Methode der Tabelle und den Angaben row=1 sowie column=2 erhalten wir ein Cell-Objekt für die Zelle B1, genauso wie bei der Angabe von tabelle['B1'].

Indem wir die Methode cell() und ihre Schlüsselwortargumente verwenden, haben wir eine for-Schleife geschrieben, um die Werte einer Serie von Zellen auszugeben. Angenommen, Sie möchten Spalte B durchlaufen und den Wert in jeder Zelle mit einer ungeraden Zeilennummer ausgeben. Wenn Sie für den Parameter step der Funktion range() den Wert 2 übergeben, erhalten Sie die Zellen jeder zweiten Zeile (in diesem Fall alle ungeraden Zeilen). In diesem Beispiel wird die Variable i der for-Schleife als Schlüsselwortargument row an die Methode cell() übergeben, und das Schlüsselwortargument column erhält bei jedem Methodenaufruf den Wert 2. Beachten Sie, dass diese Methode den ganzzahligen Wert 2 und nicht den String 'B' akzeptiert.

Sie können die Größe der Tabelle mit den Attributen max_row und max_column des Worksheet-Objekts ermitteln. Geben Sie Folgendes in die interaktive Shell ein:

```
>>> import openpyxl
>>> wb = openpyxl.load_workbook('c14-beispiel3.xlsx')
>>> tabelle = wb['Tabelle1']
>>> tabelle.max_row  # Gibt die höchste Zeilennummer aus.
7
>>> tabelle.max_column  # Ermitteln Sie die höchste Spaltennummer.
3
```

Beachten Sie, dass das Attribut max_column eine Ganzzahl und kein Buchstabe ist, wie er in Excel angezeigt wird.

Umwandlung zwischen Spaltenbuchstaben und Spaltennummern

Um Zahlen in Buchstaben umzuwandeln, verwenden Sie die Funktion openpyxl.utils.get_column_letter(). Um Buchstaben in Zahlen umzuwandeln, verwenden Sie die Funktion openpyxl.utils.column_index_from_string(). Geben Sie Folgendes in die interaktive Shell ein:

```
>>> import openpyxl
>>> from openpyxl.utils import get_column_letter, column_index_from_
string
>>> get_column_letter(1)  # Übersetze Spalte 1 in einen Buchstaben.
'A'
```

```
>>> get_column_letter(2)
'B'
>>> get_column_letter(27)
'AA'
>>> get_column_letter(900)
'AHP'
>>> wb = openpyxl.load_workbook('c14-beispiel3.xlsx')
>>> tabelle = wb['Tabelle1']
>>> get_column_letter(tabelle.max_column)
'C'
>>> column_index_from_string('A') # Ermittele die Nummer von A.
1
>>> column_index_from_string('AA')
27
```

Nachdem Sie diese beiden Funktionen aus dem Modul `openpyxl.utils` importiert haben, können Sie `get_column_letter()` aufrufen und eine Zahl wie 27 übergeben, um den Buchstaben für die 27. Spalte zu ermitteln. Die Funktion `column_index_from_string()` führt den umgekehrten Vorgang aus: Sie übergeben den Buchstaben einer Spalte, und die Funktion teilt Ihnen mit, welche Nummer diese Spalte hat. Sie müssen keine Arbeitsmappe geladen haben, um diese Funktionen zu verwenden.

Zeilen und Spalten holen

Sie können `Worksheet`-Objekte slicen, um alle `Cell`-Objekte in einer Zeile, Spalte oder einem rechteckigen Bereich der Tabelle zu erhalten. Anschließend können Sie über alle Zellen in diesem Bereich iterieren. Geben Sie Folgendes in die interaktive Shell ein:

```
>>> import openpyxl
>>> wb = openpyxl.load_workbook('c14-beispiel3.xlsx')
>>> tabelle = wb['Tabelle1']
>>> tabelle['A1':'C3']  # Zellen von A1 bis C3 holen
((<Cell 'Tabelle1'.A1>, <Cell Tabelle1'.B1>, <Cell Tabelle1'.C1>),
(<Cell 'Tabelle1'.A2>, <Cell'Tabelle1'.B2>, <Cell Tabelle1'.C2>),
(<Cell 'Tabelle1'.A3>, <Cell 'Tabelle1'.B3>, <Cell 'Tabelle1'.C3>))
>>> for zeile_obj in tabelle['A1':'C3']: ❶
...     for zelle_obj in zeile_obj: ❷
...         print(zelle_obj.coordinate, zelle_obj.value)
...     print('--- ENDE DER ZEILE ---')
...
A1 2035-04-05 13:34:02
B1 Äpfel
C1 73
--- ENDE DER ZEILE ---
A2 2035-04-05 03:41:23
```

```
B2 Kirschen
C2 85
--- ENDE DER ZEILE ---
A3 2035-04-06 12:46:51
B3 Birnen
C3 14
--- ENDE DER ZEILE ---
```

Mit `['A1':'C3']` erhalten Sie den Ausschnitt der `Cell`-Objekte des rechteckigen Bereichs von A1 bis C3. Sie erhalten dadurch ein Tupel, das die `Cell`-Objekte in diesem Bereich darstellt.

Dieses Tupel enthält wiederum drei Tupel: jeweils eines für jede Zeile, von der obersten bis zur untersten des gewünschten Bereichs. Jedes dieser drei inneren Tupel enthält die `Cell`-Objekte einer Zeile unseres gewünschten Bereichs – von der linken bis zur rechten Zelle. Unser Ausschnitt der Tabelle umfasst somit alle `Cell`-Objekte im Bereich von A1 bis C3, beginnend bei der Zelle oben links und endend bei der Zelle unten rechts.

Um die Werte jeder Zelle in diesem Bereich auszugeben, verwenden wir zwei `for`-Schleifen. Die äußere `for`-Schleife durchläuft jede Zeile im Bereich ❶. Für jede Zeile durchläuft anschließend die innere `for`-Schleife jede Zelle dieser Zeile ❷.

Für den Zugriff auf die Werte von Zellen in einer bestimmten Zeile oder Spalte können Sie auch die Attribute `rows` und `columns` eines `Worksheet`-Objekts verwenden. Diese Attribute müssen mit der Funktion `list()` in Listen umgewandelt werden, bevor Sie eckige Klammern und einen Index darauf anwenden können. Geben Sie Folgendes in die interaktive Shell ein:

```
>>> import openpyxl
>>> wb = openpyxl.load_workbook('c14-beispiel3.xlsx')
>>> tabelle = wb['Tabelle1']
>>> list(tabelle.columns)[1]  # Holt die Zellen der zweiten Spalte
(<Cell 'Tabelle1'.B1>, <Cell 'Tabelle1'.B2>, <Cell 'Tabelle1'.B3>,
<Cell 'Tabelle1'.B4>, <Zelle
'Tabelle1'.B5>, <Cell 'Tabelle1'.B6>, <Cell 'Tabelle1'.B7>)
>>> for zelle_obj in list(tabelle.columns)[1]:
...     print(zelle_obj.value)
...
Äpfel
Kirschen
Birnen
Orangen
Äpfel
Bananen
Erdbeeren
```

Wenn Sie das Attribut `rows` eines `Worksheet`-Objekts an `list()` übergeben, erhalten Sie eine Liste von Tupeln. Jedes dieser Tupel repräsentiert eine Zeile und enthält die `Cell`-Objekte dieser Zeile. Das Attribut `columns`, das ebenfalls an `list()` übergeben wird, liefert auch eine Liste von Tupeln, wobei jedes Tupel die `Cell`-Objekte einer bestimmten Spalte enthält. Bei *c14-beispiel3.xlsx* ergibt, da sieben Zeilen und drei Spalten vorhanden sind, `list(tabelle.rows)` eine Liste von sieben Tupeln (jeweils mit drei `Cell`-Objekten), und `list(tabelle.columns)` ergibt eine Liste von drei Tupeln (jeweils mit sieben `Cell`-Objekten).

Um auf ein bestimmtes Tupel zuzugreifen, können Sie es über seinen Index im übergeordneten Tupel ansprechen. Um beispielsweise das Tupel zu erhalten, das Spalte B repräsentiert, verwenden Sie `list(tabelle.columns)[1]`. Um das Tupel zu erhalten, das die `Cell`-Objekte in Spalte A enthält, verwenden Sie `list(tabelle.columns)[0]`. Sobald Sie ein Tupel haben, das eine bestimmte Zeile oder Spalte repräsentiert, können Sie durch die enthaltenen `Cell`-Objekte iterieren und deren Werte ausgeben.

Eine Übersicht über Arbeitsmappen, Tabellen und Zellen

Im Folgenden finden Sie zur schnellen Wiederholung eine Übersicht aller Funktionen, Methoden und Datentypen, die beim Arbeiten mit Zellen aus einer Tabellenkalkulationsdatei benötigt werden:

1. Importieren Sie das Modul `openpyxl`.
2. Rufen Sie die Funktion `openpyxl.load_workbook()` auf, um ein `Workbook`-Objekt zu erhalten.
3. Verwenden Sie das Attribut `active` oder `sheetnames`.
4. Sie erhalten ein `Worksheet`-Objekt.
5. Greifen Sie auf die Zellen der Tabelle mit Zahlenindexen oder der `cell()`-Methode mit den Schlüsselwortargumenten `row` und `column` zu.
6. Sie erhalten `Cell`-Objekte.
7. Lesen Sie das Attribut `value` des `Cell`-Objekts.

Projekt 9: Zensus-Statistiken erfassen

Angenommen, Sie haben sich die Flächen- und Bevölkerungszahlen der Städte beim Statistischen Bundesamt besorgt (*https://www.destatis.de/DE/Themen/Laender-Regionen/Regionales/Gemeindeverzeichnis/Administrativ/05-staedte.html*). Ich habe sie mir als Datei unter *c14-05-staedte.xlsx* gespeichert.

Nehmen wir außerdem an, Sie haben die Aufgabe, die Tausenden von Zeilen zu durchsuchen, um Bevölkerung (oder Fläche) pro Postleitzahl-Präfix zu ermitteln (also für alle Postleitzahlen, die mit »0« beginnen, mit »1« usw.). Jede Zeile repräsentiert eine Stadt. Die Datei habe ich *c14-05-staedte.xlsx* genannt; Sie können sie beim Statistischen Bundesamt unter dem oben genannten Link herunterladen. Ihr Inhalt sieht aus wie in Abbildung 14.2.

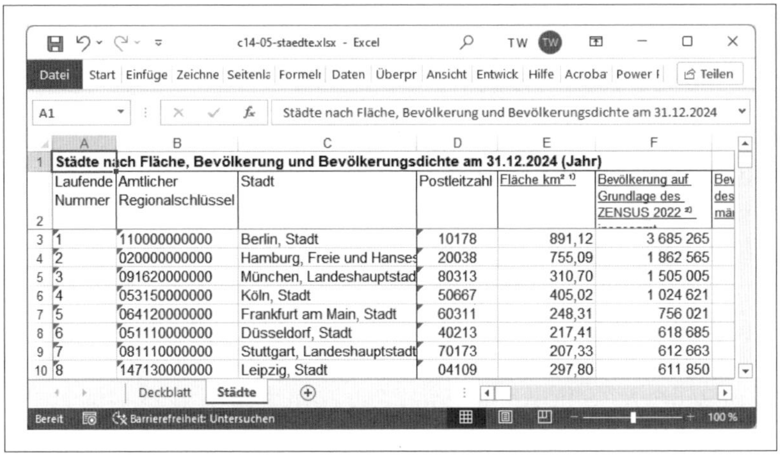

	A	B	C	D	E	F
1	Städte nach Fläche, Bevölkerung und Bevölkerungsdichte am 31.12.2024 (Jahr)					
2	Laufende Nummer	Amtlicher Regionalschlüssel	Stadt	Postleitzahl	Fläche km² 1)	Bevölkerung auf Grundlage des ZENSUS 2022 2)
3	1	110000000000	Berlin, Stadt	10178	891,12	3 685 265
4	2	020000000000	Hamburg, Freie und Hanse	20038	755,09	1 862 565
5	3	091620000000	München, Landeshauptstad	80313	310,70	1 505 005
6	4	053150000000	Köln, Stadt	50667	405,02	1 024 621
7	5	064120000000	Frankfurt am Main, Stadt	60311	248,31	756 021
8	6	051110000000	Düsseldorf, Stadt	40213	217,41	618 685
9	7	081110000000	Stuttgart, Landeshauptstadt	70173	207,33	612 663
10	8	147130000000	Leipzig, Stadt	04109	297,80	611 850

Abb. 14.2 *Die Tabellenkalkulation c14-05-staedte.xlsx*

Auch wenn Excel die Summe mehrerer ausgewählter Zellen automatisch berechnen kann, müssten Sie dennoch zunächst die Zellen für jede Postleitzahlgruppe manuell auswählen. Selbst wenn es nur wenige Sekunden dauert, die Bevölkerung eines Postleitzahlgruppe von Hand zu berechnen, würde diese Arbeit für die gesamte Tabelle mehrere Stunden in Anspruch nehmen.

In diesem Projekt schreiben Sie ein Skript, das die Daten aus der Tabellenkalkulationsdatei liest und innerhalb weniger Sekunden für jede Postleitzahlgruppe Statistiken erstellt.

Ihr Programm erledigt Folgendes:

- liest Daten aus der Excel-Tabelle
- zählt die Anzahl der Städte pro Postleitzahlgruppe
- summiert die Bevölkerung (oder Fläche) der Städte pro Postleitzahlgruppe
- gibt die Ergebnisse aus

Daraus folgt, dass Ihr Code Folgendes leisten muss:

- die Zellen des Excel-Dokuments mit dem Modul `openpyxl` öffnen und auslesen
- alle Flächen- und Bevölkerungsdaten berechnen und in einer Datenstruktur speichern
- die Datenstruktur mithilfe des Moduls `pprint` in eine Textdatei mit der Erweiterung `.py` schreiben, sodass diese später importiert werden kann

Schritt 1: Die Daten der Tabellenkalkulation einlesen

Die Datei *c14-05-staedte.xlsx* enthält nur zwei Tabellen mit den Namen »Deckblatt« und »Städte«. Letzteres ist das Interessante. Es enthält einige Kopf- und Fußzeilen, die uns nicht interessieren. Die meisten Zeilen dieser Tabelle enthalten die Daten für eine einzelne Stadt. Die Spalten sind die laufende Nummer (A), der amtliche Regionalschlüssel (B), der Name der Stadt (C), die Postleitzahl (D), die Fläche (E) und die Bevölkerungszahl insgesamt (F) sowie weitere Spalten, die hier nicht von Interesse sind.

Öffnen Sie einen neuen Tab im Dateieditor und geben Sie den folgenden Code ein. Speichern Sie die Datei anschließend als readCensusExcel.py:

```
# readCensusExcel.py - Zählt die Bevölkerung der Landkreise und
Zensus-Abschnitte

import openpyxl, pprint ❶
print('Arbeitsmappe wird geöffnet...')
wb = openpyxl.load_workbook('c14-05-staedte.xlsx') ❷
tabelle = wb['Städte'] ❸
daten = {}

# TODO: Fülle daten mit PLZ, Stadt und Bevölkerung
print('Zeilen werden gelesen...')
for row in range(2, tabelle.max_row + 1): ❹
    # Zeilen der Tabellen enthalten Daten pro Stadt
    stadt = tabelle['C' + str(row)].value
    plz = tabelle['D' + str(row)].value
    bev = tabelle['F' + str(row)].value
    if plz is None or len(plz) != 5: # Kopf- und Fußzeilen ignorieren ❺
        continue

# TODO: Öffne neue Textdatei und schreibe Inhalt von daten
```

Dieser Code importiert das Modul `openpyxl` sowie das Modul `pprint` ❶, das wir verwenden, um die endgültigen `daten` auszugeben. Anschließend öffnen wir die Datei `c14-05-staedte.xlsx` ❷, rufen die Tabelle mit den Städte-Daten ab ❸ und beginnen mit der Iteration über die Zeilen ❹. Um die Kopf- und Fußzeilen zu überspringen, prüfen wir, ob eine Zelle ganz leer oder nicht genau fünf Zeichen lang ist. Ist das der Fall, ignorieren wir die Zeile, indem wir mit der nächsten Zeile fortfahren ❺.

Beachten Sie, dass wir zudem eine Variable namens `daten` erstellt haben, die die Bevölkerungszahlen und die Anzahl der Städte aufnehmen wird, die wir berechnen werden. Bevor wir jedoch Daten darin speichern, sollten Sie genau bestimmen, wie Sie die Daten darin strukturieren.

Schritt 2: Ausfüllen der Datenstruktur

Wir werden in der Datenstruktur die Gruppierung nach der ersten Stelle der Postleitzahl vornehmen. Zu jedem dieser Präfixe machen wir einen Eintrag mit einem Dictionary mit den Schlüsseln `'Bevölkerung'` und `'Städte'`, die die Summe beziehungsweise die Anzahl aus den Daten enthalten. Das Dictionary `daten` hat dann folgende Struktur:

```
{'0': {'Bevölkerung': 12345676, 'Städte': 123},
 '1': 'Bevölkerung': 2345676, 'Städte': 23},
       --schnipp--
```

Wäre das vorherige Dictionary schon in `daten` gespeichert, würden die folgenden Ausdrücke wie folgt ausgewertet:

```
>>> daten['0']['Bevölkerung']
12345676
>>> daten['1']['Städte']
23
```

Im Allgemeinen sehen die Schlüssel des `daten`-Dictionarys wie folgt aus:

```
daten[plz_präfix]['Bevölkerung']
daten[plz_präfix]['Städte']
```

Nachdem Sie nun wissen, wie `daten` strukturiert sein wird, können wir den Code schreiben, der es mit den Daten füllt. Fügen Sie folgenden Code am Ende Ihres Programms hinzu:

```
# readCensusExcel.py - Zählt die Bevölkerung der Landkreise und
Zensus-Abschnitte

--schnipp--

for row in range(2, sheet.max_row + 1):
    # Jede Zeile in der Tabellenkalkulation enthält Daten für einen
Zensus-Abschnitt.
    stadt  = sheet['B' + str(row)].value
    plz    = sheet['C' + str(row)].value
    bev    = sheet['D' + str(row)].value

    plz_präfix = plz[0] # das erste Zeichen


    # sicherstellen, dass der Schlüssel für dieses Präfix existiert
    daten.setdefault(plz_präfix, {'Bevölkerung':0, 'Städte':0})  ❶
```

```
    # Jede Zeile steht für eine Stadt, daher erhöhen wir den Zähler
um eins.
    daten[plz_präfix]['Städte'] += 1  ❷
    # Und die Bevölkerung erhöhen wir entsprechend
    daten[plz_präfix]['Bevölkerung'] += int(bev) ❸

# TODO: Öffne neue Textdatei und schreibe Inhalt von daten
```

Die letzten beiden Codezeilen übernehmen die eigentliche Berechnung, indem sie bei jeder Iteration der `for`-Schleife den Wert für `Städte` erhöhen ❷ und den Wert für `Bevölkerung` ❸ für das aktuelle Präfix anpassen.

Der übrige Code ist erforderlich, da wir Statistiken nicht direkt einem Dictionary für ein Postleitzahlpräfix als Wert zuweisen können, solange dieser Schlüssel nicht in `daten` existiert. (Das bedeutet, `daten['9']['Städte'] += 1` verursacht einen Fehler, wenn der Schlüssel `'9'` noch nicht existiert.) Um sicherzustellen, dass der Postleitzahlpräfix-Schlüssel in Ihrer Datenstruktur vorhanden ist, müssen wir die Methode `setdefault()` verwenden, um einen initialen Wert zu setzen ❶, sofern dieser noch nicht existiert.

Da `setdefault()` nichts bewirkt, wenn der Schlüssel bereits existiert, können wir es ohne Bedenken bei jeder Iteration der `for`-Schleife aufrufen.

Schritt 3: Speichern Sie die Ergebnisse in einer Datei

Nach Abschluss der `for`-Schleife enthält das `daten`-Dictionary alle Bevölkerungs- und Städteinformationen. An diesem Punkt könnten wir weiteren Code schreiben, um diese Daten in eine Textdatei oder eine andere Excel-Tabelle zu exportieren. Verwenden wir zunächst einfach die Funktion `pprint.pformat()`, um den Wert des `daten`-Dictionarys als umfangreichen String in eine Datei mit dem Namen *ergebnis.py* zu schreiben. Fügen Sie den folgenden Code an das Ende Ihres Programms ein (achten Sie darauf, dass er nicht eingerückt ist, damit er außerhalb der `for`-Schleife bleibt):

```
# readCensusExcel.py - Erfasst die Einwohnerzahl der Landkreise und
Zensus-Abschnitte.

--schnipp--

# Öffne neue Textdatei und schreibe Inhalt von daten


print('Ergebnisse werden geschrieben...')
with open('ergebnis.py', 'w', encoding='utf-8') as ergebnis_file:
    ergebnis_file.write('daten = ' + pprint.pformat(daten))
print('Fertig.')
```

Die Funktion `pprint.pformat()` erzeugt einen String, der selbst als gültiger Python-Code formatiert ist. Indem wir diesen in eine Textdatei namens *ergebnis.py* schreiben, haben wir mit Ihrem Python-Programm ein weiteres Python-Programm erzeugt. Das mag auf den ersten Blick komplex wirken, aber der Vorteil besteht darin, dass wir *ergebnis.py* nun wie jedes andere Python-Modul importieren können. Wechseln Sie in der interaktiven Shell das aktuelle Arbeitsverzeichnis in den Ordner, der Ihre neu erstellte *ergebnis.py*-Datei enthält, und importieren Sie diese anschließend:

```
>>> import ergebnis
>>> ergebnis.daten['0']['Bevölkerung']
5191194
>>> ergebnis.daten['0']['Städte']
303
```

Das Programm *readCensusExcel.py* diente als einmalige Hilfslösung: Sobald wir dessen Ergebnisse in *ergebnis.py* gespeichert haben, ist eine erneute Ausführung des Programms nicht mehr erforderlich. Wann immer wir die Landkreis-Daten benötigen, können wir einfach `import ergebnis` ausführen.

Diese Daten von Hand zu berechnen, hätte Stunden in Anspruch genommen – das Programm erledigte es in wenigen Sekunden. Mit `openpyxl` können Sie problemlos Informationen aus einer Excel-Tabelle extrahieren und Berechnungen darauf durchführen. Das vollständige Programm steht Ihnen in den Online-Ressourcen des Buches zum Download zur Verfügung.

Ideen für vergleichbare Programme

Viele Unternehmen und Büros verwenden Excel zur Speicherung unterschiedlicher Datenarten. Es ist nicht ungewöhnlich, dass Excel-Tabellen sehr umfangreich und unübersichtlich werden. Jedes Programm, das eine Excel-Arbeitsmappe auswertet, folgt einer ähnlichen Struktur: Es lädt die Datei der Arbeitsmappe, bereitet bestimmte Variablen oder Datenstrukturen vor und durchläuft anschließend jede Zeile der Tabellenkalkulation. Ein solches Programm könnte beispielsweise Folgendes erledigen:

- Daten über mehrere Zeilen innerhalb einer Tabellenkalkulation vergleichen.
- mehrere Excel-Dateien öffnen und Daten der verschiedenen Tabellenkalkulationen miteinander vergleichen
- prüfen, ob eine Tabellenkalkulation leere Zeilen oder ungültige Werte in einer Zelle enthält, und den Anwender gegebenenfalls benachrichtigen
- Daten aus einer Tabellenkalkulation auslesen und diese als Eingabe für Ihre Python-Programme verwenden

Excel-Dokumente erstellen

Das Modul `openpyxl` ermöglicht auch das Schreiben von Daten. Dadurch können Sie mit Ihren Programmen Tabellenkalkulationsdateien erstellen und bearbeiten. Mit Python ist das Erstellen von Tabellen mit Tausenden von Zeilen problemlos möglich.

Excel-Dateien erstellen und speichern

Verwenden Sie die Funktion `openpyxl.Workbook()`, um ein neues, leeres `Workbook`-Objekt zu erzeugen. Geben Sie Folgendes in die interaktive Shell ein:

```
>>> import openpyxl
>>> wb = openpyxl.Workbook()  # Erstellen Sie eine leere Arbeits-
mappe.
>>> wb.sheetnames  # Die Arbeitsmappe beginnt mit einer Tabelle.
['Sheet']          # 'Sheet' als Tabelle
>>> sheet = wb.active
>>> sheet.title
'Sheet'
>>> sheet.title = 'Spam Bacon Eggs Sheet'  # Ändert den Titel.
>>> wb.sheetnames
['Spam Bacon Eggs Sheet']
```

Die Arbeitsmappe enthält zunächst eine einzige Tabelle mit dem Namen *Sheet*. Sie können den Namen der Tabelle ändern, indem Sie dem Attribut `title` einen neuen String zuweisen.

Sobald Sie das `Workbook`-Objekt oder dessen Tabellen und Zellen ändern, wird die Tabellenkalkulationsdatei erst gespeichert, wenn Sie die Methode `save()` für die Arbeitsmappe aufrufen. Geben Sie Folgendes in die interaktive Shell ein (sofern sich *c14-beispiel3.xlsx* im aktuellen Arbeitsverzeichnis befindet):

```
>>> import openpyxl
>>> wb = openpyxl.load_workbook('c14-beispiel3.xlsx')
>>> sheet = wb['Tabelle1']
>>> sheet.title = 'Spam Spam Spam'
>>> wb.save('c14-beispiel3_kopie.xlsx')  # Speichert die Arbeits-
mappe.
```

Hier ändern wir den Namen unserer Tabelle. Um Ihre Änderungen zu speichern, übergeben Sie einen Dateinamen als String an die Methode `save()`. Wenn Sie einen anderen Dateinamen als das Original angeben, beispielsweise `'c14-beispiel3_kopie.xlsx'`, speichert das die Änderungen in einer Kopie der Tabellenkalkulation.

Wann immer Sie eine aus einer Datei geladene Tabellenkalkulation bearbeiten, sollten Sie die neue, bearbeitete Tabellenkalkulation unter einem anderen Dateinamen als das Original speichern. Auf diese Weise bleibt Ihnen die ursprüngliche Datei erhalten, falls ein Fehler in Ihrem Code dazu führt, dass die neue, gespeicherte Datei fehlerhafte oder beschädigte Daten enthält. Außerdem funktioniert die Methode `save()` nicht, wenn die Datei derzeit in der Excel-Desktopanwendung geöffnet ist. Sie müssen die Tabellenkalkulation zunächst schließen und anschließend Ihr Python-Programm ausführen.

Erstellen und Entfernen von Tabellen

Sie können mit der Methode `create_sheet()` Tabellen in einer Arbeitsmappe erstellen oder mit dem Operator `del` entfernen. Geben Sie Folgendes in die interaktive Shell ein:

```
>>> import openpyxl
>>> wb = openpyxl.Workbook()
>>> wb.sheetnames
['Sheet']
>>> wb.create_sheet()  # Fügt eine neue Tabelle hinzu.
<Worksheet "Sheet1">
>>> wb.sheetnames
['Sheet', 'Sheet1']
>>> # Erstellt eine neue Tabelle am Index 0.
>>> wb.create_sheet(index=0, title='Erste Tabelle')
<Worksheet "Erste Tabelle">
>>> wb.sheetnames
['Erste Tabelle', 'Sheet', 'Sheet1']
>>> wb.create_sheet(index=2, title='Mittlere Tabelle')
<Worksheet "Mittlere Tabelle">
>>> wb.sheetnames
['Erste Tabelle', 'Sheet', 'Mittlere Tabelle', 'Sheet1']
```

Die Methode `create_sheet()` gibt ein neues `Worksheet`-Objekt mit dem Namen `Sheet` zurück, das standardmäßig die letzte Tabelle in der Arbeitsmappe ist. Sie können optional den Index und den Namen der neuen Tabelle mit den Schlüsselwortargumenten `index` und `title` angeben.

Fahren Sie mit dem vorherigen Beispiel fort, indem Sie Folgendes eingeben:

```
>>> wb.sheetnames
['Erste Tabelle', 'Sheet', 'Mittlere Tabelle', 'Sheet1']
>>> del wb['Mittlere Tabelle']
>>> del wb['Sheet1']
>>> wb.sheetnames
['Erste Tabelle', 'Sheet']
```

Sie können den del-Operator verwenden, um eine Tabelle aus einer Arbeitsmappe zu entfernen, ebenso wie Sie damit ein Schlüssel-Wert-Paar aus einem Dictionary löschen.

Denken Sie daran, nach dem Hinzufügen oder Entfernen von Tabellen aus der Arbeitsmappe die Methode save() aufzurufen, um Ihre Änderungen zu speichern.

Werte in Zellen schreiben

Das Schreiben von Werten in Zellen ähnelt dem Einfügen von Werten in die Schlüssel eines Dictionarys. Geben Sie Folgendes in die interaktive Shell ein:

```
>>> import openpyxl
>>> wb = openpyxl.Workbook()
>>> sheet = wb['Sheet']
>>> sheet['A1'] = 'Hallo, Welt!'  # Verändert den Wert der Zelle.
>>> sheet['A1'].value
'Hallo, Welt!'
```

Wenn Sie die Koordinate der Zelle als String vorliegen haben, können Sie diese wie einen Dictionary-Schlüssel am Worksheet-Objekt verwenden, um festzulegen, in welche Zelle geschrieben werden soll.

Projekt 10: Aktualisieren einer Tabellenkalkulation

In diesem Projekt schreiben Sie ein Programm, das Zellen in einer Tabellenkalkulation mit Verkaufsdaten für Obst und Gemüse aktualisiert. Ihr Programm wird die Tabellenkalkulation durchsuchen, bestimmte Sorten von Obst und Gemüse finden und deren Preise aktualisieren. Laden Sie die Tabellenkalkulation *c14-ErzeugnisVerkäufe3.xlsx* aus den Online-Ressourcen des Buches herunter. Abbildung 14.3 zeigt, wie die Tabellenkalkulation aussieht.

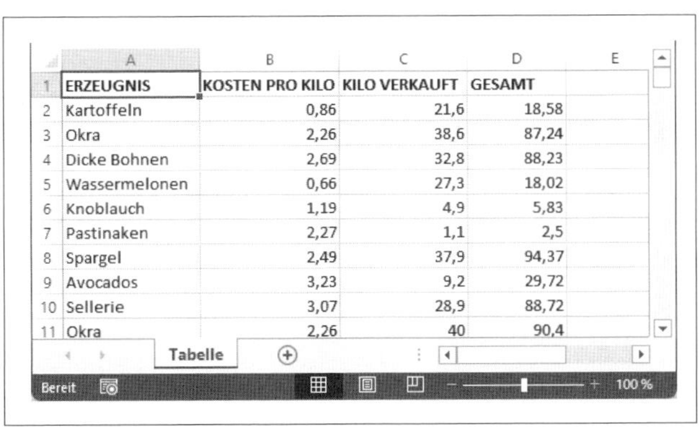

	A	B	C	D	E
1	ERZEUGNIS	KOSTEN PRO KILO	KILO VERKAUFT	GESAMT	
2	Kartoffeln	0,86	21,6	18,58	
3	Okra	2,26	38,6	87,24	
4	Dicke Bohnen	2,69	32,8	88,23	
5	Wassermelonen	0,66	27,3	18,02	
6	Knoblauch	1,19	4,9	5,83	
7	Pastinaken	2,27	1,1	2,5	
8	Spargel	2,49	37,9	94,37	
9	Avocados	3,23	9,2	29,72	
10	Sellerie	3,07	28,9	88,72	
11	Okra	2,26	40	90,4	

Abb. 14.3 *Eine Tabellenkalkulation mit Verkaufsdaten für Obst und Gemüse*

Jede Zeile steht für einen einzelnen Verkauf. Die Spalten geben die Art des verkauften Produkts (A), die Kosten pro Kilo dieses Produkts (B), die verkauften Kilo (C) sowie den Gesamtumsatz aus dem Verkauf (D) an. Die Spalte GESAMT verwendet eine Excel-Formel wie *=ROUND(B2*C2, 2)*, die die Kosten pro Kilo mit der Anzahl der verkauften Kilo multipliziert und das Ergebnis auf den nächsten Cent rundet. Dank dieser Formel werden die Zellen in der Spalte GESAMT automatisch aktualisiert, wenn sich die Werte in den Spalten KOSTEN PRO KILO oder VERKAUFTE KILO ändern.

Stellen Sie sich nun vor, dass die Preise für Knoblauch, Sellerie und Zitronen falsch eingegeben wurden. Sie sehen sich dadurch gezwungen, Tausende von Zeilen in dieser Tabelle zu durchsuchen, um die Kosten pro Kilo für jede Sellerie-, Knoblauch- und Zitronen-Zeile zu aktualisieren. Eine einfache Suchen-und-Ersetzen-Funktion für den Preis ist nicht möglich, da es andere Artikel mit dem gleichen Preis geben könnte, die Sie nicht unbeabsichtigt »korrigieren« möchten. Bei Tausenden von Zeilen würde diese Aufgabe manuell Stunden in Anspruch nehmen. Sie können jedoch ein Programm schreiben, das diese Aufgabe in wenigen Sekunden ausführt.

Ihr Programm sollte Folgendes erledigen:

- alle Zeilen durchlaufen
- falls die Zeile Sellerie, Knoblauch oder Zitronen betrifft, den Preis anpassen

Daraus folgt, dass Ihr Code Folgendes leisten muss:

- die Tabellenkalkulationsdatei öffnen
- für jede Zeile prüfen, ob der Wert in Spalte A `Sellerie`, `Knoblauch` oder `Zitrone` ist
- ist dies der Fall, den Preis in Spalte B aktualisieren
- die Tabellenkalkulation unter einem neuen Dateinamen speichern, damit die Originaldatei erhalten bleibt

Schritt 1: Eine Datenstruktur mit den aktualisierten Informationen anlegen

Die zu aktualisierenden Preise lauten wie folgt:

- Sellerie: 1,19
- Knoblauch: 3,07
- Zitrone: 1,27

Sie könnten beispielsweise folgenden Code verwenden, um diese neuen Preise festzulegen:

```
if produce_name == 'Celery':
    cell_obj = 1.19
if produce_name == 'Garlic':
    cell_obj = 3.07
if produce_name == 'Lemon':
    cell_obj = 1.27
```

Doch die Preise und Produktnamen direkt im Code zu hinterlegen, ist wenig elegant. Wenn Sie die Tabellenkalkulation später mit anderen Preisen oder Produkten aktualisieren müssten, wären zahlreiche Änderungen am Code erforderlich. Mit jeder Änderung am Code besteht die Gefahr, Fehler einzufügen.

Deutlich flexibler ist es, die korrigierten Preisinformationen in einem Dictionary zu speichern und den Code so zu gestalten, dass diese Datenstruktur genutzt wird. Geben Sie im Editor in einer neuen Datei-Registerkarte den folgenden Code ein:

```
# updateProduce.py - Korrigiert Preise in der Verkaufsdatei für
Erzeugnisse

import openpyxl

wb = openpyxl.load_workbook('c14-ErzeugnisVerkäufe3.xlsx')
tabelle = wb['Sheet']

# Die Produkttypen und ihre aktualisierten Preise
NEUE_PREISE = {'Knoblauch': 3.07,
               'Sellerie': 1.19,
               'Zitrone': 1.27}

# TODO: Zeilen durchlaufen und Preise aktualisieren
```

Speichern Sie dies als *updateProduce.py*. Falls Sie die Tabellenkalkulation erneut aktualisieren müssen, ändern Sie ausschließlich das `NEUE_PREISE`-Dictionary und keinen weiteren Code.

Schritt 2: Alle Zeilen überprüfen und fehlerhafte Preise anpassen

Im folgenden Programmabschnitt werden sämtliche Zeilen der Tabellenkalkulation durchlaufen. Fügen Sie diesen Code am Ende von *updateProduce.py* ein:

```
# updateProduce.py - Korrigiert Preise in der Verkaufsarbeitsmappe
für Obst und Gemüse

--schnipp--

# Zeilen durchlaufen und Preise aktualisieren
for row_num in range(2, tabelle.max_row + 1):  # Überspringe die
erste Zeile ❶
    produkt = tabelle.cell(row=row_num, column=1).value  ❷
    if produkt in NEUE_PREISE:  ❸
        tabelle.cell(row=row_num, column=2).value = NEUE_
PREISE[produkt]

wb.save('c14-ErzeugnisVerkäufeNeu3.xlsx') ❹
```

Wir durchlaufen die Zeilen ab Zeile 2, da die erste Zeile lediglich die Überschrift enthält ❶. Die Zelle in Spalte 1 (also Spalte A) wird in `produkt` gespeichert ❷. Wenn `produkt` als Schlüssel im `NEUE_PREISE`-Dictionary existiert ❸, wissen wir, dass in dieser Zeile der Preis angepasst werden muss. Der korrekte Preis befindet sich in `NEUE_PREISE[produkt]`.

Beachten Sie, wie sauber der Code aussieht, wenn wir `NEUE_PREISE` so verwenden, wie wir es tun. Wir verwenden lediglich eine einzelne `if`-Anweisung, anstatt für jedes zu aktualisierende Produkt eine eigene Zeile wie `if produkt == 'Knoblauch':` zu schreiben. Da der Code das Dictionary `NEUE_PREISE` verwendet, anstatt die Produktnamen und die aktualisierten Kosten in der `for`-Loop fest zu verdrahten, können wir uns bei weiteren erforderlichen Anpassungen der Verkaufs-Tabellen darauf beschränken, das `NEUE_PREISE`-Dictionary ändern und den übrigen Code unverändert lassen.

Nachdem die gesamte Tabelle überprüft und Änderungen vorgenommen wurden, speichert der Code das `Workbook`-Objekt unter *c14-ErzeugnisVerkäufeNeu3.xlsx* ❹. Die alte Datei wird nicht überschrieben, falls im Programm ein Fehler auftritt und die aktualisierte Tabelle fehlerhaft ist. Nachdem Sie überprüft haben, dass die aktualisierte Datei korrekt ist, können Sie die alte löschen.

Ideen für vergleichbare Programme

Da viele Büroangestellte regelmäßig Excel-Tabellen verwenden, kann ein Programm, das Excel-Dateien automatisch bearbeiten und erstellen kann, äußerst hilfreich sein. Ein solches Programm könnte beispielsweise Folgendes erledigen:

- Daten aus Tabellen auslesen und in bestimmte Bereiche anderer Tabellen schreiben.

- Daten von Webseiten, Textdateien oder aus der Zwischenablage lesen und in eine Tabellenkalkulation übertragen
- Daten in Tabellen automatisch bereinigen. Das Programm könnte beispielsweise reguläre Ausdrücke verwenden, um verschiedene Formate von Telefonnummern zu erfassen und sie in ein einheitliches Standardformat zu überführen.

Die Schriftart von Zellen festlegen

Durch das Formatieren bestimmter Zellen, Zeilen oder Spalten können Sie wichtige Bereiche Ihrer Tabellen gezielt hervorheben. In der Erzeugnisse-Excel-Tabelle könnte Ihr Programm beispielsweise die Zeilen für Kartoffeln, Knoblauch und Pastinaken fett markieren. Oder Sie möchten jede Zeile kursiv darstellen, deren Preis pro Kilo mehr als 5 € beträgt. Das manuelle Gestalten von Bereichen einer umfangreichen Tabellenkalkulation wäre aufwendig, aber Ihre Programme können diese Aufgaben sofort automatisiert ausführen.

Um Schriftarten in Zellen individuell anzupassen, importieren Sie die Funktion `Font()` aus dem Modul `openpyxl.styles`:

```
from openpyxl.styles import Font
```

Der Import dieser Funktion ermöglicht es Ihnen, `Font()` anstelle von `openpyxl.styles.Font()` zu verwenden. (Weitere Informationen finden Sie im Abschnitt »Importieren von Modulen« in Kapitel 3.)

Im folgenden Beispiel wird eine neue Arbeitsmappe erstellt und die Zelle A1 mit einer 24-Punkt-Kursivschriftart versehen:

```
>>> import openpyxl
>>> from openpyxl.styles import Font
>>> wb = openpyxl.Workbook()
>>> tabelle = wb['Sheet']
>>> italic_24_font = Font(size=24, italic=True)  ❶
>>> tabelle['A1'].font = italic_24_font  ❷
>>> tabelle['A1'] = 'Hallo, Welt!'
>>> wb.save('formate3.xlsx')
```

In diesem Beispiel gibt `Font(size=24, italic=True)` ein `Font`-Objekt zurück, das in `italic_24_font` gespeichert wird ❶. Die Schlüsselwortargumente von `Font()` legen die Stilinformationen fest, und das Zuweisen an `tabelle['A1'].font` überträgt sämtliche Schriftarteigenschaften auf die Zelle A1 ❷.

Um font-Attribute festzulegen, übergeben Sie Schlüsselwortargumente an Font(). Tabelle 14.2 zeigt die möglichen Schlüsselwortargumente für die Funktion Font().

Schlüsselwort	Datentyp	Beschreibung
name	String	der Schriftartname, zum Beispiel 'Calibri' oder 'Times New Roman'
size	Integer	die Punktgröße
bold	Boolean	True, für fett
italic	Boolean	True, für kursiv

Tab. 14.2 *Schlüsselwortargumente für Font-Objekte*

Font() erzeugt ein Font-Objekt, das Sie in einer Variablen speichern können. Weisen Sie diese Variable anschließend dem Attribut font eines Cell-Objekts zu. Im folgenden Beispiel erstellt dieser Code verschiedene Schriftarten:

```
>>> import openpyxl
>>> from openpyxl.styles import Font
>>> wb = openpyxl.Workbook()
>>> tabelle = wb['Sheet']
>>> fetter_font = Font(name='Times New Roman', bold=True)
>>> tabelle['A1'].font = fetter_font
>>> tabelle['A1'] = 'Bold Times New Roman'

>>> kursiver_font = Font(size=24, italic=True)
>>> tabelle['B3'].font = kursiver_font
>>> tabelle['B3'] = '24 pt Italic'

>>> wb.save('formate3.xlsx')
```

Hier speichern wir ein Font-Objekt in fetter_font und weisen anschließend dem font-Attribut des A1-Cell-Objekts den Wert von fetter_font zu. Diesen Vorgang wiederholen wir mit einem weiteren Font-Objekt, um die Schriftart einer zweiten Zelle festzulegen. Nachdem Sie diesen Code ausgeführt haben, verfügen die Zellen A1 und B3 in der Tabellenkalkulation über benutzerdefinierte Schriftarten, wie in Abbildung 14.4 dargestellt.

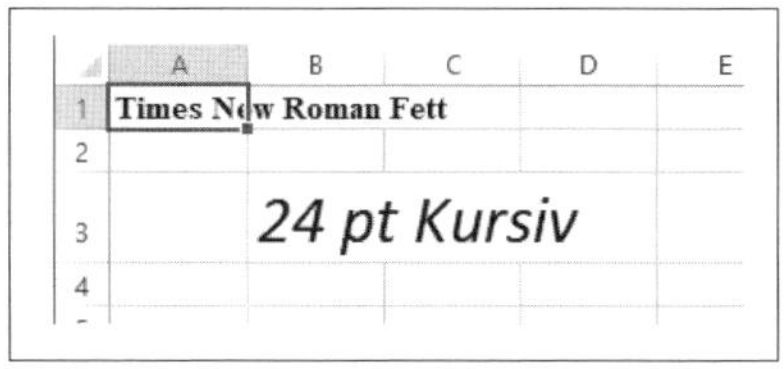

Abb. 14.4 *Eine Tabellenkalkulation mit benutzerdefinierten Schriftarten*

Für die Zelle A1 legen wir die Schriftart auf `'Times New Roman'` fest und setzen `bold` auf `True`, damit der Text fett in Times New Roman erscheint. Da keine Punktgröße angegeben ist, wird der Standardwert von `openpyxl`, also 11, verwendet. In Zelle B3 ist der Text kursiv formatiert und hat eine Schriftgröße von 24 Punkt. Da keine Schriftart angegeben wurde, verwendet der Text die `openpyxl`-Standardschriftart Calibri.

Formeln

Excel-Formeln, die mit einem Gleichheitszeichen beginnen, ermöglichen es, Zellen so zu konfigurieren, dass sie einen Wert enthalten, der aus anderen Zellen berechnet wird. In diesem Abschnitt nutzen Sie das Modul `openpyxl`, um programmatisch Formeln zu Zellen hinzuzufügen, genau wie Sie auch einen normalen Wert eintragen würden. Hier ein Beispiel:

```
>>> tabelle['B9'] = '=SUM(B1:B8)'
```

Dieser Code speichert die Formel *=SUM(B1:B8)* in B9 und setzt den Wert der Zelle auf die Summe der Werte aus den Zellen B1 bis B8. Dies veranschaulicht Abbildung 14.5.

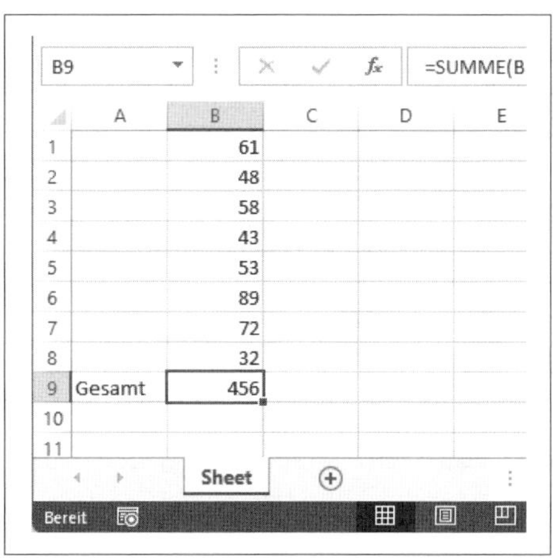

Abb. 14.5 *Zelle B9 enthält die Formel zur Addition der Werte in den Zellen B1 bis B8.*

Sie können eine Excel-Formel ebenso wie jeden anderen Textwert in einer Zelle festlegen. Geben Sie beispielsweise Folgendes in die interaktive Shell ein:

```
>>> import openpyxl
>>> wb = openpyxl.Workbook()
>>> tabelle = wb['Sheet']
>>> tabelle['A1'] = 200
>>> tabelle['A2'] = 300
>>> tabelle['A3'] = '=SUM(A1:A2)' # Setzt die Formel.
>>> wb.save('formeln3.xlsx')
```

Die Zellen in A1 und A2 werden auf 200 beziehungsweise 300 gesetzt. Der Wert in Zelle A3 wird auf eine Formel festgelegt, die die Werte in A1 und A2 summiert. Öffnen Sie die Tabellenkalkulation in Excel, zeigt A3 den Wert 500 an.

Englische Formeln, deutsche Formeln

Beachten Sie, dass Sie in den Formeln Ihres Python-Skripts die englischen Namen von Funktionen verwenden müssen, wie zum Beispiel *SUM*. Sobald Sie die Tabelle dann mit der deutschen Excel-Edition öffnen, sehen Sie aber die deutschen Funktionsnamen, zum Beispiel *SUMME*, wie Sie in Abbildung 14.5 erkennen können. Den Funktionsnamen *SUMME* würde Excel nicht erkennen, wenn Sie ihn mit `openpyxl` einer Zelle zuweisen. Das mag etwas unhandlich sein, denn Sie können nicht Ihr deutsches Excel verwenden, um an die englischen Funktionsnamen zu gelangen. Im Internet finden Sie ein geeignetes Nachschlagewerk.

Die wichtigsten Funktionen sind auf Deutsch SUMME, MITTELWERT, WENN, SVERWEIS, WVERWEIS, VERGLEICH, ANZAHL und TEXTVERKETTEN – auf Englisch heißen sie SUM, AVERAGE, IF, VLOOKUP, HLOOKUP, MATCH, COUNT und CONCAT.

Außerdem müssen Sie darauf achten, dass Sie anstelle des Semikolons »;« das Komma »,« als Trennzeichen zwischen Funktionsargumenten verwenden. Der Grund dafür ist, dass in der deutschen Excel-Version Zahlen wie 3,57 erlaubt sind. Würde Excel – wie im Englischen – das Komma als Argumenttrenner verwenden, käme es zu einem Konflikt mit dem Dezimalkomma. Bei `openpyxl` gilt jedoch die englische Schreibweise, also müssen Sie sich hier umgewöhnen und das Komma als Argumenttrenner benutzen.

Es bedarf also etwas Sorgfalt, aber mit Übung meistern Sie diese Hürde.

Das Modul `openpyxl` verfügt nicht über die Möglichkeit, Excel-Formeln zu berechnen und Zellen mit den Ergebnissen zu befüllen. Öffnen Sie jedoch diese *formeln3.xlsx*-Datei in Excel, berechnet Excel selbst die Formelergebnisse und trägt sie in die Zellen ein. Sie können die Datei in Excel speichern und sie anschließend öffnen, während Sie das Schlüsselwortargument `data_only=True` an `openpyxl.load_workbook()` übergeben; die Zellenwerte sollten dann die Berechnungsergebnisse anstelle des Formel-Strings anzeigen:

```
>>> import openpyxl
>>> wb = openpyxl.load_workbook('formeln3.xlsx')  # ohne data_only
>>> wb.active['A3'].value  # Formel-String holen
'=SUM(A1:A2)'
>>> # Hier einmal Tabelle in Excel öffnen und speichern. Dann:
>>> wb = openpyxl.load_workbook('formeln3.xlsx', data_only=True) #
data_only
>>> wb.active['A3'].value  # Formelergebnis holen
500
```

Das Ergebnis `500` wird in der Tabellenkalkulation nur angezeigt, wenn Sie die Datei zuvor in Excel geöffnet und gespeichert haben, damit Excel die Formel berechnen und das Ergebnis in der Datei speichern konnte. Dies ist der Wert, den `openpyxl` liest, wenn Sie `data_only=True` an `openpyxl.load_workbook()` übergeben.

Excel-Formeln bieten eine gewisse Programmierbarkeit für Tabellenkalkulationen, können jedoch bei komplexen Aufgaben schnell unübersichtlich werden. Selbst wenn Sie mit Excel-Formeln sehr vertraut sind, ist es mühselig nachzuvollziehen, was *=IFERROR(TRIM(IF(LEN(VLOOKUP(F7, Tabelle2!$A$1:$B$10000, 2, FALSE))>0,SUBSTITUTE(VLOOKUP(F7, Tabelle2!$A$1:$B$10000, 2, FALSE), " ", ""),"")), "")* tatsächlich bewirkt. Python-Code ist deutlich besser lesbar.

Anpassen von Zeilen und Spalten

In Excel können Sie die Größen von Zeilen und Spalten ganz einfach anpassen, indem Sie die Kanten einer Zeilen- oder Spaltenüberschrift anklicken und ziehen. Wenn Sie jedoch die Größe einer Zeile oder Spalte auf Grundlage des Inhalts ihrer Zellen festlegen oder in einer großen Anzahl von Dateien die Größen anpassen möchten, ist es erheblich effizienter, hierfür ein Python-Programm zu schreiben.

Sie können Zeilen und Spalten auch ausblenden oder »einfrieren«, sodass sie stets auf dem Bildschirm sichtbar sind und auf jeder Seite erscheinen, wenn Sie die Tabellenkalkulation drucken (was besonders für Überschriften hilfreich ist).

Festlegen von Zeilenhöhe und Spaltenbreite

Ein `Worksheet`-Objekt besitzt die Attribute `row_dimensions` und `column_dimensions`, mit denen Sie die Höhe der Zeilen und die Breite der Spalten steuern. Geben Sie dazu beispielsweise Folgendes in die interaktive Shell ein:

```
>>> import openpyxl
>>> wb = openpyxl.Workbook()
>>> tabelle = wb['Sheet']
>>> tabelle['A1'] = 'Hohe Zeile'
>>> tabelle['B2'] = 'Breite Spalte'
>>> tabelle.row_dimensions[1].height = 70
>>> tabelle.column_dimensions['B'].width = 20
>>> wb.save('dimensionen3.xlsx')
```

Die `row_dimensions` und `column_dimensions` einer Tabelle sind Dictionary-ähnliche Werte; In `row_dimensions` befinden sich `RowDimension`-Objekte, und in `column_dimensions` befinden sich `ColumnDimension`-Objekte. In `row_dimensions` können Sie auf ein Objekt zugreifen, indem Sie die Nummer der Zeile angeben (in diesem Fall 1 oder 2). In `column_dimensions` können Sie auf ein Objekt mithilfe des Buchstabens der Spalte zugreifen (in diesem Fall A oder B).

Die Tabellenkalkulation *dimensionen3.xlsx* entspricht Abbildung 14.6.

Abb. 14.6 *Zeile 1 und Spalte B sind auf größere Höhen und Breiten gesetzt.*

Die Standardbreite und -höhe der Zellen variiern je nach Excel-Version und `openpyxl`.

Zellen zusammenführen und aufteilen

Sie können eine rechteckige Gruppe von Zellen mit der Methode `merge_cells()` der Tabelle zu einer einzigen Zelle zusammenführen. Geben Sie Folgendes in die interaktive Shell ein:

```
>>> import openpyxl
>>> wb = openpyxl.Workbook()
>>> tabelle = wb['Sheet']
>>> tabelle.merge_cells('A1:D3')  # Alle diese Zellen zusammenführen.
>>> tabelle['A1'] = 'Zwölf Zellen zu einer Zelle zusammengeführt.'
>>> tabelle.merge_cells('C5:D5')  # Diese beiden Zellen zusammenführen.
>>> tabelle['C5'] = 'Zwei zusammengeführte Zellen.'
>>> wb.save('zusammen3.xlsx')
```

Das Argument für `merge_cells()` ist ein einzelner String, der die Zelle oben links und die Zelle unten rechts des rechteckigen Bereichs angibt, der zusammengeführt werden soll: `'A1:D3'` führt 12 Zellen zu einer einzigen Zelle zusammen. Um den Wert dieser zusammengeführten Zellen festzulegen, tragen Sie den Wert in die oben links befindliche Zelle der zusammengeführten Gruppe ein.

Wenn Sie diesen Code ausführen, sieht *zusammen3.xlsx* wie in Abbildung 14.7 aus.

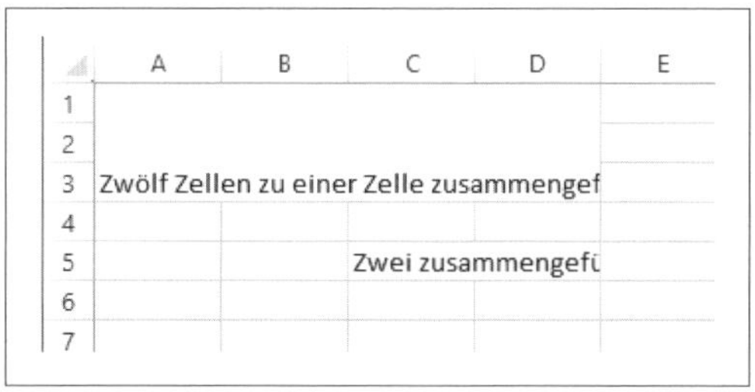

Abb. 14.7 *Zusammengeführte Zellen in einer Tabellenkalkulation*

Um eine Zellenvereinigung aufzuheben, verwenden Sie die Methode `unmerge_cells()` der Tabelle:

```
>>> import openpyxl
>>> wb = openpyxl.load_workbook('zusammen3.xlsx')
>>> tabelle = wb['Sheet']
>>> tabelle.unmerge_cells('A1:D3')  # Zellen auftrennen
>>> tabelle.unmerge_cells('C5:D5')
>>> wb.save('aufgetrennt3.xlsx')
```

Wenn Sie Ihre Änderungen speichern und anschließend die Tabellenkalkulation betrachten, sehen Sie, dass die zusammengeführten Zellen wieder zu einzelnen Zellen geworden sind.

Fenster fixieren

Bei Tabellen, die zu umfangreich sind, um vollständig angezeigt zu werden, empfiehlt es sich, einige der obersten Zeilen oder der Spalten ganz links auf dem Bildschirm zu fixieren. Fixierte Spalten- oder Zeilenüberschriften sind für den Nutzer beispielsweise immer sichtbar, auch wenn man durch die Tabellenkalkulation scrollt. Diese werden im Englischen als *freeze panes* bezeichnet.

In `openpyxl` verfügt jedes `Worksheet`-Objekt über ein Attribut `freeze_panes`, dem Sie ein `Cell`-Objekt oder einen String mit der Koordinate einer Zelle zuweisen können. Beachten Sie, dass durch dieses Attribut alle Zeilen oberhalb dieser

Zelle und alle Spalten links davon fixiert werden, jedoch nicht die Zeile und Spalte der Zelle selbst. Um alle Bereichsfixierungen aufzuheben, setzen Sie `freeze_panes` auf `None` oder `'A1'`. Tabelle 14.3 zeigt, welche Zeilen und Spalten für einige Beispielwerte von `freeze_panes` fixiert werden.

Freete_panes Einstellung	Zeilen und Spalten fixiert
`tabelle.freeze_panes = 'A2'`	Zeile 1 (keine Spalten fixiert)
`tabelle.freeze_panes = 'B1'`	Spalte A (keine Zeilen fixiert)
`tabelle.freeze_panes = 'C1'`	Spalten A und B (keine Zeilen fixiert)
`tabelle.freeze_panes = 'C2'`	Zeile 1 und Spalten A und B
`tabelle.freeze_panes = 'A1'` oder `tabelle.freeze_panes = None`	keine fixierten Zeilen oder Spalten

Tab. 14.3 *Beispiele für Bereichsfixierungen*

Laden Sie eine weitere Kopie der Tabellenkalkulation *c14-ErzeugnisVerkäufe3.xlsx* herunter und geben Sie dann Folgendes in die interaktive Shell ein:

```
>>> import openpyxl
>>> wb = openpyxl.load_workbook('c14-ErzeugnisVerkäufe3.xlsx')
>>> tabelle = wb.active
>>> tabelle.freeze_panes = 'A2'  # Fixiert die Zeilen oberhalb von A2.
>>> wb.save('c14-ErzeugnisVerkäufe3-fixiert.xlsx')
```

Das Ergebnis sehen Sie in Abbildung 14.8.

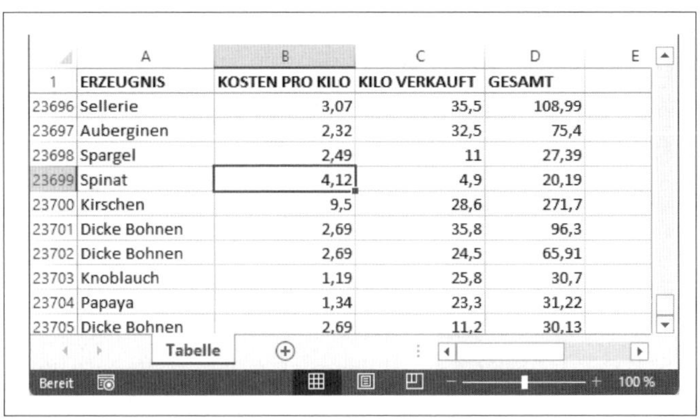

	A	B	C	D	E
1	ERZEUGNIS	KOSTEN PRO KILO	KILO VERKAUFT	GESAMT	
23696	Sellerie	3,07	35,5	108,99	
23697	Auberginen	2,32	32,5	75,4	
23698	Spargel	2,49	11	27,39	
23699	Spinat	4,12	4,9	20,19	
23700	Kirschen	9,5	28,6	271,7	
23701	Dicke Bohnen	2,69	35,8	96,3	
23702	Dicke Bohnen	2,69	24,5	65,91	
23703	Knoblauch	1,19	25,8	30,7	
23704	Papaya	1,34	23,3	31,22	
23705	Dicke Bohnen	2,69	11,2	30,13	

Abb. 14.8 *Zeile 1 ist eingefroren.*

Da wir das Attribut `freeze_panes` auf `'A2'` gesetzt haben, bleibt die Zeile 1 unabhängig vom Scrollen in der Tabellenkalkulation sichtbar.

Diagramme

Das Modul openpyxl kann aus den Daten in den Zellen der Tabellen Balken-, Linien-, Punkt- und Kreisdiagrammen erstellen. Um ein Diagramm zu erzeugen, gehen Sie folgendermaßen vor:

1. Erstellen Sie ein Reference-Objekt aus einer rechteckigen Auswahl von Zellen.
2. Erstellen Sie ein Series-Objekt mit dem Reference-Objekt als Parameter.
3. Erstellen Sie ein Chart-Objekt.
4. Fügen Sie das Series-Objekt dem Chart-Objekt hinzu.
5. Fügen Sie das Diagramm-Objekt dem Worksheet-Objekt hinzu und geben Sie optional an, welche Zelle die linke obere Ecke des Diagramms bilden soll.

Das Referenz-Objekt bedarf einer näheren Erläuterung. Um Referenz-Objekte zu erstellen, rufen Sie die Funktion openpyxl.chart.Reference() auf und übergeben fünf Argumente:

- das Worksheet-Objekt, das Ihre Diagrammdaten enthält
- die Spalten- und Zeilenwerte der links oben liegenden Zelle des rechteckigen Bereichs mit Ihren Diagrammdaten: Die erste Zahl im Tupel entspricht der Zeile, die zweite der Spalte. Beachten Sie, dass 1 die erste Zeile ist, nicht 0.
- die Spalten- und Zeilenwerte der rechts unten liegenden Zelle des rechteckigen Bereichs mit Ihren Diagrammdaten: Die erste Zahl im Tupel entspricht der Zeile, die zweite der Spalte.

Geben Sie dieses Beispiel in der interaktiven Shell ein, um ein Balkendiagramm zu erstellen und es der Tabellenkalkulation hinzuzufügen:

```
>>> import openpyxl
>>> wb = openpyxl.Workbook()
>>> tabelle = wb.active
>>> for i in range(1, 11):  # einige Daten in Spalte A erstellen
...     tabelle['A' + str(i)] = i * i
...
>>> ref = openpyxl.chart.Reference(tabelle, 1, 1, 1, 10)

>>> serie = openpyxl.chart.Series(ref, title='Erste Serie')

>>> diagramm = openpyxl.chart.BarChart()
>>> diagramm.title = 'Mein Diagramm'
>>> diagramm.append(serie)

>>> tabelle.add_chart(diagramm, 'C5')
>>> wb.save('beispielDiagramm3.xlsx')
```

Dieser Code erzeugt eine Tabellenkalkulation, die wie Abbildung 14.9 aussieht.

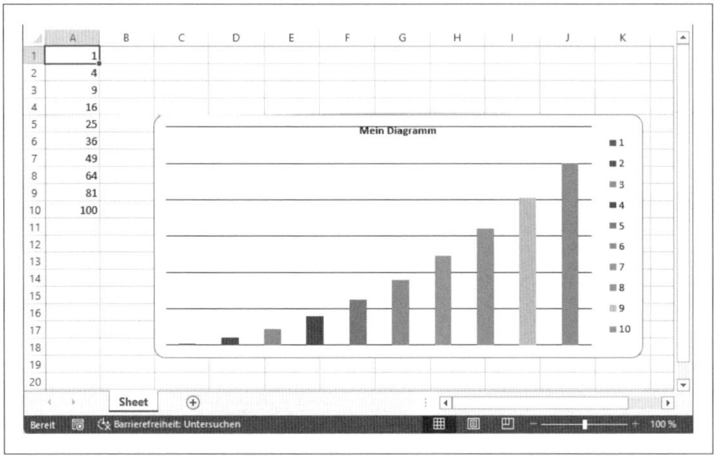

Abb. 14.9 *Eine Tabellenkalkulation mit einem hinzugefügten Diagramm*

Ein Balkendiagramm wird erstellt, indem `openpyxl.chart.BarChart()` aufgerufen wird. Indem Sie `openpyxl.chart.LineChart()`, `openpyxl.chart.ScatterChart()` und `openpyxl.chart.PieChart()` aufrufen, können Sie ebenso Liniendiagramme, Punktdiagramme und Kreisdiagramme erstellen.

Zusammenfassung

Oft besteht die größte Herausforderung bei der Verarbeitung von Informationen nicht in der Verarbeitung selbst, sondern darin, die Daten zunächst in das korrekte Format für Ihr Programm zu bringen. Sobald Sie Ihre Excel-Arbeitsmappe in Python geladen haben, können Sie deren Daten deutlich schneller extrahieren und bearbeiten, als es manuell möglich wäre.

Sie können auch Tabellenkalkulationen als Ausgabedateien Ihrer Programme generieren. Wenn beispielsweise Kolleginnen oder Kollegen eine Textdatei oder ein PDF mit Tausenden von Vertriebskontakten in eine Tabellenkalkulationsdatei übertragen möchten, müssen Sie diese Daten nicht mehr mühsam in Excel einfügen und kopieren. Mit dem Modul `openpyxl` und entsprechenden Programmierkenntnissen wird selbst die Verarbeitung umfangreichster Tabellenkalkulationen zum Kinderspiel.

Im nächsten Kapitel erfahren Sie, wie Sie mit Python mit einem weiteren Tabellenkalkulationsprogramm interagieren: der beliebten Online-Anwendung Google Sheets.

Übungsfragen

Gehen Sie bei den folgenden Fragen davon aus, dass sich ein `Workbook`-Objekt in der Variablen `wb`, ein `Worksheet`-Objekt in `sheet` und ein `Sheet`-Objekt ebenfalls in `sheet` befindet.

1. Was für einen Datentyp gibt die Funktion `openpyxl.load_workbook()` zurück?
2. Was enthält das Attribut `wb.sheetnames` einer Arbeitsmappe?
3. Wie rufen Sie das `Worksheet`-Objekt für eine Tabelle mit dem Namen `'Tabelle1'` ab?
4. Wie rufen Sie das `Worksheet`-Objekt für die aktive Tabelle der Arbeitsmappe ab?
5. Wie rufen Sie den Wert in Zelle C5 ab?
6. Wie setzen Sie den Wert in Zelle C5 auf `"Hallo"`?
7. Wie rufen Sie die Zeile und die Spalte einer Zelle als Ganzzahlen ab?
8. Was beinhalten die Attribute `sheet.max_column` und `sheet.max_row` einer Tabelle und welchen Datentyp haben diese Attribute?
9. Wenn Sie den ganzzahligen Index für die Spalte `'M'` benötigen, welche Funktion müssten Sie aufrufen?
10. Wenn Sie den String-Namen für die Zeile `14` benötigen, welche Funktion müssen Sie aufrufen?
11. Wie können Sie ein Tupel aller `Cell`-Objekte von A1 bis F1 abrufen?
12. Wie speichern Sie die Arbeitsmappe unter dem Dateinamen *c14-beispiel3.xlsx*?
13. Wie setzen Sie eine Formel in eine Zelle ein?
14. Wenn Sie das Ergebnis der Formel einer Zelle abrufen möchten und nicht die Formel selbst, was müssen Sie zuerst tun?
15. Wie setzen Sie die Höhe der Zeile 5 auf 100?
16. Wie blenden Sie die Spalte C aus?
17. Was versteht man unter einem Freeze Pane?
18. Welche fünf Funktionen und Methoden müssen Sie aufrufen, um ein Balkendiagramm zu erstellen?

Übungsprogramme

Schreiben Sie zu Übungszwecken Programme, die die folgenden Aufgaben ausführen.

Multiplikationstabellenersteller

Erstellen Sie ein Programm *multiplikationsTabelle.py*, das eine Zahl N als Kommandozeilenargument entgegennimmt und eine $N \times N$-Multiplikationstabelle in einer Excel-Tabelle erzeugt. Wenn das Programm beispielsweise folgendermaßen ausgeführt wird:

```
py multiplikationsTabelle.py 6
```

soll eine Tabellenkalkulation erstellt werden, die wie in Abbildung 14.10 aussieht.

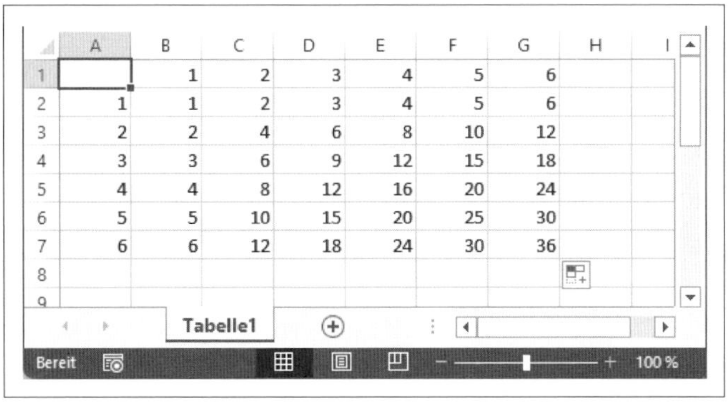

Abb. 14.10 *Eine in einer Tabellenkalkulation generierte Multiplikationstabelle*

Zeile 1 und Spalte A sollen Beschriftungen enthalten und fett geschrieben sein.

Leere-Zeilen-Einfüger

Erstellen Sie ein Programm *leerzeilenEinfügen.py*, das zwei Ganzzahlen und einen Dateinamen als Kommandozeilenargumente entgegennimmt. Nennen wir die erste Ganzzahl N und die zweite Ganzzahl M. Ab Zeile N soll das Programm M leere Zeilen in die Tabellenkalkulation einfügen. Wenn das Programm beispielsweise folgendermaßen ausgeführt wird:

```
python leerzeilenEinfügen.py 3 2 meineErzeugnisse.xlsx
```

sollen die Tabellenkalkulationen vor und nach dem Vorgang wie in Abbildung 14.11 aussehen.

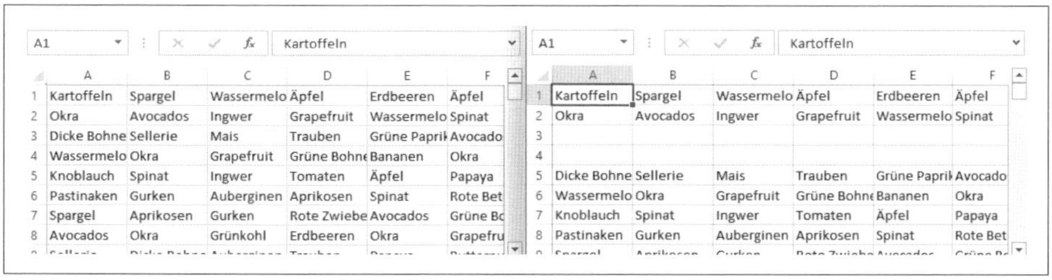

A1 Kartoffeln

	A	B	C	D	E	F
1	Kartoffeln	Spargel	Wassermelo	Äpfel	Erdbeeren	Äpfel
2	Okra	Avocados	Ingwer	Grapefruit	Wassermelo	Spinat
3	Dicke Bohne	Sellerie	Mais	Trauben	Grüne Paprik	Avocado
4	Wassermelo	Okra	Grapefruit	Grüne Bohne	Bananen	Okra
5	Knoblauch	Spinat	Ingwer	Tomaten	Äpfel	Papaya
6	Pastinaken	Gurken	Auberginen	Aprikosen	Spinat	Rote Bet
7	Spargel	Aprikosen	Gurken	Rote Zwiebe	Avocados	Grüne Bc
8	Avocados	Okra	Grünkohl	Erdbeeren	Okra	Grapefru

A1 Kartoffeln

	A	B	C	D	E	F
1	Kartoffeln	Spargel	Wassermelo	Äpfel	Erdbeeren	Äpfel
2	Okra	Avocados	Ingwer	Grapefruit	Wassermelo	Spinat
3						
4						
5	Dicke Bohne	Sellerie	Mais	Trauben	Grüne Paprik	Avocado
6	Wassermelo	Okra	Grapefruit	Grüne Bohne	Bananen	Okra
7	Knoblauch	Spinat	Ingwer	Tomaten	Äpfel	Papaya
8	Pastinaken	Gurken	Auberginen	Aprikosen	Spinat	Rote Bet

Abb. 14.11 *Vorher (links) und nachher (rechts), nachdem zwei leere Zeilen ab Zeile 3 eingefügt wurden*

Sie können dieses Programm erstellen, indem Sie die Inhalte der Tabellenkalkulation einlesen. Beim Schreiben der neuen Tabellenkalkulation nutzen Sie anschließend eine `for`-Schleife, um die ersten N Zeilen zu kopieren. Für die übrigen Zeilen addieren Sie M zur Zeilennummer im Ausgabeblatt.

15
Google Sheets

Google Sheets, die kostenlose, webbasierte Tabellenkalkulation, die jedem mit einem Google-Konto oder einer Gmail-Adresse zur Verfügung steht, hat sich als funktionsreicher und nützlicher Konkurrent zu Excel etabliert. Google Sheets besitzt eine eigene API, deren Anwendung jedoch komplex sein kann. In diesem Kapitel wird die Drittanbieter-Bibliothek EZSheets behandelt, die Ihnen eine einfachere Möglichkeit bietet, gängige Aktionen auszuführen, indem sie die technischen Details der Google-Sheets-API übernimmt, sodass Sie diese nicht selbst erlernen müssen.

EZSheets installieren und einrichten

Sie können EZSheets mit dem Kommandozeilenwerkzeug pip installieren, indem Sie den Anweisungen in Anhang A folgen.

Bevor Ihre Python-Skripte EZSheets verwenden können, um auf Ihre Google Sheets-Tabellen zuzugreifen und sie zu bearbeiten, benötigen Sie eine Anmeldedaten-JSON-Datei sowie zwei Token-JSON-Dateien. Es gibt fünf Schritte zur Erstellung von Anmeldedaten:

1. Erstellen Sie ein neues Google Cloud-Projekt.
2. Aktivieren Sie für Ihr Projekt die Google Sheets-API und die Drive-API.
3. Konfigurieren Sie den OAuth-Zustimmungsbildschirm.
4. Erstellen Sie Anmeldedaten.
5. Melden Sie sich mit der Anmeldedatendatei an.

Dies mag zwar aufwendig erscheinen, jedoch ist diese Einrichtung nur einmal erforderlich und darüber hinaus kostenlos. Sie benötigen ein Google- bzw. Gmail-Konto; ich empfehle Ihnen nachdrücklich, ein neues Google-Konto zu erstellen, anstatt Ihr bestehendes zu verwenden, um zu vermeiden, dass ein Fehler in Ihrem Python-Skript die Spreadsheets in Ihrem persönlichen Google-Konto beeinträchtigt. Im Verlauf dieses Kapitels bezeichne ich mit *Ihr Google-Konto* und *Ihre Gmail-E-Mail-Adresse* das Google-Konto, dem die Spreadsheets gehören, auf die Ihr Python-Programm zugreift.

Google kann das Layout oder die Bezeichnungen auf der Google Cloud Console-Website geringfügig anpassen. Die grundlegenden Schritte, die ich beschrieben habe, sollten jedoch unverändert bleiben.

Ein neues Google Cloud-Projekt erstellen

Zunächst müssen Sie ein Google Cloud-Projekt einrichten. Öffnen Sie in Ihrem Browser *https://console.cloud.google.com* und melden Sie sich mit Ihrem Benutzernamen und Passwort bei Ihrem Google-Konto an. Sie werden auf eine Seite mit Erste-Schritte-Anleitung weitergeleitet. Klicken Sie oben auf der Seite auf *Projekt auswählen*. Klicken Sie im angezeigten Pop-up-Fenster auf *Neues Projekt*. Sie werden daraufhin zur Seite für das neue Projekt weitergeleitet.

Google Cloud generiert für Sie einen Projektnamen wie »Mein Projekt 23135« sowie eine zufällige Projekt-ID, beispielsweise »macro-nuance-362516«. Diese Werte sind für Nutzerinnen und Nutzer Ihrer Python-Skripte nicht sichtbar. Den Projektnamen können Sie nach Belieben anpassen, die Projekt-ID hingegen nicht. Ich verwende in der Regel den automatisch generierten Standardnamen. Die Auswahl des Standorts können Sie bei »Keine Organisation« belassen. Kostenlose Google-Konten können bis zu zwölf Projekte umfassen, für alle gewünschten Python-Skripte genügt jedoch ein einzelnes Projekt. Klicken Sie auf die blaue Schaltfläche *Erstellen*, um das Projekt zu erstellen.

Aktivieren der Sheets- und Drive-APIs

Klicken Sie auf der Seite *https://console.cloud.google.com* oben links auf die Schaltfläche *Navigation*. (Das Symbol besteht aus drei waagerechten Linien und wird häufig als *Burger-Symbol* bezeichnet.) Navigieren Sie zu *APIs und Dienste → Bibliothek*, um die API-Bibliotheksseite aufzurufen. Sie finden zahlreiche Google-APIs für Gmail, Google Maps, Google Cloud Storage sowie weitere Google-Dienste. Sie müssen Ihr Projekt berechtigen, die Google Sheets- und Google Drive-APIs zu verwenden. EZSheets nutzt die Google Drive-API, um Sheets-Dateien hoch- und herunterzuladen.

Scrollen Sie nach unten, suchen Sie die *Google Sheets-API* und klicken Sie darauf oder geben Sie »Google Sheets API« in die Suchleiste ein, um sie zu finden. Dies führt Sie zur Seite der Google Sheets-API. Klicken Sie auf die blaue Schaltfläche *Aktivieren*, um Ihr Google Cloud-Projekt für die Nutzung der Google Sheets-API zu aktivieren. Sie werden zur Seite *APIs und Dienste → Aktivierte APIs und Dienste* weitergeleitet, auf der Sie Informationen darüber finden, wie häufig Ihre Python-Skripte diese API nutzen. Wiederholen Sie diesen Vorgang, um auch die *Google Drive-API* zu aktivieren.

Als Nächstes müssen Sie den OAuth-Zustimmungsbildschirm Ihres Projekts konfigurieren.

Konfiguration des OAuth-Zustimmungsbildschirms

Der OAuth-Zustimmungsbildschirm wird dem Benutzer angezeigt, wenn er zum ersten Mal `import ezsheets` ausführt. Wählen Sie auf der Seite *Schritt 1 OAuth-Zustimmungsbildschirm* die Option *Extern* aus und klicken Sie auf die blaue Schaltfläche *Erstellen*. Auf der nächsten Seite sehen Sie, wie der OAuth-Zustimmungsbildschirm dargestellt wird. Vergeben Sie einen Namen für das Feld App-Name (verwenden Sie beispielsweise einen generischen Namen wie »Python Google API Script«) und geben Sie Ihre E-Mail-Adresse in den Feldern Benutzer-Support-E-Mail sowie Entwickler-Kontaktinformationen ein. Klicken Sie anschließend auf die Schaltfläche *Speichern und Fortfahren*.

Sie sollten immer noch unter »Google Auth Platform« sein. Wählen Sie links im Menü *Datenzugriff*. Dort drücken Sie die Schaltfläche *Bereiche hinzufügen oder entfernen*. Im daraufhin angezeigten Bereich gehen Sie die Tabelle durch und aktivieren die Kontrollkästchen für die »Umfang« *.../auth/drive* (die Drive-API) und *.../auth/spreadsheets* (die Google Sheets-API). Klicken Sie anschließend auf die blaue Schaltfläche *Aktualisieren* und dann auf *Save*.

Ebenfalls im »Google Auth Platform«-Menü wählen Sie nun *Zielgruppe*. Sie müssen die Gmail-Adressen der Google-Konten hinzufügen, denen die Tabellen gehören, mit denen Ihr Python-Skript interagieren soll. Solange Sie nicht den

App-Freigabeprozess von Google durchlaufen, sind Ihre Skripte darauf beschränkt, nur mit den in diesem Schritt angegebenen E-Mail-Adressen zu interagieren. Unter der Überschrift *Testnutzer* klicken Sie auf die Schaltfläche + *Add Users*. Geben Sie im neu erscheinenden Bereich die Gmail-Adresse Ihres Google-Kontos ein und klicken Sie auf die blaue Schaltfläche *Speichern*.

Als Nächstes erstellen Sie Anmeldedaten für Ihr Projekt.

Anmeldedaten erstellen

Zunächst müssen Sie eine Anmeldedatendatei erstellen. EZSheets benötigt diese, um die Google API nutzen zu können, selbst für Tabellen, die öffentlich freigegeben sind. Wählen Sie im Navigationsmenü der Seitenleiste *APIs und Dienste* und anschließend *Anmeldedaten*, um zur Anmeldedaten-Seite zu gelangen. Klicken Sie anschließend oben auf der Seite auf den Link + *Anmeldedaten erstellen*. Es öffnet sich ein Untermenü, in dem Sie auswählen können, welche Art von Anmeldedaten Sie erstellen möchten: API-Schlüssel, OAuth-Client-ID oder Dienstkonto. Klicken Sie auf *OAuth-Client-ID*.

Wählen Sie auf der nächsten Seite als Anwendungstyp *Desktopanwendung* aus und belassen Sie den Namen auf dem Standardwert »Desktop-Client 1«. Sie können ihn bei Bedarf anpassen; der Name wird den Nutzern Ihres Python-Skripts nicht angezeigt. Klicken Sie auf die blaue Schaltfläche *Erstellen*.

Ein Pop-up-Fenster sollte erscheinen. Klicken Sie auf *JSON herunterladen*, um die Anmeldedatendatei herunterzuladen; diese sollte beispielsweise den Namen *client_secret_282792235794-p2o9gfcub4htibfg2u207gcomco9nqm7.apps.googleusercontent.com.json* tragen. Legen Sie diese Datei im selben Ordner wie Ihr Python-Skript ab. Der Einfachheit halber können Sie die JSON-Datei auch in *credentials-sheets.json* umbenennen. EZSheets sucht nach *credentials-sheets.json* oder nach einer Datei, die dem Format *client_secret_*.json* entspricht.

Anmelden mit der Anmeldedatendatei

Starten Sie die interaktive Python-Shell aus demselben Ordner, in dem sich die Anmeldedaten-JSON-Datei befindet, und führen Sie dann den Befehl aus. EZSheets überprüft das aktuelle Arbeitsverzeichnis automatisch auf die Anmeldedaten-JSON-Datei, indem die Funktion `ezsheets.init()` aufgerufen wird. Wenn die Datei gefunden wird, öffnet EZSheets Ihren Webbrowser und leitet Sie zum OAuth-Zustimmungsbildschirm weiter, um Token-Dateien zu generieren. EZSheets benötigt zusätzlich diese Token-Dateien mit den Namen *token-drive.pickle* und *token-sheets.pickle* sowie die Anmeldedatendatei, um auf Sheets zugreifen zu können. Das Erstellen der Token-Dateien ist ein einmaliger Einrichtungsschritt, der beim nächsten Ausführen von `import ezsheets` nicht erneut erfolgt.

Melden Sie sich mit Ihrem Google-Konto an. Dies muss die gleiche E-Mail-Adresse sein, die Sie als Testnutzer beim Konfigurieren des OAuth-Zustimmungsbildschirms Ihres Google Cloud-Projekts angegeben haben. Sie sollten eine Warnmeldung erhalten, die lautet: »Google hat diese App nicht überprüft.« Das ist unproblematisch, da Sie der Ersteller der App sind. Klicken Sie auf den Link *Weiter*. Sie sollten eine weitere Seite sehen, auf der beispielsweise steht: »Python Google API Script möchte auf Ihr Google-Konto zugreifen« (oder der Name, den Sie im OAuth-Zustimmungsbildschirm vergeben haben). Klicken Sie auf *Weiter*. Sie gelangen auf eine schlichte Webseite mit der Mitteilung: »Der Authentifizierungsablauf ist abgeschlossen.« Sie können das Browserfenster nun schließen.

Nachdem Sie den Authentifizierungsablauf für die Sheets API abgeschlossen haben, müssen Sie diesen Vorgang für die Drive-API im jeweils nächsten geöffneten Fenster wiederholen. Nach dem Schließen des zweiten Fensters sollten Sie nun die Dateien *token-drive.pickle* und *token-sheets.pickle* im selben Ordner wie Ihre Anmeldedaten-JSON-Datei finden. Behandeln Sie diese Dateien wie Passwörter und geben Sie sie nicht weiter, da sie verwendet werden können, um sich anzumelden und auf Ihre Google Sheets zuzugreifen.

Die Anmeldedatendatei widerrufen

Wenn Sie die Anmeldedaten- oder Token-Dateien versehentlich mit jemandem teilen, kann diese Person zwar nicht das Passwort Ihres Google-Kontos ändern, erhält jedoch Zugriff auf Ihre Tabellen. Sie können diese Dateien widerrufen, indem Sie sich unter *https://console.developers.google.com* anmelden. Klicken Sie im Seitenmenü auf den Link *Anmeldedaten*. Klicken Sie dann in der Tabelle »OAuth 2.0-Client-IDs« auf das *Papierkorb*-Symbol neben der Anmeldedatendatei, die Sie versehentlich freigegeben haben. Nach dem Widerruf sind die Anmeldedaten- und Token-Dateien nutzlos und können gelöscht werden. Sie müssen anschließend eine neue Anmeldedaten-JSON-Datei sowie Token-Dateien generieren.

Google Sheets-Tabellen

Anmerkung des Übersetzers

Im deutschen Google Sheets-Begrüßungsbildschirm wird der Begriff *Tabelle* für ein *Spreadsheet* verwendet (was bei Excel eine Arbeitsmappe ist). Und jede Tabelle enthält ein oder mehrere Tabellenblätter (auch als Worksheets oder *Sheets* bezeichnet). Jedes Blatt besteht aus Spalten und Zeilen von Zellen. Zellen enthalten Daten wie Zahlen, Datumsangaben oder Textfragmente. Sie verfügen zudem über Eigenschaften wie Schriftart, Breite, Höhe und Hintergrundfarbe. Weil die deutschen Begriffe, wenn man von Excel kommt, bei Google Sheets teilweise anders belegt sind, bemühe ich mich in diesem Kapitel um Eindeutigkeit, indem ich meist die Begriffe *Spreadsheet* und *Blatt* verwende. Ich hoffe, Sie wissen dann immer, was gemeint ist.

Abbildung 15.1 zeigt ein Spreadsheet mit dem Titel *Sweigart Books*, das zwei Tabellenblätter mit den Titeln *Books* und *Websites* enthält. Sie können dieses Spreadsheet in Ihrem Browser aufrufen, indem Sie zu *https://autbor.com/examplegs* navigieren. Die erste Spalte jedes Tabellenblattes ist mit *A* beschriftet, und die erste Zeile ist mit *1* gekennzeichnet. (Dies unterscheidet sich von Python-Listen, deren erstes Element am Index 0 steht.)

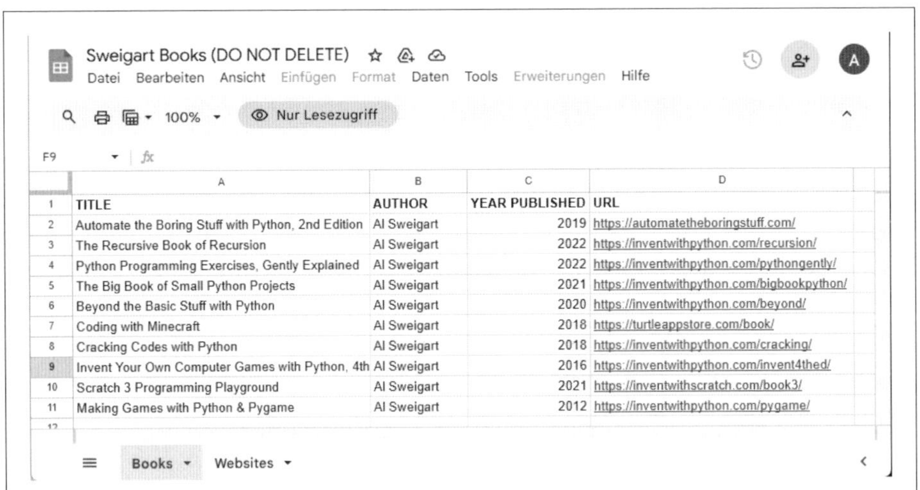

Abb. 15.1 *Ein Google Sheet mit dem Titel Sweigart Books, das zwei Tabellen, Books und Websites, enthält*

Obwohl sich die meisten Ihrer Arbeiten auf das Anpassen der `Sheet`-Objekte beziehen werden, können Sie auch `Spreadsheet`-Objekte bearbeiten, wie im nächsten Abschnitt erläutert.

Erstellen, Hochladen und Auflisten von Spreadsheets

Sie können ein neues `Spreadsheet`-Objekt aus einer bestehenden Google Sheets-Tabellenkalkulation, einer neuen leeren Tabellenkalkulation oder einem hochgeladenen Excel-Tabelle erstellen. Alle Google Sheets-Spreadsheets verfügen über eine eindeutige ID, die sich in ihrer URL zwischen dem Abschnitt *spreadsheets/d/* und dem Abschnitt */edit* befindet. Beispielsweise wäre in der URL *https://docs.google.com/spreadsheets/d/1TzOJxhNKr15tzdZxTqtQ3EmDP6em_elnbtmZIcyu8vI/edit#gid=0/* die ID *1TzOJxhNKr15tzdZxTqtQ3EmDP6em_elnbtmZIcyu8vI.*

Ein Spreadsheet in Google Sheets wird durch ein `ezsheets.Spreadsheet`-Objekt repräsentiert, das die Attribute `id`, `url` und `title` besitzt. Sie können mit der Funktion `Spreadsheet()` ein neues, leeres Spreadsheet (deutsch »Tabelle«) anlegen:

```
>>> import ezsheets
>>> ss = ezsheets.Spreadsheet()
>>> ss.title = 'Titel meines neuen Spreadsheets'
>>> ss.title
'Titel meines neuen Spreadsheets'
>>> ss.url
'https://docs.google.com/spreadsheets/d/1gxz-Qr2-RNtqi_d7wWlsDlbtPL-
RQigcEXvCtdVwmH40/'
>>> ss.id
'1gxz-Qr2-RNtqi_d7wWlsDlbtPLRQigcEXvCtdVwmH40'
```

Sie können auch ein bestehendes Spreadsheet laden, indem Sie dessen ID oder URL oder eine URL angeben, die auf dessen URL weiterleitet:

```
>>> import ezsheets
>>> ss1 = ezsheets.Spreadsheet('https://autbor.com/examplegs')
>>> ss2 = ezsheets.Spreadsheet('https://docs.google.com/spreadsheets/
d/1TzOJxh
NKr15tzdZxTqtQ3EmDP6em_elnbtmZIcyu8vI/')
>>> ss3 = ezsheets.Spreadsheet('1TzOJxhNKr15tzdZxTqtQ3EmDP6em_elnbt-
mZIcyu8vI')
>>> ss1 == ss2 == ss3  # alles dasselbe Spreadsheet
True
```

Um eine bestehende Excel- oder OpenOffice-Arbeitsmappe bzw. CSV- oder TSV-Tabelle nach Google Sheets hochzuladen, übergeben Sie den Dateinamen an `ezsheets.upload()`. Geben Sie Folgendes in die interaktive Shell ein und ersetzen Sie *meine_Excel_Datei.xlsx* durch einen eigenen Dateinamen:

```
>>> import ezsheets
>>> ss = ezsheets.upload('meine_Excel_Datei.xlsx')
>>> ss.title
'Meine tollen Tabellen'
```

Sie können die Spreadsheets in Ihrem Google-Konto auflisten, indem Sie die Funktion `listSpreadsheets()` aufrufen. Diese Funktion gibt ein Dictionary zurück, dessen Schlüssel die IDs des Spreadsheets und dessen Werte die jeweiligen Titel sind. Sie umfasst auch gelöschte Spreadsheets im Ordner *Trash* Ihres Kontos. Versuchen Sie, nach dem Hochladen einer Tabellenkalkulation Folgendes in die interaktive Shell einzugeben:

```
>>> ezsheets.listSpreadsheets()
{'1J-Jx6Ne2K_vqI9J2SO-TAXOFbxx_9tUjwnkPC22LjeU': 'Bildungsdaten'}
```

Sobald Sie ein `Spreadsheet`-Objekt erhalten haben, können Sie dessen Attribute und Methoden nutzen, um die online in Google Sheets gespeicherten Spreadsheets zu bearbeiten.

Zugriff auf Attribute von Spreadsheet

Während die eigentlichen Daten in den einzelnen Tabellen eines Spreadsheets liegen, verfügt das `Spreadsheet`-Objekt über die folgenden Attribute zur Bearbeitung der Spreadsheets selbst: `title`, `id`, `url`, `sheetTitles` und `sheets`. Lassen Sie uns das Spreadsheet unter *https://autbor.com/examplegs* näher betrachten. Ihr Google-Konto verfügt über Berechtigungen zum Anzeigen, jedoch nicht zum Bearbeiten; Sie können die Tabelle jedoch in ein neu erstelltes Spreadsheet Ihres eigenen Kontos kopieren:

```
>>> import ezsheets
>>> beispiel_tk = ezsheets.Spreadsheet('https://autbor.com/examp-
legs')
>>> ss = ezsheets.Spreadsheet()
>>> example_ss.sheets[0].copyTo(ss)
>>> ss.sheets[0].delete()  # Lösche das erste Tabellenblatt
>>> ss.url
'https://docs.google.com/
spreadsheets/d/15gjrbgTmUzItRt9KUcL4JajLaQU70xanstB1dXKoSlM/'
```

Die neu kopierte Tabelle erhält zunächst den Titel »Untitled spreadsheet«. Fahren Sie im Beispiel der interaktiven Shell mit folgendem Code fort:

```
>>> ss.title  # Der Titel des Spreadsheets
'Untitled spreadsheet'
>>> ss.title = 'Sweigart Books'  # Ändert den Titel
>>> ss.id  # Die eindeutige ID (ein schreibgeschütztes Attribut)
'15gjrbgTmUzItRt9KUcL4JajLaQU70xanstB1dXKoSlM'
>>> ss.url  # Die ursprüngliche URL (ein schreibgeschütztes Attribut)
'https://docs.google.com/
spreadsheets/d/15gjrbgTmUzItRt9KUcL4JajLaQU70xanstB1dXKoSlM/'
>>> ss.sheetTitles  # Die Titel aller Worksheet-Objekte
('Kopie von Books',)
>>> ss.sheets  # Die Worksheet-Objekte in diesem Spreadsheet
(<Sheet sheetId=1464919459, title='Kopie von Books', rowCount=1000,
 columnCount=26>,)
>>> ss.sheets[0]  # Das erste Worksheet-Objekt in diesem Spreadsheet
<Sheet sheetId=1464919459, title='Kopie von Books', rowCount=1000,
 columnCount=26>
>>> ss['Kopie von Books']  # über den Titel auf Blätter zugreifen
<Sheet sheetId=1464919459, title='Kopie von Books', rowCount=1000,
 columnCount=26>
>>> ss.Sheet('Neue leere Tabelle')  # Eine neue Tabelle erstellen
<Sheet sheetId=1759616008, title='Neue leere Tabelle', rowCount=1000,
 columnCount=26>
>>> ss.sheets[1].delete()  # Lösche zweites Worksheet-Objekt
```

Falls jemand das Spreadsheet im Browser ändert, kann Ihr Skript das `Spreadsheet`-Objekt durch Aufrufen der Methode `refresh()` an die Online-Daten anpassen:

```
>>> ss.refresh()
```

Dadurch werden nicht nur die Attribute des `Spreadsheet`-Objekts, sondern auch die Daten in den enthaltenen `Worksheet`-Objekten aktualisiert. Sie sehen die von Ihnen am `Spreadsheet`-Objekt vorgenommenen Änderungen in Echtzeit im Online-Spreadsheet.

Herunterladen und Hochladen von Spreadsheets

Sie können eine Google Sheets-Tabellenkalkulation in verschiedenen Formaten herunterladen: Excel, OpenOffice, CSV, TSV und PDF. Ebenso kann sie als ZIP-Datei mit HTML-Dateien der Tabellendaten heruntergeladen werden. EZSheets enthält Funktionen für jede dieser Optionen:

```
>>> import ezsheets
>>> tk = ezsheets.Spreadsheet('https://autbor.com/examplegs')
>>> ss.title
'Sweigart Books (DO NOT DELETE)'
>>> ss.downloadAsExcel()  # Lädt das Spreadsheet als Excel-Datei
```

```
herunter
'Sweigart_Books.xlsx'
>>> ss.downloadAsODS()  # Lädt das Spreadsheet als OpenOffice-Datei
herunter
'Sweigart_Books.ods'
>>> ss.downloadAsCSV()  # Lädt nur das erste Blatt als CSV-Datei
herunter
'Sweigart_Books.csv'
>>> ss.downloadAsTSV()  # Lädt nur das erste Blatt als TSV-Datei
herunter
'Sweigart_Books.tsv'
>>> ss.downloadAsPDF()  # Lädt das Spreadsheet als PDF herunter
'Sweigart_Books.pdf'
>>> ss.downloadAsHTML() # Lädt alles als ZIP-Archiv mit HTML-Dateien
herunter
'Sweigart_Books.zip'
```

Beachten Sie, dass Dateien im CSV- oder TSV-Format nur ein Blatt enthalten können, daher erhalten Sie beim Herunterladen einer Google Sheets-Tabellenkalkulation in einem dieser Formate lediglich das erste Tabellenblatt. Um andere Tabellenblätter herunterzuladen, ordnen Sie die Sheet-Objekte vor dem Herunterladen neu an.

Alle Download-Funktionen geben einen String mit dem Dateinamen der heruntergeladenen Datei zurück. Sie können auch einen eigenen Dateinamen für das Spreadsheet festlegen, indem Sie diesen an die Download-Funktion übergeben:

```
>>> tk.downloadAsExcel('ein_anderer_dateiname.xlsx')
'a_different_filename.xlsx'
```

Die Funktion gibt den lokalen Dateinamen zurück.

Spreadsheets löschen

Um ein Spreadsheet zu löschen, rufen Sie die Methode delete() auf:

```
>>> import ezsheets
>>> ss = ezsheets.Spreadsheet()  # erstellen des Spreadsheets
>>> ezsheets.listSpreadsheets()  # prüfen ob ein Spreadsheet erstellt
wurde
{'1aCw2NNJSZblDbhygVv77kPsL3djmgV5zJZllSOZ_mRk': 'Lösche mich'}
>>> ss.delete()  # Löschen des Spreadsheets
>>> # Spreadsheets im Papierkorb werden weiterhin angezeigt:
>>> ezsheets.listSpreadsheets()
{'1aCw2NNJSZblDbhygVv77kPsL3djmgV5zJZllSOZ_mRk': 'Lösche mich'}
```

Die Methode `delete()` verschiebt Ihr Spreadsheet in den Ordner *Trash* in Ihrem Google Drive. Den Inhalt Ihres *Trash*-Ordners können Sie unter *https://drive.google.com/drive/trash* einsehen. Beachten Sie, dass Spreadsheets im Ordner *Trash* weiterhin im Dictionary erscheinen, das von `listSpreadsheets()` zurückgegeben wird. Um Ihre Spreadsheets dauerhaft zu löschen, übergeben Sie `True` an das Schlüsselwortargument `permanent`:

```
>>> ss.delete(permanent=True)
>>> ezsheets.listSpreadsheets()
{}
```

Grundsätzlich sollten Sie Spreadsheets nicht dauerhaft mithilfe automatisierter Skripte löschen, da ein versehentlich durch einen Fehler im Skript gelöschtes Spreadsheet nicht wiederhergestellt werden kann. Selbst kostenlose Google Drive-Konten verfügen über mehrere Gigabyte Speicherplatz, sodass Sie sich in der Regel keine Gedanken über das Freigeben von Speicher machen müssen.

Worksheet-Objekte

Ein `Spreadsheet`-Objekt verfügt über ein oder mehrere `Sheet`-Objekte. Die `Sheet`-Objekte stehen für die Zeilen und Spalten der Daten in jedem Tabellenblatt. Sie können auf diese Tabellenblätter mit dem eckigen Klammer-Operator und einem ganzzahligen Index zugreifen.

Das Attribut `sheets` des `Spreadsheet`-Objekts enthält ein Tupel von `Sheet`-Objekten in der Reihenfolge, in der sie im Spreadsheet angeordnet sind. Um auf die `Sheet`-Objekte eines Spreadsheets zuzugreifen, geben Sie Folgendes in die interaktive Shell ein:

```
>>> import ezsheets
>>> ss = ezsheets.Spreadsheet()  # Beginnt mit Tabellenblatt1
>>> blatt2 = ss.Sheet('Spam')
>>> blatt3 = ss.Sheet('Eggs')
>>> ss.sheets  # Die Worksheet-Objekte dieses Spreadsheets
(<Sheet sheetId=0, title='Tabellenblatt1', rowCount=1000, column-
Count=26>,
 <Sheet sheetId=123456, title='Spam', rowCount=1000, columnCount=26>,
 <Sheet sheetId=234567, title='Eggs', rowCount=1000, columnCount=26>)
>>> ss.sheets[0]  # Gibt das erste Sheet-Objekt in diesem Spreadsheet
zurück
<Sheet sheetId=0, title='Tabellenblatt1', rowCount=1000, column-
Count=26>
```

Das Attribut `sheetTitles` des `Spreadsheet`-Objekts enthält ein Tupel aller Titel der Tabellen. Geben Sie dazu beispielsweise Folgendes in die interaktive Shell ein:

```
>>> ss.sheetTitles  # Die Titel aller Worksheet-Objekte in diesem
Spreadsheet
('Tabellenblatt1', 'Spam', 'Eggs')
```

Sobald Sie ein `Worksheet`-Objekt besitzen, können Sie mithilfe der Methoden dieses `Worksheet`-Objekts Daten daraus lesen und darin schreiben, wie im folgenden Abschnitt erläutert wird.

Daten lesen und schreiben

Wie in Excel verfügen auch Google Sheets-Tabellen über Spalten und Zeilen mit Zellen, die Daten enthalten. Sie können den Operator für eckige Klammern `[]` verwenden, um Daten aus diesen Zellen zu lesen oder in diese Zellen zu schreiben. Um beispielsweise ein neues Spreadsheet zu erstellen und Daten einzufügen, geben Sie Folgendes in die interaktive Shell ein:

```
>>> import ezsheets
>>> ss = ezsheets.Spreadsheet()
>>> ss.title = 'Mein Spreadsheet'
>>> sheet = ss.sheets[0]  # das erste Blatt dieses Spreadsheets holen
>>> sheet.title
'Tabellenblatt1'
>>> sheet['A1'] = 'Name'  # Setzt den Wert in Zelle A1.
>>> sheet['B1'] = 'Alter'
>>> sheet['C1'] = 'Lieblingsfilm'
>>> sheet['A1']  # Liest den  Wert in Zelle A1.
'Name'
>>> sheet['A2']  # Leere Zellen geben einen leeren String zurück.
''
>>> sheet[2, 1]  # Spalte 2, Zeile 1 entspricht der Adresse B1.
'Alter'
>>> sheet['A2'] = 'Alice'
>>> sheet['B2'] = 30
>>> sheet['C2'] = 'RoboCop'
>>> sheet['B2']  # Alle Daten werden als String zurückgegeben.
'30'
```

Diese Anweisungen sollten eine Google Sheets-Tabellenkalkulation erzeugen, die wie Abbildung 15.2 aussieht.

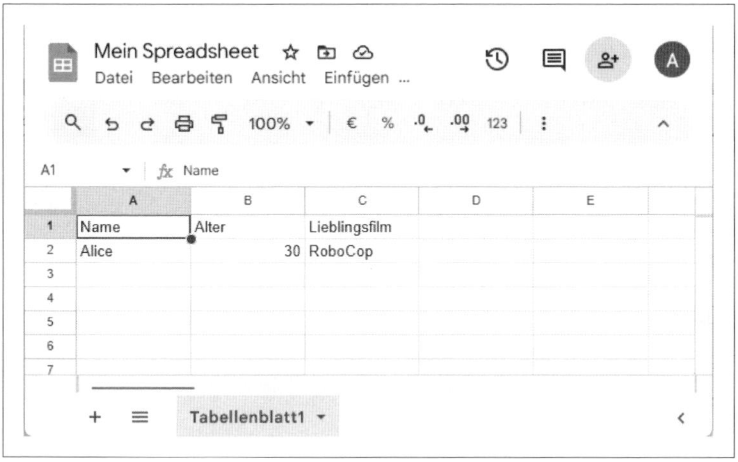

Abb. 15.2 *Das mit den Beispielanweisungen erstellte Spreadsheet*

Alle Daten im `Sheet`-Objekt werden geladen, wenn das `Spreadsheet`-Objekt erstmals geladen wird, sodass die Daten sofort zur Verfügung stehen. Um Werte in das Online-Spreadsheet zu schreiben, ist jedoch eine Netzwerkverbindung erforderlich; dieser Vorgang kann etwa eine Sekunde dauern. Wenn Sie tausende Zellen aktualisieren müssen, kann das sequenzielle Aktualisieren jeder einzelnen Zelle sehr zeitaufwendig sein. In den folgenden Abschnitten erfahren Sie stattdessen, wie Sie vollständige Zeilen oder Spalten gleichzeitig aktualisieren können.

Adressieren von Spalten und Zeilen

Die Adressierung von Zellen funktioniert in Google Sheets wie in Excel. Der Unterschied besteht darin, dass Spalten und Zeilen bei Google Sheets – im Gegensatz zu den in Python üblichen 0-basierten Listenindizes – bei 1 beginnen: Die erste Spalte oder Zeile hat den Index 1, nicht 0. Mit der Funktion `convertAddress()` können Sie eine Adresse im `'A2'`-String-Stil in das Tupel-Format `(Spalte, Zeile)` sowie umgekehrt umwandeln. Mit den Funktionen `getColumnLetterOf()` und `getColumnNumberOf()` können Sie zudem eine Spaltenadresse zwischen Buchstaben- und Zahlenformat konvertieren. Geben Sie dazu beispielsweise Folgendes in die interaktive Shell ein:

```
>>> import ezsheets
>>> ezsheets.convertAddress('A2')  # Wandelt Adressen um...
(1, 2)
>>> ezsheets.convertAddress(1, 2)  # ...und wandelt sie auch wieder
zurück um.
'A2'
>>> ezsheets.getColumnLetterOf(2)
'B'
>>> ezsheets.getColumnNumberOf('B')
```

```
2
>>> ezsheets.getColumnLetterOf(999)
'ALK'
>>> ezsheets.getColumnNumberOf('ZZZ')
18278
```

Die `'A2'`-String-Adressen sind besonders praktisch, wenn Sie Adressen direkt in den Quellcode eingeben. Hingegen sind die `(Spalte, Zeile)`-Tupel-Adressen vorteilhaft, wenn Sie über einen Adressbereich iterieren und einen numerischen Bezeichner für die Spalte benötigen. Die Funktionen `convertAddress()`, `getColumnLetterOf()` und `getColumnNumberOf()` unterstützen Sie beim Umwandeln zwischen den beiden Formaten.

Ganze Spalten und Zeilen lesen und schreiben

Wie bereits erwähnt, kann das Schreiben von Daten Zelle für Zelle viel Zeit in Anspruch nehmen. EZSheets stellt Ihnen glücklicherweise `Worksheet`-Methoden zur Verfügung, mit denen Sie ganze Spalten und Zeilen gleichzeitig lesen und schreiben können. Die Methoden `getColumn()`, `getRow()`, `updateColumn()` und `updateRow()` dienen dazu, Spalten bzw. Zeilen zu lesen und zu schreiben. Diese Methoden senden Anfragen an die Server von Google Sheets, um das Spreadsheet zu aktualisieren. Daher ist eine Internetverbindung erforderlich. In dem Beispiel dieses Abschnitts laden wir die Datei *c14-ErzeugnisVerkäufe3.xlsx* aus Kapitel 14 in Google Sheets hoch. Sie können diese Datei aus den Online-Ressourcen zu diesem Buch herunterladen. Die ersten acht Zeilen entsprechen Tabelle 15.1.

	A	B	C	D
1	ERZEUGNIS	KOSTEN PRO KILO	KILO VERKAUFT	GESAMT
2	Kartoffeln	0,86	21,6	18,58
3	Okra	2,26	38,6	87,24
4	Dicke Bohnen	2,69	32,8	88,23
5	Wassermelonen	0,66	27,3	18,02
6	Knoblauch	1,19	4,9	5,83
7	Pastinaken	2,27	1,1	2,5
8	Spargel	2,49	37,9	94,37

Tab. 15.1 *Die ersten acht Zeilen der Datei c14-ErzeugnisVerkäufe3.xlsx*

Um diese Datei hochzuladen, legen Sie die Datei *c14-ErzeugnisVerkäufe3.xlsx* in das aktuelle Arbeitsverzeichnis und geben Sie Folgendes in die interaktive Shell ein:

```
>>> import ezsheets
>>> ss = ezsheets.upload('c14-ErzeugnisVerkäufe3.xlsx')
>>> sheet = ss.sheets[0]
>>> sheet.getRow(1)  # Die erste Zeile ist Zeile 1, nicht Zeile 0.
['ERZEUGNIS', 'KOSTEN PRO KILO', 'KILO VERKAUFT', 'GESAMT', '', '']
>>> sheet.getRow(2)
['Kartoffeln', '0,86', '21,6', '18,58', '', '']
>>> sheet.getColumn(1)
['ERZEUGNIS', 'Kartoffeln', 'Okra', 'Dicke Bohnen', 'Wassermelonen',
'Knoblauch',
…
>>> sheet.getColumn('A')  # Das gleiche Ergebnis wie getColumn(1)
['ERZEUGNIS', 'Kartoffeln', 'Okra', 'Dicke Bohnen', 'Wassermelonen',
'Knoblauch'],
…
>>> sheet.getRow(3)
['Okra', '2,26', '38,6', '87,24', '', '']
>>> sheet.updateRow(3, ['Kürbis', '11,50', '20', '230'])
>>> sheet.getRow(3)
['Kürbisse', '11,50', '20', '230', '', '']
>>> columnOne = sheet.getColumn(1)
>>> for i, value in enumerate(columnOne):
...     # Python-Liste in Strings aus Großbuchstaben umwandeln:
...     columnOne[i] = value.upper()
...
>>> sheet.updateColumn(1, columnOne)  # Aktualisiert die gesamte Spalte
```

Die Funktionen `getRow()` und `getColumn()` rufen die Daten aus allen Zellen einer bestimmten Zeile bzw. Spalte als Liste von Werten ab. Beachten Sie, dass leere Zellen als leere String-Werte in der Liste erscheinen. Sie können an `getColumn()` entweder eine Spaltennummer oder einen Buchstaben übergeben, um die Daten einer bestimmten Spalte abzurufen. Das vorherige Beispiel zeigt, dass `getColumn(1)` und `getColumn('A')` die gleiche Liste zurückgeben. Sie sehen auch, dass Fließkommazahlen als String in deutscher Notation mit Komma »,« zurückgegeben werden, zum Beispiel `'0,86'`.

Die Funktionen `updateRow()` und `updateColumn()` überschreiben die Daten der jeweiligen Zeile bzw. Spalte mit der übergebenen Liste von Werten. In diesem Beispiel enthält die dritte Zeile zunächst Informationen über Okra, jedoch ersetzt der Aufruf von `updateRow()` diese durch Daten zu Kürbissen. Rufen Sie `sheet.getRow(3)` erneut auf, um die neuen Werte in der dritten Zeile zu sehen.

Das Aktualisieren einzelner Zellen ist langsam, wenn Sie viele Zellen bearbeiten müssen. Wenn Sie eine Spalte oder Zeile als Liste abrufen, diese Liste aktualisieren und anschließend die gesamte Spalte oder Zeile mit der aktualisierten Liste überschreiben, ist dies erheblich schneller, da Sie alle Änderungen in einer einzigen Anfrage an Googles Cloud-Dienste senden können.

Um alle Zeilen auf einmal zu erhalten, rufen Sie die Methode `getRows()` auf; sie gibt eine Liste von Listen zurück. Die inneren Listen innerhalb der äußeren Liste repräsentieren jeweils eine einzelne Zeile des Tabellenblatts. Sie können die Werte in dieser Datenstruktur anpassen, um den Produktnamen, die verkauften Kilo und die Gesamtkosten einiger Zeilen zu ändern. Anschließend können Sie diese Daten an die Methode `updateRows()` übergeben, indem Sie Folgendes in die interaktive Shell eingeben:

```
>>> rows = sheet.getRows()  # Holt alle Zeilen des Spreadsheets
>>> rows[0]  # die Werte in der ersten Zeile.
['ERZEUGNIS', 'KOSTEN PRO KILO', 'KILO VERKAUFT', 'GESAMT', '', '']
>>> rows[1]
['KARTOFFELN', '0,86', '21,6', '18,58', '', '']
>>> rows[1][0] = 'KÜRBISSE'  # Ändert den Produktnamen.
>>> rows[1]
['KÜRBISSE', '0,86', '21,6', '18,58', '', '']
>>> rows[10]
['OKRA', '2,26', '40', '90,4', '', '']
>>> rows[10][2] = '400'  # Ändert die verkauften Kilo
>>> rows[10][3] = '904'  # Ändert den Gesamtwert.
>>> rows[10]
['OKRA', '2,26', '400', '904', '', '']
>>> sheet.updateRows(rows)  # Aktualisiert online mit den Änderungen.
```

Sie können das gesamte Tabellenblatt in einer einzigen Anfrage aktualisieren, indem Sie `updateRows()` die von `getRows()` zurückgegebene Liste von Listen übergeben, die mit den Änderungen in Zeile 1 und 10 angepasst wurde.

Beachten Sie, dass die Zeilen in der Google Sheets-Tabellenkalkulation am Ende leere Strings enthalten. Dies liegt daran, dass das hochgeladene Tabellenblatt eine Spaltenanzahl von 6 besitzt, wir jedoch nur vier Spalten mit Daten haben. Sie können die Zeilenanzahl und die Spaltenanzahl einer Tabelle mit den Attributen `rowCount` und `columnCount` auslesen. Durch das Festlegen dieser Werte können Sie die Größe des Tabellenblatts anpassen:

```
>>> sheet.rowCount  # Die Zeilenanzahl des Blatts
23758
>>> sheet.columnCount  # Die Spaltenanzahl des Blatts
6
>>> sheet.columnCount = 4  # Legt die Spaltenanzahl auf 4 fest.
>>> sheet.columnCount  # Jetzt beträgt die Spaltenanzahl des Blatts
4.
4
```

Diese Anweisungen löschen die fünfte und sechste Spalte aus der Tabellenkalkulation *c14-ErzeugnisVerkäufe3.xlsx*, wie in Abbildung 15.3 dargestellt.

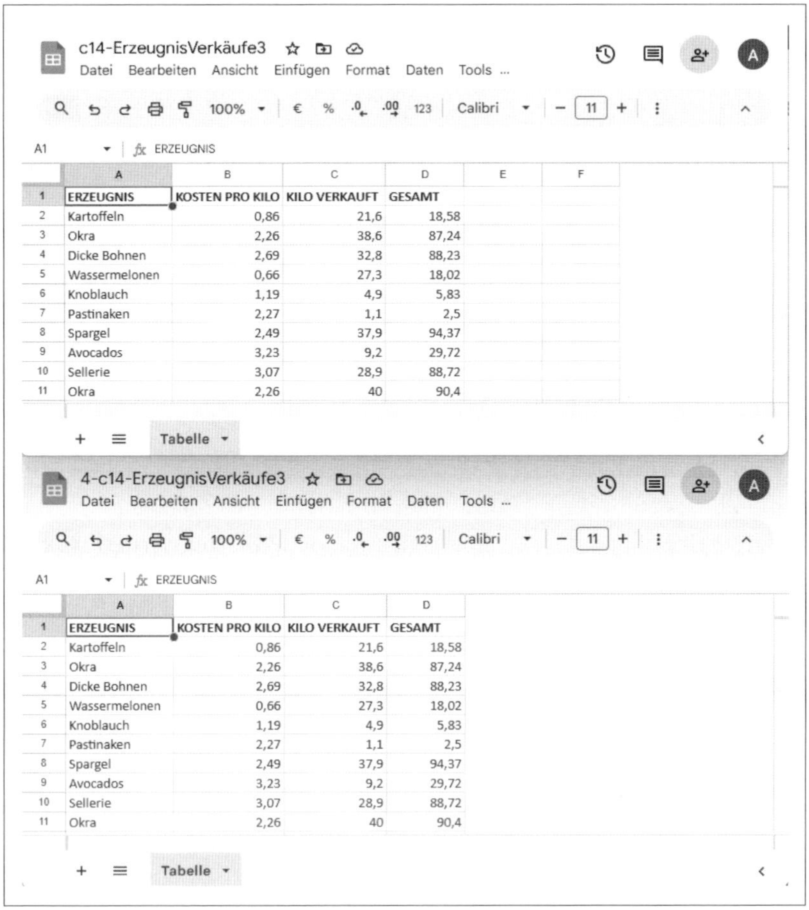

Abb. 15.3 *Die Tabelle vor (oben) und nach (unten) der Änderung der Spaltenanzahl auf vier*

Laut der Dokumentation von Google können Google Sheets-Tabellenkalkulationen bis zu 10 Millionen Zellen enthalten. Es empfiehlt sich jedoch, Tabellen nur so groß wie erforderlich zu gestalten, um die Aktualisierung und das Neuladen der Daten zu beschleunigen.

Erstellen, Verschieben und Löschen von Tabellen

Alle Google Sheets-Tabellenkalkulationen beginnen mit einem einzelnen Tabellenblatt namens *Tabellenblatt1*. Sie können mit der Methode `Sheet()` weitere Tabellenblätter am Ende der Liste hinzufügen. Die Methode akzeptiert optional einen String, der als Titel für das neue Tabellenblatt verwendet wird. Ein optionales zweites Argument kann den ganzzahligen Index des neuen Tabellenblatts angeben. Um ein neues Spreadsheet zu erstellen und anschließend neue Tabellenblätter hinzuzufügen, geben Sie Folgendes in die interaktive Shell ein:

```
>>> import ezsheets
>>> ss = ezsheets.Spreadsheet()
>>> ss.title = 'Mehrere Tabellen'
>>> ss.sheetTitles
('Tabellenblatt1',)
>>> ss.Sheet('Spam')  # Erstellt ein neues Tabellenblatt am Ende der
Liste
>>> ss.Sheet('Eggs')  # Erstellt ein weiteres neues Tabellenblatt.
>>> ss.sheetTitles
('Tabellenblatt1', 'Spam', 'Eggs')
>>> ss.Sheet('Bacon', 0)  # Erstellt ein Tabellenblatt am Index 0 in
der Liste
>>> ss.sheetTitles
('Bacon', 'Tabellenblatt1', 'Spam', 'Eggs')
```

Mit diesen Anweisungen fügen Sie dem Spreadsheet drei neue Tabellenblätter hinzu: *Bacon*, *Spam* und *Eggs* (zusätzlich zum Standard-*Tabellenblatt1*). Die Tabellenblätter eines Spreadsheets sind geordnet; neue Blätter werden am Ende der Liste eingefügt, sofern Sie nicht ein zweites Argument an `Sheet()` übergeben, das den Index des Blatts festlegt. In diesem Fall erstellen Sie das Tabellenblatt mit dem Titel *Bacon* an Index `0`. *Bacon* wird somit zum ersten Blatt des Spreadsheets und die übrigen drei Blätter rücken jeweils um eine Position nach hinten. Dies ähnelt dem Verhalten der Listenmethode `insert()`.

Sie sehen die neuen Tabellenblätter auf den Registerkarten am unteren Bildschirmrand, wie in Abbildung 15.4 gezeigt.

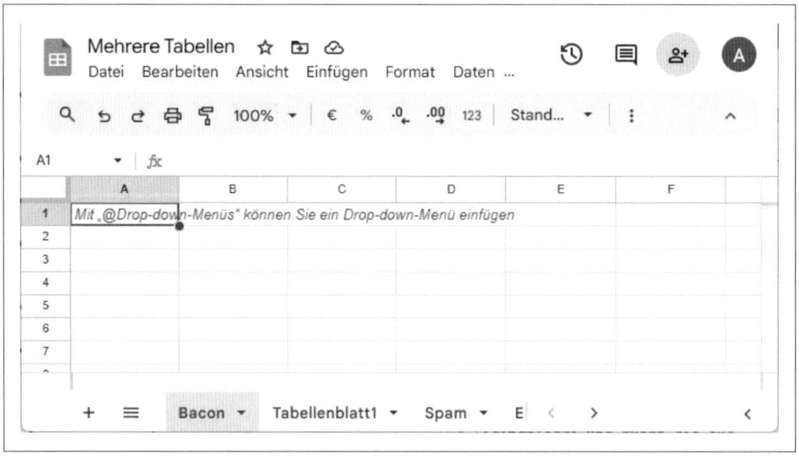

Abb. 15.4 *Das Spreadsheet 'Mehrere Tabellen' nach dem Hinzufügen der Tabellen 'Spam', 'Eggs' und 'Bacon'*

Die Position eines Tabellenblatts können Sie über sein Index-Attribut bestimmen und durch Zuweisung eines neuen Index dieses Attributs neu anordnen:

```
>>> ss.sheetTitles
('Bacon', 'Tabellenblatt1', 'Spam', 'Eggs')
>>> ss.sheets[0].index
0
>>> ss.sheets[0].index = 2  # Verschiebt das Blatt mit Index 0 auf
Index 2.
>>> ss.sheetTitles
('Tabellenblatt1', 'Spam', 'Bacon', 'Eggs')
>>> ss.sheets[2].index = 0  # Verschiebt das Blatt mit Index 2 auf
Index 0.
>>> ss.sheetTitles
('Bacon', 'Tabellenblatt1', 'Spam', 'Eggs')
```

Die Methode `delete()` des `Sheet`-Objekts entfernt das Blatt aus dem Spreadsheet. Wenn Sie das Tabellenblatt behalten, aber dessen Daten löschen möchten, verwenden Sie die `clear()`-Methode, um alle Zellen zu leeren und das Tabellenblatt zu einem leeren Blatt zu machen. Geben Sie Folgendes in die interaktive Shell ein:

```
>>> ss.sheetTitles
('Bacon', 'Tabellenblatt1', 'Spam', 'Eggs')
>>> ss.sheets[0].delete()  # Löscht Blatt am Index 0: das Blatt "Bacon".
>>> ss.sheetTitles
('Tabellenblatt1', 'Spam', 'Eggs')
>>> ss['Spam'].delete()  # Löscht das Blatt "Spam".
>>> ss.sheetTitles
('Tabellenblatt1', 'Eggs')
>>> sheet = ss['Eggs']  # Weist einer Variablen das Blatt "Eggs" zu.
>>> sheet.delete()  # Löscht das Blatt "Eggs".
>>> ss.sheetTitles
('Tabellenblatt1',)
>>> ss.sheets[0].clear()  # Lösche alle Zellen des Blatts "Tabellen-
blatt1".
>>> ss.sheetTitles  # "Tabellenblatt1" ist leer, aber existiert noch.
('Tabellenblatt1',)
```

Das Löschen von Tabellenblättern ist endgültig; eine Wiederherstellung der Daten ist nicht möglich. Sie können Tabellenblätter jedoch sichern, indem Sie sie mit der Methode `copyTo()`, wie im nächsten Abschnitt erläutert, in ein anderes Spreadsheet kopieren.

Tabellenblätter kopieren

Jedes `Spreadsheet`-Objekt verfügt über eine geordnete Liste der enthaltenen `Sheet`-Objekte, die Sie nutzen können, um die Tabellenblätter neu anzuordnen (wie im vorigen Abschnitt gezeigt) oder sie in ein anderes Spreadsheet zu kopieren. Um ein `Sheet`-Objekt in ein anderes `Spreadsheet`-Objekt zu kopieren, rufen Sie die Methode `copyTo()` auf. Übergeben Sie dazu das Ziel-`Spreadsheet`-Objekt als Argument. Um zwei Spreadsheets zu erstellen und die Daten des ersten Spreadsheets als Tabellenblätter in das andere Spreadsheet zu kopieren, geben Sie Folgendes in die interaktive Shell ein:

```
>>> import ezsheets
>>> ss1 = ezsheets.Spreadsheet()
>>> ss1.title = 'Erstes Spreadsheet'
>>> ss1.sheets[0].title = 'Spam'  # ss1 wird ein Blatt "Spam" enthal-
ten.
>>> ss2 = ezsheets.Spreadsheet()
>>> ss2.title = 'Zweites Spreadsheet'
>>> ss2.sheets[0].title = 'Eggs'  # ss2 wird ein Blatt "Eggs" enthal-
ten.
>>> ss1[0]
<Sheet sheetId=0, title='Spam', rowCount=1000, columnCount=26>
>>> ss1[0].updateRow(1, ['Ein', 'paar', 'Daten', 'der', 'ersten',
'Zeile'])
>>> ss1[0].copyTo(ss2)  # Kopiert Blatt Spam nach ss2.
>>> ss2.sheetTitles  # ss2 enthält nun eine Kopie aus ss1.
('Eggs', 'Kopie von Spam')
```

Kopierte Tabellenblätter erscheinen mit dem Präfix `Kopie von` am Ende der Liste der Blätter des Ziel-Spreadsheets. Wenn Sie möchten, können Sie dessen `index`-Attribut ändern, um die Reihenfolge im neuen Spreadsheet anzupassen.

Google Formulare

Ihr Google-Konto ermöglicht Ihnen auch den Zugriff auf Google Formulare unter *https://forms.google.com*. Mit Google Formularen können Sie Umfragen, Veranstaltungsanmeldungen oder Feedbackformulare erstellen und die von den Nutzern übermittelten Antworten in einer Google Sheets-Tabellenkalkulation erhalten. Mit EZSheets können Ihre Python-Programme auf diese Daten aus der Tabellenkalkulation zugreifen.

In Kapitel 19 erfahren Sie, wie Sie Ihre Python-Programme so planen, dass sie zu regelmäßigen, festgelegten Zeiten ausgeführt werden. Sie könnten ein Programm schreiben, das regelmäßig eine Google Formulare-Tabellenkalkulation auf Antworten überprüft und neue Einträge erkennt, die bisher nicht erfasst wurden. Anschließend können Sie mithilfe dessen, was Sie in Kapitel 20 lernen, das Programm so konfigurieren, dass es Ihnen eine Textnachricht sendet. So erhalten Sie in Echtzeit eine Benachrichtigung, sobald ein Formular ausgefüllt wird.

Wie Sie gesehen haben, gilt Python als Verbindungssprache – sozusagen der Kleber (engl. *glue*) –, mit der Sie verschiedene bestehende Softwaresysteme zusammenführen können. Dadurch entsteht ein automatisierter Prozess, der leistungsfähiger ist als die Summe seiner Einzelteile.

Projekt 11: Schein-Blockchain-Kryptowährungsbetrug

In diesem Projekt verwenden wir Google Sheets als scheinbare Blockchain, um die Transaktionen von Boringcoin, einer von mir beworbenen Kryptowährungs-Betrugsmasche, nachzuverfolgen. (Es zeigt sich, dass Investoren und Kunden keinen Wert darauf legen, ob Ihr Blockchain-Produkt tatsächlich eine echte Blockchain-Datenstruktur verwendet; sie geben Ihnen dennoch Geld.)

Die URL *https://autbor.com/boringcoin* leitet zur Google-Tabellen-URL für die Blockchain von Boringcoin weiter. Das Tabellenblatt in dem Spreadsheet enthält drei Spalten: den Absender der Transaktion, den Empfänger der Transaktion und den Transaktionsbetrag. Der Betrag wird beim Absender abgezogen und dem Empfänger gutgeschrieben. Ist der Absender `'PRE-MINE'`, wird dieses Geld aus dem Nichts erschaffen und dem Empfängerkonto gutgeschrieben. Abbildung 15.5 zeigt dieses Google Sheet.

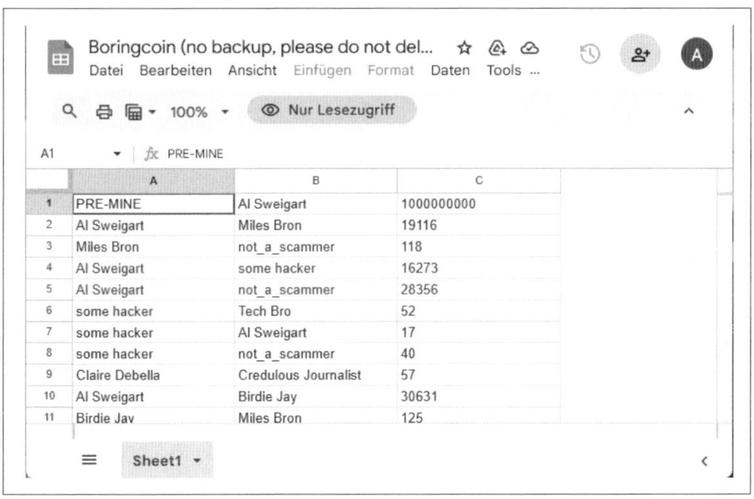

	A	B	C
1	PRE-MINE	Al Sweigart	1000000000
2	Al Sweigart	Miles Bron	19116
3	Miles Bron	not_a_scammer	118
4	Al Sweigart	some hacker	16273
5	Al Sweigart	not_a_scammer	28356
6	some hacker	Tech Bro	52
7	some hacker	Al Sweigart	17
8	some hacker	not_a_scammer	40
9	Claire Debella	Credulous Journalist	57
10	Al Sweigart	Birdie Jay	30631
11	Birdie Jay	Miles Bron	125

Abb. 15.5 *Die scheinbare Blockchain für Boringcoin, gespeichert auf einem Google Sheet*

Die erste Transaktion weist als Absender `'PRE-MINE'` und als Empfänger `'Al Sweigart'` aus; der Betrag ist gerade mal schlappe `1000000000`. Das Konto von `'Al Sweigart'` überträgt anschließend `19116` Boringcoins an `'Miles Bron'`, der wiederum `118` Boringcoins an `'not_a_scammer'` überweist. Die vierte Transaktion überträgt `16273` Boringcoins von `'Al Sweigart'` an `'some hacker'` (also, *diese* Transaktion habe ich nun wirklich nicht autorisiert und benutze seitdem nicht mehr *python12345* als mein Google-Konto-Passwort).

Lassen Sie uns zwei Programme schreiben. Das Programm *auditBoringcoin.py* analysiert zunächst alle Transaktionen und generiert ein Dictionary mit sämtlichen Konten und deren aktuellem Saldo. Das Programm *addBoringcoinTrans-*

action.py fügt anschließend eine Zeile am Ende des Google Sheets für eine neue Transaktion hinzu. Diese Blockchain-Programme dienen ausschließlich Lernzwecken und sind nicht real (wobei auch »echte« Blockchain-Projekte wie NFTs und »web3« oft tatsächlich reine Fantasieprodukte darstellen).

Schritt 1: Überprüfung der fiktiven Blockchain

Wir wollen ein Programm erstellen, das die gesamte »Blockchain« analysiert und den aktuellen Saldo aller Konten ermittelt. Wir nutzen für die Daten ein Dictionary, wobei die Schlüssel als Strings die Kontennamen bezeichnen und die Werte als Ganzzahlen die enthaltenen Boringcoins darstellen. Das Programm soll außerdem anzeigen, wie viele Boringcoins sich insgesamt im Kryptowährungsnetzwerk befinden. Beginnen wir damit, EZSheets zu importieren und das Dictionary einzurichten:

```
import ezsheets
ss = ezsheets.Spreadsheet('https://autbor.com/boringcoin')
konten = {}  # Schlüssel sind Namen, Werte sind Beträge.
```

Anschließend durchlaufen wir jede Zeile der Tabellenkalkulation und identifizieren dabei den Absender, den Empfänger sowie den Betrag. Beachten Sie, dass Google Sheets Daten stets als String zurückgibt, daher müssen Sie diese in eine ganze Zahl umwandeln, um mit dem `amount`-Wert rechnen zu können:

```
# Jede Zeile stellt eine Transaktion dar. Durchlaufen Sie jeweils alle:
for row in ss.sheets[0].getRows():
    sender, empfänger, betrag = row[0], row[1], int(row[2])
```

Ist der Absender das spezielle Konto `'PRE-MINE'`, handelt es sich lediglich um eine Quelle unbegrenzter Geldmittel für andere Konten. Die erfolgreichsten Kryptowährungsbetrügereien arbeiten mit vorab generierten Coins, und unser Beispiel bildet hier keine Ausnahme. Wir addieren den Betrag zum Empfängerkonto im Dictionary `accounts`. Die Methode `setdefault()` setzt den Wert des Kontos auf `0`, falls dieses noch nicht im Dictionary vorhanden ist:

```
    if sender == 'PRE-MINE':
        # Der Absender 'PRE-MINE' erschafft Geld aus dem Nichts.
        konten.setdefault(empfänger, 0)
        konten[empfänger] += betrag
```

Andernfalls sollten wir den Betrag beim Sender abziehen und dem Empfänger gutschreiben:

```
    else:
        # Übertragen der Mittel vom Sender zum Empfänger.
        konten.setdefault(sender, 0)
        konten.setdefault(empfänger, 0)
        konten[sender] -= betrag
        konten[empfänger] += betrag
```

Nachdem die Schleife beendet ist, können wir die aktuellen Kontostände anzeigen, indem wir das konten-Dictionary ausgeben.

```
print(konten)
```

Im Rahmen unserer Prüfung gehen wir dieses Dictionary ebenfalls durch und addieren die Kontostände aller Beteiligten, um zu ermitteln, wie viele Boringcoins im gesamten Netzwerk existieren. Wir initialisieren eine Variable `total` mit `0` und lassen sie anschließend eine `for`-Schleife jeden Wert der Schlüssel-Wert-Paare im `accounts`-Dictionary durchlaufen. Nachdem wir jeden Wert zu `total` addiert haben, können wir den Gesamtbetrag der Boringcoins ausgeben:

```
total = 0
for amount in accounts.values():
    total += amount
print('Gesamte Boringcoins:', total)
```

Wenn wir dieses Programm ausführen, erscheint folgende Ausgabe:

```
{'Al Sweigart': 999058553, 'Miles Bron': 38283, 'not_a_scammer':
48441, 'some hacker': 44429, 'Tech Bro': 53424, 'Claire Debella':
54443, 'Credulous Journalist': 50408, 'Birdie Jay': 36832, 'Carol':
82867, 'Mark Z.': 68650, 'Bob': 37920, 'Andi Brand': 57218, 'Eve':
88296, 'Al Sweigart sock #27': 78080, 'Tax evader': 40937, 'Duke
Cody': 17544, 'Lionel Toussaint': 54650, 'some scammer': 2694,
'Alice': 44503, 'David': 41828}
Gesamte Boringcoins: 1000000000
```

Die Gesamtsumme beträgt `1000000000`, was nachvollziehbar ist, da genauso viele Boringcoins vorab geschürft wurden.

Schritt 2: Transaktionen durchführen

Das nächste Programm, *addBoringcoinTransaction.py*, fügt der »Blockchain« in Google Sheets zusätzliche Zeilen hinzu, um neue Transaktionen zu erfassen. Es liest drei Kommandozeilenargumente aus der Liste in `sys.argv`: den Sender, den

Empfänger und den Betrag. Sie könnten beispielsweise das folgende Kommando im Terminal ausführen:

```
python addBoringcoinTransaction.py "Al Sweigart" Eve 2000
```

Das Programm greift auf das Google Sheet zu, fügt unten eine leere Zeile hinzu und ergänzt diese dann mit den Werten `'Al Sweigart'`, `'Eve'` und `'2000'`. Beachten Sie, dass Sie in der Kommandozeile jedes Kommandozeilenargument, das ein Leerzeichen enthält, in doppelte Anführungszeichen setzen müssen, wie z. B. `"Al Sweigart"`; andernfalls interpretiert die Kommandozeile dies als zwei separate Argumente.

Zu Beginn von *addBoringcoinTransactions.py* werden die Kommandozeilenargumente geprüft und die Variablen `sender`, `empfänger` und `betrag` entsprechend zugewiesen:

```
import sys, ezsheets

if len(sys.argv) < 4:
    print('Verwendung: python addBoringcoinTransaction.py sender
empfänger betrag')
    sys.exit()

# Die Transaktionsinformationen werden aus den Kommandozeilenargumen-
ten genommen:
sender, empfänger, betrag = sys.argv[1:]
```

Wir müssen `betrag` nicht von einem String in eine Ganzzahl umwandeln, da dieser ohnehin als String in die Tabellenkalkulation geschrieben wird.

Anschließend verbindet sich EZSheets mit dem Google Sheets-Spreadsheet, das die scheinbare Blockchain enthält, und wählt das erste Tabellenblatt (mit Index `0`) aus. Beachten Sie, dass Sie keine Berechtigung haben, das Boringcoin Google Sheet zu bearbeiten. Öffnen Sie daher die URL in einem Webbrowser, während Sie bei Ihrem Google-Konto angemeldet sind, und wählen Sie dann *Datei → Kopie erstellen*, um eine Kopie in Ihrem Google-Konto zu speichern. Ersetzen Sie danach den String `'https://autbor.com/boringcoin'` durch den String der URL Ihrer eigenen Google-Tabelle aus der Adressleiste des Browsers:

```
# Ändern Sie diese URL zu Ihrer eigenen Kopie der Google-Tabelle,
andernfalls
# erhalten Sie einen "The caller does not have permission"-Fehler.
ss = ezsheets.Spreadsheet('https://autbor.com/boringcoin')
sheet = ss.sheets[0]
```

Wir ermitteln abschließend die Zeilenanzahl der Tabelle, erhöhen diesen Wert um eins und tragen dann in die Spalten dieser Zeile die Daten für den Absender, den Empfänger und den Betrag ein:

```
# Fügt der Tabelle eine weitere Zeile für eine neue Transaktion
hinzu:
sheet.rowCount += 1

sheet[1, sheet.rowCount] = sender
sheet[2, sheet.rowCount] = empfänger
sheet[3, sheet.rowCount] = betrag
```

Führen Sie nun `python addBoringcoinTransaction.py "Al Sweigart" Eve 2000` im Terminal aus, wird in Google Sheets eine neue Zeile mit *Al Sweigart*, *Eve* und *2000* am Ende hinzugefügt. Sie können das Programm *auditBoringcoin.py* erneut ausführen, um die aktualisierten Kontostände aller Teilnehmenden im Kryptowährungsnetzwerk einzusehen.

Die Verwendung von Google-Tabellen als Blockchain-Datenstruktur ist verantwortungslos, fehleranfällig und eine Sicherheitskatastrophe mit Ansage. Damit liegt sie voll im Trend der meisten beworbenen Blockchain-Produkte. Verpassen Sie Ihre Chance nicht! Melden Sie sich jetzt, um noch schnell *Boringcoin* zu kaufen – bevor das Schneeballsystem zusammenbricht!

Arbeiten mit Anfragelimits in Google Sheets

Da Google Sheets online verfügbar ist, können Sie Tabellen problemlos für mehrere Benutzer freigeben, die gleichzeitig darauf zugreifen können. Dies bedeutet jedoch auch, dass das Lesen und Aktualisieren der Tabellen langsamer erfolgt als bei Excel-Dateien, die lokal auf Ihrer Festplatte gespeichert sind. Darüber hinaus beschränkt Google Sheets, wie viele Lese- und Schreibvorgänge Sie ausführen können.

Gemäß den Entwickler-Richtlinien von Google dürfen Nutzer maximal 250 neue Spreadsheets pro Tag erstellen, und mit kostenlosen Google-Konten sind einige Hundert Anfragen pro Minute möglich. Die Nutzungsbeschränkungen von Google finden Sie unter *https://developers.google.com/sheets/api/limits*. Sollten Sie versuchen, dieses Kontingent zu überschreiten, wird die Ausnahme `googleapiclient.errors.HttpError` »Quota exceeded for quota group« ausgelöst. EZSheets erkennt diese Exception automatisch und wiederholt die Anfrage. Kommt es dazu, benötigen die Funktionsaufrufe zum Lesen oder Schreiben von Daten mehrere Sekunden oder sogar ein bis zwei volle Minuten, bevor sie eine Antwort liefern. Falls die Anfrage weiterhin fehlschlägt (was auftreten kann, wenn ein anderes Skript mit denselben Anmeldedaten ebenfalls Anfragen sendet), wirft EZSheets diesen Fehler erneut.

Dies bedeutet, dass die Methodenaufrufe von EZSheets mitunter mehrere Sekunden dauern können, bevor sie eine Antwort zurückgeben. Sie können unter *IAM & Admin Quotas* auf *https://console.developers.google.com/iam-admin/quotas* Ihre API-Nutzung einsehen oder Ihr Kontingent erhöhen und sich dort über Optionen zur kostenpflichtigen Erhöhung des Nutzungslimits informieren. Wenn Sie stattdessen selbst die `HttpError`-Ausnahmen behandeln möchten, können Sie `ezsheets.IGNORE_QUOTA` auf `True` setzen; die Methoden von EZSheets werfen diese Ausnahmen dann beim Auftreten an Ihren Code.

Zusammenfassung

Google Sheets ist eine beliebte Online-Tabellenkalkulation, die im Browser ausgeführt wird. Mit dem Drittanbieter-Paket EZSheets können Sie Spreadsheets herunterladen, erstellen, lesen und bearbeiten. EZSheets bildet Tabellenkalkulationen als `Spreadsheet`-Objekte ab, von denen jedes eine geordnete Liste von `Sheet`-Objekten enthält. Jedes Tabellenblatt besteht aus Spalten und Zeilen mit Daten, die Sie auf verschiedene Arten lesen und aktualisieren können.

Obwohl Google Sheets das Teilen von Daten und die kooperative Bearbeitung erleichtert, liegt der Hauptnachteil in der Geschwindigkeit: Sie müssen Daten über Webanfragen aktualisieren, was einige Sekunden dauern kann. Für die meisten Anwendungsfälle beeinträchtigt diese Geschwindigkeitsbegrenzung Python-Skripte, die EZSheets nutzen, jedoch nicht. Google Sheets beschränkt zudem, wie häufig Sie Änderungen vornehmen dürfen.

Die vollständige Dokumentation der Funktionen von EZSheets finden Sie unter *https://ezsheets.readthedocs.io*.

Übungsfragen

1. Welche drei Dateien benötigen Sie, damit EZSheets auf Google Sheets zugreifen kann?
2. Welche zwei Arten von Objekten gibt es bei EZSheets?
3. Wie erstellen Sie eine Excel-Datei aus einer Google Sheets-Tabellenkalkulation?
4. Wie erstellen Sie eine Google Sheets-Tabellenkalkulation aus einer Excel-Datei?

5. Die Variable `ss` enthält ein `Spreadsheet`-Objekt. Welcher Code liest Daten aus der Zelle B2 in einer Tabelle mit dem Titel *Studenten*?
6. Wie ermitteln Sie die Buchstaben für Spalte 999?
7. Wie können Sie feststellen, wie viele Zeilen und Spalten eine Tabelle besitzt?
8. Wie löschen Sie eine Tabellenkalkulation? Ist dieses Löschen dauerhaft?
9. Welche Funktionen erzeugen jeweils ein neues `Spreadsheet`-Objekt und ein neues `Sheet`-Objekt?
10. Was geschieht, wenn Sie durch häufige Lese- und Schreibzugriffe mit EZSheets das Kontingent Ihres Google-Kontos überschreiten?

Übungsprogramme

Schreiben Sie zu Übungszwecken Programme, die die folgenden Aufgaben ausführen.

Google Forms-Daten herunterladen

Wie bereits erwähnt, ermöglicht es Google Forms, einfache Online-Formulare zu erstellen, mit denen man leicht Informationen von Personen erfassen kann. Die in ein Formular eingegebenen Informationen werden in einem Google Sheets-Spreadsheet gespeichert. Für dieses Projekt schreiben Sie ein Programm, das die übermittelten Formulardaten automatisch herunterladen kann. Rufen Sie *https://docs.google.com/forms* auf und erstellen Sie ein neues leeres Formular. Fügen Sie dem Formular Felder hinzu, in denen man nach Name und E-Mail-Adresse gefragt wird. Klicken Sie anschließend oben rechts auf die Schaltfläche *Veröffentlichen*, um einen Link zu Ihrem neuen Formular zu erhalten. Testen Sie das Formular, indem Sie einige Beispielantworten eingeben.

Klicken Sie auf dem Tab *Antworten* Ihres Formulars auf die grüne Schaltfläche *Mit Google Sheets verknüpfen*, um eine Google Sheets-Tabelle zu erzeugen, in der die eingereichten Antworten gespeichert werden. In den ersten Zeilen des Tabellenblatts sollten Sie Ihre Beispielantworten sehen. Schreiben Sie anschließend ein Python-Skript mit EZSheets, um eine Liste der E-Mail-Adressen aus diesem Spreadsheet zu erfassen.

Spreadsheets in andere Formate umwandeln

Sie können Google Sheets nutzen, um eine Tabellenkalkulationsdatei in andere Formate zu konvertieren. Erstellen Sie ein Skript, das eine übermittelte Datei an `upload()` weiterleitet. Nachdem die Datei in Google Sheets hochgeladen wurde, laden Sie sie mit `downloadAsExcel()`, `downloadAsODS()` oder ähnlichen Funktionen herunter, um eine Kopie der Datei in diesen Formaten zu erstellen.

Fehler in einem Spreadsheet erkennen

Nach einem langen Arbeitstag im Rechnungswesen habe ich ein Spreadsheet mit allen Bohnenzählungen fertiggestellt und in Google Sheets hochgeladen. Das Google Sheet ist öffentlich einsehbar, jedoch nicht bearbeitbar. Sie können dieses Spreadsheet mit folgendem Code abrufen:

```
>>> import ezsheets
>>> ss = ezsheets.Spreadsheet('1jDZEdvSIh4TmZxccyy0ZXrH-ELlrwq8_YYiZ-
rEOB4jg')
```

Sie können die Tabellenkalkulation in Ihrem Browser anzeigen, indem Sie zu *https://docs.google.com/spreadsheets/d/1jDZEdvSIh4TmZxccyy0ZXrH-ELlrwq8_YYiZrEOB4jg* navigieren. Die Spalten der ersten Tabelle dieser Tabellenkalkulation sind *BEANS PER JAR*, *JARS* und *TOTAL BEANS* für »Bohnen pro Gefäß«, »Gefäße« und »Gesamtzahl Bohnen«. Die Spalte *TOTAL BEANS* ist das Produkt der Werte in den Spalten *BEANS PER JAR* und *JARS*. Allerdings befindet sich in einer der 15.000 Zeilen dieser Tabelle ein Fehler. Das sind zu viele Zeilen, um sie manuell zu überprüfen. Glücklicherweise können Sie ein Skript schreiben, das die Summen überprüft.

Als Hinweis: Sie können auf die einzelnen Zellen einer Zeile mit `ss.sheets[0].getRow(`*`zeilenNr`*`)` zugreifen, wobei `ss` das `Spreadsheet`-Objekt und *`zeilenNr`* die Zeilennummer ist. Beachten Sie, dass in Google Sheets die Zeilennummerierung bei 1 beginnt, nicht bei 0. Die Zellwerte liegen als Strings vor, daher müssen Sie diese in Ganzzahlen umwandeln, bevor Ihr Programm damit arbeiten kann. Der Ausdruck `int(ss.sheets[0].getRow(2)[0]) * int(ss.sheets[0].getRow(2)[1]) == int(ss.sheets[0].getRow(2)[2])` ergibt `True`, sofern Zeile 2 die korrekte Gesamtsumme enthält. Verwenden Sie diesen Code in einer Schleife, um festzustellen, welche Zeile in dem Tabellenblatt eine fehlerhafte Gesamtsumme aufweist.

16
SQLite-Datenbanken

Sie sind vermutlich daran gewöhnt, Informationen mithilfe von Tabellenkalkulationen wie Excel oder Google Sheets zu organisieren. Die meisten Softwareanwendungen speichern ihre Daten jedoch in sogenannten Datenbanken. Datenbanken ermöglichen es Ihrem Programm, gezielt auf die gewünschten Daten zuzugreifen. Wenn Sie eine Tabellenkalkulation oder Textdatei mit Katzen hätten und die Fellfarbe einer Katze namens Zophie herausfinden wollten, könnten Sie `Strg`-`F` drücken und »Zophie« eingeben. Aber wie würden Sie die Fellfarbe aller Katzen finden, die zwischen 3 und 5 Kilogramm wiegen und vor Oktober 2023 geboren wurden? Selbst mit den regulären Ausdrücken aus Kapitel 9 würde dies eine anspruchsvolle Aufgabe zum Programmieren darstellen.

Datenbanken ermöglichen es Ihnen, komplexe Abfragen wie diese durchzuführen, die in der Mini-Sprache von *Structured Query Language (SQL)* geschrieben sind. Der Begriff *SQL* bezeichnet sowohl eine Sprache für Datenbankoperationen als auch die Datenbanken, die diese Sprache verstehen. Oft wird es »ess-kuh-ell« ausgesprochen, gelegentlich jedoch auch wie das englische »sequel«. In diesem Kapitel werden Ihnen SQL und grundlegende Datenbankkonzepte mithilfe von *SQLite* (ausgesprochen entweder »sie-kwell-ait«, »ess-kju-lait« oder »ess-kju-ell-ait«) nähergebracht, einer leichtgewichtigen Datenbank, die in Python enthalten ist.

SQLite ist die weltweit am häufigsten eingesetzte Datenbanksoftware, da sie auf jedem Betriebssystem läuft und kompakt genug ist, um in andere Anwendungen integriert zu werden. Gleichzeitig unterscheiden sich die Vereinfachungen von SQLite deutlich von anderen Datenbanken. Während große Datenbanksoftwares wie PostgreSQL, MySQL, Microsoft SQL Server und Oracle für den Betrieb auf dedizierter Serverhardware innerhalb eines Netzwerks ausgelegt sind, speichert SQLite die gesamte Datenbank in einer einzelnen Datei auf Ihrem Computer.

Auch wenn Sie bereits mit SQL-Datenbanken vertraut sind, besitzt SQLite genügend eigene Besonderheiten, sodass Sie dieses Kapitel lesen sollten, um das Potenzial dieser Datenbank optimal zu nutzen. Die Online-Dokumentation von SQLite finden Sie unter *https://sqlite.org/docs.html*, und die Dokumentation für das schon mitgelieferte Python-Modul `sqlite3` steht unter *https://docs.python.org/3/library/sqlite3.html* zur Verfügung.

Tabellenkalkulationen vs. Datenbanken

Betrachten wir die Gemeinsamkeiten und Unterschiede zwischen Tabellenkalkulationen und Datenbanken. In einer Tabellenkalkulation enthalten die Zeilen einzelne Datensätze, während die Spalten die Art der in den Feldern jedes Datensatzes gespeicherten Daten repräsentieren. Abbildung 16.1 zeigt eine Tabellenkalkulation mit einigen Katzen. Die Spalten führen Name, Geburtsdatum, Fellfarbe und Gewicht (in Kilogramm) jeder einzelnen Katze auf.

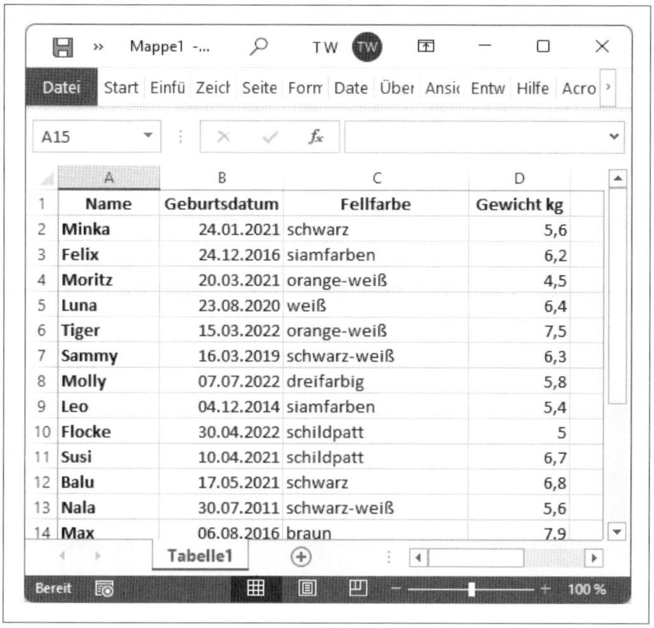

	A	B	C	D
1	Name	Geburtsdatum	Fellfarbe	Gewicht kg
2	Minka	24.01.2021	schwarz	5,6
3	Felix	24.12.2016	siamfarben	6,2
4	Moritz	20.03.2021	orange-weiß	4,5
5	Luna	23.08.2020	weiß	6,4
6	Tiger	15.03.2022	orange-weiß	7,5
7	Sammy	16.03.2019	schwarz-weiß	6,3
8	Molly	07.07.2022	dreifarbig	5,8
9	Leo	04.12.2014	siamfarben	5,4
10	Flocke	30.04.2022	schildpatt	5
11	Susi	10.04.2021	schildpatt	6,7
12	Balu	17.05.2021	schwarz	6,8
13	Nala	30.07.2011	schwarz-weiß	5,6
14	Max	06.08.2016	braun	7,9

Abb. 16.1 *Eine Tabellenkalkulation speichert Datensätze als Zeilen mit einer festen Spaltenstruktur.*

Wir können diese Informationen auch in einer Datenbank ablegen. Sie können sich eine *Tabelle* in einer Datenbank als ein Blatt in einer Tabellenkalkulation vorstellen; eine Datenbank kann dabei eine oder mehrere Tabellen enthalten. Tabellen verfügen über Spalten mit unterschiedlichen Eigenschaften für jeden *Datensatz*, der auch als *Zeile* oder *Eintrag* bezeichnet wird. Datenbanken wie SQLite werden als *relationale Datenbanken* bezeichnet, wobei *Relation* bedeutet, dass die Datenbank mehrere Tabellen mit Beziehungen untereinander enthalten kann, wie Sie später sehen werden.

Sowohl Tabellenkalkulationen als auch Datenbanken versehen die darin enthaltenen Daten mit Bezeichnungen. Eine Tabellenkalkulation versieht die Spalten automatisch mit Buchstaben und die Zeilen mit Zahlen. Darüber hinaus nutzt die Beispiel-Tabellenkalkulation für Katzen die erste Zeile, um den Spalten beschreibende Namen zu geben. Jede der folgenden Zeilen stellt genau eine Katze dar. In einer SQL-Datenbank verfügen Tabellen häufig über eine ID-Spalte als Primärschlüssel (engl. *primary key*) für jeden Datensatz: eine eindeutige Ganzzahl, mit der der Datensatz identifiziert werden kann. In SQLite wird diese Spalte als `rowid` bezeichnet, und SQLite fügt sie Ihren Tabellen automatisch hinzu.

Das Löschen einer Zeile in der Tabellenkalkulation verschiebt alle darunterliegenden Zeilen nach oben und verändert deren Zeilennummern. Die ID eines Datenbankdatensatzes ist jedoch eindeutig und ändert sich nicht. Dies ist in vielen Situationen hilfreich. Was ist zu tun, wenn eine Katze umbenannt wird oder sich ihr Gewicht ändert? Wie verfahren Sie, wenn Sie die Zeilen neu anordnen möchten, um die Katzen alphabetisch nach Namen aufzulisten? Jede Katze benötigt eine eindeutige Identifikationsnummer, die unabhängig von Änderungen der Daten stets erhalten bleibt. Sie könnten Ihrer Tabellenkalkulation eine Spalte für die Zeilen-ID hinzufügen, um die `rowid`-Spalte einer SQLite-Tabelle nachzubilden. Dieser ID-Wert bleibt unverändert, selbst wenn Zeilen gelöscht oder innerhalb der Tabellenkalkulation verschoben werden – wie in Abbildung 16.2 zu sehen, in der die Katzen mit den Zeilen-IDs 5 bis 10 entfernt wurden.

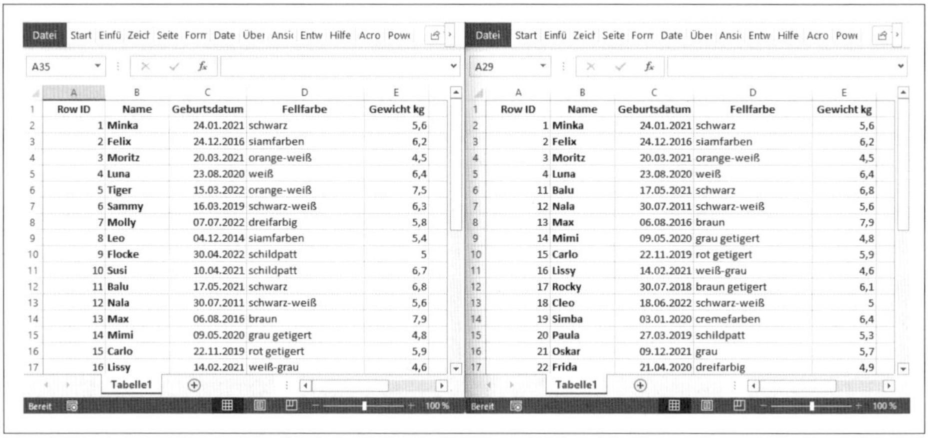

Row ID	Name	Geburtsdatum	Fellfarbe	Gewicht kg
1	Minka	24.01.2021	schwarz	5,6
2	Felix	24.12.2016	siamfarben	6,2
3	Moritz	20.03.2021	orange-weiß	4,5
4	Luna	23.08.2020	weiß	6,4
5	Tiger	15.03.2022	orange-weiß	7,5
6	Sammy	16.03.2019	schwarz-weiß	6,3
7	Molly	07.07.2022	dreifarbig	5,8
8	Leo	04.12.2014	siamfarben	5,4
9	Flocke	30.04.2022	schildpatt	5
10	Susi	10.04.2021	schildpatt	6,7
11	Balu	17.05.2021	schwarz	6,8
12	Nala	30.07.2011	schwarz-weiß	5,6
13	Max	06.08.2016	braun	7,9
14	Mimi	09.05.2020	grau getigert	4,8
15	Carlo	22.11.2019	rot getigert	5,9
16	Lissy	14.02.2021	weiß-grau	4,6

Row ID	Name	Geburtsdatum	Fellfarbe	Gewicht kg
1	Minka	24.01.2021	schwarz	5,6
2	Felix	24.12.2016	siamfarben	6,2
3	Moritz	20.03.2021	orange-weiß	4,5
4	Luna	23.08.2020	weiß	6,4
11	Balu	17.05.2021	schwarz	6,8
12	Nala	30.07.2011	schwarz-weiß	5,6
13	Max	06.08.2016	braun	7,9
14	Mimi	09.05.2020	grau getigert	4,8
15	Carlo	22.11.2019	rot getigert	5,9
16	Lissy	14.02.2021	weiß-grau	4,6
17	Rocky	30.07.2018	braun getigert	6,1
18	Cleo	18.06.2022	schwarz-weiß	5
19	Simba	03.01.2020	cremefarben	6,4
20	Paula	27.03.2019	schildpatt	5,3
21	Oskar	09.12.2021	grau	5,7
22	Frida	21.04.2020	dreifarbig	4,9

Abb. 16.2 *Die Zeilen-ID liefert im Gegensatz zu den Zeilennummern der Tabellenkalkulation eine eindeutige Kennung für jeden Datensatz (links) – selbst nachdem die Katzen mit den IDs 5 bis 10 entfernt wurden (rechts).*

Es gibt eine weitere Methode, wie Tabellenkalkulationen genutzt werden, die sich grundlegend von der üblichen Datenspeicherung in Datenbanken unterscheidet. Tabellenkalkulationen können als Vorlagen für Formulare dienen und nicht ausschließlich als zeilenbasierter Datenspeicher. Sie haben möglicherweise Tabellenkalkulationen wie in Abbildung 16.3 gesehen.

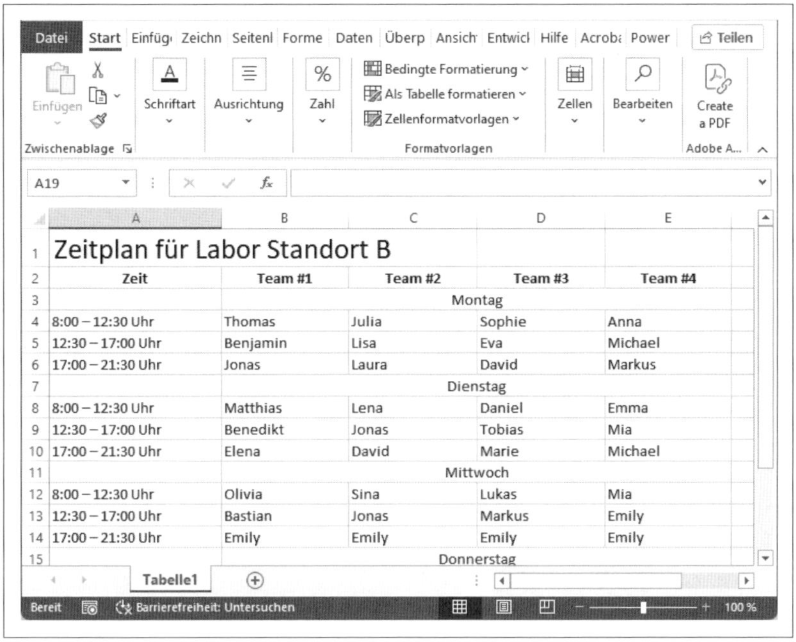

Abb. 16.3 *Eine Tabellenkalkulation mit umfangreicher Formatierung und fester Größe ist in der Regel keine geeignete Lösung für eine Datenbank.*

Solche Tabellenkalkulationen weisen oftmals zahlreiche Formatierungen auf, wie etwa Hintergrundfarben, verbundene Zellen und unterschiedliche Schriftarten, um für den Betrachter ansprechend zu wirken. Während zeilenbasierte Daten-Tabellenkalkulationen bei Bedarf unbegrenzt erweitert werden können, verfügen solche Tabellenkalkulationen meist über eine feste Größe und ein Ausfüllkonzept. Sie sind in der Regel darauf ausgelegt, von Menschen ausgedruckt und betrachtet zu werden, anstatt dass ein Python-Programm Daten daraus extrahiert.

Datenbanken sind nicht optisch ansprechend, sie enthalten lediglich Rohdaten. Wichtiger noch: Während Tabellenkalkulationen Ihnen die Freiheit geben, beliebige Daten in jede Zelle einzutragen, zeichnen sich Datenbanken durch eine strengere Struktur aus, die die Datenabfrage durch Software erleichtert. Wenn Ihre Daten so aufgebaut sind wie im Beispiel in Abbildung 16.3, ist es möglicherweise besser, sie in JSON-Dateien zu speichern – oder das Modul `openpyxl` aus Kapitel 14 und die EZSheets-Bibliothek aus Kapitel 15 zu verwenden und die Daten in Excel oder Google Sheets zu belassen.

SQLite im Vergleich zu anderen SQL-Datenbanken

Wenn Sie bislang mit anderen SQL-Datenbanken gearbeitet haben, stellen Sie sich möglicherweise die Frage, wie sich SQLite im Vergleich dazu verhält. Zusammengefasst vereint SQLite Einfachheit mit Leistungsfähigkeit. Es handelt sich um eine vollwertige relationale Datenbank, die mithilfe von SQL große Datenmengen liest und schreibt, dabei jedoch innerhalb Ihres Python-Programms ausgeführt wird und auf einer einzelnen Datei basiert. Ihr Programm importiert das Modul `sqlite3` ebenso wie `sys`, `math` oder ein anderes Modul aus der Python-Standardbibliothek.

Nachfolgend finden Sie die wichtigsten Unterschiede zwischen SQLite und anderer Datenbanksoftware:

- SQLite-Datenbanken werden in einer einzigen Datei gespeichert, die Sie wie jede andere Datei verschieben, kopieren oder archivieren können.
- SQLite lässt sich auch auf ressourcenarmen Rechnern einsetzen, beispielsweise auf »embedded« Geräten, Handys oder jahrzehntealten Laptops.
- SQLite ist serverlos; es ist keine Hintergrund-Serveranwendung erforderlich, die dauerhaft auf Ihrem Laptop ausgeführt wird, und es wird keine spezielle Serverhardware benötigt. Es sind keine Netzwerkverbindungen notwendig.
- Aus Anwendersicht erfordert SQLite weder eine Installation noch eine Konfiguration. Dies ist Teil des Python-Programms.
- Für eine höhere Ausführungsgeschwindigkeit können SQLite-Datenbanken vollständig im Speicher geführt und vor dem Programmende in einer Datei gespeichert werden.
- Obwohl SQLite-Spalten wie in anderen SQL-Datenbanken Datentypen – etwa Zahlen und Text – besitzen, erzwingt SQLite den Datentyp einer Spalte nicht strikt.
- In SQLite gibt es keine Berechtigungseinstellungen oder Benutzerrollen. SQLite unterstützt keine `GRANT`- oder `REVOKE`-Anweisungen wie andere SQL-Datenbanken.
- SQLite ist eine Public-Domain-Software; Sie können sie uneingeschränkt kommerziell oder auf jede andere gewünschte Weise nutzen.

Der Hauptnachteil von SQLite besteht darin, dass Hunderte oder Tausende gleichzeitige Schreibvorgänge (etwa bei einer Social-Media-Webanwendung) nicht effizient verarbeitet werden können. Davon abgesehen ist SQLite ebenso leistungsfähig wie jede andere Datenbank und kann zuverlässig Gigabytes oder sogar Terabytes an Daten sowie gleichzeitige Lesevorgänge schnell und problemlos verarbeiten.

SQLite positioniert sich weniger als Konkurrenz zu anderer Datenbanksoftware, sondern vielmehr als Alternative zur Verwendung der Funktion `open()` für die Arbeit mit Textdateien (sowie JSON-, XML- und CSV-Dateien, auf die in Kapitel 18 eingegangen wird). Wenn Ihr Programm die Fähigkeit benötigt, große Datenmengen zu speichern und schnell abzurufen, ist SQLite eine bessere Alternative zu JSON- oder Tabellenkalkulationsdateien.

Datenbanken und Tabellen erstellen

Beginnen wir damit, unsere erste Datenbank und Tabelle mit SQL zu erstellen. SQL ist eine kompakte Sprache, die Sie innerhalb von Python verwenden können, ähnlich Regexes bei regulären Ausdrücken. Wie bei Regexes werden SQL-Abfragen als Python-Strings geschrieben. Ebenso wie Sie Ihren eigenen Python-Code schreiben könnten, um das Finden von Textmustern mittels regulärer Ausdrücke nachzubilden, könnten Sie auch individuellen Python-Code entwickeln, um passende Daten in Python-Dictionaries und -Listen zu suchen. Das Schreiben regulärer Ausdrücke und von SQL-Datenbankabfragen vereinfacht diese Aufgaben langfristig erheblich, selbst wenn Sie sich dafür zunächst in eine neue Thematik einarbeiten müssen. Sehen wir uns an, wie Sie Abfragen formulieren, mit denen Tabellen in einer neuen Datenbank erstellt werden.

Wir werden eine Beispiel-SQLite-Datenbank in einer Datei namens *beispiel.db* anlegen, um Informationen über Katzen zu speichern. Um eine Datenbank zu erstellen, importieren Sie zunächst das Modul `sqlite3`. (Die *3* steht für die SQLite-Hauptversion 3, die nicht mit Python 3 in Zusammenhang steht.) Eine SQLite-Datenbank befindet sich in einer einzigen Datei. Der Dateiname kann beliebig gewählt werden, allerdings wird üblicherweise die Dateiendung *.db* verwendet. Auch die Endung *.sqlite* wird häufig genutzt.

Eine Datenbank kann mehrere Tabellen enthalten, wobei jede Tabelle eine bestimmte Art von Daten speichern sollte. So kann beispielsweise eine Tabelle Datensätze von Katzen enthalten, während eine andere Tabelle die Impfungen dokumentiert, die bestimmten Katzen aus der ersten Tabelle zugeordnet sind. Sie können sich eine Tabelle als eine Liste von Tupeln vorstellen, wobei jedes Tupel eine Zeile der Tabelle darstellt. Die Tabelle `katzen` entspricht im Wesentlichen `katzen = [('Minka', '2021-01-24', 'schwarz', 5.6), ('Felix', '2016-12-24', 'siamfarben', 6.2) ...]` usw.

Erstellen Sie zunächst eine Datenbank, legen Sie dann eine Tabelle für die Katzendaten an, fügen Sie einige Katzendatensätze ein, lesen Sie die Daten aus der Datenbank aus und schließen Sie abschließend die Datenbankverbindung.

Verbindung zu Datenbanken herstellen

Der erste Schritt beim Schreiben von SQLite-Code besteht darin, ein Connection-Objekt für die Datenbankdatei zu erhalten, indem Sie sqlite3.connect() aufrufen. Geben Sie Folgendes in die interaktive Shell ein:

```
>>> import sqlite3
>>> conn = sqlite3.connect('beispiel.db', isolation_level=None)
```

Das erste Argument der Funktion kann entweder ein String mit dem Dateinamen oder ein pathlib.Path-Objekt für die Datenbankdatei sein. Wenn dieser Dateiname keiner vorhandenen SQLite-Datenbank zugeordnet ist, erstellt die Funktion eine neue Datei mit einer leeren Datenbank. Zum Beispiel verbindet sqlite3.connect('beispiele.db', isolation_level=None) eine Datenbankdatei namens *beispiel.db* im aktuellen Arbeitsverzeichnis. Wenn diese Datei nicht existiert, erstellt die Funktion eine leere Datei.

Falls die Datei, mit der Sie sich verbinden, existiert, jedoch keine SQLite-Datenbankdatei ist, löst Python beim Ausführen von Abfragen die Exception sqlite3.DatabaseError: file is not a database aus. »Überprüfung der Pfadgültigkeit« in Kapitel 10 erläutert die Nutzung der Methode exists() von Path sowie der Funktion os.path.exists(); mit diesen können Sie programmatisch feststellen, ob eine Datei existiert oder nicht.

Das Schlüsselwortargument isolation_level=None bewirkt, dass die Datenbank im »Autocommit«-Modus arbeitet. Dadurch entfällt für Sie die Notwendigkeit, nach jedem Aufruf der Methode execute() zusätzlich die Methode commit() aufzurufen.

Die Funktion sqlite3.connect() gibt ein Connection-Objekt zurück, das in diesen Beispielen in einer Variablen mit dem Namen conn gespeichert wird. Jedes Connection-Objekt stellt eine Verbindung zu einer SQLite-Datenbankdatei her. Sie können selbstverständlich einen beliebigen Variablennamen für dieses Connection-Objekt wählen. Verwenden Sie jedoch aussagekräftige Namen, wenn Ihr Programm mehrere Datenbanken gleichzeitig öffnet. Für kleine Programme, die jeweils nur eine Datenbank verbinden, ist der Name conn jedoch leicht zu schreiben und ausreichend beschreibend. (Der Name con wäre noch kürzer, ließe sich jedoch leicht mit »*con*sole«, »*con*tent« oder »*con*fusing name for a variable« verwechseln.)

Wenn Ihr Programm die Arbeit mit der Datenbank abgeschlossen hat, schließen Sie die Verbindung mit conn.close(). Das Programm schließt die Verbindung zudem automatisch, sobald es beendet wird.

Tabellen erstellen

Nachdem Sie eine Verbindung zu einer neuen, leeren Datenbank hergestellt haben, erzeugen Sie eine Tabelle mit der SQL-Anweisung `CREATE TABLE`. Um SQL-Anweisungen auszuführen, müssen Sie die Methode `execute()` von `Connection`-Objekten aufrufen. Übergeben Sie dieser Methode `conn.execute()` einen String mit der Abfrage:

```
>>> import sqlite3
>>> conn = sqlite3.connect('beispiel.db', isolation_level=None)
>>> conn.execute('CREATE TABLE IF NOT EXISTS katzen (name TEXT NOT NULL,
geburtsdatum TEXT, fell TEXT, gewicht_kg REAL) STRICT')
<sqlite3.Cursor object at 0x00000201B2399540>
```

Nach Konvention werden SQL-Schlüsselwörter wie `CREATE` und `TABLE` in Großbuchstaben geschrieben. SQLite erzwingt dies jedoch nicht; die Abfrage `'create table if not exists katzen (name text not null, geburtstag text, fell text, gewicht_kg real) strict'` wird ebenfalls problemlos ausgeführt. Auch Tabellen- und Spaltennamen sind nicht groß- und kleinschreibungssensitiv, jedoch ist es üblich, sie klein und mehrere Wörter mit Unterstrichen getrennt zu schreiben, wie bei `weight_kg`.

Die `CREATE TABLE`-Anweisung löst eine Exception `sqlite3.OperationalError: table katzen already exists` aus, wenn Sie versuchen, eine Tabelle zu erstellen, die ohne den Zusatz `IF NOT EXISTS` bereits existiert. Das Hinzufügen dieses Teils ist eine einfache Möglichkeit, diesen Fehler zu umgehen, und in der Regel empfiehlt es sich, dieses Extra Ihren `CREATE TABLE`-Anweisungen hinzuzufügen.

In unserem Beispiel folgt auf die Schlüsselwörter `CREATE TABLE IF NOT EXISTS` der Tabellenname `katzen`. Nach dem Tabellennamen folgt ein Klammernpaar, das die Spaltennamen und Datentypen enthält.

Datentypen definieren

SQLite kennt sechs Datentypen:

- `NULL` entspricht dem `None`-Typ in Python.
- `INT` oder `INTEGER` entspricht dem `int`-Typ in Python.
- `REAL` bezieht sich auf den mathematischen Begriff *Reelle Zahl*; entspricht dem `float`-Typ in Python.
- `TEXT` entspricht dem `str`-Typ in Python.
- `BLOB` ist kurz für *Binary Large Object*; dies ist analog zum Python-Typ `bytes` und eignet sich, um komplette Dateien in einer Datenbank zu speichern.

SQLite besitzt seine eigenen Datentypen, da es nicht ausschließlich für Python entwickelt wurde; auch andere Programmiersprachen können mit SQLite-Datenbanken arbeiten.

Im Gegensatz zu anderer SQL-Datenbanksoftware ist SQLite hinsichtlich der Datentypen seiner Spalten nicht streng. Das bedeutet, dass SQLite standardmäßig ohne Weiteres den String `'Hallo'` in einer `INTEGER`-Spalte speichert, ohne einen Fehler zu melden. Die Datentypen von SQLite sind jedoch nicht rein kosmetischer Natur, SQLite *castet* (d. h., es wandelt) Daten, wenn möglich, automatisch in den Datentyp der Spalte um – eine Funktionalität, die als *Type Affinity* bezeichnet wird. Wenn Sie zum Beispiel den String `'42'` zu einer `INTEGER`-Spalte hinzufügen, speichert SQLite den Wert automatisch als ganze Zahl `42`, weil die Spalte eine Typaffinität für Ganzzahlen besitzt. Wenn Sie jedoch den String `'Hello'` zu einer `INTEGER`-Spalte hinzufügen, speichert SQLite `'Hello'` (ohne Fehler), da `'Hello'` trotz der Typaffinität für Integer nicht in einen Integer konvertiert werden kann.

Das Schlüsselwort `STRICT` aktiviert den *strikten Modus* für diese Tabelle. Im strikten Modus muss jede Spalte einen Datentyp haben, und SQLite löst eine Ausnahme `sqlite3.IntegrityError` aus, wenn Sie versuchen, Daten mit dem falschen Typ in die Tabelle einzufügen. SQLite wandelt Daten weiterhin automatisch in den Datentyp der jeweiligen Spalte um – wird `'42'` in eine `INTEGER`-Spalte eingefügt, bedeutet dies immer noch die Ganzzahl `42`. Der String `'Hallo'` kann jedoch nicht in einen Integer umgewandelt werden, sodass der Versuch, ihn einzufügen, eine Ausnahme auslöst. Ich empfehle Ihnen nachdrücklich, den strikten Modus zu verwenden; dies kann Ihnen frühzeitig Hinweise auf Fehler geben, die durch das Einfügen falscher Daten in Ihre Tabelle entstehen.

SQLite hat das Schlüsselwort `STRICT` in Version 3.37.0 eingeführt, das ab Python 3.11 verwendet wird. Frühere Versionen kennen den strikten Modus nicht und liefern einen Syntaxfehler, wenn Sie versuchen, ihn zu verwenden. Die von Python verwendete SQLite-Version können Sie jederzeit überprüfen, indem Sie die Variable `sqlite3.sqlite_version` auslesen. Diese sieht beispielsweise wie folgt aus:

```
>>> import sqlite3
>>> sqlite3.sqlite_version
'3.xx.xx'
```

SQLite verfügt nicht über einen booleschen Datentyp. Verwenden Sie daher `INTEGER` für boolesche Werte; Sie können eine `1` speichern, um `True` darzustellen, und eine `0`, um `False` darzustellen. SQLite bietet zudem keinen Datentyp für Datum, Uhrzeit oder eine Kombination davon. Verwenden Sie stattdessen den Datentyp `TEXT`, um einen String in einem der in Tabelle 16.1 aufgeführten Formate zu speichern.

Format	Beispiel
YYYY-MM-DD	'2035-10-31'
YYYY-MM-DD HH:MM:SS	'2035-10-31 16:30:00'
YYYY-MM-DD HH:MM:SS.SSS	'2035-10-31 16:30:00.407'
HH:MM:SS	'16:30:00'
HH:MM:SS.SSS	'16:30:00.407'

Tab. 16.1 *Empfohlene Formate für Datum, Uhrzeit und Datum/Uhrzeit in SQLite*

Der Abschnitt NOT NULL in name TEXT NOT NULL legt fest, dass der Python-Wert None nicht in der Spalte name gespeichert werden kann. Dies ist eine geeignete Methode, um eine Spalte in einer Tabelle verpflichtend zu machen.

SQLite-Tabellen erstellen automatisch eine Spalte rowid, die einen eindeutigen ganzzahligen Primärschlüssel enthält. Selbst wenn Ihre Tabelle katzen zwei Katzen mit identischem Namen, Geburtstag, Fellfarbe und Gewicht enthält, ermöglicht Ihnen die rowid, diese eindeutig zu unterscheiden.

Tabellen und Spalten auflisten

Alle SQLite-Datenbanken verfügen über eine Tabelle mit dem Namen sqlite_schema, die Metadaten zur Datenbank aufführt, einschließlich sämtlicher Tabellen. Um die Tabellen in der SQLite-Datenbank aufzulisten, führen Sie die folgende Abfrage aus:

```
>>> import sqlite3
>>> conn = sqlite3.connect('beispiel.db', isolation_level=None)
>>> conn.execute('SELECT name FROM sqlite_schema WHERE
type="table"').fetchall()
[('katzen',)]
```

Die Ausgabe zeigt die katzen-Tabelle, die Sie soeben erstellt haben. (Die Syntax der SELECT-Anweisung erläutere ich im Abschnitt »Daten aus der Datenbank auslesen« auf Seite 519.) Um Informationen über die Spalten der katzen-Tabelle zu erhalten, führen Sie bitte die folgende Abfrage aus:

```
>>> import sqlite3
>>> conn = sqlite3.connect('beispiel.db', isolation_level=None)
>>> conn.execute('PRAGMA TABLE_INFO(katzen)').fetchall()
[(0, 'name', 'TEXT', 1, None, 0), (1, 'geburtsdatum', 'TEXT', 0, None, 0),
 (2, 'fell', 'TEXT', 0, None, 0), (3, 'gewicht_kg', 'REAL', 0, None, 0)]
```

Diese Abfrage gibt eine Liste von Tupeln zurück, von denen jedes eine Spalte der Tabelle beschreibt. Das `(1, 'geburtsdatum', 'TEXT', 0, None, 0)`-Tupel liefert beispielsweise folgende Informationen zur Spalte `geburtsdatum`-Spalte:

- **Spaltenposition** Die `1` zeigt an, dass es sich um die zweite Spalte der Tabelle handelt. Spaltennummern sind nullbasiert, wie die Indizes von Python-Listen. Die erste Spalte befindet sich also an Position 0.
- **Name** `'geburtsdatum'`
- **Datentyp** `'TEXT'` ist der SQLite-Datentyp der Spalte.
- **Ob die Spalte `NOT NULL` ist** Das `0` bedeutet `False` und zeigt an, dass die Spalte nicht `NOT NULL` ist (Sie können also `None`-Werte in dieser Spalte eintragen).
- **Standardwert** In die Spalte wird `None` eingetragen, wenn kein anderer Wert angegeben ist.
- **Ob die Spalte der Primärschlüssel ist** 0 bedeutet `False`, das heißt, diese Spalte ist kein Primärschlüssel.

Beachten Sie, dass die Tabelle `sqlite_schema` selbst nicht als Tabelle aufgeführt wird. Sie müssen die Tabelle `sqlite_schema` niemals selbst bearbeiten; dies würde vermutlich die Datenbank beschädigen und sie unlesbar machen.

CRUD-Datenbankoperationen

CRUD ist ein Akronym für die vier grundlegenden Operationen, die in Datenbanken ausgeführt werden: Create, Read, Update und Delete – also Erstellen, Lesen, Aktualisieren und Löschen – von Daten. In SQLite werden diese Operationen mit den Anweisungen `INSERT`, `SELECT`, `UPDATE` und `DELETE` ausgeführt. Nachfolgend finden Sie Beispiele für jede Anweisung, die später als String an `conn.execute()` übergeben werden:

- `INSERT INTO katzen VALUES ("Zophie", "2021-01-24", "schwarz", 5.6)`
- `SELECT rowid, * FROM katzen ORDER BY fell`
- `UPDATE katzen SET fell = "braun" WHERE rowid = 1`
- `DELETE FROM katzen WHERE rowid = 1`

Die meisten Anwendungen und sozialen Medienplattformen sind letztlich nur anspruchsvolle Benutzeroberflächen für eine CRUD-Datenbank. Wenn Sie ein Foto posten oder auf eine Nachricht antworten, erstellen Sie damit einen Datensatz in einer Datenbank. Beim Scrollen durch eine Timeline in sozialen Medien lesen Sie Datensätze aus der Datenbank aus. Bearbeiten oder löschen Sie einen

Beitrag, führen Sie eine Aktualisierung oder Löschoperation durch. Immer wenn Sie eine neue Anwendung, Programmiersprache oder Abfragesprache erlernen, nutzen Sie das Akronym CRUD als Merkhilfe, um sich darüber zu informieren, welche grundlegenden Operationen Sie kennen sollten.

Einfügen von Daten in die Datenbank

Nachdem Sie die Datenbank und eine Tabelle `katzen` erstellt haben, fügen Sie Datensätze für meine Katzen hinzu. Ich habe etwa 300 Katzen zu Hause, und mithilfe einer SQLite-Datenbank behalte ich den Überblick über sie. Mit einer `INSERT`-Anweisung können Sie neue Datensätze zu einer Tabelle hinzufügen. Geben Sie den folgenden Code in die interaktive Shell ein:

```
>>> import sqlite3
>>> conn = sqlite3.connect('beispiel.db', isolation_level=None)
>>> conn.execute('CREATE TABLE IF NOT EXISTS katzen (name TEXT NOT
NULL,
geburtsdatum TEXT, fell TEXT, gewicht_kg REAL) STRICT')
<sqlite3.Cursor object at 0x00000201B2399540>
>>> conn.execute('INSERT INTO katzen VALUES ("Zophie", "2021-01-24",
"schwarz", 5.6)')
<sqlite3.Cursor object at 0x00000162842E78C0>
```

Diese `INSERT`-Anweisung fügt der `cats`-Tabelle eine neue Zeile hinzu. In den Klammern befinden sich die durch Kommas getrennten Werte für die einzelnen Spalten. Die Klammern sind bei `INSERT`-Anweisungen zwingend erforderlich. Beachten Sie, dass ich beim Einfügen von `TEXT`-Werten doppelte Anführungszeichen (`"`) verwendet habe, da ich bereits einfache Anführungszeichen (`'`) für den String der Abfrage benutze. Das `sqlite3`-Modul verwendet entweder einfache oder doppelte Anführungszeichen für seine `TEXT`-Werte.

Transaktionen

Eine `INSERT`-Anweisung startet eine *Transaktion*, die eine Arbeitseinheit innerhalb einer Datenbank darstellt. Transaktionen müssen den *ACID-Test* bestehen, ein Datenbankkonzept, das bedeutet, dass Transaktionen folgende Anforderungen erfüllen:

- **Atomar** Die Transaktion wird entweder vollständig ausgeführt oder überhaupt nicht.
- **Consistent/Konsistent** Die Transaktion verletzt keine Einschränkungen, beispielsweise `NOT NULL`-Regeln für Spalten.
- **Isoliert** Eine Transaktion beeinflusst andere Transaktionen nicht.

- **Dauerhaft** Wird eine Transaktion bestätigt (engl. *committed*), werden die Ergebnisse auf einen persistenten Speicher, wie beispielsweise die Festplatte, geschrieben.

SQLite ist eine ACID-konforme Datenbank; sie hat sogar Tests bestanden, die simulieren, dass während einer Transaktion die Stromversorgung des Computers unterbrochen wird. Dadurch haben Sie die Gewissheit, dass die Datenbankdatei nicht in einen beschädigten, unbrauchbaren Zustand gerät. Eine SQLite-Anweisung fügt entweder die Daten vollständig in die Datenbank ein oder gar nicht.

SQL-Injection-Angriffe

Eine Kategorie von Hacking-Techniken, die als *SQL-Injection-Angriffe* bezeichnet werden, können Ihre Abfragen so verändern, dass sie Aktionen ausführen, die Sie nicht vorgesehen haben. Diese Techniken liegen außerhalb des Rahmens dieses Buches und stellen in der Regel kein Problem für Ihren Code dar, sofern Ihr Programm keine Daten von unbekannten Personen aus dem Internet entgegennimmt. Um dies zu verhindern, verwenden Sie stets die Fragezeichen-Syntax ?, wann immer Sie Python-Variablen referenzieren, wenn Sie Daten in Ihrer Datenbank einfügen oder aktualisieren.

Wenn Sie beispielsweise einen neuen Datensatz für eine Katze anhand von in Variablen gespeicherten Daten einfügen möchten, sollten Sie diese Variablen nicht direkt in den Query-String in Python einschließen, wie im folgenden Beispiel:

```
>>> katze_name = 'Zophie'
>>> katze_geb = '2021-01-24'
>>> katze_fell = 'schwarz'
>>> katze_gewicht = 5.6
>>> conn.execute(f'INSERT INTO katzen VALUES ("{katze_name}",
"{katze_geb}",
"{katze_fell}", {katze_gewicht})')
<sqlite3.Cursor object at 0x0000022B91BB7C40>
```

Wenn die Werte dieser Variablen aus Benutzereingaben wie etwa einem Webanwendungsformular stammen, könnte ein Angreifer potenziell Strings angeben, die die Bedeutung der Abfrage verändern. Stattdessen sollten Sie ein ? als Platzhalter im SQL-String verwenden und die Variablen anschließend als Listenargument nach der Anweisung übergeben:

```
>>> conn.execute('INSERT INTO katzen VALUES (?, ?, ?, ?)', [katze_name,
katze_geb, katze_fell, katze_gewicht])
<sqlite3.Cursor object at 0x0000022B91BB7C40>
```

Die Methode `execute()` ersetzt das `?` als Platzhalter im SQL-String durch die Variablenwerte, nachdem überprüft wurde, dass diese keine SQL-Injection-Angriffe verursachen können. Auch wenn solche Angriffe bei Ihrem Code eher unwahrscheinlich sind, sollten Sie sich dennoch angewöhnen, das `?` als Platzhalter zu verwenden, anstatt den SQL-String selbst zu formatieren.

Daten aus der Datenbank auslesen

Sobald Daten in der Datenbank vorhanden sind, können Sie diese mit einer `SELECT`-Abfrage lesen. Geben Sie Folgendes in die interaktive Shell ein, um Daten aus der Datenbank *beispiel.db* auszulesen:

```
>>> import sqlite3
>>> conn = sqlite3.connect('beispiel.db', isolation_level=None)
>>> conn.execute('SELECT * FROM katzen').fetchall()
[('Zophie', '2021-01-24', 'schwarz', 5.6)]
```

Der Methodenaufruf `execute()` für die `SELECT`-Abfrage gibt ein `Cursor`-Objekt zurück. Um die tatsächlichen Daten zu erhalten, rufen Sie die Methode `fetchall()` auf diesem `Cursor`-Objekt auf. Jeder Datensatz wird als Tupel innerhalb der Liste von Tupeln zurückgegeben. Die Daten in jedem Tupel erscheinen in der Reihenfolge der Spalten der Tabelle.

Anstatt Python-Code zu schreiben, um diese Liste von Tupeln eigenständig zu durchsuchen, können Sie SQLite veranlassen, die gewünschten Informationen direkt zu extrahieren. Die Beispiel-`SELECT`-Abfrage besteht aus vier Teilen:

- dem Schlüsselwort `SELECT`
- den Spalten, die Sie abrufen möchten, wobei `*` »alle Spalten außer `rowid`« bedeutet
- dem Schlüsselwort `FROM`
- der Tabelle, aus der die Daten gelesen werden sollen; in diesem Fall die Tabelle `katzen`

Wenn Sie nur die Spalten `rowid` und `name` der Datensätze der Tabelle `katzen` abrufen möchten, würde Ihre Abfrage folgendermaßen aussehen:

```
>>> conn.execute('SELECT rowid, name FROM katzen').fetchall()
[(1, 'Zophie')]
```

Sie können zudem SQL einsetzen, um die Abfrageergebnisse zu filtern, wie Sie im nächsten Abschnitt erfahren.

Schleifen über Abfrageergebnisse

Die Methode `fetchall()` gibt die Ergebnisse Ihrer `SELECT`-Abfrage als Liste von Tupeln zurück. Häufig will man die Zeilen der Reihe nach einer `for`-Schleife verarbeiten, um für jedes Tupel eine bestimmte Aktion auszuführen. Laden Sie beispielsweise die Datei *sweigartcats.db* aus dem Zusatzmaterial von *https://dpunkt.de/produkt/routineaufgaben-mit-python-automatisieren-3* herunter und geben Sie anschließend Folgendes in die interaktive Shell ein, um deren Daten zu verarbeiten:

```
>>> import sqlite3
>>> conn = sqlite3.connect('sweigartcats.db', isolation_level=None)
>>> for row in conn.execute('SELECT * FROM cats'):
...     print('Zeilendaten:', row)
...     print(row[0], 'ist eine meiner Lieblingskatzen.')
...
Zeilendaten: ('Zophie', '2021-01-24', 'gray tabby', 5.6)
Zophie ist eine meiner Lieblingskatzen.
Zeilendaten: ('Miguel', '2016-12-24', 'siamese', 6.2)
Miguel ist eine meiner Lieblingskatzen.
Zeilendaten: ('Jacob', '2022-02-20', 'orange and white', 5.5)
Jacob ist eine meiner Lieblingskatzen.
--schnipp--
```

Die `for`-Schleife kann über die Tupel der Zeilendaten iterieren, die durch `conn.execute()` zurückgegeben werden, ohne dass `fetchall()` aufgerufen werden muss. Da die Variable `row` mit einem Tupel der Zeilendaten aus der Abfrage befüllt wird, kann der Code im Rumpf der `for`-Schleife auf jede Zeile einzeln angewendet werden. Der Code kann anschließend mithilfe des ganzzahligen Index des Tupels auf die Spalten zugreifen: Index `0` für den Namen, Index `1` für das Geburtsdatum usw.

Gefilterte Daten abrufen

Unsere `SELECT`-Abfragen haben bisher alle Zeilen in der Tabelle abgerufen, jedoch möchten wir möglicherweise nur die Zeilen erhalten, die bestimmten Filterkriterien entsprechen. Verwenden Sie die Datei *sweigartcats.db* und ergänzen Sie die `SELECT`-Anweisung um einen `WHERE`-Block, um Suchparameter wie beispielsweise das Vorhandensein von schwarzem Fell festzulegen:

```
>>> import sqlite3
>>> conn = sqlite3.connect('sweigartcats.db', isolation_level=None)
>>> conn.execute('SELECT * FROM cats WHERE fur = "black"').fetchall()
[❶('Zophie', '2021-01-24', 'black', 5.6), ('Toby', '2021-05-17', 'black',
6.8), ('Thor', '2013-05-14', black', 5.2), ('Sassy', '2017-08-20', black',
7.5), ('Hope', '2016-05-22', 'black', 7.6)]
```

In diesem Beispiel ruft der `WHERE`-Block `WHERE fur = "black"` ausschließlich Daten für Datensätze ab, die in der Spalte `fur` den Wert `"black"` aufweisen.

SQLite definiert eigene Operatoren für die Verwendung im `WHERE`-Block, die jedoch den Operatoren in Python ähneln: `=`, `!=`, `<`, `>`, `<=`, `>=`, `AND`, `OR` und `NOT`. Beachten Sie, dass SQLite den Operator `=` für »ist gleich« verwendet, während Python hierfür den Operator `==` nutzt. Auf beiden Seiten des Operators können Sie entweder einen Spaltennamen oder einen festen Wert verwenden.

Der Vergleich wird für jede Zeile in der Tabelle durchgeführt. Für `WHERE fur = "black"` führt SQLite beispielsweise die folgenden Vergleiche durch:

- Da `fur` `'black'` ist und `'black' = 'black'` wahr ist, nimmt SQLite die Zeile bei ❶ in die Ergebnisse auf.
- Für die Zeile `(2, 'Miguel', '2016-12-24', 'siamese', 6.2)` gilt: `fur` ist `'siamese'` und `'siamese' = 'black'` ist unwahr, daher wird die Zeile nicht in die Ergebnisse aufgenommen.
- Für die Zeile `(3, 'Jacob', '2022-02-20', 'orange and white', 5.5)` gilt: `fur` ist `'orange and white'` und `'orange and white' = 'black'` ist unwahr, somit wird die Zeile nicht in die Ergebnisse aufgenommen.

... und so weiter für jede Zeile in der Tabelle `cats`.

Führen Sie das vorherige Beispiel mit einer komplexeren `WHERE`-Klausel fort: `WHERE fur = "black" OR birthdate >= "2024-01-01"'`. Verwenden Sie außerdem die Funktion `pprint.pprint()`, um die zurückgegebene Liste ansprechend darzustellen:

```
>>> import pprint
>>> matching_cats = conn.execute('SELECT * FROM cats WHERE fur = "black"
OR birthdate >= "2024-01-01"').fetchall()
>>> pprint.pprint(matching_cats)
[('Zophie', '2021-01-24', 'black', 5.6),
 ('Toby', '2021-05-17', 'black', 6.8),
 ('Taffy', '2024-12-09', 'white', 7.0),
 ('Hollie', '2024-08-07', 'calico', 6.0),
 ('Lewis', '2024-03-19', 'orange tabby', 5.1),
 ('Thor', '2013-05-14', 'black', 5.2),
 ('Shell', '2024-06-16', 'tortoiseshell', 6.5),
 ('Jasmine', '2024-09-05', 'orange tabby', 6.3),
 ('Sassy', '2017-08-20', 'schwarz', 7.5),
 ('Hope', '2016-05-22', 'schwarz', 7.6)]
```

Alle Katzen in der resultierenden Liste `matching_cats` haben entweder schwarzes Fell (=`'black'`) oder ein Geburtsdatum nach dem 1. Januar 2024 (>=`'2024-01-01'`). Beachten Sie, dass das Geburtsdatum lediglich ein String ist. Obwohl Vergleichsoperatoren wie `>=` bei Strings üblicherweise alphabetische Vergleiche durchführen, können sie auch zeitliche Vergleiche ermöglichen, sofern das Datumsformat *YYYY-MM-DD* verwendet wird.

Mit dem Operator `LIKE` können Sie ausschließlich den Anfang oder das Ende eines Werts vergleichen, wobei das Prozentzeichen (`%`) als Platzhalter fungiert. Beispielsweise stimmt `name LIKE "%y"` mit allen Namen überein, die auf `'y'` enden, während `name LIKE "Ja%"` mit allen Namen übereinstimmt, die mit `'Ja'` beginnen:

```
>>> conn.execute('SELECT rowid, name FROM cats WHERE name LIKE
"%y"').fetchall()
[(5, 'Toby'), (11, 'Molly'), (12, 'Dusty'), (17, 'Mandy'), (18, 'Taffy'),
(25, 'Rocky'), (27,'Bobby'), (30, 'Misty'), (34, 'Mitsy'), (38, 'Colby'),
(40, 'Riley'), (46, 'Ruby'), (65, 'Daisy'), (67, 'Crosby'), (72, 'Harry'),
(77, 'Sassy'), (85, 'Lily'), (93, 'Spunky')]
>>> conn.execute('SELECT rowid, name FROM cats WHERE name LIKE
"Ja%"').fetchall()
[(3, 'Jacob'), (49, 'Java'), (75, 'Jasmine'), (80, 'Jamison')]
```

Sie können außerdem Prozentzeichen am Anfang und am Ende eines Strings setzen, um Text an einer beliebigen Stelle in der Mitte zu finden. Zum Beispiel stimmt `name LIKE "%ob%"` mit allen Namen überein, die irgendwo `'ob'` enthalten:

```
>>> conn.execute('SELECT rowid, name FROM cats WHERE name LIKE
"%ob%"').fetchall()
[(3, 'Jacob'), (5, 'Toby'), (27, 'Bobby')]
```

Der Operator `LIKE` führt einen Vergleich ohne Berücksichtigung der Groß- und Kleinschreibung durch, sodass `name LIKE "%ob%"` auch mit `'%OB%'`, `'%Ob%'` und `'%oB%'` übereinstimmt. Um einen Vergleich unter Berücksichtigung der Groß- und Kleinschreibung zu erzielen, verwenden Sie den Operator `GLOB` sowie `*` als Platzhalterzeichen:

```
>>> conn.execute('SELECT rowid, name FROM cats WHERE name GLOB
"*m*"').fetchall()
[(4, 'Gumdrop'), (9, 'Thomas'), (44, 'Sam'), (63, 'Cinnamon'), (75,
'Jasmine'),
(79, 'Samantha'), (80, 'Jamison')]
```

Während `name LIKE "%m%"` sowohl ein kleines als auch ein großes *m* findet, stimmt `name GLOB "*m*"` nur mit einem kleinen *m* überein.

Das breite Spektrum an Operatoren und Funktionen von SQLite steht dem jeder vollwertigen Programmiersprache in nichts nach. Weitere Informationen finden Sie in der SQLite-Dokumentation unter *https://www.sqlite.org/lang_expr.html*.

Sortierung der Ergebnisse

Obwohl Sie die von `fetchall()` zurückgegebene Liste auch mit der Python-Methode `sort()` sortieren können, ist es einfacher, die Sortierung direkt von SQLite durch Hinzufügen eines `ORDER BY`-Blocks zum `SELECT` durchführen zu lassen. Wenn Sie beispielsweise die Katzen nach Fellfarbe sortieren möchten, können Sie Folgendes eingeben:

```
>>> import sqlite3, pprint
>>> conn = sqlite3.connect('sweigartcats.db', isolation_level=None)
>>> pprint.pprint(conn.execute('SELECT * FROM cats ORDER BY fur').
fetchall())
[('Iris', '2017-07-13', 'bengal', 6.8),
 ('Ruby', '2023-12-22', 'bengal', 5.0),
 ('Elton', '2020-05-28', 'bengal', 5.4),
 ('Toby', '2021-05-17', 'black', 6.8),
 ('Thor', '2013-05-14', 'black', 5.2),
--schnipp--
 ('Celine', '2015-04-18', 'white', 7.3),
 ('Daisy', '2019-03-19', 'white', 6.0)]
```

Wenn Ihre Abfrage ein `WHERE` enthält, muss das `ORDER BY` anschließend folgen. Sie können die Zeilen auch nach mehreren Spalten sortieren. Wenn Sie die Zeilen beispielsweise zunächst nach der Fellfarbe und anschließend innerhalb jeder Fellfarbe nach dem Geburtsdatum sortieren möchten, führen Sie Folgendes aus:

```
>>> cur = conn.execute('SELECT * FROM cats ORDER BY fur, birthdate')
>>> pprint.pprint(cur.fetchall())
[('Iris', '2017-07-13', 'bengal', 6.8),
 ('Elton', '2020-05-28', 'bengal', 5.4),
 ('Ruby', '2023-12-22', 'bengal', 5.0),
 ('Thor', '2013-05-14', 'black', 5.2),
 ('Hope', '2016-05-22', 'black', 7.6),
--schnipp--
 ('Ginger', '2020-09-22', 'white', 5.8),
 ('Taffy', '2024-12-09', 'white', 7.0)]
```

Der `ORDER BY`-Block führt zunächst die `fur`-Spalte auf, gefolgt von der `birthdate`-Spalte, jeweils durch ein Komma getrennt. Standardmäßig wird in aufsteigender Reihenfolge sortiert: Die kleinsten Werte erscheinen zuerst, gefolgt von größeren Werten. Um in absteigender Reihenfolge zu sortieren, fügen Sie das Schlüsselwort `DESC` nach dem Spaltennamen hinzu. Sie können auch das Schlüsselwort ASC verwenden, um die aufsteigende Reihenfolge explizit und lesbar anzugeben. Um die Verwendung dieser Schlüsselwörter zu üben, geben Sie Folgendes in die interaktive Shell ein:

```
>>> cur = conn.execute('SELECT * FROM cats ORDER BY fur ASC, birth-
date DESC')
>>> pprint.pprint(cur.fetchall())
[('Ruby', '2023-12-22', 'bengal', 5.0),
 ('Elton', '2020-05-28', 'bengal', 5.4),
 ('Iris', '2017-07-13', 'bengal', 6.8),
 ('Toby', '2021-05-17', 'black', 6.8),
 ('Sassy', '2017-08-20', 'schwarz', 7.5),
--schnipp--
 ('Mitsy', '2015-05-29', 'white', 5.0),
 ('Celine', '2015-04-18', 'white', 7.3)]
```

Die Ausgabe listet die Katzen nach Fellfarbe in aufsteigender Reihenfolge auf (wobei 'bengal' vor 'white' steht). Innerhalb jeder Fellfarbe werden die Katzen nach Geburtsdatum in absteigender Reihenfolge sortiert (wobei '2023-12-22' vor '2020-05-28' steht).

Begrenzung der Anzahl der Ergebnisse

Wenn Sie nur die ersten Zeilen sehen möchten, die von Ihrer SELECT-Abfrage zurückgegeben werden, können Sie Python-Listen-Slices verwenden, um die Ergebnisse zu begrenzen. Verwenden Sie beispielsweise den Slice [:3], um nur die ersten drei Zeilen in der cats-Tabelle zu erhalten:

```
>>> import sqlite3
>>> conn = sqlite3.connect('sweigartcats.db', isolation_level=None)
>>> conn.execute('SELECT * FROM cats').fetchall()[:3]  # ist ineffi-
zient
[('Zophie', '2021-01-24', 'grau getigert', 5.6), ('Miguel', '2016-12-
24',
'siamese', 6.2), ('Jacob', '2022-02-20', 'orange und weiß', 5.5)]
```

Dieser Code funktioniert, ist jedoch ineffizient. Er liest zunächst alle Zeilen aus der Tabelle und verwirft anschließend alles außer den ersten drei. Effizienter wäre es, wenn Ihr Programm nur die ersten drei Zeilen aus der Datenbank holt. Sie können dies mit LIMIT erreichen:

```
>>> conn.execute('SELECT * FROM cats LIMIT 3').fetchall()
[('Zophie', '2021-01-24', 'grau getigert', 5.6), ('Miguel', '2016-12-24',
'siamese', 6.2), ('Jacob', '2022-02-20', 'orange und weiß', 5.5)]
```

Dieser Code wird schneller ausgeführt als derjenige, der alle Zeilen abruft – insbesondere bei Tabellen mit einer großen Anzahl von Zeilen. `LIMIT` muss nach `WHERE` und `ORDER BY` stehen, sofern Ihre `SELECT`-Abfrage diese enthält, wie im folgenden Beispiel:

```
>>> conn.execute('SELECT * FROM cats WHERE fur="orange" ORDER BY
birthdate
LIMIT 4').fetchall()
[('Mittens', '2013-07-03', 'orange', 7.4), ('Piers', '2014-07-08',
'orange', 5.2),
('Misty', '2016-07-08', 'orange', 5.2), ('Blaze', '2023-01-16',
'orange', 7.4)]
```

Es gibt einige weitere Elemente, die Sie zu Ihren `SELECT`-Abfragen hinzufügen können. Diese liegen jedoch außerhalb des Rahmens dieses Kapitels. Weiterführende Informationen hierzu finden Sie in der SQLite-Dokumentation.

Indizes für ein schnelleres Auslesen von Daten erstellen

In einem früheren Abschnitt haben Sie eine `SELECT`-Abfrage ausgeführt, um Datensätze anhand übereinstimmender Namen zu ermitteln. Sie können diese Suche beschleunigen, indem Sie einen Index für die Spalte `name` anlegen. Ein *SQL-Index* ist eine Datenstruktur, die die Daten einer Spalte organisiert. Dadurch werden Abfragen mit `WHERE`, die diese Spalten verwenden, effizienter ausgeführt. Der Nachteil besteht darin, dass der Index etwas mehr Speicherplatz benötigt. Abfragen, die Daten einfügen oder aktualisieren, werden dadurch geringfügig langsamer, da SQLite zusätzlich den Index der Daten aktualisieren muss. Wenn Ihre Datenbank groß ist und Sie häufiger Daten daraus lesen als neue Daten einfügen oder vorhandene Daten aktualisieren, kann es sinnvoll sein, einen Index zu erstellen. Führen Sie jedoch Tests durch, um zu prüfen, ob der Index die Leistung tatsächlich verbessert.

Um beispielsweise Indizes für die Spalten `names` und `birthdate` in der Tabelle `cats` zu erstellen, führen Sie die folgenden `CREATE INDEX`-Abfragen aus:

```
>>> import sqlite3
>>> conn = sqlite3.connect('sweigartcats.db', isolation_level=None)
>>> conn.execute('CREATE INDEX idx_name ON cats (name)')
<sqlite3.Cursor object at 0x0000013EC121A040>
>>> conn.execute('CREATE INDEX idx_birthdate ON cats (birthdate)')
<sqlite3.Cursor object at 0x0000013EC121A040>
```

Indizes benötigen Namen. Üblicherweise werden sie nach der jeweiligen Spalte benannt und mit dem Präfix `idx_` versehen. Indexnamen sind in der gesamten Datenbank eindeutig. Enthält die Datenbank mehrere Tabellen mit einer Spalte birthdate, empfiehlt es sich, auch den Tabellennamen in den Indexnamen aufzunehmen, beispielsweise idx_cats_birthdate. Um alle vorhandenen Indizes einer Tabelle anzuzeigen, prüfen Sie die integrierte Tabelle sqlite_schema mit einer SELECT-Abfrage:

```
>>> conn.execute('SELECT name FROM sqlite_schema WHERE type = "index"
AND
tbl_name = "cats"').fetchall()
[('idx_name',), ('idx_birthdate',)]
```

Sollten Sie Ihre Meinung ändern oder feststellen, dass die Indizes die Leistung nicht verbessern, können Sie diese mit einer DROP INDEX-Anweisung löschen:

```
>>> conn.execute('SELECT name FROM sqlite_schema WHERE type = "index"
AND
tbl_name = "cats"').fetchall()
[('idx_birthdate',), ('idx_name',)]
>>> conn.execute('DROP INDEX idx_name')
<sqlite3.Cursor object at 0x0000013EC121A040>
>>> conn.execute('SELECT name FROM sqlite_schema WHERE type = "index"
AND
tbl_name = "cats"').fetchall()
[('idx_birthdate',)]
```

Bei kleinen Datenbanken mit nur wenigen Tausend Datensätzen können Sie Indizes getrost ignorieren, da deren Nutzen in diesem Fall vernachlässigbar ist. Sollten Sie jedoch feststellen, dass Ihre Datenbankabfragen spürbar Zeit benötigen, kann das Anlegen von Indizes die Leistung verbessern.

Daten in der Datenbank aktualisieren

Nachdem Sie Zeilen in eine Tabelle eingefügt haben, können Sie eine Zeile mit einer UPDATE-Anweisung ändern. Als Beispiel aktualisieren wir den Datensatz (1, 'Zophie', '2021-01-24', 'black', 5.6), um die Fellfarbe in der Datei sweigartcats.db von 'black' auf 'gray tabby' zu ändern:

```
>>> import sqlite3
>>> conn = sqlite3.connect('sweigartcats.db', isolation_level=None)
>>> conn.execute('SELECT * FROM cats WHERE rowid = 1').fetchall()
[('Zophie', '2021-01-24', 'black', 5.6)]
>>> conn.execute('UPDATE cats SET fur = "gray tabby" WHERE rowid =
1')
<sqlite3.Cursor object at 0x0000013EC121A040>
>>> conn.execute('SELECT * FROM cats WHERE rowid = 1').fetchall()
[('Zophie', '2021-01-24', 'gray tabby', 5.6)]
```

Die `UPDATE`-Anweisung besteht aus folgenden Bestandteilen:

- dem Schlüsselwort `UPDATE`
- dem Namen der Tabelle, die die zu aktualisierenden Zeilen enthält
- dem `SET`-Block, der die zu aktualisierende Spalte sowie den neuen Wert angibt
- dem `WHERE`-Block, der angibt, welche Zeilen aktualisiert werden sollen

Sie können mehrere Spalten gleichzeitig aktualisieren, indem Sie sie durch Kommas trennen. Beispielsweise aktualisiert die Abfrage `'UPDATE cats SET fur = "black", weight_kg = 6 WHERE rowid = 1'` den Wert in den Spalten `fur` und `weight` entsprechend auf `"black"` bzw. `6`.

Das `UPDATE` aktualisiert jede Zeile, für die das `WHERE` zutrifft. Wenn Sie die Abfrage `'UPDATE cats SET fur = "gray tabby" WHERE name = "Zophie"'` ausführen, werden die Aktualisierungen für jede Katze mit dem Namen Zophie übernommen. Das könnten mehr Katzen sein, als Sie beabsichtigt haben! Aus diesem Grund verwendet man in den meisten Update-Abfragen den Primärschlüssel aus der Spalte `rowid` im `WHERE`, um einen einzelnen Datensatz zu spezifizieren, der aktualisiert werden soll. Der Primärschlüssel identifiziert eine Zeile eindeutig. Wenn Sie ihn im `WHERE` nutzen, stellen Sie sicher, dass nur die Zeile aktualisiert wird, die Sie beabsichtigt haben.

Es ist ein häufiger Fehler, das `WHERE` bei der Aktualisierung von Daten zu vergessen. Möchten Sie beispielsweise eine Suchen-und-Ersetzen-Operation durchführen, um jede Katze mit `'weißem und orangem'` Fell gegen eine mit `'orangem und weißem'` Fell auszutauschen, führen Sie Folgendes aus:

```
>>> conn.execute('UPDATE cats SET fur = "orange and white" WHERE fur
= "white and orange"')
```

Falls Sie die `WHERE`-Klausel vergessen, würden die Aktualisierungen auf jede Zeile der Tabelle angewendet, und plötzlich hätten alle Ihre Katzen orange-weißes Fell!

Um diesen Fehler zu vermeiden, sollten Sie grundsätzlich in Ihren `UPDATE`-Abfragen eine `WHERE`-Klausel einfügen, selbst wenn Sie die Änderung auf jede Zeile anwenden möchten. In diesem Fall können Sie `WHERE 1` verwenden. Da `1` den Wert darstellt, den SQLite für ein boolesches `True` verwendet, weiß SQLite dadurch, dass die Änderung auf jede Zeile angewendet werden soll. Auch wenn eine scheinbar überflüssige `WHERE 1`-Klausel am Ende Ihrer Abfrage merkwürdig erscheinen mag, schützt sie Sie vor gefährlichen Fehlern, die andernfalls echte Daten unbeabsichtigt löschen könnten.

Daten aus der Datenbank löschen

Sie können Zeilen aus einer Tabelle mittels DELETE entfernen. Um beispielsweise Zophie aus der Tabelle cats zu entfernen, führen Sie den folgenden Befehl in der Datei *sweigartcats.db* aus:

```
>>> import sqlite3
>>> conn = sqlite3.connect('sweigartcats.db', isolation_level=None)
>>> conn.execute('SELECT rowid, * FROM cats WHERE rowid = 1').fetchall()
[(1, 'Zophie', '2021-01-24', 'gray tabby', 5.6)]
>>> conn.execute('DELETE FROM cats WHERE rowid = 1')
<sqlite3.Cursor object at 0x0000020322D183C0>
>>> conn.execute('SELECT * FROM cats WHERE rowid = 1').fetchall()
[]
```

Die DELETE-Anweisung besteht aus folgenden Bestandteilen:

- den Schlüsselwörtern DELETE FROM
- dem Namen der Tabelle, die die zu löschenden Zeilen enthält
- dem WHERE-Block, der angibt, welche Zeilen gelöscht werden sollen

Wie bei UPDATE ist es unerlässlich, in Ihren DELETE-Anweisungen stets ein WHERE zu verwenden; andernfalls würden Sie jede Zeile aus der Tabelle löschen. Wenn Sie beabsichtigen, jede Zeile zu löschen, verwenden Sie WHERE 1, damit Sie jede DELETE-Anweisung ohne WHERE als Fehler identifizieren können.

Transaktionen zurückrollen

Mitunter möchten Sie mehrere Befehle gemeinsam oder gar nicht ausführen, wissen aber erst nach Ausführung einiger Anweisungen, welche Vorgehensweise Sie wählen möchten. Eine Möglichkeit, diese Situation zu handhaben, besteht darin, eine neue Transaktion zu beginnen, die Befehle auszuführen und dann entweder alle Anweisungen durch ein *commit* in der Datenbank zu speichern, um die Transaktion abzuschließen, oder sie *zurückzurollen*, sodass die Datenbank so aussieht, als wären keine der Änderungen vorgenommen worden.

Normalerweise beginnt und endet eine neue Transaktion jedes Mal, wenn Sie bei bestehender Verbindung zur SQLite-Datenbank im Autocommit-Modus conn.execute() aufrufen. Sie können jedoch auch ein BEGIN ausführen, um eine neue Transaktion zu starten. Anschließend können Sie die Transaktion entweder durch Aufruf von conn.commit() abschließen oder sämtliche Änderungen durch conn.rollback() rückgängig machen.

Fügen Sie zum Beispiel zwei neue Katzen zur Tabelle cats hinzu und rollen Sie anschließend die Transaktion zurück, sodass die Tabelle unverändert bleibt:

```
>>> import sqlite3
>>> conn = sqlite3.connect('sweigartcats.db', isolation_level=None)
>>> conn.execute('BEGIN')
<sqlite3.Cursor object at 0x00000219C8BF7C40>
>>> conn.execute('INSERT INTO cats VALUES ("Socks", "2022-04-04", "white",
4.2)')
<sqlite3.Cursor object at 0x00000219C8BF7C40>
>>> conn.execute('INSERT INTO cats VALUES ("Fluffy", "2022-10-30", "gray",
4.5)')
<sqlite3.Cursor object at 0x00000219C8BF7C40>
>>> conn.rollback()  # Dies macht die INSERTs rückgängig.
>>> conn.execute('SELECT * FROM cats WHERE name = "Socks"').fetchall()
[]
>>> conn.execute('SELECT * FROM cats WHERE name = "Fluffy"').fetchall()
[]
```

Die neuen Katzen Socks und Fluffy wurden nicht in die Datenbank aufgenommen.

Wenn Sie hingegen alle ausgeführten Abfragen übernehmen möchten, rufen Sie `conn.commit()` auf, um die Änderungen in der Datenbank zu speichern:

```
>>> conn.execute('BEGIN')
<sqlite3.Cursor object at 0x00000219C8BF7C40>
>>> conn.execute('INSERT INTO cats VALUES ("Socks", "2022-04-04", "white",
4.2)')
<sqlite3.Cursor object at 0x00000219C8BF7C40>
>>> conn.execute('INSERT INTO cats VALUES ("Fluffy", "2022-10-30", "gray",
4.5)')
<sqlite3.Cursor object at 0x00000219C8BF7C40>
>>> conn.commit()
>>> conn.execute('SELECT * FROM cats WHERE name = "Socks"').fetchall()
[('Socks', '2022-04-04', 'white', 4.2)]
>>> conn.execute('SELECT * FROM cats WHERE name = "Fluffy"').fetchall()
[('Fluffy', '2022-10-30', 'gray', 4.5)]
```

Nun haben die Katzen Socks und Fluffy Datensätze in der Datenbank.

Datenbanken fürs Backup sichern

Eine Bekannte von mir nahm einmal Änderungen an einer Datenbank vor, die von einer E-Commerce-Seite für Sammler-Sportkarten genutzt wurde. Sie musste ein paar Namensfehler bei einigen Karten berichtigen und hatte gerade `UPDATE cards SET name = 'Chris Clemons'` eingegeben, als ihre Katze über die Tastatur lief und [↵] drückte. Ohne ein `WHERE` aktualisierte die Abfrage sämtliche der Tausenden zum Verkauf angebotenen Karten auf der Website.

Glücklicherweise verfügte sie über Sicherungskopien der Datenbank, sodass sie diese auf den vorherigen Stand zurücksetzen konnte. (Dies erwies sich als besonders hilfreich, da genau dasselbe nochmals auf exakt die gleiche Weise geschah, wodurch sie vermutete, dass die Katze es mit Absicht tat.)

Wenn aktuell kein Programm auf die SQLite-Datenbank zugreift, können Sie diese sichern, indem Sie einfach die Datenbankdatei kopieren. Ein Python-Programm kann dies tun, indem es `shutil.copy('sweigartcats.db', 'backup.db')` aufruft, wie in Kapitel 11 beschrieben. Falls Ihre Software die Inhalte der Datenbank fortlaufend liest oder aktualisiert, sollten Sie stattdessen die Methode `backup()` des `Connection`-Objekts verwenden. Geben Sie dazu beispielsweise Folgendes in die interaktive Shell ein:

```
>>> import sqlite3
>>> conn = sqlite3.connect('sweigartcats.db', isolation_level=None)
>>> backup_conn = sqlite3.connect('backup.db', isolation_level=None)
>>> conn.backup(backup_conn)
```

Mit der Methode `backup()` sichern Sie den Inhalt der Datenbank *sweigartcats.db* zuverlässig in die Datei *backup.db*, auch während weitere Abfragen darauf ausgeführt werden. Sobald Ihre Daten gut gesichert sind, darf Ihre Katze beliebig oft auf Ihrer Tastatur herumlaufen.

Tabellen ändern und löschen

Nachdem Sie eine Tabelle in einer Datenbank erstellt und Zeilen eingefügt haben, möchten Sie gegebenenfalls die Tabelle oder ihre Spalten umbenennen. Möglicherweise möchten Sie auch Spalten zu der Tabelle hinzufügen oder entfernen oder sogar die gesamte Tabelle löschen. Sie können ein `ALTER TABLE` verwenden, um diese Aktionen auszuführen.

Die folgenden Beispiele aus der interaktiven Shell beginnen mit einer frischen Kopie der Datei *sweigartcats.db*. Führen Sie eine Umbenennung mit `ALTER TABLE RENAME` aus, um die Tabelle `cats` in `felines` umzubenennen:

```
>>> import sqlite3
>>> conn = sqlite3.connect('sweigartcats.db', isolation_level=None)
>>> conn.execute('SELECT name FROM sqlite_schema WHERE
type="table"').fetchall()
[('cats',)]
>>> conn.execute('ALTER TABLE cats RENAME TO felines') # Benennt die
Tabelle um.
<sqlite3.Cursor object at 0x000001EDDB477C40>
>>> conn.execute('SELECT name FROM sqlite_schema WHERE
type="table"').fetchall()
[('felines',)]
```

Um eine Spalte in einer Tabelle umzubenennen, führen Sie ein `ALTER TABLE RENAME COLUMN` aus. Benennen Sie zum Beispiel die Spalte `fur` in `description` um:

```
>>> conn.execute('PRAGMA TABLE_INFO(felines)').fetchall()[2]  #
dritte Spalte
(2, 'fur', 'TEXT', 0, None, 0)
>>> conn.execute('ALTER TABLE felines RENAME COLUMN fur TO description')
<sqlite3.Cursor object at 0x000001EDDB477C40>
>>> conn.execute('PRAGMA TABLE_INFO(felines)').fetchall()[2]  #
dritte Spalte
(2, 'description', 'TEXT', 0, None, 0)
```

Um eine neue Spalte zur Tabelle hinzuzufügen, führen Sie ein `ALTER TABLE ADD COLUMN` aus. Fügen Sie beispielsweise der Tabelle `felines` eine neue Spalte `is_loved` hinzu, die einen Boolean-Wert enthält. SQLite verwendet `0` für `False` und `1` für `True`; wir setzen den Standardwert für `is_loved` auf `1`:

```
>>> conn.execute('ALTER TABLE felines ADD COLUMN is_loved INTEGER
DEFAULT 1')
<sqlite3.Cursor object at 0x000001EDDB477C40>
>>> import pprint
>>> pprint.pprint(conn.execute('SELECT * FROM felines LIMIT 3').
fetchall())
[('Zophie', '2021-01-24', 'gray tabby', 5.6, 1),
('Miguel', '2016-12-24', 'siamese', 6.2, 1),
('Jacob', '2022-02-20', 'orange und white', 5.5, 1)]
```

Es stellt sich heraus, dass die `is_loved`-Spalte nicht benötigt wird, da ich für alle meine Katzen eine `1` darin speichere. Daher können Sie die Spalte mit einem `ALTER TABLE DROP COLUMN` entfernen:

```
>>> conn.execute('PRAGMA TABLE_INFO(felines)').fetchall() # Listet
alle Spalten
[(0, 'name', 'TEXT', 1, None, 0), (1, 'birthdate', 'TEXT', 0, None, 0),
(2, 'description', 'TEXT', 0, None, 0), (3, 'weight_kg', 'REAL', 0,
None, 0),
(4, 'is_loved', 'INTEGER', 0, '1', 0)]
>>> conn.execute('ALTER TABLE felines DROP COLUMN is_loved') # Löscht
die Spalte
<sqlite3.Cursor object at 0x000001EDDB477C40>
>>> conn.execute('PRAGMA TABLE_INFO(felines)').fetchall() # Listet
alle Spalten
[(0, 'name', 'TEXT', 1, None, 0), (1, 'birthdate', 'TEXT', 0, None, 0),
(2, 'description', 'TEXT', 0, None, 0), (3, 'weight_kg', 'REAL', 0,
None, 0)]
```

Alle in der gelöschten Spalte gespeicherten Daten werden ebenfalls entfernt.

Wenn Sie die gesamte Tabelle löschen möchten, führen Sie eine `DROP TABLE`-Abfrage aus:

```
>>> conn.execute('SELECT name FROM sqlite_schema WHERE
type="table"').fetchall()
[('felines',)]
>>> conn.execute('DROP TABLE felines')  # Löscht die gesamte Tabelle.
<sqlite3.Cursor object at 0x000001EDDB477C40>
>>> conn.execute('SELECT name FROM sqlite_schema WHERE
type="table"').fetchall()
[]
```

Gehen Sie mit Änderungen an Ihren Tabellen und Spalten möglichst sparsam um, da Sie auch die Abfragen in Ihrem Programm entsprechend aktualisieren müssen.

Mehrere Tabellen mit Fremdschlüsseln verbinden

Die Struktur von SQLite-Tabellen ist relativ starr; beispielsweise besitzt jede Zeile eine festgelegte Anzahl von Spalten. Echte Daten sind jedoch häufig komplexer, als es nur eine einzelne Tabelle abbilden kann. In relationalen Datenbanken können komplexe Daten auf mehrere Tabellen verteilt und Beziehungen zwischen ihnen als sogenannte *foreign keys* hergestellt werden.

Angenommen, Sie möchten Informationen über die Impfungen erfassen, die Ihre Katzen erhalten. Sie können der Tabelle `cats` nicht einfach weitere Spalten hinzufügen, da jede Katze eine oder mehrere Impfungen haben könnte. Zudem möchten Sie zu jeder Impfung auch das Impfdatum und den Namen des impfenden Arztes festhalten. SQL-Tabellen eignen sich nicht dazu, eine Liste von Spalten zu speichern. Sie sollten Spalten nicht `vaccination1`, `vaccination2`, `vaccination3` usw. nennen – aus dem gleichen Grund, aus dem Sie auch keine Python-Variablen mit den Namen `vaccination1` und `vaccination2` verwenden würden, um mehrere Impfungen abzubilden. Erstellen Sie zu viele Spalten oder Variablen, wird Ihr Code schnell unübersichtlich und schwer lesbar. Haben Sie hingegen zu wenige, müssen Sie Ihr Programm ständig erweitern, um bei Bedarf weitere hinzuzufügen.

Immer wenn Sie eine unterschiedliche Datenmenge zu einer Zeile hinzufügen möchten, empfiehlt es sich, diese zusätzlichen Daten als Zeilen in einer separaten Tabelle zu führen und diese Zeilen auf die Einträge der Haupttabelle zu verweisen. Fügen Sie in unserer Datenbank *sweigartcats.db* eine zweite Tabelle `vaccinations` hinzu, indem Sie Folgendes in die interaktive Shell eingeben:

```
>>> import sqlite3
>>> conn = sqlite3.connect('sweigartcats.db', isolation_level=None)
>>> conn.execute('PRAGMA foreign_keys = ON')
<sqlite3.Cursor object at 0x000001E730AD03C0>
>>> conn.execute('CREATE TABLE IF NOT EXISTS vaccinations (vaccine TEXT,
date_administered TEXT, administered_by TEXT, cat_id INTEGER,
FOREIGN KEY(cat_id) REFERENCES cats(rowid)) STRICT')
<sqlite3.Cursor object at 0x000001CA42767D40>
```

Die neue Tabelle `vaccinations` besitzt eine Spalte namens `cat_id` vom Typ `INTEGER`. Die ganzzahligen Werte in dieser Spalte entsprechen den Werten `rowid` der Zeilen aus der Tabelle `cats`. Die Spalte `cat_id` wird als *Fremdschlüssel* oder *foreign key* bezeichnet, da sie auf die Primärschlüsselspalte einer anderen Tabelle verweist.

In der Tabelle `cats` hat die Katze Zophie eine `rowid` von `1`. Um ihre Impfungen zu erfassen, fügen Sie neue Zeilen in die Tabelle `vaccinations` mit einem `cat_id`-Wert von `1` ein:

```
>>> conn.execute('INSERT INTO vaccinations VALUES ("rabies", "2023-
06-06",
"Dr. Echo", 1)')
<sqlite3.Cursor object at 0x000001CA42767D40>
>>> conn.execute('INSERT INTO vaccinations VALUES ("FeLV", "2023-06-06",
"Dr. Echo", 1)')
<sqlite3.Cursor object at 0x000001CA42767D40>
>>> conn.execute('SELECT * FROM vaccinations').fetchall()
[('rabies', '2023-06-06', 'Dr. Echo', 1), ('FeLV', '2023-06-06', 'Dr.
Echo', 1)]
```

Sie könnten Impfungen für andere Katzen erfassen, indem Sie deren `rowid` verwenden. Wenn Sie Impfdaten für Mango ergänzen möchten, ermitteln Sie zunächst Mangos `rowid` in der Tabelle `cats`. Anschließend fügen Sie Datensätze zur Tabelle `vaccinations` hinzu, wobei Sie diesen Wert für die Spalte `cat_id` angeben:

```
>>> conn.execute('SELECT rowid, * FROM cats WHERE name = "Mango"').
fetchall()
[(23, 'Mango', '2017-02-12', 'tuxedo', 6,8)]
>>> conn.execute('INSERT INTO vaccinations VALUES ("rabies", "2023-
07-11",
"Dr. Echo", 23)')
<sqlite3.Cursor object at 0x000001CA42767D40>
```

Sie können ebenfalls eine Art von `SELECT` verwenden, die als *inner join* bezeichnet wird; diese gibt die verknüpften Zeilen aus beiden Tabellen zurück. Geben Sie beispielsweise Folgendes in die interaktive Shell ein, um die Zeilen aus `vaccinations` gemeinsam mit den Daten aus der Tabelle `cats` zu lesen:

```
>>> conn.execute('SELECT * FROM cats INNER JOIN vaccinations ON cats.
rowid =
vaccinations.cat_id').fetchall()
[('Zophie', '2021-01-24','graue Tabby',5.6,'Tollwut','2023-06-
06','Dr. Echo',1),
 ('Zophie', '2021-01-24','grau getigert',5.6,'FeLV','2023-06-06','Dr.
Echo',1),
 ('Mango', '2017-02-12','Tuxedo',6.8,'Tollwut','2023-07-11','Dr.
Echo',23)]
```

Beachten Sie, dass Sie, wenn Sie die Spalte `cat_id` haben, einen `JOIN` auch dann durchführen können, wenn Sie sie gar nicht als echten Fremdschlüssel mit `FOREIGN KEY(cat_id) REFERENCES cats(rowid)` definiert haben. Fremdschlüssel bieten jedoch mehrere Sicherheitsfunktionen, um die Konsistenz Ihrer Daten zu gewährleisten. So können Sie beispielsweise keinen Impfdatensatz einfügen oder aktualisieren, wenn Sie eine `cat_id` für eine nicht existierende Katze verwenden. Zudem erzwingt SQLite, dass Sie alle Impfdatensätze zu einer Katze löschen, bevor Sie die Katze selbst entfernen, damit keine »verwaisten« Impfdatensätze verbleiben.

Diese Sicherheitsfunktionen sind standardmäßig deaktiviert. Sie können diese aktivieren, indem Sie nach dem Aufruf von `sqlite3.connect()` die `PRAGMA`-Abfrage ausführen:

```
>>> conn.execute('PRAGMA foreign_keys = ON')
```

Fremdschlüssel und Joins besitzen weitere Funktionen, die jedoch außerhalb des Rahmens dieses Buches liegen.

In-Memory-Datenbanken und Backups

Wenn Ihr Programm eine große Anzahl von Abfragen durchführt, können Sie die Geschwindigkeit Ihrer Datenbank erheblich steigern, indem Sie eine *in-memory database* verwenden. Diese Datenbanken werden vollständig im Arbeitsspeicher des Computers gehalten und nicht als Datei auf der Festplatte. Dadurch erfolgen Änderungen ausgesprochen schnell. Sie müssen jedoch darauf achten, irgendwann die im Arbeitsspeicher befindliche Datenbank mit der Methode `backup()` in eine Datei zu sichern. Falls Ihr Programm während der Ausführung abstürzt, verlieren Sie die gesamte im Arbeitsspeicher befindliche Datenbank, ebenso wie dies für die Werte in den Variablen des Programms der Fall ist.

Das folgende Beispiel erstellt eine Datenbank im Speicher und sichert diese anschließend in einer Datei mit dem Namen *test.db*:

```
>>> import sqlite3
>>> # Erstellt eine Datenbank im Arbeitsspeicher:
>>> memory_db_conn = sqlite3.connect(':memory:', isolation_level=None)
>>> memory_db_conn.execute('CREATE TABLE test (name TEXT, number REAL)')
<sqlite3.Cursor object at 0x000001E730AD0340>
>>> memory_db_conn.execute('INSERT INTO test VALUES ("foo", 3.14)')
<sqlite3.Cursor object at 0x000001D9B0A07EC0>
>>> file_db_conn = sqlite3.connect('test.db', isolation_level=None)
>>> memory_db_conn.backup(file_db_conn)  # Sichert die Datenbank in test.db
```

Sie können eine SQLite-Datenbankdatei ebenfalls mittels der Methode `backup()` in den Arbeitsspeicher laden:

```
>>> import sqlite3
>>> file_db_conn = sqlite3.connect('sweigartcats.db', isolation_
level=None)
>>> memory_db_conn = sqlite3.connect(':memory:', isolation_level=None)
>>> file_db_conn.backup(memory_db_conn)
>>> memory_db_conn.execute('SELECT * FROM cats LIMIT 3').fetchall()
[('Zophie', '2021-01-24', 'grau getigert', 5.6), ('Miguel', '2016-12-24',
'siamese', 6.2), ('Jacob', '2022-02-20', 'orange und weiß', 5.5)]
```

Die Arbeit mit In-Memory-Datenbanken ist mit einigen Nachteilen verbunden. Falls Ihr Programm infolge einer unbehandelten Ausnahme abstürzt, verlieren Sie die gesamte Datenbank. Dieses Risiko können Sie reduzieren, indem Sie Ihren Code in eine `try`-Anweisung einbetten, die sämtliche unbehandelte Ausnahmen abfängt, und anschließend im `except` die Datei in einer Datenbank speichern. Kapitel 14 behandelt die Fehlerbehandlung mit den Anweisungen `try` und `except`.

Datenbanken kopieren

Sie können eine Kopie einer Datenbank erhalten, indem Sie die Methode `iterdump()` am `Connection`-Objekt aufrufen. Diese Methode gibt einen Iterator zurück, der den Text der SQLite-Anweisungen erzeugt, die für die Neuerstellung der Datenbank erforderlich sind. Sie können Iteratoren in `for`-Schleifen verwenden oder an die Funktion `list()` übergeben, um sie in eine Liste von Strings umzuwandeln. Um beispielsweise die für die Neuerstellung der Datenbank *sweigartcats.db* erforderlichen SQLite-Anweisungen zu erhalten, geben Sie Folgendes in die interaktive Shell ein:

```
>>> import sqlite3
>>> conn = sqlite3.connect('sweigartcats.db', isolation_level=None)
>>> with open('sweigartcats-queries.txt', 'w', encoding='utf-8') as
fileObj:
...     for line in conn.iterdump():
...         fileObj.write(line + '\n')
```

Dieser Code erstellt die Datei *sweigartcats-queries.txt* mit den folgenden SQLite-Abfragen, durch die die Datenbank wiederhergestellt werden kann:

```
BEGIN TRANSACTION;
CREATE TABLE "cats" (name TEXT NOT NULL, birthdate TEXT, fur TEXT,
weight_kg REAL) STRICT;
INSERT INTO "cats" VALUES('Zophie','2021-01-24','gray tabby',5.6);
INSERT INTO "cats" VALUES('Miguel','2016-12-24','siamese',6.2);
INSERT INTO "cats" VALUES('Jacob','2022-02-20','orange and white',5.5);
--schnipp--
INSERT INTO "cats" VALUES('Spunky','2015-09-04','gray',5.9);
INSERT INTO "cats" VALUES('Shadow','2021-01-18','calico',6.0);
COMMIT;
```

Der Text dieser Abfragen wird in der Regel umfangreicher sein als die ursprüngliche Datenbank. Dennoch hat es den Vorteil, dass sie gut lesbar und vor dem Kopieren und Einfügen in Ihren Python-Code oder eine SQLite-Anwendung, wie im nächsten Abschnitt beschrieben, einfach zu bearbeiten sind.

SQLite-Anwendungen

Mitunter möchten Sie eine SQLite-Datenbank direkt durchforsten, ohne hierfür den gesamten zusätzlichen Python-Code schreiben zu müssen. Sie können dies tun, indem Sie das Programm `sqlite3` installieren und es in einem Terminal auf der Kommandozeile ausführen. Es ist unter *https://sqlite.org/cli.html* dokumentiert.

Unter Windows laden Sie die Datei mit der Beschreibung »Command-line tools for Windows« von *https://sqlite.org/download.html* herunter und platzieren das Programm *sqlite3.exe* in einem Ordner, der im System-`PATH` enthalten ist. (Weitere Informationen zur Umgebungsvariable `PATH` und zu Terminalfenstern finden Sie in Kapitel 12.) Das Kommando `sqlite3` ist auf macOS bereits vorinstalliert. Für UbuntuLinux führen Sie `sudo apt install sqlite3` aus, um es zu installieren.

Führen Sie anschließend in einem Terminalfenster `sqlite3 beispiel.db` aus, um eine Verbindung zur Datenbank in *beispiel.db* herzustellen. Falls diese Datei nicht existiert, erstellt `sqlite3` diese Datei mit einer leeren Datenbank. Sie können in diesem Werkzeug SQL-Abfragen eingeben. Im Gegensatz zu den Abfragen, die Sie in Python an `conn.execute()` übergeben, müssen diese jedoch mit einem Semikolon abgeschlossen werden.

Geben Sie beispielsweise Folgendes in das Terminalfenster ein:

```
C:\Users\Al>sqlite3 beispiel.db
SQLite version 3.xx.xx
Enter ".help" for usage hints.
sqlite> CREATE TABLE IF NOT EXISTS katzen (name TEXT NOT NULL,
geburtsdatum TEXT, fell TEXT, gewicht_kg REAL) STRICT;
sqlite> INSERT INTO cats VALUES ('Zophie', '2021-01-24', 'grau', 4.7);
sqlite> SELECT * from cats;
Zophie|2021-01-24|grau|4.7
```

Wie Sie in diesem Beispiel sehen, stellt das Kommandozeilenwerkzeug `sqlite3` eine interaktive Shell für SQLite bereit, in der Sie Abfragen am Prompt `sqlite>` eingeben können. Das Kommando `.help` zeigt Ihnen weitere Befehle, wie beispielsweise `.tables` (listet die Tabellen in der Datenbank auf) und `.headers` (für das Ein- oder Ausschalten der Spaltenüberschriften):

```
sqlite> .tables
katzen
sqlite> .headers on
sqlite> SELECT * from katzen;
name|birthdate|fur|weight_kg
Zophie|2021-01-24|grau|4.7
```

Sollte Ihnen das Kommandozeilenwerkzeug zu schlicht erscheinen, stehen Ihnen zudem kostenlose, quelloffene Programme zur Verfügung, mit denen Sie SQLite-Datenbanken unter Windows, macOS und Linux in einer grafischen Benutzeroberfläche (GUI) anzeigen können:

- DB Browser for SQLite (*https://sqlitebrowser.org*)
- SQLite Studio (*https://sqlitestudio.pl*)
- DBeaver Community (*https://dbeaver.io*)

Diese GUI-Anwendungen vereinfachen die Arbeit mit SQLite-Datenbanken, dennoch ist es empfehlenswert, sich mit der textbasierten Syntax von SQLite vertraut zu machen.

Zusammenfassung

Computer ermöglichen die Verarbeitung großer Datenmengen. Das bloße Ablegen von Daten in einer Textdatei oder sogar einer Tabellenkalkulation reicht jedoch häufig nicht aus, um sie effizient zu nutzen. SQL-Datenbanken wie SQLite bieten eine fortschrittliche Methode, umfangreiche Informationen nicht nur zu speichern, sondern sie mithilfe der SQL-Sprache gezielt abzurufen.

SQLite ist eine bemerkenswerte Datenbank, und Python enthält das Modul `sqlite3` bereits in der Standardbibliothek. Der SQL-Dialekt von SQLite unterscheidet sich leicht von denen anderer SQL-Datenbanken, ist jedoch ähnlich genug, um Ihnen mit dem Erlernen von SQLite einen guten Einstieg in das Thema Datenbanken zu bieten.

SQLite-Datenbanken werden in einer einzigen Datei gespeichert und benötigen keinen dedizierten Server. Sie können mehrere Tabellen enthalten (was in etwa Tabellen oder Tabellenblättern in einer Tabellenkalkulationen entspricht), und jede Tabelle kann mehrere Spalten haben. Um die Werte einer Tabelle zu bearbeiten, können Sie die CRUD-Operationen (für Create, Read, Update und Delete) mithilfe von `INSERT`, `SELECT`, `UPDATE` und `DELETE` durchführen. Um Tabellen und Spalten selbst zu ändern, verwenden Sie `ALTER TABLE` und `DROP TABLE`. Fremdschlüssel ermöglichen es Ihnen schließlich, Datensätze in mehreren Tabellen mithilfe einer Technik namens Joins zu verknüpfen.

Es gibt weit mehr über SQLite und Datenbanken zu erfahren, als in einem einzigen Kapitel behandelt werden kann. Wenn Sie sich weitergehend mit SQL-Datenbanken beschäftigen möchten, empfehle ich Ihnen *Practical SQL*, 2. Auflage (No Starch Press, 2022) von Anthony DeBarros.

Übungsfragen

1. Welche Python-Anweisungen erzeugen ein `Connection`-Objekt für eine SQLite-Datenbank in einer Datei mit dem Namen *beispiel.db*?
2. Welche Python-Anweisung erstellt eine neue Tabelle namens `studenten` mit den `TEXT`-Spalten `vorname`, `nachname` und `lieblingsfarbe`?
3. Wie verbinden Sie sich mit einer SQLite-Datenbank im Autocommit-Modus?
4. Was ist der Unterschied zwischen den Datentypen `INTEGER` und `REAL` in SQLite?
5. Was bewirkt der strikte Modus bei einer Tabelle?
6. Was bedeutet das `*` in der Abfrage `'SELECT * FROM katzen'`?

7. Wofür steht CRUD?
8. Wofür steht ACID?
9. Welche SQL-Anweisung fügt einer Tabelle neue Datensätze hinzu?
10. Welche SQL-Anweisung löscht Datensätze aus einer Tabelle?
11. Was geschieht, wenn Sie in einem `UPDATE` das `WHERE` nicht angeben?
12. Was ist ein Index? Welcher Code erstellt einen Index für die Spalte `geburtsdatum` in einer Tabelle `katzen`?
13. Was ist ein Fremdschlüssel?
14. Wie können Sie eine Tabelle `katzen` löschen?
15. Welchen »Dateinamen« müssen Sie angeben, um eine Datenbank im Arbeitsspeicher zu erstellen?
16. Wie können Sie eine Datenbank in eine andere kopieren?

Übungsprogramme

Schreiben Sie zu Übungszwecken Programme, die die folgenden Aufgaben ausführen.

Katzen-Impfstatus-Prüfer

Laden Sie die Datenbank *sweigartcats.db* meiner Katzen aus dem Zusatzmaterial unter *https://dpunkt.de/produkt/routineaufgaben-mit-python-automatisieren-3* herunter. Schreiben Sie ein Programm, das diese Datenbank öffnet und alle Katzen auflistet, die keine Impfungen mit den Namen `'rabies'`, `'FeLV'` und `'FVRCP'` erhalten haben. Prüfen Sie außerdem die Datenbank auf Fehler, indem Sie alle Impfungen finden, die an einem Datum verabreicht wurden, das vor dem Geburtsdatum der Katze liegt.

Datenbank der Gerichtzutaten

Erstellen Sie ein Programm, das mit den folgenden SQL-Anweisungen zwei Tabellen erstellt: eine für Gerichte und eine für Zutaten.

```
CREATE TABLE IF NOT EXISTS gerichte (name TEXT) STRICT
CREATE TABLE IF NOT EXISTS zutaten (name TEXT, gerichte_id INTEGER,
FOREIGN KEY(gerichte_id) REFERENCES gerichte(rowid)) STRICT
```

Erstellen Sie anschließend ein Programm, das den Prompt für die Eingabe bereitstellt. Wenn man `'quit'` eingibt, sollte das Programm beendet werden. Man kann zudem einen neuen Gerichtnamen eingeben, gefolgt von einem Doppelpunkt und einer durch Kommas getrennten Liste von Zutaten: `'Gericht:Zutat1,Zutat2'`. Speichern Sie das Gericht und seine Zutaten in den Tabellen `gerichte` und `zutaten`.

Abschließend kann man den Namen eines Gerichts oder einer Zutat eingeben. Gibt es den Namen in der Tabelle `gerichte`, soll das Programm die Zutaten dieses Gerichts auflisten. Ist der Name in der Tabelle `zutaten`, soll das Programm alle Gerichte auflisten, die diese Zutat enthalten. Zum Beispiel könnte die Programmausgabe wie folgt aussehen:

```
> Onigiri:Reis,Nori,Salz,Sesam
Gericht hinzugefügt: Onigiri
> Hähnchen mit Reis:Hähnchen,Reis,Hühnersuppe
Gericht hinzugefügt: Hähnchen mit Reis
> Onigiri
Zutaten von Onigiri:
  Reis
  Nori
  Salz
  Sesam
> Hähnchen
Gerichte, die Hähnchen enthalten:
  Hähnchen mit Reis
> Reis
Gerichte, die Reis enthalten:
  Onigiri
  Hähnchen mit Reis
> quit
```

17

PDFs und Word-Dokumente

Obwohl Sie PDF- und Word-Dateien als Dateiformate, die Text speichern, betrachten könnten, handelt es sich dabei um Binärdateien, die neben Text auch Informationen zu Schriftart, Farbe und Layout enthalten und somit deutlich komplexer sind als einfache Textdateien. Wenn Sie möchten, dass Ihre Programme PDF- oder Word-Dokumente lesen oder schreiben, genügt es nicht, lediglich deren Dateinamen an `open()` zu übergeben. Glücklicherweise erleichtern verschiedene Python-Pakete die Interaktionen erheblich. Dieses Kapitel behandelt zwei davon: PyPDF und Python-Docx.

PDF-Dokumente

PDF steht für *Portable Document Format* und verwendet die Dateiendung *.pdf*. Obwohl PDFs zahlreiche Funktionen unterstützen, konzentriert sich dieser Abschnitt auf drei gängige Aufgaben: das Extrahieren von Textinhalten, das Extrahieren von Bildern sowie das Erstellen neuer PDFs aus bestehenden Dokumenten.

PyPDF ist ein Python-Paket zum Erstellen und Bearbeiten von PDF-Dateien. Installieren Sie das Paket entsprechend den Anweisungen in Anhang A . Wurde das Paket korrekt installiert, sollte das Ausführen von `import pypdf` in der interaktiven Shell keine Fehler erzeugen.

PDF-Dateien sind zwar hervorragend dafür geeignet, Text so anzuordnen, dass er sich leicht drucken und lesen lässt, sie sind jedoch schwierig in reinen Text umzuwandeln. Daher kann es vorkommen, dass PyPDF beim Extrahieren von Text aus einer PDF Fehler macht oder manche PDFs gar nicht öffnen kann. Leider lässt sich dies kaum beeinflussen. Es ist möglich, dass PyPDF mit einigen Ihrer spezifischen Dateien nicht kompatibel ist. Mir persönlich ist jedoch bislang keine PDF-Datei begegnet, die PyPDF nicht öffnen konnte.

Text extrahieren

Um mit PyPDF zu arbeiten, verwenden wir das PDF eines Beispielkapitels aus meinem Buch über rekursive Algorithmen, *The Recursive Book of Recursion* (No Starch Press, 2022), das in Abbildung 17.1 dargestellt ist.

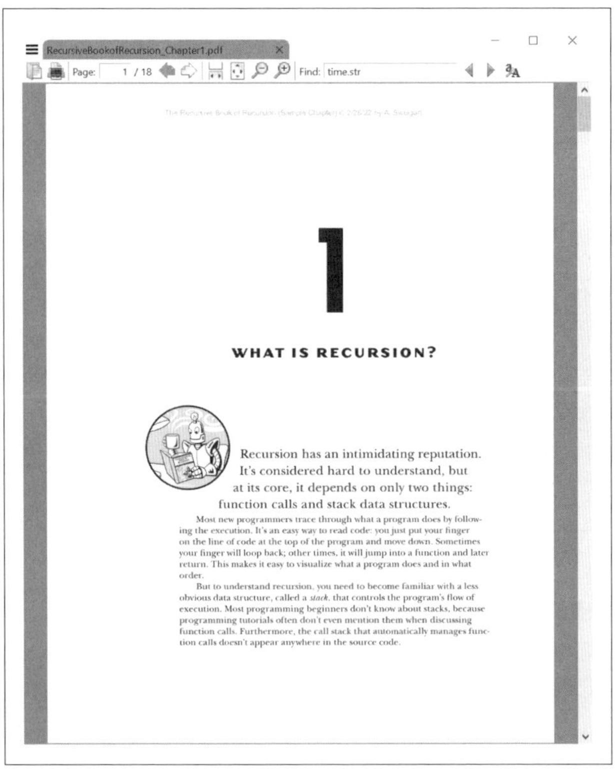

Abb. 17.1 *Die PDF-Datei, aus der wir Text extrahieren werden*

Laden Sie diese *Recursion_Chapter1.pdf*-Datei aus dem Zusatzmaterial unter *https://dpunkt.de/produkt/routineaufgaben-mit-python-automatisieren-3* herunter und geben Sie dann Folgendes in die interaktive Shell ein:

```
>>> import pypdf
>>> reader = pypdf.PdfReader('Recursion_Chapter1.pdf') ❶
>>> len(reader.pages) ❷
18
```

Importieren Sie das Modul `pypdf` und rufen Sie anschließend `pypdf.PdfReader()` mit dem Namen der PDF-Datei auf, um ein `PdfReader`-Objekt zu erhalten, das die PDF-Datei repräsentiert ❶. Speichern Sie dieses Objekt in der Variablen `reader`.

Das Attribut `pages` des `PdfReader`-Objekts ist eine listenähnliche Datenstruktur aus `Page`-Objekten, die die einzelnen Seiten der PDF-Datei repräsentieren. Wie bei regulären Python-Listen können Sie diese Datenstruktur an die Funktion `len()` übergeben ❷. Dieses Beispiel-PDF enthält 18 Seiten.

Um den Text aus dieser PDF-Datei zu extrahieren und in eine Textdatei auszugeben, öffnen Sie einen neuen Dateieditor-Tab und speichern Sie den folgenden Code in *extractpdftext.py*:

```
import pypdf

PDF_DATEINAME = 'Recursion_Chapter1.pdf'
TEXT_DATEINAME = 'recursion.txt'

text = ''
try:
    reader = pypdf.PdfReader(PDF_DATEINAME)
    for page in reader.pages: ❶
        text += page.extract_text() ❷
except Exception as e:
    import pdfminer.high_level
    text = pdfminer.high_level.extract_text(PDF_DATEINAME) ❸
with open(TEXT_DATEINAME, 'w', encoding='utf-8') as f:
    f.write(text) ❹
```

Wir nutzen das Modul `pypdf` zur Textextraktion. Falls dies für eine bestimmte PDF-Datei fehlschlägt und eine Ausnahme geworfen wird, greifen wir auf das Modul `pdfminer` zurück. Innerhalb eines `try`-Blocks verwenden wir eine `for`-Schleife ❶, um über jedes `Page`-Objekt innerhalb des `PdfReader`-Objekts der PDF-Datei zu iterieren. Das Aufrufen der `Page`-Objektmethode `extract_text()` ❷ liefert einen String, den wir an die Variable `text` anhängen. Nach Abschluss der Schleife enthält `text` einen einzigen String mit dem vollständigen Text des PDF.

Falls die PDF-Datei ein ungewöhnliches Format besitzt, das von PyPDF nicht verarbeitet werden kann, können Sie versuchen, `pdfminer.high_level` zu verwenden, ein älteres Modul, das in den in diesem Buch verwendeten Drittanbieter-Paketen enthalten ist. Der Import findet erst im `except`-Block statt, so wird das Modul nur gesucht, wenn auch eine Exception geworfen wurde. Die Funktion `extract_text()` des Moduls extrahiert den PDF-Inhalt als einen einzigen String, anstatt seitenweise vorzugehen ❸.

Abschließend können Sie mithilfe der Funktion `open()` und der in Kapitel 10 behandelten Methode `write()` den String in eine Textdatei schreiben ❹.

Nachbearbeitung mit KI

Die gerade durchgeführte Textextraktion ist nicht fehlerfrei. Das PDF-Dateiformat gilt als ausgesprochen komplex und wurde ursprünglich für das Drucken von Dokumenten und nicht für deren maschinelle Lesbarkeit konzipiert. Auch wenn bei der Extraktion keine Probleme auftreten, ist das Textlayout fest vorgegeben: Der String wird nach jeder Zeile einen Zeilenumbruch sowie durch Trennstrich getrennte Wörter am Zeilenende enthalten. So sieht beispielsweise der extrahierte Text aus unserem Beispiel-PDF aus:

```
1
WHAT IS RECURSION?
Recursion has an intimidating reputation.
It's considered hard to understand, but
at its core, it depends on only two things:
 function calls and stack data structures.
Most new programmers trace through what a program does by follow-
ing the execution. It's an easy way to read code: you just put your
finger
--schnipp--
```

Wie Sie sehen, gibt es zahlreiche subjektive Entscheidungen zu treffen:

- Wo sollten Absätze im PDF enden und beginnen?
- Sollen Seitenzahlen, Kopf- und Fußzeilen im extrahierten Text enthalten sein?
- Wie sollen Datentabellen im PDF in Klartext umgewandelt werden?
- Wie viel Leerraum sollte im extrahierten Text vorhanden sein?

Die Bereinigung dieses Textes ist mühsam und lässt sich nicht ohne Weiteres automatisieren. Eine große Sprachmodell-KI (LLM) wie ChatGPT ist in der Lage, den Kontext eines Textes so gut zu verstehen, dass es automatisch eine bereinigte Version erstellt. Verwenden Sie einen Prompt wie den folgenden, bevor Sie den extrahierten Text kopieren und einfügen:

> *Nachfolgend finden Sie einen Text, der aus mehreren Seiten eines PDF eines englischen Buches über rekursive Algorithmen extrahiert wurde. Übersetzen Sie den Text ins Deutsche und bereinigen Sie ihn. Damit meine ich, dass jeder Absatz eine eigene, separate Zeile bekommt. Entfernen Sie außerdem die Kopf- und Fußzeilen jeder Seite. Entfernen Sie zudem die Bindestriche am Zeilenende, wenn Wörter am Ende einer Zeile getrennt wurden. Nehmen Sie keinerlei Rechtschreib-, Grammatikänderungen oder Umformulierungen vor. Hier ist der Text: ...*

In einem Test hat dieser Prompt folgenden Text erzeugt:

```
Kapitel 1

WAS IST REKURSION?

Rekursion hat einen einschüchternden Ruf.
Sie gilt als schwer zu verstehen, aber im Kern hängt sie nur von zwei
Dingen ab: Funktionsaufrufen und Stapeldatenstrukturen.

Die meisten neuen Programmierer verfolgen, was ein Programm tut,
indem sie der Ausführung folgen.
Das ist eine einfache Art, Code zu lesen: Man legt einfach den Finger
auf…
--schnipp--
```

Das Ergebnis jedes KI-Systems muss stets von einer Person geprüft werden. Beispielsweise hat das LLM die Kapitelnummer `1` mit dem Wort »Kapitel« versehen, was nicht in meinem Sinne war. Gegebenenfalls müssen Sie den Prompt anpassen, um eventuelle Missverständnisse zu beheben.

Falls Sie keinen Zugang zu einem LLM haben, enthält die PyPDF-Dokumentation eine Liste mit Nachbearbeitungstipps sowie Codeausschnitten unter *https://pypdf.readthedocs.io/en/latest/user/post-processing-in-text-extraction.html*.

Bilder extrahieren

Mit PyPDF lassen sich auch die Bilder aus einem PDF-Dokument extrahieren. Jedes `Page`-Objekt verfügt über ein Attribut `images`, das eine listenartige Datenstruktur von `Image`-Objekten enthält. Die Bytes dieser `Image`-Objekte können Sie in eine Bilddatei schreiben, die im Modus `'wb'` (Write-Binary) geöffnet wurde. Ein `Image`-Objekt verfügt außerdem über ein Attribut `name`, das einen String mit dem Namen des Bildes beinhaltet. Nachfolgend finden Sie einen Code, der Bilder aus allen Seiten des Beispielkapitels im PDF extrahiert. Öffnen Sie einen neuen Dateieditor-Tab und speichern Sie den folgenden Code als *extractpdfimages.py*:

```
import pypdf
PDF_DATEINAME = 'Recursion_Chapter1.pdf'

reader = pypdf.PdfReader(PDF_DATEINAME)
bild_nr = 0 ❶
for i, page in enumerate(reader.pages): ❷
    print(f'Seite {i+1} wird gelesen - {len(page.images)} Bilder
gefunden...')
    try:
        for bild in page.images: ❸
            with open(f'{bild_nr}_seite{i+1}_{bild.name}', 'wb') as f: ❹
                f.write(bild.data) ❺
                print(f'{bild_nr}_seite{i+1}_{bild.name} gespeichert...')
            bild_nr += 1 ❻
    except Exception as exc:
        print(f'Seite {i+1} übersprungen wegen Fehler: {exc}') ❼
```

Die Ausgabe dieses Programms wird wie folgt aussehen:

```
Seite 1 wird gelesen - 7 Bilder gefunden...
0_seite1_Im0.jpg gespeichert...
1_seite1_Im1.png gespeichert...
--schnipp--
Seite 17 wird gelesen - 0 Bilder gefunden...
Seite 18 wird gelesen - 0 Bilder gefunden...
```

Die Bilder in einem PDF-Dokument tragen häufig generische Namen wie *Im0.jpg* oder *Im1.png*. Daher verwenden wir einen Zähler namens `bild_nr` ❶ gemeinsam mit der Seitenzahl, um ihnen eindeutige Namen zuzuweisen. Zunächst iterieren Sie über jedes `Page`-Objekt im Attribut `pages` des `PdfReader`-Objekts. Bitte beachten Sie, dass die Funktion `enumerate()` ❷ von Python ganzzahlige Indizes sowie das Listenelement des übergebenen listenähnlichen Objekts zurückliefert. Jedes `Page`-Objekt hat zudem ein `images`-Attribut, über das wir ebenfalls iterieren ❸.

In der zweiten, verschachtelten `for`-Schleife, die über die `Image`-Objekte im Attribut `images` iteriert, rufen wir `open()` auf und verwenden einen f-String, um den Dateinamen ❹ bereitzustellen. Dieser Dateiname setzt sich aus dem Zähler `bild_nr`, der Seitennummer und dem String im Attribut `name` des `Image`-Objekts zusammen. Da `i` bei `0` beginnt, PDF-Seitennummern jedoch bei 1 starten, verwenden wir `i+1`, um die Seitennummer zu speichern. Dieser Name enthält auch die Dateierweiterung, beispielsweise *.png* oder *.jpg*. Sie müssen außerdem beim Aufruf der Funktion `open()` das Argument `'wb'` übergeben, damit die Datei im

Schreib-Binärmodus geöffnet wird. Die Bytes der Bilddatei sind im Attribut data des Image-Objekts gespeichert, das Sie an die Methode write() ❺ übergeben. Nachdem ein Bild geschrieben wurde, erhöht der Code bild_nr um 1 ❻.

Sollte eine Inkompatibilität zwischen der PDF-Datei und PyPDF dazu führen, dass das Attribut images eines Page-Objekts eine Ausnahme auslöst, können unsere Anweisungen try und except dies abfangen und eine kurze Fehlermeldung ausgeben ❼. Auf diese Weise führt ein Problem auf einer Seite nicht zum Absturz des gesamten Programms.

Wie die Textextraktion kann auch die Extraktion von Bildern unvollständig sein. Beispielsweise konnte PyPDF viele der Bilder im Beispielkapitel-PDF nicht erkennen und zeigte stattdessen eine Fehlermeldung an. Es könnte Sie überraschen, dass PyPDF kleine, leere Bilder extrahiert, die als Hintergrund oder Abstandshalter verwendet werden. Bei der Arbeit mit PDFs ist häufig eine manuelle Überprüfung erforderlich, um sicherzustellen, dass das Ergebnis zufriedenstellend ist. Sollten Sie die Fehlermeldung erhalten, dass das Modul »pillow« zur Bildverarbeitung fehlt, können Sie pillow, wie in Anhang A beschrieben, installieren.

PDFs aus anderen Seiten erstellen

Das Gegenstück zu PdfReader in PyPDF ist PdfWriter, mit dem Sie neue PDF-Dateien erzeugen können. Allerdings kann PyPDF keinen beliebigen Text zu einer PDF hinzufügen, wie es Python mit Klartextdateien kann. Stattdessen beschränken sich die PDF-Schreibfunktionen von PyPDF darauf, Seiten aus anderen PDFs zu kopieren, zusammenzuführen, zuzuschneiden und zu transformieren. Der Code in diesem Beispiel für eine interaktive Shell erstellt eine Kopie des Muster-PDF, die lediglich die ersten fünf Seiten enthält:

```
>>> import pypdf
>>> writer = pypdf.PdfWriter() ❶
>>> writer.append('Recursion_Chapter1.pdf', (0, 5)) ❷
>>> with open('ersten_fünf_seiten.pdf', 'wb') as file:
...     writer.write(file) ❸
...
(False, <_io.BufferedWriter name='ersten_fünf_seiten.pdf'>)
```

Zunächst erstellen wir ein PdfWriter-Objekt, indem wir pypdf.PdfWriter() ❶ aufrufen. Das PdfWriter-Objekt in der Variablen writer repräsentiert ein leeres PDF-Dokument mit null Seiten. Anschließend kopiert die Methode append() des PdfWriter-Objekts die ersten fünf Seiten aus dem Muster-PDF, dessen Dateinamen wir mit 'Recursion_Chapter1.pdf' angegeben haben ❷. (Trotz des identischen Namens unterscheidet sich die Methode append() des PdfWriter-Objekts von der Methode append() einer Liste.)

Das zweite Argument dieser Methode ist das Tupel `(0, 5)`, das dem `PdfWriter`-Objekt mitteilt, die Seiten ab Seiten-Index `0` (der ersten Seite im `PdfWriter`-Objekt) bis Seiten-Index `5` (ausschließlich) zu kopieren. PyPDF betrachtet Index `0` als die erste Seite, obwohl PDF-Anwendungen diese Seite als Seite 1 bezeichnen.

Um den Inhalt des `PdfWriter`-Objekts letztlich in eine PDF-Datei zu schreiben, rufen wir `open()` mit dem Dateinamen und dem Modus `'wb'` auf und übergeben dann das `Datei`-Objekt an die Methode `write()` des `PdfWriter`-Objekts ❸. Dies sollte eine neue PDF-Datei erzeugen.

Das an `append()` übergebene Tupel kann entweder zwei oder drei Ganzzahlen enthalten. Wird eine dritte Ganzzahl übergeben, überspringt die Methode jeweils entsprechend viele Seiten. Da dieses Verhalten der Funktion `range()` entspricht, können Sie zum Ausprobieren die zwei oder drei Zahlen an `list(range())` übergeben, um zu testen, welche Seiten der Code kopieren würde:

```
>>> list(range(0, 5))  # Bei (0, 5) kopiert append() diese Seiten:
[0, 1, 2, 3, 4]
>>> list(range(0, 5, 2))  # Bei (0, 5, 2) kopiert append() diese
Seiten:
[0, 2, 4]
```

Die Methode `append()` akzeptiert auch eine Liste mit Seitennummern als Argument, wobei jede Zahl für eine anzufügende Seite steht. Ersetzen Sie beispielsweise den Code aus dem vorherigen Interaktive-Shell-Beispiel durch Folgendes:

```
>>> writer.append('Recursion_Chapter1.pdf', [0, 1, 2, 3, 4])
```

Dieser Code würde ebenfalls die ersten fünf Seiten des PDF-Dokuments dem `PdfWriter`-Objekt hinzufügen. Beachten Sie, dass `append()` Tupel und Listen als Argument unterschiedlich interpretiert; das Tupel `(0, 5)` weist `append()` an, Seiten von Index `0` bis zu jedoch nicht einschließlich Seitenindex `5` zu kopieren, während die Liste `[0, 5]` `append()` dazu veranlasst, zunächst Seitenindex `0` und anschließend Seitenindex `5` einzeln zu kopieren. Dieser Bedeutungsunterschied zwischen Tupeln und Listen ist ungewöhnlich und kommt in anderen Python-Bibliotheken nicht vor, gehört jedoch zum Design von PyPDF.

Die Methode `append()` fügt die kopierten Seiten am Ende des `PdfWriter`-Objekts hinzu. Um kopierte Seiten vor dem Ende einzufügen, verwenden Sie stattdessen die Methode `merge()`. Sie verfügt über ein zusätzliches ganzzahliges Argument, mit dem Sie angeben, an welcher Position die Seiten eingefügt werden sollen. Betrachten Sie beispielsweise folgenden Code:

```
>>> writer.merge(2, 'Recursion_Chapter1.pdf', (0, 5))
```

Dieser Code kopiert die Seiten von Index `0` bis (nicht einschließlich) Index `5` und fügt sie an der Stelle ein, an der sich Seitenindex `2` (die dritte Seite) im `PdfWriter`-Objekt in `writer` befindet. Die ursprüngliche Seite am Index `2` sowie alle anderen Seiten werden nach dem eingefügten Seitensatz zurückverschoben.

Drehen von Seiten

Mit der Methode `rotate()` von `Page` können Sie Seiten eines PDF auch in 90-Grad-Schritten drehen. Übergeben Sie entweder `90`, `180` oder `270` als Argument an diese Methode, um die angegebene Seite im Uhrzeigersinn zu drehen, oder `-90`, `-180` oder `-270`, um die Seite gegen den Uhrzeigersinn zu drehen. Das Drehen von Seiten ist nützlich, wenn zahlreiche PDFs aus beliebigen Gründen bereits falsch ausgerichtet sind und Sie diese korrigieren oder nur ausgewählte Seiten eines PDF-Dokuments drehen müssen. PDF-Programme verfügen oft über Drehfunktionen zur manuellen Korrektur, doch mit Python können Sie schnell viele PDFs automatisiert drehen und so diese zeitraubende Aufgabe effizient erledigen.

Geben Sie zum Beispiel Folgendes in die interaktive Shell ein, um die Seiten des Beispielkapitel-PDF zu drehen:

```
>>> import pypdf
>>> writer = pypdf.PdfWriter()
>>> writer.append('Recursion_Chapter1.pdf')
>>> for i in range(len(writer.pages)): ❶
...   writer.pages[i].rotate(90) ❷
...
{'/ArtBox': [21, 21, 525, 687], '/BleedBox': [12, 12, 534, 696],
--schnipp--

>>> with open('gedreht.pdf', 'wb') as file:
...     writer.write(file)
...
(False, <_io.BufferedWriter name='gedreht.pdf'>)
```

Wir erstellen ein neues `PdfWriter`-Objekt und kopieren die Seiten des Beispielkapitels hinein. Anschließend verwenden wir eine `for`-Schleife, um über jede Seitenzahl zu iterieren. Der Aufruf von `len(writer.pages)` gibt die Seitenanzahl als Ganzzahl ❶ zurück. Der Ausdruck `writer.pages[i]` greift bei jeder Iteration der `for`-Schleife auf das jeweilige `Page`-Objekt zu, und mit dem Methodenaufruf `rotate(90)` ❷ wird diese Seite im `PdfWriter`-Objekt gedreht.

Die resultierende PDF-Datei sollte aus sämtlichen Seiten bestehen, die um 90 Grad im Uhrzeigersinn gedreht wurden, wie in Abbildung 17.2 dargestellt.

Abb. 17.2 *Die Datei gedreht.pdf mit einer um 90 Grad im Uhrzeigersinn gedrehten Seite*

PyPDF kann Dokumente ausschließlich in 90-Grad-Schritten drehen.

Einfügen von leeren Seiten

Sie können eine leere Seite mithilfe der Methoden `insert_blank_page()` und `add_blank_page()` in ein `PdfWriter`-Objekt einfügen oder am Ende anhängen. Die Größe der neuen Seite entspricht der der vorhergehenden Seite. Beispielsweise erstellen wir hier eine Kopie der Beispiel-PDFs mit leeren Seiten am Ende sowie als Seite 3:

```
>>> import pypdf
>>> writer = pypdf.PdfWriter()
>>> writer.append('Recursion_Chapter1.pdf')
>>> writer.add_blank_page() ❶
{'/Type': '/Page', '/Resources': {}, '/MediaBox': [0.0, 0.0,
546, 708], '/Parent': IndirectObject(1, 0, 2629126028624)}
>>> writer.insert_blank_page(index=2) ❷
{'/Type': '/Page', '/Parent': NullObject, '/Resources': {},
'/MediaBox': RectangleObject([0.0, 0.0, 546, 708])}
>>> with open('mit_leerseiten.pdf', 'wb') as file:
...     writer.write(file)  # Speichert das Writer-Objekt als PDF-Datei.
...
(False, <_io.BufferedWriter name='mit_leerseiten.pdf'>)
```

Nachdem alle Seiten aus dem Beispielkapitel-PDF in das `PdfWriter`-Objekt kopiert wurden, fügt die Methode `add_blank_page()` ❶ am Ende des Dokuments eine leere Seite hinzu. Die Methode `insert_blank_page()` ❷ fügt eine leere Seite an der Seitenposition mit dem Index `2` ein (dies entspricht der dritten Seite, da die Zählung bei Index `0` beginnt). Bei dieser Methode müssen Sie zwingend den Parameternamen `index` angeben.

Sie können diese Seiten entweder leer lassen oder später, wie im nächsten Abschnitt erläutert, Inhalte wie Überlagerungen und Wasserzeichen hinzufügen.

Hinzufügen von Wasserzeichen und Überlagerungen

Mit PyPDF können Sie zudem den Inhalt einer Seite über den einer anderen legen. Dies ist beispielsweise hilfreich, um ein Logo, einen Zeitstempel oder ein Wasserzeichen auf einer Seite einzufügen. In PyPDF bezeichnet *stamp* oder *overlay* Inhalt, der vor den bestehenden Seiteninhalt gelegt wird, während *watermark* oder *underlay* Inhalt ist, der dahinter platziert wird.

Laden Sie *watermark.pdf* aus den Online-Ressourcen zu diesem Buch herunter und legen Sie die PDF-Datei gemeinsam mit dem Beispielkapitel-PDF in das aktuelle Arbeitsverzeichnis. Geben Sie anschließend Folgendes in die interaktive Shell ein:

```
>>> import pypdf
>>> writer = pypdf.PdfWriter()
>>> writer.append('Recursion_Chapter1.pdf')
>>> wasserzeichen_seite = pypdf.PdfReader('watermark.pdf').pages[0] ❶
>>> for page in writer.pages:
...     page.merge_page(wasserzeichen_seite, over=False) ❷
...
>>> with open('mit_wasserzeichen.pdf', 'wb') as file:
...     writer.write(file)
...
(False, <_io.BufferedWriter name='mit_wasserzeichen.pdf'>)
```

In diesem Beispiel wird eine Kopie des Beispielkapitels als PDF in einem neuen `PdfWriter`-Objekt erstellt, das in der Variablen `writer` gespeichert wird ❶. Außerdem wird das `Page`-Objekt der ersten Seite des Wasserzeichen-PDF geladen und in `wasserzeichen_seite` gespeichert. Die `for`-Schleife durchläuft anschließend alle `Page`-Objekte im `PdfWriter`-Objekt und wendet das Wasserzeichen an, indem die `wasserzeichen_seite` an `merge_page()` übergibt ❷. (Verwechseln Sie die Methode `merge_page()` der `Page`-Objekte nicht mit der Methode `merge()` der `PdfWriter`-Objekte, die zuvor in diesem Kapitel erläutert wurde.)

Die Methode `merge_page()` verfügt außerdem über ein Schlüsselwortargument `over`. Übergeben Sie für dieses Argument `True`, um einen Stempel oder ein Overlay zu erzeugen, oder `False`, um ein Wasserzeichen oder ein Underlay zu erstellen.

Nachdem die Seiten des `PdfWriter`-Objekts in der Schleife geändert wurden, speichert der Code diese anschließend unter *mit_wasserzeichen.pdf*. Abbildung 17.3 zeigt das ursprüngliche Wasserzeichen-PDF sowie zwei Seiten aus dem Beispielkapitel-PDF mit angewendetem Wasserzeichen.

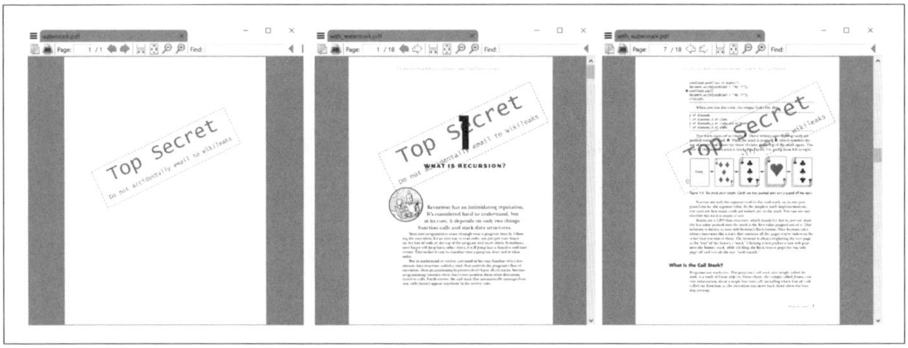

Abb. 17.3 *Das Wasserzeichen-PDF (links) und die Seiten mit dem hinzugefügten Wasserzeichen (Mitte, rechts)*

Die Methode `merge_page()` ist hilfreich, um umfassende Änderungen an PDF-Dokumenten vorzunehmen, wie etwa das Zusammenführen der Inhalte von zwei Seiten.

Verschlüsselung und Entschlüsselung von PDFs

Das PDF-Format erlaubt, dessen Inhalte zu verschlüsseln, wodurch diese unleserlich werden. Die Verschlüsselung ist nur so stark wie das von Ihnen gewählte Passwort. Wählen Sie daher ein Passwort, das verschiedene Zeichentypen enthält, kein Wort aus dem Wörterbuch ist und etwa 14 bis 16 Zeichen lang ist. Bitte beachten Sie, dass PDFs keinen Mechanismus zum Zurücksetzen des Passworts bieten; wenn Sie das Passwort vergessen, bleibt das PDF dauerhaft unlesbar, sofern Sie es nicht erraten können.

Die Methode `encrypt()` von `PdfWriter`-Objekten akzeptiert einen Passwort-String sowie einen String zur Auswahl des Verschlüsselungsalgorithmus. Das Argument `'AES-256'` implementiert einen empfohlenen modernen Verschlüsselungsalgorithmus, den wir daher stets verwenden. Geben Sie Folgendes in die interaktive Shell ein, um eine verschlüsselte Kopie des Beispielkapitels als PDF zu erstellen:

```
>>> import pypdf
>>> writer = pypdf.PdfWriter()
>>> writer.append('Recursion_Chapter1.pdf')
>>> writer.encrypt('swordfish', algorithm='AES-256')
>>> with open('verschlüsselt.pdf', 'wb') as file:
...     writer.write(file)
...
(False, <_io.BufferedWriter name='verschlüsselt.pdf'>)
```

Der Methodenaufruf `encrypt('swordfish', algorithm='AES-256')` auf dem `PdfWriter`-Objekt verschlüsselt den Inhalt des PDF-Dokuments. Nachdem wir dieses verschlüsselte PDF in die Datei *encrypted.pdf* geschrieben haben, sollte keine PDF-Anwendung, einschließlich PyPDF, es ohne Eingabe des Passworts *swordfish* öffnen können (das ist ein extrem schwaches Passwort!). Verschlüsselte Daten erscheinen zufällig, solange nicht der korrekte Schlüssel oder das richtige Passwort angewendet wird; bei Entschlüsselung mit einem falschen Passwort entstehen wertlose Daten. PDF-Anwendungen erkennen dies und fordern Sie dann auf, das Passwort erneut einzugeben.

PyPDF kann ein Passwort auf ein verschlüsseltes PDF anwenden, um es zu entschlüsseln. Geben Sie Folgendes in die interaktive Shell ein, um verschlüsselte PDFs mit dem Attribut `is_encrypted` zu erkennen und sie anschließend mit `decrypt()` zu entschlüsseln:

```
>>> import pypdf
>>> reader = pypdf.PdfReader('verschlüsselt.pdf') ❶
>>> writer = pypdf.PdfWriter()
>>> reader.is_encrypted ❷
True
>>> reader.pages[0] ❸
Traceback (most recent call last):
--schnipp--
pypdf.errors.FileNotDecryptedError: File has not been decrypted4
>>> reader.decrypt('ein falsches Passwort').name ❹
'NOT_DECRYPTED'
>>> reader.decrypt('swordfish').name ❺
'OWNER_PASSWORD'
>>> writer.append(reader) ❻
>>> with open('entschlüsselt.pdf', 'wb') as file:
...     writer.write(file)
...
(False, <_io.BufferedWriter name='entschlüsselt.pdf'>)
```

Laden Sie die verschlüsselte PDF-Datei wie jede andere PDF-Datei in ein `PdfReader`-Objekt ❶. Das `PdfReader`-Objekt verfügt über ein Attribut `is_encrypted` ❷, das entweder `True` oder `False` ist. Wenn Sie versuchen, den Inhalt des PDF zu lesen, indem Sie zum Beispiel auf das Attribut `pages` zugreifen ❸, löst PyPDF einen `FileNotDecryptedError` aus, da der Inhalt nicht gelesen werden kann.

PDFs können ein *user password* besitzen, das das Anzeigen des PDF ermöglicht, sowie ein *owner password*, das das Festlegen von Berechtigungen für Drucken, Kommentieren, Textextraktion und weitere Funktionen erlaubt. Das User-Passwort und das Owner-Passwort sind das erste beziehungsweise das zweite Argument von `encrypt()`. Wenn nur ein String-Argument an `encrypt()` übergeben wird, nutzt PyPDF dieses für beide Passwörter.

Um das `PdfReader`-Objekt zu entschlüsseln, rufen Sie die Methode `decrypt()` auf und übergeben ihr das Passwort als String. Dieser Methodenaufruf gibt ein `PasswordType`-Objekt zurück; für Sie ist lediglich das Attribut `name` dieses Objekts von Interesse. Falls `name` auf `'NOT_DECRYPTED'` ❹ steht, wurde das falsche Passwort eingegeben. Falls `name` auf `'OWNER_PASSWORD'` oder `'USER_PASSWORD'` ❺ steht, wurde das korrekte Owner- beziehungsweise User-Passwort eingegeben.

Sie können nun die Seiten des `PdfReader`-Objekts zu einem `PdfWriter`-Objekt hinzufügen ❻ und das entschlüsselte PDF in einer Datei speichern.

Projekt 12: Ausgewählte Seiten aus vielen PDFs kombinieren

Angenommen, Sie haben die Aufgabe, mehrere Dutzend PDF-Dokumente zu einer einzigen PDF-Datei zusammenzuführen. Die erste Seite jedes Dokuments ist ein Deckblatt, aber Sie möchten nicht, dass diese Deckblätter im Endergebnis wiederholt werden. Obwohl es zahlreiche kostenlose Programme zum Kombinieren von PDFs gibt, fügen viele davon lediglich vollständige Dateien zusammen. Lassen Sie uns ein Python-Programm erstellen, mit dem Sie die einzufügenden Seiten im kombinierten PDF individuell festlegen können.

Auf übergeordneter Ebene wird das Programm folgende Aufgaben ausführen:

- alle PDF-Dateien im aktuellen Arbeitsverzeichnis ermitteln und alphabetisch sortieren
- für jede PDF-Datei alle Seiten nach der ersten in eine Ausgabedatei kopieren
- die Ausgabedatei als PDF speichern

Im Hinblick auf die Implementierung muss unser Code Folgendes ausführen:

- mit `os.listdir()` alle Dateien im Arbeitsverzeichnis ermitteln und dabei alle Dateien ignorieren, die keine PDFs sind (diese Funktion haben wir in Kapitel 11 behandelt)
- mit der Listenmethode `sort()` die Dateinamen alphabetisch ordnen
- ein `PdfWriter`-Objekt für das Ausgabedokument erstellen
- die PDF-Dateien der Reihe nach durchgehen und jeweils ein `PdfReader`-Objekt erzeugen

- aus dem PdfReader-Objekt alle Seiten nach der ersten in die Ausgabedatei kopieren
- die Ausgabe-PDF in einer Datei speichern

Öffnen Sie für dieses Projekt einen neuen Reiter im Dateieditor und speichern Sie die Datei als *combine_pdfs.py*.

Schritt 1: Alle PDF-Dateien ermitteln

Zunächst soll Ihr Programm eine Liste aller Dateien mit der Erweiterung *.pdf* im aktuellen Arbeitsverzeichnis erstellen und diese anschließend sortieren. Ihr Code sollte wie folgt aussehen:

```
# combine_pdfs.py - Kombiniert alle PDFs im aktuellen Arbeitsverzeichnis
# zu einer einzelnen PDF-Datei

import pypdf, os ❶

# alle PDF-Dateien ermitteln
pdf_dateien = []
for dateiname in os.listdir('.'):
    if dateiname.endswith('.pdf'):
        pdf_dateien.append(dateiname) ❷
pdf_dateien.sort(key=str.lower) ❸

writer = pypdf.PdfWriter() ❹

# TODO: Durchlaufen aller PDF-Dateien

# TODO: Alle Seiten nach der ersten Seite kopieren

# TODO: Resultierendes PDF in einer Datei speichern
```

Dieser Code importiert die Module pypdf und os ❶. Durch den Aufruf von os.listdir('.') erhalten wir eine Liste aller Dateien im aktuellen Arbeitsverzeichnis. Anschließend wird diese Liste durchlaufen und Dateien mit der Erweiterung *.pdf* werden der Liste in der Variablen pdf_dateien hinzugefügt ❷. Danach sortieren wir diese Liste in alphabetischer Reihenfolge, indem wir das Schlüsselwortargument key=str.lower an sort() übergeben ❸. Aus technischen Gründen sortiert die Methode sort() Großbuchstaben wie *Z* vor Kleinbuchstaben wie *a*; das übergebene Argument verhindert dies, indem es die Strings für den Vergleich zuvor in Kleinbuchstaben umwandelt. Wir erstellen ein PdfWriter-Objekt, das die zusammengeführten PDF-Seiten aufnimmt ❹. Abschließend geben einige Kommentare einen Überblick über den weiteren Programmverlauf.

Schritt 2: Jede PDF-Datei öffnen

Nun muss das Programm jede Datei in `pdf_dateien` lesen. Fügen Sie Folgendes zu Ihrem Programm hinzu:

```
# combine_pdfs.py - Kombiniert alle PDFs im aktuellen Arbeitsverzeichnis
# zu einer einzelnen PDF-Datei

import pypdf, os

--schnipp--

# Durchlaufen aller PDF-Dateien
for pdf_datei in pdf_dateien:
    reader = pypdf.PdfReader(pdf_datei)
    # Alle Seiten nach der ersten Seite kopieren
    writer.append(pdf_datei, (1, len(reader.pages)))
```

Für jeden PDF-Dateinamen erstellt die Schleife ein `PdfReader`-Objekt und speichert es in einer Variablen mit dem Namen `reader`. Nun kann der Code innerhalb der Schleife `len(reader.pages)` aufrufen, um zu ermitteln, wie viele Seiten die PDF-Datei enthält. Diese Information wird beim Aufruf der Methode `append()` genutzt, um die Seiten ab `1` (d. h. ab der zweiten Seite, da PyPDF `0` als ersten Seitenindex verwendet) bis zum Ende des PDF zu kopieren. Anschließend wird der Inhalt demselben `PdfWriter`-Objekt in `writer` hinzugefügt.

Schritt 3: Speichern Sie die Ergebnisse

Sobald diese `for`-Schleifen abgeschlossen sind, sollte die Variable `writer` ein `PdfWriter`-Objekt mit den Seiten aller zusammengeführten PDFs enthalten. Der letzte Schritt besteht darin, diesen Inhalt in eine Datei auf der Festplatte zu schreiben. Fügen Sie diesen Code zu Ihrem Programm hinzu:

```
# combine_pdfs.py - Kombiniert alle PDFs im aktuellen Arbeitsver-
zeichnis
# zu einer einzelnen PDF-Datei

import pypdf, os

--schnipp--

# Resultierendes PDF in einer Datei speichern


with open('kombiniert.pdf', 'wb') as file:
    writer.write(file)
```

Wenn wir `'wb'` an `open()` übergeben, wird die Ausgabedatei *kombiniert.pdf* im Schreib-Binärmodus geöffnet. Anschließend erstellen wir die eigentliche PDF-Datei, indem wir das resultierende `Datei`-Objekt an die Methode `write()` übergeben. (Beachten Sie die gleichnamigen Methoden `write()` von `File`-Objekten und `PdfWriter`-Objekten.) Am Ende des Programms enthält eine einzige PDF-Datei alle Seiten (außer der ersten) jedes PDF in einem Ordner, alphabetisch nach Dateiname sortiert.

Ideen für vergleichbare Programme

Indem Sie aus Seiten anderer PDF-Dateien neue PDFs erstellen, können Sie Programme entwickeln, die Folgendes ermöglichen:

- bestimmte Seiten aus PDF-Dateien ausschneiden
- Seitenreihenfolge einer PDF-Datei umkehren oder neu anordnen
- eine PDF-Datei erstellen, die ausschließlich die Seiten anderer PDF-Dateien enthält, welche anhand eines bestimmten Textes identifiziert wurden, der mit der Methode `extract_text()` der `Page`-Objekte ermittelt wurde

Word-Dokumente

Mit dem Python-Docx-Paket, das Sie gemäß den Anweisungen in Anhang A installieren können, kann Python Microsoft Word-Dokumente erstellen und bearbeiten, die die Dateiendung *.docx* besitzen.

> **Achtung**
>
> Stellen Sie sicher, dass Sie Python-Docx installieren und nicht Docx, denn Letzteres gehört zu einem anderen Paket, das in diesem Buch nicht behandelt wird. Beim Importieren des Moduls aus dem Python-Docx-Paket müssen Sie allerdings `import docx` und nicht `import python-docx` verwenden.

Sollten Sie nicht über Word verfügen, können Sie die kostenlose Anwendung LibreOffice Writer für Windows, macOS und Linux nutzen, um *.docx*-Dateien zu öffnen. Laden Sie es unter *https://www.libreoffice.org* herunter. Obwohl Word unter macOS lauffähig ist, liegt der Fokus dieses Kapitels auf der Windows-Version von Word. Beachten Sie bitte zudem, dass sowohl die browserbasierte Office 365-Anwendung als auch die Webanwendung Google Docs beliebte Textverarbeitungen sind, die ebenfalls *.docx*-Dateien importieren und exportieren können.

Im Vergleich zu Nur-Text-Dateien verfügen *.docx*-Dateien über zahlreiche Strukturelemente, die Python-Docx mithilfe von drei verschiedenen Datentypen abbildet. Auf der obersten Ebene repräsentiert ein `Document`-Objekt das gesamte Dokument. Das `Document`-Objekt enthält eine Liste von `Paragraph`-Objekten, die die Absätze im Dokument darstellen. (Ein neuer Absatz entsteht, sobald man in einem Word-Dokument ↵ betätigt.) Jedes dieser `Paragraph`-Objekte umfasst eine Liste von einem oder mehreren `Run`-Objekten. Der einzeilige Absatz in Abbildung 17.4 enthält vier Runs.

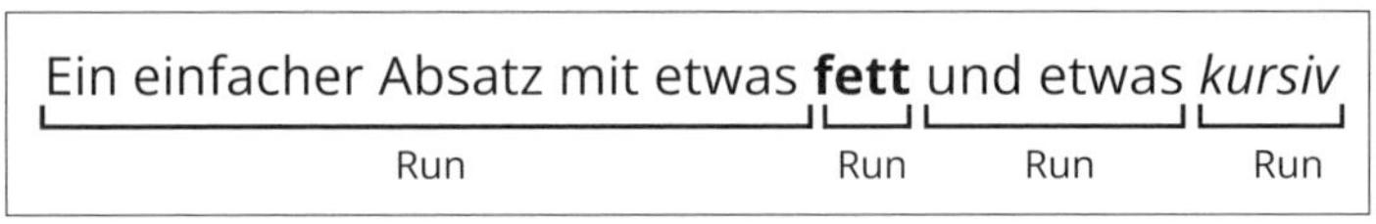

Abb. 17.4 *Die in einem Paragraph-Objekt erkannten Run-Objekte*

Der Text in einem Word-Dokument ist mehr als nur ein String. Er weist eine Schriftart, -größe, -farbe und weitere Formatierungsmerkmale auf. Ein *Format* oder *style* in Word stellt eine Zusammenfassung dieser Eigenschaften dar. Ein `Run`-Objekt ist ein zusammenhängender Textabschnitt mit identischem Format. Sie benötigen ein neues `Run`-Objekt, sobald sich das Textformat ändert.

Word-Dokumente lesen

Experimentieren Sie mit dem Modul `docx`. Laden Sie *c17-demo.docx* aus den Online-Ressourcen des Buches herunter und speichern Sie die Datei im Arbeitsverzeichnis. Geben Sie anschließend Folgendes in die interaktive Shell ein:

```
>>> import docx
>>> doc = docx.Document('c17-demo.docx')
>>> len(doc.paragraphs)
7
>>> doc.paragraphs[0].text
'Dokumenttitel'
>>> doc.paragraphs[1].text
'Ein einfacher Absatz mit etwas fettem Text und etwas kursivem Text'
>>> len(doc.paragraphs[1].runs)
4
>>> doc.paragraphs[1].runs[0].text
'Ein einfacher Absatz mit etwas '
>>> doc.paragraphs[1].runs[1].text
'fettem Text'
>>> doc.paragraphs[1].runs[2].text
' und etwas '
>>> doc.paragraphs[1].runs[3].text
'kursivem Text'
```

Wir öffnen eine *.docx*-Datei in Python, rufen `docx.Document()` mit dem Dateinamen *c17-demo.docx* als Argument auf. Dadurch erhalten wir ein `Document`-Objekt, das über das Attribut `paragraphs` verfügt, eine Liste von `Paragraph`-Objekten. Wir wenden `len()` auf dieses Attribut an und erhalten 7, was bedeutet, dass dieses Dokument sieben `Paragraph`-Objekte enthält. Jedes dieser `Paragraph`-Objekte besitzt ein `text`-Attribut, das einen String mit dem jeweiligen Absatztext (ohne Formatinformationen) enthält. Hier enthält das erste `text`-Attribut `'Dokumenttitel'`, das zweite `'Ein einfacher Absatz mit etwas fettem Text und etwas kursivem Text'`.

Jedes `Paragraph`-Objekt verfügt außerdem über ein Attribut `runs`, das eine Liste von `Run`-Objekten darstellt. `Run`-Objekte besitzen ebenfalls ein Attribut `text`, das ausschließlich den Text dieses einzelnen Runs enthält. Sehen wir uns das Attribut `text` der `Run`-Objekte des zweiten `Paragraph`-Objekts genauer an: Der Aufruf von `len()` für den `Paragraph` zeigt an, dass vier `Run`-Objekte vorhanden sind. Das erste `Run`-Objekt enthält `'Ein einfacher Absatz mit etwas '`. Dann ist der Text fett formatiert, daher beginnt mit `'fettem Text'` ein neues `Run`-Objekt. Anschließend kehrt der Text zur normalen, nicht fettgedruckten Formatierung zurück; dadurch entsteht ein drittes `Run`-Objekt mit `' und etwas '`. Abschließend enthält das vierte und letzte `Run`-Objekt `kursivem Text'` in kursiver Formatierung.

Mit Python-Docx können Sie mit Ihren Python-Programmen nun den Text aus einer *.docx*-Datei auslesen und wie jeden anderen String-Wert verwenden.

Den vollständigen Text aus einer .docx-Datei extrahieren

Wenn Sie ausschließlich am Text eines Word-Dokuments und nicht an dessen Formatierung interessiert sind, können Sie die Funktion `get_text()` verwenden. Sie erwartet den Dateinamen einer *.docx*-Datei und gibt einen einzelnen String zurück, der den Text enthält. Öffnen Sie einen neuen Tab im Dateieditor und geben Sie den folgenden Code ein. Speichern Sie diesen anschließend als *readDocx.py*:

```
import docx

def get_text(filename):
    doc = docx.Document(filename)
    aller_text = []
    for para in doc.paragraphs:
        aller_text.append(para.text)
    return '\n'.join(aller_text)
```

Die Funktion get_text() öffnet das Word-Dokument, iteriert über alle Paragraph-Objekte in der Liste paragraphs und fügt deren Text jeweils der Liste aller_text hinzu. Nach Abschluss der Schleife verbindet der Code die Strings in aller_text mit Zeilenumbrüchen.

Sie können das Programm *readDocx.py* wie jedes andere Modul importieren. Wenn Sie lediglich den Text eines Word-Dokuments benötigen, geben Sie Folgendes ein:

```
>>> import readDocx
>>> print(readDocx.get_text('c17-demo.docx'))
Dokumenttitel
Ein einfacher Absatz mit etwas fettem Text und etwas kursivem Text
Überschrift Ebene 1
Intensives Zitat
Erstes Element einer ungeordneten Liste
Erstes Element einer nummerierten Liste
```

Sie können get_text() ebenfalls anpassen, um den String vor der Rückgabe zu modifizieren. Um beispielsweise jeden Absatz einzurücken, ersetzen Sie den append()-Aufruf in *readDocx.py* durch Folgendes:

```
aller_text.append('    ' + para.text)
```

Um einen doppelten Abstand zwischen den Absätzen einzufügen, ändern Sie den Code des join()-Aufrufs wie folgt:

```
return '\n\n'.join(aller_text)
```

Wie Sie sehen, sind nur wenige Codezeilen erforderlich, um Funktionen zu erstellen, die eine *.docx*-Datei lesen und einen String mit dessen Inhalt nach Ihren Vorstellungen zurückgeben.

Formatierung von Paragraph- und Run-Objekten

Word und andere Textverarbeitungsprogramme verwenden Formatvorlagen (im englischen Word *styles* genannt), um die optische Darstellung von Text konsistent und leicht anpassbar zu machen. Beispielsweise möchten Sie vielleicht, dass alle Fließtextabsätze in 11 Punkt, Times New Roman, linksbündig und mit rechts ausgefranstem Rand formatiert sind. Sie können eine Formatvorlage mit diesen Einstellungen erstellen und diese allen Fließtextabsätzen zuweisen. Wenn Sie später die Darstellung aller Fließtextabsätze im Dokument ändern möchten, können Sie einfach die Formatvorlage anpassen, wodurch die Absätze automatisch aktualisiert werden.

Um Formatvorlagen in der browserbasierten Office 365 Word-Anwendung anzuzeigen, klicken Sie auf das Menü *Start* und dann auf das Drop-down-Menü *Überschriften und andere Formatvorlagen*, das vermutlich »Standard« oder einen anderen Stilnamen anzeigt. Klicken Sie auf *Weitere Formatvorlagen anzeigen*, um das Fenster *Weitere Formatvorlagen* zu öffnen. In der Microsoft Word-Desktopanwendung für Windows können Sie die Formatvorlagen einblenden, indem Sie `Strg`-`Alt`-`⇧`-`S` drücken, wodurch der Aufgabenbereich *Formatvorlagen* angezeigt wird, ähnlich wie in Abbildung 17.5. In LibreOffice Writer können Sie den Bereich Stile anzeigen, indem Sie auf das Menüelement *Ansicht → Stile* klicken.

Abb. 17.5 *Der Aufgabenbereich »Formatvorlagen«*

Word-Dokumente enthalten drei Arten von Formatvorlagen: Absatzformate werden auf `Paragraph`-Objekte angewendet, Zeichenformate auf `Run`-Objekte und verknüpfte Formate auf beide Arten. Um `Paragraph`- und `Run`-Objekte zu formatieren, setzen Sie deren Attribut `style` auf einen String mit dem Namen der jeweiligen Formatvorlage. Wenn `style` auf `None` gesetzt wird, ist dem `Paragraph`- oder `Run`-Objekt keine Formatvorlage zugeordnet.

Deutsche Formatvorlagennamen und englische Stilnamen

Es ist ein bisschen knifflig, wenn man ein deutschsprachiges Word gewohnt ist und dann direkt mit der *.docx*-Datei arbeitet. Viele Namen der Formatvorlagen werden in Word in Deutsch angezeigt, aber in Englisch in der *.docx*-Datei gespeichert. Wenn Sie also mit `style`-Attributen und Standard-Word-Formatvorlagen in Python zu tun haben, müssen Sie oft die englischen Namen verwenden. Es gibt jedoch Ausnahmen, das heißt, in manchen Fällen müssen Sie etwas ausprobieren. Vielleicht hilft Ihnen der folgende Codeschnipsel, mit dem Sie Informationen über die verfügbaren Stile einer *.docx*-Datei anzeigen lassen können:

```
import docx
doc = docx.Document('c17-demo.docx')
for s in doc.styles:
    print(f'- {s.name} : {s.type} {s.builtin=} {s.hidden=} ')
```

Hier zwei Beispielzeilen:

```
- Quote : PARAGRAPH (1) s.builtin=True s.hidden=False
- Zitat Zchn : CHARACTER (2) s.builtin=False s.hidden=False
```

Daher werde ich im Kontext von Python eher den Begriff Stil wählen, damit Sie wissen, dass Sie eher den englischen Namen verwenden sollten.

Die Standard-Word-Stile besitzen die folgenden String-Werte:

```
'Normal'        'Heading 5'        'List Bullet'         'List Paragraph'
'Body Text'     'Heading 6'        'List Bullet 2'       'MacroText'
'Body Text 2'   'Heading 7'        'List Bullet 3'       'No Spacing'
'Body Text 3'   'Heading 8'        'List Continue'       'Quote'
'Caption'       'Heading 9'        'List Continue 2'     'Subtitle'
'Heading 1'     'Intense Quote'    'List Continue 3'     'TOC Heading'
'Heading 2'     'List'             'List Number '        'Title'
'Heading 3'     'List 2'           'List Number 2'
'Heading 4'     'List 3'           'List Number 3'
```

Wenn Sie für ein `Run`-Objekt einen verknüpften Stil verwenden, müssen Sie am Ende des Namens `' Zchn'` hinzufügen (oder für englische Standard-Stile `' Char'`). Um beispielsweise den verknüpften `'Quote'` für ein `Paragraph`-Objekt festzulegen, verwenden Sie `paragraphObj.style = 'Quote'`; für ein `Run`-Objekt hingegen verwenden Sie `runObj.style = 'Quote Char'` (oder übersetzen und dann anhängen, also `'Zitat Zchn'`).

Um benutzerdefinierte Stile zu erstellen, definieren Sie diese zunächst als neue Formatvorlage in der Word-Anwendung und lesen Sie sie anschließend über das `style`-Attribut eines `Paragraph`- oder `Run`-Objekts aus.

Anwenden von Run-Attributen

Runs lassen sich zusätzlich mit `text`-Attributen formatieren. Jedes Attribut kann auf einen von drei Werten gesetzt werden: `True` (die Darstellung ist immer aktiv, unabhängig davon, welche anderen Stile auf den Run angewendet werden), `False` (die Darstellung ist immer inaktiv) oder `None` (damit wird der eingestellte Stil des Runs als Darstellung übernommen). Tabelle 17.1 führt die `Text`-Attribute auf, die für `Run`-Objekte festgelegt werden können.

Attribut	Darstellung
`bold`	Der Text erscheint fett.
`italic`	Der Text erscheint kursiv.
`underline`	Der Text ist unterstrichen.
`strike`	Der Text erscheint durchgestrichen.
`double_strike`	Der Text erscheint doppelt durchgestrichen.
`all_caps`	Der Text erscheint in Großbuchstaben.
`small_caps`	Der Text erscheint in Großbuchstaben, wobei Kleinbuchstaben um zwei Punkte kleiner dargestellt werden.
`shadow`	Der Text erscheint mit einem Schatten.
`outline`	Der Text erscheint als Kontur statt ausgefüllt.
`rtl`	Der Text wird von rechts nach links geschrieben.
`imprint`	Der Text erscheint in die Seite eingeprägt.
`emboss`	Der Text erscheint als Relief von der Seite abgehoben.

Tab. 17.1 *Run-Objekt `text`-Attribute*

Um beispielsweise die Stile oder die Darstellung in *c14-demo.docx* zu ändern, geben Sie Folgendes in die interaktive Shell ein:

```
>>> import docx
>>> doc = docx.Document('c17-demo.docx')
>>> doc.paragraphs[0].text
'Dokumenttitel'
>>> doc.paragraphs[0].style  # Die genaue ID kann abweichen.
_ParagraphStyle('Title') id: 3095631007984
>>> doc.paragraphs[0].style = 'Normal'
>>> doc.paragraphs[1].text
'Ein einfacher Absatz mit etwas fettem Text und etwas kursivem Text'
>>> p = doc.paragraphs[1]
>>> (p.runs[0].text, p.runs[1].text, p.runs[2].text, p.runs[3].text)
('Ein einfacher Absatz mit etwas ', 'fettem Text', ' und etwas ',
'kursivem Text')
```

```
>>> doc.paragraphs[1].runs[0].style = 'Zitat Zchn'
>>> doc.paragraphs[1].runs[1].underline = True
>>> doc.paragraphs[1].runs[3].underline = True
>>> doc.save('restyled.docx')
```

Wir verwenden einfach die Attribute `text` und `style` beim Auflisten der Absätze des Dokuments. Wie Sie sehen, lässt sich ein Absatz mühelos in einzelne Runs unterteilen, sodass Sie auf jeden Run gezielt zugreifen können. Wir greifen auf den ersten, zweiten und vierten Run des zweiten Absatzes zu, formatieren jeden dieser Runs und speichern das Ergebnis in einem neuen Dokument.

Nun sollte *Dokumenttitel* oben in *restyled.docx* mit dem Stil Normal statt Titel versehen sein, das `Run`-Objekt für den Text *Ein einfacher Absatz mit etwas* sollte den Stil `Zitat Zchn` haben und die beiden `Run`-Objekte für *fettem Text* und *kursivem Text* sollten für das Attribut `underline` auf `True` gesetzt sein. Abbildung 17.6 veranschaulicht, wie die Stile von Absätzen und Runs in *restyled.docx* dargestellt werden.

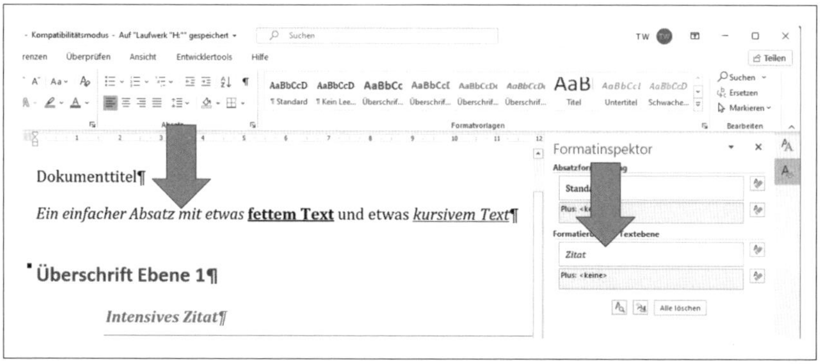

Abb. 17.6 *Die Datei restyled.docx*

Die vollständige Dokumentation zur Verwendung von Styles mit Python-Docx finden Sie unter *https://python-docx.readthedocs.io.*

Word-Dokumente schreiben

Um eine eigene *.docx*-Datei zu erstellen, rufen Sie `docx.Document()` auf, um ein neues, leeres Word-`Document`-Objekt zu erzeugen. Geben Sie dazu beispielsweise Folgendes in die interaktive Shell ein:

```
>>> import docx
>>> doc = docx.Document()
>>> doc.add_paragraph('Hallo, Welt!')
<docx.text.paragraph.Paragraph object at 0x0000000003B56F60>
>>> doc.save('hallowelt.docx')
```

Die Dokumentmethode `add_paragraph()` fügt dem Dokument einen neuen Textabsatz hinzu und gibt eine Referenz auf das hinzugefügte `Paragraph`-Objekt zurück. Wenn Sie das Hinzufügen von Text abgeschlossen haben, übergeben Sie einen Dateinamen-String an die Dokumentmethode `save()`, um das `Document`-Objekt in einer Datei zu speichern.

Dieser Code erstellt im aktuellen Arbeitsverzeichnis eine Datei mit dem Namen *hallowelt.docx*. Beim Öffnen sollte die Datei wie in Abbildung 17.7 aussehen. Sie können diese *.docx*-Datei in Office 365 oder Google Docs hochladen oder sie in Word beziehungsweise LibreOffice öffnen.

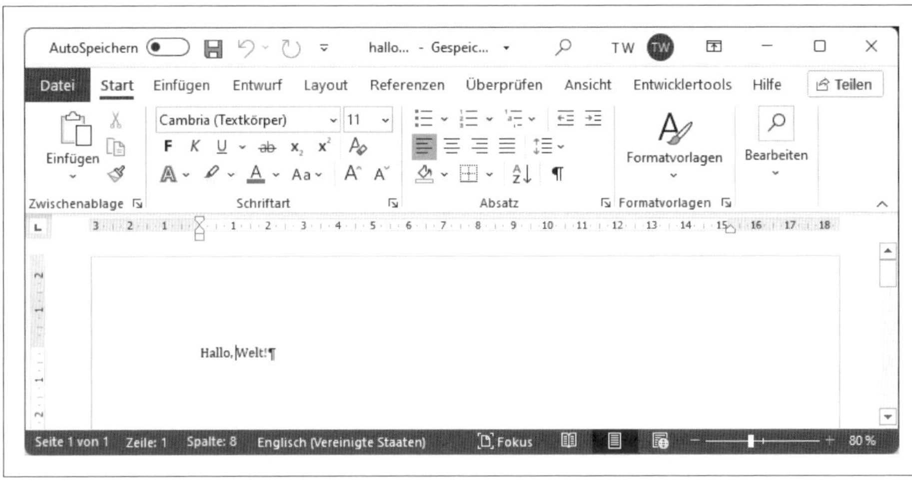

Abb. 17.7 *Das mit* add_paragraph ('Hallo, Welt!') *erstellte Word-Dokument*

Sie können dem Dokument weitere Absätze hinzufügen, indem Sie die Methode `add_paragraph()` erneut mit dem Text des neuen Absatzes aufrufen. Um Text am Ende eines bestehenden Absatzes hinzuzufügen, rufen Sie die Methode `add_run()` des Absatzes auf und übergeben ihr einen String. Geben Sie Folgendes in die interaktive Shell ein:

```
>>> import docx
>>> doc = docx.Document()
>>> doc.add_paragraph('Hallo Welt!')
<docx.text.paragraph.Paragraph object at 0x000000000366AD30>
>>> para_obj_1 = doc.add_paragraph('Dies ist ein zweiter Absatz.')
>>> para_obj_2 = doc.add_paragraph('Dies ist ein weiterer Absatz.')
>>> para_obj_1.add_run(' Dieser Text wird dem zweiten Absatz hinzuge-
fügt.')
<docx.text.run.Run object at 0x0000000003A2C860>
>>> doc.save('mehrAbsätze.docx')
```

Das resultierende Dokument sollte wie in Abbildung 17.8 aussehen. Beachten Sie, dass der Text *Dieser Text wird dem zweiten Absatz hinzugefügt.* dem Paragraph-Objekt in para_obj_1 hinzugefügt wurde, das der zweite zu doc hinzugefügte Absatz war. Die Funktionen add_paragraph() und add_run() geben jeweils Paragraph- bzw. Run-Objekte zurück, sodass Sie diese nicht in einem separaten Schritt extrahieren müssen.

Rufen Sie die Methode save() erneut auf, um die von Ihnen vorgenommenen zusätzlichen Änderungen zu speichern.

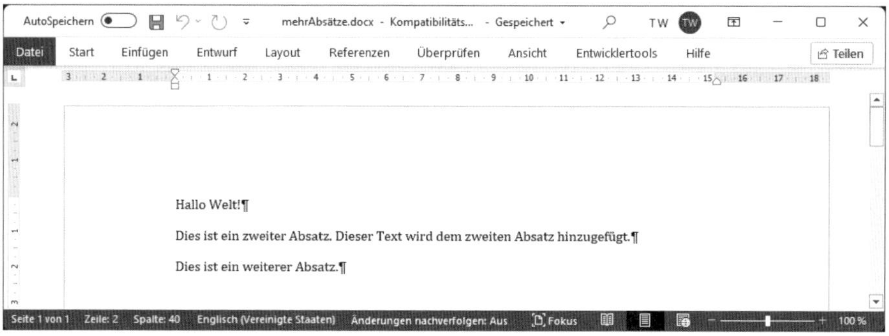

Abb. 17.8 *Das Dokument mit mehreren hinzugefügten Paragraph- und Run-Objekten*

Sowohl add_paragraph() als auch add_run() akzeptieren ein optionales zweites Argument, das ein String für den Stil des Paragraph- oder Run-Objekts ist. Hier ein Beispiel:

```
>>> doc.add_paragraph('Hallo, Welt!', 'Title')
<docx.text.paragraph.Paragraph object at 0x00000213E6FA9190>
```

Diese Zeile fügt einen Absatz mit dem Text *Hallo, Welt!* im Title-Stil hinzu. Beachten Sie, dass Sie hier den englischen Stilnamen 'Title' verwenden müssen.

Überschriften hinzufügen

Der Aufruf von add_heading() fügt einen Absatz mit einem der Überschriftenstile hinzu. Geben Sie Folgendes in die interaktive Shell ein:

```
>>> import docx
>>> doc = docx.Document()
>>> doc.add_heading('Überschrift 0', 0)
<docx.text.paragraph.Paragraph object at 0x00000000036CB3C8>
>>> doc.add_heading('Überschrift 1', 1)
<docx.text.paragraph.Paragraph object at 0x00000000036CB630>
```

```
>>> doc.add_heading('Überschrift 2', 2)
<docx.text.paragraph.Paragraph object at 0x00000000036CB828>
>>> doc.add_heading('Überschrift 3', 3)
<docx.text.paragraph.Paragraph object at 0x00000000036CB2E8>
>>> doc.add_heading('Überschrift 4', 4)
<docx.text.paragraph.Paragraph object at 0x00000000036CB3C8>
>>> doc.save('überschriften.docx')
```

Die resultierende *überschriften.docx*-Datei sollte wie in Abbildung 17.9 aussehen.

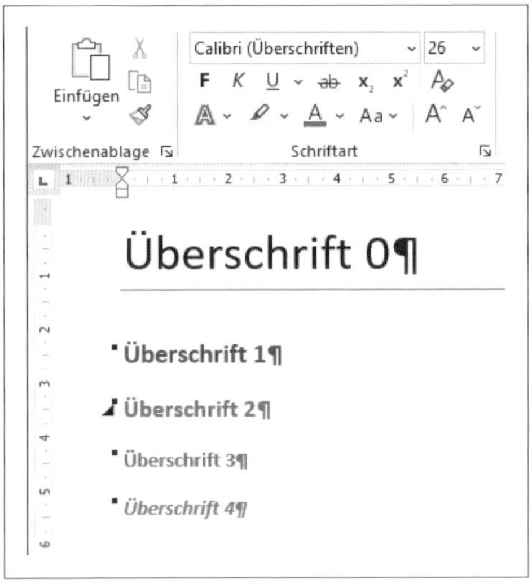

Abb. 17.9 *Das Dokument überschriften.docx mit den Überschriften 0 bis 4*

Die Argumente von `add_heading()` sind ein String, der den Überschriftentext enthält, und eine Zahl von `0` bis `4`. Die `0` weist der Überschrift den Titel-Stil zu, den wir für den Beginn des Dokuments verwenden. Die `1` bis `9` stehen für verschiedene Überschriftenebenen, wobei `1` die Hauptüberschrift und `9` die niedrigste Unterüberschrift ist. Die Funktion `add_heading()` gibt ein `Paragraph`-Objekt zurück, sodass Sie diesen Schritt nicht separat aus dem `Document`-Objekt extrahieren müssen.

Zeilen- und Seitenumbrüche einfügen

Um einen Zeilenumbruch hinzuzufügen (anstatt einen neuen Absatz zu beginnen), rufen Sie die Methode `add_break()` am gewünschten `Run`-Objekt auf, nach dem der Umbruch eingefügt werden soll. Wenn Sie stattdessen einen Seitenumbruch einfügen möchten, übergeben Sie den Wert `docx.enum.text.WD_BREAK.PAGE` als einziges Argument an `add_break()`, wie im folgenden Beispiel dargestellt:

```
>>> doc = docx.Document()
>>> doc.add_paragraph('Dies befindet sich auf der ersten Seite!')
<docx.text.paragraph.Paragraph object at 0x0000000003785518>
>>> doc.paragraphs[0].runs[0].add_break(docx.enum.text.WD_BREAK.PAGE) ❶
>>> doc.add_paragraph('Dies steht auf der zweiten Seite!')
<docx.text.paragraph.Paragraph object at 0x00000000037855F8>
>>> doc.save('zweiSeiten.docx')
```

Dieser Code erstellt ein Word-Dokument mit zwei Seiten: *Dies befindet sich auf der ersten Seite!* befindet sich auf der ersten Seite und *Dies steht auf der zweiten Seite!* auf der zweiten. Obwohl nach dem Text *Dies befindet sich auf der ersten Seite!* noch ausreichend Platz auf der ersten Seite war, wurde der nächste Absatz durch das Einfügen eines Seitenumbruchs nach dem ersten Run des ersten Absatzes gezwungen, auf einer neuen Seite zu beginnen ❶.

Bilder einfügen

Sie können die Methode `add_picture()` von `Document`-Objekten nutzen, um ein Bild am Ende des Dokuments hinzuzufügen. Angenommen, im aktuellen Arbeitsverzeichnis befindet sich eine Datei mit dem Namen *zophie.png*. Sie können *zophie.png* mit einer Breite von 1 Zoll und einer Höhe von 4 Zentimetern an das Ende Ihres Dokuments einfügen, indem Sie Folgendes eingeben (Word unterstützt sowohl das imperiale als auch das metrische System):

```
>>> doc.add_picture('zophie.png', width=docx.shared.Cm(2.5),
height=docx.shared.Cm(4))
<docx.shape.InlineShape object at 0x00000000036C7D30>
```

Das erste Argument ist ein String, der den Dateinamen des Bildes angibt. Die optionalen Schlüsselwortargumente `width` und `height` legen die Breite und Höhe des Bildes im Dokument fest. Wenn diese nicht angegeben werden, verwenden Breite und Höhe die Standardgröße des Bildes.

Vermutlich bevorzugen Sie es, die Höhe und Breite eines Bildes in Ihnen vertrauten Einheiten wie Zentimetern anzugeben. Daher können Sie die Funktion `docx.shared.Cm()` verwenden, wenn Sie die Schlüsselwortargumente `width` und `height` angeben. Falls Sie es benötigen, gibt es noch mehr, wie `docx.shared.Mm()` (Millimeter), `docx.shared.Inches()` und `docx.shared.Pt()` (gut bei Schriftgrößen).

Zusammenfassung

Textinformationen sind nicht nur für reine Textdateien relevant; tatsächlich arbeiten Sie vermutlich viel häufiger mit PDFs und Word-Dokumenten. Sie können das PyPDF-Paket verwenden, um PDF-Dokumente zu lesen und zu schreiben, doch auch viele andere Python-Bibliotheken ermöglichen das Lesen und Schreiben von PDF-Dateien. Wenn Sie über die in diesem Kapitel behandelten Themen hinausgehen möchten, empfehle ich Ihnen, auf der PyPI-Website nach pdfplumber, ReportLab, pdfrw, PyMuPDF, pdfkit und borb zu suchen.

Leider führt das Extrahieren von Text aus PDF-Dokumenten nicht immer zu einer fehlerfreien Übersetzung in einen String, da das Dateiformat komplex ist und einige PDFs unter Umständen überhaupt nicht lesbar sind. Das Paket pdfminer.six ist ein Fork des nicht mehr gepflegten pdfminer-Pakets und spezialisiert sich auf die Extraktion von Text aus PDFs. In diesem Kapitel wurde pdfminer.six als Rückfallmechanismus eingesetzt, falls Sie aus einer bestimmten PDF-Datei keinen Text extrahieren können.

Word-Dokumente sind zuverlässiger, und Sie können sie mithilfe des Moduls `docx` aus dem python-docx-Paket auslesen. Sie können Text in Word-Dokumenten über `Paragraph`- und `Run`-Objekte bearbeiten. Diesen Objekten können Sie ebenfalls Stile zuweisen, jedoch nur solche aus dem Standardsatz oder solche, die bereits im Dokument vorhanden sind. Sie können neue Absätze, Überschriften, Umbrüche und Bilder am Ende von Dokumenten hinzufügen.

Viele Einschränkungen bei der Arbeit mit PDF- und Word-Dokumenten entstehen dadurch, dass diese Formate für eine ansprechende Darstellung für menschliche Leser entwickelt wurden und nicht für eine einfache Verarbeitung durch Software. Im nächsten Kapitel werden weitere gängige Formate zur Informationsspeicherung behandelt: CSV-, JSON- und XML-Dateien. Diese Formate wurden für die Nutzung durch Computer konzipiert, und Sie werden feststellen, dass Python damit deutlich einfacher arbeiten kann.

Übungsfragen

1. In welchen Modi muss das `File`-Objekt für `PdfWriter`-Objekte geöffnet werden, um die PDF-Datei zu speichern?

2. Wie erhalten Sie ein `Page`-Objekt für Seite 5 aus einem `PdfReader`- oder `PdfWriter`-Objekt?

3. Die PDF-Datei eines `PdfReader`-Objekts ist mit dem Passwort `swordfish` verschlüsselt. Was müssen Sie tun, bevor Sie daraus `Page`-Objekte abrufen können?

4. Wenn die Methode `rotate()` Seiten im Uhrzeigersinn dreht, wie drehen Sie eine Seite entgegen dem Uhrzeigersinn?
5. Welche Methode gibt ein `Document`-Objekt für eine Datei mit dem Namen *demo.docx* zurück?
6. Wie erhalten Sie eine Liste der `Paragraph`-Objekte für ein `Document`-Objekt, das in einer Variablen namens `doc` gespeichert ist?
7. Worin besteht der Unterschied zwischen einem `Paragraph`-Objekt und einem `Run`-Objekt?
8. Welcher Objekttyp verfügt über die Variablen `bold`, `underline`, `italic`, `strike` und `outline`?
9. Worin besteht der Unterschied, wenn Sie die Variable `bold` auf `True`, `False` oder `None` setzen?
10. Wie erstellen Sie ein `Document`-Objekt für ein neues Word-Dokument?
11. Wie fügen Sie einem `Document`-Objekt, das in einer Variablen namens `doc` gespeichert ist, einen Absatz mit dem Text `'Hallo da drüben!'` hinzu?
12. Welche Ganzzahlen kennzeichnen die Ebenen von Überschriften, die in Word-Dokumenten verfügbar sind?

Übungsprogramme

Schreiben Sie zur Übung Programme, die die folgenden Aufgaben ausführen.

PDF-Paranoia

Verwenden Sie die Funktion `os.walk()` aus Kapitel 11, um ein Skript zu erstellen, das alle PDFs in einem Ordner (und dessen Unterordnern) durchläuft und diese mit einem auf der Kommandozeile angegebenen Passwort verschlüsselt. Speichern Sie jede verschlüsselte PDF-Datei mit dem Suffix *_encrypted.pdf*, das an den ursprünglichen Dateinamen angehängt wird. Bevor die Originaldatei gelöscht wird, lassen Sie das Programm versuchen, die neue Datei zu lesen und zu entschlüsseln, um zu überprüfen, ob sie korrekt verschlüsselt wurde.

Schreiben Sie anschließend ein Programm, das alle verschlüsselten PDFs in einem Ordner (und dessen Unterordnern) findet und mithilfe eines angegebenen Passworts eine entschlüsselte Kopie der PDF-Dateien erstellt. Ist das Passwort falsch, soll das Programm dem Benutzer eine Nachricht ausgeben und mit dem nächsten PDF fortfahren.

Individuelle Einladungen

Angenommen, man verfügt über eine Textdatei mit Gästenamen. Diese *Gäste.txt*-Datei enthält pro Zeile einen Namen, zum Beispiel:

```
Prof. Pflaume
Frau Rot
Oberst Obatzda
Al Sweigart
RoboCop
```

Schreiben Sie ein Programm, das ein Word-Dokument mit individuellen Einladungen generiert, die wie in Abbildung 17.10 aussehen.

Da Python-Docx nur Stile verwenden kann, die bereits in einem Word-Dokument vorhanden sind, müssen Sie diese Stile zunächst in eine leere Word-Datei einfügen und diese dann mit Python-Docx öffnen. Da jede Einladung im resultierenden Word-Dokument auf einer eigenen Seite stehen soll, rufen Sie `add_break()` auf, um nach dem letzten Absatz jeder Einladung einen Seitenumbruch einzufügen. So müssen Sie lediglich ein Word-Dokument öffnen, um alle Einladungen auf einmal auszudrucken.

Abb. 17.10 Das von Ihrem individuellen Einladungsskript erstellte Word-Dokument

PDF-Passwort-Brecher

Angenommen, Sie besitzen eine verschlüsselte PDF-Datei, deren Passwort Sie vergessen haben. Sie erinnern sich aber daran, dass es sich um ein einzelnes englisches Wort handelte. Zu versuchen, Ihr vergessenes Passwort zu erraten, ist eine recht monotone Aufgabe. Stattdessen können Sie ein Programm schreiben, das die PDF-Datei entschlüsselt, indem es jedes mögliche englische Wort ausprobiert, bis ein passendes gefunden wird. Dies bezeichnet man als einen *Brute-Force-Passwortangriff*. Laden Sie die Textdatei *dictionary.txt* aus den Online-Ressourcen des Buches herunter. Diese Dictionary-Datei enthält über 44.000 englische Wörter, jeweils eines pro Zeile.

Nutzen Sie die in Kapitel 10 erlernten Methoden zum Lesen von Dateien, um durch das Einlesen dieser Datei eine Liste von Wort-Strings zu erstellen. Iterieren Sie anschließend über jedes Wort in dieser Liste und übergeben Sie es an die `decrypt()`-Methode. Probieren Sie sowohl die Groß- als auch die Kleinschreibweise jedes Wortes aus. (Auf meinem Laptop dauert das Durchgehen aller 88.000 groß- und kleingeschriebenen Wörter aus der Dictionary-Datei nur ein paar Minuten. Daher sollten Sie kein einfaches Wort als Passwort verwenden.)

18

CSV-, JSON- und XML-Dateien

CSV, JSON und XML sind Datenserialisierungsformate, die dazu dienen, Daten als Klartextdateien zu speichern. Serialisierung wandelt Daten in einen String um, um die Arbeit Ihres Programms in einer Textdatei zu speichern, über eine Internetverbindung zu übertragen oder auch einfach in eine E-Mail zu kopieren und einzufügen. Python stellt die Module `csv`, `json` und `xml` bereit, die Sie bei der Arbeit mit diesen Dateiformaten unterstützen.

Obwohl Dateien in diesen Formaten im Wesentlichen Textdateien sind, die Sie auch mit Pythons Funktion `open()` oder den anderen Datei-I/O-Funktionen aus Kapitel 10 lesen und schreiben könnten, ist es komfortabler, die zugehörigen Python-Module zu verwenden – ebenso, wie wir in Kapitel 13 das Modul Beautiful Soup für die Verarbeitung von HTML-formatiertem Text eingesetzt haben.

Jedes Format hat einen eigenen Anwendungsbereich:

- **Comma-Separated Values** (CSV, »sie-es-wie«, falls englisch ausgesprochen) ist ein vereinfachtes Tabellenkalkulationsformat und eignet sich am besten zur Speicherung einer variablen Anzahl von Zeilen mit Daten, die dieselben Spalten aufweisen.
- **JavaScript Object Notation** (JSON, ausgesprochen wie der Name »Jason«) verwendet die gleiche Syntax wie Objekte, Arrays und Datentypen in der Programmiersprache JavaScript, wobei keine Kenntnisse in JavaScript erforderlich sind. Sie wurde als einfachere Alternative zu XML geschaffen.
- **Extensible Markup Language** (XML, ausgesprochen »ix-em-el«) ist ein älteres, etabliertes und leistungsfähiges Format zur Serialisierung von Daten, das in der Unternehmenssoftware häufig eingesetzt wird. Wenn man jedoch seine erweiterten Möglichkeiten nicht benötigt, kann die Arbeit mit XML etwas komplex erscheinen.

In diesem Kapitel werden die Grundstrukturen dieser Formate sowie die entsprechenden Python-Befehle zu deren Verarbeitung erläutert.

Das CSV-Format

Jede Zeile in einer CSV-Datei (die die Dateiendung *.csv* besitzt) steht für eine Zeile in einer Tabellenkalkulation, wobei Kommas die Zellen in der Zeile voneinander trennen. Die Tabellenkalkulation *c14-beispiel3.xlsx*, die in den Online-Ressourcen zur Verfügung steht, sieht in einer CSV-Datei wie folgt aus:

```
05.04.2035 13:34,Äpfel,73
05.04.2035 03:41,Kirschen,85
06.04.2035 12:46,Birnen,14
08.04.2035 08:59,Orangen,52
10.04.2035 02:07,Äpfel,152
10.04.2035 18:10,Bananen,23
10.04.2035 02:40,Erdbeeren,98
```

Ich werde diese Datei in den Interaktive-Shell-Beispielen mit CSV dieses Kapitels verwenden. Laden Sie sie herunter oder geben Sie den Text in einen Texteditor ein und speichern Sie ihn als *c18-beispiel3.csv*.

Sie können sich CSV-Dateien als eine Liste von Listen von Werten vorstellen. Im Python-Code könnte der Inhalt von *c18-example3.csv* als Wert `[["05.04.2035 13:34", "Äpfel", "73"], ["05.04.2035 03:41", "Kirschen", "85"],… ["10.04.2035 02:40", "Erdbeeren", "98"]]` dargestellt werden. CSV-Dateien sind einfach aufgebaut und verfügen nicht über viele der Funktionen einer Excel-Tabelle. Beispielsweise:

- Sie besitzen keine verschiedenen Datentypen; jeder Wert ist ein String.
- Es gibt keine Einstellungen für Schriftgröße oder -farbe.
- Sie unterstützen nicht mehrere Tabellen.
- Die Breiten und Höhen von Zellen können nicht festgelegt werden.
- Das Zusammenführen von Zellen ist nicht möglich.
- Eingebettete Bilder oder Diagramme werden nicht unterstützt.

Der Vorteil von CSV-Dateien liegt in ihrer Einfachheit. Viele Anwendungen und Programmiersprachen unterstützen sie. Sie können CSV-Dateien in Texteditoren (einschließlich Mu) öffnen und sie bieten eine unkomplizierte Möglichkeit, Tabellendaten darzustellen.

Da CSV-Dateien reine Textdateien sind, könnten Sie versucht sein, diese als String einzulesen und anschließend mit den in Kapitel 8 behandelten Methoden zu verarbeiten. Da jede Zelle in einer CSV-Datei beispielsweise durch ein Komma getrennt wird, tendieren Sie vielleicht dazu, für jede Textzeile `split(',')` aufzurufen, um die durch Kommas getrennten Werte als Liste von Strings zu erhalten. Allerdings kennzeichnet nicht jedes Komma in einer CSV-Datei die Grenze zwischen zwei Zellen. CSV-Dateien verfügen über eine Reihe von Escape-Sequenzen, mit denen Sie Kommas und andere Zeichen als Teil des Wertes einfügen können. Die Methode `split()` berücksichtigt diese Escape-Sequenzen nicht. Aufgrund dieser möglichen Fallstricke bietet das Modul `csv` eine zuverlässigere Methode zum Lesen und Schreiben von CSV-Dateien. Außerdem hat das CSV-Format unterschiedliche Dialekte; es kommt zum Beispiel häufig vor, dass als Spaltentrenner statt des Kommas das Semikolon »`;`« verwendet wird. Das ist gerade im deutschen Sprachraum der Fall, da das Semikolon nicht mit dem Komma in deutschen Geldbeträgen oder Fließkommazahlen in Konflikt steht. Wenn Sie in Excel als »CSV UTF-8 (Comma delimited) (*.csv)« speichern oder exportieren, sind die Spalten mit einem Semikolon getrennt, denn die Regionaleinstellungen von Windows für Listentrennzeichen sind dafür zuständig. Das Modul `csv` erkennt viele Dialekte automatisch.

CSV-Dateien lesen

Um eine CSV-Datei zu lesen, müssen Sie ein `csv.reader`-Objekt erstellen, das Ihnen das Iterieren über die Zeilen der CSV-Datei ermöglicht. Das Modul `csv` ist Bestandteil von Python, sodass Sie es importieren können, ohne es zuvor installieren zu müssen. Platzieren Sie *c18-beispiel3.csv* im aktuellen Arbeitsverzeichnis und geben Sie anschließend Folgendes in die interaktive Shell ein:

```
>>> import csv
>>> f = open('c18-beispiel3.csv')
>>> reader = csv.reader(f)
>>> data = list(reader)
>>> data
[['05.04.2035 13:34', 'Äpfel', '73'], ['05.04.2035 03:41',
'Kirschen', '85'],
 ['06.04.2035 12:46', 'Birnen', '14'], ['08.04.2035 08:59',
'Orangen', '52'],
 ['10.04.2035 02:07', 'Äpfel', '152'], ['10.04.2035 18:10',
'Bananen', '23'],
 ['10.04.2035 02:40', 'Erdbeeren', '98']]
>>> f.close()
```

Um eine CSV-Datei mit dem Modul `csv` zu lesen, öffnen Sie diese wie jede andere Textdatei mit der Funktion `open()`. Anstatt jedoch die Methoden `read()` oder `readlines()` auf das von `open()` zurückgegebene Dateiobjekt anzuwenden, übergeben Sie dieses direkt an die Funktion `csv.reader()`. Diese Funktion sollte ein `reader`-Objekt zurückgeben. Beachten Sie, dass Sie keinen Dateinamen-String direkt an die Funktion `csv.reader()` übergeben können.

Der einfachste Weg, auf die Werte im `reader`-Objekt zuzugreifen, besteht darin, dieses mit `list()` in eine einfache Python-Liste umzuwandeln. Wenn Sie `list()` auf das `reader`-Objekt anwenden, erhalten Sie eine Liste von Listen, die Sie in einer Variablen wie `data` speichern können. Wenn Sie `data` in der Shell eingeben, wird die Liste von Listen angezeigt.

Da Sie die CSV-Datei nun als Liste von Listen vorliegen haben, können Sie auf den Wert in einer bestimmten Zeile und Spalte mit dem Ausdruck `data [zeile][spalte]` zugreifen, wobei `zeile` den Index einer der Listen in `data` und `spalte` den Index des gewünschten Elements aus dieser Liste bezeichnet. Geben Sie Folgendes in die interaktive Shell ein:

```
>>> data[0][0]  # Erste Zeile, erste Spalte
'05.04.2035 13:34'
>>> data[0][1]  # Erste Zeile, zweite Spalte
'Äpfel'
>>> data[0][2]  # Erste Zeile, dritte Spalte
'73'
>>> data[1][1]  # Zweite Zeile, zweite Spalte
'Kirschen'
>>> data[6][1]  # Siebte Zeile, zweite Spalte
'Erdbeeren'
```

Wie aus der Ausgabe ersichtlich ist, befindet sich `data[0][0]` in der ersten Liste und liefert uns den ersten String; `data[0][2]` befindet sich ebenfalls in der ersten Liste und liefert den dritten String usw.

Datenzugriff in einer for-Schleife

Für große CSV-Dateien empfiehlt es sich, das `reader`-Objekt in einer `for`-Schleife zu verwenden. Auf diese Weise müssen Sie nicht die gesamte Datei auf einmal in den Arbeitsspeicher laden. Geben Sie dazu beispielsweise Folgendes in die interaktive Shell ein:

```
>>> import csv
>>> f = open('c18-beispiel3.csv')
>>> reader = csv.reader(f)
>>> for zeile in reader: ❶
...     print('Zeile #' + str(reader.line_num) + ' ' + str(zeile)) ❷
...
Zeile #1 ['05.04.2035 13:34', 'Äpfel', '73']
Zeile #2 ['05.04.2035 03:41', 'Kirschen', '85']
Zeile #3 ['06.04.2035 12:46', 'Birnen', '14']
Zeile #4 ['08.04.2035 08:59', 'Orangen', '52']
Zeile #5 ['10.04.2035 02:07', 'Äpfel', '152']
Zeile #6 ['10.04.2035 18:10', 'Bananen', '23']
Zeile #7 ['10.04.2035 02:40', 'Erdbeeren', '98']
```

Nachdem Sie das Modul `csv` importiert und ein `reader`-Objekt aus der CSV-Datei erstellt haben, können Sie durch die Zeilen des `reader`-Objekts iterieren ❶. Jede Zeile ist eine Liste von Werten, die in der Variablen `zeile` gespeichert sind. Jeder Wert in dieser Liste entspricht einer Zelle.

Mit dem Aufruf der Funktion `print()` ❷ geben wir die Nummer der aktuellen Zeile sowie deren Inhalt aus. Zur Ermittlung der Zeilennummer verwenden wir das Attribut `line_num` des `reader`-Objekts, in dem eine Zahl gespeichert wird. Wenn Ihre CSV-Datei in der ersten Zeile Spaltenüberschriften enthält, können Sie `line_num` nutzen, um zu prüfen, ob Sie sich in Zeile 1 befinden, und mittels einer `continue`-Anweisung die Überschriften überspringen. Im Gegensatz zu den Python-Listen-Indizes beginnen die Zeilennummern in `line_num` bei 1 statt bei 0.

Sie können das `reader`-Objekt nur einmal durchlaufen. Um die CSV-Datei erneut einzulesen, müssen Sie `open()` sowie `csv.reader()` noch einmal ausführen, um ein weiteres `reader`-Objekt zu erstellen.

CSV-Dateien schreiben

Ein `csv.writer`-Objekt ermöglicht es Ihnen, Daten in eine CSV-Datei zu schreiben. Um ein `writer`-Objekt zu erzeugen, verwenden Sie die Funktion `csv.writer()`. Geben Sie Folgendes in die interaktive Shell ein:

```
>>> import csv
>>> f = open('ausgabe.csv', 'w', newline='') ❶
>>> writer = csv.writer(f) ❷
>>> writer.writerow(['spam', 'eggs', 'bacon', 'ham'])
21
>>> writer.writerow(['Hallo, Welt!', 'eggs', 'bacon', 'ham'])
31
>>> writer.writerow([1, 2, 3.141592, 4])
16
>>> f.close()
```

Rufen Sie `open()` auf und übergeben Sie `'w'`, um eine Datei im Schreibmodus zu öffnen ❶. Dieser Code sollte ein Objekt erstellen, das Sie dann an `csv.writer()` übergeben können ❷, um ein `writer`-Objekt zu erzeugen.

Unter Windows müssen Sie für das Schlüsselwortargument `newline` der Funktion `open()` zusätzlich einen leeren String übergeben. Aus technischen Gründen, die außerhalb des Rahmens dieses Buches liegen, würden die Zeilen in `ausgabe.csv` mit Leerzeilen versehen sein, wenn Sie das Argument `newline` nicht setzen, wie in Abbildung 18.1 dargestellt.

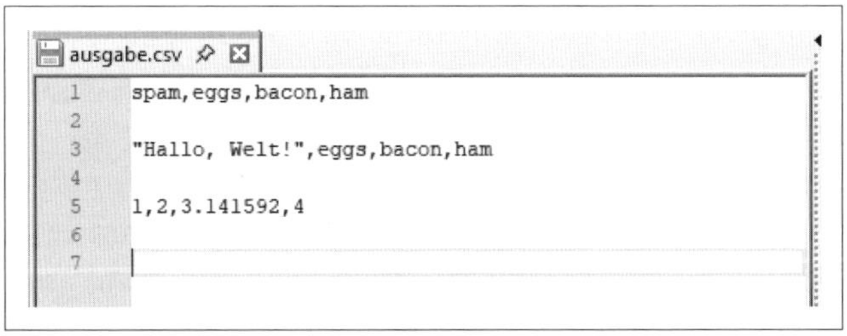

Abb. 18.1 *Eine mit zusätzlichen Leerzeilen ausgegebene CSV-Datei*

Die Methode `writerow()` von `writer`-Objekten erwartet eine Liste als Argument. Jeder Wert in der Liste erscheint in einer eigenen Zelle in der ausgegebenen CSV-Datei. Der Rückgabewert dieser Methode entspricht der Anzahl der für diese Zeile in die Datei geschriebenen Zeichen (einschließlich Zeilenumbruchzeichen). Dieses Beispiel erzeugt mittels dieses Codes eine Datei *ausgabe.csv*, die wie folgt aussieht:

```
spam,eggs,bacon,ham
"Hallo, Welt!",eggs,bacon,ham
1,2,3.141592,4
```

Beachten Sie, wie das `writer`-Objekt das Komma im Wert `'Hallo, Welt!'` automatisch durch Anführungszeichen in der CSV-Datei kennzeichnet. Das Modul `csv` erspart es Ihnen, diese Sonderfälle selbst zu behandeln. Daran sehen Sie, dass Python nicht die Regionaleinstellungen von Windows verwendet, sondern standardmäßig ein Komma »`,`« als Spaltentrenner schreibt.

Verwendung von Tabs anstelle von Kommas

Tabulatorgetrennte Dateien (TSV) ähneln CSV-Dateien, verwenden jedoch, wie zu erwarten, Tabs anstelle von Kommas. Diese Dateien besitzen die Dateiendung *.tsv*. Angenommen, Sie möchten die Zellen mit einem Tabulatorzeichen statt mit einem Komma trennen und möchten jeweils Leerzeilen zwischen den Zeilen. Dann könnten Sie beispielsweise Folgendes in die interaktive Shell eingeben:

```
>>> import csv
>>> f = open('ausgabe.tsv', 'w', newline='')
>>> writer = csv.writer(f, delimiter='\t', lineterminator='\n\n') ❶
>>> writer.writerow(['spam', 'eggs', 'bacon', 'ham'])
21
>>> writer.writerow(['Hallo, Welt!', 'eggs', 'bacon', 'ham'])
29
>>> writer.writerow([1, 2, 3.141592, 4])
16
>>> f.close()
```

Dieser Code ändert das Trennzeichen (engl. *delimiter*) und das Zeilenendzeichen (engl. *lineterminator*) in Ihrer Datei. Das *Trennzeichen* ist das Zeichen, das zwischen den Zellen einer Zeile erscheint. Standardmäßig ist das Trennzeichen in einer CSV-Datei ein Komma. Das *Zeilenendzeichen* ist das Zeichen, das am Ende einer Zeile steht. Standardmäßig ist das Zeilenendzeichen ein Zeilenumbruch. Sie können die Zeichen auf andere Werte festlegen, indem Sie die Schlüsselwortargumente `delimiter` und `lineterminator` bei `csv.writer()` verwenden.

Durch die Übergabe von `delimiter='\t'` und `lineterminator='\n\n'` ❶ wird das Trennzeichen auf einen Tabulator und das Zeilenendzeichen auf zwei Zeilenumbrüche gesetzt. Anschließend ruft der Code dreimal `writerow()` auf, um drei Zeilen zu erzeugen, wodurch eine Datei namens *ausgabe.tsv* mit folgendem Inhalt entsteht:

```
spam	eggs	bacon	ham

Hallo, Welt!	eggs	bacon	ham

1	2	3.141592	4
```

Nun trennen Tabulatoren die Zellen in der Tabellenkalkulation.

Verarbeitung von Kopfzeilen

Für CSV-Dateien mit Kopfzeilen (engl. *header*) empfiehlt es sich häufig, die Objekte `DictReader` und `DictWriter` anstelle von `reader` und `writer` zu verwenden. Während `reader` und `writer` CSV-Zeilen anhand von Listen einlesen und schreiben, erfüllen `DictReader` und `DictWriter` diese Aufgaben mithilfe von Dictionaries und interpretieren dabei die Werte der ersten Zeile als Schlüssel.

Laden Sie für das nächste Beispiel die Datei *c18-beispielMitKopfzeilen3.csv* aus den Online-Ressourcen des Buches herunter. Diese Datei entspricht *c18-beispiel3.csv*, verfügt aber in der ersten Zeile über die Spaltenüberschriften *Zeitstempel*, *Obst* und *Menge*. Zusätzlich habe ich als Spaltentrenner das Komma verwendet, weil der `DictReader` es sonst nicht automatisch erkennt. Um die Datei einzulesen, geben Sie Folgendes in die interaktive Shell ein:

```
>>> import csv
>>> f = open('c18-beispielMitKopfzeilen3.csv')
>>> dict_reader = csv.DictReader(f)
>>> data = list(dict_reader) ❶
>>> data
[{'Zeitstempel': '05.04.2035 13:34', 'Obst': 'Äpfel', 'Menge': '73'},
 {'Zeitstempel': '05.04.2035 03:41', 'Obst': 'Kirschen', 'Menge': '85'},
 {'Zeitstempel': '06.04.2035 12:46', 'Obst': 'Birnen', 'Menge': '14'},
 {'Zeitstempel': '08.04.2035 08:59', 'Obst': 'Orangen', 'Menge': '52'},
 {'Zeitstempel': '10.04.2035 02:07', 'Obst': 'Äpfel', 'Menge': '152'},
 {'Zeitstempel': '10.04.2035 18:10', 'Obst': 'Bananen', 'Menge': '23'},
 {'Zeitstempel': '10.04.2035 02:40', 'Obst': 'Erdbeeren', 'Menge': '98'}]
>>> f = open('c18-beispielMitKopfzeilen3.csv')
>>> dict_reader = csv.DictReader(f)
>>> for zeile in dict_reader: ❷
...     print(zeile['Zeitstempel'], zeile['Obst'], zeile['Menge'])
...
05.04.2035 13:34 Äpfel 73
05.04.2035 03:41 Kirschen 85
06.04.2035 12:46 Birnen 14
08.04.2035 08:59 Orangen 52
10.04.2035 02:07 Äpfel 152
10.04.2035 18:10 Bananen 23
10.04.2035 02:40 Erdbeeren 98
```

Wenn Sie das `DictReader`-Objekt an `list()` übergeben ❶, erhalten Sie die CSV-Daten als Liste von Dictionaries. Jede Zeile entspricht einem Dictionary in der Liste. Sie können das `DictReader`-Objekt alternativ auch innerhalb einer `for`-Schleife verwenden ❷. Das `DictReader`-Objekt weist `zeile` ein Dictionary-Objekt mit Schlüsseln zu, die aus den Überschriften der ersten Zeile abgeleitet werden. Die Nutzung eines `DictReader`-Objekts macht zusätzlichen Code zum Überspringen der Kopfzeile überflüssig, da das `DictReader`-Objekt dies automatisch übernimmt.

Wenn Sie ein `DictReader`-Objekt mit *c18-beispiel3.csv* verwenden, das in der ersten Zeile keine Spaltenüberschriften enthält, würde das `DictReader`-Objekt `'05.04.2035 13:34'`, `'Äpfel'` und `'73'` als Dictionary-Schlüssel verwenden. Um dies zu verhindern, können Sie der Funktion `DictReader()` ein zweites Argument mit frei gewählten Namen für die Spaltenüberschriften übergeben:

```
>>> import csv
>>> f = open('c18-beispiel3.csv')
>>> dict_reader = csv.DictReader(f, ['Zeit', 'Name', 'Anzahl'])
>>> for row in dict_reader:
...     print(row['Zeit'], row['Name'], row['Anzahl'])
...
05.04.2035 13:34 Äpfel 73
05.04.2035 03:41 Kirschen 85
06.04.2035 12:46 Birnen 14
08.04.2035 08:59 Orangen 52
10.04.2035 02:07 Äpfel 152
10.04.2035 18:10 Bananen 23
10.04.2035 02:40 Erdbeeren 98
```

Da die erste Zeile von *c18-beispiel3.csv* keine Spaltenüberschriften enthält, haben wir eigene verwendet: `'Zeit'`, `'Name'` und `'Anzahl'`. Die `DictWriter`-Objekte verwenden Dictionaries, um CSV-Dateien zu erzeugen:

```
>>> import csv
>>> f = open('ausgabe.csv', 'w', newline='')
>>> dict_writer = csv.DictWriter(f, ['Name', 'Tier', 'Tel'])
>>> dict_writer.writeheader()
15
>>> dict_writer.writerow({'Name': 'Alice', 'Tier': 'Katze', 'Tel':
'12345'})
19
>>> dict_writer.writerow({'Name': 'Bob', 'Tel': '98765'})
12
>>> dict_writer.writerow({'Tel': '343434', 'Name': 'Carol', 'Tier':
'Hund'})
21
>>> f.close()
```

Soll Ihre Datei eine Kopfzeile enthalten, schreiben Sie diese Zeile, indem Sie `writeheader()` aufrufen. Andernfalls verzichten Sie auf den Aufruf von `writeheader()`, damit keine Kopfzeile in der Datei vorhanden ist. Danach können Sie jede Zeile der CSV-Datei mit einem Aufruf der Methode `writerow()` schreiben, indem Sie ein Dictionary übergeben, das die Überschriften als Schlüssel verwendet und die einzufügenden Daten enthält.

Die durch diesen Code erzeugte Datei *ausgabe.csv* sieht folgendermaßen aus:

```
Name,Tier,Tel
Alice,Katze,12345
Bob,,98765
Carol,Hund,343434
```

Die doppelten Kommas zeigen an, dass Bob einen leeren Wert für ein Haustier besitzt. Beachten Sie, dass die Reihenfolge der Schlüssel-Wert-Paare in den an `writerow()` übergebenen Dictionaries unerheblich ist; sie wird durch die Reihenfolge der an `DictWriter()` übergebenen Schlüssel bestimmt. Selbst wenn Sie beispielsweise im vierten Eintrag den `Tel`-Schlüssel und -Wert vor den `Name`- und `Tier`-Schlüsseln und -Werten übergeben, erscheint die Telefonnummer dennoch zuletzt in der Ausgabe.

Beachten Sie außerdem, dass fehlende Schlüssel, wie etwa `'Tier'` in `{'Name': 'Bob', Tel': '98765'}`, zu leeren Zellen in der CSV-Datei führen.

Projekt 13: Entfernen der Kopfzeile aus CSV-Dateien

Angenommen, Sie erhalten die monotone Aufgabe, aus mehreren Hundert CSV-Dateien die erste Zeile zu entfernen. Möglicherweise möchten Sie diese Dateien in einen automatisierten Prozess einspeisen, der ausschließlich die Daten benötigt, ohne die Überschriften am Kopf der Spalten. Sie *könnten* jede Datei in Excel öffnen, die erste Zeile löschen und die Datei erneut speichern – doch das würde Stunden in Anspruch nehmen. Lassen Sie uns stattdessen ein Programm schreiben, das diese Aufgabe übernimmt.

Das Programm muss jede Datei mit der Endung *.csv* im aktuellen Arbeitsverzeichnis öffnen, den Inhalt der CSV-Datei einlesen und die Daten ohne die erste Zeile in eine Datei mit demselben Namen schreiben. Dadurch werden die alten Inhalte der CSV-Datei durch die neuen, kopfzeilenfreien Daten ersetzt.

Achtung

Wie stets gilt: Wenn Sie ein Programm verfassen, das Dateien verändert, sollten Sie die Originaldateien zunächst sichern, falls Ihr Programm nicht wie erwartet funktioniert. Sie möchten Ihre ursprünglichen Dateien nicht versehentlich löschen.

Im Wesentlichen muss das Programm folgende Schritte ausführen:

- sämtliche CSV-Dateien im aktuellen Arbeitsverzeichnis ermitteln
- den vollständigen Inhalt jeder Datei einlesen
- den Inhalt in eine neue CSV-Datei schreiben, wobei die erste Zeile übersprungen wird

Auf Code-Ebene bedeutet dies, dass das Programm Folgendes ausführen muss:

- eine Liste von Dateien aus `os.listdir()` durchlaufen und alle Nicht-CSV-Dateien ignorieren
- ein CSV-`reader`-Objekt erstellen und den Inhalt der Datei einlesen; das Attribut `line_num` verwenden, um festzustellen, welche Zeile übersprungen werden sollte
- ein CSV-`writer`-Objekt erstellen und die eingelesenen Daten in die neue Datei schreiben

Öffnen Sie für dieses Projekt ein neues Dateieditor-Fenster und speichern Sie es als *removeCsvHeader.py*.

Schritt 1: Jede Datei durchlaufen

Ihr Programm muss zunächst eine Liste aller CSV-Dateinamen im aktuellen Arbeitsverzeichnis durchlaufen. Gestalten Sie *removeCsvHeader.py* wie folgt:

```
# Entfernt die Kopfzeile aus CSV-Dateien
import csv, os

os.makedirs('kopfzeilenEntfernt', exist_ok=True)

# für jede Datei im aktuellen Arbeitsverzeichnis
for csv_dateiname in os.listdir('.'):
    if not csv_dateiname.endswith('.csv'):
      continue  # Überspringen der Nicht-CSV-Dateien. ❶

    print('Entferne Kopfzeile von ' + csv_dateiname + '...')

    # TODO: Lesen der CSV-Datei (erste Zeile überspringen)

    # TODO: Schreiben der CSV-Datei
```

Der Aufruf von `os.makedirs()` erstellt einen Ordner *kopfzeilenEntfernt*, in dem die CSV-Dateien ohne Kopfzeile gespeichert werden. Eine `for`-Schleife mit `os.listdir('.')` bringt Sie ein Stück voran, da sie jedoch *alle* Dateien im Arbeitsverzeichnis durchläuft, müssen Sie zu Beginn der Schleife Code ergänzen, der Dateinamen überspringt, die nicht mit *.csv* enden. Die `continue`-Anweisung ❶ bewirkt, dass die `for`-Schleife zur nächsten Datei übergeht, sobald eine Nicht-CSV-Datei gefunden wird.

Damit wir während der Programmausführung etwas sehen, geben wir eine Nachricht aus, die anzeigt, mit welcher CSV-Datei das Programm gerade arbeitet.

Schritt 2: Lesen der Datei

Das Programm entfernt die erste Zeile aus der originalen CSV-Datei nicht. Stattdessen erstellt es eine Kopie der CSV-Datei ohne die erste Zeile. So können Sie die Originaldatei verwenden, falls ein Fehler die neue Datei verkehrt erzeugt.

Das Programm benötigt eine Möglichkeit, um zu erkennen, ob es sich aktuell in der ersten Zeile befindet. Ergänzen Sie dazu Folgendes in *removeCsvHeader.py*.

```
# Entfernt die Kopfzeile aus CSV-Dateien
import csv, os

--schnipp--

    # Lesen der CSV-Datei (erste Zeile überspringen)
    csv_zeilen = []
    csv_file = open(csv_dateiname)
    reader = csv.reader(csv_file)
    for zeile in reader:
        if reader.line_num == 1:
            continue  # Erste Zeile überspringen
        csv_zeilen.append(zeile)
    csv_file.close()

    # TODO: Schreiben der CSV-Datei
```

Mit dem Attribut `line_num` des `reader`-Objekts können Sie feststellen, welche Zeile der CSV-Datei aktuell gelesen wird. Eine weitere `for`-Schleife durchläuft die von dem CSV-`reader`-Objekt zurückgegebenen Zeilen; alle Zeilen außer der ersten werden `csv_zeilen` hinzugefügt.

Während die `for`-Schleife über jede Zeile iteriert, prüft der Code, ob `reader_obj.line_num` auf `1` gesetzt ist. Trifft dies zu, wird ein `continue` ausgeführt, sodass zur nächsten Zeile übergegangen wird, ohne diese an `csv_zeilen` anzuhängen. Für jede weitere Zeile ist die Bedingung stets `False`, sodass der Code die Zeile an `csv_zeilen` anhängt.

Schritt 3: Die neue CSV-Datei schreiben

Da `csv_zeilen` jetzt alle Zeilen außer der ersten enthält, müssen Sie die Liste in eine CSV-Datei im Ordner *kopfzeilenEntfernt* schreiben. Fügen Sie Folgendes zu *removeCsvHeader.py* hinzu:

```
# Entfernt die Kopfzeile aus CSV-Dateien
import csv, os

--schnipp--

# Durchlaufen Sie jede Datei im aktuellen Arbeitsverzeichnis.
for csv_dateiname in os.listdir('.'): ❶
    if not csv_dateiname.endswith('.csv'):
      continue  # Überspringen der Nicht-CSV-Dateien.
    --snip--

    # Schreiben der CSV-Datei
    csv_file = open(os.path.join('kopfzeilenEntfernt', csv_dateiname),
                    'w', newline='')
    writer = csv.writer(csv_file)
    for row in csv_zeilen:
        writer.writerow(row)
    csv_file.close()
```

Das CSV-`writer`-Objekt schreibt die Liste in eine CSV-Datei nach *kopfzeilenEntfernt*, wobei `csv_dateiname` verwendet wird (dieser Dateiname wurde auch beim CSV-Reader genutzt). Nachdem Sie das `writer`-Objekt erstellt haben, iterieren Sie über die in `csv_zeilen` gespeicherten Unterlisten und schreiben jede einzelne in die Datei.

Die äußere `for`-Schleife ❶ fährt anschließend mit dem nächsten Dateinamen fort, den `os.listdir('.')` zurückgibt. Sobald diese Schleife beendet ist, ist das Programm abgeschlossen.

Um Ihr Programm zu testen, laden Sie *removeCsvHeader.zip* aus den Online-Ressourcen des Buches herunter und entpacken Sie die Datei in einen Ordner. Führen Sie anschließend das Programm *removeCsvHeader.py* in diesem Ordner aus. Die Ausgabe sieht folgendermaßen aus:

```
Entferne Kopfzeile von NAICS_data_1048.csv...
Entferne Kopfzeile von  NAICS_data_1218.csv...
--schnipp--
Entferne Kopfzeile von  NAICS_data_9834.csv...
Entferne Kopfzeile von  NAICS_data_9986.csv...
```

Dieses Programm sollte jedes Mal den Dateinamen ausgeben, wenn es die erste Zeile aus einer CSV-Datei entfernt.

Ideen für vergleichbare Programme

Programme, die mit CSV-Dateien arbeiten, ähneln jenen, die mit Excel-Dateien arbeiten, da sowohl CSV als auch Excel Tabellenkalkulationsdateien sind. Beispielsweise könnten Sie Programme schreiben, um Folgendes umzusetzen:

- Vergleichen Sie Daten zwischen verschiedenen Zeilen innerhalb einer CSV-Datei oder zwischen mehreren CSV-Dateien.
- Kopieren Sie bestimmte Daten aus einer CSV-Datei in eine Excel-Datei oder umgekehrt.
- Prüfen Sie CSV-Dateien auf ungültige Daten oder Formatierungsfehler und informieren Sie den Benutzer über diese Fehler.
- Lesen Sie Daten aus einer CSV-Datei als Eingabe für Ihre Python-Programme ein.

Vielseitige Klartextformate

Während CSV-Dateien nützlich sind, um Zeilen mit exakt denselben Spalten zu speichern, können die Formate JSON und XML eine Vielzahl unterschiedlicher Datenstrukturen aufnehmen. (Dieses Buch behandelt die weniger verbreiteten, aber dennoch hilfreichen Formate YAML und TOML nicht.) Diese Formate sind nicht auf Python beschränkt; viele Programmiersprachen verfügen über Funktionen zum Lesen und Schreiben von Daten in diesen Formaten.

Jedes dieser Formate organisiert Daten nach dem Prinzip verschachtelter Python-Dictionaries und -Listen. In anderen Programmiersprachen werden Dictionaries als *Mappings*, *Hash Maps*, *Hash-Tabellen* oder *Assoziative Arrays* bezeichnet, da sie ein Datenelement (den Schlüssel) mit einem anderen (dem Wert) verknüpfen bzw. zuordnen. Ebenso werden die Listen in Python in anderen Sprachen häufig *Arrays* genannt. Doch die Konzepte sind dieselben: Sie organisieren Daten in Schlüssel-Wert-Paare und Listen.

Sie können Dictionaries und Listen in andere Dictionaries und Listen verschachteln, um komplexe Datenstrukturen zu bilden. Wenn Sie diese Datenstrukturen in einer Textdatei speichern möchten, müssen Sie ein Datenserialisierungsformat wie JSON oder XML verwenden. Die in diesem Kapitel behandelten Python-Module können Text in diesen Formaten *parsen* (also lesen und interpretieren), um daraus Python-Datenstrukturen zu erzeugen.

Diese menschenlesbaren Klartextformate nutzen Speicherplatz und Arbeitsspeicher zwar nicht optimal aus, bieten jedoch den Vorteil, dass sie sich leicht in einem Texteditor anzeigen und bearbeiten lassen und sprachneutral sind. Programme, die in jeder beliebigen Sprache geschrieben wurden, können Textdateien lesen oder schreiben. Im Gegensatz dazu kann das Modul `shelve`, das in Kapitel 10 behandelt wird, alle Python-Datentypen in binären Shelf-Dateien speichern. Andere Programmiersprachen verfügen jedoch nicht über Module, um diese Daten in ihre Programme zu laden.

Im weiteren Verlauf dieses Kapitels werde ich die folgende Python-Datenstruktur, die persönliche Details über eine Person namens Alice speichert, in jedem dieser Formate darstellen, sodass Sie diese vergleichen und gegenüberstellen können:

```
{
    "name": "Alice Doe",
    "age": 30,
    "car": None,
    "programmer": True,
    "address": {
        "street": "100 Larkin St.",
        "city": "San Francisco",
        "zip": "94102"
    },
    "phone": [
        {
            "type": "mobile",
            "number": "415-555-7890"
        },
        {
            "type": "work",
            "number": "415-555-1234"
        }
    ]
}
```

Diese Textformate haben jeweils ihre eigene Historie und besetzen spezifische Nischen im Computerkontext. Wenn Sie ein Datenserialisierungsformat zur Speicherung Ihrer Daten auswählen, berücksichtigen Sie, dass JSON einfacher als XML und verbreiteter als YAML ist. TOML kommt hauptsächlich als Format für Konfigurationsdateien zum Einsatz. Eigene Datenserialisierungsformate zu entwickeln, mag verlockend wirken. Sie würden jedoch das Rad neu erfinden und müssten einen eigenen Parser für Ihr benutzerdefiniertes Format erstellen. Es empfiehlt sich, einfach ein bestehendes Format auszuwählen.

JSON

JSON speichert Informationen als JavaScript-Quellcode, wenngleich zahlreiche Anwendungen außerhalb von JavaScript dieses Format ebenfalls nutzen. Insbesondere stellen Websites ihre Daten häufig im JSON-Format über APIs wie die in Kapitel 13 thematisierte OpenWeather-API für Programmierende bereit. Man speichert JSON-formatierte Texte in Klartextdateien mit der Dateiendung *.json*. Hier finden Sie die Beispiel-Datenstruktur, formatiert als JSON-Text:

```
{
  "name": "Alice Doe",
  "age": 30,
  "car": null,
  "programmer": true,
  "address": {
    "street": "100 Larkin St.",
    "city": "San Francisco",
    "zip": "94102"
  },
  "phone": [
    {
      "type": "mobile",
      "number": "415-555-7890"
    },
    {
      "type": "work",
      "number": "415-555-1234"
    }
  ]
}
```

Als Erstes werden Sie bemerken, dass JSON der Syntax von Python stark ähnelt. Sowohl die Dictionaries in Python als auch die JSON-Objekte verwenden geschweifte Klammern und enthalten Schlüssel-Wert-Paare, die durch Kommas getrennt werden; jeder Schlüssel und Wert ist dabei durch einen Doppelpunkt voneinander getrennt. Sowohl Listen in Python als auch JSON-Arrays verwenden eckige Klammern und beinhalten Werte, die durch Kommas getrennt sind. In JSON ist Leerraum außerhalb von doppelten Anführungszeichen von Strings unerheblich, sodass Sie die Werte beliebig anordnen können. Verwenden Sie jedoch nach Möglichkeit für verschachtelte Objekte und Arrays eine tiefere Einrückung, vergleichbar mit eingerücktem Python-Code. In unseren Beispieldaten ist die Liste der Telefonnummern um zwei Leerzeichen eingerückt, wobei jedes Dictionary mit einer Telefonnummer in der Liste um vier Leerzeichen eingerückt ist.

Es existieren jedoch auch Unterschiede zwischen JSON und Python. Statt des Python-Wertes `None` verwendet JSON das JavaScript-Schlüsselwort `null`. Die booleschen Werte entsprechen den JavaScript-Schlüsselwörtern `true` und `false`, jeweils in Kleinbuchstaben. JSON erlaubt weder Kommentare noch mehrzeilige Strings; alle Strings in JSON müssen doppelte Anführungszeichen verwenden, andere Varianten wie einfache Anführungszeichen gibt es nicht. Im Gegensatz zu Python-Listen dürfen JSON-Arrays und Objekte kein abschließendes Komma haben, daher ist `["spam", "eggs"]` gültiges Python und JSON, `["spam", "eggs",]` in JSON jedoch ungültig.

Facebook, Twitter, Yahoo!, Google, Tumblr, Wikipedia, Flickr, Data.gov, Reddit, IMDb, Rotten Tomatoes, LinkedIn und zahlreiche weitere bekannte Websites bieten APIs an, die mit JSON-Daten arbeiten. Für einige dieser Seiten ist eine Registrierung erforderlich, die jedoch nahezu immer kostenlos ist. Sie müssen die Dokumentation konsultieren, um herauszufinden, welche URLs Ihr Programm anfordern muss, um die gewünschten Daten zu erhalten, sowie welches grundsätzliche Format die zurückgegebenen JSON-Datenstrukturen aufweisen. Falls die Website, die die API bereitstellt, über eine Entwicklerseite verfügt, suchen Sie dort nach der entsprechenden Dokumentation.

Das Python-Modul `json` übernimmt die Übersetzung zwischen einem als JSON formatierten String und den entsprechenden Python-Werten mit den Funktionen `json.loads()` und `json.dumps()`. JSON kann nicht jeden Python-Wert speichern, sondern ausschließlich folgende grundlegende Datentypen: Strings, Ganzzahlen, Fließkommazahlen, Booleans, Listen, Dictionaries und `NoneType`. JSON kann keine Python-spezifischen Objekte abbilden, etwa `File`-Objekte, CSV-`reader`- oder `writer`-Objekte oder Selenium-`WebElement`-Objekte. Die vollständige Dokumentation zum Modul `json` finden Sie unter *https://docs.python.org/3/library/json.html.*

Einlesen von JSON-Daten

Um einen String, der JSON-Daten enthält, in einen Python-Wert zu übersetzen, übergeben Sie ihn an die Funktion `json.loads()`. (Der Name bedeutet »String laden«, nicht »json lädt«.) Geben Sie Folgendes in die interaktive Shell ein:

```
>>> import json ❶
>>> json_string = '{"name": "Alice Doe", "age": 30, "car": null,
"programmer":
 true, "address": {"street": "100 Larkin St.", "city": "San Fran-
cisco", "zip":
 "94102"}, "phone": [{"type": "mobile", "number": "415-555-7890"},
{"type":
"work", "number": "415-555-1234"}]}'
>>> python_data = json.loads(json_string) ❷
>>> python_data
{'name': 'Alice Doe', 'age': 30, 'car': None, 'programmer': True,
'address':
{'street': '100 Larkin St.', 'city': 'San Francisco', 'zip':
'94102'},
'phone': [{'type': 'mobile', 'number': '415-555-7890'}, {'type': 'work',
'number': '415-555-1234'}]}
```

Nachdem Sie das Modul `json` importiert haben ❶, können Sie `loads()` ❷ aufrufen und ihm einen String mit JSON-Daten übergeben. Beachten Sie, dass JSON-Strings stets doppelte Anführungszeichen verwenden. Die Funktion sollte die Daten als ein Python-Dictionary zurückgeben.

JSON-Daten schreiben

Die Funktion `json.dumps()` (was »String ausgeben« bedeutet und nicht »json gibt aus«) wandelt Python-Daten in einen String im JSON-Format um. Geben Sie Folgendes in die interaktive Shell ein:

```
>>> import json
>>> python_data = {'name': 'Alice Doe', 'age': 30, 'car': None,
'programmer': True, 'address': {'street': '100 Larkin St.',
'city': 'San Francisco', 'zip': '94102'}, 'phone': [{'type': 'mo-
bile',
'number': '415-555-7890'}, {'type': 'work', 'number': '415-555-
1234'}]}
>>> json_string = json.dumps(python_data) ❶
>>> print(json_string) ❷
{"name": "Alice Doe", "age": 30, "car": null, "programmer": true,
"address": {"street": "100 Larkin St.", "city": "San Francisco",
"zip": "94102"}, "phone": [{"type": "mobile", "number": "415-555-
7890"},
{"type": "work", "number": "415-555-1234"}]}
>>> json_string = json.dumps(python_data, indent=2) ❸
>>> print(json_string)
{
  "name": "Alice Doe",
  "age": 30,
  "car": null,
  "programmer": true,
  "address": {
    "street": "100 Larkin St.",
    "city": "San Francisco",
    "zip": "94102"
  },
  "phone": [
    {
      "type": "mobile",
      "number": "415-555-7890"
    },
    {
      "type": "work",
      "number": "415-555-1234"
    }
  ]
}
```

Der an `json.dumps()` übergebene Wert ❶ darf ausschließlich aus den folgenden grundlegenden Python-Datentypen bestehen: String, Ganzzahl, Fließkommazahl, Boolean, Liste, Dictionary und `NoneType`.

Standardmäßig wird der gesamte JSON-Text in einer einzigen Zeile ausgegeben ❷. Dieses komprimierte Format eignet sich für den Austausch von JSON-Text zwischen Programmen. Für Menschen ist jedoch eine mehrzeilige, eingerückte Darstellung besser lesbar. Das Schlüsselwortargument `indent=2` ❸ formatiert den JSON-Text in einzelne Zeilen und rückt jedes verschachtelte Dictionary oder jede Liste mit zwei Leerzeichen ein. Sofern Ihre JSON-Datei nicht mehrere Megabyte groß ist, rechtfertigt die Lesbarkeit die durch zusätzliche Leer- und Zeilenumbruchzeichen verursachte Vergrößerung der Dateigröße.

Sobald Sie den JSON-Text als Python-String-Wert haben, können Sie ihn in eine *.json*-Datei schreiben, an eine Funktion übergeben, in einer Webanfrage verwenden oder jede andere Operation ausführen, die Sie mit einem String durchführen können.

XML

Das XML-Dateiformat ist älter als JSON, wird jedoch nach wie vor häufig verwendet. Seine Syntax ähnelt der von HTML, das wir in Kapitel 18 behandelt haben, und besteht aus verschachtelten öffnenden und schließenden Tags in spitzen Klammern, die weiteren Inhalt enthalten. Diese Tags werden *Elemente* genannt. SVG-Bilddateien bestehen aus Text, der in XML geschrieben ist. Auch die Webfeed-Formate RSS und Atom basieren auf XML, und Microsoft-Word-Dokumente sind im Grunde ZIP-Dateien mit der Dateiendung *.docx*, die XML-Dateien enthalten.

Wir speichern XML-formatierten Text in Klartextdateien mit der Dateierweiterung *.xml*. Hier sehen Sie die beispielhafte Datenstruktur im XML-Format:

```
<person>
    <name>Alice Doe</name>
    <age>30</age>
    <programmer>true</programmer>
    <car xsi:nil="true" xmlns:xsi="http://www.w3.org/2001/XMLSchema-
instance"/>
    <address>
        <street>100 Larkin St.</street>
        <city>San Francisco</city>
        <zip>94102</zip>
    </address>
    <phone>
        <phoneEntry>
            <type>mobile</type>
```

```
            <number>415-555-7890</number>
        </phoneEntry>
        <phoneEntry>
            <type>work</type>
            <number>415-555-1234</number>
        </phoneEntry>
    </phone>
</person>
```

In diesem Beispiel verfügt das Element <person> über die Unterelemente <name>, <age> und weitere. Die Unterelemente <name> und <age> sind *Kindelemente*, und <person> ist deren *Elternelement*. Gültige XML-Dokumente müssen ein einzelnes *Root-Element* besitzen, das sämtliche anderen Elemente enthält, wie beispielsweise das Element <person> in diesem Beispiel. Ein Dokument mit mehreren Root-Elementen wie im folgenden Beispiel ist nicht gültig:

```
<person><name>Alice Doe</name></person>
<person><name>Bob Smith</name></person>
<person><name>Carol Watanabe</name></person>
```

XML ist im Vergleich zu moderneren Serialisierungsformaten wie JSON sehr ausführlich. Jedes Element verfügt über einen Öffnungs- und einen Schlusstag, zum Beispiel <age> und </age>. Ein XML-Element stellt ein Schlüssel-Wert-Paar dar, wobei der Schlüssel das Tag des Elements ist (in diesem Fall <age>) und der Wert dem Text zwischen den öffnenden und schließenden Tags entspricht. XML-Text besitzt keinen Datentyp; alles zwischen den öffnenden und schließenden Tags wird als String betrachtet, einschließlich der Texte `94102` und `true` in unserem Beispieldatensatz. Datenlisten wie das Element <phone> müssen ihre einzelnen Einträge mit eigenen Elementen kennzeichnen, etwa durch <phoneEntry>. Das Suffix »Entry« für diese Unterelemente ist lediglich eine Konvention zur Benennung.

Die Kommentare in XML sind identisch mit denen in HTML: Alles, was sich zwischen `<!--` und `-->` befindet, wird ignoriert.

Leerraum außerhalb der öffnenden und schließenden Tags ist meistens unerheblich; Sie können die Formatierung beliebig wählen. Einen »null«-Wert gibt es in XML nicht, Sie können diesen jedoch simulieren, indem Sie die Attribute `xsi:nil="true"` und `xmlns:xsi="http://www.w3.org/2001/XMLSchema-instance"` einem Tag hinzufügen. XML-Attribute sind Schlüssel-Wert-Paare im Format `key="value"`, die innerhalb des öffnenden Tags geschrieben werden. Das Tag wird als *selbstschließendes Tag* verfasst; anstelle eines schließenden Tags endet das öffnende Tag mit `/>`, wie in `<car xsi:nil="true" xmlns:xsi="http://www.w3.org/2001/XMLSchema-instance"/>`.

Tag- und Attributnamen können in beliebiger Groß- oder Kleinschreibung geschrieben werden, jedoch ist Kleinschreibung üblicher. Attributwerte dürfen in einfachen oder doppelten Anführungszeichen stehen, wobei doppelte Anführungszeichen als Standard gelten.

Ob Sie beim Serialisieren Unterelemente oder Attribute verwenden sollten, ist oft nicht eindeutig zu beantworten. Unsere Beispieldaten nutzen diese Elemente für die Adressdaten:

```
<address>
    <street>100 Larkin St.</street>
    <city>San Francisco</city>
    <zip>94102</zip>
</address>
```

Sie könnten die Daten der Unterelemente jedoch ebenso gut als Attribute in einem selbstschließenden `<address>`-Element formatieren:

```
<address street="100 Larkin St." city="San Francisco" zip="94102" />
```

Diese Mehrdeutigkeiten sowie die ausführliche Ausgabe haben dazu geführt, dass XML weniger beliebt ist als früher. XML war insbesondere in den 1990er- und 2000er-Jahren weit verbreitet, und viele dieser Softwarelösungen werden bis heute eingesetzt. Falls Sie keinen konkreten Grund für die Verwendung von XML haben, empfiehlt es sich, stattdessen auf JSON zurückzugreifen.

Im Allgemeinen bieten XML-Softwarebibliotheken zwei Verfahren, um XML-Dokumente einzulesen. Die *Document Object Model (DOM)*-Methode lädt das vollständige XML-Dokument auf einmal in den Arbeitsspeicher. So können Sie einfach auf Daten an beliebigen Stellen im XML-Dokument zugreifen; dieses Verfahren eignet sich jedoch in der Regel nur für kleinere oder mittelgroße XML-Dokumente. Die *Simple API for XML (SAX)*-Methode verarbeitet das XML-Dokument als Strom von Elementen, sodass nicht das gesamte Dokument sofort in den Speicher geladen werden muss. Dieses Verfahren ist für XML-Dokumente mit mehreren Gigabyte ideal, jedoch weniger komfortabel, da Sie auf Elemente erst zugreifen können, nachdem Sie diese im Dokument durchlaufen haben.

Die Standardbibliothek von Python stellt die Module `xml.dom`, `xml.sax` und `xml.etree.ElementTree` zur Verarbeitung von XML-Text bereit. Für unsere einfachen Anwendungsbeispiele verwenden wir das Python-Modul `xml.etree.ElementTree`, um das gesamte XML-Dokument auf einmal einzulesen.

XML-Dateien lesen

Das Modul `xml.etree` verwendet `Element`-Objekte zur Darstellung eines XML-Elements und dessen Kindelementen. Geben Sie Folgendes in die interaktive Shell ein:

```
>>> import xml.etree.ElementTree as ET ❶
>>> xml_string = """<person><name>Alice Doe</name><age>30</age> ❷
<programmer>true</programmer><car xsi:nil="true" xmlns:xsi=
"http://www.w3.org/2001/XMLSchema-instance"/><address><street>
100 Larkin St.</street><city>San Francisco</city><zip>94102</zip></
address>
<phone><phoneEntry><type>mobile</type><number>415-555-7890</number>
</phoneEntry><phoneEntry><type>work</type><number>415-555-1234</
number>
</phoneEntry></phone></person>"""
>>> root = ET.fromstring(xml_string) ❸
>>> root
<Element 'person' at 0x000001942999BBA0>
```

Wir importieren das Modul `xml.etree.ElementTree` ❶ mit der Syntax `as ET`, sodass Sie `ET` statt des langen Modulnamens `xml.etree.ElementTree` verwenden können. Die Variable `xml_string` ❷ enthält den Text des XML-Dokuments, das Sie analysieren möchten – dieser Text könnte jedoch ebenso gut aus einer Textdatei mit der Dateierweiterung *.xml* eingelesen worden sein. Abschließend übergeben Sie diesen Text an die Funktion `ET.fromstring()` ❸, die ein `Element`-Objekt zurückgibt, das die gewünschten Daten enthält. Sie speichern dieses `Element`-Objekt in einer Variablen mit dem Namen `root`.

Das Modul `xml.etree.ElementTree` verfügt außerdem über eine `parse()`-Funktion. Sie können dieser Funktion den Namen einer Datei übergeben, aus der das XML geladen werden soll; sie gibt ein `Element`-Objekt zurück:

```
>>> import xml.etree.ElementTree as ET
>>> tree = ET.parse('meine_daten.xml')
>>> root = tree.getroot()
```

Sobald Sie über ein `Element`-Objekt verfügen, können Sie mit den Python-Attributen `tag` und `text` auf den Namen des Tags sowie auf den innerhalb der öffnenden und schließenden Tags enthaltenen Text zugreifen. Wenn Sie das `Element`-Objekt der Funktion `list()` übergeben, gibt diese eine Liste seiner unmittelbaren Kindelemente zurück. Setzen Sie die Arbeit in der interaktiven Shell fort, indem Sie Folgendes eingeben:

```
>>> root.tag
'person'
>>> list(root)
[<Element 'name' at 0x00000150BA4ADDF0>, <Element 'age' at
0x00000150BA4ADF30>, <Element 'programmer' at 0x00000150BA4ADEE0>,
<Element 'car' at 0x00000150BA4ADD00>, <Element 'address' at
0x00000150BA4ADCB0>, <Element 'phone' at 0x00000150BA4ADA30>]
```

Die Kind-`Element`-Objekte eines übergeordneten `Element`-Objekts sind über einen Index zugänglich, ähnlich wie bei Python-Listen. Wenn `root` das Element `<person>` enthält, so enthalten `root[0]` bzw. `root[1]` die Elemente `<name>` und `<age>`. Sie können auf die Attribute `tag` und `text` sämtlicher dieser `Element`-Objekte zugreifen. Selbstschließende Tags wie `<car/>` verwenden jedoch für ihr `text`-Attribut den Wert `None`. Geben Sie dazu beispielsweise Folgendes in die interaktive Shell ein:

```
>>> root[0].tag
'name'
>>> root[0].text
'Alice Doe'
>>> root[3].tag
'car'
>>> root[3].text == None  # <car/> hat keinen Text.
True
>>> root[4].tag
'address'
>>> root[4][0].tag
'street'
>>> root[4][0].text
'100 Larkin St.'
```

Ausgehend vom `root`-Element können Sie die Daten im gesamten XML-Dokument durchsuchen. Sie können auch über die direkten Kindelemente iterieren, indem Sie ein `Element`-Objekt in eine `for`-Schleife einsetzen:

```
>>> for elem in root:
...     print(elem.tag, '--', elem.text)
...
name -- Alice Doe
age -- 30
programmer -- true
car -- None
address -- None
phone -- None
```

Wenn Sie über sämtliche untergeordneten Elemente eines `Element` iterieren möchten, können Sie die Methode `iter()` in einer `for`-Schleife verwenden:

```
>>> for elem in root.iter():
...     print(elem.tag, '--', elem.text)
...
person -- None
name -- Alice Doe
age -- 30
programmer -- true
car -- None
address -- None
street -- 100 Larkin St.
city -- San Francisco
zip -- 94102
phone -- None
phoneEntry -- None
type -- mobile
number -- 415-555-7890
phoneEntry -- None
type -- work
number -- 415-555-1234
```

Sie können optional einen String an die Methode `iter()` übergeben, um nach XML-Elementen mit einem passenden Tag zu filtern. Das folgende Beispiel ruft `iter('number')` auf, um ausschließlich über die `<number>`-Kindelemente des Wurzelelements zu iterieren:

```
>>> for elem in root.iter('number'):
...     print(elem.tag, '--', elem.text)
...
number -- 415-555-7890
number -- 415-555-1234
```

Die Möglichkeiten, Daten innerhalb eines XML-Dokuments zu durchsuchen, gehen weit über die in diesem Abschnitt behandelten Attribute und Methoden hinaus. Ähnlich wie die in Kapitel 13 vorgestellten CSS-Selektoren HTML-Elemente auf einer Webseite ausfindig machen können, ermöglicht die Sprache *XPath* das Auffinden von Elementen in einem XML-Dokument. Diese Konzepte liegen außerhalb des Rahmens dieses Kapitels. Ausführliche Informationen dazu finden Sie jedoch in der Python-Dokumentation unter *https://docs.python.org/3/library/xml.etree.elementtree.html*.

Die XML-Module von Python bieten keine Möglichkeit, XML-Text in eine Python-Datenstruktur zu konvertieren. Das Drittanbieter-Modul `xmltodict` unter *https://pypi.org/project/xmltodict* kann dies jedoch leisten. Die vollständigen Installationsanweisungen finden Sie in Anhang A. Hier ein Anwendungsbeispiel:

```
>>> import xmltodict
>>> xml_string = """<person><name>Alice Doe</name><age>30</age>
<programmer>true</programmer><car xsi:nil="true" xmlns:xsi=
"http://www.w3.org/2001/XMLSchema-instance"/><address><street>
100 Larkin St.</street><city>San Francisco</city><zip>94102</zip></
address>
<phone><phoneEntry><type>mobile</type><number>415-555-7890</number>
</phoneEntry><phoneEntry><type>work</type><number>415-555-1234</number>
</phoneEntry></phone></person>"""
>>> python_data = xmltodict.parse(xml_string)
>>> python_data
{'person': {'name': 'Alice Doe', 'age': '30', 'programmer': 'true',
'car': {'@xsi:nil': 'true', '@xmlns:xsi': 'http://www.w3.org/2001/
XMLSchema-
instance'}, 'address': {'street': '100 Larkin St.', 'city': 'San
Francisco',
'zip': '94102'}, 'phone': {'phoneEntry': [{'type': 'mobile', 'number':
'415-555-7890'}, {'type': 'work', 'number': '415-555-1234'}]}}}
```

Ein Grund, warum der XML-Standard gegenüber Formaten wie JSON an Bedeutung verloren hat, ist, dass die Darstellung von Datentypen in XML deutlich komplizierter ist. Beispielsweise wurde das `<programmer>`-Element als String-Wert `'true'` anstelle des booleschen Werts `True` interpretiert. Und das `<car>`-Element wurde in das umständliche `'car': {'@xsi:nil': 'true', '@xmlns:xsi': 'http://www.w3.org/2001/XMLSchema-instance'}` Schlüssel-Wert-Paar anstatt in den Wert `None` umgewandelt. Sie sollten die Ein- und Ausgaben jedes XML-Moduls sorgfältig überprüfen, um sicherzustellen, dass Ihre Daten wie beabsichtigt dargestellt werden.

XML-Dateien schreiben

Da das Modul `xml.etree` etwas umständlich ist, kann es für kleinere Projekte sinnvoll sein, die Funktion `open()` und die Methode `write()` zu verwenden, um den XML-Text selbst zu erzeugen. Um jedoch ein XML-Dokument von Grund auf mit dem Modul `xml.etree` zu erstellen, müssen Sie ein Wurzel-`Element`-Objekt anlegen (wie das Element `<person>` in unserem Beispiel) und anschließend die Funktion `SubElement()` aufrufen, um untergeordnete Elemente dafür zu erzeugen. XML-Attribute können Sie an einem Element mittels der Methode `set()` festlegen. Geben Sie beispielsweise Folgendes ein:

```
>>> import xml.etree.ElementTree as ET
>>> person = ET.Element('person')  # Das Wurzel-XML-Element erstel-
len.
>>> name = ET.SubElement(person, 'name')  # <name> erstellen und
<person> unterordnen.
```

```
>>> name.text = 'Alice Doe'  # Den Text zwischen <name> und </name>
festlegen.
>>> age = ET.SubElement(person, 'age')
>>> age.text = '30'  # XML-Inhalte sind stets Strings.
>>> programmer = ET.SubElement(person, 'programmer')
>>> programmer.text = 'true'
>>> car = ET.SubElement(person, 'car')
>>> car.set('xsi:nil', 'true')
>>> car.set('xmlns:xsi', 'http://www.w3.org/2001/XMLSchema-instance')
>>> address = ET.SubElement(person, 'address')
>>> street = ET.SubElement(address, 'street')
>>> street.text = '100 Larkin St.'
```

Der Übersicht halber lassen wir die übrigen `<address>`- und `<phone>`-Elemente aus. Rufen Sie die Funktionen `ET.tostring()` und `decode()` zusammen mit dem Wurzel-`Element`-Objekt auf, um einen Python-String mit dem XML-Text zu erhalten:

```
>>> ET.tostring(person, encoding='utf-8').decode('utf-8')
'<person><name>Alice Doe</name><age>30</age><programmer>true</programmer>
<car xsi:nil="true" xmlns:xsi="http://www.w3.org/2001/XMLSchema-in-
stance"/>
<address><street>100 Larkin St.</street></address></person>'
```

Es ist bedauerlich, dass die Funktion `tostring()` ein `bytes`-Objekt statt eines Strings zurückgibt, sodass ein Aufruf von `decode()` erforderlich ist, um einen tatsächlichen String zu erhalten. Sobald Sie den XML-Text als Python-String-Wert besitzen, können Sie ihn in eine *.xml*-Datei schreiben, an eine Funktion übergeben, für eine Webanfrage verwenden oder jede andere Operation mit diesem String ausführen.

Zusammenfassung

CSV, JSON und XML sind gängige Klartextformate zur Datenspeicherung. Diese Formate lassen sich von Programmen leicht parsen und bleiben dennoch für Menschen lesbar, weshalb sie häufig für einfache Tabellenkalkulationen oder Webanwendungsdaten eingesetzt werden. Die Module `csv`, `json` und `xml.etree.ElementTree` der Python-Standardbibliothek vereinfachen das Lesen und Schreiben dieser Dateien erheblich, sodass Sie hierfür nicht die Funktion `open()` verwenden müssen.

Diese Formate sind nicht ausschließlich für Python vorgesehen, auch viele andere Programmiersprachen und Softwareanwendungen verwenden diese Dateitypen. Dieses Kapitel unterstützt Sie dabei, Python-Programme zu entwickeln, die außerdem mit sämtlichen Anwendungen interagieren können, die diese verwenden.

Übungsfragen

1. Über welche Funktionen verfügen Excel-Tabellen, die CSV-Tabellenkalkulationen nicht bieten?
2. Was übergeben Sie an `csv.reader()` und `csv.writer()`, um `reader`- bzw. `writer`-Objekte zu erzeugen?
3. In welchen Modi müssen `File`-Objekte für `reader`- und `writer`-Objekte geöffnet werden?
4. Welche Methode nimmt eine Liste als Argument entgegen und schreibt diese in eine CSV-Datei?
5. Welche Funktion haben die Schlüsselwortargumente `delimiter` und `lineterminator`?
6. Welche der Formate CSV, JSON und XML lassen sich problemlos mit einem Texteditor bearbeiten?
7. Welche Funktion nimmt einen String mit JSON-Daten entgegen und gibt eine Python-Datenstruktur zurück?
8. Welche Funktion nimmt eine Python-Datenstruktur entgegen und gibt einen String mit JSON-Daten zurück?
9. Welches Datenserialisierungsformat ähnelt HTML, indem es Tags in spitzen Klammern einschließt?
10. Wie stellt JSON `None`-Werte dar?
11. Wie werden boolesche Werte in JSON geschrieben?

Übungsprogramm: Excel-zu-CSV-Konverter

Excel kann eine Tabellenkalkulation mit wenigen Mausklicks als CSV-Datei speichern. Wenn jedoch Hunderte von Excel-Dateien in CSVs umgewandelt werden müssen, würde dies stundenlanges Klicken erfordern. Verwenden Sie das Modul `openpyxl` aus Kapitel 14, um ein Programm zu schreiben, das alle Excel-Dateien im aktuellen Arbeitsverzeichnis einliest und diese als CSV-Dateien ausgibt.

Eine einzelne Excel-Datei kann mehrere Tabellen enthalten; Sie müssen für jede Tabelle eine eigene CSV-Datei erstellen. Die Dateinamen der CSV-Dateien sollten das Format *<excel_dateiname>_<tabellentitel>.csv* haben, wobei <excel_dateiname> der Dateiname der Excel-Datei ohne Dateiendung ist (zum Beispiel spam_data, nicht spam_data.xlsx) und <tabellentitel> der String aus der Variablen `title` des `Worksheet`-Objekts.

Dieses Programm wird zahlreiche verschachtelte `for`-Schleifen enthalten. Das Gerüst des Programms sollte ungefähr wie folgt aussehen:

```
for excel_file in os.listdir('.'):
    # Überspringe Nicht-xlsx-Dateien und lade die Arbeitsmappe
    for sheet_name in wb.sheetnames:
        # Durchlaufe jede Tablle der Arbeitsmappe
        # Erstelle CSV-Dateinamen aus Excel-Dateinamen und Tabellen-
titel
        # Erzeuge das csv.writer-Objekt für diese CSV-Datei

        # Durchlaufe jede Zeile der Tabelle
        for zeilen_nr in range(1, sheet.max_row + 1):
            zeile_daten = []  # Liste muss aus Zellen der Zeile
gefüllt werden
            # Durchlaufe jede Zelle der Excel-Zeile
            for spalten_nr in range(1, sheet.max_column + 1):
                # Daten jeder Zelle zu zeile_daten hinzufügen

            # Schreiben der zeile_daten-Liste in die CSV-Datei

        csv_file.close()
```

Laden Sie die ZIP-Datei *excelSpreadsheets.zip* aus den Online-Ressourcen des Buches herunter und entpacken Sie die Tabellenkalkulationen in dasselbe Verzeichnis wie Ihr Programm. Sie können diese als Dateien verwenden, um das Programm zu testen.

19
Zeit messen, Aufgaben planen und Programme starten

Es ist zwar in Ordnung, Programme auszuführen, während Sie am Computer sitzen, doch ist es ebenso von Vorteil, wenn Programme auch ohne Ihre direkte Aufsicht betrieben werden. Die Uhr Ihres Computers ermöglicht es, Programmstarts so zu planen, dass Code zu einem festgelegten Zeitpunkt oder in regelmäßigen Abständen ausgeführt wird. Ihr Programm könnte beispielsweise stündlich eine Website auf Änderungen überprüfen oder eine rechenintensive Aufgabe um 4 Uhr morgens erledigen, während Sie schlafen. Die Python-Module `time` und `datetime` stellen diese Funktionen bereit.

Darüber hinaus können Sie mit dem Modul `subprocess` Programme schreiben, die andere Programme zeitgesteuert starten. Oftmals ist der effizienteste Weg zur Programmierung, bestehende Anwendungen anderer Entwickler zu nutzen.

Das Modul time

Die Systemuhr Ihres Computers ist auf ein bestimmtes Datum, eine bestimmte Uhrzeit und eine bestimmte Zeitzone eingestellt. Das integrierte Modul `time` ermöglicht es Ihren Python-Programmen, die Systemuhr abzufragen, um die aktuelle Zeit zu ermitteln. Die nützlichsten Funktionen sind `time.time()`, die einen als Epoch-Timestamp bezeichneten Wert zurückgibt, sowie `time.sleep()`, die ein Programm pausiert.

Den Epoch-Timestamp abrufen

Die *Unix Epoch*-Zeit ist eine in der Programmierung häufig genutzte Zeitreferenz: Mitternacht am 1. Januar 1970, koordinierte Weltzeit (UTC). Die Funktion `time.time()` gibt die Anzahl der Sekunden seit diesem Moment als Float zurück. (Beachten Sie, dass ein Float auch nur eine Zahl mit Dezimalpunkt ist.) Diese Zahl wird als *epoch timestamp* bezeichnet. Geben Sie dazu beispielsweise Folgendes in die interaktive Shell ein:

```
>>> import time
>>> time.time()
1823973547.8109596
```

In diesem Beispiel wird `time.time()` am 19. Oktober 2027 um 21:17 Uhr MESZ aufgerufen. Der Rückgabewert entspricht der Anzahl der Sekunden, die zwischen der Unix-Epoche und dem Zeitpunkt des Aufrufs von `time.time()` vergangen sind.

Der Rückgabewert von `time.time()` ist zwar nützlich, aber nicht menschenlesbar. Die Funktion `time.ctime()` gibt eine String-Beschreibung der aktuellen Zeit zurück. Sie können optional auch die Anzahl der Sekunden seit der Unix-Epoche, wie von `time.time()` zurückgegeben, übergeben, um einen String-Wert dieses Zeitpunktes zu erhalten. Geben Sie Folgendes in die interaktive Shell ein:

```
>>> import time
>>> time.ctime()
'Tue Oct 19 21:23:23 2027'
>>> this_moment = time.time()
>>> time.ctime(this_moment)
'Tue Oct 19 21:23:23 2027'
```

Epoch-Zeitstempel können zur Performancemessung von Code verwendet werden (*Profiling*): Das heißt, Sie messen, wie lange ein bestimmter Codeabschnitt benötigt, um ausgeführt zu werden. Wenn Sie `time.time()` zu Beginn des Codeblocks, den Sie messen möchten, und erneut am Ende aufrufen, können Sie vom zweiten Zeitstempel den ersten abziehen, um die zwischen beiden Aufrufen vergangene Zeit zu berechnen. Öffnen Sie beispielsweise eine neue Registerkarte im Dateieditor und geben Sie das folgende Programm ein:

```
# Misst, wie lange das Multiplizieren von 100.000 Zahlen dauert
import time
def berechne_produkt(): ❶
    # Berechnet das Produkt der ersten 100.000 Zahlen
    produkt = 1
    for i in range(1, 100001):
        produkt = product * i
    return produkt

start = time.time() ❷
result = calculate_product()
ende = time.time() ❸
print(f'Es hat {ende - start} Sekunden gedauert, dies zu berechnen.') ❹
```

Hier definieren wir die Funktion `berechne_produkt()` ❶, die die Ganzzahlen von 1 bis 100.000 durchläuft und deren Produkt zurückgibt. Wir rufen `time.time()` ❷ auf und speichern den Wert in `start`. Unmittelbar nach dem Aufruf von `berechne_produkt()` rufen wir erneut `time.time()` auf und speichern den Wert in `end_time` ❸. Abschließend geben wir aus, wie lange die Ausführung von `berechne_produkt()` gedauert hat ❹.

Speichern Sie dieses Programm als *calcProd.py* und führen Sie es aus. Die Ausgabe sieht etwa wie folgt aus:

```
Es hat 2.844162940979004 Sekunden gedauert, dies zu berechnen.
```

Eine weitere Möglichkeit, Ihren Code zu messen, besteht darin, die Funktion `cProfile.run()` zu verwenden, die eine wesentlich detailliertere Auswertung bietet als die einfache Methode `time.time()`. Weitere Informationen zur Funktion `cProfile.run()` finden Sie in Kapitel 13 meines anderen Buches *Der Weg zum Python-Profi* (dpunkt.verlag, 2022).

Programme anhalten

Wenn Sie Ihr Programm für eine bestimmte Zeit unterbrechen möchten, verwenden Sie die Funktion `time.sleep()` und übergeben ihr die gewünschte Anzahl an Sekunden, die Ihr Programm pausieren soll. Geben Sie dazu beispielsweise Folgendes in die interaktive Shell ein:

```
>>> import time
>>> for i in range(3):
...     print('Tick') ❶
...     time.sleep(1) ❷
...     print('Tack') ❸
...     time.sleep(1) ❹
...
Tick
Tack
Tick
Tack
Tick
Tack
>>> time.sleep(5) ❺
>>>
```

Die `for`-Schleife gibt `Tick` ❶ aus, pausiert eine Sekunde ❷, gibt `Tack` ❸ aus, pausiert eine Sekunde ❹, gibt erneut `Tick` aus, pausiert und so weiter, bis `Tick` und `Tock` jeweils dreimal angezeigt wurden.

Die Funktion `time.sleep()` *blockiert* (das heißt, das Programm gibt die Kontrolle nicht zurück und gibt sie nicht für andere Codeausführungen frei), bis die von Ihnen übergebene Anzahl an Sekunden für `time.sleep()` abgelaufen ist. Wenn Sie beispielsweise `time.sleep(5)` ❺ eingeben, erscheint die nächste Prompt-Eingabe (>>>) erst, nachdem fünf Sekunden vergangen sind.

Projekt 14: Super-Stoppuhr

Angenommen, Sie möchten erfassen, wie viel Zeit Sie mit eintönigen Aufgaben verbringen, die Sie noch nicht automatisiert haben. Sie besitzen keine physische Stoppuhr, und es ist überraschend schwierig, eine kostenlose Stoppuhr-App für Ihren Laptop oder Ihr Smartphone zu finden, die weder Werbung einblendet noch eine Kopie Ihres Browserverlaufs an Werbetreibende weiterleitet. (In der Lizenzvereinbarung, der Sie zugestimmt haben, ist dies ausdrücklich erwähnt. Sie haben die Lizenzvereinbarung doch gelesen, nicht wahr?) Sie können auch selbst ein einfaches Stoppuhr-Programm in Python schreiben.

Im Überblick führt Ihr Programm Folgendes aus:

- die aktuelle Zeit mit `time.time()` ermitteln und den Zeitstempel sowohl zu Beginn des Programms als auch zu Beginn jeder Runde speichern
- einen Rundenzähler jedes Mal erhöhen, wenn man die Eingabetaste drückt
- die vergangene Zeit mittels Subtraktion berechnen
- Ausnahme `KeyboardInterrupt`, um das Programm beenden zu können

Öffnen Sie einen neuen Dateieditor-Tab und speichern Sie diesen als *stopwatch.py*.

Schritt 1: Konfigurieren Sie das Programm zur Zeiterfassung

Das Stoppuhr-Programm benötigt die aktuelle Zeit, daher sollten Sie das Modul time importieren. Das Programm sollte der Person vor dem Aufruf von input() eine kurze Anleitung ausgeben, damit der Timer nach Drücken der Eingabetaste startet. Anschließend beginnt der Code, jedes Mal wenn man [↵] drückt, die Rundenzeiten zu erfassen, bis das Programm mit [Strg]-[C] beendet wird.

Geben Sie den folgenden Code in den Dateieditor ein und fügen Sie einen TODO-Kommentar als Platzhalter für den weiteren Code ein:

```
# Ein einfaches Stoppuhr-Programm
import time

# Bedienungsanleitung anzeigen
print('Drücken Sie ENTER, um zu beginnen und die Runden zu markieren.
Mit Strg-C beenden Sie das Programm.')
input()  # Auf Eingabetaste warten
print('Gestartet.')
start = time.time()  # Ermitteln der Startzeit der ersten Runde
vorige = start
runden_nr = 1

# TODO: Mit Rundenzeiten beginnen
```

Nachdem Sie den Code zum Anzeigen der Bedienungsanleitung geschrieben haben, starten Sie die erste Runde, notieren die Zeit und setzen runden_nr auf 1.

Schritt 2: Rundenzeiten erfassen und ausgeben

Schreiben Sie nun den Code, um jede neue Runde zu starten, die Dauer der vorherigen Runde zu berechnen und die seit dem Start der Stoppuhr vergangene Gesamtzeit zu erfassen. Die Rundenzeit und die Gesamtzeit werden angezeigt und die Rundenzahl wird bei jeder neuen Runde erhöht. Fügen Sie dazu folgenden Code in Ihr Programm ein:

```
# Ein einfaches Stoppuhr-Programm
import time

--schnipp--

# Mit Rundenzeiten beginnen
try: ❶
  while True: ❷
      input()
      runde = round(time.time() - vorige, 2) ❸
      gesamt = round(time.time() - start, 2) ❹
      print(f'Runde #{runden_nr}: {gesamt} ({runde})', end='') ❺
```

```
        runden_nr += 1
        vorige = time.time() # vorige Rundenzeit merken
except KeyboardInterrupt: ❻
    # Behandeln der Ctrl-C-Ausnahme, um Fehlermeldung zu unterdrücken
    print('\nFertig.')
```

Wenn man [Strg]-[C] drückt, um die Stoppuhr zu beenden, wird die Ausnahme `KeyboardInterrupt` ausgelöst und das Programm würde abstürzen. Um dies zu verhindern, wird dieser Teil des Programms in einen `try`-Block eingebettet ❶. Wir fangen die Ausnahme im `except`-Block ab ❻, der `Fertig` ausgibt, sobald die Ausnahme ausgelöst wird, anstatt die Fehlermeldung von `KeyboardInterrupt` anzuzeigen. Bis dies geschieht, läuft die Ausführung innerhalb einer Endlosschleife ❷, die `input()` aufruft und wartet, bis man die [↵]-Taste drückt, um eine Runde zu beenden. Nach Abschluss einer Runde berechnen wir deren Dauer, indem wir die Startzeit der Runde, `vorige`, von der aktuellen Zeit, `time.time()` ❸, subtrahieren. Wir berechnen die insgesamt vergangene Zeit, indem wir die Gesamtstartzeit der Stoppuhr, `start`, von der aktuellen Zeit subtrahieren ❹.

Da die Ergebnisse dieser Zeitberechnungen viele Nachkommastellen aufweisen (zum Beispiel `4.766272783279419`), verwenden wir die Funktion `round()`, um den Float-Wert an den Stellen ❸ und ❹ auf zwei Stellen zu runden.

Bei ❺ geben wir die Rundennummer, die insgesamt verstrichene Zeit und die Rundenzeit aus. Da das Drücken von [↵] durch den Benutzer beim Aufruf von `input()` eine neue Zeile auf dem Bildschirm ausgibt, übergeben Sie `end=''` an die Funktion `print()`, um Leerzeilen in der Ausgabe zu vermeiden. Nachdem die Rundeninformationen ausgegeben wurden, bereiten wir die nächste Runde vor, indem wir 1 zum Zähler `runden_nr` addieren und `vorige` auf die aktuelle Zeit setzen, was dem Beginn der nächsten Runde entspricht.

Ideen für vergleichbare Programme

Die Zeiterfassung eröffnet vielfältige Möglichkeiten für Ihre Programme. Obwohl Sie Apps herunterladen können, um einige dieser Aufgaben zu erledigen, besteht der Vorteil von selbst geschriebenen Programmen darin, dass sie kostenlos sind und nicht durch Werbung oder unnötige Funktionen aufgebläht. Sie könnten ähnliche Programme schreiben, um Folgendes zu erledigen:

- Erstellen Sie eine einfache Zeiterfassungsanwendung, die beim Eingeben eines Namens die aktuelle Uhrzeit verwendet, um eine Person ein- oder auszustempeln.
- Fügen Sie Ihrem Programm eine Funktion hinzu, die die seit Beginn eines Prozesses vergangene Zeit anzeigt, beispielsweise bei einem Download, der das `requests`-Modul verwendet (siehe Kapitel 13).

- Prüfen Sie in regelmäßigen Abständen, wie lange ein Programm bereits läuft, und geben Sie dem Nutzer bzw. der Nutzerin die Möglichkeit, Aufgaben, die zu lange dauern, abzubrechen.

Das Modul datetime

Das `time`-Modul ist hilfreich, um einen Unix-Epoch-Zeitstempel zu erhalten. Wenn Sie jedoch ein Datum in einem übersichtlicheren Format anzeigen oder Berechnungen mit Datumswerten durchführen möchten (zum Beispiel ermitteln, welches Datum vor 205 Tagen war oder welches in 123 Tagen sein wird), sollten Sie das `datetime`-Modul verwenden.

Das Modul `datetime` verfügt über einen eigenen `datetime`-Datentyp. Die `datetime`-Werte repräsentieren einen bestimmten Zeitpunkt. Geben Sie Folgendes in die interaktive Shell ein:

```
>>> import datetime
>>> datetime.datetime.now() ❶
datetime.datetime(2026, 2, 27, 11, 10, 49, 727297) ❷
>>> dt = datetime.datetime(2026, 10, 21, 16, 29, 0) ❸
>>> dt.year, dt.month, dt.day ❹
(2026, 10, 21)
>>> dt.hour, dt.minute, dt.second ❺
(16, 29, 0)
```

Der Aufruf von `datetime.datetime.now()` ❶ gibt ein `datetime`-Objekt ❷ für das aktuelle Datum und die aktuelle Uhrzeit gemäß der Systemuhr Ihres Computers zurück. Dieses Objekt umfasst das Jahr, den Monat, den Tag, die Stunde, die Minute, die Sekunde und die Mikrosekunde des aktuellen Zeitpunkts. Sie können auch ein `datetime`-Objekt für einen bestimmten Zeitpunkt erzeugen, indem Sie die Funktion `datetime.datetime()` ❸ verwenden und ihr Zahlen für das Jahr, den Monat, den Tag, die Stunde sowie die Sekunde des gewünschten Moments übergeben. Diese Zahlen werden in den Attributen `year`, `month`, `day` ❹ sowie `hour`, `minute` und `second` ❺ des `datetime`-Objekts gespeichert.

Ein Unix-Epoch-Zeitstempel kann mithilfe der Funktion `datetime.datetime.fromtimestamp()` in ein `datetime`-Objekt umgewandelt werden. Das Datum und die Uhrzeit des `datetime`-Objekts werden entsprechend der lokalen Zeitzone umgewandelt. Geben Sie Folgendes in die interaktive Shell ein:

```
>>> import datetime, time
>>> datetime.datetime.fromtimestamp(1000000)
datetime.datetime(1970, 1, 12, 14, 46, 40)
>>> datetime.datetime.fromtimestamp(time.time())
datetime.datetime(2027, 10, 19, 21, 19, 7, 810960)
```

Das Aufrufen von `datetime.datetime.fromtimestamp()` und das Übergeben von `1000000` erzeugt ein `datetime`-Objekt für den Zeitpunkt 1.000.000 Sekunden nach Unix Epoch. Wenn Sie `time.time()`, den Unix-Epoch-Zeitstempel des aktuellen Moments, übergeben, erhalten Sie ein `datetime`-Objekt für den aktuellen Zeitpunkt. Die Ausdrücke `datetime.datetime.now()` und `datetime.datetime.fromtimestamp(time.time())` haben die gleiche Funktion; beide liefern Ihnen ein `datetime`-Objekt für den gegenwärtigen Moment.

Sie können `datetime`-Objekte mit Vergleichsoperatoren miteinander vergleichen, um festzustellen, welches vor dem anderen liegt. Das spätere `datetime`-Objekt ist der »größere« Wert. Geben Sie Folgendes in die interaktive Shell ein:

```
>>> import datetime
>>> halloween_2026 = datetime.datetime(2026, 10, 31, 0, 0, 0) ❶
>>> neujahr_2027 = datetime.datetime(2027, 1, 1, 0, 0, 0) ❷
>>> okt_31_2026 = datetime.datetime(2026, 10, 31, 0, 0, 0)
>>> halloween_2026 == okt_31_2026 ❸
True
>>> halloween_2026 > neujahr_2027 ❹
False
>>> neujahr_2027 > halloween_2026 ❺
True
>>> neujahr_2027 != okt_31_2026
True
```

Dieser Code erstellt ein `datetime`-Objekt für den ersten Moment (Mitternacht) am 31. Oktober 2026 und speichert es in `halloween_2026` ❶. Anschließend erstellt er ein `datetime`-Objekt für den ersten Moment am 1. Januar 2027 und speichert es in `neujahr_2027` ❷. Ein weiteres Objekt für Mitternacht am 31. Oktober 2026 wird erzeugt und in `okt_31_2026` gespeichert. Der Vergleich von `halloween_2026` und `okt_31_2026` zeigt, dass sie gleich sind ❸. Ein Vergleich von `neujahr_2027` und `halloween_2026` zeigt, dass `neujahr_2027` größer (später) als `halloween_2026` ist ❹ ❺.

Zeitdauer darstellen

Das Modul `datetime` stellt ebenfalls den Datentyp `timedelta` bereit, der eine *Zeitspanne* anstelle eines *Zeitpunkts* repräsentiert. Geben Sie Folgendes in die interaktive Shell ein:

```
>>> import datetime
>>> delta = datetime.timedelta(days=11, hours=10, minutes=9, se-
conds=8) ❶
>>> delta.days, delta.seconds, delta.microseconds ❷
(11, 36548, 0)
>>> delta.total_seconds()
```

```
986948.0
>>> str(delta)
'11 days, 10:09:08'
```

Um ein timedelta-Objekt zu erstellen, verwenden Sie die Funktion datetime.timedelta(). Die Funktion datetime.timedelta() nimmt die benannten Argumente weeks, days, hours, minutes, seconds, milliseconds und microseconds entgegen. Es gibt kein month- oder year-Schlüsselwortargument, da »ein Monat« oder »ein Jahr« je nach konkretem Monat oder Jahr eine variable Zeitspanne darstellt. Ein timedelta-Objekt repräsentiert die Gesamtdauer in Tagen, Sekunden und Mikrosekunden. Diese Werte werden jeweils in den Attributen days, seconds und microseconds gespeichert. Die Methode total_seconds() gibt die Dauer in Sekunden zurück. Wenn Sie ein timedelta-Objekt an str() übergeben, erhalten Sie eine klar formatierte, menschenlesbare String-Darstellung des Objekts.

In diesem Beispiel übergeben wir Schlüsselwortargumente an datetime.delta(), um eine Dauer von 11 Tagen, 10 Stunden, 9 Minuten und 8 Sekunden zu definieren, und speichern das zurückgegebene timedelta-Objekt in delta ❶. Das Attribut days dieses timedelta-Objekts speichert 11, und sein Attribut seconds speichert 36548 (10 Stunden, 9 Minuten und 8 Sekunden in Sekunden ausgedrückt) ❷. Wenn Sie total_seconds() aufrufen, erfahren Sie, dass 11 Tage, 10 Stunden, 9 Minuten und 8 Sekunden genau 986.948 Sekunden entsprechen. Wenn das timedelta-Objekt an str() übergeben wird, erhalten Sie einen String, der die Dauer deutlich beschreibt.

Sie können die arithmetischen Operatoren verwenden, um *Datumsarithmetik* mit datetime-Werten durchzuführen. Um beispielsweise das Datum 1000 Tage ab heute zu berechnen, geben Sie Folgendes in die interaktive Shell ein:

```
>>> import datetime
>>> jetzt = datetime.datetime.now()
>>> jetzt
datetime.datetime(2026, 12, 2, 18, 38, 50, 636181)
>>> tausend_tage = datetime.timedelta(days=1000)
>>> jetzt + tausend_tage
datetime.datetime(2029, 8, 28, 18, 38, 50, 636181)
```

Wir erstellen zunächst ein datetime-Objekt für den aktuellen Zeitpunkt und speichern es in jetzt. Anschließend erzeugen wir ein timedelta-Objekt für eine Dauer von 1000 Tagen und speichern es in tausend_tagen. Addieren Sie jetzt und tausend_tage, um ein datetime-Objekt für das Datum zu erhalten, das 1000 Tage nach dem in jetzt gespeicherten Zeitpunkt liegt. Python übernimmt die Datumsarithmetik und ermittelt, dass 1000 Tage nach dem 2. Dezember 2026 dem 28. August 2029 entsprechen. Wenn Sie 1000 Tage zu einem bestimmten Datum addieren, müssen Sie die unterschiedliche Anzahl von Tagen pro Monat sowie Schaltjahre und weitere Besonderheiten berücksichtigen. Das Modul `datetime` übernimmt diese Berechnungen für Sie.

Sie können `timedelta`-Objekte mit `datetime`-Objekten oder anderen `timedelta`-Objekten mithilfe der Operatoren + und - addieren oder subtrahieren. Außerdem lassen sich `timedelta`-Objekte mit Ganz- oder Gleitkommazahlen über die Operatoren * und / multiplizieren oder dividieren. Geben Sie Folgendes in die interaktive Shell ein:

```
>>> import datetime
>>> okt_21_2026 = datetime.datetime(2026, 10, 21, 16, 29, 0) ❶
>>> dreissig_jahre = datetime.timedelta(days=365 * 30) ❷
>>> okt_21_2026
datetime.datetime(2026, 10, 21, 16, 29)
>>> okt_21_2026 - dreissig_jahre
datetime.datetime(1996, 10, 28, 16, 29)
>>> okt_21_2026 - (2 * dreissig_jahre)
datetime.datetime(1966, 11, 5, 16, 29)
```

Hier erstellen wir ein `datetime`-Objekt für den 21. Oktober 2026 ❶ sowie ein `timedelta`-Objekt für eine Zeitspanne von etwa 30 Jahren ❷ (wir nehmen 365 Tage pro Jahr und berücksichtigen keine Schaltjahre). Durch Subtraktion von `dreissig_Jahre` von `okt_21_2026` erhalten Sie ein `datetime`-Objekt 30 Jahre vor dem 21. Oktober 2026. Das Subtrahieren von `2 * dreissig_jahre` von `okt_21_2026` liefert ein `datetime`-Objekt etwa 60 Jahre zuvor: den späten Nachmittag des 5. November 1966.

Pausieren bis zu einem bestimmten Datum

Mit der Methode `time.sleep()` können Sie ein Programm für eine festgelegte Anzahl von Sekunden anhalten. Mit einer `while`-Schleife können Sie Ihr Programm bis zu einem spezifischen Datum pausieren lassen. Beispielsweise läuft der folgende Code weiter in der Schleife, bis Halloween 2039 erreicht ist:

```
import datetime
import time
halloween_2039 = datetime.datetime(2039, 10, 31, 0, 0, 0)
while datetime.datetime.now() < halloween_2039:
    time.sleep(1)  # Wartet 1 Sekunde, bevor erneut geprüft wird.
```

Der Befehl `time.sleep(1)` pausiert Ihr Python-Programm, damit der Computer keine unnötigen CPU-Ressourcen verbraucht, wenn er in der Schleife fortlaufend so schnell wie möglich die Zeit überprüfen würde. Stattdessen prüft die `while`-Schleife die Bedingung lediglich einmal pro Sekunde und setzt das Programm nach Halloween 2039 (oder zu dem von Ihnen festgelegten Zeitpunkt) fort.

Umwandlung von datetime-Objekten in Strings

Epoch-Zeitstempel und `datetime`-Objekte sind für Menschen schwer lesbar. Verwenden Sie die Methode `strftime()`, um ein `datetime`-Objekt als String anzuzeigen. (Das *f* im Namen der Funktion `strftime()` steht für *formatieren*.)

Die Methode `strftime()` nutzt Formatzeichen, die den String-Formatzeichen in Python ähneln. Tabelle 19.1 bietet eine vollständige Übersicht aller `strftime()`-Formatzeichen. Zusätzliche Informationen finden Sie auch auf der hilfreichen Website *https://strftime.org*.

Formatzeichen	Bedeutung
%Y	Jahr mit Jahrhundert, zum Beispiel '2026'
%y	Jahr ohne Jahrhundert, '00' bis '99' (1970 bis 2069)
%m	Monat als Dezimalzahl, '01' bis '12'
%B	vollständiger Monatsname, wie zum Beispiel 'November'
%b	abgekürzter Monatsname, wie zum Beispiel 'Nov'
%d	Tag des Monats, '01' bis '31'
%j	Tag des Jahres, '001' bis '366'
%w	Tag der Woche, '0' (Sonntag) bis '6' (Samstag)
%A	vollständiger Wochentagsname, wie zum Beispiel 'Monday'
%a	abgekürzter Wochentagsname, wie zum Beispiel 'Mo'
%H	Stunde (24-Stunden-Format), '00' bis '23'
%I	Stunde (12-Stunden-Format), '01' bis '12'
%M	Minute, '00' bis '59'
%S	Sekunde, '00' bis '59'
%p	'AM' oder 'PM'
%%	direktes '%'-Zeichen

Tab. 19.1 *`strftime()`-Formatzeichen*

Übergeben Sie `strftime()` einen Format-String mit Formatierungsanweisungen (sowie gewünschten Schrägstrichen, Doppelpunkten usw.); `strftime()` gibt dann die Informationen des datetime-Objekts als formatierten String zurück. Geben Sie Folgendes in die interaktive Shell ein:

```
>>> okt_21_2026 = datetime.datetime(2026, 10, 21, 16, 29, 0)
>>> okt_21_2026.strftime('%d.%m.%Y %H:%M:%S')
'21.10.2026 16:29:00'
>>> okt_21_2026.strftime('%I:%M %p')
'04:29 PM'
>>> okt_21_2026.strftime("A beautiful %A in %B of '%y.")
"A beautiful Wednesday in October of '26."

>>> import locale
>>> locale.setlocale(locale.LC_TIME, 'de_DE.UTF-8')
>>> okt_21_2026.strftime("Ein schöner %A im %B des Jahres '%y.")
"Ein schöner Mittwoch im Oktober des Jahres '26."
```

Mit diesem datetime-Objekt des 21. Oktober 2026, 6:29 Uhr, das in okt_21_2026 gespeichert ist. Wenn Sie den Format-String '%d.%m.%Y %H:%M:%S' an strftime() übergeben, erhalten Sie einen String, in dem 2026, 10 und 21 durch Punkte sowie 16, 29 und 00 durch Doppelpunkte getrennt sind. Wenn Sie '%I:%M %p' übergeben, erhalten Sie '04:29 PM', und bei Übergabe von "A beautiful %A in %B of '%y." erhalten Sie im englischen Sprachraum "A beautiful Wednesday in October of '26.". Im deutschen Sprachraum ergibt der Format-String "Ein schöner %A im %B des Jahres '%y." jedoch "Ein schöner Mittwoch im Oktober des Jahres '26.". Das hängt aber von den Systemeinstellungen Ihres Computers und Ihrer Python-Installation ab. Wenn Sie festlegen wollen, in welcher Sprache die Wochentags- und Monatsnamen formatiert werden, setzen Sie setlocale() aus dem Modul locale ein. Die Parameter legen fest, was und wie in den Einstellungen des aktuell laufenden Programms verändert werden soll. Mit locale.LC_TIME stellen Sie nur das Zeitformat um. Der String "de_DE.UTF-8" steht für deutsche Monatsnamen. Mit setlocale() können Sie viele Dinge beeinflussen, die über den Rahmen dieses Buches hinausgehen. Sie können mehr dazu in *https://docs.python.org/3/library/locale.html#locale.setlocale* nachlesen.

Konvertieren von Strings in datetime-Objekte

Wenn Sie einen String mit Datumsinformationen wie '2026-10-21 16:29:00' oder 'October 21, 2026' vorliegen haben und diesen in ein datetime-Objekt umwandeln müssen, verwenden Sie die Funktion datetime.datetime.strptime(). Die Funktion strptime() (*p* wie *parsen*) ist das Gegenstück zur Methode strftime(). Sie müssen dieser Funktion einen Format-String mit denselben Formatzeichen wie bei strftime() übergeben, damit sie den String korrekt analysieren und interpretieren kann.

Geben Sie Folgendes in die interaktive Shell ein:

```
>>> locale.setlocale(locale.LC_TIME, 'en_US.UTF-8') 0
>>> datetime.datetime.strptime('October 21, 2026', '%B %d, %Y') ❶
datetime.datetime(2026, 10, 21, 0, 0)
>>> datetime.datetime.strptime('2026-10-21 16:29:00', '%Y-%m-%d
%H:%M:%S')
datetime.datetime(2026, 10, 21, 16, 29)
>>> datetime.datetime.strptime("October of '26", "%B of '%y")
datetime.datetime(2026, 10, 1, 0, 0)
>>> datetime.datetime.strptime("November of '63", "%B of '%y") ❷
datetime.datetime(2063, 11, 1, 0, 0)
>>> datetime.datetime.strptime("November of '73", "%B of '%y") ❸
datetime.datetime(1973, 11, 1, 0, 0)
```

Um ein `datetime`-Objekt aus dem String `'October 21, 2026'` zu erzeugen, übergeben Sie diesen String als erstes Argument an `strptime()` und den passenden Format-String, die `'October 21, 2026'` entspricht, als zweites Argument ❶. Um sicherzustellen, dass die richtigen Monats- und Wochentagsnamen verstanden werden, können Sie vorher `setlocate()` aufrufen 0. Der String mit den Datumsinformationen muss exakt der benutzerdefinierten Formatzeichenkette entsprechen, andernfalls löst Python einen Exception `ValueError` aus. Beachten Sie, dass `"November of '63"` als 2063 interpretiert wird ❷, während `"November of '73"` als 1973 verstanden wird ❸, da das `%y`-Formatzeichen den Bereich von 1970 bis 2069 abdeckt.

Ein Überblick über Pythons Zeitfunktionen

Datum und Zeit in Python können eine Vielzahl unterschiedlicher Datentypen und Funktionen umfassen. Hier finden Sie eine Übersicht über die drei verschiedenen Datentypen, die zur Darstellung von Zeit verwendet werden:

- Ein Unix-Epoch-Zeitstempel (verwendet vom Modul `time`) ist ein Float- oder Integer-Wert, der die Anzahl der Sekunden seit Mitternacht am 1. Januar 1970 UTC angibt.
- Ein `datetime`-Objekt (des Moduls `datetime`) speichert Ganzzahlen in den Attributen `year`, `month`, `day`, `hour`, `minute`, `second` und `microsecond`.
- Ein `timedelta`-Objekt (des Moduls `datetime`) repräsentiert eine Zeitspanne.

Hier finden Sie eine Übersicht über Zeitfunktionen, deren Parameter sowie deren Rückgabewerte:

- `time.time()` – Diese Funktion gibt einen Epoch-Zeitstempel des aktuellen Moments als Float zurück.
- `time.sleep(`*Sekunden*`)` – Diese Funktion hält das Programm für die durch das Argument *seconds* angegebene Anzahl von Sekunden an.
- `datetime.datetime(`*Jahr, Monat, Tag, Stunde, Minute, Sekunde*`)` – Diese Funktion gibt ein `datetime`-Objekt des durch die Argumente bestimmten Zeitpunkts zurück.

→

Werden die Argumente *Stunde*, *Minute* oder *Sekunde* nicht angegeben, nehmen sie standardmäßig den Wert `0` an.

- `datetime.datetime.now()` – Diese Funktion gibt ein `datetime`-Objekt des aktuellen Zeitpunkts zurück.
- `datetime.datetime.fromtimestamp(`*`Epoch`*`)` – Diese Funktion gibt ein `datetime`-Objekt des Arguments *Epoch* zurück.
- `datetime.timedelta(`*`Wochen, Tage, Stunden, Minuten, Sekunden, Millisekunden, Mikrosekunden`*`)` – Diese Funktion gibt eine Zeitspanne als ein `timedelta`-Objekt zurück. Die Schlüsselwortargumente dieser Funktion sind alle optional und beinhalten weder *Monat* noch *Jahr*.
- `total_seconds()` – Diese `timedelta`-Methode gibt die Anzahl der Sekunden des `timedelta`-Objekts zurück.
- `strftime(`*`Format`*`)` – Diese `datetime`-Methode gibt einen String der Zeit in einem Format zurück, das auf *Format* basiert. Einzelheiten zum Format entnehmen Sie Tabelle 19.1.
- `datetime.datetime.strptime(`*`Zeit_String, Format`*`)` – Diese Funktion gibt *Zeit_String* als `datetime`-Objekt zurück, der mit dem Argument *Format* geparst wird. Einzelheiten zum Format entnehmen Sie Tabelle 19.1.

Andere Programme aus Python heraus starten

Ihr Python-Programm kann andere Programme auf Ihrem Computer mithilfe der Funktion `run()` aus dem integrierten Modul `subprocess` starten. Wenn Sie mehrere Instanzen einer Anwendung geöffnet haben, stellt jede dieser Instanzen einen separaten Prozess desselben Programms dar. Jedes geöffnete Fenster der in Abbildung 19.1 gezeigten Taschenrechner-App ist beispielsweise ein anderer Prozess.

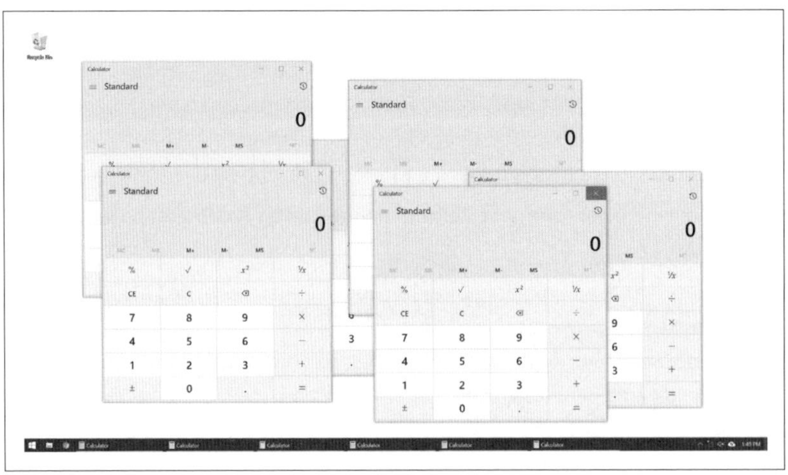

Abb. 19.1 *Sechs laufende Prozesse desselben Taschenrechner-Programms*

Wenn Sie von Ihrem Python-Skript aus ein externes Programm starten möchten, übergeben Sie den Dateinamen des Programms an `subprocess.run()`.

- Unter Windows 10 klicken Sie mit der rechten Maustaste auf das *Programmsymbol* der Anwendung und wählen Sie *Eigenschaften*, um den Dateinamen der Anwendung einzusehen.
- Unter Windows 11 klicken Sie mit der rechten Maustaste auf das *Programmsymbol* – z. B. auf dem Desktop oder im Startmenü. Sie wählen *Dateipfad öffnen*, dadurch öffnet sich der Ordner, in dem sich die eigentliche *.exe*-Datei befindet. Dort können Sie mit der rechten Maustaste auf die *Datei* → *Eigenschaften* → *Details* gehen, um den genauen Dateinamen und Pfad zu sehen. Wenn im Kontextmenü nur *weitere Optionen anzeigen* erscheint, klicken Sie darauf oder drücken [⇧] + [F10], dann finden Sie *Dateipfad öffnen*.
- Unter macOS klicken Sie mit gedrückter [Ctrl]-Taste auf die Anwendung und wählen Sie *Paketinhalt anzeigen*, um den Pfad zur ausführbaren Datei zu ermitteln.

Die Funktion `run()` blockiert, bis das gestartete Programm beendet wird. Übergeben Sie das zu startende Programm als String des Dateipfads der ausführbaren Datei in einer Liste. Beachten Sie, dass das gestartete Programm in einem separaten Prozess und nicht im selben Prozess wie Ihr Python-Programm ausgeführt wird.

Geben Sie auf einem Windows-Computer Folgendes in die interaktive Shell ein:

```
>>> import subprocess
>>> subprocess.run(['C:\\Windows\\System32\\calc.exe'])
CompletedProcess(args=['C:\\Windows\\System32\\calc.exe'], return-
code=0)
```

Geben Sie unter Ubuntu Linux Folgendes ein:

```
>>> import subprocess
>>> subprocess.run(['/usr/bin/gnome-calculator'])
CompletedProcess(args=['/usr/bin/gnome-calculator'], returncode=0)
```

Geben Sie unter macOS Folgendes ein:

```
>>> import subprocess
>>> subprocess.run(['open', '/System/Applications/Calculator.app'])
CompletedProcess(args=['open', '/System/Applications/Calculator.
app'], returncode=0)
```

Beachten Sie, dass macOS von Ihnen verlangt, das Programm `open` auszuführen und ihm als Kommandozeilenargument das Programm zu übergeben, das Sie starten möchten.

In diesen Beispielen hat unser Python-Code das Programm gestartet, auf dessen Schließen gewartet und danach fortgefahren. Wenn Sie möchten, dass Ihr Python-Code ein Programm startet und dann sofort weiterläuft, ohne auf das Schließen des Programms zu warten, verwenden Sie stattdessen die Funktion `subprocess.Popen()` (»process open«):

```
>>> import subprocess
>>> calc_proc = subprocess.Popen(['C:\\Windows\\System32\\calc.exe'])
```

Der Rückgabewert ist ein `Popen`-Objekt, das über zwei nützliche Methoden verfügt: `poll()` und `wait()`.

Sie können sich die Methode `poll()` so vorstellen, als würden Sie Ihren Fahrer immer wieder fragen: »Sind wir schon da?«, bis Sie schließlich ankommen. Die Methode `poll()` gibt `None` zurück, wenn der Prozess zum Zeitpunkt des Aufrufs von `poll()` noch läuft. Nach Beendigung des Programms wird der ganzzahlige *Exit-Code* des Prozesses zurückgegeben. Ein Exit-Code gibt an, ob der Prozess ohne Fehler beendet wurde (dargestellt durch einen Exit-Code von `0`) oder ob ein Fehler zur Beendigung des Prozesses geführt hat (dargestellt durch einen von Null verschiedenen Exit-Code – in der Regel `1`, wobei dies je nach Programm variieren kann).

Die Methode `wait()` ist vergleichbar mit dem Warten, bis der Fahrer Sie am Ziel abgesetzt hat. Die Methode blockiert, bis der gestartete Prozess terminiert ist. Dies ist hilfreich, wenn Sie Ihr Programm anhalten möchten, bis man die Interaktion mit dem anderen Programm abgeschlossen hat. Der Rückgabewert von `wait()` ist der ganzzahlige Exit-Code des Prozesses.

Geben Sie unter Windows Folgendes in die interaktive Shell ein. Beachten Sie, dass der Aufruf von `wait()` blockieren kann, bis Sie das gestartete Taschenrechner-Programm beenden:

```
>>> import subprocess
>>> calc_proc = subprocess.Popen(['c:\\Windows\\System32\\calc.exe']) ❶
>>> calc_proc.poll() == None ❷
True
>>> # Kehr erst zurück, wenn der Taschenrechner geschlossen wird: ❸
>>> calc_proc.wait()
0
>>> calc_proc.poll()
0
```

Hier öffnen Sie einen Taschenrechner-Prozess ❶. In älteren Windows-Versionen gibt `poll()` den Wert `None` zurück ❷, solange der Prozess noch läuft. Daraufhin schließen Sie das Fenster der Taschenrechner-Anwendung und rufen in der interaktiven Shell `wait()` für den beendeten Prozess auf ❸. Nun geben `wait()` und `poll()` den Wert `0` zurück, was darauf hinweist, dass der Prozess fehlerfrei beendet wurde.

Wenn Sie *calc.exe* unter Windows 10, 11 oder neueren Versionen mit `subprocess.Popen()` ausführen, werden Sie feststellen, dass `wait()` sofort zurückkehrt, obwohl die Taschenrechner-App noch läuft. Dies liegt daran, dass *calc.exe* die Taschenrechner-App startet und sich anschließend sofort selbst schließt. Das Taschenrechner-Programm in Windows ist eine »Vertrauenswürdige Microsoft Store-App«; seine Besonderheiten liegen außerhalb des Rahmens dieses Buches. Es genügt festzustellen, dass Programme auf zahlreiche anwendungs- und betriebssystemspezifische Arten ausgeführt werden können.

Wenn Sie einen Prozess beenden möchten, den Sie mit `subprocess.Popen()` gestartet haben, rufen Sie die Methode `kill()` des von der Funktion zurückgegebenen `Popen`-Objekts auf. Falls Sie MS Paint unter Windows installiert haben, geben Sie Folgendes in die interaktive Shell ein:

```
>>> import subprocess
>>> paint_proc = subprocess.Popen('c:\\Windows\\System32\\mspaint.exe')
>>> paint_proc.kill()
```

Beachten Sie, dass die Methode `kill()` ein Programm umgehend beendet und dabei jegliches Bestätigungsfenster wie etwa »Möchten Sie das Programm wirklich beenden?« umgeht. Alle ungespeicherten Arbeiten im Programm gehen dadurch verloren.

Kommandozeilenargumente an Prozesse übergeben

Sie können Prozessen, die Sie mit `run()` erstellen, Kommandozeilenargumente übergeben. Übergeben Sie dazu eine Liste als einziges Argument an `run()`. Der erste String in dieser Liste ist der ausführbare Dateiname des Programms, das Sie starten möchten; alle nachfolgenden Strings werden beim Start als Kommandozeilenargumente an das Programm übergeben. Diese Liste wird tatsächlich der Wert von `sys.argv` für das gestartete Programm sein.

Die meisten Anwendungen mit grafischer Benutzeroberfläche (GUI) verwenden Kommandozeilenargumente nicht so häufig wie auf der Kommandozeile oder im Terminal basierende Programme. Die meisten GUI-Anwendungen akzeptieren jedoch ein einzelnes Argument für eine Datei, die unmittelbar beim Programmstart geöffnet wird. Erstellen Sie beispielsweise unter Windows eine

Textdatei mit dem Namen *C:\Benutzer\Al\hallo.txt* und geben Sie anschließend Folgendes in die interaktive Shell ein:

```
>>> subprocess.run(['C:\\Windows\\notepad.exe', 'C:\\Benutzer\Al\\
hallo.txt'])
CompletedProcess(args=['C:\\Windows\\notepad.exe', 'C:\\Benutzer\\
Al\\hallo.txt'], returncode=0)
```

Dadurch wird nicht nur die Anwendung Notepad gestartet, sondern auch die Datei *C:\Benutzer\Al\hallo.txt* unmittelbar geöffnet. Jedes Programm verfügt über eigene Kommandozeilenargumente, und manche Programme (insbesondere GUI-Anwendungen) nutzen überhaupt keine Kommandozeilenargumente.

Die Funktion `subprocess.Popen()` behandelt Kommandozeilenargumente auf ähnliche Weise. Sie sollten diese an das Ende der Liste anfügen, die Sie der Funktion übergeben.

Ausgabe der gestarteten Kommandos lesen

Sie können Terminalkommandos auch mit `subprocess.run()` und `subprocess.Popen()` ausführen. Gegebenenfalls soll Ihr Python-Code die Ausgabe dieser Kommandos lesen – die meist aus Text besteht – oder Tastatureingaben an sie simulieren. Starten Sie beispielsweise das Kommando `ping` über Python und lesen Sie den von diesem Kommando erzeugten Text. (Die Details von `ping` liegen außerhalb des Rahmens dieses Buchs.) Unter Windows verwenden Sie die Argumente `-n 4`, um vier Netzwerk-»Ping«-Anfragen zu senden und so zu prüfen, ob der Server von Nostarch.com online ist. Falls Sie macOS oder Linux verwenden, ersetzen Sie `-n` durch `-c`. Dieses Kommando benötigt einige Sekunden zur Ausführung:

```
>>> import subprocess
>>> proc = subprocess.run(['ping', '-n', '4', 'nostarch.com'],
capture_output=True, text=True)
>>> print(proc.stdout)
Pinging nostarch.com [104.20.1.64] with 32 bytes of data:
Reply from 104.20.1.64: bytes=32 time=22ms TTL=54
Reply from 104.20.1.64: bytes=32 time=21ms TTL=54
Reply from 104.20.1.64: bytes=32 time=21ms TTL=54
Reply from 104.20.1.64: bytes=32 time=20ms TTL=54

Ping statistics for 104.20.1.64:
    Packets: Sent = 4, Received = 4, Lost = 0 (0% loss),
Approximate round trip times in milli-seconds:
    Minimum = 20ms, Maximum = 22ms, Average = 21ms
```

Wenn Sie die Argumente `capture_output=True` und `text=True` an `subprocess.run()` übergeben, wird die Textausgabe des gestarteten Programms als String im zurückgegebenen `CompletedProcess`-Objekt im Attribut `stdout` (»Standardausgabe«) gespeichert. Ihr Python-Skript kann die Funktionen anderer Programme nutzen und anschließend die Textausgabe als String analysieren.

Ausführen von Task Scheduler, launchd und cron

Wenn Sie mit Computern vertraut sind, kennen Sie möglicherweise den Task Scheduler unter Windows, launchd unter macOS oder den cron-Scheduler unter Linux. Diese gut dokumentierten und zuverlässigen Werkzeuge ermöglichen Ihnen, Anwendungen zu festgelegten Zeiten zu starten.

Die Verwendung des integrierten Schedulers Ihres Betriebssystems erspart Ihnen das Schreiben von eigenem Code zur Ausführungsplanung Ihrer Programme. Wenn Ihr Programm jedoch nur für kurze Zeit pausieren soll, empfiehlt es sich, stattdessen in einer Schleife bis zu einem bestimmten Datum und einer bestimmten Uhrzeit zu iterieren und bei jedem Schleifendurchlauf `time.sleep(1)` aufzurufen.

Dateien mit Standardanwendungen öffnen

Wenn Sie auf Ihrem Computer auf eine *.txt*-Datei doppelklicken, wird automatisch die Anwendung gestartet, die mit der *.txt*-Dateierweiterung verknüpft ist. Jedes Betriebssystem verfügt über ein Programm, das einen solchen Doppelklick simuliert. Unter Windows ist dies das Kommando `start`. Unter macOS und Linux handelt es sich hierbei um das Kommando `open`. Geben Sie Folgendes in die interaktive Shell ein und übergeben Sie dabei entweder `'start'` oder `'open'` an `run()`, abhängig von Ihrem System. Auf Windows sollten Sie zudem das Schlüsselwortargument `shell=True` angeben, wie hier gezeigt:

```
>>> file_obj = open('hallo.txt', 'w')  # Erstellt die Datei hallo.txt
>>> file_obj.write('Hallo, Welt!')
12
>>> file_obj.close()
>>> import subprocess
>>> subprocess.run(['start', 'hallo.txt'], shell=True)
```

Hier schreiben wir `Hallo, Welt!` in eine neue Datei *hallo.txt*. Anschließend rufen wir `run()` auf und übergeben eine Liste, die den Programm- oder Kommandonamen (in diesem Beispiel `'start'` für Windows) sowie den Dateinamen enthält. Das Betriebssystem kennt alle Dateizuordnungen und kann automatisch erkennen, dass beispielsweise *notepad.exe* zum Öffnen der Datei *hallo.txt* unter Windows gestartet werden soll.

Projekt 15: Einfacher Countdown

Ebenso schwierig wie eine einfache Stoppuhr-Anwendung zu finden, kann es sein, eine schlichte Countdown-Anwendung zu entdecken. Schreiben Sie ein Countdown-Programm, das am Ende des Countdowns einen Alarm abspielt.

Im Überblick führt Ihr Programm Folgendes aus:

- zwischen der Anzeige jeder Zahl beim Herunterzählen jeweils eine Sekunde Pause einlegen, indem `time.sleep()` aufgerufen wird
- `subprocess.run()` verwenden, um eine *alarm.wav*-Sounddatei mit der Standardanwendung zu öffnen

Öffnen Sie einen neuen Tab im Dateieditor und speichern Sie diesen als *simplecountdown.py*.

Schritt 1: Herunterzählen

Für dieses Programm benötigen Sie das Modul `time` für die Funktion `time.sleep()` sowie das Modul `subprocess` für die Funktion `subprocess.run()`. Geben Sie den folgenden Code ein und speichern Sie die Datei unter *simplecountdown.py*:

```
# https://autbor.com/simplecountdown.py - Ein einfaches Countdown-
Skript

import time, subprocess

zeit_übrig = 60 ❶
while zeit_übrig > 0:
  print(zeit_übrig) ❷
  time.sleep(1) ❸
  zeit_übrig = zeit_übrig - 1 ❹

# TODO: Am Ende des Countdowns eine Sounddatei abspielen.
```

Nachdem wir `time` und `subprocess` importiert haben, definieren wir eine Variable namens `zeit_übrig`, in der die verbleibende Anzahl Sekunden für den Countdown gespeichert wird ❶. Hier setzen wir sie auf `60`, Sie können den Wert jedoch beliebig anpassen oder ihn sogar über ein Kommandozeilenargument festlegen.

In einer `while`-Schleife geben Sie den verbleibenden Zählerstand aus ❷, pausieren eine Sekunde ❸ und dekrementieren anschließend die Variable `time_left` ❹, bevor die Schleife erneut beginnt. Die Schleife läuft, solange `time_left` größer als `0` ist. Im Anschluss ist der Countdown beendet. Ergänzen Sie anschließend den `TODO`-Kommentar durch Code, der die Sounddatei abspielt.

Schritt 2: Die Sounddatei abspielen

Während Kapitel 12 das Modul `playsound3` zur Wiedergabe von Sounddateien verschiedener Formate behandelt, ist der einfachste und schnellste Weg, die Anwendung zu starten, mit der man bereits Sounddateien abspielt. Das Betriebssystem ermittelt anhand der Dateierweiterung *.wav*, welche Anwendung zum Abspielen der Datei geöffnet werden soll. Diese *.wav*-Datei könnte ebenso gut ein anderes Sounddateiformat wie *.mp3* oder *.ogg* sein. Sie können jede beliebige Sounddatei auf Ihrem Computer auswählen, die am Ende des Countdowns abgespielt werden soll, oder *alarm.wav* von *https://autbor.com/alarm.wav* herunterladen.

Fügen Sie Ihrem Code Folgendes hinzu:

```
# https://autbor.com/simplecountdown.py - Ein einfaches Countdown-
Skript

--schnipp--

# Am Ende des Countdowns eine Sounddatei abspielen.
#subprocess.run(['start', 'alarm.wav'], shell=True)  # Windows
#subprocess.run(['open', 'alarm.wav'])  # macOS und Linux
```

Nachdem die `while`-Schleife beendet ist, wird *alarm.wav* (oder die von Ihnen ausgewählte Sounddatei) abgespielt, um den Nutzer oder die Nutzerin zu benachrichtigen, dass der Countdown abgelaufen ist. Heben Sie die Auskommentierung des Aufrufs von `subprocess.run()` für Ihr Betriebssystem auf. Unter Windows stellen Sie bitte sicher, dass Sie `'start'` in die Liste aufnehmen, die Sie an `run()` übergeben. Unter macOS und Linux verwenden Sie statt `'start'` den Wert `'open'` und entfernen `shell=True`.

Anstatt eine Audiodatei abzuspielen, könnten Sie am Ende des Countdowns eine Textdatei mit einer Nachricht wie *Break time!* an einem beliebigen Speicherort erstellen und diese mit `subprocess.run()` öffnen. Dadurch wird effektiv ein Pop-up-Fenster mit einer Nachricht erzeugt. Alternativ können Sie mit der Funktion `webbrowser.open()` am Ende des Countdowns eine bestimmte Website öffnen. Im Gegensatz zu diversen kostenfreien Countdown-Anwendungen aus dem Internet kann das Alarmsignal Ihres eigenen Countdown-Programms flexibel gestaltet werden.

Ideen für vergleichbare Programme

Ein Countdown sorgt im Wesentlichen für eine einfache Verzögerung, bevor die Programmausführung fortgesetzt wird. Diesen Ansatz können Sie auch für andere Anwendungen und Funktionalitäten verwenden, beispielsweise für folgende:

- Verwenden Sie `time.sleep()`, um dem Nutzer bzw. der Nutzerin die Möglichkeit zu geben, durch Drücken von Strg-C eine Aktion wie das Löschen von Dateien abzubrechen. Ihr Programm kann eine Meldung »Drücken Sie Strg-C zum Abbrechen« ausgeben und anschließend etwaige `KeyboardInterrupt`-Ausnahmen mithilfe von `try`- und `except`-Anweisungen behandeln.
- Für einen langfristigen Countdown können Sie `timedelta`-Objekte einsetzen, um die Anzahl an Tagen, Stunden, Minuten und Sekunden bis zu einem bestimmten Zeitpunkt in der Zukunft (zum Beispiel einem Geburtstag oder Jubiläum) zu berechnen.

Zusammenfassung

Die Unix-Epoche (1. Januar 1970 um Mitternacht, UTC) stellt einen Standard-Referenzzeitpunkt für viele Programmiersprachen dar, einschließlich Python. Während die Funktion `time.time()` einen Epoch-Zeitstempel zurückgibt (also einen Float-Wert, der die Anzahl der Sekunden seit der Unix-Epoche angibt), eignet sich das Modul `datetime` besser für Datumsarithmetik sowie zum Formatieren oder Parsen von Strings mit Datumsinformationen.

Die Funktion `time.sleep()` blockiert (das heißt, sie gibt für eine bestimmte Anzahl von Sekunden nicht zurück). Sie können damit Pausen in Ihr Programm einfügen. Wenn Sie Ihre Programme zu einem bestimmten Zeitpunkt starten lassen möchten, finden Sie unter *https://nostarch.com/automate-boring-stuff-python-3rd-edition* eine Anleitung zur Nutzung des in Ihrem Betriebssystem integrierten Schedulers.

Abschließend können Sie mit der Funktion `subprocess.run()` aus Ihren Python-Programmen heraus weitere Anwendungen starten. Kommandozeilenargumente können an den Aufruf von `run()` übergeben werden, um bestimmte Dokumente mit der gewünschten Anwendung zu öffnen. Alternativ können Sie mit `run()` das Programm `start` oder `open` verwenden und so die Dateizuordnungen Ihres Computers nutzen, um automatisch zu bestimmen, welche Anwendung zum Öffnen eines Dokuments verwendet werden soll. Durch die Verwendung weiterer Anwendungen auf Ihrem Computer können Ihre Python-Programme deren Funktionen für Ihre Automatisierungsaufgaben nutzen.

Übungsfragen

Was ist die Unix-Epoche?

1. Welche Funktion gibt die Anzahl der Sekunden seit Beginn der Unix-Epoche zurück?
2. Welche Funktion des Moduls `time` gibt einen menschenlesbaren String der aktuellen Uhrzeit zurück, wie `'Mon Jun 15 14:00:38 2026'`?
3. Wie können Sie Ihr Programm exakt fünf Sekunden lang pausieren?
4. Was gibt die Funktion `round()` zurück?
5. Was ist der Unterschied zwischen einem `datetime`-Objekt und einem `timedelta`-Objekt?
6. Welcher Wochentag war der 7. Januar 2019 laut Modul `datetime`?

Übungsprogramme

Schreiben Sie zu Übungszwecken Programme, die die folgenden Aufgaben ausführen.

Verschönerte Stoppuhr

Erweitern Sie das Stoppuhr-Projekt aus diesem Kapitel, sodass mithilfe der String-Methoden `rjust()` und `ljust()` die Ausgabe optisch ansprechender gestaltet wird. (Diese Methoden wurden in Kapitel 8 behandelt.) Anstelle von:

```
Runde #1: 3.56 (3.56)
Runde #2: 8.63 (5.07)
Runde #3: 17.68 (9.05)
Runde #4: 19.11 (1.43)
```

sollte die Ausgabe wie folgt aussehen:

```
Runde # 1:   3.56 (  3.56)
Runde # 2:   8.63 (  5.07)
Runde # 3:  17.68 (  9.05)
Runde # 4:  19.11 (  1.43)
```

Verwenden Sie anschließend das in Kapitel 8 vorgestellte Modul `pyperclip`, um die Textausgabe in die Zwischenablage zu kopieren, sodass man das Ergebnis schnell in eine Textdatei oder eine E-Mail einfügen kann.

Freitag-der-13.-Finder

Freitag, der 13., gilt bei Menschen mit Triskaidekaphobie als Unglückstag (ich persönlich feiere ihn jedoch als Glückstag). Aufgrund von Schaltjahren und der unterschiedlichen Monatslängen ist es schwierig festzustellen, wann der nächste Freitag, der 13., eintritt.

Erstellen Sie zwei Programme. Das erste Programm soll ein `datetime`-Objekt für das aktuelle Datum sowie ein `timedelta`-Objekt mit einem Tag erzeugen. Ist der aktuelle Tag ein Freitag, der 13., soll es den Monat und das Jahr ausgeben. Anschließend soll das `timedelta`-Objekt zum `datetime`-Objekt addiert werden, um auf den nächsten Tag zu wechseln, und die Überprüfung wird erneut durchgeführt. Wiederholen Sie diesen Vorgang, bis die nächsten zehn Daten eines Freitags, der 13., gefunden wurden.

Das zweite Programm soll dasselbe tun, mit dem Unterschied, dass das `timedelta`-Objekt subtrahiert wird. Dieses Programm ermittelt alle vergangenen Monate und Jahre mit einem Freitag, dem 13., und stoppt, sobald das Jahr 1 erreicht ist.

20

Versand von E-Mail, Text und Push-Benachrichtigungen

Das Prüfen und Beantworten von E-Mails bindet erheblich Zeit, und ein Programm kann nicht vollständig die gesamte E-Mail-Kommunikation übernehmen, da jede Nachricht eine individuelle Antwort verlangt. Dennoch können zahlreiche E-Mail-bezogene Aufgaben automatisiert werden, sobald Sie wissen, wie man Programme schreibt, die E-Mails senden und empfangen.

So lässt sich etwa ein Kundenverzeichnis aus einer Tabellenkalkulation nutzen, um jedem Kunden abhängig von Alter und Standort einen angepassten Serienbrief zu senden. Kommerzielle Software bietet hierfür unter Umständen keine Lösung. Mit einem eigenen Programm können Sie jedoch den Versand dieser E-Mails selbst übernehmen und dadurch erheblich Zeit beim Kopieren und Einfügen sparen.

Sie können auch Programme zum Versand von SMS-Textnachrichten und Push-Benachrichtigungen erstellen, die Sie selbst dann über wichtige Ereignisse informieren, wenn Sie nicht am Computer sind. Automatisieren Sie Aufgaben, die mehrere Stunden in Anspruch nehmen, möchten Sie erfahrungsgemäß nicht ständig zum Computer zurückkehren, um den Status des Programms zu kontrollieren. Stattdessen kann das Programm Ihr Mobiltelefon per SMS benachrichtigen, wenn es abgeschlossen ist. So können Sie sich während Ihrer Abwesenheit vom Computer auf wichtigere Aufgaben konzentrieren.

Dieses Kapitel stellt das Modul EZGmail vor, eine einfache Möglichkeit, E-Mails von Gmail-Konten zu senden und zu lesen, sowie den kostenlosen Dienst *ntfy*, der Push-Benachrichtigungen zwischen Geräten ermöglicht.

Achtung

Es wird nachdrücklich empfohlen, für alle Skripte, die E-Mails versenden oder empfangen, ein separates E-Mail-Konto einzurichten. So verhindern Sie, dass Fehler in Ihren Programmen Ihr persönliches E-Mail-Konto beeinträchtigen – etwa durch das Löschen von E-Mails oder das versehentliche Versenden von Spam an Ihre Kontakte. Führen Sie zu Beginn am besten einen Probelauf durch, indem Sie den Code, der E-Mails tatsächlich sendet oder löscht, mit Kommentaren versehen und stattdessen temporär einen `print()`-Aufruf verwenden. Auf diese Weise lässt sich Ihr Programm testen, bevor es produktiv ausgeführt wird.

Die Gmail-API

Gmail besitzt nahezu ein Drittel des Marktanteils bei E-Mail-Clients; vermutlich verfügen auch Sie über mindestens eine Gmail-Adresse. Aufgrund der zusätzlichen Sicherheits- und Anti-Spam-Maßnahmen empfiehlt sich die Steuerung eines Gmail-Kontos besser über das Modul EZGmail als mithilfe der Module `smtplib` und `imaplib` aus der Python-Standardbibliothek. EZGmail wurde entwickelt, um auf der offiziellen Gmail-API aufzubauen und Funktionen bereitzustellen, die die Nutzung von Gmail in Python erleichtern. Ausführliche Installationsanweisungen zu EZGmail finden Sie in Anhang A.

API aktivieren

Bevor Sie Code verfassen, müssen Sie zunächst ein Gmail-E-Mail-Konto unter *https://gmail.com* registrieren. Richten Sie anschließend die Gmail-API für Ihr Konto über die Google Cloud Console unter *https://console.cloud.google.com* ein. Diese Schritte entsprechen denen für die Einrichtung von EZSheets, die in Kapitel 15 beschrieben werden, und werden daher in diesem Kapitel nicht erneut erklärt. Erstellen Sie ein neues Projekt und aktivieren Sie die Gmail-API anstelle der Google Sheets-API. Fügen Sie im zweiten Schritt der OAuth-Zustimmungsbildschirm-Konfiguration den Scope *https://mail.google.com* hinzu, damit Ihre Python-Skripte E-Mails lesen und versenden können. Nach Abschluss verfügen Sie über eine Datei mit Zugangsdaten sowie über eine Token-Datei.

Geben Sie dann in der interaktiven Shell den folgenden Code ein:

```
>>> import ezgmail
>>> ezgmail.init()
```

Erscheint keine Fehlermeldung, wurde EZGmail korrekt installiert.

E-Mails versenden

Nach der Einrichtung von EZGmail lässt sich eine E-Mail mit nur einem Funktionsaufruf versenden:

```
>>> import ezgmail
>>> ezgmail.send('recipient@example.com', 'Betreff', 'Textkörper der
E-Mail')
```

Um Ihrer E-Mail Dateien als Anhänge hinzuzufügen, können Sie der Funktion `send()` ein zusätzliches Listenargument übergeben:

```
>>> ezgmail.send('recipient@example.com', 'Betreff', 'Textkörper der
E-Mail',
['attachment1.jpg', 'attachment2.mp3'])
```

Beachten Sie, dass Gmail im Rahmen seiner Sicherheits- und Anti-Spam-Richtlinien möglicherweise keine mehrfach identischen E-Mails (da diese vermutlich als Spam eingestuft werden) oder E-Mails mit *.exe*- oder *.zip*-Dateianhängen (da diese potenziell Viren enthalten) versendet.

Optional lassen sich die Schlüsselwortargumente `cc` und `bcc` angeben, um Kopien sowie Blindkopien zu versenden:

```
>>> import ezgmail
>>> ezgmail.send('recipient@example.com', 'Betreff', 'Textkörper der
email', cc='freund@example.com', bcc='andererfreund@example.com,
jemandanders@example.com')
```

Wenn Sie nachvollziehen möchten, für welche Gmail-Adresse die Datei *token.json* eingerichtet wurde, können Sie `ezgmail.EMAIL_ADDRESS` prüfen:

```
>>> import ezgmail
>>> ezgmail.EMAIL_ADDRESS
'example@gmail.com'
```

Behandeln Sie die Datei *token.json* unbedingt wie Ihr Passwort. Falls jemand diese Datei erhält, kann er auf Ihr Gmail-Konto zugreifen (er kann jedoch Ihr Gmail-Passwort nicht ändern). Um zuvor ausgestellte *token.json*-Dateien zu widerrufen, öffnen Sie die Google Cloud-Konsole und löschen Sie die Berechtigung für das kompromittierte Token. Sie müssen die Einrichtung erneut durchführen, um eine neue Berechtigung und eine neue Token-Datei zu erzeugen, bevor Sie EZ-Gmail wieder verwenden können.

E-Mails lesen

Gmail fasst E-Mail-Nachrichten, die Antworten aufeinander sind, in Konversations-Threads zusammen. Wenn Sie sich in Ihrem Webbrowser oder über eine App bei Gmail anmelden, betrachten Sie tatsächlich E-Mail-Threads und nicht einzelne E-Mails (auch wenn der Thread nur eine E-Mail enthält).

EZGmail stellt `GmailThread`- und `GmailMessage`-Objekte bereit, um Konversations-Threads beziehungsweise einzelne E-Mails darzustellen. Ein `GmailThread`-Objekt verfügt über ein Attribut `messages`, das eine Liste von `GmailMessage`-Objekten enthält. Die Funktion `unread()` gibt eine Liste von `GmailThread`-Objekten für die 25 neuesten ungelesenen E-Mails zurück. Diese Liste kann an `ezgmail.summary()` übergeben werden, um eine Zusammenfassung der Konversations-Threads anzuzeigen:

```
>>> import ezgmail
>>> ungelesene_threads = ezgmail.unread()  # Liste von GmailThread-
Objekten
>>> ezgmail.summary(ungelesene_threads)
Al, Jon - Willst du dieses Wochenende RoboCop ansehen? - 09. Dez
Jon - Danke, dass du mich vom Kauf von Boringcoin abgehalten hast. -
09. Dez
```

Die Funktion `summary()` eignet sich gut, um eine schnelle Übersicht über E-Mail-Threads zu erhalten. Möchten Sie jedoch auf bestimmte Nachrichten (und Teile davon) zugreifen, sollten Sie das Attribut `messages` des `GmailThread`-Objekts eingehender betrachten. Das Attribut `messages` enthält eine Liste der `GmailMessage`-Objekte, die den Thread bilden. Diese verfügen über die Attribute `subject`, `body`, `timestamp`, `sender` und `recipient`, die die E-Mail beschreiben:

```
>>> len(ungelesene_threads)
2
>>> str(ungelesene_threads[0])
"<GmailThread len=2 snippet= Willst du dieses Wochenende RoboCop
ansehen?'>"
>>> len(ungelesene_threads[0].messages)
2
```

```
>>> str(ungelesene_threads[0].messages[0])
"<GmailMessage from='Al Sweigart <al@inventwithpython.com>' to='Jon Doe
<example@gmail.com>' timestamp=datetime.datetime(2026, 12, 9, 13, 28, 48)
subject='RoboCop' snippet='Willst du dieses Wochenende RoboCop
ansehen?'>"
>>> ungelesene_threads[0].messages[0].subject
'RoboCop'
>>> ungelesene_threads[0].messages[0].body
'Willst du dieses Wochenende RoboCop ansehen?\r\n'
>>> ungelesene_threads[0].messages[0].timestamp
datetime.datetime(2026, 12, 9, 13, 28, 48)
>>> ungelesene_threads[0].messages[0].sender
'Al Sweigart <al@inventwithpython.com>'
>>> ungelesene_threads[0].messages[0].recipient
'Jon Doe <example@gmail.com>'
```

Um mehr als die 25 aktuellsten ungelesenen E-Mails abzurufen, übergeben Sie eine Zahl für das Schlüsselwortargument `maxResults`. Zum Beispiel gibt `ezgmail.unread(maxResults=50)` die 50 neuesten ungelesenen E-Mails zurück.

Wie die Funktion `ezgmail.unread()` gibt die Funktion `ezgmail.recent()` die 25 aktuellsten Threads in Ihrem Gmail-Konto zurück:

```
>>> aktuelle_threads = ezgmail.recent()
>>> len(aktuelle_threads)
25
>>> aktuelle_threads = ezgmail.recent(maxResults=100)
>>> len(aktuelle_threads)
46
```

Sie können ein optionales Argument `maxResults` übergeben, um dieses Limit zu ändern.

Suche nach E-Mails

Zusätzlich zu `ezgmail.unread()` und `ezgmail.recent()` lässt sich gezielt nach bestimmten E-Mails suchen, genauso wie durch das Eingeben von Suchanfragen im Suchfeld, indem Sie `ezgmail.search()` aufrufen:

```
>>> ergebnis_threads = ezgmail.search('RoboCop')
>>> len(ergebnis_threads)
1
>>> ezgmail.summary(ergebnis_threads)
Al, Jon - Willst du dieses Wochenende RoboCop ansehen? - 09. Dez
```

Dieser Aufruf von `search()` sollte die gleichen Ergebnisse liefern, wie wenn Sie *RoboCop* im Suchfeld auf der Webseite eingegeben hätten, wie in Abbildung 20.1 dargestellt.

Abb. 20.1 *Suche nach RoboCop-E-Mails auf der Gmail-Website*

Wie `unread()` und `recent()` gibt die Funktion `search()` eine Liste von `GmailThread`-Objekten zurück. Sie können der `search()`-Funktion auch alle speziellen Suchoperatoren übergeben, die Sie im Feld verwenden können, beispielsweise die folgenden:

- **`'label:UNREAD'`** für ungelesene E-Mails
- **`'from:al@inventwithpython.com'`** für E-Mails von *al@inventwithpython.com*
- **`'subject:hallo'`** für E-Mails mit »hallo« im Betreff
- **`'has:attachment'`** für E-Mails mit Anhängen

Eine vollständige Liste der Suchoperatoren finden Sie unter *https://support.google.com/mail/answer/7190.*

Anhänge herunterladen

Ein `GmailMessage`-Objekt verfügt über ein Attribut `attachments`, das eine Liste mit den Dateinamen der an die Nachricht angehängten Dateien enthält. Übergeben Sie einen dieser Namen an die Methode `downloadAttachment()` eines `GmailMessage`-Objekts, um die Datei herunterzuladen. Sie können auch alle Anhänge auf einmal mit `downloadAllAttachments()` herunterladen. Standardmäßig speichert EZGmail Anhänge im aktuellen Arbeitsverzeichnis, jedoch können Sie ein Schlüsselwortargument `downloadFolder` übergeben. Hier ein Beispiel:

```
>>> import ezgmail
>>> threads = ezgmail.search('Urlaubsbilder')
>>> threads[0].messages[0].attachments
['Tulpen.jpg', 'Kanal.jpg', 'Fahrräder.jpg']
>>> threads[0].messages[0].downloadAttachment('Tulpen.jpg')
>>> threads[0].messages[0].downloadAllAttachments(downloadFolder='Url
aub2026')
['Tulpen.jpg', 'Kanal.jpg', 'Fahrräder.jpg']
```

Existiert bereits eine Datei mit dem Dateinamen des Anhangs, überschreibt der heruntergeladene Anhang diese automatisch.

EZGmail enthält weitere Funktionen. Die vollständige Dokumentation finden Sie unter *https://github.com/asweigart/ezgmail*.

SMS-E-Mail-Gateways

Da Leute meist eher ihr Smartphone zur Hand haben als ihren Computer, stellen Textnachrichten häufig eine verlässlichere Möglichkeit dar, sofortige Benachrichtigungen zu übermitteln, als E-Mails. Textnachrichten sind außerdem meist kürzer, sodass eine Person sie mit größerer Wahrscheinlichkeit liest. Der einfachste, wenn auch nicht zuverlässigste Weg, Textnachrichten zu versenden, besteht darin, ein *SMS-E-Mail-Gateway* zu nutzen – einen E-Mail-Server, den ein Mobilfunkanbieter eingerichtet hat, um Texte per E-Mail zu empfangen und anschließend als Textnachricht an den Empfänger weiterzuleiten.

Sie können ein Programm verfassen, um diese E-Mails mithilfe von EZGmail oder des Moduls `smtplib` zu versenden. Die Telefonnummer und der E-Mail-Server des Mobilfunkanbieters ergeben gemeinsam die E-Mail-Adresse des Empfängers. Beispielsweise lässt sich eine Textnachricht an einen Verizon-Kunden mit der Telefonnummer 212-555-1234 versenden, indem eine E-Mail an *2125551234@vtext.com* gesendet wird. Der Betreff sowie der Textkörper der E-Mail erscheinen im Text der SMS-Nachricht.

Das SMS-E-Mail-Gateway eines Mobilfunkanbieters lässt sich durch eine Websuche nach »SMS E-Mail Gateway *Anbietername*« ermitteln. Tabelle 20.1 listet die Gateways mehrerer großer Anbieter auf. Viele Anbieter stellen separate E-Mail-Server für SMS zur Verfügung, die Nachrichten auf 160 Zeichen begrenzen. Multimedia kann man per SMS nicht versenden. Dazu waren damals MMS gedacht, doch ist dies umständlich zu bedienen, teuer und ein Auslaufmodell – Vodafone hat zum Beispiel Anfang 2023 den Versand von MMS in seinem Netz abgeschaltet.

Sollte der Mobilfunkanbieter des Empfängers nicht bekannt sein, besteht die Möglichkeit, diesen über eine Carrier-Lookup-Website zu recherchieren. Die beste Möglichkeit, solche Webseiten zu finden, besteht darin, im Internet nach »Mobilfunkanbieter für Nummer finden« zu suchen. Viele dieser Portale ermöglichen kostenlose Einzelabfragen, verlangen jedoch Gebühren, wenn Sie Hunderte oder Tausende Telefonnummern über deren API recherchieren möchten.

Mobilfunkanbieter	SMS-Gateway
AT&T	nummer@txt.att.net
Boost Mobile	nummer@sms.myboostmobile.com
Cricket	nummer@sms.cricketwireless.net
Google Fi	nummer@msg.fi.google.com
Metro PCS	nummer@mymetropcs.com
Republic Wireless	nummer@text.republicwireless.com
Sprint (jetzt T-Mobile)	nummer@messaging.sprintpcs.com
T-Mobile	nummer@tmomail.net
U.S. Cellular	nummer@email.uscc.net
Verizon	nummer@vtext.com
Virgin Mobile	nummer@vmobl.com
Xfinity Mobile	nummer@vtext.com
T-Mobile	nummer@t-mobile.de
Vodafone	nummer@vodafone.de
O2/Telefónica	nummer@o2online.de
E-Plus (O2)	nummer@eplus.de

Tab. 20.1 *SMS-E-Mail-Gateways für Mobilfunkanbieter*

Obwohl SMS-E-Mail-Gateways kostenlos und einfach zu verwenden sind, bestehen mehrere wesentliche Nachteile:

- Es gibt keine Gewähr, dass der Text zeitnah oder überhaupt zugestellt wird. In Deutschland sind zum Beispiel die offiziellen E-Mail-zu-SMS-Gateways der großen Anbieter zwischen 2015 (T-Mobile) und 2022 (E-Plus) abgeschaltet worden.
- Sie haben keine Möglichkeit zu erfahren, ob der Text die Zustellung nicht erreicht hat.
- Der Empfänger des Texts hat keine Möglichkeit zu antworten.
- SMS-Gateways können Sie blockieren, wenn Sie zu viele E-Mails senden, und es lässt sich nicht feststellen, wie viele als »zu viele« gelten.
- Auch wenn das SMS-Gateway heute eine Textnachricht zugestellt hat, ist es keine Garantie dafür, dass es morgen weiterhin funktioniert.

Das Versenden von SMS über ein SMS-Gateway eignet sich, wenn gelegentlich eine nicht dringende Nachricht übermittelt werden muss. Für eine zuverlässigere

Übermittlung von SMS, insbesondere in größerem Umfang, empfiehlt sich die Nutzung einer API eines Telekommunikationsanbieters wie Twilio (USA) oder sipgate (Deutschland, für Kunden). Diese Dienste erfordern häufig ein Abonnement oder Nutzungsgebühren, zudem ist gelegentlich eine Anmeldung notwendig. Die Regulierungen können je nach Land variieren und sich im Laufe der Zeit ändern. Andere Alternativen sind zum Beispiel Lox24 (Deutschland) oder Sinch (Schweden).

Eine kostenlose Alternative zum Versand von SMS ist die Nutzung eines Push-Benachrichtigungsdienstes, wie im nächsten Abschnitt erläutert wird.

Push-Benachrichtigungen

HTTP-*Pub-Sub-Benachrichtigungsdienste* ermöglichen das Versenden und Empfangen von kurzen, temporären Nachrichten über das Internet per HTTP-Webanfragen. Kapitel 13 behandelt die Nutzung der Bibliothek Requests zum Ausführen von HTTP-Anfragen; im Folgenden wird sie verwendet, um mit dem kostenlosen Online-Dienst ntfy (ausgesprochen »notify«, stets kleingeschrieben) unter *https://ntfy.sh* zu interagieren. Der Dienst ntfy ist kostenlos und erfordert keine Anmeldung oder Registrierung.

Bevor Sie beginnen, installieren Sie bitte die App ntfy auf Ihrem Mobiltelefon, damit Sie Benachrichtigungen empfangen können. Diese App ist kostenlos und in den App-Stores für Android und iPhone erhältlich. Sie können Benachrichtigungen auch in Ihrem Webbrowser empfangen, indem Sie *https://ntfy.sh/app* aufrufen.

Diese Apps prüfen beim Dienst ntfy, ob Nachrichten an ein *Topic* (gebräuchlicher Fachbegriff für solche Dienste; englisch für *Thema*) gesendet wurden. Sie können sich ein Topic wie einen Chatraum- oder Gruppenchat-Titel vorstellen. Jede Person weltweit kann Nachrichten an ein Topic senden sowie sich für ein Topic anmelden, um diese Nachrichten zu lesen. Wenn Sie Nachrichten nur an sich selbst senden möchten, wählen Sie ein geheimes Topic mit zufälligen Buchstaben. Behandeln Sie diesen Topic-Namen wie ein Passwort und geben Sie ihn nur an Personen weiter, die berechtigt sind, die Nachrichten zu lesen. In diesem Kapitel wird das Topic `AlSweigartZPgxBQ42` im Beispielcode verwendet, jedoch empfehle ich Ihnen, ein eigenes geheimes Topic mit einem Suffix aus zufällig gewählten Buchstaben und Zahlen zu wählen. Topics sind groß- und kleinschreibungsabhängig. Selbst wenn Sie das Topic geheim halten, verwenden Sie ntfy nicht, um sensible Informationen wie Passwörter oder Kreditkartennummern zu senden.

Benachrichtigungen versenden

Um eine Push-Benachrichtigung an alle Personen zu senden, die ein Topic abonniert haben, genügt es, eine HTTP-Anfrage an den ntfy-Webserver zu stellen. Dies lässt sich vollständig mit der Requests-Bibliothek umsetzen. Sie müssen kein ntfy-spezifisches Paket installieren.

Um die Anfrage zu senden, geben Sie Folgendes in die interaktive Shell ein. Ersetzen Sie das im gesamten Kapitel verwendete Beispielthema `AlSweigartZPgxBQ42` durch Ihr eigenes zufälliges, geheimes Topic:

```
>>> import requests
>>> requests.post('https://ntfy.sh/AlSweigartZPgxBQ42', 'Hallo, Welt!')
<Response [200]>
```

Beachten Sie, dass `requests.post()` aufgerufen wird, um eine HTTP-POST-Anfrage zum Versenden einer Benachrichtigung zu stellen. Dies unterscheidet sich von der in Kapitel 13 behandelten Funktion `requests.get()`, die zum Herunterladen von Webseiten verwendet wird.

Jede Person, die das Topic `AlSweigartZPgxBQ42` abonniert hat, erhält die Nachricht »Hallo, Welt!« innerhalb weniger Sekunden (gelegentlich kann sich die Zustellung jedoch um einige Minuten verzögern). Sie können diese auch selbst unter *https://ntfy.sh/AlSweigartZPgxBQ42* anzeigen.

Der Dienst ntfy unterliegt bestimmten Einschränkungen. Kostenlose Nutzer sind auf 250 Nachrichten pro Tag beschränkt, zudem dürfen Nachrichten maximal 4096 Byte groß sein. Das massenhafte Senden von Nachrichten an verschiedene Themen kann dazu führen, dass Ihre IP-Adresse vorübergehend gesperrt wird. Ein kostenpflichtiges Konto ermöglicht es, diese Grenzwerte direkt auf der ntfy-Website zu erhöhen. Mit kostenpflichtigen ntfy-Konten lassen sich reservierte Themen festlegen und der Kreis derjenigen lässt sich einschränken, die auf diese posten können. Verfügen Sie nicht über die Berechtigung zum Senden an ein reserviertes Thema, erhalten Sie als Antwort auf Ihren `requests.post()`-Funktionsaufruf eine `<Response [403]>`-Antwort. Es ist sogar möglich, dass Sie sich einen eigenen Server installieren und für sich und Ihren Freundes- oder Kundenkreis betreiben, dieses Thema sprengt jedoch den Rahmen dieses Buchs.

Innerhalb der 4096-Byte-Grenze kann Ihre Nachricht jedes beliebige Format aufweisen. Beachten Sie, dass es keine Möglichkeit gibt, festzustellen, wer eine Nachricht an ein Thema gesendet hat. Daher empfiehlt es sich, »To«- und »From«-Labels im Text Ihrer Nachricht einzufügen. Noch besser lässt sich dies mithilfe von JSON oder einem anderen in Kapitel 18 behandelten Datenserialisierungsformat umsetzen.

Wenn Sie Python-Programme dazu verwenden möchten, Ihnen Benachrichtigungen zu senden, benötigen Sie, nachdem Sie die App ntfy auf Ihrem Telefon installiert und das Topic abonniert haben, lediglich diese beiden Codezeilen. Sie können Ihr Python-Programm ausführen und sich entspannt einen Kaffee holen, da Sie eine Benachrichtigung auf Ihrem Telefon erhalten, sobald das Programm seine monotone Aufgabe abgeschlossen hat.

Metadaten übertragen

Während die gesendete Nachricht einen freien Text-String darstellt, kann ntfy optional Metadaten wie einen Titel, eine Prioritätsstufe und Tags an jede Nachricht anhängen.

Ein *title* ähnelt einer E-Mail-Betreffzeile, und die meisten Apps zeigen ihn über dem Nachrichtentext in einer größeren Schriftart an. Ein *Prioritätslevel* reicht von 1 (niedrigste Priorität) bis 5 (höchste Priorität), wobei 3 als Standard gilt. Eine höhere Priorität bewirkt keine schnellere Zustellung von Nachrichten; sie erlaubt es Abonnenten lediglich, ihre Benachrichtigungs-Apps so zu konfigurieren, dass nur Nachrichten ab einer bestimmten Priorität oder höher angezeigt werden. *Tags* sind Schlüsselwörter, mit denen Abonnenten Nachrichten filtern können. Tags können zudem den Namen eines Emojis tragen, das neben dem Nachrichtentitel angezeigt wird. Eine Liste dieser Emojis finden Sie unter *https://docs.ntfy.sh/publish/#tags-emojis*.

Diese Metadaten werden der HTTP-Anfrage als Header hinzugefügt. Übergeben Sie hierfür ein Dictionary an das `headers`-Schlüsselwortargument. Geben Sie Folgendes in die interaktive Shell ein, um eine Nachricht mit Metadaten zu versenden:

```
>>> import requests
>>> requests.post('https://ntfy.sh/AlSweigartZPgxBQ42', 'Miete ist zu
teuer!',
headers={'Title':'Wichtig: Lies dies!', 'Tags': 'warning,neutral_face',
'Priority':'5'})
<Response [200]>
```

Diese Funktionen bieten einen Mehrwert für Leute, die Benachrichtigungen auf ihrer Handy-App lesen. Es besteht jedoch ebenso die Möglichkeit, Code zu verfassen, damit Python-Skripte Push-Benachrichtigungen empfangen, wie im folgenden Abschnitt erläutert wird.

Benachrichtigungen empfangen

Python-Programme können die an ein bestimmtes Topic gesendeten Nachrichten auch durch HTTP-Anfragen mit der Bibliothek Requests lesen. Senden Sie eine Benachrichtigung mithilfe des Codes aus den vorherigen Abschnitten und geben Sie anschließend Folgendes in die interaktive Shell ein; verwenden Sie hierbei dasselbe Topic wie für die Benachrichtigungen:

```
>>> import requests
>>> resp = requests.get('https://ntfy.sh/AlSweigartZPgxBQ42/
json?poll=1')
>>> resp.text
'{"id":"1jnHKeFNqwnS","time":1797823340,"expires":1797866540,"event":
"message","topic":"AlSweigartZPgxBQ42","message":"Hallo, Welt!"}\n
{"id":"wZ22cjyKXw1F","time":1797823712,"expires":1797866912,"event":
"message","topic":"AlSweigartZPgxBQ42","title":"Wichtig: Lies dies!",
"message":"Miete ist zu teuer!","priority":5,"tags":["warning",
"neutral_face"]}\n'
```

Beachten Sie, dass Sie die Funktion `requests.get()` zum Empfangen von Benachrichtigungen aufrufen, im Gegensatz zur Funktion `requests.post()`, die zum Senden von Benachrichtigungen eingesetzt wird. Die URL endet außerdem auf `/json?poll=1`.

Mit diesem Vorgang werden Nachrichten per Polling abgerufen, wodurch alle Nachrichten für ein Topic abgeholt werden, die der Server enthält. Es existieren auch Streaming-Methoden für den Abruf von ntfy-Nachrichten, jedoch ist Polling die einfachste Variante im Hinblick auf den Programmieraufwand. Zusätzlich besteht die Möglichkeit, nach *poll=1* den URL-Parameter *since* hinzuzufügen, um Nachrichten nach folgenden Kriterien abzurufen:

- *since=10m* – Lädt alle Nachrichten des Themas aus den letzten 10 Minuten. Alternativ lassen sich auch *s* für Sekunden und *h* für Stunden nutzen, beispielsweise *since=2h30m* für sämtliche Nachrichten der letzten zweieinhalb Stunden.
- *since=1737866912* – Ruft alle Nachrichten ab, die seit dem Unix-Epochenzeitstempel `1737866912` empfangen wurden. Ein solcher Zeitstempel wird von `time.time()` zurückgegeben und gibt die Anzahl der Sekunden seit dem 1. Januar 1970 an. Kapitel 19 behandelt zeitbezogene Funktionen.
- *since=wZ22cjyKXw1F* – Ruft alle Nachrichten ab, die nach der Nachricht mit der ID `'wZ22cjyKXw1F'` eingegangen sind.

Trennen Sie zusätzliche URL-Parameter durch ein kaufmännisches Und (&). Beispielsweise ruft die Angabe der URL *https://ntfy.sh/AlSweigartZPgxBQ42/*

json?poll=1&since=10m alle Nachrichten vom Topic *AlSweigartZPgxBQ42* der letzten 10 Minuten ab. Um die Auslastung des ntfy-Servers zu verringern, sollten Sie nur einmal pro Minute oder alle paar Minuten abfragen, anstatt in einer Endlosschleife möglichst schnell zu pollen. Wenn Sie Benachrichtigungen umgehend erhalten müssen, konsultieren Sie die Online-Dokumentation, um Informationen zum Abonnieren von Benachrichtigungsströmen zu erhalten.

Der Text der HTTP-Antwort stellt kein gültiges JSON dar, da er in jeder Zeile ein JSON-Objekt enthält, anstatt ein einzelnes JSON-Objekt (manchmal JSON-Lines oder JSONL genannt). Daher empfiehlt es sich, die Methode `splitlines()` des Strings zu verwenden, bevor die einzelnen Objekte mit dem Modul `json` analysiert werden (wie in Kapitel 18 beschrieben). Setzen Sie das vorherige Beispiel in der interaktiven Shell fort:

```
>>> import json
>>> benachrichtigungen = []
>>> for json_text in resp.text.splitlines():
...     benachrichtigungen.append(json.loads(json_text))
...
>>> benachrichtigungen[0]['message']
'Hallo, Welt!'
>>> benachrichtigungen[1]['message']
Miete ist zu teuer!'
```

Die Funktion `json.loads()` wandelt den JSON-Text von ntfy in ein Python-Dictionary um. Betrachten Sie nun die einzelnen Schlüssel-Wert-Paare:

- `"id":"wZ22cjyKXw1F"` – Der Wert des Schlüssels `'id'` ist ein eindeutiger Identifikations-String, der es ermöglicht, mehrere Benachrichtigungen zu unterscheiden, selbst wenn sie denselben Text enthalten.
- `"time":1797823712` – Der Wert des Schlüssels `'time'` ist ein Unix-Epochenzeitstempel, der angibt, wann die Benachrichtigung erstellt wurde. Sie können `str(datetime.datetime.fromtimestamp(1797823712))` verwenden, um das lesbare Datum `'2026-12-20 21:28:32'` zu erhalten.
- `"expires":1797866912` – Der Wert des Schlüssels `'expires'` ist ein Unix-Epochenzeitstempel, der angibt, wann die Benachrichtigung vom ntfy-Server gelöscht wird.
- `"event":"message"` – Der Wert des Schlüssels `'event'` kann entweder `'message'`, `'open'`, `'keepalive'` oder `'poll_request'` sein. Diese Ereignistypen werden in der Online-Dokumentation erläutert, jedoch dürfte derzeit vor allem das Ereignis `'message'` von Interesse sein.

- `"topic":"AlSweigartZPgxBQ42"` – Der Topic-Teil der URL wird in `'topic'` wiederholt.
- `"title":"Wichtig: Lies dies!"` – Falls die Benachrichtigung einen Titel enthält, ist der Schlüssel `'title'` mit einem Strings vorhanden.
- `"message":"Miete ist zu teuer!"` – Der Wert des Schlüssels `'message'` enthält den Text der Benachrichtigung.
- `"priority":5` – Enthält die Benachrichtigung eine Priorität, ist der Schlüssel `'priority'` mit einem ganzzahligen Wert von 1 bis 5 aufgeführt.
- `"tags":["warning","neutral_face"]` – Enthält die Benachrichtigung Tags, ist der Schlüssel `'tags'` mit einer Liste von Strings vorhanden. Bei diesen Strings kann es sich um die Namen von Emoji-Zeichen handeln, die angezeigt werden.

Indem Sie die Werte in diesem Dictionary auslesen, können Ihre Python-Programme mit der Requests-Bibliothek Benachrichtigungen empfangen, die von Nutzern oder anderen Python-Skripten erstellt wurden. Der ntfy-Dienst stellt eine der einfachsten Möglichkeiten dar, Programme zu erstellen, die über das Internet miteinander kommunizieren (zu beachten ist jedoch die Begrenzung auf 250 Nachrichten pro Tag für Gratisbenutzer).

Zusammenfassung

Wir kommunizieren auf unterschiedlichste Weise über das Internet und Mobilfunknetze, doch E-Mails und SMS sind am weitesten verbreitet. Programme können sich über diese Kanäle verständigen, wodurch sie leistungsstarke neue Benachrichtigungsfunktionen erhalten.

Als Sicherheits- und Spamschutzmaßnahme erlauben einige weit verbreitete E-Mail-Dienste die Nutzung der Standardprotokolle SMTP und IMAP nur eingeschränkt – Gmail stellt zum Beispiel einige Hürden wie SSL und OAuth in den Weg, um Spam einzuschränken. Das Paket EZGmail dient als komfortabler Wrapper für die Gmail-API und ermöglicht Python-Skripten den Zugriff auf Ihr Gmail-Konto. Es empfiehlt sich, für Ihre Skripte ein separates Gmail-Konto einzurichten, damit etwaige Fehler im Programm nicht Ihr persönliches Gmail-Konto beeinträchtigen.

Das Versenden von SMS-Texten unterscheidet sich von E-Mails, da hierfür mehr als nur eine Internetverbindung erforderlich ist. Mit einem SMS-E-Mail-Gateway lassen sich Texte von einem E-Mail-Konto aus versenden; dafür müssen Sie jedoch den Mobilfunkanbieter des Empfängers kennen, und es handelt sich hierbei nicht um einen zuverlässigen Weg, Nachrichten zu verschicken. Wenn Sie lediglich kurze Nachrichten an sich selbst senden möchten, können Sie das Push-Benachrichtigungssystem unter *https://ntfy.sh* nutzen und anschließend die App ntfy auf Ihrem Smartphone installieren, damit Ihre Python-Skripte Nachrichten an die Abonnenten eines Topics senden.

Mit diesen Modulen in Ihrem Werkzeugkasten können Sie genau festlegen, unter welchen Bedingungen Ihre Programme Benachrichtigungen oder Erinnerungen versenden sollen. So erhalten Ihre Programme eine Reichweite, die weit über den Computer hinausgeht, auf dem sie laufen.

Übungsfragen

1. Welche Rolle spielen die Anmelde- und Token-Dateien bei der Verwendung der Gmail-API?
2. Worin unterscheiden sich in der Gmail-API die »thread«- und »message«-Objekte?
3. Wie lassen sich mit `ezgmail.search()` E-Mails mit Anhängen finden?
4. Welche Nachteile ergeben sich bei der Verwendung eines SMS-E-Mail-Gateways zum Versand von Textnachrichten?
5. Welche Python-Bibliothek kann Benachrichtigungen an ntfy senden und empfangen?

Übungsprogramme

Erstellen Sie zu Übungszwecken Programme, die die folgenden Aufgaben ausführen.

Regenschirm-Erinnerung

Kapitel 13 erläuterte, wie das Modul `requests` genutzt wird, um Daten von *https://weather.gov* abzurufen. Erstellen Sie ein Programm, das kurz vor Ihrem morgendlichen Aufstehen ausgeführt wird und prüft, ob für diesen Tag Regen vorhergesagt ist. Ist dies der Fall, lassen Sie das Programm Ihnen eine SMS mit der Nachricht senden, vor dem Verlassen des Hauses einen Regenschirm einzupacken.

Automatischer Abmelder

Schreiben Sie ein Programm, das Ihr E-Mail-Konto durchsucht, sämtliche Abmelde-Links in Ihren E-Mails findet und diese automatisch in einem Browser öffnet. Dieses Programm muss sich bei Ihrem Gmail-Konto anmelden. Sie können Beautiful Soup (Kapitel 13) verwenden, um zu überprüfen, ob das Wort *unsubscribe* innerhalb eines HTML-Link-Tags vorkommt. Sobald Ihnen eine Liste dieser URLs vorliegt, können Sie `webbrowser.open()` einsetzen, um alle diese Links automatisch im Browser zu öffnen.

Sie müssen dennoch alle weiteren Schritte manuell ausführen, um sich von diesen Listen abzumelden. In den meisten Fällen beinhaltet dies, auf einen Link zu klicken, um die Abmeldung zu bestätigen. Dieses Skript erspart Ihnen jedoch die mühsame Suche nach Abmelde-Links in all Ihren E-Mails.

Computersteuerung über E-Mail

Sie können ein Programm schreiben, das alle 15 Minuten ein E-Mail- oder ntfy-Konto auf eingehende Anweisungen überprüft und diese automatisch ausführt. BitTorrent ist beispielsweise ein Peer-to-Peer-Downloadsystem. Mit kostenloser BitTorrent-Software wie qBittorrent können Sie große Mediendateien auf Ihrem Heimcomputer herunterladen. Senden Sie dem Programm einen (vollkommen legalen) BitTorrent-Link, prüft das Programm später sein E-Mail-Konto oder sucht nach ntfy-Benachrichtigungen, findet die Nachricht, extrahiert den Link und startet anschließend qBittorrent, um den Download der Datei zu beginnen. So kann Ihr Heimcomputer bereits mit dem Download beginnen, während Sie abwesend sind, und der (vollkommen legale) Download ist abgeschlossen, wenn Sie nach Hause zurückkehren.

Kapitel 19 erläuterte, wie Sie Programme auf Ihrem Computer mithilfe der Funktion `subprocess.Popen()` starten können. Beispielsweise startet der folgende Aufruf das Programm qBittorrent zusammen mit einer Torrent-Datei:

```
qbProcess = subprocess.Popen(['C:\\Program Files (x86)\\qBittorrent\\
qbittorrent.exe', 'Goethes_gesammelte_Werke.torrent'])
```

Das Programm sollte unbedingt sicherstellen, dass die E-Mails von Ihnen stammen. Insbesondere empfiehlt es sich, dass die E-Mails ein Passwort enthalten, da Hacker eine Absenderadresse in E-Mails relativ einfach fälschen können. Das Programm sollte die gefundenen E-Mails löschen, damit es die Anweisungen nicht bei jeder Überprüfung des E-Mail-Kontos wiederholt. Als zusätzliche Funktion sollte das Programm Ihnen nach Ausführung eines Kommandos jeweils eine Bestätigung per E-Mail oder SMS senden. Da Sie nicht vor dem Computer sitzen, auf dem das Programm ausgeführt wird, empfiehlt es sich, die Logging-Funktion zu nutzen (siehe Kapitel 5), um ein Logfile im Textformat anzulegen, die Sie bei auftretenden Fehlern überprüfen können.

Das qBittorrent-Programm (sowie andere BitTorrent-Anwendungen) bietet eine Funktion, mit der es nach Abschluss des Downloads automatisch beendet werden kann. Kapitel 19 erläuterte, wie Sie mit der Methode `wait()` für `Popen`-Objekte feststellen können, wann eine gestartete Anwendung beendet wurde. Der Aufruf von `wait()` blockiert, bis qBittorrent beendet ist, und anschließend kann Ihr Programm Sie per E-Mail oder SMS darüber benachrichtigen, dass der Download abgeschlossen wurde.

Es gibt zahlreiche Optionen, mit denen Sie dieses Projekt erweitern können. Sollten Sie nicht weiterkommen, können Sie eine Beispielimplementierung dieses Programms unter *https://dpunkt.de/produkt/routineaufgaben-mit-python-automatisieren-3* herunterladen.

21 Diagramme erstellen und Bilder manipulieren

Falls Sie eine Digitalkamera besitzen oder Fotos von Ihrem Handy auf eine Social-Media-Plattform hochladen, kommen Sie vermutlich ständig mit digitalen Bilddateien in Berührung. Möglicherweise wissen Sie, wie Sie einfache Grafiksoftware wie Microsoft Paint oder Paintbrush verwenden, oder beherrschen sogar fortgeschrittenere Programme wie Adobe Photoshop. Wenn Sie jedoch eine große Anzahl von Bildern bearbeiten müssen, gestaltet sich die manuelle Änderung als sehr zeitaufwendig und mühsam.

Installieren Sie Pillow, ein externes Python-Paket zur Interaktion mit Bilddateien. Dieses Paket bietet verschiedene Funktionen, die das Zuschneiden, Skalieren und Bearbeiten von Bildinhalten erleichtern. In diesem Kapitel wird die Nutzung von Pillow vorgestellt, um Python das automatische Bearbeiten von Hunderten oder Tausenden von Bildern zu ermöglichen.

Ebenso behandelt dieses Kapitel Matplotlib, eine weit verbreitete Bibliothek zur Erstellung professioneller Diagramme. Matplotlib ist vielseitig und bietet zahlreiche Anpassungsoptionen; ganze Bücher widmen sich ausschließlich dieser Bibliothek. Hier werden die Grundlagen für das Erzeugen von Diagrammbildern mit Matplotlib behandelt.

Computerbilder Grundlagen

Um ein Bild zu bearbeiten, gilt es das Arbeiten mit Farben und Koordinaten in Pillow zu verstehen. Die neueste Version von Pillow lässt sich anhand der Anweisungen in Anhang A installieren.

Farben und RGBA-Werte

Computerprogramme stellen eine Farbe im Bild meist als *RGBA-Wert* dar – eine Gruppe von Zahlen, die den Anteil an Rot, Grün, Blau und *Alpha* (Transparenz) festlegt. Jeder dieser Komponentenwerte ist eine ganze Zahl zwischen 0 (kein Anteil) und 255 (Maximum). Diese RGBA-Werte gehören zu einzelnen *Pixeln*, dem kleinsten Punkt einer einzelnen Farbe, den ein Computerbildschirm darstellen kann. Die RGB-Einstellung eines Pixels gibt genau an, in welchem Farbton die Farbe angezeigt werden soll. Wird ein Bild auf dem Bildschirm über ein Hintergrundbild oder Desktop-Wallpaper gelegt, bestimmt der Alpha-Wert, wie viel des Hintergrunds Sie durch das Pixel des Bildes hindurch sehen können.

Pillow stellt RGBA-Werte mit einem Tupel aus vier Ganzzahlen dar – die Farbe Rot beispielsweise mit `(255, 0, 0, 255)`. Diese Farbe besitzt das Maximum an Rot, kein Grün und kein Blau sowie den maximalen Alpha-Wert, was bedeutet, dass sie vollständig undurchsichtig ist. Pillow stellt Grün mit `(0, 255, 0, 255)` und Blau mit `(0, 0, 255, 255)` dar. Weiß, die Kombination aller Farben, ist `(255, 255, 255, 255)`, während Schwarz, das keinerlei Farbe enthält, `(0, 0, 0, 255)` ist.

Wenn eine Farbe einen Alphawert von `0` hat, ist sie unsichtbar, und es kommt nicht darauf an, welche RGB-Werte sie besitzt. Schließlich sieht unsichtbares Rot genauso aus wie unsichtbares Schwarz.

Pillow verwendet die gleichen Standardfarbnamen wie HTML. Tabelle 21.1 zeigt eine Auswahl von Standardfarbnamen und deren Werte.

Farbe	RGBA-Wert	Standardname
Weiß	(255, 255, 255, 255)	white
Grün	(0, 255, 0, 255)	green
Grau	(128, 128, 128, 255)	gray
Schwarz	(0, 0, 0, 255)	black
Rot	(255, 0, 0, 255)	red
Blau	(0, 0, 255, 255)	blue
Gelb	(255, 255, 0, 255)	yellow
Violett	(128, 0, 128, 255)	purple

Tab. 21.1 *Farbnamen und ihre RGBA-Werte*

Pillow bietet die Funktion `ImageColor.getcolor()`, damit Sie sich die RGBA-Werte der gewünschten Farben nicht merken müssen. Diese Funktion nimmt einen Farbnamen als erstes Argument und den String `'RGBA'` als zweites Argument und gibt ein RGBA-Tupel zurück. Um zu sehen, wie diese Funktion arbeitet, geben Sie Folgendes in die interaktive Shell ein:

```
>>> from PIL import ImageColor ❶
>>> ImageColor.getcolor('red', 'RGBA') ❷
(255, 0, 0, 255)
>>> ImageColor.getcolor('RED', 'RGBA') ❸
(255, 0, 0, 255)
>>> ImageColor.getcolor('Black', 'RGBA')
(0, 0, 0, 255)
>>> ImageColor.getcolor('chocolate', 'RGBA')
(210, 105, 30, 255)
>>> ImageColor.getcolor('CornflowerBlue', 'RGBA')
(100, 149, 237, 255)
```

Importieren Sie zunächst das Modul `ImageColor` aus `PIL` (nicht aus Pillow, bedingt durch die Namenshistorie, die außerhalb des Rahmens dieses Buches liegt) ❶. Der Farbname, den Sie an `ImageColor.getcolor()` übergeben, unterscheidet nicht zwischen Groß- und Kleinschreibung. Daher liefern sowohl `'red'` ❷ als auch `'RED'` ❸ dasselbe RGBA-Tupel. Sie können zudem ausgefallenere Farbnamen wie `'chocolate'` und `'CornflowerBlue'` übergeben.

Pillow unterstützt eine große Anzahl von Farbnamen, von `'aliceblue'` bis `'yellowgreen'`. Geben Sie Folgendes in die interaktive Shell ein, um die Farbnamen anzuzeigen:

```
>>> from PIL import ImageColor
>>> list(ImageColor.colormap)
['aliceblue', 'antiquewhite', 'aqua', ... 'yellow', 'yellowgreen']
```

Die vollständige Liste mit über 100 Standardfarbnamen finden Sie in den Schlüsseln des `ImageColor.colormap`-Dictionarys.

Koordinaten und Box-Tupel

Pixel werden über x- und y-Koordinaten adressiert, die die horizontale bzw. vertikale Position eines Pixels in einem Bild angeben. Der Ursprung ist das Pixel oben links im Bild und wird (0, 0) geschrieben. Die erste Null steht für die x-Koordinate, die am Ursprung bei null beginnt und von links nach rechts zunimmt. Die zweite Null steht für die y-Koordinate, die am Ursprung bei null beginnt und im Bild nach unten hin ansteigt. Dies sei nochmals hervorgehoben: y-Koordinaten nehmen nach unten hin zu – im Gegensatz zu der sonst aus dem Mathematikunterricht bekannten Konvention. Abbildung 21.1 veranschaulicht, wie dieses Koordinatensystem funktioniert.

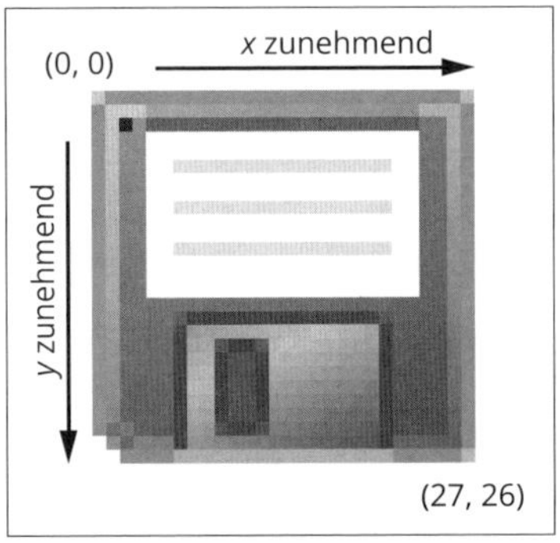

Abb. 21.1 *Die x- und y-Koordinaten eines 28×27-Bilds eines antiken Datenspeichergeräts*

Viele Funktionen und Methoden von Pillow erwarten ein *Box-Tupel* als Argument. Das bedeutet, dass Pillow ein Tupel aus vier ganzzahligen Koordinaten erwartet, die einen rechteckigen Bereich in einem Bild definieren. Die vier Ganzzahlen lauten in folgender Reihenfolge:

- **Links** – Die x-Koordinate des linken Randes des Rechtecks.
- **Oben** – Die y-Koordinate des oberen Randes des Rechtecks.
- **Rechts** – Die x-Koordinate eines Pixels rechts vom rechten Rand des Rechtecks. Diese Ganzzahl muss größer als die links stehende Ganzzahl sein.
- **Unten** – Die y-Koordinate eines Pixels unterhalb des unteren Randes des Rechtecks. Diese Ganzzahl muss größer als die oben stehende Ganzzahl sein.

Beachten Sie, dass das Feld die Links- und Oben-Koordinaten einschließt und bis zu, jedoch nicht einschließlich, der Rechts- und Unten-Koordinaten reicht. Das Box-Tupel `(3, 1, 9, 6)` repräsentiert beispielsweise alle Pixel des schwarzen Feldes in Abbildung 21.2.

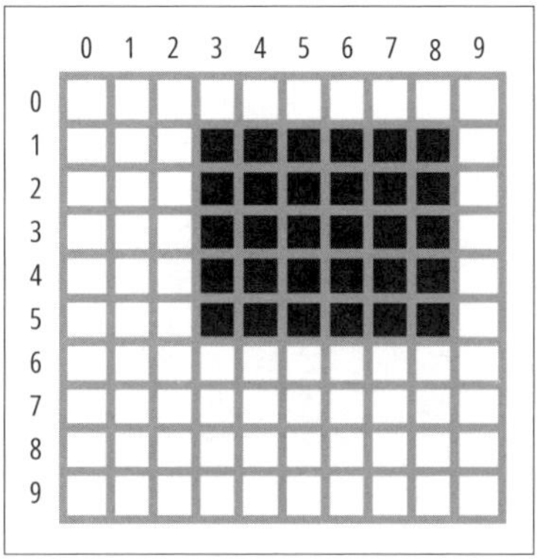

Abb. 21.2 *Der Bereich, der durch das Box-Tupel (3, 1, 9, 6) dargestellt wird*

Nachdem Sie nun wissen, wie Farbe und Koordinaten in Pillow funktionieren, wenden Sie Pillow an, um ein Bild zu manipulieren.

Bildmanipulation mit Pillow

Zur Übung im Umgang mit Pillow verwenden Sie die Bilddatei *zophie.png*, wie in Abbildung 21.3 gezeigt. Sie können diese Datei aus dem Zusatzmaterials des Buchs unter *https://dpunkt.de/produkt/routineaufgaben-mit-python-automatisieren-3* herunterladen. Speichern Sie die Datei im aktuellen Arbeitsverzeichnis und laden Sie das Bild anschließend wie folgt in Python:

```
>>> from PIL import Image
>>> cat_im = Image.open('zophie.png')
>>> cat_im.show()
```

Importieren Sie Pillows Modul `Image` und führen Sie `Image.open()` aus, wobei Sie den Dateinamen des Bildes übergeben. Anschließend lässt sich das geladene Bild in einer Variablen wie `cat_im` speichern. Pillow-`Image`-Objekte besitzen eine Methode `show()`, die das Bild in einem Fenster öffnet. Dies erweist sich als nützlich, wenn Sie Ihre Programme debuggen und das Bild eines `Image`-Objekts identifizieren müssen.

Abb. 21.3 *Meine Katze Zophie*

Befindet sich die Bilddatei nicht im aktuellen Arbeitsverzeichnis, ändern Sie das Arbeitsverzeichnis mithilfe der Funktion `os.chdir()` in den Ordner, der die Bilddatei enthält:

```
>>> import os
>>> os.chdir('C:\\Ordner_mit_Bild')
```

Die Funktion `Image.open()` gibt einen Wert vom Typ `Image`-Objekt zurück; das ist bei Pillow der Python-Wert eines Bildes. Ein `Image`-Objekt lässt sich aus einer Bilddatei beliebigen Formats laden, indem der Funktion `Image.open()` ein String des Dateinamens übergeben wird. Alle Änderungen am `Image`-Objekt lassen sich mit der Methode `save()` in einer Bilddatei – ebenfalls in beliebigem Format – abspeichern. Alle Rotationen, Größenänderungen, Zuschneidungen, Zeichnungen und weiteren Bildmanipulationen erfolgen durch Methodenaufrufe auf diesem `Image`-Objekt.

Zur Verkürzung der Beispiele in diesem Kapitel wird davon ausgegangen, dass Sie Pillows Modul `Image` importiert und das Zophie-Bild in einer Variablen mit dem Namen `katze_im` gespeichert haben. Vergewissern Sie sich, dass sich die Datei *zophie.png* im aktuellen Arbeitsverzeichnis befindet, damit die Funktion `Image.open()` sie finden kann. Andernfalls müssen Sie den vollständigen absoluten Pfad als String-Argument innerhalb der Funktion angeben.

Arbeiten mit dem Image-Datentyp

Ein `Image`-Objekt besitzt verschiedene nützliche Attribute, die grundlegende Informationen über die Bilddatei bereitstellen, aus der es geladen wurde: dessen Breite und Höhe, den Dateinamen sowie das Grafikformat (beispielsweise JPEG, WebP, GIF oder PNG). Geben Sie hierzu Folgendes in die interaktive Shell ein:

```
>>> from PIL import Image
>>> katze_im = Image.open('zophie.png')
>>> katze_im.size
(816, 1088) ❶
>>> breite, höhe = katze_im.size ❷
>>> breite ❸
816
>>> höhe ❹
1088
>>> katze_im.filename
'zophie.png'
>>> katze_im.format
'PNG'
>>> katze_im.format_description
'Portable Network Graphics'
>>> katze_im.save('zophie.jpg') ❺
```

Nachdem Sie ein Bild-Objekt aus `zophie.png` erstellt und dieses Objekt in `katze_im` gespeichert haben, enthält das Attribut des Objekts ein Tupel mit der Breite und Höhe des Bildes in Pixel ❶. Die Werte im Tupel ❷ lassen sich den Variablen `breite` ❸ und `höhe` ❹ zuweisen, um auf diese individuell zugreifen zu können. Das Attribut `filename` enthält den Dateinamen der Originaldatei. Die Attribute `format` und `format_description` sind Strings, die das Bildformat der Originaldatei beschreiben, wobei `format_description` etwas ausführlicher ist.

Abschließend speichert der Aufruf der Methode `save()` mit dem Übergabewert `'zophie.jpg'` ein neues Bild mit dem Dateinamen *zophie.jpg* auf Ihrem Computer ❺. Pillow erkennt, dass die Dateierweiterung *.jpg* ist, und speichert das Bild automatisch im JPEG-Format. Nun sollten Sie zwei Bilder, *zophie.png* und *zophie.jpg*, auf Ihrem Computer vorfinden. Obwohl diese Dateien auf demselben Bild basieren, sind sie nicht identisch, da sie unterschiedliche Formate haben.

Pillow stellt außerdem die Funktion `Image.new()` bereit, die ein `Image`-Objekt zurückgibt – ähnlich wie `Image.open()`, jedoch repräsentiert das durch `Image.new()` erzeugte Objekt ein leeres Bild. Die Argumente für `Image.new()` sind wie folgt:

- der String `'RGBA'`, der den Farbmodus auf RGBA setzt (weitere Modi werden in diesem Buch nicht behandelt)

- die Größe als Tupel aus zwei Ganzzahlen für die Breite und Höhe des neuen Bildes
- die Hintergrundfarbe, mit der das Bild initialisiert wird, als Vierer-Tupel eines RGBA-Werts. Für dieses Argument kann der Rückgabewert der Funktion `ImageColor.getcolor()` genutzt werden. Alternativ können Sie den Standardfarbnamen als String übergeben.

Geben Sie beispielsweise Folgendes in die interaktive Shell ein:

```
>>> from PIL import Image
>>> im = Image.new('RGBA', (100, 200), 'purple') ❶
>>> im.save('violettes_bild')
>>> im2 = Image.new('RGBA', (20, 20)) ❷
>>> im2.save('transparentes_bild.png')
```

Hier wird ein `Image`-Objekt für ein Bild erstellt, das 100 Pixel breit und 200 Pixel hoch ist und einen violetten Hintergrund hat ❶. Anschließend speichern wir dieses Bild unter *violettes_bild.png*. Dann führen wir `Image.new()` erneut aus, um ein weiteres `Image`-Objekt zu erstellen; diesmal geben wir `(20, 20)` für die Abmessungen und keine Hintergrundfarbe an ❷. Unsichtbares Schwarz, `(0, 0, 0, 0)`, ist die Standardfarbe, wenn kein Farbargument angegeben wird, sodass das zweite Bild einen transparenten Hintergrund erhält. Dieses 20×20 große transparente Quadrat wird in *transparentes_bild.png* gespeichert.

Bilder zuschneiden

Bilder zuzuschneiden bedeutet, einen rechteckigen Bereich innerhalb eines Bildes auszuwählen und alle Bereiche außerhalb dieses Rechtecks zu entfernen. Die Methode `crop()` von `Image`-Objekten nimmt ein Box-Tupel entgegen und gibt ein `Image`-Objekt zurück, das das zugeschnittene Bild repräsentiert. Das Zuschneiden erfolgt nicht direkt am Objekt – das ursprüngliche `Image`-Objekt bleibt unverändert, und die Methode `crop()` gibt ein neues Objekt zurück. Beachten Sie, dass ein Box-Tupel (hier der zugeschnittene Bereich) die linke Spalte und die oberste Zeile der Pixel einbezieht, jedoch nicht die rechte Spalte und die unterste Zeile.

Geben Sie Folgendes in der interaktiven Shell ein:

```
>>> from PIL import Image
>>> katze_im = Image.open('zophie.png')
>>> zugeschnitten_im = katze_im.crop((335, 345, 565, 560))
>>> zugeschnitten_im.save('zugeschnitten.png')
```

Dieser Code erzeugt ein neues `Image`-Objekt für das zugeschnittene Bild, weist es `zugeschnitten_im` zu und ruft dann `save()` auf `zugeschnitten_im` auf, um das zugeschnittene Bild in *zugeschnitten.png* zu speichern, wie in Abbildung 21.4 zu sehen ist.

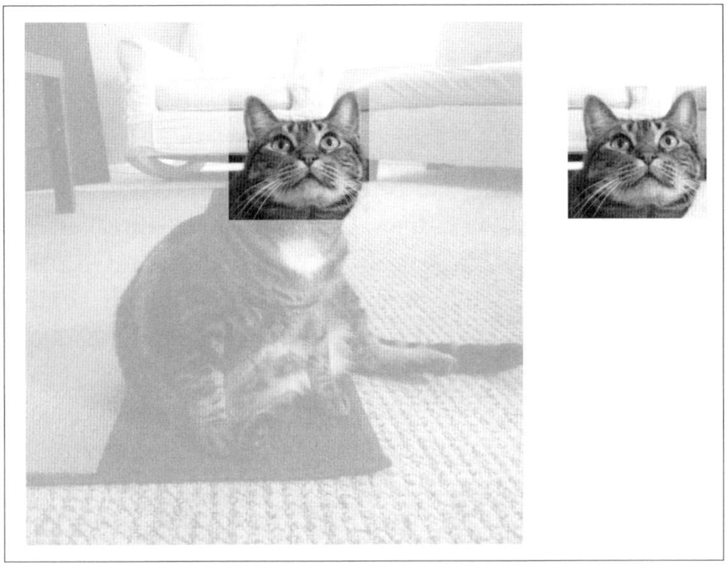

Abb. 21.4 *Das neue Bild ist der ausgeschnittene Bereich des Ursprungsbildes.*

Das Zuschneiden erstellt aus dem Original die neue Datei.

Bilder in andere Bilder einfügen

Die Methode `copy()` gibt ein neues `Image`-Objekt zurück, das dasselbe Bild wie das aufrufende `Image`-Objekt enthält. Dies erweist sich als hilfreich, wenn Sie ein Bild verändern möchten, jedoch eine unberührte Version des Ursprungs behalten wollen. Geben Sie dazu beispielsweise Folgendes in die interaktive Shell ein:

```
>>> from PIL import Image
>>> katze_im = Image.open('zophie.png')
>>> katze_kopie_im = katze_im.copy()
```

Die Variablen `katze_im` und `katze_kopie_im` enthalten jeweils eigene `Image`-Objekte, die dasselbe Bild zeigen. Nachdem Sie nun ein `Image`-Objekt in `katze_kopie_im` erzeugt haben, können Sie `katze_kopie_im` nach Wunsch bearbeiten und unter einem neuen Dateinamen speichern, während `katze_im` unberührt bleibt.

Wird die Methode `paste()` auf ein `Image`-Objekt angewendet, so fügt sie ein weiteres Bild oben darauf ein. Fahren Sie im Shell-Beispiel fort, indem Sie ein kleineres Bild auf `katze_kopie_im` platzieren:

```
>>> gesicht_im = katze_im.crop((335, 345, 565, 560))
>>> gesicht_im.size
(230, 215)
>>> katze_kopie_im.paste(gesicht_im, (0, 0))
>>> katze_kopie_im.paste(gesicht_im, (400, 500))
>>> katze_kopie_im.save('eingefügt.png')
```

Zunächst übergibt man `crop()` ein Box-Tupel für den rechteckigen Bereich in *zophie.png*, der Zophies Gesicht enthält. Dieser Methodenaufruf erzeugt ein `Image`-Objekt, das einen 230×215-Ausschnitt repräsentiert und in der Variablen `gesicht_im` gesichert wird. Nun lässt sich `gesicht_im` auf `ketze_kopie_im` einfügen. Die Methode `paste()` erwartet zwei Argumente: ein Quell-`Image`-Objekt sowie ein Tupel der x- und y-Koordinaten, an denen die Ecke oben links des Quell-`Image`-Objekts auf das Haupt-`Image`-Objekt eingefügt werden soll. Hier wird `paste()` zweimal auf `katze_kopie_im` aufgerufen, um zwei Kopien von `gesicht_im` auf `katze_kopie_im` einzufügen. Abschließend wird das modifizierte `katze_kopie_im` als *eingefügt.png* gespeichert, wie in Abbildung 21.5 ersichtlich.

Hinweis

Trotz ihrer Bezeichnung nutzen die Methoden *copy()* und *paste()* in Pillow nicht die Zwischenablage Ihres Computers.

Die Methode `paste()` verändert ihr `Image`-Objekt *an Ort und Stelle*; sie gibt kein `Image`-Objekt mit dem eingefügten Bild zurück. Wenn Sie `paste()` anwenden möchten, aber eine unveränderte Version des Ursprungsbildes behalten möchten, müssen Sie zunächst das Bild kopieren und dann `paste()` auf diese Kopie anwenden.

Abb. 21.5 *Zophie die Katze, deren Gesicht zweimal eingefügt wurde*

Angenommen, Sie möchten Zophies Kopf, wie in Abbildung 21.6, über das gesamte Bild kacheln.

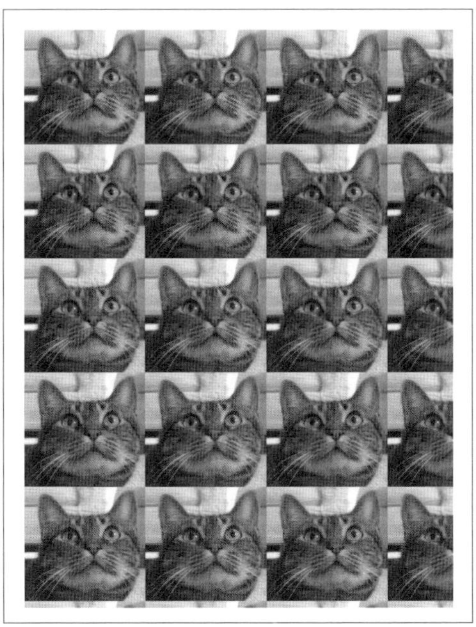

Abb. 21.6 *Verschachtelte For-Schleifen mit* `paste()` *ermöglichen die Vervielfachung des Katzengesichts (und erschaffen so ein Dupli-cat).*

Dieser Effekt lässt sich mit einigen `for`-Schleifen erzielen. Setzen Sie das Beispiel in der interaktiven Shell fort, indem Sie Folgendes eingeben:

```
>>> katze_im_breite, katze_im_höhe = katze_im.size
>>> gesicht_im_breite, gesicht_im_höhe = gesicht_im.size
>>> katze_kopie_im = katze_im.copy() ❶
>>> for links in range(0, katze_im_breite, gesicht_im_breite): ❷
...   for oben in range(0, katze_im_höhe, gesicht_im_höhe): ❸
...         print(links, oben)
...         katze_kopie_im.paste(gesicht_im, (links, oben))
...
0 0
0 215
0 430
0 645
0 860
0 1075
230 0
230 215
...
690 860
690 1075
>>> katze_kopie_im.save('gekachelt.png')
```

Die Breite und Höhe des Ursprungsbildes werden in `katze_im_breite` und `katze_im_höhe` gespeichert. Anschließend wird eine Kopie des Bildes erstellt und in `katze_kopie_im` abgelegt ❶. Nun können Sie in einer Schleife `gesicht_im` auf der Kopie einfügen. Die äußere `for`-Schleife startet mit der Variablen `links` bei `0` und erhöht sich jeweils um `gesicht_im_breite` ❷. Die innere `for`-Schleife beginnt mit der Variablen `oben` bei `0` und erhöht sich jeweils um `gesicht_im_höhe` ❸. Diese geschachtelten `for`-Schleifen erzeugen Werte für `links` und `oben`, wodurch ein Raster aus den Bildern `gesicht_im` auf das `Bild`-Objekt gesetzt wird, wie in Abbildung 21.6. Um die geschachtelten Schleifen in Aktion zu beobachten, lassen Sie `links` und `oben` ausgeben. Nach Abschluss des Einfügens speichern Sie das bearbeitete `katze_kopie_im` unter *gekachelt.png*.

Wenn Sie ein Bild mit Transparenz einfügen, übergeben Sie das Bild als optionales drittes Argument, damit Pillow weiß, welche Bereiche des Originalbildes eingefügt werden sollen. Andernfalls erscheinen transparente Pixel im Originalbild als weiße Pixel im eingefügten Bild. Diese Vorgehensweise wird im Abschnitt »Ein Logo hinzufügen« auf Seite 659 ausführlich erläutert.

Bilder skalieren

Wird die Methode `resize()` auf ein `Image`-Objekt angewendet, erzeugt sie ein neues `Image`-Objekt mit der angegebenen Breite und Höhe. Sie nimmt ein Tupel aus zwei Ganzzahlen als Argument entgegen, das die neuen Abmessungen repräsentiert. Geben Sie Folgendes in der interaktiven Shell ein:

```
>>> from PIL import Image
>>> katze_im = Image.open('zophie.png')
>>> breite, höhe = katze_im.size ❶
>>> viertelgößẞe_im = katze_im.resize((breite // 2, höhe // 2)) ❷
>>> viertelgößẞe_im.save('viertelgrößẞe.png')
>>> svelte_im = katze_im.resize((breite, höhe + 300)) ❸
>>> svelte_im.save('svelte.png')
```

Die beiden Werte des Tupels `katze_im.size` werden den Variablen `breite` und `höhe` zugewiesen ❶. Die Nutzung dieser Variablen anstelle von `katze_im.size[0]` und `katze_im.size[1]` erhöht die Lesbarkeit des weiteren Codes.

Der erste Aufruf von `resize()` übergibt `breite // 2` als neue Breite und `höhe // 2` als neue Höhe ❷, sodass das von `resize()` zurückgegebene `Image`-Objekt halb so breit und hoch wie das Ausgangsbild ist und somit insgesamt ein Viertel der ursprünglichen Bildgröße aufweist. Die Methode `resize()` akzeptiert ausschließlich Ganzzahlen im Tupel als Argument. Aus diesem Grund ist es erforderlich, beide Divisionen durch 2 mit dem Operator `//` durchzuführen, der Ganzzahlen zurückliefert. Alternativ hätten Sie (int(breite / 2) und int(höhe / 2)) schreiben können.

Durch diese Größenänderung bleiben die Proportionen des Ursprungsbildes erhalten. Die neuen Werte für Breite und Höhe müssen jedoch diese Proportionen nicht zwangsläufig beibehalten. Die Variable `svelte_im` enthält ein `Bild`-Objekt, das die ursprüngliche Breite, aber eine um 300 Pixel größere Höhe ❸ aufweist, wodurch Zophie schlanker erscheint.

Beachten Sie, dass die Methode `resize()` das `Bild`-Objekt nicht im Original verändert, sondern stattdessen ein neues `Bild`-Objekt zurückgibt.

Bilder drehen und spiegeln

Zum Drehen von Bildern ist die Methode `rotate()` zu verwenden, die ein neues `Bild`-Objekt erzeugt und das Original unverändert lässt. Die Methode akzeptiert eine einzelne Ganzzahl oder eine Fließkommazahl, die die Gradzahl bestimmt, um die das Bild gegen den Uhrzeigersinn gedreht werden soll. Geben Sie Folgendes in der interaktiven Shell ein:

```
>>> from PIL import Image
>>> katze_im = Image.open('zophie.png')
>>> katze_im.rotate(90).save('gedreht90.png')
>>> katze_im.rotate(180).save('gedreht180.png')
>>> katze_im.rotate(270).save('gedreht270.png')
```

Beachten Sie, dass Sie Methodenaufrufe verketten können, indem Sie `save()` direkt auf das von `rotate()` zurückgegebene `Image`-Objekt anwenden. Die erste Verkettung von `rotate()` und `save()` dreht das Bild um 90 Grad gegen den Uhrzeigersinn und speichert es unter *gedreht90.png*. Die zweite und dritte Ausführung drehen das Bild ebenfalls, jedoch um 180 beziehungsweise 270 Grad. Die Ergebnisse entsprechen Abbildung 21.7.

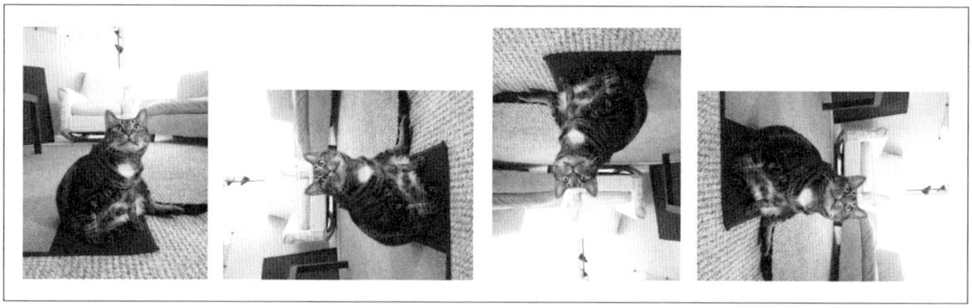

Abb. 21.7 *Das Originalbild (links) sowie das um 90, 180 und 270 Grad gegen den Uhrzeigersinn gedrehte Bild*

Die gedrehten Bilder weisen die gleiche Höhe und Breite wie das Originalbild auf. Unter Windows füllt ein schwarzer Hintergrund alle durch die Drehung entstandenen Lücken aus, wie in Abbildung 21.8. Unter macOS und Linux füllen stattdessen transparente Pixel die Lücken.

Die Methode `rotate()` verfügt über ein optionales Schlüsselwortargument `expand`, das auf `True` gesetzt werden kann, um die Bildabmessungen zu vergrößern und das vollständig gedrehte neue Bild aufzunehmen. Geben Sie beispielsweise Folgendes in die interaktive Shell ein:

```
>>> katze_im.rotate(6).save('gedreht6.png')
>>> katze_im.rotate(6, expand=True).save('gedreht6_erweitert.png')
```

Der erste Aufruf dreht das Bild um sechs Grad und speichert es unter *gedreht6.png* (siehe das Bild links in Abbildung 21.8). Der zweite Aufruf dreht das Bild um sechs Grad, setzt `expand` auf `True` und speichert das Bild unter *gedreh6_erweitert.png* (siehe das Bild rechts in Abbildung 21.8).

Abb. 21.8 *Das Bild, das um sechs Grad gedreht wurde – normal (links) und mit expand=True (rechts)*

Wenn Sie das Bild mit `expand=True` um 90, 180 oder 270 Grad drehen, erhält das gedrehte Bild keinen schwarzen oder transparenten Hintergrund.

Sie können ein Bild auch spiegeln, wie in Abbildung 21.9 dargestellt, indem Sie die Methode `transpose()` verwenden.

Abb. 21.9 *Das Originalbild (links), das Bild mit einer horizontalen Spiegelung (Mitte) und das Bild mit einer vertikalen Spiegelung (rechts)*

Geben Sie Folgendes in der interaktiven Shell ein:

```
>>> katze_im.transpose(Image.FLIP_LEFT_RIGHT)
.save('horizontal_gespiegelt.png')
>>> katze_im.transpose(Image.FLIP_TOP_BOTTOM)
.save('vertical_gespiegelt.png')
```

Wie `rotate()` erzeugt auch `transpose()` ein neues `Image`-Objekt. Um das Bild horizontal zu spiegeln, müssen Sie `Image.FLIP_LEFT_RIGHT` übergeben und das Ergebnis unter *horizontal_gespiegelt.png* speichern. Um das Bild vertikal zu spiegeln, übergeben Sie `Image.FLIP_TOP_BOTTOM` und speichern das Ergebnis in *vertical_gespiegelt.png*.

Einzelne Pixel ändern

Mit der Methode `getpixel()` können Sie die Farbe eines einzelnen Pixels abrufen und mit `putpixel()` können Sie die Farbe ändern. Beide Methoden akzeptieren ein Tupel, das die Koordinaten des Pixels (x- und y-Koordinaten) repräsentiert. Die Methode `putpixel()` erfordert ein zusätzliches Argument für die neue Farbe des Pixels, entweder als vierwertiges RGBA-Tupel oder als dreiwertiges RGB-Tupel. Geben Sie Folgendes in der interaktiven Shell ein:

```
>>> from PIL import Image
>>> im = Image.new('RGBA', (100, 100)) ❶
>>> im.getpixel((0, 0)) ❷
(0, 0, 0, 0)
>>> for x in range(100): ❸
...     for y in range(50):
...       im.putpixel((x, y), (210, 210, 210)) ❹
...
>>> from PIL import ImageColor
>>> for x in range(100): ❺
...     for y in range(50, 100):
...       im.putpixel((x, y), ImageColor.getcolor('darkgray',
'RGBA')) ❻
...
>>> im.getpixel((0, 0))
(210, 210, 210, 255)
>>> im.getpixel((0, 50))
(169, 169, 169, 255)
>>> im.save('putPixel.png')
```

Hier erstellen wir ein neues Bild, das ein 100×100 Pixel großes transparentes Quadrat darstellt ❶. Wenn wir `getpixel()` auf diesem Bild aufrufen, erhalten wir `(0, 0, 0, 0)`, da das Bild transparent ist ❷. Um die Pixel zu färben, verschachteln wir `for`-Schleifen, um die Pixel in der oberen Bildhälfte zu durchlaufen ❸ und `putpixel()` ein die Farbe Hellgrau repräsentierendes RGB-Tupel zu übergeben ❹.

Angenommen, Sie möchten die untere Hälfte des Bildes dunkelgrau färben, ohne das RGB-Tupel für Dunkelgrau zu kennen. Da die Methode `putpixel()` keinen Standardfarbnamen wie `'darkgray'` akzeptiert, verwenden Sie `Image-`

`Color.getcolor()`, um ein entsprechendes Farb-Tupel zu erhalten ❻. Durchlaufen Sie die Pixel in der unteren Hälfte des Bildes ❺ und übergeben Sie `putpixel()` den Rückgabewert dieses Aufrufs. So entsteht ein Bild, das zur Hälfte hellgrau und zur Hälfte dunkelgrau ist, wie in Abbildung 21.10 dargestellt. Mit `getpixel()` kann auf eine der Koordinaten zugegriffen werden, um zu bestätigen, dass die Farbe eines bestimmten Pixels unseren Erwartungen entspricht. Abschließend wird das Bild unter *putPixel.png* gespeichert.

Abb. 21.10 *Das Bild putPixel.png*

Selbstverständlich ist das Zeichnen einzelner Pixel eines Bildes nicht sehr praktikabel. Zum Zeichnen von Formen empfiehlt es sich, die `ImageDraw`-Funktionen zu verwenden, die im Abschnitt »Zeichnen auf Bildern« auf Seite 666 erläutert werden.

Projekt 16: Ein Logo hinzufügen

Angenommen, es steht die monotone Aufgabe an, Tausende von Bildern zu skalieren und jeweils ein kleines Logo-Wasserzeichen an einer Ecke zu ergänzen. Mit einem einfachen Grafikprogramm wie Paintbrush oder Paint würde dieser Vorgang enorm viel Zeit beanspruchen. Ein anspruchsvolleres Grafikprogramm wie Photoshop beherrscht zwar die Stapelverarbeitung, ist jedoch mit erheblichen Kosten verbunden. Erstellen Sie stattdessen ein Skript, das diese Aufgabe automatisiert.

Angenommen, Abbildung 21.11 zeigt das Logo, das in die untere rechte Ecke jedes Bildes eingefügt werden soll: ein schwarzes Katzensymbol mit weißem Rand und transparentem Hintergrund. Sie können Ihr eigenes Logo-Bild verwenden oder das in den Online-Ressourcen dieses Buchs enthaltene herunterladen.

Abb. 21.11 *Das Logo, das dem Bild hinzugefügt werden soll*

Zusammengefasst sollte das Programm Folgendes machen:

- das Logo-Bild laden
- alle *.png*- und *.jpg*-Dateien im Arbeitsverzeichnis durchlaufen
- prüfen, ob das Bild breiter und höher als 300 Pixel ist
- falls dies zutrifft, entweder die Breite oder die Höhe (je nachdem, welche größer ist) auf 300 Pixel reduzieren und die andere Dimension proportional skalieren
- das Logo-Bild in die Ecke einfügen
- die bearbeiteten Bilder in einen anderen Ordner speichern

Das bedeutet, dass der Code Folgendes ausführen muss:

- die Datei *catlogo.png* als `Image`-Objekt öffnen
- die Strings ausgeben, die von `os.listdir('.')` zurückgegeben werden
- die Breite und Höhe des Bildes aus dem `size`-Attribut ermitteln
- die neue Breite und Höhe des verkleinerten Bildes berechnen
- die Methode `resize()` ausführen, um das Bild zu skalieren
- die Methode `paste()` aufrufen, um das Logo in der unteren rechten Ecke einzufügen
- die Methode `save()` aufrufen, um die Änderungen unter Verwendung des ursprünglichen Dateinamens zu speichern

Schritt 1: Das Logo-Bild öffnen

Einen neuen Tab im Dateieditor öffnen, den folgenden Code eingeben und als *resizeAndAddLogo.py* speichern:

```
# Skaliert Bilder passend in ein 300x300-Quadrat, mit Logo in der Ecke
import os
from PIL import Image

QUADRAT_PASSGRÖSSE = 300 ❶
LOGO_DATEINAME = 'catlogo.png' ❷

logo_im = Image.open(LOGO_DATEINAME) ❸
logo_breite, logo_höhe = logo_im.size ❹

# TODO: Über alle Dateien im Arbeitsverzeichnis iterieren.

# TODO: Prüfen, ob das Bild skaliert werden muss.

# TODO: Die neue Breite und Höhe zum Skalieren berechnen.

# TODO: Das Bild skalieren.

# TODO: Das Logo hinzufügen.

# TODO: Änderungen speichern.
```

Indem Sie die Konstanten `QUADRAT_PASSGRÖSSE` ❶ und `LOGO_DATEINAME` ❷ zu Beginn des Programms festlegen, ermöglichen Sie eine spätere Anpassung des Programms mit geringem Aufwand. Angenommen, das hinzuzufügende Logo ist nicht das Katzen-Icon oder Sie möchten die größte Dimension der Ausgabebilder auf einen anderen Wert als 300 Pixel festlegen. Sie können dann den Code gezielt öffnen und diese Werte einmalig anpassen. Alternativ lassen sich die Werte dieser Konstanten auch durch das Übergeben von Kommandozeilenargumenten setzen. Ohne diese Konstanten müssten Sie stattdessen im Code jede Stelle mit `300` sowie `'catlogo.png'` suchen und entsprechend ersetzen.

Die Methode `Image.open()` gibt das Logo-`Image`-Objekt ❸ zurück. Aus Gründen der Lesbarkeit werden die Breite und Höhe des Logos in Variablen gespeichert ❹. Der übrige Programmcode besteht aus einem Gerüst von `TODO`-Kommentaren.

Schritt 2: Über alle Dateien iterieren

Nun gilt es jede *.png*- und *.jpg*-Datei im aktuellen Arbeitsverzeichnis zu finden. Das Programm sollte das Logo-Bild nicht auf sich selbst anwenden. Daher ist jede Bilddatei zu überspringen, deren Dateiname mit `LOGO_DATEINAME` übereinstimmt. Fügen Sie Folgendes zu Ihrem Code hinzu:

```
# Skaliert Bilder passend in ein 300x300-Quadrat, mit Logo in der Ecke
import os
from PIL import Image

--schnipp--

for dateiname in os.listdir('.'): ❶
    if not (dateiname.endswith('.png') or dateiname.endswith('.
jpg')):
        continue  # Nicht-Bilddateien überspringen. ❷
    if dateiname == LOGO_DATEINAME:  ❸
        continue

    im = Image.open(dateiname) ❹
    breite, höhe = im.size

--schnipp--
```

Zunächst legt der Aufruf von `os.makedirs()` einen Ordner *mitLogo* an, in dem die bearbeiteten Bilder gespeichert werden. Dadurch werden die Originalbilder nicht überschrieben. Das Schlüsselwortargument `exist_ok=True` verhindert, dass `os.makedirs()` eine Ausnahme auslöst, wenn der Ordner *mitLogo* bereits existiert. Während das Programm alle Dateien im Arbeitsverzeichnis durchläuft ❶, prüften zwei `if`-Anweisungen, ob Dateinamen nicht auf *.png* oder *.jpg* endet ❷. Entdeckt es solche Dateien – oder handelt es sich um das Logo-Bild selbst ❸ –, überspringt die Schleife diese mittels `continue` und fährt mit der nächsten Datei fort. Endet der `dateiname` mit `'.png'` oder `'.jpg'` und handelt es sich nicht um die Logo-Datei, öffnet der Code diese als `Bild`-Objekt ❹ und merkt sich ihre Breite und Höhe in Variablen.

Schritt 3: Die Bilder skalieren

Das Programm soll das Bild nur skalieren, wenn die Breite oder Höhe größer als `SQUARE_FIT_SIZE` (in diesem Fall 300 Pixel) ist; daher ist der Skalierungscode innerhalb einer `if`-Anweisung zu platzieren, die die Variablen `Breite` und `Höhe` überprüft. Fügen Sie Ihrem Programm den folgenden Code hinzu:

```
# Skaliert Bilder passend in ein 300x300-Quadrat, mit Logo in der Ecke
import os
from PIL import Image

--schnipp--

    # Prüfen, ob das Bild skaliert werden muss.
    if breite > QUADRAT_PASSGRÖSSE and höhe > QUADRAT_PASSGRÖSSE:
        # Die neue Breite und Höhe zum Skalieren berechnen.
```

```
        if breite > höhe:
            höhe = höhe * QUADRAT_PASSGRÖSSE // breite ❶
            breite = QUADRAT_PASSGRÖSSE
        else:
            breite = breite * QUADRAT_PASSGRÖSSE // höhe ❷
            höhe = QUADRAT_PASSGRÖSSE

        # Das Bild skalieren.
        print(f'Skaliere {dateiname}...')
        im = im.resize((breite, höhe)) ❸

--schnipp--
```

Falls das Bild skaliert werden muss, ist zu ermitteln, ob es sich um ein breites oder um ein hohes Bild handelt. Wenn `breite` größer als `höhe` ist, soll der Code die Höhe im gleichen Verhältnis wie die Breite reduzieren ❶. Dieses Verhältnis ergibt sich aus dem Wert von `QUADRAT_PASSGRÖSSE` geteilt durch die aktuelle Breite; der Code setzt dann den neuen Wert `höhe` auf dieses Verhältnis multipliziert mit dem aktuellen Wert von `höhe`. Da der Divisionsoperator `/` einen Wert vom Typ Float zurückgäbe und `resize()` ganzzahlige Dimensionen verlangt, verwenden wir `//`, der eine Ganzzahl zurückgibt. Wichtig ist noch, dass die Multiplikation vor der Division durchgeführt wird. Abschließend wird der Code den neuen `breite`-Wert auf `QUADRAT_PASSGRÖSSE` setzen.

Ist die `höhe` größer oder gleich der `breite`, führt der `else`-Block dieselbe Berechnung durch, vertauscht jedoch die Variablen `höhe` und `breite` ❷. Sobald diese Variablen die neuen Bildgrößen enthalten, werden sie an die Methode `resize()` übergeben und das zurückgegebene `Image`-Objekt ❸ wird in der existierenden Variablen `im` gespeichert.

Schritt 4: Logo hinzufügen und Änderungen speichern

Unabhängig davon, ob Sie das Bild in der Größe verändert haben, sollte das Logo in die untere rechte Ecke eingefügt werden. Wo das Logo genau eingefügt wird, hängt von der Größe des Bildes und des Logos ab. Abbildung 21.12 zeigt, wie die Position zum Einfügen berechnet wird. Die Position `links` für das Einfügen des Logos ergibt sich aus der Bildbreite minus der Logobreite, und die Position `oben` aus der Bildhöhe minus der Logohöhe.

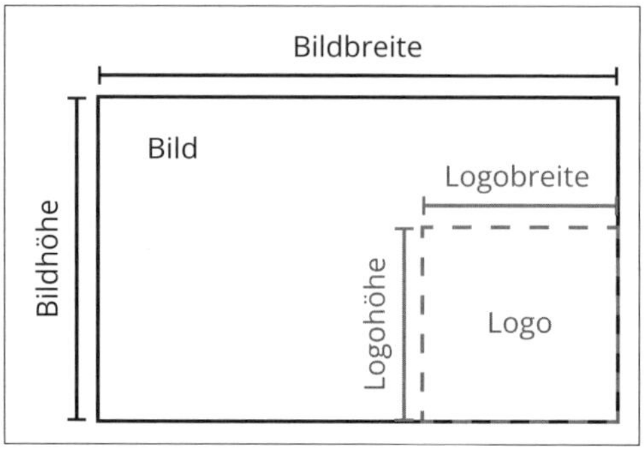

Abb. 21.12 *Die Positionen links und oben des Logos entsprechen der Bildbreite bzw. -höhe abzüglich der Logobreite bzw. -höhe.*

Nachdem der Code das Logo in das Bild eingefügt hat, soll das modifizierte `Image`-Objekt gespeichert werden. Fügen Sie Folgendes zum Programm hinzu:

```
# Skaliert Bilder passend in ein 300x300-Quadrat, mit Logo in der Ecke
import os
from PIL import Image

--schnipp--

    # Prüfen, ob das Bild skaliert werden muss.
    --schnipp--

    # Logo hinzufügen.
    print(f'Füge Logo zu {dateiname} hinzu...') ❶
    im.paste(logo_im, (breite - logo_breite, höhe - logo_höhe), logo_im) ❷

    # Änderungen speichern.
    im.save(os.path.join('mitLogo', dateiname)) ❸
```

Der neue Code gibt eine Nachricht aus, meldet, dass das Logo hinzugefügt wird ❶, fügt `logo_im` an den berechneten Koordinaten in `im` ein ❷ und speichert die Änderungen unter einem neuen Dateinamen im Verzeichnis *mitLogo* ❸. Wenn man dieses Programm mit der Datei *zophie.png* und weiteren Bilddateien im Arbeitsverzeichnis ausführt, sieht die Ausgabe wie folgt aus:

```
Skaliere zophie.png...
Füge Logo zu zophie.png hinzu...
Skaliere zophie_xmas_tree.png...
Füge Logo zu zophie_xmas_tree.png hinzu...
Skaliere me_and_zophie.png...
Füge Logo zu me_and_zophie.png hinzu...
```

Das Programm konvertiert *zophie.png* in ein 225×300-Pixel-Bild, das wie Abbildung 21.13 aussieht.

Abb. 21.13 *Das Programm hat die Größe von zophie.png angepasst und das Logo hinzugefügt (links). Wenn Sie das dritte Argument weglassen, erscheinen die transparenten Pixel im Logo als weiße Pixel (rechts).*

Beachten Sie, dass die Methode `paste()` Transparenzpixel nur dann einfügt, wenn Sie `logo_im` als drittes Argument übergeben. Dieses Programm kann in wenigen Minuten hunderte Bilder automatisch in der Größe anpassen und mit einem Logo versehen.

Ideen für ähnliche Programme

Die Möglichkeit, zusammengesetzte Bilder zu erstellen oder Bildgrößen stapelweise zu ändern, ist für viele Anwendungen von Nutzen. Sie könnten vergleichbare Programme schreiben, um Folgendes auszuführen:

- Text oder eine Website-URL zu Bildern hinzufügen
- Bildern einen Zeitstempel hinzufügen
- Bilder entsprechend ihrer Größe in verschiedene Ordner kopieren oder verschieben
- einem Bild ein größtenteils transparentes Wasserzeichen hinzufügen, um das Kopieren durch Dritte zu verhindern

Zeichnen auf Bildern

Sollten Sie Linien, Rechtecke, Kreise oder andere einfache Formen auf ein Bild zeichnen müssen, empfiehlt sich das Modul `ImageDraw`, das Teil von Pillow ist. Geben Sie beispielsweise Folgendes in die interaktive Shell ein:

```
>>> from PIL import Image, ImageDraw
>>> im = Image.new('RGBA', (200, 200), 'white')
>>> draw = ImageDraw.Draw(im)
```

Zuerst müssen wir `Image` und `ImageDraw` importieren. Anschließend erstellen wir ein 200×200 großes, weißes Bild und merken es uns in `im`. Wir übergeben das `Image`-Objekt an die Funktion `ImageDraw.Draw()`, um ein `ImageDraw`-Objekt zu erhalten. Dieses Objekt bietet verschiedene Methoden, um Formen und Text zu zeichnen. Das neue Objekt legen wir in einer Variablen wie `draw` ab, um es in den nachfolgenden Beispielen komfortabel zu nutzen.

Formen

Die folgenden `ImageDraw`-Methoden zeichnen verschiedene Arten von Formen auf das Bild. Die Parameter `fill` und `outline` sind optional und werden, sofern nicht angegeben, standardmäßig auf Weiß gesetzt.

Punkte

Die Methode `point(`*`xy`*`, `*`fill`*`)` zeichnet einzelne Pixel. Das Argument *`xy`* stellt eine Liste der zu zeichnenden Punkte dar. Die Liste kann x- und y-Koordinaten als Tupel enthalten, etwa `[(x, y), (x, y), ...]`, oder aber x- und y-Koordinaten ohne Tupel, wie `[x1, y1, x2, y2, ...]`. Das Argument *`fill`* färbt die Punkte und kann entweder ein RGBA-Tupel oder ein String wie `'red'` sein. Das Argument ist optional. Die Bezeichnung »Punkt« bezieht sich hier auf Pixel, nicht auf die Einheit der Schriftgröße.

Linien

Die Methode `line(`*`xy`*`, `*`fill`*`, `*`width`*`)` zeichnet eine Linie oder eine Serie von Linien. Das Argument *`xy`* ist entweder eine Liste von Tupeln, wie `[(x, y), (x, y), ...]`, oder eine Liste von Ganzzahlen, wie `[x1, y1, x2, y2, ...]`. Jeder Punkt repräsentiert einen Punkt auf einem verbundenen Linienzug, den Sie zeichnen. Das optionale Argument *`fill`* gibt die Farbe der Linien als RGBA-Tupel oder Farbnamen an. Das optionale Argument *`width`* bestimmt die Breite der Linien und ist standardmäßig auf `1` gesetzt.

Rechtecke

Die Methode `rectangle(xy, fill, outline, width)` zeichnet ein Rechteck. Das Argument *xy* ist ein Box-Tupel der Form *(links, oben, rechts, unten)*. Die Werte *links* und *oben* geben die x- und y-Koordinaten der oberen linken Ecke des Rechtecks an, während *right* und *bottom* die Koordinaten der unteren rechten Ecke angeben. Das optionale Argument *fill* ist die Farbe des Inneren des Rechtecks. Das optionale Argument *outline* gibt die Farbe der Umrandung des Rechtecks an. Das optionale Argument *width* bestimmt die Breite der Umrandung und ist standardmäßig auf `1` gesetzt.

Ellipsen

Die Methode `ellipse(xy, fill, outline, width)` zeichnet eine Ellipse. Sind Breite und Höhe der Ellipse identisch, wird von dieser Methode ein Kreis gezeichnet. Das Argument *xy* ist ein Box-Tupel *(links, oben, rechts, unten)*, das das Rechteck repräsentiert, das die Ellipse exakt enthält. Das optionale Argument *fill* ist die Farbe des Inneren der Ellipse, das weitere optionale Argument *outline* bestimmt die Farbe der Umrandung der Ellipse. Das optionale Argument *width* gibt die Breite der Linien an und ist, falls nicht anders angegeben, auf `1` gesetzt.

Polygone

Die Methode `polygon(xy, fill, outline, width)` zeichnet ein beliebiges Polygon. Das Argument *xy* ist eine Liste von Tupeln wie `[(x, y), (x, y), ...]` oder Zahlen wie `[x1, y1, x2, y2, ...]`, die die Ecken des Polygons darstellen. Das letzte Koordinatenpaar verbindet sich automatisch mit dem ersten Paar. Das optionale Argument *fill* ist die Farbe der Füllung des Polygons; das zweite optionale Argument *outline* bestimmt die Farbe der Füllung. Das optionale Argument *width* gibt die Breite der Linien an und ist standardmäßig auf `1` gesetzt.

Ein Zeichenbeispiel

Um die Anwendung dieser Methoden zu üben, geben Sie folgenden Befehl in die interaktive Shell ein:

```
>>> from PIL import Image, ImageDraw
>>> im = Image.new('RGBA', (200, 200), 'white')
>>> draw = ImageDraw.Draw(im)
>>> draw.line([(0, 0), (199, 0), (199, 199), (0, 199), (0, 0)],
fill='black') ❶
>>> draw.rectangle((20, 30, 60, 60), fill='blue') ❷
>>> draw.ellipse((120, 30, 160, 60), fill='red') ❸
>>> draw.polygon(((57,87),(79,62),(94,85),(120,90),(103,113)),
```

```
fill='brown') ❹
>>> for i in range(100, 200, 10): ❺
...     draw.line([(i, 0), (200, i - 100)], fill='green')

>>> im.save('drawing.png')
```

Nachdem wir ein `Image`-Objekt für ein 200×200 großes weißes Bild erstellt haben, übergeben wir es an `ImageDraw.Draw()`, um ein `ImageDraw`-Objekt zu erhalten und dieses in `draw` zu speichern. Anschließend lassen sich auf `draw` die Zeichenmethoden aufrufen. In diesem Beispiel wird eine dünne, schwarze Umrandung an den Rändern des Bildes gezeichnet ❶, ein blaues Rechteck mit der Ecke oben links bei (20, 30) und der Ecke unten rechts bei (60, 60) ❷, eine rote Ellipse definiert durch ein Rechteck von (120, 30) bis (160, 60) ❸, ein braunes Polygon mit fünf Punkten ❹ sowie ein Muster grüner Linien, die mit einer `for`-Schleife gezeichnet werden ❺. Die resultierende Datei *drawing.png* wird wie Abbildung 21.14 aussehen (auch wenn die Farben in diesem Buch nicht dargestellt werden).

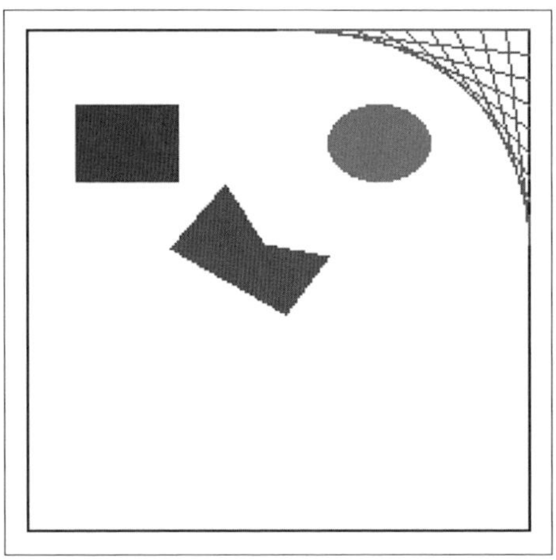

Abb. 21.14 *Das resultierende drawing.png-Bild*

Mit `ImageDraw`-Objekten lassen sich zahlreiche weitere Methoden zum Zeichnen von Formen anwenden. Die vollständige Dokumentation steht unter *https://pillow.readthedocs.io/en/latest/reference/ImageDraw.html* zur Verfügung.

Text

Das `ImageDraw`-Objekt verfügt ebenfalls über eine Methode `text()`, um Text auf einem Bild zu platzieren. Diese Methode benötigt vier Argumente:

- *xy* – ein Tupel aus zwei Zahlen, das die linke obere Ecke des Textes angibt

- *text* – der Text als String, der geschrieben werden soll
- *fill* – die Farbe des Textes
- *font* – ein optionales `ImageFont`-Objekt, das Schriftart und Größe des Textes festlegt

Bevor mit `text()` Text auf ein Bild gezeichnet wird, gilt es das optionale *font*-Argument näher zu betrachten. Dieses Argument ist ein `ImageFont`-Objekt, das durch Ausführen des Folgenden verfügbar wird:

```
>>> from PIL import ImageFont
```

Nach dem Import von Pillows Modul `ImageFont` lässt sich die Schriftart durch Aufruf der Funktion `ImageFont.truetype()` mit zwei Argumenten festlegen. Das erste ist ein String, der auf die *TrueType*-Datei der Schriftart verweist – die tatsächliche Schriftdatei, die sich auf Ihrem Computer befindet. Eine TrueType-Datei besitzt die Dateierweiterung *.ttf* und befindet sich unter Windows üblicherweise in *C:\Windows\Fonts*, unter macOS in */Library/Fonts* oder */System/Library/Fonts* und unter Linux in */usr/share/fonts/truetype*. Diese Pfade müssen Sie nicht als Teil des TrueType-Datei-Strings angeben, da Pillow diese Verzeichnisse automatisch durchsucht. Kann die gewünschte Schriftart nicht gefunden werden, erscheint jedoch eine Fehlermeldung.

Das zweite Argument von `ImageFont.truetype()` ist eine Zahl für die Schriftgröße in Punkt (nicht in Pixel). Pillow erstellt PNG-Bilder standardmäßig mit 72 Pixel pro Zoll, und ein *Punkt* (Abkürzung »pt«) entspricht 1/72 Zoll. Geben Sie zum Üben Folgendes in die interaktive Shell ein:

```
>>> from PIL import Image, ImageDraw, ImageFont
>>> import os
>>> im = Image.new('RGBA', (200, 200), 'white') ❶
>>> draw = ImageDraw.Draw(im) ❷
>>> draw.text((20, 150), 'Hello', fill='purple') ❸
>>> arial_font = ImageFont.truetype('arial.ttf', 32) ❹
>>> draw.text((100, 150), 'Howdy', fill='gray', font=arial_font) ❺
>>> im.save('text.png')
```

Nach dem Import von `Image`, `ImageDraw`, `ImageFont` und `os` wird ein `Image`-Objekt für ein neues weißes Bild mit der Größe 200×200 erzeugt ❶ und daraus ein `ImageDraw`-Objekt erstellt ❷. Mit `text()` wird *Hello* an der Position (20, 150) in Lila geschrieben ❸. Da bei diesem Aufruf das optionale vierte Argument nicht übergeben wurde, sind Schriftart und Größe des Textes nicht angepasst.

Um eine Schriftart und -größe festzulegen, wird `ImageFont.truetype()` aufgerufen und dabei die *.ttf*-Datei der gewünschten Schriftart sowie eine ganzzahlige Schriftgröße übergeben ❹. Das zurückgegebene `Font`-Objekt wird in einer Variablen gespeichert und diese wird anschließend als letztes Schlüsselwortargument an die Methode `text()` übergeben. Durch den Methodenaufruf von `text()` wird Howdy an der Position `(100, 150)` in Grau und in Arial mit 32 Punkt platziert ❺. Die erzeugte Datei *text.png* entspricht Abbildung 21.15.

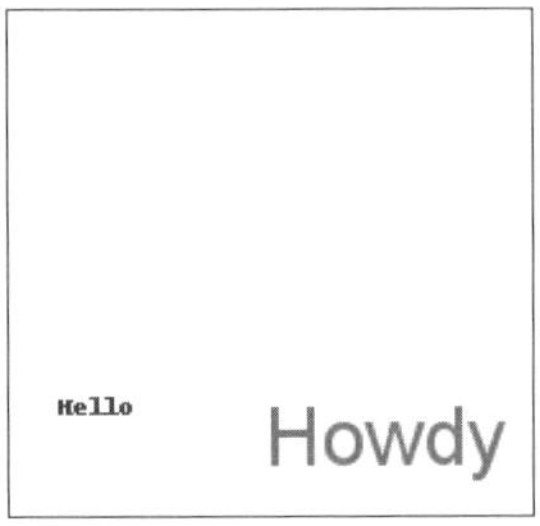

Abb. 21.15 *Das resultierende Bild text.png*

Wenn Sie an der Erstellung computergenerierter Kunst mit Python interessiert sind, empfiehlt sich *Learn Python Visually* von Tristan Bunn (No Starch Press, 2021) oder mein Buch *The Recursive Book of Recursion* (No Starch Press, 2022).

Bilder in die Zwischenablage kopieren und daraus einfügen

Wie das Drittanbieter-Modul `pyperclip` zum Kopieren und Einfügen von Text-Strings in die Zwischenablage verwendet wird, ermöglicht das Modul `pyperclipimg` das Kopieren und Einfügen von Pillow-`Image`-Objekten. Um `pyperclipimg` zu installieren, folgen Sie den Anweisungen in Anhang A.

Die Funktion `pyperclipimg.copy()` übernimmt ein Pillow-`Image`-Objekt und legt es in die Zwischenablage Ihres Betriebssystems. Anschließend lässt sich das Bild in ein Grafik- oder Bildbearbeitungsprogramm wie MS Paint einfügen. Die Funktion `pyperclipimg.paste()` gibt den Bildinhalt der Zwischenablage als `Image`-Objekt zurück. Mit *zophie.png* im aktuellen Arbeitsverzeichnis geben Sie Folgendes in die interaktive Shell ein:

```
>>> from PIL import Image
>>> im = Image.open('zophie.png')
>>> import pyperclipimg
>>> pyperclipimg.copy(im)
>>> pim = pyperclipimg.paste() # Neues Bild in die Zwischenablage
kopieren.
>>> # Wechseln Sie nun in ein Grafikprogramm
>>> # und fügen Sie das Bild aus der Zwischenablage ein.
>>> pim.show()  # Zeigt das Bild aus der Zwischenablage an
```

Dieser Code öffnet zunächst das Bild *zophie.png* als `Image`-Objekt und übergibt es dann an `pyperclipimg.copy()`, um es in die Zwischenablage zu kopieren. Sie können überprüfen, ob das Kopieren erfolgreich war, indem Sie das Bild in ein Grafikprogramm einfügen. Als Nächstes kopieren Sie ein neues Bild aus einem Grafikprogramm oder durch Rechtsklicken auf ein Bild in Ihrem Webbrowser und anschließendes Kopieren. Ein Aufruf von `pyperclipimg.paste()` gibt dieses Bild als `Image`-Objekt in der Variablen `pim` zurück. Sie können überprüfen, ob das Einfügen erfolgreich war, indem Sie das Bild mit `pim.show()` anzeigen lassen.

Das Modul `pyperclipimg` bietet eine effiziente Möglichkeit, Benutzern das Ein- und Ausgeben von Bilddaten in Ihren Python-Programmen zu ermöglichen.

Diagramme mit Matplotlib erstellen

Das Zeichnen eigener Diagramme mit Pillow ist zwar möglich, erfordert jedoch erheblichen Aufwand. Die Matplotlib-Bibliothek erstellt eine breite Vielfalt von Diagrammen für den Einsatz in professionellen Publikationen. In diesem Kapitel werden Sie grundlegende Liniendiagramme, Balkendiagramme, Streudiagramme und Kreisdiagramme erstellen, doch Matplotlib kann auch komplexe 3D-Diagramme erzeugen. Die vollständige Dokumentation finden Sie unter *https://matplotlib.org*. Installieren Sie Matplotlib, indem Sie die Anweisungen im Anhang A befolgen. Sollten Sie im Verlauf des Kapitels mit der Funktion `show()` das Problem haben, dass dieses kein Fenster öffnen kann (»*FigureCanvasAgg is non-interactive, and thus cannot be shown*«), müssen Sie noch das Paket PyQt6 installieren.

Liniendiagramme und Streudiagramme

Beginnen wir mit der Erstellung eines zweidimensionalen Liniendiagramms mit den Achsen x und y. Ein Liniendiagramm eignet sich besonders gut, um Veränderungen einer Messgröße im Zeitverlauf darzustellen. In Matplotlib werden die Begriffe *Diagramm*, *Grafik* und *Chart* oft austauschbar verwendet, während sich der Begriff *Figure* auf das Fenster bezieht, das ein oder mehrere Diagramme enthält. Geben Sie Folgendes in der interaktiven Shell ein:

```
>>> import matplotlib.pyplot as plt ❶
>>> x_werte = [0, 1, 2, 3, 4, 5]
>>> y_werte1 = [10, 13, 15, 18, 16, 20]
>>> y_werte2 = [9, 11, 18, 16, 17, 19]
>>> plt.plot(x_werte, y_werte1) ❷
[<matplotlib.lines.Line2D object at 0x000002501D9A7D10>]
>>> plt.plot(x_werte, y_werte2)
[<matplotlib.lines.Line2D object at 0x00000250212AC6D0>]
```

```
>>> plt.savefig('linien_graph.png')  # Speichert das Diagramm als Bild
>>> plt.show()  # Öffnet ein Fenster mit dem Diagramm
>>> plt.show()  # Führt keine Aktion aus
```

Wir importieren `matplotlib.pyplot` unter dem Kurznamen `plt` ❶, um die Funktionsaufrufe bequemer eingeben zu können. Anschließend verwenden wir die Funktion `plt.plot()`, um Datenpunkte in einer zweidimensionalen Grafik darzustellen. Dazu speichern wir zunächst eine Liste von Ganz- oder Fließkommazahlen in `x_werte` für die x-Achse und eine weitere Liste in `y_werte1` für die y-Achse ❷. Die jeweils ersten Werte beider Listen gehören dabei zusammen, ebenso die zweiten, dritten usw.

Nachdem wir `plt.plot()` mit diesen Werten aufgerufen haben, rufen wir die Funktion ein zweites Mal mit `x_werte` und `y_werte2` auf, um eine zweite Linie in dasselbe Diagramm einzufügen.

Matplotlib wählt automatisch eine Farbe für die Linien und eine angemessene Größe für das Diagramm aus. Das Standarddiagramm kann durch Aufruf von `plt.savefig('linien_graph.png')` als PNG-Bild gespeichert werden.

Matplotlib bietet eine Vorschaufunktion, die das Diagramm in einem Fenster anzeigt, ähnlich wie Pillow die Methode `show()` zur Vorschau von `Image`-Objekten bereitstellt. Um das Diagramm in einem Fenster zu öffnen, können Sie `plt.show()` aufrufen. Die Darstellung entspricht Abbildung 21.16.

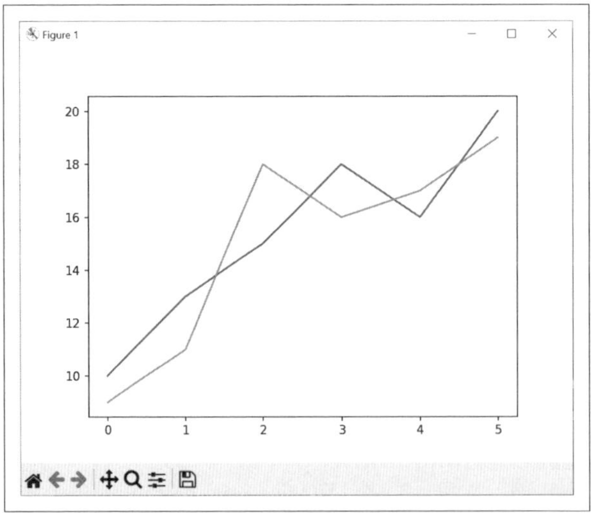

Abb. 21.16 *Ein mit plt.show() angezeigtes Liniendiagramm*

Das durch `plt.show()` geöffnete Fenster ist interaktiv: Sie können das Diagramm verschieben oder hinein- bzw. herauszoomen. Das Haussymbol unten links setzt die Ansicht zurück; das Diskettensymbol ermöglicht das Speichern des Diagramms als Bilddatei. Wenn Sie mit Daten experimentieren, stellt `plt.show()` ein praktisches Visualisierungswerkzeug dar. Der Funktionsaufruf `plt.show()` blockiert und kehrt erst zurück, nachdem man dieses Fenster geschlossen hat.

Wenn Sie das Fenster schließen, das die Methode `plt.show()` erzeugt, werden zudem die Diagrammdaten zurückgesetzt. Ein erneuter Aufruf von `plt.show()` führt entweder zu keiner Aktion oder zeigt ein leeres Fenster an. Zur Wiederherstellung des Diagramms sind `plt.plot()` und alle weiteren diagrammbezogenen Funktionen erneut auszuführen. Um eine Bilddatei des Diagramms zu speichern, ist `plt.savefig()` vor `plt.show()` aufzurufen.

Um ein Streudiagramm (*scatter plot*) derselben Daten zu erstellen, sind die Werte der x- und y-Achse an die Funktion `plt.scatter()` zu übergeben:

```
>>> import matplotlib.pyplot as plt
>>> x_werte = [0, 1, 2, 3, 4, 5]
>>> y_werte1 = [10, 13, 15, 18, 16, 20]
>>> y_werte2 = [9, 11, 18, 16, 17, 19]
>>> plt.scatter(x_werte, y_werte1)
<matplotlib.collections.PathCollection object at 0x00000250212CBAD0>
>>> plt.scatter(x_werte, y_werte2)
<matplotlib.collections.PathCollection object at 0x000002502132DC10>
>>> plt.savefig('scatterplot.png')
>>> plt.show()
```

Wenn Sie `plt.show()` aufrufen, zeigt Matplotlib das Diagramm in Abbildung 21.17 an. Der Code zur Erstellung eines Streudiagramms ist mit dem Code für ein Liniendiagramm identisch, abgesehen vom Funktionsaufruf.

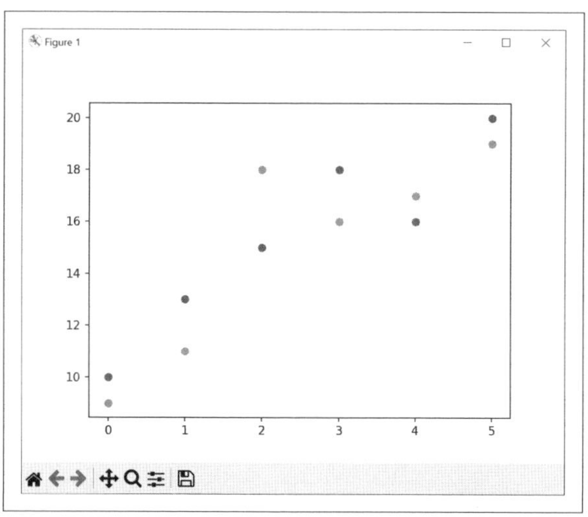

Abb. 21.17 *Ein Streudiagramm, dargestellt mit `plt.show()`*

Vergleichen Sie dieses Diagramm mit dem Liniendiagramm in Abbildung 21.16, sehen Sie, dass die Daten identisch sind, jedoch verwendet das Streudiagramm Punkte anstelle verbundener Linien.

Balkendiagramme und Torten- oder Kreisdiagramme

Erstellen Sie ein einfaches Balkendiagramm mit Matplotlib. Balkendiagramme eignen sich dazu, gleichartige Daten in verschiedenen Kategorien zu vergleichen. Im Gegensatz zu einem Liniendiagramm ist die Reihenfolge der Kategorien nicht relevant, obwohl sie häufig alphabetisch aufgelistet werden. Geben Sie Folgendes in der interaktiven Shell ein:

```
>>> import matplotlib.pyplot as plt
>>> kategorien = ['Hunde', 'Katzen', 'Mäuse', 'Elche']
>>> werte = [100, 200, 300, 400]
>>> plt.bar(kategorien, werte)
<BarContainer object of 4 artists>
>>> plt.savefig('balken_graph.png')
>>> plt.show()
```

Mit diesem Code erstellen Sie das in Abbildung 21.18 dargestellte Balkendiagramm. Übergeben Sie die Kategorien, die auf der x-Achse erscheinen sollen, als erstes Listenargument an `plt.bar()` und die Werte für jede Kategorie als zweites Listenargument.

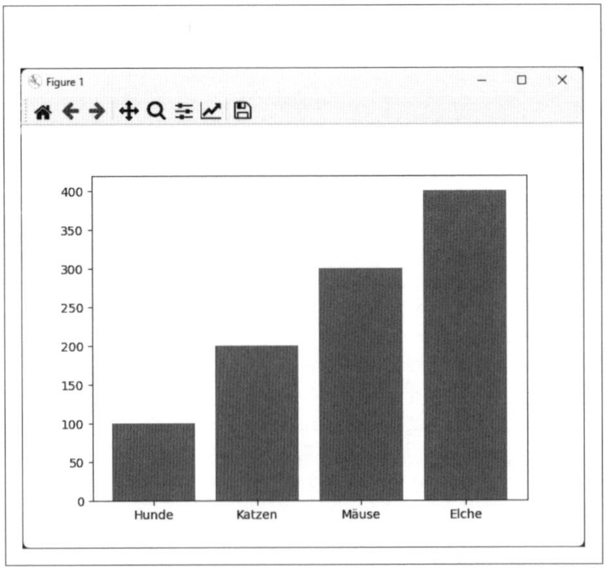

Abb. 21.18 *Ein Balkendiagramm, angezeigt mit* `plt.show()`

Beachten Sie, dass das Schließen des `plt.show()`-Fensters die Diagrammdaten zurücksetzt.

Um ein Torten- oder Kreisdiagramm zu erstellen, rufen Sie die Funktion `plt.pie()` auf. Ein Kreisdiagramm besitzt statt Kategorien und Werten Labels und Segmente. Geben Sie Folgendes in der interaktiven Shell ein:

```
>>> import matplotlib.pyplot as plt
>>> segmente = [100, 200, 300, 400]  # Die Größe der Segmente
>>> labels = ['Hunde', 'Katzen', 'Mäuse', 'Elche']  # Namen der Segmente
>>> plt.pie(segmente, labels=labels, autopct='%.1f%%')
([<matplotlib.patches.Wedge object at 0x00000218F32BA950>,
...
>>> plt.savefig('torten_diagramm.png')
>>> plt.show()
```

Rufen Sie `plt.show()` für das Kreisdiagramm auf, stellt Matplotlib es in einem Fenster dar, wie in Abbildung 21.19. Die Funktion `plt.pie()` nimmt eine Liste von Segmentgrößen und eine Liste von Labels für jedes Segment entgegen.

Das Argument `autopct` legt die Präzision des Prozent-Labels für jedes Segment fest. Bei dem Argument handelt es sich um einen Format-String; Der String `'%.1f%%'` gibt an, dass die Zahl eine Nachkommastelle anzeigen soll. Lassen Sie dieses Schlüsselwortargument beim Funktionsaufruf weg, enthält das Kreisdiagramm keinen Prozent-Text.

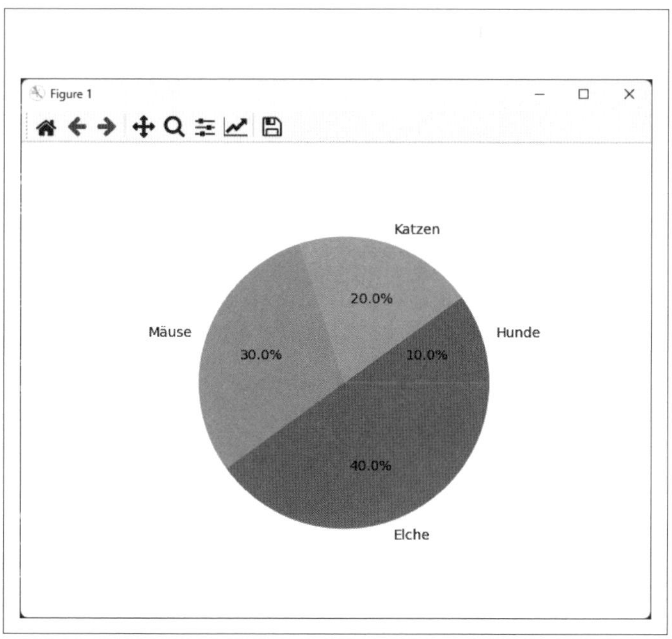

Abb. 21.19 *Ein Kreisdiagramm, angezeigt mit `plt.show()`*

Matplotlib wählt die Farben für jedes Segment automatisch, Sie können dieses Verhalten jedoch ebenso wie viele andere Eigenschaften der erstellten Diagramme anpassen.

Zusätzliche Komponenten

Die Diagramme, die im vorherigen Abschnitt erstellt wurden, sind relativ einfach. Matplotlib bietet eine Fülle zusätzlicher Funktionen, die ein eigenes Buch füllen könnten (bzw. bereits gefüllt haben). Daher werden hier lediglich die gängigsten Komponenten betrachtet. Nun sollen Datenpunktmarker, benutzerdefinierte Farben und Labels zu den Diagrammen hinzugefügt werden. Geben Sie Folgendes in der interaktiven Shell ein:

```
>>> import matplotlib.pyplot as plt
>>> x_werte = [0, 1, 2, 3, 4, 5]
>>> y_werte1 = [10, 13, 15, 18, 16, 20]
>>> y_werte2 = [9, 11, 18, 16, 17, 19]
>>> plt.plot(x_werte, y_werte1, marker='o', color='b', label='Linie
1') ❶
[<matplotlib.lines.Line2D object at 0x000001BC339D2F90>]
>>> plt.plot(x_werte, y_werte2, marker='s', color='r', label='Linie
2')
[<matplotlib.lines.Line2D object at 0x000001BC339D1A90>]
>>> plt.legend() ❷
<matplotlib.legend.Legend object at 0x000001BC20915B90>
>>> plt.xlabel('X-Achsen-Label') ❸
Text(0.5, 0, 'X-Achsen-Label')
>>> plt.ylabel('Y-Achsen-Label')
Text(0, 0.5, 'Y-Achsen-Label')
>>> plt.title('Diagramm-Titel')
Text(0.5, 1.0, 'Diagramm-Titel')
>>> plt.grid(True) ❹
>>> plt.show()
```

Nach Ausführung dieses Codes zeigt Matplotlib ein Fenster an, das wie Abbildung 21.20 aussieht. Es enthält dasselbe zuvor erstellte Liniendiagramm, jedoch wurden den Aufrufen der Funktion `plt.plot()` die Schlüsselwortargumente `marker`, `color` und `label` hinzugefügt ❶. `marker` erzeugt für jeden Datenpunkt in der Linie einen Punkt. Ein `'o'` als `marker` macht den Punkt zu einem O-förmigen Kreis, während `'s'` (von »square«) ihn quadratisch gestaltet. Die Farbargumente für `color` `'b'` und `'r'` setzen die Linie jeweils auf Blau beziehungsweise Rot. Jeder Linie wird ein `label` zugewiesen, das in der durch den Aufruf von `plt.legend()` ❷ erzeugten Legende verwendet wird.

Es werden zudem Labels für die x-Achse, die y-Achse und das gesamte Diagramm erstellt, indem `plt.xlabel()`, `plt.ylabel()` und `plt.title()` ❸ aufgerufen und der Label-Text als String übergeben wird. Indem `True` an `plt.grid()` ❹ übergeben wird, wird abschließend ein Raster mit Linien entlang der Werte der x- und y-Achse aktiviert.

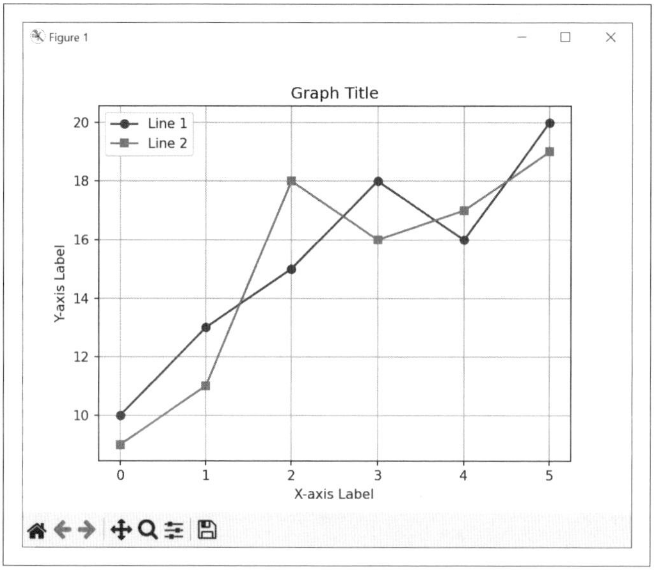

Abb. 21.20 *Das Beispiel-Liniendiagramm mit zusätzlichen Komponenten*

Dies ist lediglich eine kleine Auswahl der Funktionen, die Matplotlib bereitstellt. Weitere Informationen zu den übrigen Funktionen finden Sie in der Online-Dokumentation.

Zusammenfassung

Bilder bestehen aus einer Sammlung von Pixeln, von denen jeder eine x/y-Koordinate hat, die seine Position bestimmt, und einen RGBA-Wert für seine Farbe. Zwei gängige Bildformate sind JPEG und PNG. Pillow kann mit diesen sowie weiteren Formaten umgehen.

Wenn ein Programm ein Bild in ein `Image`-Objekt lädt, werden die Breite und die Höhe als Tupel aus zwei Ganzzahlen im Attribut `size` gespeichert. Objekte des Datentyps `Image` besitzen Methoden für gängige Bildmanipulationen: `crop()`, `copy()`, `paste()`, `resize()`, `rotate()` und `transpose()`. Um das `Image`-Objekt als Bilddatei zu speichern, ist die Methode `save()` auszuführen.

Soll Ihr Programm Formen auf ein Bild zeichnen, dann nutzen Sie die Methoden von `ImageDraw`-Objekten, um Punkte, Linien, Rechtecke, Ellipsen und Polygone zu zeichnen. Das Modul stellt außerdem Methoden bereit, um Text in einer gewünschten Schriftart und Schriftgröße zu zeichnen.

Während die Pillow-Bibliothek das Zeichnen von Formen und einzelnen Pixeln erlaubt, lassen sich Diagramme mit der Matplotlib-Bibliothek deutlich einfacher erzeugen. Mit den Standardeinstellungen von Matplotlib lassen sich Linien-, Balken- und Kreisdiagramme erstellen; gezielte Anpassungen sind ebenfalls möglich. Die Methode `show()` präsentiert das Diagramm zur Vorschau auf dem Bildschirm, während die Methode `save()` Bilddateien erzeugt, die Sie in Dokumenten oder Tabellenkalkulationen verwenden können. Die Online-Dokumentation der Bibliothek informiert Sie umfassend über deren vielfältige Funktionen.

Obwohl fortschrittliche (und teure) Anwendungen wie Photoshop automatische Stapelverarbeitungsfunktionen bieten, können Sie mit Python-Skripten viele dieser Anpassungen kostenlos durchführen. In den vorherigen Kapiteln haben Sie Python-Programme erstellt, um Klartextdateien, Tabellenkalkulationen, PDFs und andere Formate zu bearbeiten. Mit Pillow haben Sie Ihre Programmierkenntnisse nun auch auf die Bildverarbeitung erweitert!

Übungsfragen

1. Was ist ein RGBA-Wert?
2. Wie lässt sich der RGBA-Wert von `'CornflowerBlue'` aus dem Pillow-Modul ermitteln?
3. Was ist ein Box-Tupel?
4. Welche Funktion liefert ein `Image`-Objekt für eine Bilddatei mit dem Namen *zophie.png*?
5. Wie kann man die Breite und Höhe des Bildes eines `Image`-Objekts herausfinden?
6. Welche Methode ist aufzurufen, um das `Image`-Objekt für das untere linke Viertel eines 100×100-Bildes zu erhalten?
7. Wie lässt sich ein `Image`-Objekt nach vorgenommenen Änderungen als Bilddatei speichern?
8. Welches Modul enthält den Formzeichnungscode von Pillow?
9. `Image`-Objekte verfügen nicht über Zeichenmethoden. Welche Art von Objekt verfügt darüber? Wie erhält man ein solches Objekt?

10. Welche Matplotlib-Funktionen erzeugen ein Liniendiagramm, Streudiagramm, Balkendiagramm und Kreisdiagramm?
11. Wie kann ein Matplotlib-Diagramm als Bild gespeichert werden?
12. Was bewirkt die Funktion `plt.show()` und weshalb kann sie nicht zweimal hintereinander aufgerufen werden?

Übungsprogramme

Erstellen Sie zu Übungszwecken Programme, die die folgenden Aufgaben ausführen.

Fliesenleger

Entwickeln Sie ein Programm, das aus einem einzelnen Bild ein gekacheltes Bild erzeugt, ähnlich den Kacheln mit Katzenköpfen in Abbildung 21.6. Das Programm sollte über eine Funktion `erzeuge_kacheln()` mit drei Argumenten verfügen: einen String mit dem Dateinamen des Bildes, eine Ganzzahl für die Anzahl der horizontalen Kacheln und eine weitere Ganzzahl für die vertikale Kachelanzahl. Die Funktion `erzeuge_kacheln()` soll ein größeres `Image`-Objekt des gekachelten Bildes zurückgeben. Verwenden Sie die Methode `paste()` als Teil dieser Funktion.

Wenn beispielsweise *zophie_die_katze.jpg* ein 20×50-Pixel-Bild ist, ergibt der Aufruf von `erzeuge_kacheln('zophie_die_katze.jpg', 6, 10)` ein 120×500-Bild mit insgesamt 60 Kacheln. Als Bonus empfiehlt es sich, das zu kachelnde Bild beim Einfügen in das größere Bild zufällig zu spiegeln oder zu drehen. Dieser Kachelgenerator arbeitet am effektivsten mit kleineren Bildern. Entdecken Sie, welche abstrakte Kunst Sie mit diesem Code erzeugen können.

Foto-Ordner auf der Festplatte identifizieren

Ich habe die Angewohnheit, Dateien von meiner Digitalkamera in temporäre Ordner irgendwo auf der Festplatte zu übertragen und diese Ordner anschließend zu vergessen. Es wäre vorteilhaft, ein Programm zu schreiben, das die gesamte Festplatte scannt und diese verbliebenen Foto-Ordner erkennt.

Sie können ein Programm entwickeln, das sämtliche Ordner auf der Festplatte durchläuft und potenzielle Foto-Ordner identifiziert. Zunächst müssen Sie definieren, was als »Foto-Ordner« gilt, beispielsweise jeder Ordner, in dem mehr als die Hälfte der Dateien Fotos sind. Und wie lässt sich bestimmen, welche Dateien Fotos darstellen? Eine Fotodatei muss zunächst die Dateierweiterung *.png* oder *.jpg* besitzen. Zudem handelt es sich bei Fotos um große Bilder; die Breite und Höhe der Fotodatei müssen jeweils mehr als 500 Pixel betragen. Dies gilt als sichere Annahme, da die meisten Digitalkamerafotos mehrere tausend Pixel in Breite und Höhe aufweisen.

Nachfolgend befindet sich ein grobes Gerüst, wie dieses Programm strukturiert sein könnte:

```
# Module importieren und Kommentare formulieren, um das Programm zu
erläutern.

for ordner_name, unterordner, dateinamen in os.walk('C:\\'):
    anz_foto_dateien = 0
    anz_nicht_foto_dateien = 0
    for dateiname in dateinamen:
        # Überprüfen, ob die Dateierweiterung nicht .png oder .jpg ist.
        if TODO:
            anz_nicht_foto_dateien += 1
            continue  # Zum nächsten Dateinamen übergehen.

        # Bilddatei mit Pillow öffnen.

        # Prüfen, ob Breite und Höhe größer als 500 sind.
        if TODO:
            # Bild ist groß genug, um als Foto zu gelten.
            anz_foto_dateien += 1
        else:
            # Bild ist zu klein, um als Foto zu gelten.
            anz_nicht_foto_dateien += 1

    # Wenn mehr als die Hälfte der Dateien Fotos waren,
    # den absoluten Pfad des Foto-Ordners ausgeben.
    if TODO:
        print(TODO)
```

Beim Ausführen des Programms soll der absolute Pfad jedes Foto-Ordners auf dem Bildschirm angezeigt werden.

Individuelle Sitzkarten erstellen

In einem Übungsprogramm in Kapitel 17 haben Sie individuelle Einladungen aus einer Gästeliste in einer Textdatei erstellt. Als zusätzliches Projekt verwenden Sie Pillow, um Bilder zu erzeugen, die als individuelle Platzkarten für Ihre Gäste dienen. Für jeden in der Datei *guests.txt* aus den Online-Ressourcen des Buches aufgeführten Gast ist eine Bilddatei mit dem Namen des Gastes und einer floralen Verzierung zu generieren. Ein gemeinfreies Blumenbild steht ebenfalls in den Buchressourcen zur Verfügung.

Um sicherzustellen, dass jede Platzkarte die gleiche Größe hat, fügen Sie an den Rändern des Einladungsvordrucks ein schwarzes Rechteck hinzu; auf diese Weise haben Sie beim Ausdrucken des Bildes eine Orientierungslinie zum Schneiden. Die von Pillow erzeugten PNG-Dateien sind auf 72 Pixel pro Zoll (ca. 28,3 Pixel pro Zentimeter) eingestellt, sodass eine Karte im Format DIN A6 (etwa 10,5 × 14,8 cm) eine Bildgröße von rund 300 × 420 Pixeln erfordert.

22

Texterkennung in Bildern

Die Texterkennung, formal als optische Zeichenerkennung (Optical Character Recognition, OCR) bezeichnet, ist die Extraktion von Text aus einem Bild. Python bietet eine umfangreiche Sammlung an String-Methoden und regulären Ausdrücken zur Textverarbeitung; hierfür ist es jedoch erforderlich, den Text zunächst als String einzugeben. Programme können OCR beispielsweise einsetzen, um Namen auf Straßenschildern sowie Schriftzüge auf am Geldautomaten eingezahlten Schecks zu erkennen oder um Quittungen zu scannen und elektronische Kopien zu erstellen.

Wie bei Text-zu-Sprache oder Spracherkennung erfordert OCR den Einsatz fortschrittlicher Informatiktechniken, jedoch abstrahieren Python-Module diese Details und ermöglichen eine einfache Nutzung. Dieses Kapitel behandelt PyTesseract, das Python-Paket für die Zusammenarbeit mit der Open-Source-OCR-Engine Tesseract. Darüber hinaus wird die kostenlose Anwendung NAPS2 vorgestellt, die von Python ausgeführt werden kann, um Tesseract OCR auf PDF-Dateien anzuwenden.

Tesseract und PyTesseract installieren

Um mit PyTesseract zu arbeiten, ist es erforderlich, die kostenlose Tesseract-OCR-Engine-Software auf Ihrem Windows-, macOS- oder Linux-System gemäß den Anweisungen in diesem Abschnitt zu installieren. Optional können auch die Sprachpakete für nichtenglische Sprachen installiert werden. Installieren Sie anschließend das PyTesseract-Paket, damit Ihre Python-Skripte mit Tesseract interagieren können.

Windows

Unter Windows öffnen Sie Ihren Browser unter *https://github.com/UB-Mannheim/tesseract/wiki* und folgen den Anweisungen auf der Seite, um das aktuelle Installationsprogramm herunterzuladen. Anschließend auf dieses Installationsprogramm doppelklicken, um Tesseract zu installieren.

Tesseract erkennt standardmäßig englischen Text. Wählen Sie dazu im Installationsbildschirm *Komponenten auswählen* unter *Additional language data* die gewünschten Sprachen aus, zum Beispiel *German*, *German Fraktur* oder *Math*. Unter *Additional script data* können Sie auch unterschiedliche Schriftarten wie *Fraktur* auswählen.

Die Installation aller Sprachen erhöht die Größe der Installation um etwa 600 MB. Diese Sprachpakete haben Dateinamen, die die jeweilige Sprache kennzeichnen, und die Erweiterung *.traineddata*, zum Beispiel *jpn.traineddata* für Japanisch. Alternativ können Sie Kontrollkästchen für einzelne Sprachen aktivieren, um Speicherplatz zu sparen.

Nachdem die Installation abgeschlossen ist, müssen Sie den Ordner *C:\Program Files\Tesseract-OCR* (oder den Ordner, in dem Sie Tesseract installiert haben) zur Umgebungsvariable `PATH` hinzufügen, damit PyTesseract auf das Programm *tesseract.exe* zugreifen kann. Kapitel 12 behandelte, wie die `PATH`-Umgebungsvariable geändert wird.

macOS

Mit dem Homebrew-Paketmanager lässt sich Tesseract unter macOS installieren. Navigieren Sie zu *https://docs.brew.sh*, um Homebrew zu installieren. Installieren Sie Tesseract, indem Sie ein Terminalfenster öffnen und `brew install tesseract` ausführen. Führen Sie anschließend `brew install tesseract-lang` aus, um nichtenglische Sprachpakete zu installieren.

Linux

Um Tesseract unter Linux zu installieren, öffnen Sie ein Terminalfenster und führen Sie `sudo apt install tesseract-ocr` aus. Um dieses Kommando auszuführen, müssen Sie das Administratorkennwort eingeben.

Um die Sprachpakete für alle Sprachen zu installieren, führen Sie im Terminal `sudo apt install tesseract-ocr-all` aus. Um nur bestimmte Sprachpakete zu installieren, ersetzen Sie `all` durch einen dreistelligen ISO-639-Sprachcode, zum Beispiel `fra` für Französisch, `deu` für Deutsch oder `jpn` für Japanisch.

PyTesseract

Nach der Installation der Tesseract-OCR-Engine können Sie die neueste Version von PyTesseract gemäß den Hinweisen in Anhang A installieren. PyTesseract installiert zudem die Pillow-Bibliothek für die Bildverarbeitung.

Grundlagen der OCR

Mit PyTesseract und der Bildbibliothek Pillow lässt sich Text aus einem Bild in nur vier Zeilen Code auslesen. Dazu importieren Sie zunächst die beiden Bibliotheken, öffnen das gewünschte Bild mit `Image.open()` und übergeben es anschließend an die Funktion `tess.image_to_string()`, die den enthaltenen Text erkennt.

Im Folgenden wird ein einfaches Beispiel vorgestellt: das Extrahieren des Texts aus einem Screenshot der Einleitung meines Buches *The Big Book of Small Python Projects* (No Starch Press, 2021). Laden Sie das Bild *ocr-example.png* aus den Online-Ressourcen des Buchs unter *https://dpunkt.de/produkt/routineaufgaben-mit-python-automatisieren-3* herunter und geben Sie dann Folgendes in die interaktive Shell ein, um das Bild mit Pillow zu öffnen und es mit Tesseract zu scannen:

```
>>> import pytesseract as tess
>>> from PIL import Image
>>> img = Image.open('ocr-example.png')
>>> text = tess.image_to_string(img)
>>> print(text)
This book provides you with practice examples of how programming
concepts are applied, with a collection of over 80 games,
simulations, and dig-
ital art programs. These aren't code snippets; they're full, runnable
Python
programs. You can copy their code to become familiar with how they work,
experiment with your own changes, and then attempt to re-create them on
your own as practice. After a while, you'll start to get ideas for
your own pro-
grams and, more importantly, know how to go about creating them.
...
```

Die Umwandlung von Text aus einer Bilddatei in einen String erfordert ausgefeilte Algorithmen, doch Python macht dies mit nur vier Zeilen Code zugänglich!

Vorverarbeitung eines Bildes

Der Text im Bild aus dem vorherigen Abschnitt wurde nahezu perfekt in einen Python-String extrahiert. Allerdings hat OCR Einschränkungen. Im Gegensatz zu computererzeugten Bildern wie Screenshots können eingescannte oder fotografierte Papierdokumente Mängel aufweisen, und Fotografien von realen Szenen sind meist zu komplex, um daraus Text zu extrahieren. Sie können nicht einfach ein Foto von der Rückseite eines Autos aufnehmen und erwarten, dass Tesseract daraus die Nummer des Kennzeichens extrahiert. Zunächst müsste das Bild um das Kennzeichen herum zugeschnitten werden; selbst dann könnte es unleserlich sein. Aus diesem Grund ist Tesseract für gedruckte Dokumente vorgesehen und nicht für Fotos oder handschriftlichen Text.

Selbst in Screenshots sollte OCR-Text stets als unvollkommen betrachtet und einer Korrektur unterzogen werden. Insbesondere können folgende Probleme auftreten:

- Der String behält eventuelle Trennstriche am Zeilenende bei (zum Beispiel bei »dig-« und »ital« oder »pro-« und »grams«).
- Der String enthält keine Informationen zur Schriftart oder -größe.
- Der Leerraum im String stimmt möglicherweise nicht mit dem Text überein.
- Der String kann falsch erkannte Zeichen enthalten, etwa die Verwechslung von kleinem *j und kleinem i.*
- Wenn das Bild Tabellen oder mehrere Spalten Text enthält, kann der String den Text vermischen und in falscher Reihenfolge ausgeben.

Achten Sie besonders auf Fehler in Zahlen, da diese schwerer zu erkennen sind als falsch geschriebene Wörter.

Tesseract führt bestimmte Vorverarbeitungsschritte durch, um einige Probleme zu beheben. Jedoch lässt sich die Genauigkeit möglicherweise steigern, indem Sie mit einem Bildbearbeitungsprogramm folgende Vorverarbeitungsschritte ausführen:

- Scannen Sie keine mehrspaltigen Bilder; platzieren Sie jede Textspalte in ein separates Bild.
- Verwenden Sie ausschließlich maschinengeschriebenen Text, keinen handschriftlichen.

- Verwenden Sie konventionelle Schriftarten, keine Schreibschrift oder stilisierte Schriften.
- Drehen Sie das Bild so, dass die Textzeilen genau senkrecht stehen und nicht geringfügig geneigt sind.
- Verwenden Sie dunklen Text auf hellem Hintergrund, niemals weißen Text auf schwarzem Hintergrund.
- Entfernen Sie alle dunklen Ränder an den Bildkanten.
- Fügen Sie einen schmalen weißen Rand hinzu, wenn der Text bis an den Bildrand reicht.
- Passen Sie Helligkeit und Kontrast des Bildes an, sodass sich der Text klar vom Hintergrund abhebt.
- Entfernen Sie kleine »Rausch«-Pixel, um das Bild vor dem Scannen zu bereinigen.

Einige dieser Schritte lassen sich mit Python und der OpenCV-Bibliothek automatisiert ausführen. Weitere Beispiele finden Sie im Blogbeitrag »Preprocessing Images for OCR with Python and OpenCV« unter *https://autbor.com/preprocessingocr*.

Fehlerkorrektur mit großen Sprachmodellen

Fehler, die bei OCR-Algorithmen typischerweise auftreten, betreffen Abstände und einzelne Zeichen. Mit einem Rechtschreibprüfungs-Algorithmus lassen sich OCR-Fehler nicht beheben: Er hebt lediglich die korrekt erkannten Zeichen von Wörtern hervor, die bereits im Ursprungsbild falsch geschrieben waren, und übersieht Fehler, die zu korrekt geschriebenen Wörtern führen. Um diese Arten von Zeichenfehlern zu erkennen, ist Kontextverständnis und ein grundlegendes Gespür dafür erforderlich, wie die Zeichen eigentlich lauten sollten.

Genau diese Art von Problem können große KI-Sprachmodelle (LLM) wie ChatGPT, Gemini oder LLaMA lösen. Betrachten Sie beispielsweise Abbildung 22.1 – ein Rohscan aus dem Roman Frankenstein von Mary Shelley. Diese Seite wurde 1831 gedruckt; das Papier ist daher zerknittert und vergilbt, und die Zeichen sind ungleichmäßig eingefärbt. Sie können *frankenstein.png* aus den Online-Ressourcen des Buches herunterladen.

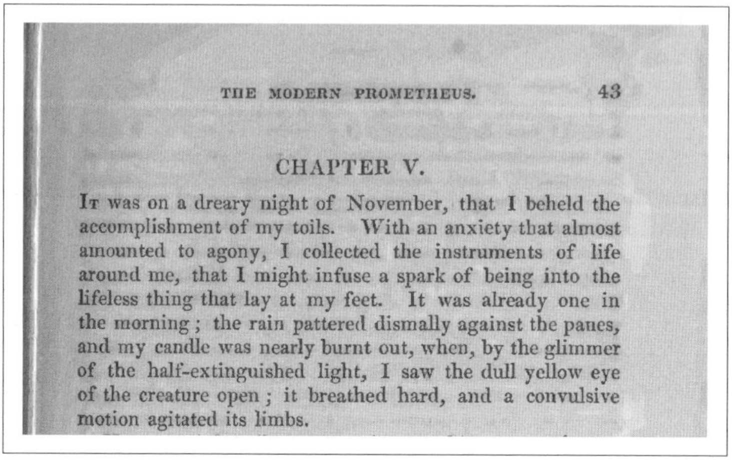

THE MODERN PROMETHEUS. 43

CHAPTER V.

It was on a dreary night of November, that I beheld the accomplishment of my toils. With an anxiety that almost amounted to agony, I collected the instruments of life around me, that I might infuse a spark of being into the lifeless thing that lay at my feet. It was already one in the morning; the rain pattered dismally against the panes, and my candle was nearly burnt out, when, by the glimmer of the half-extinguished light, I saw the dull yellow eye of the creature open; it breathed hard, and a convulsive motion agitated its limbs.

Abb. 22.1 *Der obere Teil einer gescannten Seite aus einem Druck von Frankenstein von Mary Shelley aus dem Jahr 1831*

Ohne jegliche Vorverarbeitung identifiziert Tesseract den folgenden Text:

```
>>> import pytesseract as tess
>>> from PIL import Image
>>> img = Image.open('frankenstein.png')
>>> text = tess.image_to_string(img)
>>> print(text)
THE MODERN PROMETHEUS. 43

CHAPTER V.

Iv was on a dreary night of November, that I beheld the
accomplishment of my toils. With an anxiety that almost
amounted to agony, I collected the instruments of life
around me, that I might infuse a spark of being into the
lifeless thing that lay at my feet. It was already one in
the morning ; the rain pattered dismally against the panes,
and my candle was nearly burnt out, when, by the glimmer
of the half-extinguished light, I saw the dull yellow eye
of the creature open ; it breathed hard, and a convulsive
Motion agitated its limbs.
```

Tesseract liefert ein recht gutes Ergebnis, erzeugt jedoch die falsch erkannten Zeichen `'Iv'` anstelle von `'IT'` am Anfang des Absatzes sowie `'Motion'` statt `'motion'` in der letzten Zeile. (Die genauen Ergebnisse können variieren, da die Sprachpakete aktualisiert werden.)

Um diese Probleme zu beheben, empfiehlt es sich, einem LLM den folgenden Beispiel-Prompt sowie die Textausgabe des gescannten Frankenstein-Texts zu übermitteln:

> *Nachfolgend ist die Textausgabe eines OCR-Scans. Behalten Sie die englische Sprache bei. Korrigieren Sie sämtliche Abstände, fehlende Zeichen oder fehlerhaft erkannte Zeichen. Lassen Sie bestehende Rechtschreib- oder Grammatikfehler im Originaltext unberührt. Fassen Sie Absätze zu einer einzigen Zeile zusammen und entfernen Sie Silbentrennungen, die durch einen Bindestrich am Zeilenende entstanden sind. Geben Sie ausschließlich den korrigierten Text aus, ohne zu erläutern, was OCR ist, oder eine Vorbemerkung hinzuzufügen. Hier ist der Text:*
>
> *THE MODERN PROMETHEUS. 43*
>
> *CHAPTER V.Iv was on a dreary night of November, that I beheld the ...*

Wird dieser Prompt eingegeben, erzeugt das LLM folgende Ausgabe:

> *THE MODERN PROMETHEUS. 43 CHAPTER V. It was on a dreary night of November that I beheld the accomplishment of my toils. With an anxiety that almost amounted to agony, I collected the instruments of life around me, that I might infuse a spark of being into the lifeless thing that lay at my feet. It was already one in the morning; the rain pattered dismally against the panes, and my candle was nearly burnt out, when, by the glimmer of the half-extinguished light, I saw the dull yellow eye of the creature open; it breathed hard, and a convulsive motion agitated its limbs.*

Das LLM korrigierte `'Iv'` zu `'It'` und `'Motion'` zu `'motion'`. Es entfernte außerdem die am Zeilenende getrennten Wörter, sodass die Zeilenumbrüche entfernt werden konnten. Dadurch wird es beispielsweise einfacher, den Text in ein Word-Dokument oder eine E-Mail zu kopieren und einzufügen. Um diesen Prozess zu automatisieren, verfügen die meisten Online-LLMs über APIs, sodass Ihre Programme Prompts direkt senden und Antworten empfangen können. Sofern Sie kein LLM auf Ihrem lokalen Rechner betreiben (was über den Rahmen dieses Buchs hinausgeht), müssen Sie sich für diese Online-LLM-Dienste registrieren. Dies kann kostenlos sein oder ein Abonnement erfordern.

Beachten Sie stets, dass LLMs zu übermäßiger Selbstsicherheit neigen. Überprüfen Sie deren Ausgaben immer. Im Text, den sie zurückgeben, könnten Fehler übersehen, falsche Fehler korrigiert oder sogar neue Fehler eingeführt worden sein. Es ist daher stets erforderlich, dass ein Mensch das maschinelle Ergebnis überprüft. (Und möglicherweise möchten Sie einen zweiten Menschen die Arbeit des ersten überprüfen lassen, da auch Menschen häufig Fehler machen.)

Texterkennung in nichtenglischen Sprachen

Tesseract nimmt standardmäßig an, dass der erkannte Text Englisch ist, aber Sie können auch andere Sprachen angeben. »Tesseract und PyTesseract installieren« auf Seite 684 enthält Anweisungen zur Installation nichtenglischer Sprachpakete. Sie können die installierten Sprachpakete anzeigen, indem Sie Folgendes in die interaktive Shell eingeben:

```
>>> import pytesseract as tess
>>> tess.get_languages()
['afr', 'amh', 'ara', 'asm', 'aze', 'aze_cyrl', 'bel', 'ben', 'bod', 'bos',
--snip--
'ton', 'tur', 'uig', 'ukr', 'urd', 'uzb', 'uzb_cyrl', 'vie', 'yid', 'yor']
```

Die Strings in dieser Liste sind überwiegend dreistellige ISO-639-3-Sprachcodes, mit wenigen Ausnahmen. Zum Beispiel steht `'aze'` für die aserbaidschanische Sprache mit lateinischen Buchstaben gemäß dem ISO-639-3-Code, während der String `'aze_cyrl'` das Aserbaidschanische mit kyrillischen Buchstaben beschreibt. Bitte konsultieren Sie die Tesseract-Dokumentation für vollständige Einzelheiten.

Um Bilder mit nichtenglischem Text zu scannen, müssen Sie einen dieser Strings als Wert für das `lang`-Schlüsselwortargument angeben. Beispielsweise enthält *frankenstein_jpn.png* eine japanische Übersetzung eines Abschnitts aus Frankenstein. Laden Sie diese Datei aus den Online-Ressourcen des Buches herunter und geben Sie Folgendes in die interaktive Shell ein:

```
>>> import pytesseract as tess
>>> from PIL import Image
>>> img = Image.open('frankenstein_jpn.png')
>>> text = tess.image_to_string(img, lang='jpn')
>>> print(text)
第 5 剖 私が自分の労苦の成果を目の当たりにしたのは、11 月の芝鬱な夜でした。 ほとんど苦
痛に等しい不安を抱えながら、 私は足元に横たわる生命のないものに存在の輝きを吹き込むこ
...
だ有目、 しわが寄った顔色、 そしてまっすぐな黒い大と、 より恐ろしいコントラストを形成
した
だけでした。
```

Wenn Sie die falsche Sprache verwenden, gibt `image_to_string()` Tesseracts beste Schätzung darüber zurück, welchen englischen Zeichen die japanischen Zeichen gleichen. Da es sich bei den Zeichen nicht um englische Zeichen handelt, wird der zurückgegebene Text unverständlich sein:

```
>>> import pytesseract as tess
>>> from PIL import Image
>>> img = Image.open('frankenstein_jpn.png')
>>> text = tess.image_to_string(img, lang='eng')
>>> print(text)
BS FABADOABOMEE AOYEVICLEDIL, 1 ADBBERKCLE, (ELA ER
WISE LW ABBA A TRA B, ALE TIRE DO EMO REVS DICED MS EKA
…
```

Um Text in mehreren Sprachen zu erkennen, können Sie Sprachcodes mit einem `'+'`-Zeichen kombinieren, bevor Sie diese dem Schlüsselwortargument `lang` der Funktion `image_to_string()` übergeben. Beispielsweise erkennt `tess.image_to_string(img, lang='eng+jpn')` sowohl englische als auch japanische Zeichen in einem Bild.

Die NAPS2-Scanner-Anwendung

Während PyTesseract zur Extraktion von Text aus Bildern dient, besteht ein typischer Anwendungsfall von OCR darin, PDF-Dokumente aus gescannten Bildern mit durchsuchbarem Text zu erstellen. Zwar existieren Programme dafür, doch bieten diese häufig nicht die erforderliche Flexibilität, um die PDF-Erstellung für Hunderte oder Tausende von Bildern zu automatisieren. Die Open-Source-Anwendung Not Another PDF Scanner 2 (NAPS2) empfiehlt sich nicht nur zur Steuerung von Flachbettscannern, sondern ebenfalls durch ihre Fähigkeit, Tesseract auszuführen und Text in PDF-Dokumente einzufügen. Sie ist kostenlos, bietet übersichtliche Funktionen und ist für Windows, macOS sowie Linux verfügbar. NAPS2 kann mehrere Bilder zu einer PDF-Datei mit eingebettetem Text zusammenfassen, ohne dass eine Verbindung zu einem physischen Scanner notwendig ist. Darüber hinaus nutzt sie Tesseracts erweiterte Funktionen, sodass sich die Text-Strings an der korrekten Position auf den PDF-Seiten einbinden lassen. Die Ausführung aus einem Python-Skript ist ebenfalls möglich.

NAPS2 installieren und einrichten

Um NAPS2 zu installieren, rufen Sie die Seite *https://www.naps2.com/download* auf und laden Sie das Installationsprogramm für Ihr Betriebssystem herunter. Unter Windows und macOS führen Sie einfach die heruntergeladene Installationsdatei aus. Unter Linux laden Sie den Flatpak-Installer für Tesseract herunter. Öffnen Sie anschließend ein Terminalfenster und führen Sie im Download-Ordner den Befehl `flatpak install naps2-X.X.X-linux-x64.flatpak` (oder den tatsächlichen Dateinamen der heruntergeladenen Datei) aus. Möglicherweise müssen Sie zur Fertigstellung der Installation Ihr Administratorpasswort eingeben.

Nach der Installation lässt sich die NAPS2-Desktop-Anwendung starten. Unter Windows wählen Sie NAPS2 im Startmenü aus. Unter macOS führen Sie NAPS2 über Spotlight aus. Unter Linux öffnen Sie ein neues Terminalfenster und starten `flatpak run com.naps2.Naps2`. Dieses Buch verwendet jedoch NAPS2 über Python-Code mit dem Modul `subprocess` statt der grafischen Benutzeroberfläche.

NAPS2 aus Python heraus ausführen

Mit dem Modul `subprocess` lässt sich aus Python-Skripten die NAPS2-Anwendung mit verschiedenen Kommandozeilenargumenten ausführen. Wird NAPS2 auf diese Weise ausgeführt, erscheint das Anwendungsfenster nicht, was sich ideal für einen Automatisierungsschritt in einem Python-Skript eignet.

Verwenden Sie das *frankenstein.png*-Bild erneut und lassen Sie NAPS2 eine PDF-Datei mit eingebettetem OCR-Text erstellen. Der Speicherort des NAPS2-Programms ist auf jedem Betriebssystem unterschiedlich. Der folgende interaktive Shell-Code zeigt den Pfad unter Windows:

```
>>> import subprocess
>>> naps2_pfad = [r'C:\Program Files\NAPS2\NAPS2.Console.exe'] #
Windows
>>> proc = subprocess.run(naps2_pfad + ['-i', 'frankenstein.png', '-o',
'ausgabe.pdf', '--install', 'ocr-eng', '--ocrlang', 'eng', '-n', '0', '-f',
'-v'], capture_output=True)
```

Unter macOS ersetzen Sie die Zeile, die den Pfad festlegt, durch Folgendes: `naps2_pfad = ['/Applications/NAPS2.app/Contents/MacOS/NAPS2', 'console']`. Unter Linux nutzen Sie stattdessen Folgendes: `naps2_pfad = ['flatpak', 'run', 'com.naps2.Naps2', 'console']`.

Der Code erstellt eine neue Datei namens *ausgabe.pdf*, die eine einzelne Seite mit dem gescannten Bild aus *frankenstein.png* enthält. Öffnen Sie diese Datei in einer PDF-Anwendung, werden Sie feststellen, dass Sie den Text markieren und in die Zwischenablage kopieren können. Viele PDF-Anwendungen ermöglichen zudem, das PDF als *.txt*-Textdatei des OCR-Texts zu speichern.

Im Folgenden werden die einzelnen Kommandozeilenargumente dieses Beispiels betrachtet. Passen Sie diese bei Bedarf für Ihre eigenen Zwecke an:

- **`'-i', 'frankenstein.png'`** setzt das Bild *frankenstein.png* als Eingabe. Weitere Informationen zur Angabe mehrerer Bilder in unterschiedlichen Formaten finden Sie im nächsten Abschnitt »Eingabe spezifizieren« auf der nächsten Seite.

- **'-o', 'ausgabe.pdf'** erstellt eine Datei namens *ausgabe.pdf* zur Ablage der OCR-Ergebnisse.
- **'--install', 'ocr-eng'** installiert das englische Sprachpaket für OCR. Ist die Sprache bereits installiert, hat dieser Befehl keine Auswirkungen. Wenn Sie ein anderes Sprachpaket installieren möchten, verwenden Sie das Präfix ocr- zusammen mit einem anderen dreistelligen ISO-639-Sprachcode, zum Beispiel `'ocr-deu'`.
- **'--ocrlang', 'eng'** legt Englisch als Sprache fest, die vom OCR-Scan erkannt wird. Dieses Argument wird direkt an das Kommandozeilenargument von Tesseract übergeben; so können Sie beispielsweise das Argument `'deu'` für Deutsch oder `'eng+jpn+rus'` verwenden, um anzugeben, dass das Bild Text in Englisch, Japanisch und Russisch enthält.
- **'-n', '0'** gibt an, dass keine Scans durchgeführt werden und kein Flachbettscanner zum Einsatz kommt. So werden Fehlermeldungen verhindert, wenn kein physischer Flachbettscanner an den Computer angeschlossen ist.
- **'-f'** erzwingt, dass NAPS2 die Ausgabedatei *ausgabe.pdf* überschreibt, falls bereits eine Datei mit diesem Namen existiert.
- **'-v'** aktiviert den ausführlichen Modus, sodass Status-Text angezeigt wird, während NAPS2 Ihr PDF erstellt. Möchten Sie diesen Status-Text sehen, setzen Sie das Schlüsselwortargument `capture_output=True` bei `subprocess.run()` auf `capture_output=False`.

Die Online-Dokumentation zu den Kommandozeilenargumenten von NAPS2 finden Sie unter *https://www.naps2.com/doc/command-line*. Kapitel 19 behandelt das Modul `subprocess` ausführlich.

Eingabe spezifizieren

Mit NAPS2 lassen sich PDFs und die meisten Bildformate importieren, um ein endgültiges, kombiniertes PDF zu erzeugen. Die Anwendung bietet eine eigene Mini-Sprache, um mehrere Eingaben als ein einziges Kommandozeilenargument nach `-i` anzugeben. Dies kann recht komplex werden; Sie können es sich jedoch als durch Semikolons getrennt vorstellen, mit der Index- und Slice-Notation von Python.

Um mehrere Dateien zu spezifizieren, trennen Sie diese durch ein Semikolon. Wenn Sie beispielsweise `'-i', 'hund.png;katze.png;maus.png'` übergeben, wird ein PDF erzeugt, wobei *hund.png* für die erste Seite, *katze.png* für die zweite Seite und *maus.png* für die dritte Seite verwendet wird.

Sie können auch einzelne Seiten in einer PDF festlegen, wobei die Syntax identisch mit der Listenslice-Syntax von Python ist. Fügen Sie dem PDF-Dateinamen eckige Klammern mit der zu verwendenden Seitenzahl hinzu. Wie in Python steht 0 für die erste Seite. Wenn Sie beispielsweise `'-i', 'spam.pdf[0];spam.pdf[5];eggs.pdf'` übergeben, wird eine PDF erzeugt, die Seite 1 von *spam.pdf*, gefolgt von Seite 6 derselben Datei sowie allen Seiten von *eggs.pdf* enthält.

Sie können einen Seitenbereich mit dieser Slice-Notation angeben oder negative Zahlen verwenden, um Seiten vom Ende des PDF-Dokuments aus zu adressieren. Wenn Sie etwa `'-i', 'spam.pdf[0:2];eggs.pdf[-1]'` übergeben, werden die ersten beiden Seiten von *spam.pdf* mit der letzten Seite von *eggs.pdf* zusammengeführt.

NAPS2 stellt über seine Kommandozeilenargumente zahlreiche weitere Funktionen bereit. Konsultieren Sie die Online-Dokumentation, um mehr darüber zu erfahren. Sollte NAPS2 Ihre Anforderungen nicht erfüllen, empfehle ich zudem das Paket ocrmypdf unter *https://pypi.org/project/ocrmypdf/* zur Erstellung von PDFs mit eingebettetem Text.

Zusammenfassung

In diesem Kapitel haben Sie erfahren, wie Sie die Leistungsfähigkeit von Tesseract nutzen, um Text aus Bildern zu extrahieren. Dies ist eine äußerst leistungsfähige Möglichkeit, die Ihnen Stunden an Dateneingabe ersparen kann. Allerdings ist OCR keine Magie, und Ihre Bilder müssen gegebenenfalls vorverarbeitet werden, um genaue Ergebnisse zu erzielen. Tesseract ist zudem darauf ausgelegt, mit maschinengeschriebenem dunklem Text auf hellen Hintergründen zu arbeiten, wobei der Text gerade angeordnet sein sollte. Um gute Resultate zu erhalten, müssen Sie zudem die Sprache des Bildtextes kennen. Große Sprachmodelle der KI können helfen, falsch erkannte Zeichen zu korrigieren, dennoch erfordern deren Ergebnisse menschliche Kontrolle. Die Open-Source-Anwendung NAPS2 bietet schließlich die Möglichkeit, mehrere Bilder zu einem einzigen PDF mit eingebettetem OCR-Text zusammenzuführen. OCR ist eine bedeutende Errungenschaft der Informatik, doch Sie benötigen keinen akademischen Abschluss, um es zu verwenden. Python macht OCR für alle zugänglich.

Übungsfragen

1. Welche Sprache erkennt Tesseract standardmäßig?
2. Nennen Sie eine Python-Bibliothek für Bilder, mit der PyTesseract arbeitet.
3. Welche PyTesseract-Funktion nimmt ein Bildobjekt entgegen und liefert einen String des Textes im Bild zurück?
4. Kann Tesseract den Text eines Straßenschilds auf einem Foto erkennen?
5. Welche Funktion gibt die Liste der für Tesseract installierten Sprachpakete aus?
6. Welches Schlüsselwortargument ist bei PyTesseract anzugeben, wenn ein Bild sowohl englischen als auch japanischen Text enthält?
7. Mit welcher Anwendung lassen sich PDFs mit eingebettetem OCR-Text erzeugen?

Übungsprogramm: Browser-Text-Scraper

Einige Websites gestatten die Anzeige ihrer Textinhalte, erschweren jedoch das Speichern oder sogar das Kopieren und Einfügen des Textes auf dem eigenen Computer. Mitunter erscheinen diese als in die Webseite eingebettete PDFs. Ein Beispiel hierzu findet sich unter *https://autbor.com/embeddedfrankenstein/*, dargestellt in Abbildung 22.2.

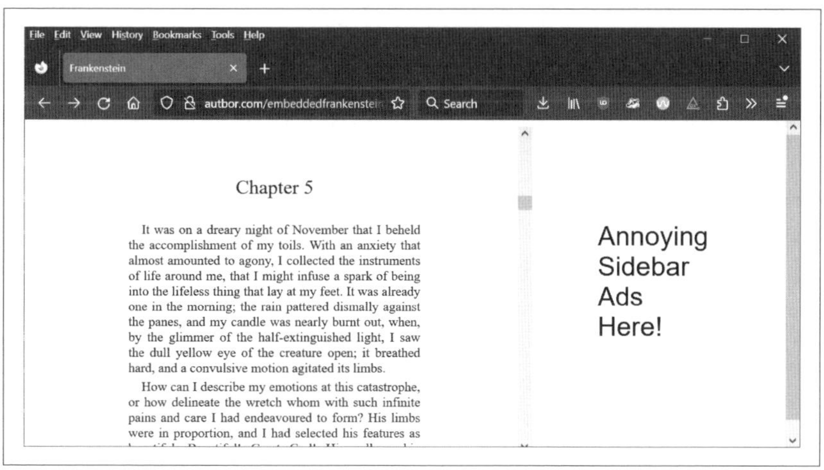

Abb. 22.2 *Eine Beispiel-Webseite mit eingebettetem Dokument*

Die in Kapitel 23 behandelte PyAutoGUI-Bibliothek kann Screenshots aufnehmen und als Bild speichern, während die in Kapitel 21 vorgestellte Pillow-Bibliothek Bilder zuschneiden kann. PyAutoGUI stellt außerdem die Anwendung MouseInfo bereit, mit der sich die XY-Koordinaten auf dem Bildschirm ermitteln lassen.

Erstellen Sie ein Programm mit dem Dateinamen *ocrscreen.py*, das einen Screenshot aufnimmt, das Bild auf den Textbereich im Screenshot zuschneidet und anschließend an PyTesseract zur Texterkennung übergibt. Das Programm soll den erkannten Text am Ende einer Textdatei mit dem Namen *ausgabe.txt* anhängen. Nachfolgend finden Sie eine Vorlage für das *ocrscreen.py*-Programm:

```
import pyautogui
# TODO - Ergänzen Sie die zusätzlich benötigten Import-Anweisungen.

# Die Koordinaten für den Textbereich. Bei Bedarf anpassen:
LINKS = 400
OBEN = 200
RECHTS = 1000
UNTEN = 800

# Screenshot aufnehmen:
img = pyautogui.screenshot()

# Screenshot auf den Textbereich zuschneiden:
img = img.crop((LINKS, OBEN, RECHTS, UNTEN))

# OCR auf das zugeschnittene Bild anwenden:
# TODO - Den PyTesseract-Code hier einfügen.

# Den OCR-Text ans Ende von output.txt anfügen:
# TODO - open() im Append-Modus aufrufen und den OCR-Text anhängen.
```

Dieses Programm ermöglicht es Ihnen, den eingebetteten, nicht speicherbaren Text im Browser sichtbar zu scrollen, das Programm auszuführen und anschließend das PDF zur nächsten Inhaltsseite zu verschieben. Nach Abschluss verfügen Sie über eine eigene Kopie des Dokumententexts. (Wenn Sie Kapitel 23 lesen, erfahren Sie außerdem, wie Sie Ihr Skript so gestalten können, dass es Tastendrücke simuliert, um das Scrollen der Webseite zu automatisieren.)

23
Steuerung von Tastatur und Maus

Kenntnisse verschiedener Python-Pakete für die Bearbeitung von Tabellen, das Herunterladen von Dateien und das Starten von Programmen sind hilfreich, jedoch gibt es nicht immer geeignete Pakete für alle benötigten Anwendungen. Die effektivsten Werkzeuge zur Automatisierung von Aufgaben auf Ihrem Computer sind Programme, mit denen Sie die Tastatur und Maus direkt steuern. Diese Programme können anderen Anwendungen virtuelle Tastatureingaben und Mausklicks senden, als säßen Sie selbst an Ihrem Computer und interagierten mit den Anwendungen.

Diese Technik ist als *grafische Benutzeroberflächen-Automatisierung* oder kurz *GUI-Automatisierung* bekannt. Mit GUI-Automatisierung können Ihre Programme alles ausführen, was ein menschlicher Nutzer am Computer erledigen kann – außer vielleicht Kaffee auf der Tastatur zu verschütten. GUI-Automatisierung ist vergleichbar mit der Programmierung eines Roboterarms. Sie können diesen anweisen, für Sie auf der Tastatur zu tippen und die Maus zu bewegen. Diese Methode eignet sich besonders für Aufgaben, die viel monotones Herumgeklicke oder Ausfüllen von Formularen erfordern. Genau diese leistungsfähige Technik veranlasst Anbieter von Account-Erstellungs- und Anmeldungswebseiten, Bot-erkennende Captcha-Herausforderungen einzusetzen. Andernfalls könnten Automatisierungsprogramme mehrere kostenlose Konten anlegen, soziale Netzwerke mit Spam überfluten oder Passwörter zu Konten erraten.

Verschiedene Unternehmen vermarkten innovative (und kostspielige) »Automatisierungslösungen«, in der Regel unter dem Begriff *Robotic Process Automation (RPA)*-Tools. Diese Produkte unterscheiden sich im Wesentlichen nicht von den Python-Skripten, die Sie selbst mithilfe der Bibliothek PyAutoGUI erstellen können. Diese bietet Funktionen zum Simulieren von Mausbewegungen, Mausklicks und Tastatureingaben. Dieses Kapitel behandelt lediglich einen Teil der Funktionen von PyAutoGUI; die vollständige Dokumentation finden Sie unter *https://pyautogui.readthedocs.io*. Um die neueste, mit diesem Buch kompatible Version von PyAutoGUI zu installieren, folgen Sie den Anweisungen in Anhang A.

Achtung

Speichern Sie Ihr Programm nicht unter dem Namen *pyautogui.py*. Andernfalls importiert Python beim Ausführen von `import pyautogui` Ihr eigenes Programm anstelle von PyAutoGUI und es erscheinen Fehlermeldungen wie `AttributeError: module 'pyautogui' has no attribute 'click'`.

Einrichten von Bedienungshilfen-Apps in macOS

Als Sicherheitsmaßnahme erlaubt macOS Programmen in der Regel nicht, Maus oder Tastatur zu steuern. Damit PyAutoGUI unter macOS funktioniert, müssen Sie das Programm, das Ihr Python-Skript ausführt, als Bedienungshilfe festlegen. Ohne diesen Schritt entfalten Ihre PyAutoGUI-Funktionsaufrufe keine Wirkung.

Unabhängig davon, ob Sie Ihre Python-Programme mit Mu, IDLE oder dem Terminal ausführen, bleibt die jeweilige Anwendung geöffnet. Öffnen Sie anschließend die *Systemeinstellungen* und wechseln Sie zum Bereich *Bedienungshilfen*. Dort werden die aktuell geöffneten Anwendungen unter der Überschrift »Den unten angezeigten Apps erlauben, Ihren Computer zu steuern« angezeigt. Setzen Sie ein Häkchen bei Mu, IDLE, Terminal oder der Anwendung, mit der Sie Ihre Python-Skripte ausführen. Zur Bestätigung dieser Änderungen werden Sie aufgefordert, Ihr Passwort einzugeben.

Den Kurs beibehalten

Bevor Sie mit einer GUI-Automatisierung beginnen, sollten Sie wissen, wie Sie aufkommenden Problemen entgehen. Python ist in der Lage, Mausbewegungen und Tastatureingaben mit beeindruckender Geschwindigkeit auszuführen. Mitunter ist dies sogar so schnell, dass andere Programme nicht mithalten könnten. Sollte zudem ein Fehler auftreten und Ihr Programm trotzdem weiterhin die Maus bewegen, ist es schwierig nachzuvollziehen, was Ihr Programm gerade ausführt oder wie Sie den Fehler beheben können. Wie die verzauberten Besen aus Goethes »Der Zauberlehrling« könnte Ihr Programm außer Kontrolle geraten, selbst wenn es Ihre Anweisungen exakt befolgt – auch dargestellt in Disneys *Fantasia*, in dem die Besen Micky Maus' Badewanne immer weiter füllten und schließlich überfüllten. Das Beenden des Programms kann schwierig sein, wenn sich die Maus eigenständig bewegt und Sie daran hindert, das Mu-Editor-Fenster zum Schließen anzuklicken. Glücklicherweise existieren mehrere Methoden, um Probleme bei der GUI-Automatisierung zu verhindern oder zu beheben.

Pausen und Sicherheitsmechanismen

Wenn Ihr Programm einen Fehler aufweist und Sie Tastatur und Maus nicht zur Beendigung nutzen können, lässt sich die Fail-Safe-Funktion von PyAutoGUI einsetzen. Schieben Sie den Mauszeiger zügig in eine der vier Ecken des Bildschirms. Jeder Funktionsaufruf von PyAutoGUI pausiert nach Ausführung seiner Aktion für eine Zehntelsekunde, sodass Ihnen Zeit bleibt, die Maus in eine Ecke zu bewegen. Stellt PyAutoGUI dann fest, dass sich der Mauszeiger in einer Ecke befindet, löst es die Ausnahme `pyautogui.FailSafeException` aus. Anweisungen, die nicht von PyAutoGUI stammen, enthalten diese Pause nicht. Diese Pausendauer lässt sich anpassen, indem Sie `pyautogui.PAUSE` auf einen anderen Wert als `0.1` setzen.

Sollten Sie das PyAutoGUI-Programm stoppen müssen, bewegen Sie die Maus einfach rasch in eine der Bildschirmecken.

Abmeldungen

Die wohl einfachste Methode, ein außer Kontrolle geratenes GUI-Automatisierungsprogramm zu beenden, ist das Abmelden; dadurch werden alle laufenden Programme geschlossen. Unter Windows und Linux lautet die Abmelde-Tastenkombination `Strg`-`Alt`-`Entf`, unter macOS ist es `⌘`-`⇧`-`Q`. Beim Abmelden gehen eventuell ungespeicherte Arbeiten verloren, jedoch entfällt das Warten auf einen vollständigen Neustart des Computers.

Steuerung der Mausbewegung

In diesem Abschnitt erfahren Sie, wie Sie die Maus mit PyAutoGUI bewegen und ihre Position auf dem Bildschirm nachverfolgen. Zunächst gilt es jedoch zu verstehen, wie PyAutoGUI mit Koordinaten arbeitet.

Die Mausfunktionen von PyAutoGUI arbeiten mit x- und y-Koordinaten. Abbildung 23.1 zeigt das Koordinatensystem des Computerbildschirms, das dem aus Kapitel 21 beschriebenen System für Bilder ähnelt. Der *Ursprung*, also der Punkt, an dem sowohl x als auch y den Wert 0 haben, liegt in der oberen linken Ecke des Bildschirms. Die x-Koordinaten nehmen nach rechts hin zu, die y-Koordinaten nach unten. Alle Koordinaten sind positive ganze Zahlen; negative Werte gibt es nicht.

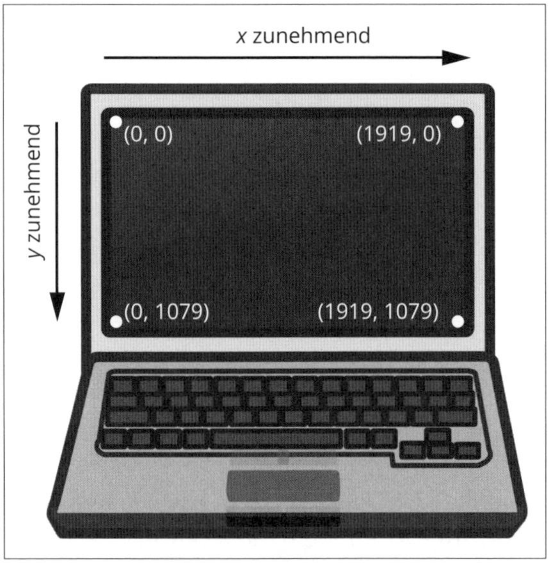

Abb. 23.1 *Die Koordinaten eines Computerbildschirms mit 1920×1080-Auflösung*

Die *Auflösung* gibt an, wie viele Pixel Ihr Bildschirm in der Breite und Höhe hat. Ist die Auflösung auf 1920×1080 eingestellt, lautet die Koordinate der oberen linken Ecke (0, 0) und die der unteren rechten Ecke (1919, 1079).

Die Funktion `pyautogui.size()` gibt ein benanntes Tupel `Size` der Bildschirmbreite und -höhe in Pixeln zurück. Benannte Tupel werden in diesem Buch nicht näher behandelt; grundsätzlich handelt es sich um Tupel mit ganzzahligen Indizes, die außerdem benannte Attribute besitzen. Geben Sie Folgendes in der interaktiven Shell ein:

```
>>> import pyautogui
>>> bildschirm_größe = pyautogui.size()  # Die Bildschirmauflösung
ermitteln.
>>> bildschirm_größe
Size(width=1920, height=1080)
>>> bildschirm_größe[0], bildschirm_größe[1]
(1920, 1080)
>>> bildschirm_größe.width, bildschirm_größe.height
(1920, 1080)
>>> tuple(bildschirm_größe)
(1920, 1080)
```

Die Funktion `pyautogui.size()` gibt ein `Size`-Objekt `(1920, 1080)` auf einem Computer mit einer Auflösung von 1920×1080 zurück; abhängig von Ihrer Bildschirmauflösung kann der Rückgabewert abweichen.

Den Mauszeiger bewegen

Nachdem Sie die Bildschirmkoordinaten verstanden haben, bewegen wir nun den Mauszeiger. Die Funktion `pyautogui.moveTo()` bewegt den Mauszeiger sofort an eine angegebene Position auf dem Bildschirm. Ganzzahlige Werte für die x- und y-Koordinaten bilden das erste beziehungsweise das zweite Argument der Funktion. Ein optionales ganzzahliges oder Gleitkomma-Schlüsselwortargument `duration` legt fest, wie viele Sekunden der Mauszeiger bis zum Ziel benötigen soll. Wenn Sie dieses Argument weglassen, beträgt der Standardwert `0`, was einer sofortigen Bewegung entspricht (alle Schlüsselwortargumente `duration` in PyAutoGUI-Funktionen sind optional). Geben Sie Folgendes in die interaktive Shell ein:

```
>>> import pyautogui
>>> for i in range(10):  # Die Maus im Quadrat bewegen.
...     pyautogui.moveTo(100, 100, duration=0.25)
...     pyautogui.moveTo(200, 100, duration=0.25)
...     pyautogui.moveTo(200, 200, duration=0.25)
...     pyautogui.moveTo(100, 200, duration=0.25)
...
```

Dieses Beispiel bewegt den Mauszeiger insgesamt 10-mal im Uhrzeigersinn in einem quadratischen Muster über die vier angegebenen Koordinaten. Jede Bewegung dauert eine Viertelsekunde, wie durch das Schlüsselwortargument `duration=0.25` festgelegt. Hätten Sie bei den Aufrufen von `pyautogui.moveTo()` kein drittes Argument übergeben, wäre der Mauszeiger sofort von Punkt zu Punkt gesprungen.

Die Funktion `pyautogui.move()` bewegt den Mauszeiger *relativ zu seiner aktuellen Position*. Das folgende Beispiel bewegt die Maus im gleichen quadratischen

Muster, jedoch beginnt das Quadrat an dem Punkt, an dem sich der Mauszeiger zu Beginn der Ausführung befindet:

```
>>> import pyautogui
>>> for i in range(10):
...     pyautogui.move(100, 0, duration=0.25)   # nach rechts
...     pyautogui.move(0, 100, duration=0.25)   # nach unten
...     pyautogui.move(-100, 0, duration=0.25)  # nach links
...     pyautogui.move(0, -100, duration=0.25)  # nach oben
...
```

Die Funktion `pyautogui.move()` nimmt drei Argumente entgegen: wie viele Pixel der Mauszeiger horizontal nach rechts, wie viele Pixel er vertikal nach unten bewegt werden soll und (optional) welche Dauer die Bewegung haben soll. Ein negativer Wert für das erste oder zweite Argument führt dazu, dass sich der Mauszeiger entsprechend nach links oder nach oben bewegt.

Die aktuelle Position ermitteln

Bestimmen Sie die aktuelle Position des Mauszeigers, indem Sie die Funktion `pyautogui.position()` aufrufen. Diese gibt ein benanntes Tupel vom Typ `Point` mit den *x*- und *y*-Koordinaten des Mauszeigers zum Zeitpunkt des Funktionsaufrufs zurück. Greifen Sie auf die x- und y-Koordinaten entweder über die Ganzzahlindizes `0` und `1` des benannten Tupels `Point` oder über die Attribute `x` und `y` zu. (Dies entspricht den Attributen `width` und `height` des benannten Tupels `Size`.) Geben Sie Folgendes in die interaktive Shell ein und bewegen Sie den Mauszeiger nach jedem Aufruf:

```
>>> pyautogui.position()  # Aktuelle Position des Mauszeigers ermitteln.
Point(x=311, y=622)
>>> pyautogui.position()  # Position des Mauszeigers erneut ermitteln.
Point(x=377, y=481)
>>> p = pyautogui.position()  # Und noch einmal
>>> p
Point(x=1536, y=637)
>>> p[0]  # Die x-Koordinate befindet sich an Index 0.
1536
>>> p.x  # Die x-Koordinate ist ebenfalls im x-Attribut enthalten.
1536
```

Die Rückgabewerte variieren selbstverständlich, abhängig davon, wo sich Ihr Mauszeiger befindet.

Steuerung der Mausinteraktion

Nachdem Sie nun wissen, wie die Maus zu bewegen ist und wie Sie deren Position auf dem Bildschirm ermitteln, können Sie mit dem Klicken, Ziehen und Scrollen beginnen.

Klicken

Um einen virtuellen Mausklick an den Computer zu senden, rufen Sie die Methode `pyautogui.click()` auf. Standardmäßig wird dabei die linke Maustaste verwendet, und der Klick erfolgt an der aktuellen Position des Mauszeigers. Sie können jedoch optionale x- und y-Koordinaten als erste und zweite Argumente übergeben, wenn der Klick an einer anderen Stelle erfolgen soll. Möchten Sie festlegen, welche Maustaste verwendet wird, geben Sie das Schlüsselwortargument `button` mit einem der Werte `'left'`, `'middle'` oder `'right'` an. So führt etwa `pyautogui.click(100, 150, button='left')` einen Linksklick bei den Koordinaten (100, 150) aus, während `pyautogui.click(200, 250, button='right')` an der Position (200, 250) einen Rechtsklick ausführt.

Geben Sie Folgendes in der interaktiven Shell ein:

```
>>> import pyautogui
>>> pyautogui.click(10, 5) # Maus zur Position (10, 5) bewegen und
klicken.
```

Sie werden sehen, wie sich der Mauszeiger in die Ecke oben links des Bildschirms bewegt und dort einmal klickt. Ein vollständiger »Klick« ist definiert als das Herunterdrücken einer Maustaste und anschließendem Loslassen, ohne den Cursor zu bewegen. Sie können auch einen Klick ausführen, indem Sie `pyautogui.mouseDown()` aufrufen, wodurch nur die Maustaste gedrückt wird, sowie `pyautogui.mouseUp()`, wodurch ausschließlich die Taste losgelassen wird. Diese Funktionen verwenden dieselben Argumente wie `click()`, und tatsächlich dient die `click()`-Funktion lediglich als komfortabler Wrapper für diese beiden Funktionsaufrufe.

Als zusätzliche Erleichterung führt die Funktion `pyautogui.doubleClick()` zwei Klicks mit der linken Maustaste aus. Die Funktionen `pyautogui.rightClick()` und `pyautogui.middleClick()` führen jeweils einen Klick mit der rechten beziehungsweise der mittleren Maustaste aus.

Ziehen

Ziehen bedeutet, die Maus zu bewegen, während eine der Maustasten gedrückt gehalten wird. So können Sie beispielsweise Dateien zwischen Ordnern verschieben, indem Sie die Ordnersymbole ziehen, oder Termine in einer Kalenderanwendung verschieben.

PyAutoGUI stellt die Funktionen `pyautogui.dragTo()` und `pyautogui.drag()` bereit, um den Mauszeiger an eine neue Position oder relativ zu seiner aktuellen Position zu ziehen. Die Argumente für `dragTo()` und `drag()` entsprechen denen von `moveTo()` und `move()`: die x-Koordinate/horizontale Bewegung, die y-Koordinate/vertikale Bewegung und eine optionale Dauer (das Betriebssystem macOS zieht nicht korrekt, wenn die Maus zu schnell bewegt wird, daher empfiehlt es sich, ein `duration`-Argument zu übergeben).

Um diese Funktionen zu testen, öffnen Sie eine Zeichenanwendung wie MS Paint unter Windows, Paintbrush unter macOS oder GNU Paint unter Linux. Falls keine entsprechende Anwendung vorhanden ist, nutzen Sie die Online-Variante unter *https://sumopaint.com*. PyAutoGUI dient dabei zum Zeichnen in diesen Anwendungen.

Führen Sie den Mauszeiger über die Leinwand der Zeichenanwendung und wählen Sie das Stift- oder Pinselwerkzeug aus. Geben Sie dann Folgendes in ein neues Dateieditor-Fenster ein und speichern Sie es unter *spiralDraw.py*:

```
import pyautogui
pyautogui.sleep(5) ❶
pyautogui.click()  # Klicken, um das Fenster zu aktivieren. ❷
entfernung = 300
änderung = 20
while entfernung > 0:
    pyautogui.drag(entfernung, 0, duration=0.2)  # Nach rechts
bewegen. ❸
    entfernung = entfernung - änderung ❹
    pyautogui.drag(0, entfernung, duration=0.2)   # Nach unten
bewegen. ❺
    pyautogui.drag(-entfernung, 0, duration=0.2)  # Nach links
bewegen. ❻
    entfernung = entfernung - änderung
    pyautogui.drag(0, -entfernung, duration=0.2)  # Nach oben bewegen.
```

Wenn Sie dieses Programms ausführen, wird zunächst fünf Sekunden gewartet ❶, während derer Sie den Mauszeiger über das Fenster des Zeichenprogramms mit ausgewähltem Bleistift- oder Pinselwerkzeug bewegen können. Die `sleep()`-Funktion von PyAutoGUI ist identisch mit `time.sleep()`, existiert jedoch, damit Sie kein `import time` zu Ihrem Code hinzufügen müssen. Anschließend übernimmt *spiralDraw.py* die Kontrolle über die Maus und klickt, um das Fenster des Zeichenprogramms zu aktivieren ❷. Das *aktive Fenster* ist das Fenster, das aktuell Tastatureingaben entgegennimmt; die von Ihnen ausgeführten Aktionen (wie das Tippen oder – in diesem Fall – das Ziehen der Maus) wirken sich auf dieses

Fenster aus. Das aktive Fenster wird auch als *fokussiertes* oder *Vordergrundfenster* bezeichnet. Sobald das Zeichenprogramm aktiv ist, zeichnet *spiralDraw.py* ein quadratisches Spiralmuster wie links in Abbildung 23.2.

Die Variable `entfernung` startet mit `300`. Beim ersten Durchlauf der `while`-Schleife zieht der erste `drag()`-Befehl den Cursor 300 Pixel nach rechts, was 0,2 Sekunden dauert ❸. Anschließend wird `entfernung` auf 280 verringert ❹, und der zweite `drag()`-Befehl zieht den Cursor 280 Pixel nach unten ❺. Der dritte `drag()`-Befehl zieht den Cursor –280 Pixel waagerecht (280 nach links) ❻, `entfernung` wird auf 260 reduziert, und der letzte `drag()`-Befehl zieht den Cursor 260 Pixel nach oben. In jedem Durchlauf wird die Maus nach rechts, unten, links und oben gezogen, und `entfernung` ist jeweils etwas geringer als im vorherigen Durchlauf. Indem Sie diesen Code wiederholt ausführen, können Sie den Mauszeiger bewegen, um eine quadratische Spirale zu zeichnen.

Obwohl Sie ein Bild einer quadratischen Spirale auch mit dem in Kapitel 21 behandelten Pillow-Paket erzeugen können, erlaubt Ihnen das Zeichnen der Figur durch die Steuerung der Maus in MS Paint, verschiedene Pinselstile dieses Programms – wie in Abbildung 23.2 rechts dargestellt – sowie weitere fortgeschrittene Funktionen, etwa Farbverläufe oder die Füllung, zu nutzen. Sie können die Pinsel-Einstellungen selbst vorab auswählen (oder durch Ihren Python-Code festlegen lassen) und anschließend das Programm zum Zeichnen der Spirale ausführen.

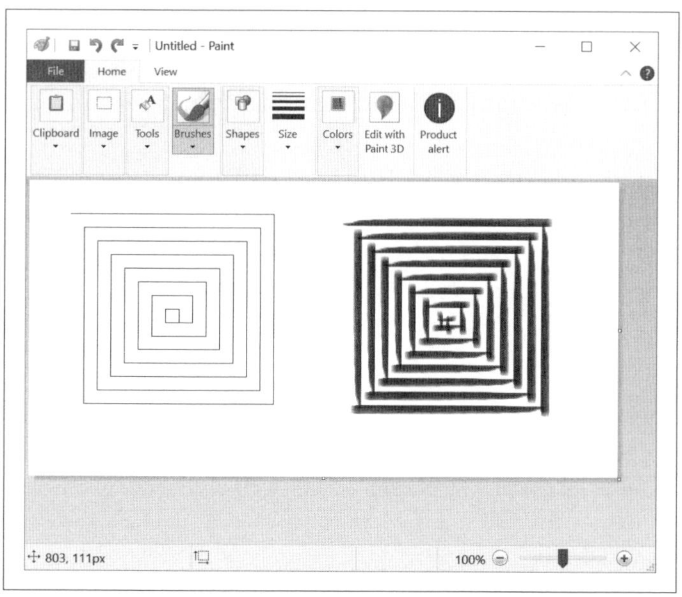

Abb. 23.2 *Die Ergebnisse des `pyautogui.drag()`-Beispiels, mit den verschiedenen Pinseln von MS Paint gezeichnet*

Sie könnten diese Spirale von Hand (genauer gesagt mit der Maus) zeichnen, müssten dafür jedoch sehr langsam und präzise vorgehen. PyAutoGUI erledigt dies in wenigen Sekunden!

Scrollen

Die letzte Mausfunktion von PyAutoGUI ist `scroll()`, der Sie ein ganzzahliges Argument übergeben, das angibt, um wie viele Einheiten die Maus nach oben oder unten scrollen soll. Die Größe einer Einheit variiert je nach Betriebssystem und Anwendung. Daher müssen Sie experimentieren, um festzustellen, wie weit in Ihrer speziellen Situation gescrollt wird. Das Scrollen erfolgt an der aktuellen Position des Mauszeigers. Durch Übergeben einer positiven Ganzzahl wird nach oben und durch Übergeben einer negativen Ganzzahl nach unten gescrollt. Führen Sie Folgendes in der interaktiven Shell des Mu-Editors aus, während sich der Mauszeiger über dem Mu-Editor-Fenster befindet:

```
>>> pyautogui.scroll(200)
```

Sie werden sehen, dass Mu nach oben scrollt, wenn sich der Mauszeiger über einem scrollbaren Textfeld befindet.

Planen Sie Ihre Mausbewegungen

Eine der Herausforderungen beim Schreiben eines Programms zur Automatisierung von Klicks besteht darin, die x- und y-Koordinaten der gewünschten Elemente zu ermitteln. Die Funktion `pyautogui.mouseInfo()` kann Sie dabei unterstützen.

Die Funktion `pyautogui.mouseInfo()` ist dafür vorgesehen, aus der interaktiven Shell und nicht als Teil Ihres Programms aufgerufen zu werden. Sie startet eine kleine Anwendung namens MouseInfo, die mit PyAutoGUI enthalten ist. Das Fenster der Anwendung sieht aus wie in Abbildung 23.3.

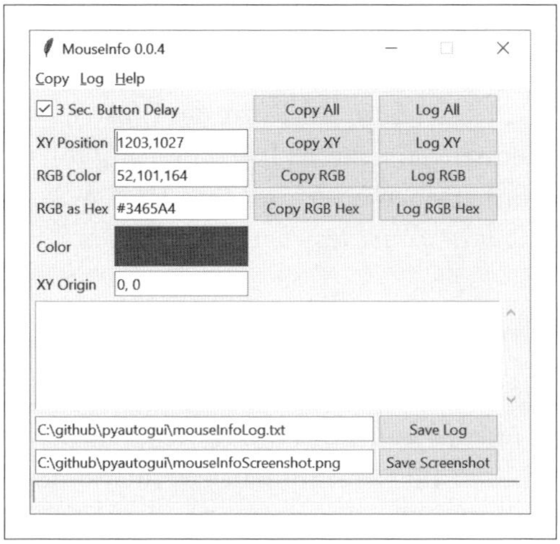

Abb. 23.3 *Das Fenster der MouseInfo-Anwendung*

Geben Sie Folgendes in der interaktiven Shell ein:

```
>>> import pyautogui
>>> pyautogui.mouseInfo()
```

Dadurch erscheint das MouseInfo-Fenster. Dieses Fenster liefert Informationen über die aktuelle Position des Mauszeigers sowie über die Farbe des Pixels unter dem Mauszeiger, sowohl als dreiteiliges RGB-Tupel als auch als Hex-Wert. Die Farbe selbst wird im Farbfeld im Fenster angezeigt.

Um das Erfassen dieser Koordinaten- oder Pixelinformationen zu erleichtern, können Sie auf eine der acht Schaltflächen »Kopieren« oder »Protokollieren« klicken. Die Schaltflächen *Copy All*, *Copy XY*, *Copy RGB* und *Copy RGB Hex* übertragen die jeweiligen Informationen in die Zwischenablage. Die Schaltflächen *Log All*, *Log XY*, *Log RGB* und *Log RGB Hex* schreiben die jeweiligen Informationen in das große Textfeld im Fenster. Sie können den Text in diesem Protokollfeld speichern, indem Sie auf die Schaltfläche *Save Log* klicken.

Standardmäßig ist das Kontrollkästchen *3 Sec. Button Delay* aktiviert, was eine dreisekündige Verzögerung zwischen dem Klicken auf eine Kopier- oder Protokollierungsschaltfläche und dem tatsächlichen Kopieren oder Protokollieren bewirkt. Dies gibt Ihnen eine kurze Zeitspanne, in der Sie auf den Button klicken und anschließend die Maus in die gewünschte Position bewegen können. Es könnte einfacher sein, dieses Feld zu deaktivieren, die Maus in Position zu bringen und dann die F1- bis F8-Tasten zu drücken, um die Position der Maus zu kopieren oder zu protokollieren. Sie können in den Menüs *Copy* und *Log* oben im MouseInfo-Fenster nachsehen, welche Taste welchem Button zugeordnet ist.

Deaktivieren Sie zum Beispiel *3 Sec. Button Delay*, bewegen Sie dann die Maus über den Bildschirm und drücken Sie F6. Sehen Sie, wie die x- und y-Koordinaten der Maus im großen Textfeld in der Mitte des Fensters aufgezeichnet werden. Diese Koordinaten können Sie später in Ihren PyAutoGUI-Skripten verwenden.

Ausführliche Informationen zu MouseInfo finden Sie in der vollständigen Dokumentation unter *https://mouseinfo.readthedocs.io*.

Screenshots aufnehmen

Ihre GUI-Automatisierungsprogramme müssen nicht blind klicken und tippen. PyAutoGUI verfügt über Screenshot-Funktionen, mit denen eine Bilddatei basierend auf dem aktuellen Bildschirminhalt erstellt werden kann. Diese Funktionen können ebenfalls ein Pillow-`Image`-Objekt des aktuellen Bildschirminhalts zurückgeben. Falls Sie in diesem Buch Abschnitte übersprungen haben, empfiehlt es sich, Kapitel 21 zu lesen und das Pillow-Paket zu installieren, bevor Sie mit diesem Abschnitt fortfahren.

Um Screenshots in Python anzufertigen, müssen Sie die Funktion `pyautogui.screenshot()` aufrufen. Geben Sie Folgendes in der interaktiven Shell ein:

```
>>> import pyautogui
>>> im = pyautogui.screenshot()
```

Die Variable `im` enthält das `Image`-Objekt des Screenshots. Nun können Sie Methoden am `Image`-Objekt auf der Variablen `im` ausführen, wie bei jedem anderen `Image`-Objekt. Kapitel 21 bietet weiterführende Informationen zu `Image`-Objekten.

Angenommen, ein Schritt in Ihrem GUI-Automatisierungsprogramm verlangt das Klicken auf eine graue Schaltfläche. Vor dem Aufruf der Methode `click()` empfiehlt es sich, einen Screenshot zu erstellen und das Pixel an der Stelle zu betrachten, an der das Skript klicken soll. Handelt es sich dabei nicht um dasselbe Grau wie bei der grauen Schaltfläche, erkennt Ihr Programm, dass ein Fehler vorliegt. Möglicherweise hat sich das Fenster unerwartet verschoben oder ein Pop-up-Dialog blockiert die Schaltfläche. An diesem Punkt könnte sich das Programm beenden, anstatt fortzufahren und möglicherweise durch einen falschen Klick Schaden anzurichten.

Mit der Funktion `pixel()` lässt sich der RGB-Farbwert eines bestimmten Pixels auf dem Bildschirm ermitteln. Geben Sie Folgendes in der interaktiven Shell ein:

```
>>> import pyautogui
>>> pyautogui.pixel(0, 0)
(176, 176, 175)
>>> pyautogui.pixel((50, 200))
(130, 135, 144)
```

Übergeben Sie zwei ganze Zahlen als XY-Koordinaten an `pixel()`, um die Farbe des Pixels an diesen Koordinaten im Bild zu erhalten. Der Rückgabewert von `pixel()` ist ein RGB-Tupel aus drei Ganzzahlen für den Anteil von Rot, Grün und Blau des Pixels. Ein vierter Wert für Alpha existiert nicht, da Screenshot-Bilder vollständig undurchsichtig sind.

Die Funktion `pixelMatchesColor()` von PyAutoGUI gibt `True` zurück, wenn das Pixel an den angegebenen x- und y-Koordinaten auf dem Bildschirm der vorgegebenen Farbe entspricht. Das erste und das zweite Argument sind Ganzzahlen für die x- und y-Koordinaten, das dritte Argument ist ein Tupel aus drei Ganzzahlen für die RGB-Farbe, die das Pixel auf dem Bildschirm aufweisen muss. Geben Sie Folgendes in der interaktiven Shell ein:

```
>>> import pyautogui
>>> pyautogui.pixel((50, 200)) ❶
(130, 135, 144)
>>> pyautogui.pixelMatchesColor(50, 200, (130, 135, 144)) ❷
True
>>> pyautogui.pixelMatchesColor(50, 200, (255, 135, 144)) ❸
False
```

Nachdem Sie mit `pixel()` das RGB-Tupel der Farbe eines Pixels an bestimmten Koordinaten ermittelt haben ❶, übergeben Sie dieselben Koordinaten zusammen mit diesem RGB-Tupel an `pixelMatchesColor()` ❷. Diese Methode sollte nun `True` zurückgeben. Ändern Sie anschließend einen Wert im RGB-Tupel und rufen Sie `pixelMatchesColor()` erneut mit denselben Koordinaten auf ❸ – diesmal sollte das Ergebnis `False` sein. Diese Methode ist besonders nützlich, wenn Ihr GUI-Automatisierungsprogramm kurz davor ist, `click()` auszuführen. Beachten Sie dabei, dass die Farbe an den angegebenen Koordinaten *exakt* übereinstimmen muss: Selbst geringste Abweichungen – etwa `(255, 255, 254)` statt `(255, 255, 255)` – führen dazu, dass `pixelMatchesColor()` `False` zurückgibt.

Bilderkennung

Doch was ist, wenn Sie im Voraus nicht wissen, wo PyAutoGUI genau klicken soll? Sie können stattdessen die Bilderkennung einsetzen. Übergeben Sie PyAutoGUI ein Bild dessen, was angeklickt werden soll, und lassen Sie das Programm die Koordinaten bestimmen.

Haben Sie beispielsweise zuvor einen Screenshot erstellt, um das Bild eines Absenden-Buttons in *Absenden.png* zu speichern, gibt die Funktion `locateOnScreen()` die Koordinaten zurück, an denen dieses Bild gefunden wurde. Um zu sehen, wie `locateOnScreen()` funktioniert, fertigen Sie einen Screenshot eines kleinen Bereichs Ihres Bildschirms an; speichern Sie das Bild und geben Sie Folgendes in die interaktive Shell ein, wobei Sie `'Absenden.png'` durch den Dateinamen Ihres Screenshots ersetzen:

```
>>> import pyautogui
>>> box = pyautogui.locateOnScreen('Absenden.png')
>>> box
Box(left=643, top=745, width=70, height=29)
>>> box[0]
643
>>> box.left
643
```

Das `Box`-Objekt ist ein benanntes Tupel, das `locateOnScreen()` zurückgibt und die x-Koordinate der linken Kante, die y-Koordinate der oberen Kante, die Breite sowie die Höhe für die erste Position auf dem Bildschirm enthält, an der das Bild gefunden wurde. Probieren Sie dies auf Ihrem Computer mit Ihrem eigenen Screenshot aus, wird Ihr Rückgabewert von dem hier gezeigten abweichen.

Kann das Bild auf dem Bildschirm nicht gefunden werden, löst `locateOnScreen()` eine `ImageNotFoundException` aus. Beachten Sie, dass das Bild auf dem Bildschirm exakt mit dem bereitgestellten Bild übereinstimmen muss, um erkannt zu werden. Weicht das Bild auch nur um ein Pixel ab, löst `locateOnScreen()` die `ImageNotFoundException` aus. Nach einer Änderung der Bildschirmauflösung können Bilder aus früheren Screenshots unter Umständen nicht mehr mit denen auf Ihrem aktuellen Bildschirm übereinstimmen, da sie einen anderen Skalierungsfaktor besitzen. Skalierungsfaktoren liegen außerhalb des Rahmens dieses Buches, kommen jedoch bei modernen, hochauflösenden Bildschirmen mitunter zum Einsatz. Die Skalierung lässt sich in den Anzeigeeinstellungen Ihres Betriebssystems anpassen, wie in Abbildung 23.4 ersichtlich.

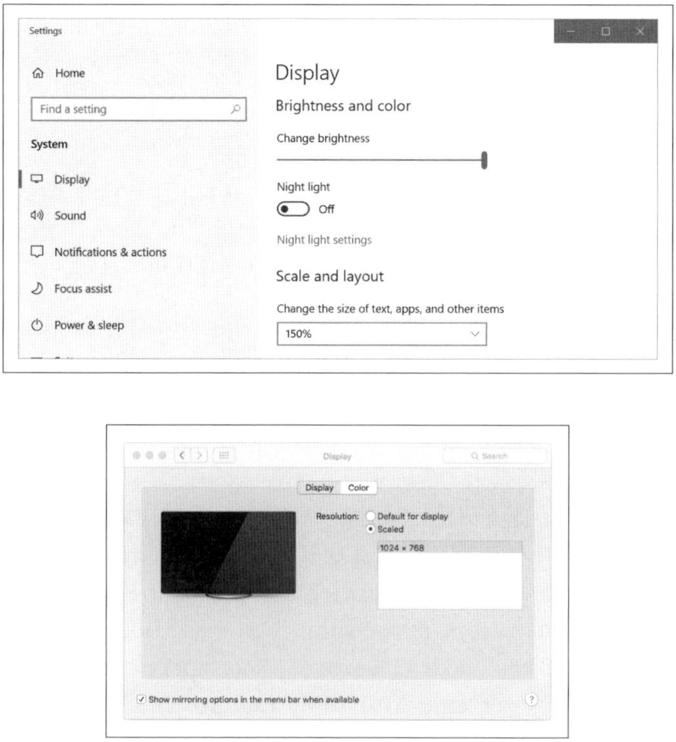

Abb. 23.4 *Die Skalierungseinstellungen im Fenster von Windows (oben) und macOS (unten)*

Ist das Bild an mehreren Positionen auf dem Bildschirm auffindbar, gibt `locateAllOnScreen()` ein `Generator`-Objekt zurück. Generatoren liegen außerhalb des Rahmens dieses Buches; sie lassen sich jedoch an `list()` übergeben, um eine Liste von `Box`-Objekten zu erhalten. Für jede Position, an der das Bild auf dem Bildschirm erkannt wird, entsteht ein `Box`-Objekt. Setzen Sie das Beispiel in der interaktiven Shell fort, indem Sie Folgendes eingeben (und `'Absenden.png'` durch Ihren eigenen Dateinamen ersetzen):

```
>>> list(pyautogui.locateAllOnScreen('Absenden.png'))
[(643, 745, 70, 29), (1007, 801, 70, 29)]
```

In diesem Beispiel wird das Bild an zwei Positionen gefunden. Wird Ihr Bild nur in einem Bereich erkannt, so gibt der Aufruf von `list(locateAllOnScreen())` eine Liste zurück, die lediglich ein `Box`-Objekt enthält.

Sobald Sie das `Box`-Objekt des gewünschten Bildes haben, können Sie das Zentrum dieses Bereichs anklicken, indem Sie das Tupel an `click()` übergeben. Geben Sie Folgendes in der interaktiven Shell ein:

```
>>> pyautogui.click((643, 745, 70, 29))
```

Als Abkürzung lässt sich der Bild-Dateiname auch direkt an die Funktion `click()` übergeben:

```
>>> pyautogui.click('Absenden.png')
```

Auch die Funktionen `moveTo()` und `dragTo()` akzeptieren als Argument Bild-Dateinamen. Beachten Sie, dass `locateOnScreen()` eine Ausnahme auslöst, falls das Bild nicht gefunden wird. Rufen Sie die Funktion daher innerhalb einer `try`-Anweisung auf:

```
try:
    location = pyautogui.locateOnScreen('Absenden.png')
except pyautogui.ImageNotFoundException:
    print('Absende-Button konnte nicht gefunden werden.')
```

Ohne die `try`- und `except`-Anweisungen würde eine unbehandelte Ausnahme das Programm zum Absturz bringen. Da Sie nicht sicherstellen können, dass Ihr Programm das Bild immer findet, empfiehlt es sich, beim Aufruf von `locateOnScreen()` die `try`- und `except`-Anweisungen zu verwenden. In Versionen von PyAutoGUI vor 1.0.0 gab `locateOnScreen()` `None` zurück, statt eine Ausnahme auszulösen. Um stattdessen eine Ausnahme auszulösen, sollten Sie in diesen älteren Versionen `pyautogui.useImageNotFoundException()` aufrufen oder in neueren Versionen `pyautogui.useImageNotFoundException(False)` verwenden, damit `None` zurückgegeben wird.

Fensterinformationen abrufen

Die Bilderkennung ist eine fragile Methode, um Objekte auf dem Bildschirm zu finden; wenn auch nur ein einzelnes Pixel eine andere Farbe hat, wird `pyautogui.locateOnScreen()` das Bild nicht finden. Um die Position eines bestimmten Fensters auf dem Bildschirm zu ermitteln, nutzen Sie am besten die Fensterfunktionen von PyAutoGUI. Diese sind schneller und zuverlässiger.

> **Hinweis**
>
> Ab Version 1.0.0 funktionieren die Fensterfunktionen von PyAutoGUI ausschließlich unter Windows, nicht jedoch unter macOS oder Linux. Diese Funktionen stammen aus der Integration des PyGetWindow-Pakets in PyAutoGUI.

Das aktive Fenster ermitteln

Das aktive Fenster auf Ihrem Bildschirm ist jenes, das sich aktuell im Vordergrund befindet und Tastatureingaben entgegennimmt. Sollten Sie gerade Code im Mu-Editor verfassen, ist das Fenster des Mu-Editors das aktive Fenster. Von allen Fenstern auf Ihrem Bildschirm ist stets nur eines aktiv.

Rufen Sie in der interaktiven Shell die Funktion `pyautogui.getActiveWindow()` auf, um ein `Window`-Objekt zu erhalten (technisch ein `Win32Window`-Objekt bei Ausführung unter Windows). Sobald dieses `Window`-Objekt vorliegt, lassen sich beliebige Attribute abfragen, die dessen Größe, Position und Titel beschreiben:

- `left, right, top, bottom` – jeweils eine ganze Zahl für die x- beziehungsweise y-Koordinate der jeweiligen Fensterseite
- `topleft, topright, bottomleft, bottomright` – jeweils ein benanntes Tupel `Punkt` aus zwei Ganzzahlen für die (x, y)-Koordinate der Fensterecken
- `midleft, midright, midtop, midbottom` – ein benanntes Tupel `Punkt` aus zwei Ganzzahlen für die (x, y)-Koordinate der Mitte der Fensterseiten
- `width, height` – eine einzelne Ganzzahl für eine der Fensterabmessungen in Pixel
- `size` – ein benanntes Tupel `Größe` aus zwei Ganzzahlen für die (Breite, Höhe) des Fensters
- `area` – eine einzelne Ganzzahl, die die Fläche des Fensters in Pixel darstellt
- `center` – ein benanntes Tupel `Punkt` aus zwei Ganzzahlen für die (x, y)-Koordinate der Fenstermitte
- `centerx, centery` – je eine einzelne Ganzzahl für die x- oder y-Koordinate der Fenstermitte
- `box` – ein benanntes Tupel `Box` aus vier Ganzzahlen für die (links, oben, Breite, Höhe)-Maße des Fensters
- `title` – ein String des Texts in der Titelleiste oben am Fenster

Um die Position, Größe und Titelinformationen des `Window`-Objekts zu erhalten, geben Sie beispielsweise Folgendes in die interaktive Shell ein:

```
>>> import pyautogui
>>> aktives_fenster = pyautogui.getActiveWindow()
>>> aktives_fenster
Win32Window(hWnd=2034368)
>>> str(aktives_fenster)
'<Win32Window left="500", top="300", width="2070", height="1208",
title="Mu 1.0.1 - test1.py">'
>>> aktives_fenster.title
```

```
'Mu 1.0.1 - test1.py'
>>> aktives_fenster.size
Size(width=2070, height=1208)
>>> a=aktives_fenster
>>> a.left, a.top, a.right, a.bottom
(500, 300, 2570, 1508)
>>> aktives_fenster.topleft
Point(x=500, y=300)
>>> pyautogui.click(aktives_fenster.left + 10, aktives_fenster.top + 20)
```

Sie können diese Attribute nun verwenden, um präzise Koordinaten innerhalb eines Fensters zu berechnen. Wenn Sie wissen, dass sich ein Button, den Sie anklicken möchten, stets 10 Pixel rechts und 20 Pixel unter der oberen linken Ecke des Fensters befindet und diese Ecke die Bildschirmkoordinaten (300, 500) aufweist, klicken Sie mit `pyautogui.click(310, 520)` (oder `pyautogui.click(aktives_fenster.left + 10, aktives_fenster.top + 20)`, sofern `aktives_fenster` das `Window`-Objekt für das entsprechende Fenster enthält) auf den Button. Auf diese Weise müssen Sie nicht auf die langsamere und weniger zuverlässige Funktion `locateOnScreen()` zurückgreifen, um den Button zu finden.

Fenster mit anderen Funktionen ermitteln

Während `getActiveWindow()` hilfreich ist, um das zum Zeitpunkt des Funktionsaufrufs aktive Fenster zu erhalten, müssen Sie eine andere Funktion verwenden, um `Window`-Objekte für die übrigen Fenster auf dem Bildschirm zu finden. Die folgenden drei Funktionen geben eine Liste von `Window`-Objekten zurück. Sollten keine Fenster gefunden werden, geben diese eine leere Liste zurück:

- `pyautogui.getAllWindows()` – Gibt eine Liste von `Window`-Objekten für jedes sichtbare Fenster auf dem Bildschirm zurück.
- `pyautogui.getWindowsAt(x, y)` – Gibt eine Liste von `Window`-Objekten für jedes sichtbare Fenster zurück, das den Punkt (*x*, *y*) einschließt.
- `pyautogui.getWindowsWithTitle(`*`title`*`)` – Gibt eine Liste von `Window`-Objekten für jedes sichtbare Fenster zurück, das die Zeichenkette *`title`* in seiner Titelleiste enthält.

PyAutoGUI verfügt außerdem über die Funktion `pyautogui.getAllTitles()`, die eine Liste von Strings aller sichtbaren Fenster zurückgibt.

Fenster manipulieren

Fensterattribute können mehr, als lediglich die Größe und die Position des Fensters anzugeben. Sie können ebenso deren Werte festlegen, um das Fenster zu verschieben oder dessen Größe zu ändern. Geben Sie beispielsweise Folgendes in die interaktive Shell ein:

```
>>> import pyautogui
>>> aktives_fenster = pyautogui.getActiveWindow()
>>> aktives_fenster.width  # Gibt die aktuelle Breite des Fensters aus ❶
1669
>>> aktives_fenster.topleft  # Ermittelt die aktuelle Position des
Fensters ❷
Point(x=174, y=153)
>>> aktives_fenster.width = 1000  # Ändert die Breite ❸
>>> aktives_fenster.topleft = (800, 400)  # Verschiebt das Fenster ❹
```

Zuerst verwenden wir die Attribute des `Window`-Objekts, um Informationen über die Größe ❶ und die Position ❷ des Fensters zu ermitteln. Nachdem Sie diese Funktionen im Mu-Editor aufgerufen haben, sollte das Fenster schmaler werden ❸ und sich verschieben ❹ – wie in Abbildung 23.5 zu sehen.

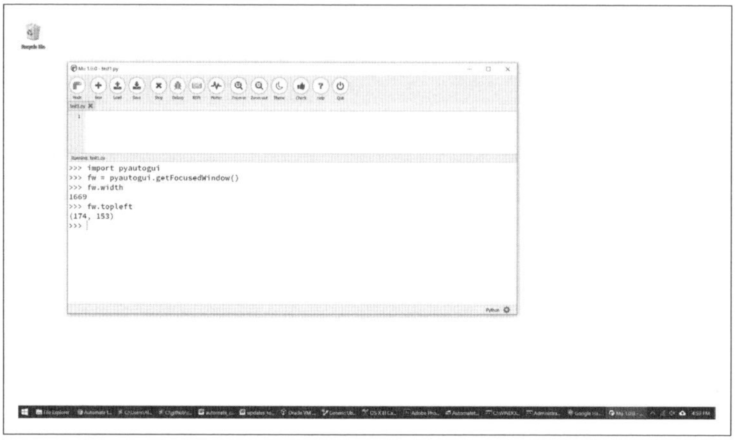

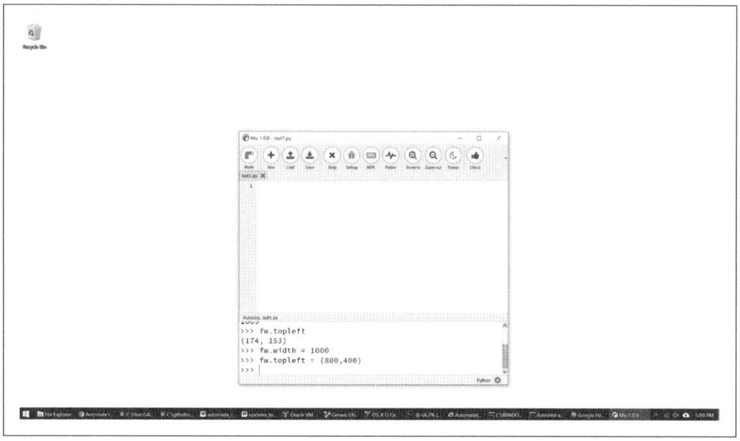

Abb. 23.5 *Das Mu-Editor-Fenster vor (oben) und nach (unten) der Verwendung der Attribute des* `Window`*-Objekts zum Ändern von Größe und Position*

Sie können auch den minimierten, maximierten und aktivierten Zustand des Fensters abfragen und anpassen. Geben Sie Folgendes in die interaktive Shell ein:

```
>>> import pyautogui
>>> aktives_fenster = pyautogui.getActiveWindow()
>>> aktives_fenster.isMaximized  # Gibt True zurück, wenn das Fenster
maximiert ist
False
>>> aktives_fenster.isMinimized  # Gibt True zurück, wenn das Fenster
minimiert ist.
False
>>> aktives_fenster.isActive  # Gibt True zurück, wenn es das aktive
Fenster ist.
True
>>> aktives_fenster.maximize()  # Das Fenster maximieren.
```

```
>>> aktives_fenster.isMaximized
True
>>> aktives_fenster.restore()  # Mini- oder Maximierung rückgängig
machen.
>>> aktives_fenster.minimize()  # Das Fenster minimieren.
>>> import time
>>> # 5 Sekunden warten, während Sie ein anderes Fenster aktivieren:
>>> time.sleep(5); active_win.activate()
>>> active_win.close()  # Schließt das Fenster, in dem Sie gerade
tippen.
```

Die Attribute `isMaximized`, `isMinimized` und `isActive` enthalten boolesche Werte, die anzeigen, ob sich das Fenster derzeit in diesem Zustand befindet. Die Methoden `maximize()`, `minimize()`, `activate()` und `restore()` verändern den Zustand des Fensters. Nachdem Sie das Fenster mit `maximize()` oder `minimize()` maximiert oder minimiert haben, stellt die Methode `restore()` das Fenster auf vorherige Größe und Position wieder her.

Die Methode `close()` schließt ein Fenster. Seien Sie vorsichtig mit dieser Methode, da sie etwaige Dialoge umgehen kann, die Sie vor dem Beenden der Anwendung zum Speichern Ihrer Arbeit auffordern.

Konsultieren Sie die PyAutoGUI-Dokumentation, um vollständige Informationen zu den Funktionen zur Fenstersteuerung zu erhalten.

Captchas und Computerethik

»Vollständig automatisierte öffentliche Turing-Tests zur Unterscheidung von Computern und Menschen« (Completely Automated Public Turing test to tell Computers and Humans Apart), oder Captchas, sind jene kurzen Tests, bei denen Sie beispielsweise die Buchstaben auf einem verzerrten Bild eingeben oder Fotos von Hydranten anklicken müssen. Solche Tests sind zwar lästig, für Menschen aber einfach zu bestehen – für Software sind sie jedoch nahezu unlösbar. Nach der Lektüre dieses Kapitels erkennen Sie, wie leicht es ist, ein Skript zu schreiben, das etwa Milliarden von kostenlosen E-Mail-Konten anlegt oder Nutzer mit belästigenden Nachrichten überflutet. Captchas wirken dem entgegen, indem sie eine Hürde einbauen, die ausschließlich ein Mensch überwinden kann.

Nicht alle Webseiten implementieren jedoch Captchas, und diese Seiten sind dadurch für Missbrauch durch unethische Programmierer anfällig. Programmieren zu lernen ist eine mächtige und spannende Fähigkeit, und es könnte verlockend sein, diese Macht zum eigenen Vorteil oder zur Selbstdarstellung zu missbrauchen. Doch ebenso, wie eine unverschlossene Tür keinen Hausfriedensbruch rechtfertigt, so tragen Sie als Programmierer stets die Verantwortung für Ihre Programme. Es ist kein Kavaliersdelikt, Systeme zu umgehen, um Schaden anzurichten, die Privatsphäre zu verletzen oder sich unfaire Vorteile zu verschaffen. Ich hoffe, dass meine Bemühungen beim Schreiben dieses Buches Ihnen ermöglichen, Ihr produktivstes Selbst zu entfalten, statt selbstsüchtig oder moralisch nachlässig zu werden.

Die Tastatur steuern

PyAutoGUI bietet zudem Funktionen, um virtuelle Tastendrücke an Ihren Computer zu senden. Dadurch können Sie beispielsweise Formulare ausfüllen oder Text in Anwendungen eingeben.

Tastatureingabe-Strings senden

Die Funktion `pyautogui.write()` sendet virtuelle Tastendrücke an den Computer. Welche Wirkung diese Tastendrücke haben, hängt davon ab, welches Fenster aktiv ist und welches Textfeld den Fokus besitzt. Falls erforderlich, senden Sie zunächst einen Mausklick auf das gewünschte Textfeld, um sicherzustellen, dass dieses den Fokus erhält.

Als einfaches Beispiel soll Python verwendet werden, um automatisch die Wörter *Hello, world!* in ein Dateieditor-Fenster einzutippen. Öffnen Sie zunächst ein neues Dateieditor-Fenster und positionieren Sie dieses in der oberen linken Ecke Ihres Bildschirms, sodass PyAutoGUI an der richtigen Stelle klicken und es in den Fokus bringen kann. Geben Sie anschließend Folgendes in die interaktive Shell ein:

```
>>> pyautogui.click(100, 200); pyautogui.write('Hello, world!')
```

Beachten Sie, dass zwei Kommandos auf derselben Zeile, getrennt durch ein Semikolon, verhindern, dass die interaktive Shell zwischen dem Ausführen der beiden Anweisungen einen Prompt anzeigt. Dadurch wird verhindert, dass Sie versehentlich ein neues Fenster in den Fokus bringen, während zwischen den `click()`- und `write()`-Aufrufen hin- und hergewechselt wird, was das Beispiel stören würde.

Python sendet zunächst einen virtuellen Mausklick an die Koordinaten (100, 200), wodurch auf das Dateieditor-Fenster geklickt und dieses in den Fokus gesetzt wird. Der Aufruf von `write()` sendet den Text *Hello, world!* an das Fenster, sodass dieses wie in Abbildung 23.6 aussieht. Sie verfügen nun über Code, der für Sie tippen kann!

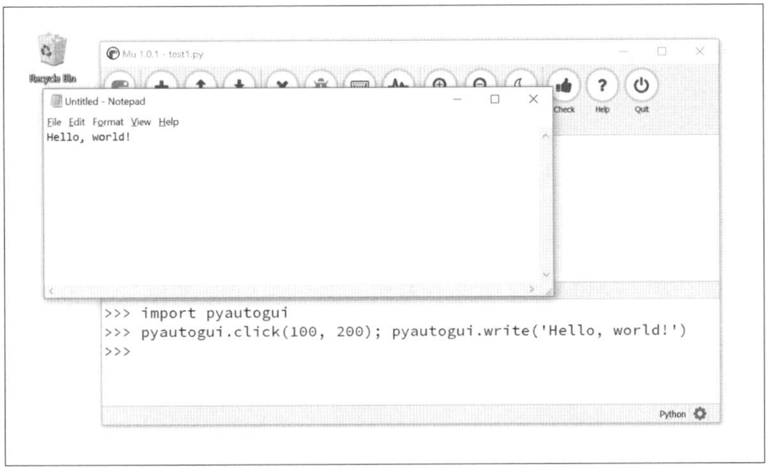

Abb. 23.6 *Mit PyAutoGUI das Dateieditor-Fenster anklicken und Hello, world! tippen*

Standardmäßig gibt die Funktion `write()` den vollständigen String sofort ein. Es lässt sich jedoch ein optionales zweites Argument übergeben, um zwischen jedem Zeichen eine kurze Pause einzufügen. Dieses zweite Argument ist eine Zahl, die die Anzahl der Sekunden zum Pausieren angibt. Zum Beispiel wartet `pyautogui.write('Hello, world!', 0.25)` nach Eingabe von *H* eine Viertelsekunde, nach *e* eine weitere Viertelsekunde usw. Dieser allmähliche Schreibmaschinen-Effekt kann bei langsameren Anwendungen hilfreich sein, die Tastatureingaben nicht schnell genug verarbeiten können, um mit PyAutoGUI Schritt zu halten. Für Zeichen wie *A* oder *!* simuliert PyAutoGUI automatisch das Halten von [⇧].

Tastennamen angeben

Nicht alle Tasten lassen sich einfach durch einzelne Textzeichen darstellen. Wie lässt sich beispielsweise [⇧] oder [↵] als einzelnes Zeichen darstellen? In PyAutoGUI werden diese Tastaturtasten stattdessen durch kurze Strings repräsentiert: `'esc'` für [Esc] oder `'enter'` für [↵].

Statt eines einzelnen Strings kann eine Liste dieser Tasten-Strings an `write()` übergeben werden. Mit folgendem Aufruf wird [A] gedrückt, danach [B], anschließend zweimal [←] (wodurch der Cursor vor das »a« gesetzt wird) und schließlich [X] und [Y]:

```
>>> pyautogui.write(['a', 'b', 'left', 'left', 'X', 'Y'])
```

Da das Drücken von [←] den Eingabecursor verschiebt, ergibt sich daraus die Ausgabe *XYab*. Tabelle 23.1 listet die PyAutoGUI-Tastatur-Strings auf, die Sie an `write()` übergeben können, um das Drücken beliebiger Tastenkombinationen zu simulieren.

Sie können zudem die Liste `pyautogui.KEYBOARD_KEYS` einsehen, um alle möglichen Tastatur-Strings anzuzeigen, die PyAutoGUI akzeptiert. `'shift'` bezeichnet die linke [⇧]-Taste und entspricht `'shiftleft'`. Dasselbe gilt für die Strings `'ctrl'`, `'alt'` und `'win'`; alle beziehen sich auf die links angeordnete Taste.

Tastencode (String)	Bedeutung (deutsch)
`'a', 'b', 'c', 'A', 'B', 'C', '1', '2', '3', '!', '@', '#', usw.`	einzelne Zeichen
`'enter'` (oder `'return'` oder `'\n'`)	Eingabe ([↵])
`'esc'`	[Esc]
`'shiftleft', 'shiftright'`	[⇧] links / rechts
`'altleft', 'altright'`	[Alt] links / rechts
`'ctrlleft', 'ctrlright'`	[Strg] links / rechts
`'tab'` (oder `'\t'`)	[⇆]
`'backspace', 'delete'`	[Delete] / [Entf]
`'pageup', 'pagedown'`	[Bild↑] / [Bild↓]
`'home', 'end'`	[Pos1] / [Ende]
`'up', 'down', 'left', 'right'`	[↑] / [↓] / [←] / [→]
`'f1', 'f2', 'f3', usw.`	Funktionstasten [F1]-[F12]
`'volumemute', 'volumedown', 'volumeup'`	stumm / leiser / lauter (nicht auf allen Tastaturen vorhanden, aber das Betriebssystem wird die simulierten Tastendrücke dennoch verstehen)
`'pause'`	Pause
`'capslock', 'numlock', 'scrolllock'`	[⇩]/ [Num-Lock] / [Scroll-Lock]
`'insert'`	[Einf]
`'printscreen'`	[Druck]
`'winleft', 'winright'`	[⊞] links / rechts
`'command'`	[⌘] (macOS)
`'option'`	[⌥] (macOS)

Tab. 23.1 *String-Werte für Tastaturtasten*

Drücken und Loslassen von Tasten

Ähnlich wie die Funktionen `mouseDown()` und `mouseUp()` senden `pyautogui.keyDown()` und `pyautogui.keyUp()` das virtuelle Drücken und Loslassen von Tasten an den Computer. Als Argument wird ein Tastatur-String (siehe Tabelle 23.1) übergeben. Der Einfachheit halber stellt PyAutoGUI die Funktion `pyautogui.press()` bereit, die beide Funktionen aufruft, um einen vollständigen Tastendruck zu simulieren.

Führen Sie den folgenden Code aus, der ein Dollarzeichen ($) eingibt, das durch das Halten von ⇧ und das Drücken der 4 erzeugt wird:

```
>>> pyautogui.keyDown('shift'); pyautogui.press('4'); pyautogui.
keyUp('shift')
```

Diese Zeile hält ⇧ gedrückt, drückt (und lässt los) 4 und hebt anschließend ⇧ wieder an. Falls Sie einen String in ein Textfeld einfügen möchten, ist die Funktion `write()` besser geeignet. Für Anwendungen, die einzelne Kommandos entgegennehmen, empfiehlt sich die Funktion `press()` als einfacherer Ansatz.

Tastenkombinationen ausführen

Ein *Tastenkürzel*, *hotkey* oder *shortcut* bezeichnet eine Kombination von Tastendrücken, mit der sich eine bestimmte Funktion einer Anwendung aufrufen lässt. Das gängige Tastenkürzel zum Kopieren einer Auswahl ist Strg+C (im Fenster unter Windows und Linux) bzw. ⌘+C (unter macOS). Man drückt und hält Strg, drückt dann C und lässt anschließend beide Tasten los. Um dies mit PyAutoGUIs Funktionen `keyDown()` und `keyUp()` auszuführen, ist Folgendes einzugeben:

```
pyautogui.keyDown('ctrl')
pyautogui.keyDown('c')
pyautogui.keyUp('c')
pyautogui.keyUp('ctrl')
```

Dies ist recht komplex. Verwenden Sie stattdessen die Funktion `pyautogui.hotkey()`, die mehrere Argumente für Tastatur-Strings annimmt, sie der Reihe nach drückt und in umgekehrter Reihenfolge wieder loslässt. Für Strg+C lautet der Code einfach:

```
pyautogui.hotkey('ctrl', 'c')
```

Diese Funktion eignet sich besonders für komplexere Tastenkombinationen. In Word öffnet die Tastenkombination Strg+Alt+⇧+S den Arbeitsbereich

Formatvorlagen. Anstatt acht verschiedene Funktionsaufrufe zu tätigen (vier `keyDown()`- und vier `keyUp()`-Aufrufe), können Sie einfach `hotkey('ctrl', 'alt', 'shift', 's')` aufrufen.

Einrichtung von GUI-Automatisierungsskripten

GUI-Automatisierungsskripte bieten eine hervorragende Möglichkeit, monotone Aufgaben zu automatisieren, können jedoch auch anfällig für Störungen sein. Befindet sich ein Fenster an einer falschen Position auf dem Desktop oder erscheint unerwartet ein Pop-up, könnte Ihr Skript auf die falschen Bereiche auf dem Bildschirm klicken. Beachten Sie die folgenden Hinweise zur Einrichtung Ihrer GUI-Automatisierungsskripte:

- Verwenden Sie stets dieselbe Bildschirmauflösung, damit sich die Position der Fenster nicht verändert.
- Maximieren Sie das Anwendungsfenster, auf das Ihr Skript klicken soll, damit sich Schaltflächen und Menüs immer an derselben Stelle befinden.
- Fügen Sie beim Warten auf das Laden von Inhalten ausreichend Pausen ein; Ihr Skript sollte nicht mit Klicks beginnen, bevor die Anwendung bereit ist.
- Verwenden Sie `locateOnScreen()`, um Schaltflächen und Menüs zum Klicken zu finden, anstatt sich auf Koordinaten zu verlassen. Kann Ihr Skript das gewünschte Ziel nicht finden, beenden Sie das Programm, anstatt wahllos weiterzuklicken.
- Verwenden Sie `getWindowsWithTitle()`, um zu prüfen, ob das betreffende Anwendungsfenster vorhanden ist, und setzen Sie die Methode `activate()` ein, um dieses Fenster in den Vordergrund zu holen.
- Nutzen Sie das Modul `logging` aus Kapitel 5, um die Aktivitäten Ihres Skripts zu protokollieren. So können Sie das Skript nach einem Abbruch so anpassen, dass es dort fortsetzt, wo es aufgehört hat.
- Fügen Sie Ihrem Skript so viele Überprüfungen wie möglich hinzu. Überlegen Sie, wie das Skript scheitern könnte, wenn unerwartet ein Pop-up-Fenster erscheint oder Ihr Computer die Internetverbindung verliert.
- Es empfiehlt sich, das Skript beim ersten Ausführen zu beaufsichtigen, um zu gewährleisten, dass es korrekt arbeitet.

Gegebenenfalls empfiehlt es sich, zu Beginn Ihres Skripts eine Pause einzufügen, sodass man das Fenster vorbereiten kann, auf das das Skript klicken wird. PyAutoGUI bietet eine `sleep()`-Funktion, die identisch zu `time.sleep()` arbeitet (allerdings entfällt dadurch das Hinzufügen von `import time` in Ihre Skripte). Darüber hinaus existiert eine Funktion `countdown()`, die Zahlen herunterzählt und dem Nutzer so visuell anzeigt, dass das Skript in Kürze fortgeführt wird. Geben Sie Folgendes in der interaktiven Shell ein:

```
>>> import pyautogui
>>> pyautogui.sleep(3)  # Pausiert das Programm für 3 Sekunden
>>> pyautogui.countdown(10)  # Zählt über 10 Sekunden herunter
10 9 8 7 6 5 4 3 2 1
>>> print("Los geht's in ", end=''); pyautogui.countdown(3)
Start in 3 2 1
```

Diese Hinweise können Ihre GUI-Automatisierungsskripte benutzerfreundlicher gestalten und eine bessere Wiederherstellung nach unerwarteten Ereignissen ermöglichen.

Überblick über die Funktionen von PyAutoGUI

Da dieses Kapitel zahlreiche Funktionen behandelt hat, finden Sie nachfolgend eine kurze Zusammenfassung als Referenz:

- `moveTo(`*`x, y`*`)` – Den Mauszeiger zu den angegebenen x- und y-Koordinaten bewegen.
- `move(`*`xOffset, yOffset`*`)` – Den Mauszeiger relativ zu seiner aktuellen Position bewegen.
- `dragTo(`*`x, y`*`)` – Den Mauszeiger bewegen, während die linke Maustaste gedrückt gehalten wird.
- `drag(`*`xOffset, yOffset`*`)` – Den Mauszeiger relativ zu seiner aktuellen Position bewegen, während die linke Maustaste gedrückt gehalten wird.
- `click(`*`x, y, button`*`)` – Einen Klick simulieren (standardmäßig links).
- `rightClick()` – Einen Rechtsklick simulieren.
- `middleClick()` – Einen Mittelklick simulieren.
- `doubleClick()` – Simuliert einen Doppelklick links.
- `mouseDown(`*`x, y, button`*`)` – Simuliert das Drücken des angegebenen Buttons an der Position *x*, *y*.
- `mouseUp(`*`x, y, button`*`)` – Simuliert das Loslassen des angegebenen Buttons an der Position *x*, *y*.
- `scroll(`*`units`*`)` – Simuliert das Scrollrad; ein positives Argument scrollt nach oben, ein negatives Argument scrollt nach unten.
- `write(`*`message`*`)` – Gibt die Zeichen der angegebenen *message* ein.
- `write(`*`[taste1, taste2, taste3]`*`)` – Gibt die angegebenen Tastatur-Strings ein.
- `press(`*`taste`*`)` – Drückt den angegebenen Tastatur-String.
- `keyDown(`*`taste`*`)` – Simuliert das Drücken der angegebenen Taste.
- `keyUp(`*`taste`*`)` – Simuliert das Loslassen der angegebenen Taste.
- `hotkey(`*`taste1, taste2, taste3`*`)` – Simuliert das Drücken der angegebenen Tastatur-Strings in Reihenfolge und das anschließende Loslassen in umgekehrter Reihenfolge.

→

- `screenshot()` – Gibt einen Screenshot als ein `Image`-Objekt zurück (siehe Kapitel 21 für Informationen zu `Image`-Objekten).
- `getActiveWindow()`, `getAllWindows()`, `getWindowsAt()` und `getWindowsWithTitle()` – Gibt `Window`-Objekte zurück, mit denen sich Anwendungsfenster auf dem Desktop in der Größe ändern und verschieben lassen.
- `getAllTitles()` – Gibt eine Liste von Strings mit dem Text der Titelleiste jedes Fensters auf dem Desktop zurück.

Anzeigen von Pop-up-Nachrichtenfeldern

Die Programme, die Sie bisher geschrieben haben, verwenden ausschließlich Klartextausgaben (mit der Funktion `print()`) und -eingaben (mit der Funktion `input()`). Programme mit PyAutoGUI nutzen jedoch Ihren gesamten Desktop als Spielfeld. Das textbasierte Fenster, in dem Ihr Programm läuft – sei es Mu oder ein Terminalfenster –, geht vermutlich verloren, sobald Ihr PyAutoGUI-Programm klickt und mit anderen Fenstern interagiert. Dies kann es erschweren, Eingaben und Ausgaben von Nutzern zu erhalten, wenn das Mu- oder Terminalfenster unter anderen Fenstern verborgen wird.

Um dies zu lösen, umfasst PyAutoGUI das PyMsgBox-Modul, mit dem Pop-up-Benachrichtigungen an den Nutzer gesendet und Eingaben empfangen werden können. Es stehen vier Nachrichtenfeldfunktionen zur Verfügung:

- `pyautogui.alert(`*`text`*`)` – Zeigt *`text`* an und verfügt über eine einzelne Schaltfläche *OK*.
- `pyautogui.confirm(`*`text`*`)` – Zeigt *`text`* an und bietet die Schaltflächen *OK* sowie *Abbrechen*; gibt abhängig von der Auswahl entweder `'OK'` oder `'Cancel'` zurück.
- `pyautogui.prompt(`*`text`*`)` – Zeigt *`text`* und ein Feld zur Eingabe an; gibt den eingegebenen String zurück.
- `pyautogui.password(`*`text`*`)` – Entspricht `prompt()`, zeigt jedoch Sternchen an, sodass sensible Informationen wie Passwörter eingegeben werden können.

Diese Funktionen sind identisch mit den im Abschnitt »Pop-up-Nachrichtenboxen mit PyMsgBox« in Kapitel 12 behandelten vier Funktionen.

Zusammenfassung

GUI-Automatisierung mit dem PyAutoGUI-Paket ermöglicht die Interaktion mit Anwendungen auf dem Computer, indem Maus und Tastatur gesteuert werden. Obwohl dieser Ansatz flexibel genug bleibt, um alles zu tun, was ein menschlicher Benutzer tun kann, liegt der Nachteil darin, dass diese Programme weitgehend blind dafür sind, worauf sie klicken oder tippen. Beim Erstellen von GUI-Automatisierungsprogrammen empfiehlt es sich, sicherzustellen, dass sie bei fehlerhaften Anweisungen rasch abstürzen. Abstürze sind zwar ärgerlich, jedoch vorzuziehen, statt das Programm in einem Fehlerzustand weiterlaufen zu lassen.

Mit PyAutoGUI lässt sich der Mauszeiger über den Bildschirm bewegen und es können Mausklicks, Tastatureingaben sowie Tastenkombinationen simuliert werden. Das PyAutoGUI-Paket überprüft zudem die Farbe auf dem Bildschirm, was Ihrem GUI-Automatisierungsprogramm ausreichende Informationen über den Bildschirminhalt liefert, um zu erkennen, ob es vom vorgesehenen Ablauf abweicht. Sie können PyAutoGUI sogar einen Screenshot übergeben und es die Koordinaten des gewünschten Klickbereichs ermitteln lassen.

Durch das Kombinieren all dieser PyAutoGUI-Funktionen lassen sich sämtliche monotonen, sich ständig wiederholenden Aufgaben auf dem Computer automatisieren. Tatsächlich wirkt es mitunter geradezu hypnotisierend, zu beobachten, wie sich der Mauszeiger eigenständig bewegt und Text automatisch auf dem Bildschirm erscheint. Warum nutzen Sie nicht die gewonnene Zeit, indem Sie sich zurücklehnen und dabei zuschauen, wie Ihr Programm sämtliche Arbeiten für Sie erledigt? Es gibt ein befriedigendes Gefühl, wenn Sie sehen, wie Ihre Cleverness Sie von dem ganzen langweiligen Kram befreit hat.

Übungsfragen

1. Wie lässt sich der Fail-Safe von PyAutoGUI auslösen, um ein Programm zu stoppen?
2. Welche Funktion liefert die aktuelle Bildschirmauflösung zurück?
3. Welche Funktion gibt die Koordinaten der aktuellen Position des Mauszeigers zurück?
4. Worin besteht der Unterschied zwischen `pyautogui.moveTo()` und `pyautogui.move()`?
5. Mit welchen Funktionen kann die Maus gezogen werden?

6. Mit welchem Funktionsaufruf werden die Zeichen `"Hallo, Welt!"` eingegeben?
7. Wie lassen sich Tastendrücke für Sondertasten wie die linke Pfeiltaste der Tastatur ausführen?
8. Wie lässt sich der aktuelle Bildschirminhalt in einer Bilddatei mit dem Dateinamen *screenshot.png* speichern?
9. Welcher Code würde nach jedem PyAutoGUI-Funktionsaufruf eine zweisekündige Pause einfügen?
10. Wenn Sie Klicks und Tastatureingaben in einem Webbrowser automatisieren möchten, sollten Sie dann PyAutoGUI oder Selenium verwenden?
11. Was macht PyAutoGUI fehleranfällig?
12. Wie lässt sich die Größe aller Fenster auf dem Bildschirm ermitteln, die das Wort Notepad im Titel enthalten?
13. Wie können Sie beispielsweise den Firefox-Browser aktivieren und vor alle anderen Fenster auf dem Bildschirm bringen?

Übungsprogramme

Erstellen Sie zu Übungszwecken Programme, die die folgenden Aufgaben ausführen.

Beschäftigt wirken

Viele Instant-Messaging-Programme erkennen, ob Sie untätig sind oder sich nicht an Ihrem Computer befinden, indem sie über einen bestimmten Zeitraum – beispielsweise zehn Minuten – fehlende Mausbewegungen feststellen. Vielleicht sind Sie nicht am Computer, möchten jedoch nicht, dass andere sehen, dass Ihr Messenger-Status in den Leerlaufmodus wechselt, um nicht den Eindruck zu erwecken, Sie würden Ihre Arbeit vernachlässigen. Schreiben Sie ein Skript, das den Mauszeiger alle 10 Sekunden um ein Pixel nach links verschiebt und 10 Sekunden danach um ein Pixel nach rechts. Die Verschiebung sollte so gering und selten erfolgen, dass sie nicht stört, falls Sie den Computer während der Skriptausführung nutzen.

Textfelder mit der Zwischenablage auslesen

Mit `pyautogui.write()` können Sie zwar Tastatureingaben an Textfelder senden, doch allein mit PyAutoGUI lässt sich der bereits in einem Textfeld vorhandene Text nicht auslesen. An dieser Stelle kann das Modul `pyperclip` weiterhelfen. PyAutoGUI lässt sich verwenden, um das Fenster eines Texteditors wie Mu oder Notepad zu erhalten, es durch Klicken in den Vordergrund zu bringen, im Textfeld zu klicken und dann [Strg]+[A] an »Alles auswählen« sowie [Strg]+[C] an »In die Zwischenablage kopieren« zu senden. Das Python-Skript kann den Text anschließend durch `import pyperclip` und `pyperclip.paste()` aus der Zwischenablage lesen.

Schreiben Sie ein Programm, das dieses Verfahren zum Kopieren des Texts aus den Textfeldern eines Fensters befolgt. Verwenden Sie `pyautogui.getWindowsWithTitle('Notepad')` (oder einen beliebigen anderen Texteditor), um ein `Window`-Objekt zu erhalten. Die Attribute `top` und `left` dieses `Window`-Objekts geben die Position dieses Fensters an, während die Methode `activate()` dafür sorgt, dass es im Vordergrund des Bildschirms angezeigt wird. Klicken Sie anschließend auf das Haupttextfeld des Texteditors, indem Sie zum Beispiel `100` oder `200` Pixel zu den Werten der Attribute `top` und `left` mit `pyautogui.click()` addieren, um dort den Tastaturfokus zu setzen. Rufen Sie `pyautogui.hotkey('ctrl', 'a')` und `pyautogui.hotkey('ctrl', 'c')` auf, um den gesamten Text auszuwählen und ihn in die Zwischenablage zu kopieren. Rufen Sie abschließend `pyperclip.paste()` auf, um den Text aus der Zwischenablage abzurufen und in Ihr Python-Programm einzufügen. Von dort aus können Sie diesen String nach Belieben verwenden; übergeben Sie ihn zunächst einfach an `print()`.

Beachten Sie, dass die Fensterfunktionen von PyAutoGUI ab Version 1.0.0 nur unter Windows funktionieren, nicht jedoch unter macOS oder Linux.

Einen spielenden Bot entwickeln

Es gibt ein älteres Flash-Spiel namens Sushi Go Round. In diesem Spiel klicken Sie auf die richtigen Zutaten-Schaltflächen, um die Sushi-Bestellungen der Kundschaft zu füllen. Je schneller Sie die Bestellungen fehlerfrei ausführen, desto mehr Punkte erhalten Sie. Dies ist eine optimal geeignete Aufgabe für ein GUI-Automatisierungsprogramm – und eine Möglichkeit, sich zu einer hohen Punktzahl zu verhelfen! Obwohl Flash als Produkt eingestellt wurde, finden Sie unter *https://github.com/asweigart/sushigoroundbot* Anleitungen für das Offline-Spielen sowie eine Liste von Websites, die das Sushi Go Round-Spiel hosten. In diesem GitHub-Repository finden Sie auch den Python-Quellcode für einen spielenden Bot. Ein Video, in dem der Bot das Spiel spielt, sehen Sie unter *https://youtu.be/lfk_T6VKhTE*.

24

Text-zu-Sprache- und Spracherkennungsengines

In diesem Kapitel werden das Text-zu-Sprache-Paket pyttsx3 sowie das Spracherkennungspaket Whisper behandelt. Text-zu-Sprache-Pakete können Strings in gesprochene Wörter umwandeln und entweder über die Lautsprecher Ihres Computers wiedergeben oder in eine Audiodatei speichern. Mit dieser neuen Dimension in Ihren Programmen befreien Sie den Nutzer davon, Text vom Bildschirm ablesen zu müssen. So könnte beispielsweise ein Kochrezept-Programm die Zutatenliste vorlesen, während man sich in der Küche bewegt, und Ihr tägliches Skript könnte Nachrichtenartikel (oder Ihre E-Mails) auslesen und eine MP3 erzeugen, die Sie während Ihres morgendlichen Arbeitswegs anhören.

Umgekehrt können Spracherkennungstechnologien Audiodateien gesprochener Wörter in Strings umwandeln. Diese Fähigkeit lässt sich nutzen, um Sprachbefehle in ein Programm zu integrieren oder die Transkription von Podcasts zu automatisieren. Und im Gegensatz zu Menschen lässt sich bei einem Computer, der zu viel spricht, die Lautstärke stets stummschalten.

Sowohl pyttsx3 als auch Whisper sind kostenlos einsetzbar und erfordern keine Internetverbindung. Die in diesem Kapitel vorgestellten Text-zu-Sprache- und Spracherkennungsengines sind nicht auf Englisch beschränkt und funktionieren mit den meisten weltweit verbreiteten Sprachen.

Text-zu-Sprache-Engine

Um gesprochene Sprachausgabe zu erzeugen, verwendet das externe Paket `pyttsx3` die im Betriebssystem integrierte Text-zu-Sprache-Engine: Microsoft Speech API (SAPI5) unter Windows, NSSpeechSynthesizer unter macOS und eSpeak unter Linux. Unter Linux müssen Sie diese Engine gegebenenfalls zunächst installieren, indem Sie im Terminal den Befehl `sudo apt install espeak` ausführen. Das Paket pyttsx3 selbst installieren Sie mit `pip install pyttsx3`. Eine vollständige Anleitung zur Installation externer Pakete finden Sie in Anhang A.

Der Name des Pakets besteht aus *py* für Python, *tts* für Text-zu-Sprache (engl. *text to speech*), *x* als Erweiterung des ursprünglichen `pytts`-Pakets und *3* für Python 3.

Deutsche Sprachausgabe installieren

Sollte Ihre Windows-Installation Deutsch nicht als Sprachausgabe unterstützen, können Sie dies nachinstallieren. So listen Sie alle installierten Sprachen (Details dazu auf den nächsten Seiten):

```
>>> import pyttsx3
>>> engine = pyttsx3.init()
>>> for v in engine.getProperty('voices'):
...     print(v.id)
HKEY_LOCAL_MACHINE\SOFTWARE\Microsoft\Speech\Voices\Tokens\TTS_MS_EN-
US_DAVID_11.0
HKEY_LOCAL_MACHINE\SOFTWARE\Microsoft\Speech\Voices\Tokens\TTS_MS_EN-
GB_HAZEL_11.0
HKEY_LOCAL_MACHINE\SOFTWARE\Microsoft\Speech\Voices\Tokens\TTS_MS_EN-
US_ZIRA_11.0
```

Sie wählen in Windows *Einstellungen* → *Zeit und Sprache* → *Sprache und Region*. Im Abschnitt *Sprache* muss *Deutsch (Deutschland)* vorhanden sein oder Sie installieren es mit *Sprache hinzufügen* nach. Danach wählen Sie *Einstellungen* → *Zeit und Sprache* → *Spracherkennung*, fügen unter *Stimmen verwalten* mit *Stimmen hinzufügen* die gewünschten hinzu und wählen Sie unter *Stimmen* → *Stimme auswählen* aus. Danach sollte der Ausgabe oben so etwas hinzugefügt sein:

```
HKEY_LOCAL_MACHINE\SOFTWARE\Microsoft\Speech\Voices\Tokens\TTS_MS_DE-
DE_HEDDA_11.0
```

Sollten Ihre Programme mit pyttsx3 nun nicht die deutsche Stimme verwenden, setzen Sie vorher die entsprechende Stimme aus der Liste oben:

```
engine.setProperty('voice', r'HKEY_LOCAL_MACHINE\SOFTWARE\Microsoft\Speech\
  Voices\Tokens\TTS_MS_DE-DE_HEDDA_11.0')
```

Sprachausgabe erzeugen

Die Erzeugung einer computergenerierten Stimme ist ein komplexes Thema der Informatik. Glücklicherweise erledigt die Text-zu-Sprache-Engine des Betriebssystems die anspruchsvolle Arbeit für uns, und die Interaktion mit dieser Engine gestaltet sich einfach. Öffnen Sie einen neuen Dateieditor, geben Sie den folgenden Code ein und speichern Sie die Datei unter *hello_tts.py*:

```
import pyttsx3
engine = pyttsx3.init()
engine.say('Hallo. Wie geht es Ihnen?')
engine.runAndWait()  # Der Computer spricht.
gefühl = input('>')
engine.say('Ja. Ich fühle mich ebenfalls ' + gefühl + '.')
engine.runAndWait()  # Der Computer spricht erneut.
```

Nach dem Import des Moduls `pyttsx3` wird die Sprachengine durch Aufruf der Funktion `pyttsx3.init()` initialisiert. Diese Funktion gibt ein `Engine`-Objekt zurück. Sie können einen String an die Methode `say()` übergeben, um der Engine mitzuteilen, was sie sprechen soll; tatsächlich beginnt die Sprachausgabe jedoch erst, nachdem die Methode `runAndWait()` aufgerufen wurde. Diese Methode blockiert (das heißt, sie kehrt nicht zurück), bis der Computer den gesamten String ausgesprochen hat.

Das Programm erzeugt keine Textausgabe, da es die Funktion `print()` nie aufruft. Stattdessen sollten Sie Ihren Computer sprechen hören: »Hallo. Wie geht es Ihnen?« (Vergewissern Sie sich, dass die Lautstärke nicht stummgeschaltet ist.) Man kann eine Antwort über die Tastatur eingeben, woraufhin der Computer mit »Ja. Ich fühle mich ebenfalls *<Ihre Antwort>*.« antworten sollte.

Das Modul `pyttsx3` ermöglicht es, einige Einstellungen der Stimme zu verändern. Man kann die Strings `'rate'`, `'volume'` und `'voices'` an die Methode `getProperty()` des `Engine`-Objekts übergeben, um die aktuellen Einstellungen anzuzeigen. Geben Sie Folgendes in der interaktiven Shell ein:

```
>>> import pyttsx3
>>> engine = pyttsx3.init()
>>> engine.getProperty('volume')
1.0
>>> engine.getProperty('rate')
200
>>> engine.getProperty('voices')
[<pyttsx3.voice.Voice object at 0x0000029DA7FB4B10>,
<pyttsx3.voice.Voice object at 0x0000029DAA3DAAD0>]
```

Beachten Sie, dass die Ausgabe auf Ihrem Computer abweichen kann. Die Lautstärkeeinstellung ist ein Float, wobei `1.0` 100 Prozent entspricht. Die Computerstimme spricht mit einer Geschwindigkeit von 200 Wörtern pro Minute. Setzen Sie dieses Beispiel mit dem folgenden Code fort:

```
>>> for voice in engine.getProperty('voices'):  # Alle Stimmen
auflisten.
...     print(voice.name, voice.gender, voice.age, voice.languages)
...
Microsoft David Desktop - English (United States) Male Adult ['en-
US']
Microsoft Hazel Desktop - English (Great Britain) Female Adult
['en-GB']
Microsoft Hedda Desktop - German Female Adult ['de-DE']
Microsoft Zira Desktop - English (United States) Female Adult ['en-
US']
```

Auf meinem Windows-Laptop mit der Sprache *English (United States)* gibt `getProperty('voices')` zwei `Voice`-Objekte zurück (beachten Sie, dass dieser String der Plural `'voices'` und nicht das Singular `'voice'` ist). Auf meinem deutschen Windows-Desktop sind es vier Stimmen, inklusiver einer deutschen. Diese `Voice`-Objekte verfügen über die Attribute `name`, `gender` und `age`, wobei `gender` und `age` auf `None` gesetzt sind, wenn das Betriebssystem diese Angaben nicht speichert. Das Attribut `languages` ist eine Liste von Strings der Sprachen, die die Stimme unterstützt. Ist diese Information unbekannt, handelt es sich um eine leere Liste.

Fahren Sie mit dem Beispiel in der interaktiven Shell fort, indem Sie die Methode `setProperty()` aufrufen, um diese Einstellungen zu ändern:

```
>>> engine.setProperty('rate', 300)
>>> engine.setProperty('volume', 0.5)
>>> voices = engine.getProperty('voices')
>>> engine.setProperty('voice', voices[2].id)
>>> engine.say('Franz jagt im komplett verwahrlosten Taxi quer durch
Bayern.')
>>> engine.runAndWait()
```

In diesem Beispiel wird die Sprechgeschwindigkeit auf 300 Wörter pro Minute gesetzt und die Lautstärke auf 50 Prozent eingestellt, indem `0.5` für den `'volume'`-Wert übergeben wird. Anschließend wird die Stimme auf die deutsche »Hedda«-Stimme von Windows geändert, indem das `id`-Attribut des `Voice`-Objekts am Index 2 der von `getProperty('voices')` zurückgegebenen Liste übergeben wird. Beachten Sie zudem, dass zur Einstellung der Stimme der singuläre `'voice'`-String und nicht der Plural `'voices'`-String zu verwenden ist.

Sprachausgabe als WAV-Dateien speichern

Die Methode `save_to_file()` des Moduls `pyttsx3` kann die generierte Sprachausgabe in einer WAV-Datei (mit der Dateierweiterung *.wav*) speichern. Geben Sie Folgendes in der interaktiven Shell ein:

```
>>> import pyttsx3
>>> engine = pyttsx3.init()
>>> engine.save_to_file('Hallo. Wie geht es denn so?', 'hallo.wav')
>>> engine.runAndWait()  # Der Computer erzeugt hello.wav.
```

Das erste Argument von `save_to_file()` ist ein String des zu erzeugenden gesprochenen Textes, während das zweite String-Argument den Dateinamen der *.wav*-Datei angibt. Der Text-String kann ein kurzer Satz sein, wie im Beispiel der interaktiven Shell, oder auch seitenlanger Text. Auf meinem Computer konnte `pyttsx3` einen String mit 1800 Wörtern in etwa zwei Sekunden in eine zehnminütige Audiodatei umwandeln. Es ist wichtig zu beachten, dass das alleinige Aufrufen von `save_to_file()` nicht ausreicht. Sie müssen außerdem die Methode `runAndWait()` aufrufen, bevor Python die *.wav*-Datei erstellt.

Das Modul `pyttsx3` kann nur *.wav*-Dateien speichern, keine *.mp3*-Dateien oder andere Audioformate.

Spracherkennung

Whisper ist ein Spracherkennungssystem, das mehrere Sprachen erkennen kann. Bei einer Audio- oder Videodatei kann Whisper die Sprache als Text in einem Python-String zurückgeben. Zudem liefert es Start- und Endzeiten für Wortgruppen, die zur Erstellung von Untertiteldateien genutzt werden können.

Installieren Sie Whisper, indem Sie im Terminal `pip install openai-whisper` ausführen. (Beachten Sie, dass das Spracherkennungspaket `openai-whisper` heißt; das Paket `whisper` auf der PyPI-Website bezieht sich auf etwas anderes.) Dies ist ein großer Download; die Installation kann mehrere Minuten in Anspruch nehmen. Beim ersten Aufruf der Funktion `load_model()` lädt Ihr Computer zudem das Spracherkennungsmodell herunter, das mehrere hundert Megabyte oder mehr umfassen kann.

Angenommen, Sie verfügen über eine Audiodatei namens *hallo.wav* im aktuellen Arbeitsverzeichnis (Whisper kann auch *.mp3* und zahlreiche andere Audioformate verarbeiten). Folgendes lässt sich in die interaktive Shell eingeben:

```
>>> import whisper
>>> model = whisper.load_model('base')
>>> result = model.transcribe('hallo.wav')
>>> print(result['text'])
Hallo. Wie geht es Ihnen?
```

Nachdem Sie das Modul `whisper` importiert haben, ist das gewünschte Spracherkennungsmodell durch Aufruf der Funktion `whisper.load_model()` zu laden. Übergeben Sie dazu den Namen des trainierten Machine-Learning-Modells, das Sie verwenden möchten: `'tiny'`, `'base'`, `'small'`, `'medium'` oder `'large-v3'` (neue Modelle werden fortlaufend veröffentlicht). Die kleineren Modelle transkribieren Audiodateien schneller, die größeren zeichnen sich jedoch durch eine höhere Genauigkeit aus – selbst bei Hintergrundgeräuschen.

Beim erstmaligen Laden eines Modells muss der Computer mit dem Internet verbunden sein, damit das Modul `whisper` dieses von den Servern von OpenAI herunterladen kann. Tabelle 24.1 enthält die Modellnamen als Strings, die an die Funktion `whisper.load_model()` übergeben werden können, zusammen mit deren Dateigröße, Speicherbedarf und den Ergebnissen einiger Laufzeittests auf meinem Laptop.

Modell	Größe	Geschätzter Hauptspeicherbedarf	Laufzeit für ein 10s/3-Wort Audio	Laufzeit für ein 15m/1800-Wort Audio
`'tiny'`	74 MB	1 GB	1,9 s	1 m 20 s
`'base'`	142 MB	1 GB	3,0 s	2 m 34 s
`'small'`	472 MB	2 GB	9,6 s	6 m 37 s
`'medium'`	1,5 GB	5 GB	28,6 s	20 m 17 s
`'large-v3'`	3 GB	10 GB	51,9 s	32 m 58 s
`'large-v3-turbo'`	3 GB	8 GB	28 s *	17 m 30 s *
`'tiny-q5_1'`	32 MB	0,6 GB	1,2 s *	0 m 55 s *

Tab. 24.1 *Eigenschaften der Whisper-Spracherkennungsmodelle (*geschätzt)*

Nach meiner persönlichen Einschätzung sollte das `'base'`-Modell für 99 Prozent der Anwendungsfälle geeignet sein, während das `'medium'`-Modell ausreichend ist, wenn eine höhere Genauigkeit erforderlich ist. Alle Modelle produzieren Fehler, daher sollte das Ergebnis stets einer menschlichen Überprüfung unterzogen werden. Sollten Sie zahlreiche Transkriptionsfehler im Text feststellen, empfiehlt es sich, mit größeren Modellen zu experimentieren; bei zu langen Transkriptionszeiten durch Whisper können kleinere Modelle verwendet werden. Wie Tabelle 24.1 zeigt, besteht jedoch ein erheblicher Unterschied zwischen den zwei Minuten und 34 Sekunden, die das `'base'`-Modell für die Transkription von 15 Minuten Audio benötigt, und den nahezu 33 Minuten, die das `'large-v3'`-Modell erfordert. Es gibt auch spezialisierte Modelle wie `'primeline/whisper-large-v3-turbo-german'`, das mit größerer Genauigkeit für deutsches Audio wirbt; Größe und Geschwindigkeit entsprechen `'large-v3-turbo'`.

Mit dem `model.Whisper`-Objekt, das `whisper.load_model()` zurückgibt, lässt sich die Methode `transcribe()` aufrufen, um die Transkription durchzuführen. Der Methode ist der Name der Audiodatei zu übergeben. Diese Methode benötigt, abhängig vom Modell und der Länge der Audiodatei, einige Sekunden bis mehrere Stunden zur Ausführung. Whisper akzeptiert beliebige Audio- oder Videodateien und konvertiert sie automatisch in das erforderliche Format.

Whisper erkennt die Sprache der Audiodatei automatisch, jedoch kann die Sprache durch Übergabe des Schlüsselwortarguments `language` an `transcribe()` festgelegt werden, beispielsweise durch `model.transcribe('hallo.wav', language='de')`. Eine Übersicht der von Whisper unterstützten Sprachen erhalten Sie, indem Sie `whisper --help` im Terminal ausführen. Whisper ist recht gut (wenn auch nie perfekt) darin, Satzzeichen einzufügen und Eigennamen korrekt zu schreiben. Überprüfen Sie jedoch stets die Ausgabe, um eventuelle Fehler zu bereinigen. Das Dictionary, das `model.transcribe()` zurückgibt, enthält mehrere Schlüssel-Wert-Paare, wobei der Schlüssel `'text'` den String der Transkription beinhaltet.

Standardmäßig verwendet Whisper Ihre CPU zur Transkription von Text. Falls Ihr Computer jedoch über eine 3D-Grafikkarte verfügt, lässt sich die Transkription durch die Nutzung der Grafikkarte (GPU) erheblich beschleunigen. Wie Sie das einrichten, steht in der Online-Dokumentation unter *https://github.com/openai/whisper* zur Verfügung. Sofern Ihr Computer mit einer NVIDIA-Grafikkarte ausgestattet ist, folgen Sie bitte den Anweisungen im Anhang A, um Pakete für eine schnellere Spracherkennung zu installieren. Um die GPU zu verwenden, müssen Sie Zeile `whisper.load_model('base')` in diesem Kapitel durch `whisper.load_model('base', device='cuda')` ersetzen.

Zusätzliche Optionen für Whisper finden Sie in der Online-Dokumentation.

Erstellung von Untertiteldateien

Neben dem transkribierten Audio enthält das Ergebnis-Dictionary von Whisper Zeitangaben, die den Zeitpunkt des gesprochenen Texts in der Audiodatei kennzeichnen. Sie können diesen Text und die Zeitangaben nutzen, um Untertiteldateien zu generieren, die von anderer Software verarbeitet werden können. Die beiden gebräuchlichsten Untertitel-Dateiformate sind SRT SubRip Subtitle (mit der Dateierweiterung *.srt*) und VTT Web Video Text Tracks (mit der Dateierweiterung *.vtt*). SRT stellt einen älteren und weiter verbreiteten Standard dar, während moderne Video-Websites in der Regel VTT verwenden. Die Formate ähneln sich. Im Folgenden findet sich ein Beispiel für den ersten Teil einer SRT-Datei:

```
1
00:00:00,000 --> 00:00:05,640
Dinosaurier sind eine vielfältige Gruppe von Reptilien der Klade
Dinosauria.
Sie erschienen erstmals
2
00:00:05,640 --> 00:00:14,960
im Trias-Zeitalter. Vor zwischen 245 und 233,23 Millionen Jahren.
--schnipp--
```

Vergleichen Sie dies mit dem ersten Teil einer VTT-Datei zu denselben Untertiteln:

```
WEBVTT

00:00.000 --> 00:05.640
Dinosaurier sind eine vielfältige Gruppe von Reptilien der Klade
Dinosauria.
Sie erschienen erstmals

00:05.640 --> 00:14.960
im Trias-Zeitalter. Vor zwischen 245 und 233,23 Millionen Jahren.
--schnipp--
```

Beide Dateien zeigen an, dass die Worte »Dinosaurier sind eine vielfältige Gruppe ...« vom Beginn der transkribierten Audiodatei (bei 0 Sekunden) bis zur Marke von 5,640 Sekunden erscheinen.

Whisper kann seine Ergebnisse auch als TSV-Daten (mit der Erweiterung *.tsv*) oder als JSON-Daten (mit der Erweiterung *.json*) ausgeben. TSV ist kein offizielles Untertitelformat, kann jedoch nützlich sein, wenn Sie die Text- und Zeitdaten beispielsweise in ein anderes Python-Programm exportieren müssen, das diese mit dem in Kapitel 18 behandelten Modul `csv` einlesen kann. TSV-formatierte Untertitel erscheinen wie folgt:

```
start  end    text
0      5640   Dinosaurier sind eine vielfältige Gruppe von Reptilien …
5640   14960  traten während der Triaszeit auf. Vor zwischen 245 und …
--schnipp--
```

Um diese Untertiteldateien zu erstellen, müssen Sie zwei zusätzliche Zeilen Code nach dem Aufruf von `model.transcribe()` einfügen:

```
>>> import whisper
>>> model = whisper.load_model('base')
>>> ergebnis = model.transcribe('hallo.wav')
>>> ausgabe_funktion = whisper.utils.get_writer('srt', '.') ❶
>>> ausgabe_funktion(ergebnis, 'audio') ❷
```

Die Funktion `whisper.utils.get_writer()` ❶ nimmt als String das Untertiteldateiformat (`'srt'`, `'vtt'`, `'txt'`, `'tsv'` oder `'json'`) sowie den Ordner entgegen, in dem die Datei gespeichert werden soll (wobei der String `'.'` das aktuelle Arbeitsverzeichnis bezeichnet). Die Funktion `get_writer()` gibt eine Funktion zurück, um die Transkriptionsergebnisse zu übergeben (dies ist eine eher ungewöhnliche Methode zur Erstellung der Transkriptdateien, entspricht jedoch dem Aufbau des `whisper`-Moduls). Diese wird in einer Variablen mit dem Namen `ausgabe_funktion` gespeichert, die anschließend wie eine Funktion aufgerufen und mit dem Dictionary `ergebnis` sowie dem Dateinamen für die Untertiteldatei verwendet werden kann ❷. Diese beiden Codezeilen erzeugen im aktuellen Arbeitsverzeichnis eine SRT-formatierte Datei namens *audio.srt*, wobei die Text- und Zeitinformationen aus dem `ergebnis`-Dictionary übernommen werden.

Herunterladen von Videos von Websites

Das Herunterladen von Audiodateien zur Transkription mit der Spracherkennung von Whisper gestaltet sich häufig unkompliziert, während Video-Websites wie YouTube das Herunterladen ihrer Inhalte oft erschweren. Das Modul `yt-dlp` ermöglicht es, mit Python-Skripten Videos von YouTube und Hunderten anderer Video-Websites herunterzuladen, sodass Sie diese offline ansehen können. Anhang A enthält Anweisungen zur Installation von `yt-dlp`. Nach der Installation ermöglicht der folgende Code den Download des Videos unter der angegebenen URL:

```
>>> import yt_dlp
>>> video_url = 'https://www.youtube.com/watch?v=kSrnLbioN6w'
>>> with yt_dlp.YoutubeDL() as ydl:
...     ydl.download([video_url])
...
```

Es ist zu beachten, dass die Funktion `ydl.download()` eine Liste von Video-URLs erwartet. Daher wird der `video_url`-String vor dem Funktionsaufruf in eine Liste gesetzt. Der Dateiname des Videos basiert auf dem Titel der Videoseite und kann eine Dateierweiterung wie *.mp4*, *.mkv* oder ein anderes Videoformat besitzen. Während des Downloads erscheint eine Vielzahl an Debug-Ausgaben.

Die Videoseite kann den Download aufgrund von Alters- oder Login-Beschränkungen, geografischen Einschränkungen oder Maßnahmen gegen Web Scraping verweigern. Sollten Fehler auftreten, empfiehlt es sich als ersten Schritt, die aktuelle Version von `yt-dlp` zu installieren, da durch diese Aktualisierung die Kompatibilität mit sich ändernden Layouts der Videoseiten erhalten bleibt.

Sie können sich über die zahlreichen Konfigurationsoptionen von `yt-dlp` in der Online-Dokumentation unter *https://pypi.org/project/yt-dlp* informieren. Beispielsweise lässt sich die Audiospur eines YouTube-Videos extrahieren, indem ein Dictionary mit Konfigurationseinstellungen an die Funktion `yt_dlp.YoutubeDL()` übergeben wird:

```
>>> import yt_dlp
>>> video_url = 'https://www.youtube.com/watch?v=kSrnLbioN6w'
>>> options = {
...     'quiet': True,  # Debug-Ausgaben unterdrücken. ❶
...     'no_warnings': True,  # Warnungen unterdrücken.
...     'outtmpl': 'runtergeladener_inhalt.%(ext)s', ❷
...     'format': 'm4a/bestaudio/best',
...     'postprocessors': [{  # Audio mit ffmpeg extrahieren.
...         'key': 'FFmpegExtractAudio',
...         'preferredcodec': 'm4a',
...     }]
...}
...
>>> with yt_dlp.YoutubeDL(options) als ydl:
...     ydl.download([video_url])
...
```

Die Schlüssel-Wert-Paare `'quiet': True` und `'no_warnings': True` ❶ verhindern die ausführliche Debug-Ausgabe. Das an `yt_dlp.Youtube()` übergebene `options`-Dictionary weist es an, das Video herunterzuladen und anschließend die Audiospur in eine Datei mit dem Namen *runtergeladener_inhalt.m4a* zu extrahieren ❷. Die Dateierweiterung kann abweichen, falls das Video ein anderes Audioformat aufweist, wobei das *.m4a*-Format am häufigsten verwendet wird. Hätte der Schlüssel `'outtmpl'` gefehlt, würde sich der heruntergeladene Dateiname aus dem Titel des Videos ergeben (abzüglich Zeichen, die in Dateinamen nicht zulässig sind, etwa Fragezeichen und Doppelpunkte).

Um den genauen Dateinamen zu ermitteln, lassen sich Glob-Muster heranziehen, wie sie in Kapitel 10 behandelt werden. Es ist bekannt, dass der Hauptteil des Dateinamens 'runtergeladener_inhalt' lautet, die Dateierweiterung jedoch jedes beliebige Audioformat sein kann. Der folgende Code nutzt Path-Objekte, um den genauen heruntergeladenen Dateinamen zu ermitteln:

```
>>> from pathlib import Path
>>> mögliche_dateinamen = list(Path().glob('downloaded_content.*'))
>>> runtergeladener_dateiname = str(mögliche_dateinamen[0])
>>> downloaded_filename
'runtergeladener_inhalt.m4a'
```

Die Vergabe eines Dateinamens erleichtert es dem Code, diese Datei später zu verwenden, etwa indem sie durch die Whisper-Spracherkennung verarbeitet wird. Die 'base'- und 'medium'-Modelle erzeugen deutlich hochwertigere Untertitel als die derzeit von YouTube automatisch generierten Untertitel.

Wenn Sie lediglich die Informationen zu einem bestimmten Video herunterladen möchten, können Sie yt-dlp anweisen, die Datei zu überspringen und ausschließlich die Metadaten mit folgendem Code herunterzuladen:

```
>>> import yt_dlp, json
>>> video_url = 'https://www.youtube.com/watch?v=kSrnLbioN6w'
>>> options = {
...     'quiet': True,  # Die Debug-Ausgabe unterdrücken.
...     'no_warnings': True,  # Warnungen unterdrücken.
...     'skip_download': True,  # Das Video nicht herunterladen. ❶
...}
...
>>> with yt_dlp.YoutubeDL(options) als ydl:
...     info = ydl.extract_info(video_url) ❷
...     json_info = ydl.sanitize_info(info) ❸
...     print('TITEL:', json_info['title'])  # Den Titel des Videos
ausgeben.
...     print('KEYS:', json_info.keys())
...     with open('metadata.json', 'w', encoding='utf-8') as json_
file:
...         json_file.write(json.dumps(json_info)) ❹
...
TITEL: Beyond the Basic Stuff with Python - Al Sweigart - Teil 1
KEYS: dict_keys(['id', 'title', 'formats', 'thumbnails', 'thumbnail',
'description', 'channel_id', 'channel_url', 'Dauer', 'view_count',
'average_rating', 'age_limit', 'webpage_url',
--schnipp--
```

Möchten Sie lediglich die Metadaten des Videos und nicht das Video selbst, so ist das Schlüssel-Wert-Paar 'skip_download': True im an yt_dlp.YoutubeDL() ❶ übergebenen Dictionary `options` einzufügen. Der Aufruf der Methode `ydl.extract_info()` gibt ein Dictionary mit Informationen über das Video zurück ❷. Einige dieser Daten sind unter Umständen nicht korrekt im JSON-Format (siehe Kapitel 18), doch durch den Aufruf von `ydl.sanitize()` kann eine JSON-kompatible Form erzielt werden ❸. Das Dictionary, das die Methode `sanitize()` zurückgibt, enthält mehrere Schlüssel, darunter `'title'` für den Namen des Videos, `'duration'` für die Länge des Videos in Sekunden und weitere. Darüber hinaus speichert unser Code diese JSON-Daten in einer Datei namens *metadata.json* ❹.

Zusammenfassung

Eine der herausragenden Stärken von Python ist das umfangreiche Ökosystem an Drittanbieter-Paketen für Aufgaben wie Text-zu-Sprache und Spracherkennung. Diese Pakete greifen einige der anspruchsvollsten Probleme der Informatik auf und stellen deren Lösungen mit nur wenigen Codezeilen für Programme bereit.

Das Paket pyttsx3 führt Text-zu-Sprache mithilfe der Sprachausgabe des Computers aus, um Audiodateien zu erzeugen, die entweder über die Lautsprecher abgespielt oder in einer *.wav*-Datei gespeichert werden können. Das Spracherkennungssystem Whisper verwendet verschiedene zugrunde liegende Modelle, um die Wörter einer Audiodatei zu transkribieren. Diese Modelle besitzen unterschiedliche Größen; kleinere Modelle transkribieren schneller, jedoch mit geringerer Genauigkeit, während größere Modelle langsamer, aber genauer arbeiten. Sie arbeiten mit vielen menschlichen Sprachen, nicht nur mit Englisch. Whisper läuft auf Ihrem Computer und verbindet sich nur beim erstmaligen Herunterladen des Modells mit Online-Servern.

Die von diesen Python-Paketen genutzten Spracherkennungsengines haben einen erheblichen Qualitätssprung erfahren, der vor den 2020er-Jahren nicht verfügbar war. Python fungiert als ausgezeichnete »Klebesprache«, durch die sich Ihre Skripte mit dieser Software verbinden lassen, sodass Sie diese Sprachfunktionen mit wenigen Codezeilen eigenen Programmen hinzufügen können. Wenn Sie sich weitergehend mit Text-zu-Sprache und Spracherkennung beschäftigen möchten, finden Sie zahlreiche interessante Beispielprojekte in *Make Python Talk* von Mark Liu (No Starch Press, 2021).

Übungsfragen

1. Wie lässt sich die Sprechgeschwindigkeit der Stimme von `pyttsx3` erhöhen?
2. In welches Audio-Format speichert `pyttsx3`?
3. Sind pyttsx3 und Whisper auf Online-Dienste angewiesen?
4. Unterstützen pyttsx3 und Whisper neben Englisch auch andere Sprachen?
5. Wie lautet der Name des Standardmodells für maschinelles Lernen von Whisper zur Spracherkennung?
6. Welche zwei gängigen Formate gibt es für Untertiteltextdateien?
7. Kann `yt-dlp` Videos auch von anderen Webseiten als YouTube herunterladen?

Übungsprogramme

Erstellen Sie zu Übungszwecken Programme, die die folgenden Aufgaben ausführen.

Sprachausgabe zum Zahlenratespiel hinzufügen

Überarbeiten Sie das Zahlenratespiel aus Kapitel 3 und ergänzen Sie eine Sprachfunktion. Ersetzen Sie alle Aufrufe von `print()` durch Aufrufe einer Funktion mit dem Namen `speak()`. Definieren Sie anschließend die Funktion `speak()` so, dass sie ein String-Argument annimmt (analog zu `print()`), den String auf dem Bildschirm ausgibt und zusätzlich laut vorliest. Beispielsweise ersetzen Sie diese Codezeile

```
print('Ich denke an eine Zahl zwischen 1 und 20.')
```

mit folgender Programmzeile:

```
sage('I am thinking of a number between 1 and 20.')
```

Um die Sprachgenerierungsfunktion vollständig zu nutzen, sind die Texte `'Zu niedrig geraten.'` und `'Zu hoch geraten.'` so anzupassen, dass die Zahl des Spielenden genannt wird. Beispielsweise sollte der Computer sagen: »Ihr Tipp, 42, ist zu niedrig.« Auch in anderen Projekten dieses Buches, etwa beim Spiel Schere, Stein, Papier, lässt sich die Sprachfunktion integrieren.

»99 Bottles of Beer« singen

Kumulative Lieder sind Lieder, deren Strophen sich mit Ergänzungen oder kleinen Änderungen wiederholen. Die Lieder »99 Bottles of Beer« und »The 12 Days of Christmas« sind Beispiele für kumulative Lieder. Schreiben Sie ein Programm, das den Liedtext von »99 Bottles of Beer« singt oder zumindest spricht:

```
99 Flaschen Bier an der Wand,
99 Flaschen Bier,
Eine herunternehmen, herumgeben,
98 Flaschen Bier an der Wand.
```

Diese Liedzeilen wiederholen sich, jeweils mit einer Flasche weniger. Das Lied läuft weiter, bis es bei null Flaschen angekommen ist. In der letzten Linie steht dann: »Keine Flaschen Bier mehr an der Wand.« (Sie können das Programm bei 2 oder 3 Flaschen starten, um das Testen zu erleichtern.)

YouTube-Transkriptor

Sie können ein Programm schreiben, das die Funktionen von `yt-dlp` und Whisper kombiniert, um automatisch YouTube-Videos herunterzuladen und Untertiteldateien im *.srt*-Format zu erzeugen. Als Eingabe kann eine Liste von URLs dienen, die heruntergeladen und transkribiert werden sollen. Es lässt sich außerdem die Option hinzufügen, verschiedene Untertitelformate zu erzeugen. Python eignet sich hervorragend als »Klebesprache«, um die Fähigkeiten unterschiedlicher Module zu kombinieren.

A

Installation von Drittanbieter-Paketen

Viele Entwickler haben eigene Module geschrieben und damit Pythons Möglichkeiten über die Standardbibliothek hinaus erweitert. Der wichtigste Weg, auf Drittanbieter-Pakete zuzugreifen, ist das Python-Tool pip, das Module sicher vom Python Package Index (PyPI) – einer Art kostenloser App-Store für Python-Module – auf Ihren Computer herunterlädt und installiert. Dieser Anhang enthält Anweisungen zur Installation der im gesamten Buch verwendeten Pakete.

Allgemeine Informationen zur Arbeit mit der Kommandozeile, zu virtuellen Umgebungen, Paketen und Modulen finden Sie in Kapitel 12.

pip installieren

Die ausführbare Datei für das Werkzeug pip heißt unter Windows `pip` und unter macOS sowie Linux `pip3`. Das Werkzeug pip ist seit Python Version 3.4 enthalten. Bestimmte Linux-Distributionen liefern es jedoch möglicherweise nicht vorinstalliert aus.

Um pip3 unter Ubuntu oder Debian Linux zu installieren, öffnen Sie ein neues Terminalfenster und geben Sie `sudo apt install python3-pip` ein. Um pip3 unter Fedora Linux zu installieren, geben Sie `sudo yum install python3-pip` ein. Diese Kommandos fordern Sie zur Eingabe des Administratorpassworts Ihres Computers auf.

pip auffinden

Wenn sich der Ordner von pip nicht in der Umgebungsvariable `PATH` befindet, müssen Sie möglicherweise vorher im Terminalfenster mit dem `cd`-Kommando das Verzeichnis wechseln, bevor Sie pip ausführen. Ermitteln Sie zunächst Ihren Benutzernamen, indem Sie unter Windows `echo %USERNAME%` oder unter macOS und Linux `whoami` ausführen.

Führen Sie anschließend unter Windows das folgende Kommando aus, wobei Sie Ihren Benutzernamen angeben und den Ordnernamen an die bei Ihnen installierte Python-Version anpassen:

```
C:\Benutzer\al>cd C:\Benutzer\IhrName\AppData\
  Local\Programs\Python\Python313\Scripts
```

Unter macOS führen Sie stattdessen dieses Kommando aus (geben Sie unbedingt den korrekten Ordnernamen an):

```
al@Als-MacBook-Pro ~ %cd /Library/Frameworks/Python.framework/
Versions/3.13/bin/
```

Unter Linux führen Sie dieses Kommando aus und geben dabei Ihren Benutzernamen an:

```
al@al-VirtualBox:~$ cd /home/ihr_name/.local/bin/
```

Sie sollten sich nun im richtigen Ordner befinden, um das pip-Tool auszuführen. Alternativ können Sie diese Ordner der `PATH`-Umgebungsvariable hinzufügen, indem Sie die Anweisungen in Kapitel 12 unter »Die Umgebungsvariable PATH« befolgen.

Pip aus virtuellen Umgebungen ausführen

Einige Betriebssysteme erlauben die Ausführung von pip nur, wenn Sie zuvor mithilfe des in Python integrierten Moduls venv eine virtuelle Umgebung erstellt und aktiviert haben. Für das Erlernen von Python und zum Experimentieren mit Code genügt es, eine virtuelle Umgebung für alle Ihre Programme zu erstellen. Weitere Informationen finden Sie in Kapitel 12 unter »Virtuelle Umgebungen«.

Installation der in diesem Buch verwendeten Pakete

Da zukünftige Änderungen von Drittanbieter-Paketen möglicherweise nicht mit den Codebeispielen dieses Buches kompatibel sind, empfiehlt es sich, exakt die in diesem Buch verwendeten Versionen zu installieren, indem Sie == an den Modulnamen anhängen. (Beachten Sie die beiden Gleichheitszeichen in dieser Kommandozeilenoption.) Zum Beispiel installiert `pip install send2trash==1.8.3` die Version 1.8.3 des Pakets send2trash.

Der einfachste Weg, alle kompatiblen Pakete auf einmal zu installieren, ist die Installation des Pakets automateboringstuff3. Dieses Paket wird aktualisiert, sobald neue Versionen der Drittanbieter-Pakete verfügbar sind, sofern diese mit den Codebeispielen im Buch kompatibel bleiben. Wenn Sie die neuesten Versionen installieren möchten, konsultieren Sie deren Online-Dokumentation für aktuelle Hinweise zur Verwendung.

Führen Sie unter Windows das folgende Kommando aus:

```
C:\Benutzer\al>python -m pip install automateboringstuff3
```

Unter macOS und Linux führen Sie dieses Kommando aus:

```
al@Als-MacBook-Pro ~ % python3 -m pip install automateboringstuff3
```

Für die Installation des PyAutoGUI-Pakets aus Kapitel 23 auf Linux sind zusätzliche Schritte erforderlich. Sie müssen ein Terminal-Fenster öffnen und `sudo apt install python3-tk` sowie `sudo apt install python3-dev` ausführen. Um das Modul `pyperclip` aus Kapitel 8 unter Linux funktionsfähig zu machen, müssen Sie `sudo apt install xclip` ausführen. Sie benötigen jeweils das Administratorkennwort des Computers.

Zum Zeitpunkt der Veröffentlichung installieren diese Kommandos die folgenden Versionen der Pakete:

```
beautifulsoup4 == 4.12.3
matplotlib==3.9.2
openpyxl==3.1.5
pdfminer.six==20240706
pillow==10.4.0
playsound3==1.3.0
playwright==1.47.0
PyPDF==5.0.1
python-docx==1.1.2
pyttsx3 == 2.98
PyYAML==6.0.2
requests==2.32.3
selenium==4.25.0
send2trash==1.8.3
tomli_w==1.0.0
xmltodict==0.13.0
```

Zusätzlich installiert das Paket automateboringstuff3 stets die jeweils aktuelle Version dieser Pakete:

```
bext
ezgmail
ezsheets
humre
pyautogui
pymsgbox
pyperclip
pyperclipimg
yt-dlp
```

Das Playwright-Paket erfordert einen weiteren Schritt, um die separaten Browser zu installieren, die das Modul verwendet. Führen Sie nach der Installation des Pakets automateboringstuff3 `playwright install` aus, um die von Playwright benötigten Browser zu installieren.

Die in Kapitel 22 behandelte pytesseract-Bibliothek und das in Kapitel 24 behandelte openai-whisper-Paket sind relativ umfangreich, und möglicherweise möchten einige Leserinnen und Leser deren Installation vermeiden. Daher wurden sie nicht in das Paket automateboringstuff3 aufgenommen. Unter Windows lassen sie sich installieren, indem Sie Folgendes ausführen:

```
C:\Benutzer\al>pip install pytesseract==0.3.10
C:\Benutzer\al>pip install openai-whisper==20231117
```

Unter macOS und Linux bitte Folgendes ausführen:

```
al@Als-MacBook-Pro ~ % pip3 install pytesseract==0.3.10
al@Als-MacBook-Pro ~ % pip3 install openai-whisper==20231117
```

Unter Windows könnte beim Installieren von Whisper ein Fehler wie der folgende auftreten:

```
A module that was compiled using NumPy 1.x cannot be run in

NumPy 2.0.1 as it may crash
```

Beheben Sie dieses Problem, indem Sie `pip install "numpy<2"` ausführen, um NumPy auf eine kompatible Version zu downgraden. Achten Sie darauf, die doppelten Anführungszeichen einzuschließen.

Darüber hinaus kann das Whisper-Paket die NVIDIA-Grafikkarte (GPU) Ihres Computers nutzen, um die Spracherkennung schneller auszuführen, wenn Sie dieses Kommando verwenden:

```
C:\Benutzer\al>pip install torch torchvision torchaudio --index-url
https://download.pytorch.org/whl/cu118
```

Computer mit GPUs anderer Marken als NVIDIA, einschließlich aller MacBooks, unterstützen diese Funktion nicht.

B
Antworten auf Übungsfragen

Dieser Anhang enthält die Antworten auf die Übungsfragen am Ende jedes Kapitels. Ich empfehle Ihnen ausdrücklich, sich die Zeit zu nehmen, um diese Fragen selbstständig zu bearbeiten. Programmieren bedeutet mehr, als nur Syntax und Funktionsnamen auswendig zu lernen. Wie beim Erwerb einer Fremdsprache gilt: Je mehr Sie üben, desto mehr Nutzen ziehen Sie daraus. Es gibt auch zahlreiche Webseiten mit Programmierübungen.

Bei den Übungsprogrammen gibt es nicht nur die eine richtige Lösung. Solange Ihr Programm die geforderten Aufgaben erfüllt, können Sie es als korrekt betrachten. Falls Sie Beispiele für abgeschlossene Projekte sehen möchten, finden Sie diese beim Zusatzmaterial dieses Buchs unter *https://dpunkt.de/produkt/routineaufgaben-mit-python-automatisieren-3*.

Kapitel 1

1. Die Operatoren sind `+`, `-`, `*` und `/`. Die Werte sind `'hallo'`, `-88.8` und `5`.
2. Der String ist `'spam'`; die Variable ist `spam`. Strings beginnen und enden stets mit Anführungszeichen.
3. Die drei in diesem Kapitel vorgestellten Datentypen sind Ganzzahlen, Gleitkommazahlen und Strings.
4. Ein Ausdruck setzt sich aus Werten und Operatoren zusammen. Alle Ausdrücke werden zu einem einzigen Wert ausgewertet.
5. Ein Ausdruck ergibt einen einzelnen Wert. Eine Anweisung tut dies nicht.
6. Die Variable `bacon` wird auf `20` gesetzt. Der Ausdruck `bacon + 1` weist der Variablen `bacon` keinen neuen Wert zu (dafür ist eine Zuweisung erforderlich: `bacon = bacon + 1`).
7. Beide Ausdrücke ergeben den String `'spamspamspam'`.
8. Variablennamen dürfen nicht mit einer Zahl beginnen.
9. Die Funktionen `int()`, `float()` und `str()` geben die Ganzzahl-, Gleitkommazahlen- bzw. String-Version des übergebenen Werts zurück.
10. Der Ausdruck führt zu einem Fehler, da `99` eine Ganzzahl ist und Sie mit dem Operator `+` nur Strings mit anderen Strings verketten können. Die korrekte Schreibweise ist: `Ich habe ' + str(99) + ' Würstchen gegessen.'`

Kapitel 2

1. `True` und `False` werden mit einem großen *T* bzw. *F* geschrieben, während der Rest des Wortes kleingeschrieben wird.
2. `and`, `or` und `not`
3. `True and True` ergibt `True`.
   `True and False ergibt False.`
   `False and True ergibt False.`
   `False and False ergibt False.`
   `True or True ergibt True.`
   `True or False ergibt True.`
   `False or True ergibt True.`
   `False or False ergibt False.`
   `not True ergibt False.`
   `not False ergibt True.`

4.
```
False
False
True
False
False
True
```

5. ==, !=, <, >, <= und >=

6. == ist der Gleichheitsoperator, der zwei Werte vergleicht und einen booleschen Wert ergibt, während = der Zuweisungsoperator ist, der einen Wert in einer Variablen speichert.

7. Eine Bedingung ist ein Ausdruck, der in einer Kontrollstruktur verwendet wird und zu einem booleschen Wert ausgewertet wird.

8. Die Zeilen `print('bacon')` und `print('ham')` stellen jeweils eigenständige Blöcke dar. Ein dritter Block umfasst alles, was nach `if spam == 10:` und vor dem abschließenden `print('Done')` steht:

```
print('eggs')
if spam > 5:
    print('bacon')
else:
    print('ham')
print('spam')
```

9. Der Code:

```
if spam == 1:
    print('Hallo')
elif spam == 2:
    print('Tagchen')
else:
    print(Grüße!')
```

Kapitel 3

1. Drücken Sie Strg-C, um ein Programm zu beenden, das in einer Endlosschleife festhängt.

2. Die `break`-Anweisung bewirkt, dass die Ausführung außerhalb und direkt nach der Schleife fortgesetzt wird. Die `continue`-Anweisung führt dazu, dass die Ausführung an den Anfang der Schleife zurückspringt.

3. Sie tun alle dasselbe. Der Aufruf `range(10)` läuft von `0` bis (aber ohne) `10`, `range(0, 10)` gibt explizit an, dass die Schleife bei `0` beginnt, und `range(0, 10, 1)` legt explizit fest, dass die Variable bei jedem Durchlauf um `1` erhöht wird.

4. Der Code:

```
for i in range(1, 11):
    print(i)
```

und:

```
i = 1
while i <= 10:
    print(i)
    i = i + 1
```

5. Diese Funktion können Sie mit `spam.bacon()` aufrufen.

Kapitel 4

1. Funktionen reduzieren den Bedarf an doppeltem Code. Dadurch werden Programme kürzer, leichter lesbar und einfacher zu aktualisieren.
2. Der Code einer Funktion wird ausgeführt, wenn die Funktion aufgerufen wird – nicht, wenn sie definiert wird.
3. Die `def`-Anweisung definiert (also erstellt) eine Funktion.
4. Eine Funktion besteht aus der `def`-Anweisung und dem Code in ihrem `def`-Block. Ein Funktionsaufruf bewirkt, dass die Programmausführung in die Funktion wechselt. Der Funktionsaufruf wird zum Rückgabewert der Funktion ausgewertet.
5. Es gibt einen globalen Gültigkeitsbereich. Bei jedem Funktionsaufruf wird ein lokaler Gültigkeitsbereich erzeugt.
6. Wenn eine Funktion zurückkehrt, wird der lokale Gültigkeitsbereich zerstört und alle darin enthaltenen Variablen werden vergessen.
7. Ein Rückgabewert ist der Wert, zu dem ein Funktionsaufruf ausgewertet wird. Wie jeder andere Wert kann ein Rückgabewert in einem Ausdruck verwendet werden.
8. Wenn es keine `return`-Anweisung gibt, hat die Funktion den Rückgabewert `None`.
9. Durch eine `global`-Anweisung wird eine Variable in einer Funktion darauf festgelegt, sich auf die globale Variable zu beziehen.
10. Der Datentyp von `None` ist `NoneType`.
11. Diese `import`-Anweisung importiert ein Modul mit dem Namen `heissenalle-ihrehaustiereeric`. (Dies ist übrigens kein echtes Python-Modul.)

12. Diese Funktion können Sie mit `spam.bacon()` aufrufen.
13. Platzieren Sie die Codezeile, die einen Fehler verursachen könnte, in einen `try`-Block.
14. Der Code, der möglicherweise einen Fehler verursachen könnte, gehört in den `try`-Block. Der Code, der ausgeführt wird, falls ein Fehler auftritt, steht im `except`-Block.
15. Die globale Variable `zufallszahl` wird einmalig auf eine Zufallszahl gesetzt, und die Variable `zufallszahl` in der Funktion `hole_zufallswurf()` verwendet die globale Variable. Das bedeutet, dass bei jedem Aufruf der Funktion `hole_zufallswurf()` dieselbe Zahl zurückgegeben wird.

Kapitel 5

1. `assert spam >= 10, 'Die Variable spam ist kleiner als 10.'`
2. Entweder `assert eggs.lower() != bacon.lower(), 'Die Variablen eggs und bacon sind gleich!'` oder `assert eggs.upper() != bacon.upper(), 'Die Variablen eggs und bacon sind gleich!'`
3. `assert False, 'Diese Assertion wird immer ausgelöst.'`
4. Um `logging.debug()` aufrufen zu können, müssen Sie diese beiden Zeilen am Anfang Ihres Programms einfügen:
   ```
   import logging
   logging.basicConfig(level=logging.DEBUG, format=' %(asctime)s -
       %(levelname)s - %(message)s')
   ```
5. Um Logzeilen mit *logging.debug()* in eine Datei namens `programLog.txt` schreiben zu können, müssen Sie diese beiden Zeilen am Anfang Ihres Programms einfügen:
   ```
   import logging
   logging.basicConfig(filename='programLog.txt', level=logging.
   DEBUG,
       format=' %(asctime)s - %(levelname)s - %(message)s')
   ```
6. DEBUG, INFO, WARNING, ERROR und CRITICAL
7. `logging.disable(logging.CRITICAL)`
8. Sie können Logzeilen deaktivieren, ohne die Aufrufe der Logging-Funktionen zu entfernen. Sie können gezielt Logzeilen mit niedrigerem Level deaktivieren. Sie können eigene Logzeilen erstellen. Logzeilen enthalten einen Zeitstempel.

9. Mit der Schaltfläche *Schritt hinein* führen Sie den Debugger in einen Funktionsaufruf. Mit der Schaltfläche *Überspringen* führen Sie den Funktionsaufruf aus, ohne ihn schrittweise zu betreten. Mit der Schaltfläche *Schritt heraus* führt der Debugger den restlichen Code schnell aus, bis er die aktuelle Funktion verlässt.
10. Nachdem Sie auf *Fortfahren* geklickt haben, hält der Debugger an, wenn er das Ende des Programms erreicht oder eine Zeile mit einem Haltepunkt trifft.
11. Ein Haltepunkt ist eine Einstellung in einer Programmzeile, die dazu führt, dass der Debugger anhält, sobald die Programmausführung diese Zeile erreicht.
12. Um einen Haltepunkt in Mu zu setzen, klicken Sie auf die Zeilennummer, sodass ein roter Punkt daneben erscheint.

Kapitel 6

1. Eine leere Liste, also eine Liste, die keine Elemente enthält. Das ist vergleichbar mit `''`, dem leeren String.
2. `spam[2] = 'hallo'` (Beachten Sie, dass sich das dritte Element in einer Liste am Index `2` befindet, da der erste Index `0` ist.)
3. `'d'` (Beachten Sie, dass `'3' * 2` den String `'33'` ergibt, der an `int()` übergeben und dann durch `11` geteilt wird. Das ergibt schließlich `3`. Sie können Ausdrücke überall dort verwenden, wo auch Werte benutzt werden.)
4. `'d'` (Negative Indizes zählen vom Ende her.)
5. `['a', 'b']`
6. `1`
7. `[3.14, 'Katze', 11, 'Katze', True, 99]`
8. `[3.14, 11, 'Katze', True]`
9. Der Operator für die Verkettung von Listen ist `+`, während der Operator für die Replikation `*` ist. (Das gilt ebenso für Strings.)
10. Während `append()` Werte nur am Ende einer Liste hinzufügt, kann `insert()` Werte an beliebiger Stelle in der Liste einfügen.
11. Die `del`-Anweisung und die Listenmethode `remove()` sind zwei Möglichkeiten, um Werte aus einer Liste zu entfernen.

12. Sowohl Listen als auch Strings können an `len()` übergeben werden, besitzen Indizes und Slices, lassen sich in `for`-Schleifen verwenden, können verkettet oder vervielfältigt werden und mit den Operatoren `in` bzw. `not in` genutzt werden.
13. Listen sind veränderbar, sie können Werte hinzugefügt, entfernt oder geändert bekommen. Tupel sind unveränderlich, sie lassen sich überhaupt nicht verändern. Außerdem werden Tupel mit runden Klammern `(` und `)` geschrieben, während Listen eckige Klammern `[` und `]` verwenden.
14. `(42,)` (Das abschließende Komma ist zwingend erforderlich.)
15. Die Funktionen `tuple()` und `list()` erfüllen jeweils diesen Zweck.
16. Sie enthalten Verweise auf Listenwerte.
17. Die Funktion `copy.copy()` erstellt eine flache Kopie einer Liste, während `copy.deepcopy()` eine tiefe Kopie einer Liste erzeugt. Das heißt, nur `copy.deepcopy()` dupliziert auch Listen, die innerhalb einer Liste enthalten sind.

Kapitel 7

1. Zwei geschweifte Klammern: `{}`
2. `{'foo': 42}`
3. Die in einem Dictionary gespeicherten Elemente sind ungeordnet, während die Elemente einer Liste geordnet sind.
4. Sie erhalten einen `KeyError`-Fehler.
5. Es gibt keinen Unterschied. Der Operator `in` prüft, ob ein Wert als Schlüssel im Dictionary existiert.
6. Der Ausdruck `'cat' in spam` prüft, ob ein Schlüssel `'cat'` im Dictionary existiert, während `'cat' in spam.values()` prüft, ob es einen Wert `'cat'` für einen der Schlüssel in `spam` gibt.
7. `spam.setdefault('farbe', 'schwarz')`
8. `pprint.pprint()`

Kapitel 8

1. Escape-Sequenzen stellen Zeichen in Strings dar, die Sie sonst nur schwer oder gar nicht in den Code eingeben könnten.
2. Die `\n`-Escape-Sequenz steht für einen Zeilenumbruch, die `\t`-Escape-Sequenz steht für einen Tabulator.
3. Die Escape-Sequenz `\\` repräsentiert ein Backslash-Zeichen.
4. Das einfache Anführungszeichen in `Max'` ist unproblematisch, weil Sie doppelte Anführungszeichen zur Kennzeichnung des Anfangs und Endes des Strings verwenden.
5. Mit mehrzeiligen Strings können Sie Zeilenumbrüche innerhalb von Strings verwenden, ohne die `\n`-Escape-Sequenz zu benötigen.
6. Die Ausdrücke ergeben Folgendes:

   ```
   'a'
   'Hallo'
   'Hallo'
   'lo Welt!
   ```

7. Die Ausdrücke ergeben Folgendes:

   ```
   'HALLO'
   True
   'hallo'
   ```

8. Die Ausdrücke ergeben Folgendes:

   ```
   ['Remember,', 'remember,', 'the', 'fifth', 'of', 'November.']
   'Es-kann-nur-einen-geben.'
   ```

9. Die Methoden `rjust()`, `ljust()` bzw. `center()` für Strings.
10. Die Methoden `lstrip()` und `rstrip()` entfernen Leerzeichen jeweils vom linken bzw. rechten Ende eines Strings.

Kapitel 9

1. Die Funktion `re.compile()` erstellt `Regex`-Objekte.
2. Raw-Strings werden verwendet, damit Backslashes nicht zusätzlich escaped werden müssen.
3. Die Methode `search()` gibt `Match`-Objekte zurück.

4. Die Methode `group()` gibt Strings des gefundenen Texts zurück.
5. Gruppe `0` ist der gesamte Treffer, Gruppe `1` umfasst den ersten Klammerausdruck und Gruppe `2` umfasst den zweiten Klammerausdruck.
6. Punkte und Klammern können mit einem Backslash escaped werden: `\.`, `\(` und `\)`.
7. Wenn der Regex keine Gruppen enthält, wird eine Liste von Strings zurückgegeben. Wenn der Regex Gruppen enthält, wird eine Liste von Tupeln mit Strings zurückgegeben.
8. Das Zeichen `|` steht für ein »entweder – oder« zwischen zwei Gruppen.
9. Das Zeichen `?` kann entweder bedeuten, »null oder eins der vorhergehenden Gruppe« zu treffen, oder es dient dazu, ein nicht gieriges Matching zu signalisieren.
10. Das `+` steht für eins oder mehr. Das `*` steht für null oder mehr.
11. Das `{3}` steht für genau drei Vorkommen der vorangehenden Gruppe. Das `{3,5}` steht für drei bis fünf Vorkommen.
12. Die Kurzzeichenklassen `\d`, `\w` und `\s` entsprechen jeweils einer einzelnen Ziffer, einem Wortzeichen oder einem Leerzeichen.
13. Die Kurzzeichenklassen `\D`, `\W` und `\S` entsprechen jeweils einem einzelnen Zeichen, das keine Ziffer, kein Wortzeichen oder kein Leerzeichen ist.
14. Das `.*` führt ein gieriges Matching durch, während `.*?` ein nicht gieriges Matching bewirkt.
15. Entweder `[0-9a-z]` oder `[a-z0-9]`.
16. Wenn Sie `re.I` oder `re.IGNORECASE` als zweites Argument an `re.compile()` übergeben, wird das Matching unabhängig von Groß- und Kleinschreibung durchgeführt.
17. Das Zeichen stimmt normalerweise mit jedem Zeichen überein, außer mit dem Zeilenumbruch. Wenn Sie `re.DOTALL` als zweites Argument an `re.compile()` übergeben, stimmt der Punkt auch mit Zeilenumbruch überein.
18. Der Aufruf von `sub()` gibt den String `'X drummers, X pipers, five rings, X hens'` zurück.
19. Das Argument `re.VERBOSE` ermöglicht es Ihnen, Leerzeichen und Kommentare zum an `re.compile()` übergebenen String hinzuzufügen.

Kapitel 10

1. Relative Pfade beziehen sich auf das aktuelle Arbeitsverzeichnis.
2. Absolute Pfade beginnen mit dem Stammordner, wie zum Beispiel / oder *C:*.
3. Unter Windows ergibt sich `WindowsPath('C:/Benutzer/Al')`. Unter anderen Betriebssystemen erhalten Sie eine andere Art von `Path`-Objekt, jedoch mit demselben Pfad.
4. Der Ausdruck `'C:/Benutzer' / 'Al'` führt zu einem Fehler, da Sie den /-Operator nicht verwenden können, um zwei Strings zu verbinden.
5. Die Funktion `os.getcwd()` gibt das aktuelle Arbeitsverzeichnis zurück. Die Funktion `os.chdir()` ändert das aktuelle Arbeitsverzeichnis.
6. Der Ordner . ist der aktuelle Ordner, und .. bezeichnet den übergeordneten Ordner.
7. *C:\bacon\eggs* ist der Verzeichnisname, während *spam.txt* der Basisname ist.
8. Der String `'r'` steht für den Lesemodus, `'w'` für den Schreibmodus und `'a'` für den Anfügemodus.
9. Eine bereits vorhandene Datei, die im Schreibmodus geöffnet wird, wird gelöscht und vollständig überschrieben.
10. Die Methode `read()` gibt den gesamten Inhalt der Datei als einen einzigen String zurück. Die Methode `readlines()` gibt eine Liste von Strings zurück, wobei jeder String eine Zeile aus dem Inhalt der Datei repräsentiert.
11. Ein Shelf-Wert ähnelt einem Dictionary-Wert; er besitzt Schlüssel und Werte sowie die Methoden `keys()` und `values()`, die ähnlich wie die gleichnamigen Methoden beim Dictionary funktionieren.

Kapitel 11

1. Die Funktion `shutil.copy()` kopiert eine einzelne Datei, während `shutil.copytree()` einen gesamten Ordner einschließlich aller Inhalte kopiert.
2. Die Funktion `shutil.move()` wird verwendet, um Dateien sowohl umzubenennen als auch zu verschieben.
3. Die Funktion `send2trash` verschiebt eine Datei oder einen Ordner in den Papierkorb, während `shutil` Dateien und Ordner dauerhaft entfernt.

4. Die Funktion zipfile.ZipFile() ist äquivalent zur Funktion open(). Das erste Argument ist der Dateiname, das zweite Argument gibt den Modus an, in dem die ZIP-Datei geöffnet wird (lesen, schreiben oder anhängen).

Kapitel 12

1. Der Befehl dir listet unter Windows die Inhalte eines Ordners auf. Der Befehl ls zeigt die Ordnerinhalte unter macOS und Linux an.
2. Die Umgebungsvariable PATH enthält eine Liste von Ordnern, die überprüft werden, wenn Sie einen Programmnamen im Terminal eingeben.
3. Die Variable __file__ enthält den Dateinamen des gerade ausgeführten Python-Skripts. Diese Variable existiert in der interaktiven Shell nicht.
4. Der Befehl cls löscht das Terminal unter Windows, während der Befehl clear dies auf macOS und Linux übernimmt.
5. Führen Sie python -m venv .venv unter Windows oder python3 -m venv .venv auf macOS und Linux aus.
6. Führen Sie python -m PyInstaller --onefile yourScript.py unter Windows oder python3 -m PyInstaller --onefile yourScript.py auf macOS und Linux aus.

Kapitel 13

1. Das Modul webbrowser bietet eine open()-Methode, mit der Sie einen Webbrowser für eine bestimmte URL öffnen können – viel mehr macht es nicht. Das Modul requests ermöglicht das Herunterladen von Dateien und Webseiten aus dem Internet. Mit dem Modul bs4 können Sie HTML analysieren.
2. Die Funktion requests.get() gibt ein Response-Objekt zurück. Dieses besitzt das Attribut text, das den heruntergeladenen Inhalt als String enthält.
3. Die Methode raise_for_status() löst eine Ausnahme aus, wenn beim Download Probleme aufgetreten sind, und unternimmt nichts, wenn der Download erfolgreich war.
4. Das Attribut status_code des Response-Objekts enthält den HTTP-Statuscode.
5. Nachdem Sie die neue Datei auf Ihrem Computer im Modus »binär schreiben« ('wb') geöffnet haben, verwenden Sie eine for-Schleife, die über die

iter_content()-Methode des Response-Objekts iteriert, um Abschnitte in die Datei zu schreiben. Hier ein Beispiel:

```
saveFile = open(dateiname.html', 'wb')
for stück in res.iter_content(100000):
    saveFile.write(stück)
```

6. Die meisten Online-APIs geben ihre Antworten im JSON- oder XML-Format zurück.
7. Mit [F12] öffnen Sie die Entwicklertools in Chrome. Mit [Strg]-[⇧]-[C] (unter Windows und Linux) oder [⌘]-[⌥]-[C] (unter macOS) öffnen Sie die Entwicklertools in Firefox.
8. Klicken Sie mit der rechten Maustaste auf das Element in der Seite und wählen Sie im Menü *Untersuchen*.
9. `'#main'`
10. `'.highlight'`
11. `spam.gettext()`
12. `link_elem.attrs`
13. Das Modul `selenium` wird mit `from selenium import webdriver` importiert.
14. Die Methoden `find_element_*` geben das erste übereinstimmende Element als `WebElement`-Objekt zurück. Die Methoden `find_elements_*` geben eine Liste aller übereinstimmenden Elemente als `WebElement`-Objekte zurück.
15. Die Methoden `click()` und `send_keys()` simulieren Mausklicks bzw. Tastatureingaben.
16. Die Methode `press('Control+A')` simuliert das Drücken von [Strg]-[A].
17. Die Methoden `forward()`, `back()` und `refresh()` des WebDriver-Objekts simulieren diese Browser-Schaltflächen.
18. Die Methoden `go_forward()`, `go_back()` und `reload()` des Page-Objekts simulieren diese Browser-Schaltflächen.

Kapitel 14

1. Die Funktion `openpyxl.load_workbook()` gibt ein `Workbook`-Objekt zurück.
2. Das Attribut `sheetnames` enthält eine Liste von Strings mit den Titeln der Tabellen.

3. Sie führen `wb['Tabelle1']` aus.
4. Verwenden Sie `wb.active`.
5. `sheet['C5'].value` oder `sheet.cell(row=5, column=3).value`
6. `sheet['C5'] = 'Hallo'` oder `sheet.cell(row=5, column=3).value = 'Hallo'`
7. `cell.row` und `cell.column`
8. Sie enthalten jeweils die höchste Spalte bzw. Zeile mit Werten im Blatt als ganze Zahl.
9. `openpyxl.cell.column_index_from_string('M')`
10. `openpyxl.cell.get_column_letter(14)`
11. `sheet['A1':'F1']`
12. `wb.save('c14-beispiel3.xlsx')`
13. Eine Formel wird auf die gleiche Weise wie ein beliebiger Wert gesetzt. Setzen Sie das `value`-Attribut der Zelle auf einen String mit dem Formeltext. Denken Sie daran, dass Formeln mit dem Gleichheitszeichen (=) beginnen.
14. Übergeben Sie `data_only=True` beim Aufruf von `load_workbook()`, damit OpenPyXL die berechneten Ergebnisse der Formeln abruft.
15. `sheet.row_dimensions[5].height = 100`
16. `sheet.column_dimensions['C'].hidden = True`
17. Fixierte Bereiche sind Zeilen und Spalten, die stets auf dem Bildschirm angezeigt werden. Sie sind für Überschriften hilfreich.
18. `openpyxl.chart.Reference()`, `openpyxl.chart.Series()`, `openpyxl.chart.BarChart()`, `chartObj.append(seriesObj)` und `add_chart()`

Kapitel 15

1. Um auf Google Sheets zuzugreifen, benötigen Sie eine Credentials- bzw. Berechtigungsdatei, eine Token-Datei für Google Sheets sowie eine Token-Datei für Google Drive.
2. EZSheets bietet die Objekte `ezsheets.Spreadsheet` und `ezsheets.Sheet` an.
3. Rufen Sie die Methode `downloadAsExcel()` des `Spreadsheet`-Objekte auf.

4. Verwenden Sie die Funktion `ezsheets.upload()` und übergeben Sie den Dateinamen der Excel-Datei.
5. Lesen Sie den Wert unter `ss['Studenten']['B2']` aus.
6. Rufen Sie `ezsheets.getColumnLetterOf(999)` auf.
7. Greifen Sie auf die Eigenschaften `rowCount` und `columnCount` des `Sheet`-Objekts zu.
8. Rufen Sie die Methode `delete()` des Sheet-Objekts auf. Dies ist nur dauerhaft, wenn Sie das Schlüsselwortargument `permanent=True` übergeben.
9. Die Funktion `Spreadsheet()` sowie die Methode `Sheet()` von Spreadsheet erstellen jeweils ein `Spreadsheet`- bzw. ein `Sheet`-Objekt.
10. EZSheets wird Ihre Methodenaufrufe begrenzen.

Kapitel 16

1. `conn = sqlite3.connect(beispiel.db', isolation_level=None)`
2. `conn.execute('CREATE TABLE studenten (vorname TEXT, nachname TEXT, lieblingsfarbe TEXT) STRICT')`
3. Geben Sie beim Aufruf von `sqlite3.connect()` das Schlüsselwortargument `isolation_level=None` an.
4. Während `INTEGER` dem Typ `int` in Python entspricht, ist `REAL` analog zum Datentyp `float` in Python.
5. Der strikte Modus verlangt, dass jede Spalte einen Datentyp besitzt; SQLite löst eine Ausnahme aus, wenn Sie versuchen, Daten des falschen Typs einzufügen.
6. Das `*` bedeutet: »alle Spalten der Tabelle auswählen«.
7. CRUD steht für Create, Read, Update und Delete – die vier Standardoperationen Erstellen, Lesen, Aktualisieren und Löschen, die Datenbanken ausführen.
8. ACID steht für Atomic, Consistent, Isolated und Durable – die vier Eigenschaften, die Datenbanktransaktionen aufweisen sollten.
9. Mit `INSERT` fügen Sie einer Tabelle neue Datensätze hinzu.
10. Mit `DELETE` löschen Sie Datensätze aus Tabellen.

11. Ohne ein `WHERE` wirkt sich `UPDATE` auf alle Datensätze in der Tabelle aus, was möglicherweise nicht beabsichtigt ist.
12. Ein Index ist eine Datenstruktur, die die Daten einer Spalte organisiert. Dies benötigt mehr Speicherplatz, sorgt aber für schnellere Abfragen. `'CREATE INDEX idx_geburtsdatum ON katzen (geburtsdatum)'` würde für die Tabelle `cats` einen Index auf die Spalte `birthdate` erstellen.
13. Ein Fremdschlüssel verknüpft Datensätze einer Tabelle mit einem Datensatz in einer anderen Tabelle.
14. Sie können eine Tabelle `katzen` löschen, indem Sie die Sql-Anweisung `'DROP TABLE katzen'` ausführen.
15. Der String `':memory:'` wird anstelle eines Dateinamens verwendet, um eine In-Memory-Datenbank zu erstellen.
16. Mit der Methode `iterdump()` können Sie die Abfragen erzeugen, um eine Datenbank zu kopieren. Sie können auch die Datenbank-Datei selbst kopieren.

Kapitel 17

1. Ein `Datei`-Objekt muss im Schreibmodus geöffnet werden, indem Sie `'w'` an `open()` übergeben.
2. Wenn Sie `getPage(4)` aufrufen, erhalten Sie ein `Page`-Objekt für Seite 5, da Seite 0 die erste Seite ist.
3. Führen Sie `decrypt('swordfish')` aus.
4. Drehen Sie Seiten gegen den Uhrzeigersinn, indem Sie eine negative ganze Zahl übergeben: `-90`, `-180` oder `-270`.
5. `docx.Document('demo.docx')`
6. Verwenden Sie `doc.paragraphs`, um eine Liste von `Paragraph`-Objekten zu erhalten.
7. Ein `Paragraph`-Objekt repräsentiert einen Textabschnitt und setzt sich aus einem oder mehreren `Run`-Objekten zusammen.
8. Ein `Run`-Objekt verfügt über diese Variablen (*nicht* ein `Paragraph`-Objekt).
9. `True` stellt das `Run`-Objekt immer fett dar und `False` nicht fett, unabhängig davon, ob der Stil auf fettgedruckt eingestellt ist. `None` sorgt dafür, dass das `Run`-Objekt die jeweilige Fett-Einstellung des Stils übernimmt.

10. Rufen Sie die Funktion `docx.Document()` auf.
11. `doc.add_paragraph('Hallo da drüben!')`
12. Die Ganzzahlen `0` bis `9`.

Kapitel 18

1. In Excel können Tabellen Datenwerte anderer Typen als Strings enthalten. Zellen können unterschiedliche Schriftarten, Größen oder Farbeinstellungen haben. Zellen können verschiedene Breiten und Höhen aufweisen. Angrenzende Zellen lassen sich zusammenführen, und Sie können Bilder sowie Diagramme einbetten.
2. Sie übergeben ein `File`-Objekt, das Sie durch einen Aufruf von `open()` erhalten.
3. `File`-Objekte müssen für `Reader`-Objekte im Lese-Binärmodus (`'rb'`) und für `Writer`-Objekte im Schreib-Binärmodus (`'wb'`) geöffnet sein.
4. Die Methode `writerow()`.
5. Mit dem Argument `delimiter` ändern Sie den String, der Zellen in einer Zeile voneinander trennt. Mit `lineterminator` bestimmen Sie den String, der die Zeilen voneinander trennt.
6. Alle können problemlos mit einem Texteditor bearbeitet werden: CSV, JSON und XML sind Klartextformate.
7. `json.loads()`
8. `json.dumps()`
9. Das Format von XML ähnelt dem von HTML.
10. JSON stellt `None`-Werte mit dem Schlüsselwort `null` dar.
11. Boolesche Werte in JSON werden kleingeschrieben: `true` und `false`.

Kapitel 19

1. Ein Referenzzeitpunkt, den viele Datums- und Zeitprogramme verwenden, ist der 1. Januar 1970 (UTC).
2. `time.time()`
3. `time.asctime()`

4. `time.sleep(5)`
5. Sie erhalten diejenige ganze Zahl, die dem übergebenen Argument am nächsten liegt. Zum Beispiel ergibt `round(2.4)` den Wert `2`.
6. Ein `datetime`-Objekt repräsentiert einen bestimmten Zeitpunkt. Ein `timedelta`-Objekt gibt eine Zeitdauer an.
7. Führen Sie `datetime.datetime(2019, 1, 7).weekday()` aus. Das Ergebnis ist `0`. Das bedeutet Montag, da das `datetime`-Modul `0` für Montag, `1` für Dienstag usw. bis `6` für Sonntag verwendet.

Kapitel 20

1. Die Dateien *credentials.json* und *token.json* teilen dem EZGmail-Modul mit, welches Google-Konto Sie für den Zugriff auf Gmail verwenden möchten.
2. Eine Nachricht stellt eine einzelne E-Mail dar, während ein Gespräch mit mehreren E-Mails als Thread bezeichnet wird.
3. Fügen Sie den Text `'has:attachment'` in den String ein, den Sie an `search()` übergeben.
4. SMS-E-Mail-Gateways funktionieren nicht immer zuverlässig, benachrichtigen Sie nicht über die Zustellung, und dass sie früher funktioniert haben, garantiert nicht, dass sie wieder funktionieren.
5. Die Requests-Bibliothek kann ntfy-Benachrichtigungen senden und empfangen.

Kapitel 21

1. Ein RGBA-Wert ist ein Tupel aus vier Ganzzahlen, die jeweils von 0 bis 255 reichen. Die vier Ganzzahlen stehen für den Anteil von Rot, Grün, Blau und Alpha (Transparenz) in der Farbe.
2. Wenn Sie `ImageColor.getcolor('CornflowerBlue', 'RGBA')` aufrufen, erhalten Sie `(100, 149, 237, 255)`, den RGBA-Wert für die Farbe Kornblumenblau.
3. Ein Box-Tupel ist ein Tupel aus vier Ganzzahlen: die x-Koordinate des linken Randes, die y-Koordinate des oberen Randes, die Breite und die Höhe – jeweils in dieser Reihenfolge.
4. `Image.open('zophie.png')`

5. `im.size` ist ein Tupel aus zwei Ganzzahlen, nämlich der Breite und der Höhe.
6. `im.crop((0, 50, 50, 50))`. Beachten Sie, dass Sie ein Box-Tupel an `crop()` übergeben und nicht vier einzelne Ganzzahl-Argumente.
7. Rufen Sie die Methode `im.save('neuer_dateiname.png')` des `Image`-Objekts auf.
8. Das `ImageDraw`-Modul enthält Funktionen, um auf Bilder zu zeichnen.
9. `ImageDraw`-Objekte bieten Methoden zum Zeichnen von Formen wie `point()`, `line()` oder `rectangle()`. Sie erhalten sie, indem Sie das `Image`-Objekt an die Funktion `ImageDraw.Draw()` übergeben.
10. `plt.plot()` erstellt ein Liniendiagramm, `plt.scatter()` ein Streudiagramm, `plt.bar()` ein Balkendiagramm und `plt.pie()` ein Kreisdiagramm.
11. Die Methode `savefig()` speichert das Diagramm als Bild.
12. Sie können `plt.show()` nicht zweimal hintereinander aufrufen, da dadurch die Diagrammdaten zurückgesetzt werden. Möchten Sie das Diagramm erneut anzeigen, müssen Sie den Diagrammcode nochmals ausführen.

Kapitel 22

1. Tesseract erkennt standardmäßig Englisch.
2. PyTesseract arbeitet mit der Bildbibliothek Pillow zusammen.
3. Die Funktion `image_to_string()` akzeptiert ein `Image`-Objekt und gibt einen String zurück.
4. Nein, Tesseract extrahiert nur Text aus gescannten Dokumenten mit Maschinenschrift, nicht jedoch Text aus Fotografien.
5. `tess.get_languages()` gibt eine Liste von Sprachpaket-Strings zurück.
6. Sie können das Schlüsselwortargument `lang='eng+jpn'` übergeben, um sowohl englischen als auch japanischen Text in einem Bild zu erkennen.
7. NAPS2 kann aus einem Python-Skript heraus ausgeführt werden, um PDFs mit eingebettetem OCR-Text zu erstellen.

Kapitel 23

1. Bewegen Sie die Maus in eine beliebige Ecke des Bildschirms.
2. Die Funktion `pyautogui.size()` gibt ein Tupel mit zwei Ganzzahlen für Breite und Höhe des Bildschirms zurück.
3. Die Funktion `pyautogui.position()` gibt ein Tupel mit zwei Ganzzahlen für die x- und y-Koordinaten des Mauszeigers zurück.
4. Die Funktion `moveTo()` bewegt die Maus zu absoluten Bildschirmkoordinaten, während `move()` die Maus relativ zur aktuellen Position verschiebt.
5. `pyautogui.dragTo()` und `pyautogui.drag()`
6. `pyautogui.typewrite('Hallo, Welt!')`
7. Sie können entweder eine Liste von Tastatur-Strings an `pyautogui.write()` übergeben (zum Beispiel `'left'`) oder einen einzelnen Tastatur-String an `pyautogui.press()`.
8. `pyautogui.screenshot('screenshot.png')`
9. `pyautogui.PAUSE = 2`
10. Sie sollten Selenium zur Steuerung eines Webbrowsers verwenden anstatt PyAutoGUI.
11. PyAutoGUI klickt und tippt blind und kann nicht zuverlässig erkennen, ob es in die richtigen Fenster klickt oder tippt. Unerwartete Pop-up-Fenster oder Fehler können das Skript aus dem Takt bringen und es notwendig machen, dieses zu beenden.
12. Rufen Sie die Funktion `pyautogui.getWindowsWithTitle('Notepad')` auf.
13. Führen Sie `w = pyatuogui.getWindowsWithTitle('Firefox')` aus und anschließend `w.activate()`.

Kapitel 24

1. Rufen Sie zum Beispiel `engine.setProperty('rate', 300)` auf, um die Stimme von pyttsx3 mit 300 Wörtern pro Minute sprechen zu lassen.
2. Das Modul `pyttsx3` speichert im WAV-Audioformat.
3. Nein, pyttsx3 und Whisper benötigen keinen Online-Dienst oder Internetzugang.

4. Ja, pyttsx3 und Whisper unterstützen auch andere Sprachen als Englisch.
5. Das Standardmodell von Whisper ist `'base'`.
6. SRT (SubRip Subtitle) und VTT (Web Video Text Tracks) sind zwei gängige Formate für Untertitel-Dateien.
7. Ja, `yt-dlp` kann auch von Hunderten anderer Video-Webseiten als YouTube herunterladen.

Stichwortverzeichnis

C

D

E

F

S